# 房屋买卖合同纠纷
## 裁判精要与实务指南

主　　编　程新文
执行主编　司　伟

法律出版社
LAW PRESS·CHINA

**图书在版编目(CIP)数据**

房屋买卖合同纠纷裁判精要与实务指南 / 程新文主编. —北京:法律出版社, 2017.5

ISBN 978 - 7 - 5197 - 0802 - 3

Ⅰ. ①房… Ⅱ. ①程… Ⅲ. ①房屋—买卖合同—合同纠纷—基本知识—中国 Ⅳ. ①D923.64

中国版本图书馆 CIP 数据核字(2017)第 083206 号

**房屋买卖合同纠纷裁判精要与实务指南**
**FANGWU MAIMAI HETONG JIUFEN CAIPAN JINGYAO YU SHIWU ZHINAN**

程新文 主编

责任编辑 章 雯
装帧设计 李 瞻

**出版** 法律出版社
**总发行** 中国法律图书有限公司
**经销** 新华书店
**印刷** 北京市通州运河印刷厂
**责任印制** 胡晓雅

**编辑统筹** 法商出版分社
**开本** 710 毫米×1000 毫米 1/16
**印张** 47.5
**字数** 706 千
**版本** 2017 年 5 月第 1 版
**印次** 2017 年 5 月第 1 次印刷

---

法律出版社/北京市丰台区莲花池西里 7 号(100073)
网址/www.lawpress.com.cn
投稿邮箱/info@lawpress.com.cn
举报维权邮箱/jbwq@lawpress.com.cn
销售热线/010 - 63939792/9779
咨询电话/010 - 63939796

中国法律图书有限公司/北京市丰台区莲花池西里 7 号(100073)
全国各地中法图分、子公司销售电话:
统一销售客服/400 - 660 - 6393
第一法律书店/010 - 63939781/9782　西安分公司/029 - 85330678　重庆分公司/023 - 67453036
上海分公司/021 - 62071010/1636　深圳分公司/0755 - 83072995

---

**书号**:ISBN 978 - 7 - 5197 - 0802 - 3　**定价**:168.00 元
(如有缺页或倒装,中国法律图书有限公司负责退换)

# 前言

房屋作为不动产，历来在绝大多数民事主体的财产构成中居于非常重要的地位。近年来，随着我国住房市场改革的深化、新型城镇化建设的推进、房屋交易量的不断攀升以及房地产市场的起起落落，因房屋买卖而发生的纠纷，成为民事审判领域的一个长期热点。而房屋买卖合同纠纷涉及的法律问题，往往跨越物权法、合同法、担保法等多个领域，其中的诸多疑难问题，有时又纵横勾连，相互交织，因此，审理这类案件如何准确理解和适用法律，又一直是民事审判领域的一个难点。虽然最高人民法院于2003年颁布了《关于审理商品房买卖合同纠纷案件适用法律若干问题的解释》，对商品房买卖合同纠纷中的若干重点问题进行了规范。但伴随着近十几年来房地产市场的飞速发展，房屋买卖纠纷呈现出许多新特点，出现了诸多新情况、新问题，对此，仅凭上述司法解释的规定，已经越发难以全面应对。基于此，我们组织了部分在房地产法理论研究及审判实务中具有丰富经验的法官和学者，在总结房屋买卖合同纠纷法学理论和实践经验的基础上，针对房屋买卖合同纠纷案件中的重点、热点和难点问题，编写了本书。

本书有以下几个突出特点：

一是理论翔实。房屋买卖合同纠纷虽然在民事案件案由中仅归属于合同纠纷中的一类，但如前所述，其涉及《物权法》《合同法》《担保法》中的诸多理论，有些问题如合同效力、违约责任、合同解除权行使、善意取得、物权变动等，本身就是各自领域中的疑难所在。没有对这些问题所蕴含的基本法理作出正确认识和精准把握，很难想象能够正确处理好房屋买卖合同纠纷案件。因此，本书在每一章均对相关问题背后所蕴含的丰富法理进行了相应的阐述分析，以期使读者能够做到知其然，并知其所以然。

二是紧扣实践。本书紧紧围绕近年来房屋买卖合同纠纷审判实务中的重点、热点和难点问题，在深入浅出地阐明相关法理的基础上，直击司法裁判中需要重点关注的问题，提出解决之道并加以分析说明。

三是指导性强。本书每一章节均精选了一些典型案例，这些案例大部分是最高人民法院发布的指导性案例以及《最高人民法院公报》《人民司法》《人民法院案例选》《人民法院报》《民事审判指导与参考》刊登的具有指导意义的典型案例。这些案例的裁判思路和结果，反映了司法审判实践中的主流观点，因此，对实践的指导意义重大。为了便于读者理解适用，我们对每一个案例，除了简要查明案件事实和审理情况外，还提炼其核心裁判要旨，并对此进行了相应的解析。

总之，本书是一本适用于法官、律师等法律工作者以及学习研究者的房屋买卖合同纠纷处理的实用工具书，相信能够为当事人维护自身合法权益，为广大法官、律师等法律工作者和学习研究者对正确理解和适用法律、明晰裁判理论与实务要义提供一定的帮助。

此外，由于时间仓促及水平所限，错误、纰漏之处在所难免，敬请法律界同仁和各位读者批评指正。

编者

2017 年 4 月

# 凡　例

1. 本书中法律、行政法规名称均使用简称，如《中华人民共和国合同法》，简称为《合同法》。

2. 本书中下列司法解释及相关文件使用简称：

| 名称 | 发文字号 | 简称 |
| --- | --- | --- |
| 最高人民法院关于适用《中华人民共和国合同法》若干问题的解释（一） | 法释〔1999〕19号 | 合同法解释（一） |
| 最高人民法院关于适用《中华人民共和国合同法》若干问题的解释（二） | 法释〔2009〕5号 | 合同法解释（二） |
| 最高人民法院关于审理商品房买卖合同纠纷案件适用法律若干问题的解释 | 法释〔2003〕7号 | 商品房买卖合同解释 |
| 最高人民法院关于审理涉及国有土地使用权合同纠纷案件适用法律问题的解释 | 法释〔2005〕5号 | 国有土地使用权合同解释 |
| 最高人民法院关于审理买卖合同纠纷案件适用法律问题的解释 | 法释〔2012〕8号 | 买卖合同解释 |
| 最高人民法院关于民事诉讼证据的若干规定 | 法释〔2001〕33号 | 民事诉讼证据规定 |

# 目　录

# 第一章　商品房预售合同纠纷

## 法理概览

### 一、商品房预售合同的概念和特征

所谓商品房预售，是从房地产开发商销售房屋的不同阶段的角度对商品房买卖进行的一种划分。根据《商品房销售管理办法》第 3 条的规定，我国商品房销售包括商品房现售和商品房预售。商品房现售，是指房地产开发企业将竣工验收合格的商品房出售给买受人，并由买受人支付房价款的行为。商品房预售，是指房地产开发企业将正在建设中的商品房预先出售给买受人，并由买受人支付定金或者房价款的行为。可见，就法律性质而言，商品房预售合同就是合同标的为尚未竣工验收合格的在建商品房的商品房买卖合同。对此，《商品房买卖合同解释》第 1 条就明确将上述两种合同统称为商品房买卖合同。根据该解释，商品房买卖合同，是指房地产开发企业将尚未建成或者已竣工的房屋向社会公开销售并转移房屋所有权于买受人，买受人支付价款的合同。基于上述司法解释、规章的规定，我们认为，商品房预售合同，是指商品房出卖人与买受人约定，出卖人在约定时间内将建成的商品房所有权转移于买受人，买受人向出卖人交付支付价款并按期接受商品房的书面协议。[①]

与现房销售相比，商品房预售合同具有以下几个方面的特征：

第一，标的物的非现实性。由于交易的标的物为尚未建设完成的房屋，因而具有不可预见性。房屋最终的布局、建材的选用无法现场查看，预购者通常仅能依据商品房广告、平面图面图图、样品房等作为参考标准。有学者认为，这里的标的物是商品房买受人对将来建成的房屋的一种期待权。也有学者认为，这里的标的物是一种商品房买受人请求预售方将来交付商品房的特殊债权。

第二，主体的特定性。商品房预售合同的一方主体是特定的，即预售方必须是符合法律、部门规章规定的房地产开发企业。根据《城市房地产管理法》和《城市商品房预售管理办法》的规定，商品房预售合同的出卖人应当具备下列条件：（1）出卖人必须是经过批准设立、并在工商行政管理部门登记注册的房地产开发企业。房地产开发企业是以营利为目的，从事房地产开发和经营的企业。未取得房地产开发资质的企业不能从事房地产开发经营，因此也不能进行商品房的销售和预售。（2）出卖人必须交付全部土地使用权出让金，取得土地使用权证书。根据土地管理法的规定，土地使用权受让人必须缴清土地使用权出让金后才能取得国有土地使用权，同时为了防止企业在未缴清土地使用权出让金的情况下对外销售房屋带来的风险，取得商品房销售许可前，开发企业必须交付全部土地使用权出让金，取得土地使用权证书。（3）出卖人必须取得建设工程规划许可证和施工许可证。取得建设工程规划许可证，说明开发项目符合城市规划要求、建筑设计满足国家规范要求，这就为房屋的合法合规建设提供了规划设计保障。取得施工许可证，证明施工单位的施工资质已经得到了监管部门的认可，有相应的资金、技术能力完成房屋建设。（4）投入的开发资金必须符合法律的要求。出卖人按提供预售的商品房计算，投入开发建设的资金必须达到工程建设总投资的25％以

---

① 关于商品房预售合同中出卖人支付款项，《城市商品房预售管理办法》规定可以在合同中约定支付定金或者房价款。但根据住建部《商品房买卖合同》示范文本和各地的做法，买受人一次性付款和贷款付款都是在合同签订后交房前的短期内完成付款，实践中个人购房很少有机会选择分期付款。

上，并已经确定施工进度和竣工交付日期。各地在执行过程中的具体把握标准存在些差异，比如有些地方要求多层建筑要主体封顶、高层建筑要完成主体结构一半以上的楼层施工，实际上都是行政监管机关为便于审查许可申请而制定的判断标准。（5）出卖人必须取得商品房预售许可证。但在《城市房地产管理法》施行之前，出卖人没有取得商品房预售许可证明的，而在一审诉讼期间补办了商品房预售证明的，则可以认定合同有效。

第三，合同履行期长、预购者交易风险大。商品房预售合同的履行期限少则一年，多则三四年，在此期间，国家经济政策的调整、建筑材料价格涨跌等，均会对合同的正常履行产生不同程度的影响，交易当事人承担的市场风险较大。在现房买卖中，若无履行先后顺序，房地产开发企业不交付房屋并移转所有权时，买受人可行使同时履行抗辩权，拒绝支付价款。而在商品房预售中，预购者在房屋未建成时即须支付相当数额的价款，房地产开发企业并未对合同的履行提供任何担保，并将其应负担的作为生产成本的银行贷款本金和利息转嫁到了预购者身上，因而预购者存在较大的交易风险。

第四，较强的国家干预性。由于商品房预售合同签订时，标的物尚不存在，而销售者已经取得部分价款，预购者存在不能如期取得房屋的风险。相对于销售者来说，预购者往往在经济、信息等方面处于弱势地位，销售者则利用其自身优势地位，制定不合理的格式条款、或为欺诈、隐瞒等行为骗取资金，损害预购者利益。为了衡平双方当事人利益，规范商品房预售市场环境，国家对商品房预售进行了一定的限制，制定了相关的法律法规，如《城市房地产管理法》《房地产开发经营管理条例》《商品房销售管理办法》等。对销售者的主体资格、预售商品房的条件等予以明确具体的强制性规定，设立了商品房预售登记制度、许可证制度等，以保障市场交易安全。

## 二、商品房预售合同的形式要件

根据合同的成立是否需要特定的形式，可将合同分为要式合同与不要式合同。要式合同，是指法律、行政法规规定，或者当事人约定应当采用书面形式的合同。前者称为法定之要式合同，后者称为约定之要式合同。不要式合同，是指法律不要求必须具备一定形式和手续的合同。《合同法》第10条规定："法律、行政法规规定采用书面形式的，应当采用书面形式。当事人约定采用书面形式的，应当采用书面形式。"区分要式合同与不要式合同的主要意义在于，某些法律和行政法规对合同形式的要求可能成为影响合同效力的因素。换言之，在法律和行政法规对于合同形式有明确要求的情况下，如果当事人的合同形式不能满足该要求，可能会动摇合同的效力。

根据法律的有关规定，商品房预售合同必须采取书面形式。在实践中，商品房预售合同一般采取标准合同的形式，具体条款由出卖人事先拟定，并且通过在线打印的方式签署（俗称网签）。出卖人将合同文本事先制成模板提交房管部门的系统，结合房管部门系统中保存的房屋测量数据，通过在线方式打印模板合同并获得系统自动生成的房屋数据，保障当事人签署的合同与系统中的合同完全一致，系统同时记录签约情况，实现对房屋销售情况的动态监督。

根据《城市房地产管理法》的规定，当事人订立商品房预售合同后，出卖人应当按照国家有关规定将预售合同报县级以上人民政府房产管理部门和土地管理部门登记备案。1994年《城市商品房预售管理办法》亦规定（此条现已经2004年7月20日《建设部关于修改〈城市商品房预售管理办法〉的决定》修正）："商品房预售，开发企业应当与承购人签订商品房预售合同。预售人应当在签约之日起30日内持商品房预售合同向县级以上人民政府房产管理部门和土地管理部门办理登记备案手续。"

基于上述内容，商品房预售合同应当采取书面形式，并且应当在签约后办理备案登记手续。

## 三、商品房预售合同的内容要件

商品房预售合同作为民事合同的一种，本质上应当尊重当事人的意思自治。但考虑到在签署商品预售合同时，合同标的尚不存在，合同履行周期很长，买受人能否依约实现合同权利，取得合格的房屋及房屋所有权，存在较大风险。为维护社会经济秩序的稳定，保障买受人的利益，有关法律和法规除对于出卖人的主体和条件进行强制约束外，对于合同内容也有较多要求。

除应当遵守《合同法》的强制性、禁止性规定外，《城市房地产管理法》《城市房地产开发经营管理条例》《商品房销售管理办法》《城市商品房预售管理办法》等法律、行政法规、部门规章均对商品房预售合同的内容进行了规范。在房地产市场调控的背景下，国家和地方还出台了一系列的调控政策。因此，在商品房预售合同内容方面，应当注意以下一些事项：

1. 商品房产品及销售合法性文件

在建设部提供的《商品房买卖合同》示范文本中，要求合同必须载明项目建设依据及商品房销售依据，包括土地使用权证号、土地使用权期限和性质、建筑工程规划许可证号、施工许可证号、商品房销售（预售）许可证号，以保证产品及销售行为的合法合规。如果出卖人在签订商品房买卖合同时不能提供以上证明文件，则所签订的买卖合同无效。

2. 违约责任的约定条款

《商品房买卖合同》示范文本对于合同双方的违约责任均提供了基本的责任条款，责任情形主要包括违约现金、解除合同两种。但由于违约金责任条款中违约金数额是选择性的，出卖人通常会在合同中给买受人设置较重的违约责任而且自己设置较轻的违约责任，甚至通过补充协议的方式改变违约责任的结构分配，形成对买受人明显不利的局面，因此，可能会涉及格式条款、违约金约定过高或过低等问题。

3. 交付条件

商品房的交付条件如何，对于买卖双方当事人的影响甚大。在以往的《商品房买卖合同》示范文本中，一般都是提供选择条件，如该房屋所在建筑物经竣工验收合格或该房屋所在建筑物经综合验收合格，或项目经综合验收备案取得备案表等，选择其中一项作为交付的条件。但住房和城乡建设部、国家工商行政管理总局于2014年颁布的《商品房买卖合同（预售）示范文本》（GF-2014-0171）对预售商品房的交付条件提出了更高的要求，根据其中第 9 条关于商品房交付条件的条款，商品房交付时应当符合：(1) 该商品房已取得建设工程竣工验收备案证明文件。(2) 该商品房已取得房屋测绘报告的基础上，协商确定其他交付条件。该示范文本第 10 条还详细列举了商品房相关设施设备交付条件。

## 四、商品房预售合同当事人的权利义务

商品房预售合同作为一种特殊的买卖合同，当事人除了享有一般合同当事人享有的权利和承担的义务外，还享有一些特殊的权利，并承担一些特殊的义务。

### (一) 买受人的权利（即出卖人的义务）

1. 买受人在合同订立的整个过程中对预售商品房与出卖人的真实情况具有知情权

买受人在签约前有权了解出卖人预售楼盘的真实情况（包括土地使用权类型及状态，商品房产权类型、位置、拟装修状态等情况）。在签订预售合同后，买受人也有权知悉商品房建设的有关情况。

2. 在约定的时间取得商品房及其所有权

《商品房销售管理办法》第 30 条规定："房地产开发企业应当按照合同约定，将符合交付使用条件的商品房按期交付给买受人。未能按期交付的，房地产开发企业应当承担违约责任。"买受人签订商品房预售合同的最终目的是取得房屋所有权，因此，买受人有权依约要求出卖人在约定的时间交付商品房并获得房屋所有权。出卖人有义务协助买受人办理房屋转移登记手续。

3. 要求出卖人承担瑕疵担保义务的权利

出卖人承担的瑕疵担保义务包括两个方面：一是对房屋及附属设施质量方面的瑕疵担保义务；二是对商品房在权利上的瑕疵担保义务。商品房作为一种特殊的商品，买受人不仅可以要求出卖人交付的商品房及附属设施的质量符合合同约定，商品房的周围环境也应该符合合同约定，同时，买受人有权要求取得按照合同约定的无权利瑕疵的房屋所有权。

（二）出卖人的权利（即买受人的义务）

1. 取得商品房价款的权利

商品房预售合同作为依法成立的合同，对双方当事人皆具有约束力。出卖人开发商品房的主要目的便在于通过取得商品房的对价来获利。因此，买受人有义务按照合同的约定支付相应的商品房价款，包括定金等。

2. 获得补偿权

当买受人怠于支付房款时，出卖人有权主张买受人承担迟延履行的利息等违约责任。

## 实务指南

### 一、相关房地产审批手续证明与商品预售合同效力的关系

在我国，商品房预售实行许可证制度。《城市房地产管理法》第45条规定："商品房预售，应当符合下列条件：（一）已交付全部土地使用权出让金，取得土地使用权证书；（二）持有建设工程规划许可证；（三）按提供预售的商品房计算，投入开发建设的资金达到工程建设总投资的百分之二十五以上，并已经确定施工进度和竣工交付日期；（四）向县级以上人民政府房产管理部门办理预售登记，取得商品房预售许可证明。"据此，商品房预售前应当取得的审批证明文件包括土地使用权证书、建设工程规划许可证、商品房预售许可证。2004年《城市商品房预售管理办法》第5条在《城市房地产管理法》规定的基础上，还要求商品房预售应当取得施工许可证，即通常所谓商品房预售必须具备上述"五证"才算合法。那么，商品房预售合同在上述"五证"之一存在欠缺的情形下，其效力应如何认定？这是实践中经常遇到的问题，对此，应视不同情形加以区别认定。

（一）签订合同时，已经取得商品房预售许可证，但欠缺其他四证之一的

实践中有观点认为，《城市房地产管理法》规定的商品房预售的四个条件是进行商品房预售所必须同时具备的法定要件，缺一不可，否则商品房预售合同应认定为无效。我们认为，此种观点实际上并未正确认识商品房预售许可证与其他四证的关系，两者之间并非并列关系。实际上，预售许可证的取得是具备了前三个要件的结果。《城市房地产管理法》总体而言是行政管理法，主要是对出卖人的开发经营行为进行行政管理和规范。该法规定的商品房预售许可证制度，其实质就是房地产行政管理部门通过行政许可行为对出卖人预售商品房的行为进行实质性审查的制度，商品房预售条件也反映了出卖人与房地产行政管理部门的关系。从《城市房地产开发经营管理条例》的规定看，该条例第 23 条对商品房预售条件作了与《城市房地产管理法》第 45 条基本一致的规定，其第 24 条进一步明确列举了房地产开发企业申请办理商品房预售登记、取得商品房预售许可证明的必备条件，其中就包括该条例第 23 条和《城市房地产管理法》第 45 条规定的前三个条件。这表明只要出卖人按照法定程序向房地产行政管理部门申请办理并取得预售许可证明的，即可认定其具备全部预售条件。人民法院在认定商品房预售合同的效力时，只是从形式上进行审查，只要商品房预售合同系出卖人在取得商品房预售许可证明的情形下签订的，即可认定合同有效。至于是否法律规定的具备取得商品房预售许可证的条件，属于实质审查的内容，是房地产行政管理部门的权限，因房地产行政管理部门的原因导致出卖人已经取得商品房预售许可证但实际上却不具备《城市房地产管理法》第 45 条规定的要件的，不影响商品房预售合同的效力。

（二）签订合同时，未取得商品房预售许可证的

《商品房买卖合同解释》第 2 条规定："出卖人未取得商品房预售许可证明，与买受人订立的商品房预售合同，应当认定无效，但是在起诉前取得商品房预售许可证明的，可以认定有效。"该条是关于商品房预售

合同效力和补办商品房预售许可证明对合同效力影响的解释。依此解释，在签订合同时，商品房预售行为虽不符合前述预售条件，但只要出卖人在起诉前取得商品房预售许可证明，预售合同的效力就得以补正，人民法院可以认定商品房预售合同有效。

那么，出卖人未取得商品房预售许可证明，与买受人订立的商品房预售合同，是否在起诉前未取得商品房预售许可证明的，就应当认定为无效呢？换言之，出卖人最迟于何时取得商品房预售许可证，商品房预售合同能够被认定有效呢？司法实践中，基于尽量促使合同有效成立和维护交易安全等考虑，将商品房预售许可证最迟取得时间在《商品房买卖合同解释》第 2 条规定的“起诉前”的基础上，进一步放宽至“一审辩论终结前”。如在再审申请人鄂州市文松房地产开发有限公司与被申请人鄂州市中医医院房屋买卖合同纠纷［（2013）民申字第 1012 号］一案中，最高人民法院经审查认为：“文松公司与鄂州中医院签订《商品房买卖合同》时虽未取得涉案商品房的建设用地使用权，但在本案一审时该公司已取得商品房预售许可证、建设工程规划许可证、建设用地规划许可证、建筑工程施工许可证。《最高人民法院关于审理商品房买卖合同纠纷案件适用法律若干问题的解释》第二条规定：‘出卖人未取得商品房预售许可证明，与买受人订立的商品房预售合同，应当认定无效，但是在起诉前取得商品房预售许可证明的，可以认定有效。’本案一、二审判决依据上述规定，认定《商品房买卖合同》有效，并无不当。”① 实际上，在《商品房买卖合同解释》出台之前，对于这一问题，最高人民法院对同类案件审理的裁判意见就已明确了这一司法态度。在潮阳市光大伟联房产开发有限公司与广东骏业（集团）有限公司承包销售合同纠纷［（2002）民一提字第 3 号］一案中，最高人民法院就指出：“光大伟联公司拥有该项目的开发及所涉商品房的销售权，虽然双方在签订第九、十栋商品房委托销售协议时尚未取得该两栋楼的预售许可证，但在一审诉讼期间完善了预售手续，因此不影响合同效力。”

① 中国裁判文书网：http：//www.court.gov.cn/zgcpwsw/zgrmfy/ms/201312/t20131230_185685.htm。

笔者认为，上述案例所体现出来的处理此类问题的司法态度和原则，值得重视和肯定。同时，其所体现出的司法政策倾向和精神，值得我们对此类问题予以更深入的思考，即在合同效力的认定问题上，应当从尽量维护民事法律关系的稳定的角度出发，优先适用保护交易及当事人合法权益的规定。因此，推而广之的一个问题就是，在合同法及其司法解释出台后，对当事人以未取得预售许可证为由，基于《城市房地产管理法》第 45 条以及《商品房买卖合同解释》第 2 条的规定主张商品房预售合同无效，应当如何处理？我们认为，合同法的立法目的是尽量促使合同有效，确保交易安全，最大限度地维护双方当事人的合法权益。《合同法解释（一）》第 3 条规定："人民法院确认合同效力时，对合同法实施以前成立的合同，适用当时的法律合同无效而适用合同法合同有效的，则适用合同法。"其既明确体现了合同法的这一立法理念，也是合同类纠纷中对合同效力认定所应遵循的基本理念。因此，根据上述理念，基于法律是指导人们行为的准则，只有在其公布后才能成为约束人们行为的规范，法律具有稳定性和预期性的特点，故原则上按照"法不溯及既往"的原则处理，如果按照之前的相关规定应认定合同无效，但按照新的规定应认定合同有效的，可按合同有效处理。《合同法解释（二）》第 14 条规定："合同法第五十二条第（五）项规定的'强制性规定'，是指效力性强制性规定。"对认定合同效力所依据的强制性规定作了进一步的限缩解释，即限于法律、行政法规的效力性强制性规定。而就法律性质而言，包括商品房预售许可证在内的"五证"要求，均系房地产行政管理部门对房地产企业行为规范管理的规定，即管理性强制性规定，违反上述规定擅自进行商品房预售的，当然应当承担相应的行政责任（即由县级以上人民政府房产管理部门责令停止预售活动，没收违法所得，可以并处罚款），但却并不违反效力性强制性规定。因此，综上所述，商品房预售许可证的有无，不应再成为影响合同效力的因素。而且，民事合同的有效，更有利于保护对此没有过错的当事人的合法权益。当然，这一观点在当前的司法实践中尚未成为普遍做法，在当前的商品房预售合同纠纷裁判中，主流做法仍然是以《商品房买卖合同解释》第 2 条为主要依据。笔者认为，实施于 2003 年的《商品房买卖合同解释》第 2 条，已经与

《合同法解释（一）》和《合同法解释（二）》所体现的原则和理念不相吻合，适用《商品房买卖合同解释》第2条已经成为阻碍相关裁判与时俱进的障碍，最高人民法院应及时通过司法解释清理或者修改等方式对该条规定予以废止。在此之前，对商品房预售合同的效力问题，可按照上文分析的思路和依据加以认定，即使因各种原因无法按此操作的，也应秉承着不轻易否定合同效力和尽可能促成合同效力的理念进行认定，接下来分析的几个问题亦可作参考。

### （三）商品房预售合同签订后，商品房预售许可证被行政管理部门撤销的

即使抛开上一个问题中我们关于商品房预售许可证的有无不应成为影响商品房预售合同效力因素的观点，对于这一问题，实践中也存在不同观点。第一种观点认为，取得商品房预售许可证是进行商品房预售不可或缺的法定条件，商品房预售许可证一旦被撤销，说明出卖人预售商品房违法，商品房预售合同即违反了法律、行政法规的强制性规定，应认定为无效。第二种观点认为，《商品房买卖合同解释》第2条只是规定在签订商品房预售合同时需取得预售许可证明，合同即为有效，如果事后预售许可证明被撤销，系基于房地产开发企业违反了行政管理法规所致，也是行政管理机关履行行政管理职责的需要，并不必然导致合同无效。

我们同意第二种观点。商品房预售许可制度解决的是市场资格的准入问题，是否颁发商品房预售许可证是一种行政管理行为，合同签订后，预售许可证被撤销，影响的只是出卖人履行合同的能力，如果因此导致预售合同无法继续履行，买受人无法办理房屋权属登记，买受人可以要求出卖人承担违约责任，而非据此认定合同无效。

### （四）签订商品房预售合同时，出卖人持有的商品房预售许可证已过有效期的

对此，司法实践中存在截然相反的两种观点。一种观点认为，商品房预售许可证已过有效期和没有取得商品房预售许可证在本质上并无区

别，此时出卖人预售商品房即构成违法，商品房预售合同应为无效。另一种观点认为，商品房预售许可证已过有效期与自始未取得商品房预售许可证存在本质上的区别，出卖人取得预售许可证即具备预售资格，不因该证过期而丧失预售资格。

笔者认为，《商品房买卖合同解释》第 2 条的目的是通过对出卖人是否取得商品房预售许可证进行形式审查，以确认该商品房的预售行为是否符合《城市房地产管理法》第 45 条和《城市房地产开发经营管理条例》第 23 条规定的房地产开发企业预售商品房的条件。出卖人取得预售许可证证明其已经具备了预售资格。因此，商品房预售许可证已过有效期与自始未取得商品房预售许可证存在本质上的区别，不应因预售许可证过期而丧失预售资格，更不应因此而影响商品房预售合同的效力。目前，部分省市如广东省东莞市核发的《商品房预售许可证》不再设置许可有效期，这也从另一个侧面说明了商品房预售许可证的有效期并非影响商品房预售条件是否成就的因素之一。在深圳经济特区实验外贸公司与深圳市岗厦实业股份有限公司合同纠纷［（2014）深中法房终字第 1136 号］一案中，深圳市中级人民法院二审认为：“文蔚大厦项目于 1998 年 8 月取得编号为深（福）房许字（1998）035 号的《房地产预售许可证》，其有效期限至 2000 年 8 月 13 日，该事实表明文蔚大厦项目并不符合《最高人民法院关于审理商品房买卖合同纠纷案件适用法律若干问题的解释》第二条关于商品房预售合同无效的情形，实验外贸公司与岗厦公司以商品房预售许可证过了有效期为由主张买卖合同无效的理由不成立。”

### （五）出卖人未取得商品房预售许可证，但在起诉前期房已转化为现房的

对此，实践中存在不同观点。一种观点认为，该种情形符合《商品房买卖合同解释》第 2 条的规定，应认定商品房预售合同无效。另一种观点认为，商品房已从期房转化为现房后，已经具备交付业主使用的条件，商品房预售许可要件的缺失已在事实上得到根本补正，合同应当认定有效。

笔者认为，设立预售许可证制度的意义在于保障购房人利益，限制

开发商任意销售行为，防止楼盘烂尾，以致购房人利益受损。《商品房买卖合同解释》第2条的目的是通过对出卖人是否取得商品房预售许可证进行形式审查，以确认该商品房的预售行为是否符合法律规定的出卖人预售商品房的条件。在诉讼时，如开发商的房屋已属于现售，即房屋现状已经能满足购房人使用需要，基于对《商品房买卖合同解释》第2条的目的解释，以及鼓励交易、促进交易安全的角度，应认定合同有效。如《江苏省高级人民法院公报》2010年第6期刊载的“汪隐杰诉益林开发公司、洪斌分公司商品房买卖合同纠纷案”作出的裁判摘要认为：“对于起诉前合同标的物已经由期房转化为现房的商品房预售合同效力认定问题，基于现房销售无需取得预售许可证可以直接进入市场交易，人民法院应当遵循《合同法》立法宗旨，尊重当事人真实意思表示，在不损害国家、集体或者第三人利益原则下，积极补正认定买卖合同有效，促进市场流通并维护诚信交易。”

## 二、如何认定出卖人“故意隐瞒没有取得商品房预售许可证明”

《商品房买卖合同解释》第9条规定出卖人故意隐瞒没有取得商品房预售许可证明事实的，应当承担惩罚性赔偿责任，向买受人承担不超过已付购房款一倍的赔偿责任。实践中，对于哪些情形属于出卖人故意隐瞒未取得预售许可证明的行为，存在一定争议。

有观点认为，《城市房地产开发经营管理条例》第27条第1款规定：“房地产开发企业预售商品房时，应当向预购人出示商品房预售许可证明。”出卖人在签订合同时负有向买受人“出示”其预售许可证明的义务，如果出卖人没有取得预售许可证明，其应当主动向买受人履行如实说明的告知义务。因此，如果出卖人不能举证证明其在签订合同时已向买受人履行了告知义务，就应当认定出卖人构成“故意隐瞒”，承担惩罚性的赔偿责任。实践中出现过商品房买卖合同中“商品房的销售依据”一栏的空白处未填写任何文字的情形，依上述观点，就应当视为出卖人未明确向买受人履行告知、说明义务，构成“故意隐瞒”。

笔者认为，上述观点值得商榷。《商品房买卖合同解释》中的出卖人

"故意隐瞒"，应当指出卖人故意向买受人提供取得预售许可证明的虚假事实，或者在买受人询问时，故意隐瞒未取得预售许可证明的事实，致使买受人陷入错误意思表示的行为。其主要理由是：

第一，依据民法理论，故意隐瞒属于欺诈的一种表现形式。《最高人民法院关于贯彻执行〈中华人民共和国民法通则〉若干问题的意见（试行）》（以下简称《民法通则意见（试行）》，现已部分废止）第68条规定："一方当事人故意告知对方虚假情况，或者故意隐瞒真实情况，诱使对方当事人作出错误意思表示的，可以认定为欺诈行为。"据此，认定一方当事人的行为构成欺诈，一般须具备以下四个条件：欺诈方具有欺诈的故意；欺诈方实施了欺诈行为；被欺诈的一方因欺诈而陷入错误；被欺诈方因错误而做出了意思表示。因此，认定出卖人的行为是否构成故意隐瞒应当适用上述判断标准，特别是应当审查出卖人是否具有故意隐瞒未取得预售许可证明的意思表示，并主动实施了隐瞒的行为，不同时具备上述要件的，不能认定出卖人构成"故意隐瞒"。

第二，《商品房买卖合同解释》第9条参考了《消费者权益保护法》有关惩罚性赔偿的规定，由出卖人承担惩罚性赔偿责任，旨在对出卖人的恶意行为予以惩罚，维护相对弱势的买受人，因此，在认定出卖人是否存在故意瞒行为时，更应该强调其主观上的恶意，对于出卖人的默示行为，如合同"商品房的销售依据"一栏的空白处未填写任何文字等情形，在法律没有明确规定前，不宜将出卖人的默示行为等同于故意隐瞒。

第三，买受人作为合同相对方，在订立合同时也应负有一定的注意义务。由于我国采取商品房预售许可证明公示制度，买受人在购买房屋时对于出卖人是否取得预售许可证明应当进行必要的查询，在签订合同时如果约定中未标明预售许可证号，买受人应当对此产生合理怀疑，并进行相应的询问。如果买受人不能提供证据证明其已尽到了合理注意义务，并且出卖人对此进行了虚假陈述时，不应认定出卖人的不作为行为构成"故意隐瞒"，并承担惩罚性的赔偿责任。

## 三、商品房预售合同登记备案的法律效力

当事人签订商品房买卖合同后到房屋登记机构进行商品房预售合同备案登记的行为，是否属于《物权法》所规定的预告登记行为，是否产生相应物权效力，这是实践中经常要面对的一个基础性问题。

关于商品房预售登记备案，《城市房地产管理法》第45条第2款规定："商品房预售人应当按照国家有关规定将预售合同报县级以上人民政府房地产主管部门和土地主管部门登记备案。"该条规定是商品房预售合同登记备案制度的法律基础。1994年《城市商品房预售管理办法》第10条（此条现已经2004年7月20日《建设部关于修改〈城市商品房预售管理办法〉的决定》修正）规定："商品房预售，开发经营企业应当与承购人签订商品房预售合同。预售人应当在签约之日起30日内持商品房预售合同向县级以上人民政府房地产管理部门和土地管理部门办理登记备案手续。"第13条（此条现已经2004年7月20日《建设部关于修改〈城市商品房预售管理办法〉的决定》修正）第3项规定："开发经营企业在预售商品房中有下列行为之一的，由房地产管理部门处以警告、责令停止预售、责令补办手续、吊销商品房预售许可证，并可以处罚：……（三）未按规定办理备案和登记手续的。"《城市房地产开发经营管理条例》第27条第2款规定："房地产开发企业应当自商品房预售合同签订之日起30日内，到商品房所在地的县级以上人民政府房地产开发主管部门和负责土地管理工作的部门备案。"第39条规定："违反本条例规定，擅自预售商品房的，由县级以上人民政府房地产开发主管部门责令停止违法行为，没收违法所得，可以并处已收取的预付款1%以下的罚款。"2001年8月15日，建设部依据《城市房地产管理法》和《城市房地产开发经营管理条例》对《城市商品房预售管理办法》进行了修正，修正后的《城市商品房预售管理办法》第13条修改为："开发企业未按本办法办理预售登记，取得商品房预售许可证明预售商品房的，责令停止预售、补办手续，没收违法所得，并可处以已收取的预付款1%以下的罚款。"我们认为，从上述法律、行政法规和部门规章的规定看，预售登记备案并

不是一种物权意义上的登记备案，它的法律价值只在于通过行政管理的手段，来保护商品房交易的安全，最大限度地保障商品房买卖合同目的的实现。换言之，该制度只是一种行政管理手段而已，登记机构在登记备案的时候通过审查开发商的预售资格以及防止开发商一房多卖，这在一定程度上能保证交易的顺利进行。商品房预售合同登记备案制度通过登记备案来公示这个合同，公示的是一个特定的债权债务关系。这个公示当然不具有物权的公示效力，只是使得购房者获得了一种期待权，期待在将来可以顺利地实现该房屋的所有权。商品房预售合同的登记备案对开发商而言是一项行政法意义上的义务，如果开发商未履行该义务，其所承担的不利后果也只是行政处罚。登记备案与否不仅对商品房买卖合同的效力没有影响，更不会对合同之外第三方产生物权公示效力。

在司法实务中容易与预售登记备案行为混淆的是预告登记行为。《物权法》第 20 条规定："当事人签订买卖房屋或者其他不动产物权的协议，为保障将来实现物权，按照约定可以向登记机构申请预告登记。预告登记后，未经预告登记的权利人同意，处分该不动产的，不发生物权效力。预告登记后，债权消灭或者自能够进行不动产登记之日起三个月内未申请登记的，预告登记失效。"预告登记属于不动产物权登记制度中的一种，其所登记的不是已经完成的不动产物权变动，也就是说，不是现实的物权变动，而是目的在于保障将来实现物权，在法定期限内具有一定的物权公示效力。预告登记主要包括三种情况，即预购商品房的预告登记、以预购商品房设定抵押的预告登记及房屋所有权转让、抵押的预告登记。就预购商品房的预告登记而言，就是为了使得预购人在预购的房屋办理了所有权初始登记之后，能够办理所有权转移登记，从而确定取得房屋的所有权。

因此，两种制度虽然有一定联系和相似之处，但也具有明显区别：

第一，目的不同。预售登记备案制度是一种行政管理制度，其目的在于对房地产开发经营企业的商品房预售行为进行行政管理；而预告登记制度是不动产登记制度，其目的在于赋予当事人因合同而取得的债权以优先和对抗效力。

第二，申请主体不同。预售登记备案是开发商一方申请登记备案的，这是具有强制性的，换言之，它是开发商的一项义务，开发商如不履行该义务将会受到行政处罚。而预告登记是在双方合意之下申请的，不具有强制性。在双方达成合意后可以申请登记，也可以不申请预告登记；双方达成合意后，如果开发商不按照约定与购房人一起申请时，购房人也可以单方申请预告登记。

第三，登记的内容不同。预售备案登记的内容是对商品房预售合同本身进行备案，而预告登记的内容是“未经权利人同意，处分该不动产不发生物权效力”，即向社会公众宣示特定债权已被特殊保护。

第四，适用范围不同。预售登记备案只是适用于商品房预售合同，适用范围较窄。而预告登记则适用于预购商品房预告登记、预购商品房抵押权预告登记、房屋所有权转移预告登记等多种情况，适用范围较宽。

第五，时间要求不同。预售备案登记没有时间或期限上的要求，不需要在出现特定法律事实或经过一定期限后再行登记；而预告登记后，当债权消灭或者自能够进行不动产登记之日起三个月内未申请登记的，预告登记将失效。

因此，商品房预售合同备案登记在登记的目的、内容、方式、时限上与《物权法》规定的预告登记存在明显区别。商品房预售合同虽因备案登记而得以公开，但不具有预告登记的效力。

## 四、登记备案与商品房预售合同的效力

对商品房预售来说，由于销售时该商品房尚未建成，此时因标的物不存在，则于其上也不可能成立所有权或其他物权，不可能产生现实的物权变动问题，但是该商品房终究会竣工，那时其所有权或其他物权也均会实现。既然房屋所有权终有实现的可能，则在其确定的实现之前，预售人就有将其再行转让给第三人的可能，因此就需要设定一种制度来进行防范。在我国，商品房预售合同登记是商品房预售管理的一部分，有较强的行政性质。根据《城市房地产管理法》第 45 条第 2 款的规定：“商品房预售人应当按照国家有关规定将预售合同报县级以上人民政府房产管理部门和土地管理部门登记备案。”我国法律规定商品房预售合同需

要登记，旨在通过预售合同登记对开发商预售行为的合法性进行审查，以维护预购人的利益。在司法实践中，长期存在将登记作为合同生效要件的做法，对未办理登记手续的房地产买卖合同一律认定为无效，其弊端是显而易见的。为了避免这一错误，《合同法解释（一）》第 9 条明确规定："法律、行政法规规定合同应当办理登记手续，但未规定登记后生效的，当事人未办理登记手续不影响合同的效力。"因此，《商品房买卖合同解释》第 6 条第 1 款规定："当事人以商品房预售合同未按照法律、行政法规规定力理登记备案手续为由，请求确认合同无效的，不予支持。"

当然，如果双方当事人约定以办理登记备案手续作为商品房预售合同生效的条件，由于合同的这一特别约定并未违反我国法律、行政法规的强制性规定，一般而言，应当从其约定，尊重当事人的意思自治。当时，在一方当事人已经履行合同主要义务、对方当事人也已经接受时，由于在实际履行过程中，一方当事人已经履行了主要义务，而对方也已经接受，这体现了当事人双方意思表示的一致性，表明了当事人对合同的态度，此时，合同应当认定为有效。对此，《商品房买卖合同解释》第 6 条第 2 款规定："当事人约定以办理登记备案手续为商品房预售合同生效条件的，从其约定，但当事人一方已经履行主要义务，对方接受的除外。"

## 五、房地产公司在预售商品房时未告知购房人所购房屋内铺设公共管道，应否承担民事赔偿责任

实践中，对此存在两种不同观点：第一种观点认为，因当事人在合同中没有约定管道铺设内容，因此，买受人起诉请求追究房地产公司的违约责任没有合同依据。第二种观点认为，虽然双方当事人订立的房屋买卖合同中未约定管道铺设内容，但是根据《合同法》第 24 条第 2 款的规定，在订立合同过程中一方故意隐瞒与订立合同有关的这一事实或者有提供虚假情况的，给对方造成损失的，应当承担赔偿责任的规定，房地产公司应承担相应的赔偿责任。

我们同意第二种观点。主要基于以下理由：

第一，房地产公司告知买受人所购房屋中铺设有公共管道设施是应尽的义务。《合同法》第 60 条第 2 款规定，当事人应当遵循诚实信用原则，根据合同的性质、目的和交易习惯履行通知、协助、保密等义务。这是法律关于合同当事人附随义务的规定。据此，一方当事人负有对有关对方当事人利益的重大事项的通知义务。房地产公司与买受人签订的是商品房预售合同，房屋买卖时房屋尚未建成。对此，房地产公司在预售房屋时应如实告知买受人所购房屋的翔实情况。关于房屋中铺设公共管道，房地产公司应否告知买受人问题。通常情况下铺设公共管道的房屋，就是被人们称为管道间或者管道层的房屋，一般情况下该类房屋层高比其他楼层高，或者是在房屋内部有明显的掩盖凸起的部分。不管房屋中的管道是否进行过装修，是否影响房屋居室的使用和美观，房地产公司在出售该类房屋时，均应履行告知义务。该问题绝不能以房地产公司所说的房屋中的管道亦进行了局部装修，不影响房屋居室的使用和美观为标准，认定是否应履行告知义务，而应以通常人们对此问题的普遍认识及案件的实际情况进行认定。而且，房屋中铺设公共管道不仅在视觉上会有影响，可能还会有噪音及使用过程中对管道维修等给买受人造成一些影响。

第二，不能以房屋买卖合同中没有管道内容约定为由，免除房地产公司的赔偿责任。《合同法》第 6 条、第 42 条均规定了从事民事经济商业活动应当遵循诚实信用原则。诚实信用意味着善意诚信的交易道德。在民事活动中，讲求真诚，恪守信用，不得有虚假和欺诈行为是人们在商业活动中应当遵循的法律义务。在合同的订立、履行、变更、解除的各个阶段，当事人都应当依据诚实信用的原则行使权利和履行义务。在双方当事人发生纠纷时，亦应依照诚实信用原则妥善处理争议，避免给当事人造成不必要的损失。

# 判解精要

## 一、在无特别约定的情况下，因解除合同导致的已缴税款损失应当由纳税主体承担

**【案例索引】**

梁吉与北京亚通房地产开发有限责任公司商品房预售合同纠纷案①：一审：北京市通州区人民法院（2013）通民初字第 11920 号，二审：北京市第三中级人民法院（2013）三中民终字第 01752 号。

**【基本案情】**

2010 年 12 月 26 日，梁吉（买受人）与北京亚通房地产开发有限责任公司（出卖人，以下简称亚通房地产公司）签订《北京市商品房预售合同》，合同对标的、单价、总价款 3156534 元等事项进行了约定。同日，梁吉与亚通房地产公司签订《补充协议》，约定：梁吉已按预售合同约定付清房款且不存在协议第 6 条约定情况的，可在本协议约定的退房期限内申请无理由退房，并无须承担任何违约责任；自 2012 年 10 月 15 日起 15 日内，梁吉可按本协议第 1 条之约定申请无理由退房；自本协议第 3 条 1、2、3 项约定事项办理完毕之日起 90 日内，亚通房地产公司应将梁吉已支付的房款退还给梁吉，并按梁吉实际已支付房款金额的 10% 向梁吉支付退房补偿金，作为对梁吉因购买该商品房及按本协议约定无理由退房所遭受损失的补偿，但本协议另有约定除外。梁吉因购买该商品房及按本协议约定无理由退房所发生的各项费用（包括但不限于按揭贷款或公积金贷款利息、印花税、担保费、保险费、误工费、交通费等）由梁吉自行承担等内容。梁吉向亚通房地产公司支付了全部房款后，在约定期间内办理了退房手续。按补充协议约定亚通房地产公司应向梁吉

① 中国裁判文书网：http：//www.court.gov.cn/zgcpwsw/bj/bjsdszjrmfy/ms/201402/t20140227_403946.htm。

支付退房补偿金 315653.4 元，亚通房地产公司向梁吉支付退房补偿金 77185.08 元，这其中扣除了营业税、土地增值税等费用。扣除印花税、刷卡费等费用外亚通房地产公司尚欠梁吉退房补偿金 236740.05 元未给付。梁吉提起本案诉讼，请求判令亚通房地产公司支付 10%的退房补偿金的差额 236740.05 元。

**【审判要览】**

一审法院认为，梁吉按照约定向亚通房地产公司全额支付房款，并在合同约定期间办理退房手续，亚通房地产公司理应向梁吉支付退房补偿金，梁吉要求亚通房地产公司支付差额补偿款的诉讼请求，法院予以支持。亚通房地产公司辩称因退房而产生的各项税费由梁吉承担的抗辩意见，因其未提供充足的证据加以佐证，故法院不予采信。

二审法院认为，当事人对自己提出的诉讼请求所依据的事实或者反驳对方诉讼请求所依据的事实有责任提供证据加以证明，没有证据或者证据不足以证明当事人的事实主张的，由负有举证责任的当事人承担不利后果。梁吉与亚通房地产公司签订的《北京市商品房预售合同》及《补充协议》是双方真实意思表示，合法有效，双方应当按照约定全面履行自己的义务。梁吉在约定的期限内申请退房，亚通房地产公司应依约定向梁吉支付退房补偿金，但其只向梁吉支付了部分款项。亚通房地产公司称依照《补充协议》约定，梁吉应自行承担的费用中应包括土地增值税和营业税及附加（教育费附加、城市建设维护税）。依据相关规定，梁吉并不是负有缴纳土地增值税和营业税及附加（教育费附加、城市建设维护税）义务的纳税人，且在《补充协议》第 5 条中并没有明确约定买受人应自行承担的各项费用中包括土地增值税和营业税及附加（教育费附加、城市建设维护税）；因此，亚通房地产公司作为履行支付退房补偿金义务的义务人，对《补充协议》第 5 条所作出的有利于己方的解释，依据不足。故亚通房地产公司关于梁吉应自行承担土地增值税和营业税及附加（教育费附加、城市建设维护税）的主张，不予采信。故判决驳回上诉，维持原判。

**【裁判解析】**

出卖人与买受人签订商品房买卖合同后，存在较长时间的合同履行期。在此期间，作为出卖人的开发商，基于房屋销售行为要向税务机关缴纳土地增值税、营业税及其附加、企业所得税等税收；买受人在办理房屋产权登记前需要缴纳维修基金、契税等税费。

税收法律制度规定了税收法定的原则，即某一税种的纳税义务人、税率、征缴时间等都由法律规定。国家税务机关根据税收法律制度，向纳税义务人征收税款。在此种税收征收关系中，纳税义务人的义务不能由他人替代，税务机关非依法律规定，也不得向非纳税义务人征收税款。故在纳税环节，应当是纳税义务人各缴各税，在符合法律规定的情况下办理退税时，也只能是相应履行了纳税义务的纳税义务人申请办理。税款作为交易或经营成本的组成部分，法律并不禁止交易当事人在履行纳税义务的前提下，就税款的最终承担进行约定，分配交易双方的经济责任。

本案中，亚通房地产公司根据国家税法的规定，就与梁吉之间的《商品房预售合同》项下的交易履行纳税义务后，由于该合同解除享有要求税务机关退回相应税款的权利。该合同项下相应款项没有退回，是亚退房地产公司与税务机关之间的税收管理关系。在亚通房地产公司与梁吉之间就此项损失的承担没有特别约定的情况下要求梁吉承担税款“损失”，没有法律和合同依据，其主张不应支持。

## 二、因未取得有关行政许可而致商品房预售合同无效，出卖人应当承担主要责任；买受人因此丧失交易机会而存在客观损失的，有权要求出卖人赔偿该损失

**【案例索引】**

海南昌旺达置业顾问有限公司与海南宇昌房地产开发有限公司、第三人海南瑞昌润房地产开发有限公司商品房预售合同纠纷案[①]：一审：海南省第一中级人民法院（2012）海南一中民初字第23号，二审：海南省高级人民法院（2012）琼民一终字第41号，再审：海南省高级人民法院

① 中国裁判文书网：http：//www.court.gov.cn/wenshu/xiangqing－8189.html。

(2013）琼民再终字第4号，终审：最高人民法院（2014）民抗字第75号。

**【基本案情】**

2009年7月4日，海南宇昌房地产开发有限公司（以下简称宇昌公司）与案外人京美城公司签订《合作开发房地产合同书》约定：宇昌公司提供位于海南省文昌市文航路包括涉案房产所占土地在内的约64亩土地与京美城公司合作，京美城公司提供全部开发建设资金和销售费用，并负责整个项目策划、建设和销售等工作。

2009年12月30日和2010年1月13日，海南昌旺达置业顾问有限公司（以下简称昌旺达公司）与宇昌公司分别签订两份《房产买卖合同》。第一份合同交易房产的面积为5000平方米，单价2200元/平方米，房款1100万元。第二份合同交易房产的面积为8000平方米，单价2550元/平方米，房款2040万元。双方并明确了13000平方米房产的具体位置。两份合同均约定，如宇昌公司在两年内未能如期完成施工并验收成功取得房产证，在一个月内昌旺达公司有权单方面终止合同，宇昌公司必须赔偿昌旺达公司所支付的双倍款项并承担昌旺达公司所受损失。昌旺达公司按合同约定的时间向宇昌公司支付了两笔总计1570万元的购房款。2010年2月8日，宇昌公司致函昌旺达公司，要求终止两份《房产买卖合同》并支付违约金200万元。2011年1月19日，宇昌公司又致函昌旺达公司称，两份《房产买卖合同》因违反法律强制性规定为无效合同。2011年1月22日，宇昌公司向昌旺达公司借款1000万元并出具《借条》，承诺借款期限为18个月（2011年1月21日至2012年7月20日），如借款人没钱还，可商量延迟到2012年12月20日，不计息。并承诺将其所有的两块土地作为借款的抵押物。同时，宇昌公司在一份《声明》中称，同意友好处理涉案房屋买卖合同的履行……在取得预售许可证时与昌旺达公司签订正式的商品房买卖合同。同日，宇昌公司与瑞昌润公司签订一份《项目合作合同书》，约定将上述两块土地以与瑞昌润公司合作的形式作为昌旺达公司借款1000万元的担保。随后，宇昌公司将该两块地的土地使用权证原件交给瑞昌润公司法定代表人叶定化。2011年1月23日，受昌旺达公司委托，瑞昌润公司的法定代表人叶定化从其个人账户给宇昌公司法定代表人王刚汇款1000万元。

2011年4月18日，京美城公司因合资、合作开发房地产合同纠纷向法院起诉宇昌公司，并追加昌旺达公司作为第三人参加诉讼，请求法院确认宇昌公司、昌旺达公司签订的两份《房产买卖合同》无效。诉讼过程中，各方达成《调解协议书》约定：（1）在完成原抵押的两块土地转让手续之日，宇昌公司收回双方之前签订的两份《房产买卖合同》中的11000平方米的房产，剩余的2000平方米房产，按2550元/平方米出售给昌旺达公司，由昌旺达公司重新选定具体楼层和房号；（2）为弥补昌旺达公司的相应损失，宇昌公司同意将两块土地以每亩20万元总计1380万元的优惠价出售给昌旺达公司指定的受让人瑞昌润公司，由宇昌公司和瑞昌润公司正式签订《土地转让合同》；（3）宇昌公司未能如期办妥土地使用权变更登记，则协议终止执行，各方纠纷另行依法处理。宇昌公司与昌旺达公司指定的瑞昌润公司签订了《土地转让协议》，宇昌公司承诺，如在2个月内无法将两块土地过户到瑞昌润公司名下，那么，原向叶定化及昌旺达公司的无息借款1000万元应当立即连本带息返还。据此，瑞昌润公司受昌旺达公司委托，支付了首笔土地转让款1000万元及相关税费。

截至2011年12月30日，双方约定转让的土地未能办理土地使用权变更登记手续。昌旺达公司多次提出继续履行和解除合同的方案，宇昌公司均未在合理期限内作出回应。

至本案一审开庭审理时，涉案项目仍未取得商品房预售许可证。一审法院委托评估机构对涉案房产价格进行了评估。2012年4月5日，评估机构出具的《司法技术鉴定报告》载明涉案房产在估价时点2012年3月22日的公开市场价值总额为7585.84万元，平均市值单价5835.3元/平方米。

昌旺达公司起诉请求：（1）确认2009年12月30日、2010年1月13日的《房产买卖合同》无效，宇昌公司返还昌旺达公司购房款1570万元，赔偿损失4600万元；（2）……（4）宇昌公司承担本案的诉讼费用。

**【审判要览】**

一审法院认为，双方签订两份《房产买卖合同》时，涉案房屋尚未开工建设，故双方所签订的两份《房产买卖合同》实质是商品房预售合同。本案成讼时，该两份《房产买卖合同》所交易的房产仍未取得预售许可证。根据《商品房买卖合同解释》第2条之规定，该两份合同应当认定无效。同时因办理商品房预售许可证的义务属于宇昌公司，因宇昌公司未积极履行该义务，向昌旺达公司借款1000万元且又收取了土地转让款1000万元后，违反诚实信用原则，于上述两合同订立后长达两年多的时间里未能办理约定的房产预售许可证，最终导致合同无效，宇昌公司对合同无效负有主要过错，应承担60%的过错责任。昌旺达公司在与宇昌公司签订商品房预售合同时，未能尽到谨慎审查的注意义务，存在一定的缔约过失，应承担40%的过错责任。

关于昌旺达公司是否存在损失，损失应如何计算的问题。昌旺达公司因无效合同所致的损失，主要为因信赖合同有效可获取房屋而实际并未取得房屋所致的价格差额部分的损失，该损失即为昌旺达公司的信赖利益损失。昌旺达公司与宇昌公司签订合同时交易房屋的价格分别为2200元/平方米和2550元/平方米，交易总价为3140万元。根据评估机构出具的评估报告，评估时点合同交易房屋的市场单价为5835.3元/平方米，合同交易房屋的总价值为7585.84万元。因此，合同交易房屋价值的差额4445.84万元即为昌旺达公司的信赖利益损失。宇昌公司依照《合同法》第42条、第58条的规定，应承担缔约过失的损害赔偿责任，赔偿昌旺达公司的信赖利益损失。故宇昌公司应按昌旺达公司损失总额的60%承担过错赔偿责任，赔偿昌旺达公司损失2667.5万元。据此，一审判决：(1)确认昌旺达公司与宇昌公司2009年12月30日、2010年1月13日签订的两份《房产买卖合同》无效。(2)宇昌公司于判决生效之日起十日内，向昌旺达公司返还购房款1570万元并赔偿损失2667.5万元。

二审法院维持了一审的前述判决内容。

海南省高级人民法院再审维持了原判决第一项，关于损失赔偿问题，该院认为，严格来说，无效合同不存在可信赖利益和期待利益的问题。

但依照《商品房买卖合同解释》第2条的规定，双方签订的合同实质上是属于效力待定的合同，如宇昌公司在约定的时间内，甚至在诉讼前取得了预售许可证，合同都是有效的，即本案合同无效的情形与因违反法律强制性规定而必然无效的合同完全不同。造成本案合同无效的主要责任和原因在于宇昌公司，昌旺达公司作为守约方，因本案合同无效，其所丧失的不仅仅是合同约定的房产，还丧失了利用同等交易机会在国际旅游岛大背景下获取巨大利润的机会。如果因宇昌公司故意不作为的行为，获得合同无效、房价大幅上涨带来的全部利益，昌旺达公司作为守约者，反得不到预期的利益，将导致利益失衡。一、二审判决参照有效合同的信赖利益和可期待利益计算原则，按照相关评估机构的鉴定报告，以该房屋的实际价差作为昌旺达公司的经济损失，判决宇昌公司按照其过错给予昌旺达公司损失赔偿并无不当，符合《合同法》第58条的规定。但依照《商品房买卖合同解释》第9条所规定的三种情形，导致合同无效或者被撤销、解除的，买受人可以请求返还已付购房款及利息、赔偿损失，并可以请求出卖人承担不超过已付购房款一倍的赔偿责任的规定，二审判决宇昌公司支付赔偿金2667.5万元超过了昌旺达公司实际支付的购房款2570万元，确实存在宇昌公司主张的赔偿数额过高的问题，应予以纠正，宇昌公司的赔偿数额应以2570万元为限。

最高人民检察院提起抗诉认为：海南省高级人民法院再审判决认定案件的基本事实缺乏证据证明，适用法律错误。再审判决已经正确认定合同无效，就不存在判决提出的“昌旺达公司作为守约方”以及“合同实质上是属于效力待定的合同”的问题，无效合同也不存在可信赖利益和期待利益。在此情况下，再审判决宇昌公司赔偿昌旺达公司的信赖利益和可期待利益损失自相矛盾，违反了法律关于无效合同的处理规定。本案不存在《商品房买卖合同解释》第9条所规定的三种情形，因二审已认定宇昌公司承担合同无效60%的责任，再审判令宇昌公司承担已付购房款一倍的全部赔偿责任，适用法律没有依据。

最高人民法院再审认为，本案一、二审、原再审中，宇昌公司、昌旺达公司对涉案两份《房产买卖合同》系商品房预售合同，因宇昌公司未取得房屋预售许可证而致合同无效的认定没有异议。最高人民法院再审中，宇昌公司仍未取得涉案房屋的预售许可证。故对海南省高级人民法院再审对本案两份《房产买卖合同》效力的认定予以维持。宇昌公司系本案房地产开发商，作为卖方，在销售其房产给购房人时，有义务和责任使销售标的达到行政许可的要求，积极促成合约。其在订立本案《房产买卖合同》后没有补办涉案房屋的预售许可证，至最高人民法院再审时仍未取得预售许可证，可见，宇昌公司无法使销售标的合法化是导致本案两份《房产买卖合同》不能生效的原因，故宇昌公司应当承担合同无效的责任。昌旺达公司作为购房人，订约时未能尽到审慎的注意义务，虽不是导致合同无效的推手，但亦应对合同无效的后果承担一定的责任。一、二审、原再审对本案合同无效及其后果的责任认定基本正确，应当予以维持。根据《合同法》第 58 条的规定，宇昌公司应返还昌旺达公司所付购房款。国家将海南确定为国际旅游岛后，海南房价明显上涨，一审法院委托的司法鉴定结论亦证实涉案房屋的市场价格已明显上涨，在此情况下，昌旺达公司已无法用原价购得相应地段、相应面积的房屋，该损失是客观存在和已经发生的事实，非将来预期可能要发生的事实。一、二审法院依据司法鉴定结论，以涉案房屋的市场溢价作为无效合同损失认定的基础，由宇昌公司承担因其主要过错给昌旺达公司造成的该部分损失 60％的赔偿责任并无不当。该认定符合《合同法》第 58 条关于无效合同损失的规定。昌旺达公司对合同无效造成的损失亦有过错，一、二审法院判令其承担损失部分 40％的责任已充分地考虑了双方的利益平衡问题，符合法律公平原则。综上判决维持海南省高级人民法院（2013）琼民再终字第 4 号民事判决。

**【裁判解析】**

商品房预售合同的订立，除了应当满足《合同法》关于合同效力的规定外，还会受到行政许可等事项的约束。虽然买卖双方都负有保证合同合法的义务，合同无效的情况下，双方都应当基于过错承担相应的责任，但主体地位的差异，决定了双方承担的义务不完全相同。出卖人是获得许可的从事房地产开发的专业机构，遵守国家关于商品房预售的法律政策是其最基本的义务；作为一个诚实守信的经营者，除必须遵守国家法律政策外，还有义务保障消费者（买受人）的知情权，使买受人能够在交易信息真实、完整的情况下作出意思表示；出卖人还应当积极促使标的、项目获得一切必要的许可，消除其存在的瑕疵，保障买受人在合同约定的时间里取得其预期利益。为维护社会经济秩序、保障消费者的合法利益，法律给予出卖人更重的保障合同合法有效的义务。买受人依法有权利和义务对于交易标的的合法性进行审查尽到谨慎的注意义务。因此，在商品房预售合同无效的情况下，出卖人理应承担主要的责任。特别是如本案的出卖人违反诚实信用原则，恶意使合同无效以图获取不正当利益的情况下，应当考虑令出卖人承担更多的经济责任，以维护基本的商业诚信。

根据《合同法》第58条的规定，合同无效或者被撤销后，因该合同取得的财产，应当予以返还；不能返还或者没有必要返还的，应当折价补偿。有过错的一方应当赔偿对方因此所受到的损失，双方都有过错的，应当各自承担相应的责任。就商品房预售合同而言，合同无效的原因一般在于出卖人一方，即使是如本案情况，在签订合同时买受人知道出卖人没有取得商品房预售许可证，由于出卖人有义务取得商品房预售许可证而使合同具有法律效力，直至最高人民法院再审时仍然没有取得许可证，也是出卖人自身原因造成的。因此，合同无效的责任主要应当由出卖人承担。买受人基于对出卖人的信赖签订无效的合同，在有证据证明其因此受有实际损害的情况下，依缔约过失责任，要求出卖人基于过错承担赔偿损失的责任，依法应当支持。

## 三、未正式办理网签手续，不影响房屋预售合同的效力

**【案例索引】**

北京中视联国际数字产业园建设有限公司与北京义会嘉置业有限公司商品房预售合同纠纷案[①]：一审：北京市第二中级人民法院（2014）二中民初字第03194－2号，二审：北京市高级人民法院（2015）高民终字

① 中国裁判文书网：http：//www.court.gov.cn/zgcpwsw/bj/ms/201508/t20150826_10468356.htm。

第 00782 号。

**【基本案情】**

2011 年 1 月 28 日、4 月 14 日，翁振拓与北京义会嘉置业有限公司（以下简称义会嘉公司）分别签订 YHJ－2011－010 号和 YHJ－2011－011 号《资产转让合同》。上述两份合同约定翁振拓采取首付 50%加按揭贷款 50%的方式购买义会嘉公司开发的坐落于北京经济开发区 3 号街区 B 栋和 A 栋 1～4 层的商业性房产。合同签订后，翁振拓共计支付了总购房款的 50%，即 81851970 元。2011 年 9 月，义会嘉公司取得 B 栋房产和 A 栋房产的商品房预售许可证。

2011 年 1 月 27 日，北京中视联国际数字产业园建设有限公司（以下简称中视联公司）出具《担保函》，载明：我公司承诺若翁振拓在购买义会嘉公司资产时，所有因该公司原因未能履行双方签订的资产转让合同的义务所致违约或损害等致使义会嘉公司无力承担合同中所需支付的本金及罚息等合同责任或赔付责任等均由我公司代为承担。

2011 年 11 月 24 日、2011 年 11 月 30 日，义会嘉公司与翁振拓签订《补充协议》、《补充协议（二）》，对合同的履行进行了进一步的约定。自 2012 年 5 月 30 日至 2012 年 11 月 2 日，义会嘉公司与翁振拓之间为签订《补充协议（三）》，双方多次邮件往来，内容主要集中在备案价格与《资产转让合同》约定价格之间差额的处理、贷款问题以及延期网签的违约责任等，但因存在分歧，双方未能达成一致。对上述补充协议没有履行、《补充协议（三）》没能签订的原因，义会嘉公司和翁振拓各执一词。

后双方未签订正式的房屋买卖合同，也未进行网签。义会嘉公司陈述自 2012 年 12 月起已将涉诉房屋另售他人。

2013 年 5 月 29 日，涉诉项目 A 栋竣工验收，2013 年 8 月 20 日，涉诉项目 B 栋竣工验收。

2013 年 6 月 8 日，翁振拓向北京市大兴区人民法院起诉，要求义会嘉公司履行合同义务向翁振拓交付房屋。义会嘉公司被诉后，恶意将涉诉房产加速出售给第三人。2014 年 4 月 9 日，北京市住房和城乡建设委员会（信息中心）网站显示，合同约定出售给翁振拓的房屋已经基本售完，合同目的已无法实现。翁振拓为证明其主张的房屋涨价损失，向一审法院提出评估申请，一审法院委托北京仁达房地产评估有限公司对位于北京经济技术开发区荣华中路5号院（易居国际）2号楼整栋及1号楼1～4层（用途为公寓、配套商业及配套服务用房）房地产市场价值进行了评估，作出《房地产估价报告》，结论为：1. 按《房屋所有权证》及《房屋面积测算技术报告书》建筑面积计算结果。(1) 按2号楼101号、102号用途为配套服务用房计算结果，房地产建筑面积：11291.35平方米，房地产价值总额：27542.57万元；单位面积房地产价值：24393元/平方米。(2) 按2号楼101号、102号用途为配套商业计算结果，房地产建筑面积：11291.35平方米，房地产价值总额：28783.33万元；单位面积房地产价值：25491元/平方米。2. 按《资产转让合同》签订建筑面积计算结果。房地产建筑面积9801.57平方米，房地产价值总额：24945.79万元，单位面积房地产价值：25451元/平方米。

现翁振拓依据《商品房买卖合同解释》第8条的规定，提起本案诉讼，请求判令：(1) 解除翁振拓与义会嘉公司签订的YHJ-2011-010号《资产转让合同》和YHJ-2011-011号《资产转让合同》；(2) 义会嘉公司返还翁振拓已付购房款81851970元及按照同期银行贷款利率计算到付清之日止的利息；(3) 义会嘉公司赔偿翁振拓因房屋涨价的损失163703940元；(4) 义会嘉公司支付翁振拓已付购房款一倍的81851970元；(5) 中视联公司对义会嘉公司承担的返还已付购房款及利息和赔偿责任（诉讼请求第2项到第4项，共计327407880元）承担连带责任。

**【审判要览】**

一审法院认为：商品房的认购、订购、预订等协议具备《商品房销售管理办法》第16条规定的商品房买卖合同的主要内容，并且出卖人已经按照约定收受购房款的，该协议应当认定为商品房买卖合同。综观义会嘉公司与翁振拓签订的两份《资产转让合同》，该合同的条款已经涵盖《商品房销售管理办法》第16条规定的商品房买卖合同的主要内容，且义会嘉公司已经于2011年9月取得涉诉项目的预售许可证并收取了翁振拓约50%的购房款，故义会嘉公司与翁振拓就涉诉项目于2011年1月28日及2011年4月14日签订的两份《资产转让合同》均应认定为涉诉房屋的预售合同且均为有效，虽双方因为相关事宜存在分歧，导致未能正式办理网签手续，但网签仅是政府部门为防止不良开发企业一房多售的行政管理手段，未办理网签不影响《资产转让合同》作为房屋预售合同的效力。故该合同及补充协议应成为双方之间权利义务的依据。因具有商品房预售合同性质的《资产转让合同》中对于剩余房款的支付时间已经明确约定为义会嘉公司向翁振拓发出入住通知书7日内，但义会嘉公司在翁振拓的付款条件未成就时已将房屋另售他人；另外，义会嘉公司在办理预售许可证时已知其与翁振拓就涉诉房屋的销售价格，但义会嘉公司仍以低于翁振拓的销售价格登记备案价格，导致双方在协商销售价格与备案价格之差的支付方式时产生分歧。因此，义会嘉公司主张系因翁振拓的付款能力引起其不安从而导致双方未能签订正式的商品房买卖合同，法院对该主张不予采信。义会嘉公司在未与翁振拓解除房屋预售合同的情况下将房屋另售他人属于违约行为，应承担违约责任。现翁振拓主张依照《商品房买卖合同解释》第8条的规定，请求判令义会嘉公司向其返还已付购房款及利息、赔偿房屋涨价损失及承担不超过已付购房款一倍的赔偿责任，法院结合《房地产估价报告》并考虑到翁振拓已付购房款数额及未付购房款的综合情况，酌情确定义会嘉公司向翁振拓承担违约责任应支付的赔偿数额。当事人在保证合同中约定，债务人不能履行债务时，由保证人承担保证责任的，为一般保证。当事人在保证合同中约定保证人与债务人对债务承担连带责任的，为连带责任保证。当事人对保证方式没有约定或者约定不明确的，按照连带责任承担保证责任。因中视联公司出具的《担保函》中对于义会嘉公司在出现违约或损害等后果时，中视联公司承担保证责任的条件为义会嘉公司无力承担合同中所需支付的本金及罚息等合同责任或赔付责任等均由中视联公司代为承担，故中视联公司担保的方式为一般保证，翁振拓要求中视联公司承担连带责任保证依据不足，法院不予支持。关于义会嘉公司主张其已经向翁振拓送达了解除合同的通知，《资产转让合同》已合法解除一节，因翁振拓已经依照双方《资产转让合同》的约定支付了相应购房款，剩余房款的支付时间为义会嘉公司向翁振拓发出入住通知书7日内，义会嘉公司在未达到翁振拓应支付剩余房款的条件下，且不能证明双方未及时网签的责任在于翁振拓，在此情况下，义会嘉公司行使解除合同的权利既无合同依据亦无法律依据，故法院对于义会嘉公司关于其已解除与翁振拓的《资产转让合同》的主张不予采纳。一审法院判决：（1）解除涉案的两份《资产转让合同》；（2）北京义会嘉置业有限公司于判决生效后7日内向翁振拓返还购房款81851970元并按照中国人民银行同期贷款利息支付该款项至判决生效之日止的利息（相应的利息起算时间略）；（3）北京义会嘉置业有限公司于判决生效后7日内赔偿翁振拓11000万元；（4）北京义会嘉置业有限公司若无力清偿上述对于翁振拓的债务，北京中视联国际数字产业园建设有限公司对于前述款项承担偿还义务；（5）驳回翁振拓的其他诉讼请求。

义会嘉公司不服，提起上诉。二审法院判决驳回上诉，维持原判。

**【裁判解析】**

网签和备案有着本质的区别，网签只是房地产管理部门为规范房地产企业规范销售行为，进行市场管理建立的网络化管理系统。备案是根据1994年《城市商品房预售管理办法》第6条（此条现已经2004年7月20日《建设部关于修改〈城市商品房预售管理办法〉的决定》修正）规定：商品房预售实行许可证制度。开发企业进行商品房预售，应当向城市、县房地产管理部门办理预售登记，取得《商品房预售许可证》。该办法第10条（此条现已经2004年7月20日《建设部关于修改〈城市商品房预售管理办法〉的决定》修正）同时规定：商品房预售，开发企业应当与承购人签订商品房预售合同。预售人应当在签约之日起30日内持商品房预售合同向县级以上人民政府房地产管理部门或土地管理部门办理登记备案手续。

网签仅是政府部门的行政管理手段，双方签订的商品房预售合同合法有效，仅仅因为在网签问题上存在分歧，导致未能正式办理网签手续，并不影响房屋预售合同的效力。需要注意的是，网签是没有备案的法律效力的，只能实现备案的管理效果。办理好网签后如要实现备案的法律效力还必须要到房地产登记机构办理备案登记手续。

## 四、当商品房预售合同当事人对格式条款的理解产生重大分歧时，应根据交易目的，综合运用解释方法确定该条款的具体内涵

**【案例索引】**

何志刚与恒大地产集团重庆有限公司商品房预售合同纠纷案①：一审：重庆市渝中区人民法院（2013）中区法民初字第04608号，二审：重庆市第五中级人民法院（2014）渝五中法民终字第00735号。

**【基本案情】**

被告恒大地产集团重庆有限公司（以下简称恒大公司）主要从事精装商品房的开发、预售活动。2009年，被告与原告何志刚签订《重庆市商品房买卖合同》，约定：恒大公司在2011年6月30日前交付房屋时，与该房屋正常使用直接关联的基础设施和配套设施，包括通电，须符合使用条件，否则视为被告延期交楼，构成违约。何志刚收房入住后发现，房屋接通的是临时用电而非城市生活用电，认为被告违约，应承担相应责任，故提起本案诉讼。

**【审判要览】**

一审法院认为，涉案房屋在交付前通过竣工验收，且原告也认可已通电，应视为被告履行了合同义务。故判决驳回原告的诉讼请求。

原告不服一审判决，提起上诉。二审法院认为，被告为涉案房屋接通的是临时用电，不能满足城市生活所需，不符合交易目的，应视为违约，遂改判被告承担违约责任。

**【裁判解析】**

本案的争议焦点是，合同约定的“通电”如何理解，被告在约定期限前为原告的房屋接通临时用电是否违约。

1. 预售合同条款的解释应兼顾合同正义。以合同自由为代表的意思

① 黄淳、肖飞：《商品房预售合同格式条款的解释——重庆五中院判决何志刚诉恒大公司商品房预售合同纠纷案》，载《人民法院报》2015年1月8日，第6版。

自治是整个私法的基石，而以诚实信用为代表的权利本位是私法的中心。通常，在当事人交易行为、意思表示完全自由且交易能力相当时，他们的合同自由和权利应得到充分尊重，外力不宜介入。但是，现代市场复杂，尤其是某些特定行业或领域，双方的交易能力往往明显不对称，一方滥用交易优势而导致交易结果不正义的情形时有发生，适当的外部干预平衡合同自由和正义实属必要。

本案属于预售商品房买卖合同纠纷，双方交易的是期房而非现房。首先，被告作为全国知名的大型地产企业，其占有的社会资源和信息量是作为相对方的原告所无法企及的，因此，在预售合同的整个缔约、履约过程中，被告一直处于主动和优势地位，掌控更多的关键信息，拥有更多的话语权；与此相反，原告等购房者多处于被动地位，信息基本来源于对方，没有更多与对方讨价还价的机会。其次，关于房屋交易的专业知识，作为专业团队的被告，相对于一般购房者的原告而言，同样具有绝对的优势；而对于期房，被告还拥有对未来房屋质量、小区及周边环境等关键信息的绝对掌控，原告对此知之较少，缔约多是基于对被告的信赖，这种信赖甚至是盲目的。最后，售房者并不会及时、准确、完整地披露所有的交易信息，以便充分满足购房者的知情权，相反，他们通常总是充分利用自己的交易优势来实现自己的利益最大化。基于上述情况，法院对有争议的合同条款的解释，在尊重合同自由的同时，也应充分顾及交易的实质正义。

2. 合同的解释必须符合交易目的。合同是当事人的真实意思表示，是为了实现特定交易目的。因此，当合同内容似是而非或前后矛盾，或者事后双方在理解具体条款的准确含义发生分歧时，应先根据当事人的目的来寻求双方真实的或应有的意思表示。本案中，商品房是城市住房来源之一，必须满足城市居住生活所需，其中，稳定的生活供电是基础条件之一。既然合同约定“通电”必须符合“使用条件”，那么，此处的“通电”必定是指电力能够长期供应，且持续稳定，通常指接入城市生活供电网络。而临时用电通常并不能保证其供应是长期、持续和稳定的，所以并不符合《供电营业规则》的规定，不能将之视为合同约定的符合“使用条件”的“通电”。

3. 在双方对预售合同格式条款的理解产生重大分歧时，一般应作出有利于购房者的解释。合同法和消费者权益保护法规定，当合同当事人对格式条款的理解发生分歧时，应适用特殊解释方法，作出对格式条款拟订者不利的解释，以便限制权利滥用，维护正常交易秩序，保障消费者利益，体现正义精神。预售合同是格式合同，一份正规合同文本包含了大量的信息，但销售方对此早已了然于胸，而一般购房者则不同，只有在准备签署合同时，他们才能见到正式合同文本，并没有足够时间逐条逐款认真、仔细地阅读，对合同内容的把握往往顾此失彼，甚至稍有迟疑，就会丧失签约机会。因此，作为格式条款，本案中关于商品房“通电”的约定，因双方对其具体内涵理解不一致，法院对此应作出不利于被告的解释，认定“通电”并非接入临时用电，被告没有按约履行义务。

4. 对预售合同的格式条款还应按通常的理解予以解释。当对合同条款的理解发生歧义时，一般应根据交易规则、交易习惯或生活常识，按照大多数人的理解进行解释。本案中，双方对预售合同中关于“通电”条款的理解产生歧义，法院应根据大多数房屋交易者（尤其是一般购房者）通常的、合理的认知标准进行解释。一般认为，城市住房所接入的应是城市公共生活用电网络，持续、稳定、有保障，而临时用电不确定、不稳定，不能满足居住生活所需。因此，被告关于房屋接通临时用电符合约定的辩称，不足为信。

综上，被告为原告购置的房屋接通临时用电，不能满足交易目的，应视为违约，理应承担法律责任。

## 五、出卖人虽未取得商品房预售许可证，但已经取得建设用地规划许可证、国有土地使用证的，双方的商品房预售合同应当认定有效并继续履行

**【案例索引】**

付鹏与北京双旭房地产开发有限责任公司商品房预售合同纠纷案[①]：一审：北京市朝阳区人民法院（2011）朝民初字第 02177 号，二审：北京市第二中级人民法院（2011）二中民终字第 11269 号，再审：北京市高级人民法院（2014）高民提字第 130 号。

**【基本案情】**

2003 年 1 月 24 日，北京双旭房地产开发有限责任公司（以下简称双旭房地产公司）与付鹏签订了《北京市内销商品房买卖合同》，约定：付鹏购买双旭房地产公司开发的位于北京市朝阳区黑庄户乡双旭花园连体别墅 B－802 号房屋一套，面积为 210.10 平方米，总价款为 71 万元。该合同附件中约定：首付款为 22 万元付鹏已于当天付清，银行贷款 49 万元由双旭房地产公司协助付鹏在一个月内办理完毕银行按揭贷款。另外，双旭房地产公司、付鹏还签订了《补充协议》，对房屋涉及的权利担保、质量、面积、物业等问题进行了约定。

同日，双旭房地产公司、付鹏另签订了《借款协议》，约定：付鹏应首付为总房款的 30％共 22 万元；现付鹏于购房合同签订日将首付总房款的 10％共 7.1 万元支付给双旭房地产公司，首付剩余款为总房款的 20％共 14.9 万元由双旭房地产公司垫付；付鹏应在确定双旭房地产公司将付鹏所购房屋的《国有土地使用证》办理完毕及交清付鹏所购房屋的土地出让金后 15 天有效工作日之内，付清双旭房地产公司垫付的房款 14.9 万元；如付鹏未按约定支付剩余首付款，双旭房地产公司有权收回房屋，所付首付总房款的 10％共 7.1 万元，不予退还，由此造成的一切损失由付鹏负责。

---

① 中国裁判文书网：http：//www.court.gov.cn/zgcpwsw/bj/ms/201508/t20150826_10468349.htm。

上述协议签订当日，付鹏向双旭房地产公司支付了购房首付款7.1万元，并在中国建设银行股份有限公司北京城市建设开发专业支行办理了按揭贷款49万元，支付给了双旭房地产公司。2003年8月28日，双旭房地产公司向付鹏交付了涉案房屋，付鹏对房屋进行了装修及加建，并居住使用至今。

此外，付鹏曾经逾期未支付部分银行按揭贷款，由担保人双旭房地产公司代为垫付，金额共计107015.49元。付鹏已于2010年4月14日结清了银行贷款。

双旭房地产公司现已取得涉案房屋项目的国有土地使用证及建设用地规划许可证，但至今仍未取得开工证、预售许可证及房屋所有权证。

付鹏明确表示不在本案中提出反诉主张房屋及装修损失，就此另案解决。付鹏另称其已于2010年4月将涉案房屋出卖给案外人刘大勇，并已将房屋交付刘大勇使用。

2010年12月27日，双旭房地产公司起诉至北京市朝阳区人民法院称：因双旭房地产公司关于双旭花园项目的报批手续只办理到建设用地许可证及土地证这一环节，开工证、预售证等都没有办理。按照法律规定，其与付鹏签订的房屋买卖合同应属无效。付鹏自合同签署之日起至今一直在使用涉案房屋，理应给付双旭房地产公司房屋使用费。故请求：（1）确认双方签订的购房合同无效；（2）付鹏将黑庄户乡双旭花园连体别墅B－802号腾空后返还双旭房地产公司；（3）双旭房地产公司返还付鹏购房款，付鹏给付双旭房地产公司房屋使用费，自签订合同之日至付鹏将房屋腾空之时，按照每月2500元计算；（4）付鹏给付双旭房地产公司所欠的房款14.9万元；（5）付鹏给付双旭房地产公司为付鹏支付的7期银行贷款，共计107015.49元。

**【审判要览】**

一审法院认为，案涉《北京市内销商品房买卖合同》出售房屋时，未取得合法的商品房销售资格，至今仍未完成补办。因此双方签订的买卖合同及补充协议，违反了我国法律的强制性规定，当属无效。对于房屋没有合法的预售手续，双旭房地产公司过错较大，付鹏过错较小。双旭房地产公司应当返还付鹏已经支付的购房款7.1万元，付鹏应将其占用的涉案房屋返还双旭房地产公司。关于付鹏所称已将涉案房屋出卖一事，与本案不属于同一法律关系，法院不予处理。付鹏作为与双旭房地产公司签订房屋买卖合同的相对方，应承担向双旭房地产公司交还房屋及支付占用费之义务，占用费之具体标准由法院根据双方过错程度酌定。关于双旭房地产公司为付鹏垫付的首付款 14.9 万元，因付鹏尚未实际支付而合同无效，现已无须再行支付。付鹏关于房屋及装修的损失，应当考虑双方过错程度以及使用时间等因素确定。但由于付鹏明确表示不提出反诉，对此部分本案不作处理，双方可另行解决。关于双旭房地产公司为付鹏垫付的银行按揭贷款 107015.49 元，付鹏应当偿还。故作出相应判决。

付鹏不服，提出上诉。

二审法院认为，双旭房地产公司在与付鹏签订《北京市内销商品房买卖合同》及《补充协议》时，并未取得商品房预售许可证明，且至今仍未补办，根据《商品房买卖合同解释》第 2 条之规定，故双方签订的买卖合同及补充协议应属无效。无效的民事行为自始不发生法律效力，当事人因该合同而取得的财产应当返还，有过错的一方应当赔偿对方因此所受到的损失，双方都有过错的，应当各自承担相应的责任。一审法院根据本案情况，对双旭房地产公司及付鹏的责任予以划分适当。合同无效后，双旭房地产公司应当将实际收取的全部房款返还给付鹏，付鹏亦应当将房屋腾空后返还给双旭房地产公司。一审法院仅判决双旭房地产公司返还付鹏首付款 7.1 万元不当，对此予以纠正。关于房屋使用费问题，因付鹏收房后一直居住使用该房屋，故应当支付相应的房屋使用费，原审法院在考虑到双方的过错程度后酌定的数额并无不当。关于双旭房地产公司为付鹏垫付的银行按揭贷款 107015.49 元，付鹏作为实际贷款人应当偿还。关于付鹏因合同被确认无效后其所受的房屋及装修等损失，由于付鹏明确表示不提出反诉，对此部分本案不作处理，双方可另行解决。遂判决维持一审判决的相关判项，变更一审判决第 2 项为“双旭房地产公司于判决生效之日起 10 日内返还付鹏购房款共计 561000 元”。

付鹏不服二审判决，向北京市高级人民法院申请再审。

再审法院认为，双旭房地产公司虽未取得商品房预售许可证，但其已经取得建设用地规划许可证，涉案房屋所在项目的国有土地使用证，这充分表明双旭房地产公司对土地及地上物有处分权，且涉案房屋已交付买受人使用多年，买受人有继续履行合同的愿望和基础，为维护商品房交易秩序的稳定和保护交易现状，双方的房屋买卖合同应当认定有效并继续履行。双旭房地产公司请求确认合同无效及返还房屋、支付房屋使用费的诉讼请求，不予支持。《商品房买卖合同解释》第 2 条规范的是出卖人在商品房预售阶段的行为，该条款不是为买受人设定的义务，原判依据上述司法解释中有关商品房预售的规定认定本案合同无效欠妥，予以纠正。双旭房地产公司为付鹏垫付的银行按揭贷款 107015.49 元，付鹏作为实际贷款人应当偿还。鉴于双旭房地产公司在诉讼请求中未要求付鹏支付剩余房款及垫付按揭贷款的利息，事后双方对利息的支付标准亦未达成一致意见，故本案对此不予以处理，双方可另行解决。综上，判决：（1）撤销一审、二审判决；（2）双旭房地产公司与付鹏于 2003 年 1 月 24 日签订的《北京市内销商品房买卖合同》及《补充协议》有效；（3）付鹏于判决生效之日起 10 日内给付双旭房地产公司房款 149000 元；（4）付鹏于判决生效之日起 10 日内偿还双旭房地产公司垫付的按揭贷款 107015.49 元；（5）驳回双旭房地产公司的其他诉讼请求。

**【裁判解析】**

作为房地产开发企业的出卖人一直就没有取得商品房预售许可证明，但建设用地规划许可证、国有土地使用证等手续齐全，商品房预售合同是否有效？实践中一直存在较大争议。尤其是在《商品房买卖合同解释》第 2 条仍为现行有效的规定的背景下，较少有法院依据《合同法解释（一）》和《合同法解释（二）》的相关规定，在出卖人一直未取得商品房预售的情形下，认定商品房预售合同有效。但即使如此，实践中对此仍不能一概而论，而是应当视情况而定。如果合同已经基本履行完毕或得房屋已交付买受人使用多年，虽没有商品房预售许可证，但买受人请求继续履行合同的，为维护交易安全和社会稳定，也应当认定商品房买卖合同有效，至于开发商违规开发问题应当由房地产行政管理部门另行处理，而不应当影响民事合同的履行。本案在现行法律、司法解释的框架下作出此种解释，应属合理。与本案相似，在冯某群、冯某仪与广州市番禺区荟翠豪园房地产有限公司商品房销售合同纠纷一案［（2014）穗中法民五终字第1235号］中，广州市中级人民法院就认为："从本案证据及当事人的陈述可知，荟翠豪园公司在未取得商品房预售许可证的情况下与被上诉人冯某群、冯某仪签订《别墅转让合同》，且已将涉案房屋交付两被上诉人使用。鉴于涉案房屋经荟翠豪园公司补办手续现已属于被上诉人的合法财产，双方合同的目的已实现，原审法院认为上述《别墅转让合同》可作有效处理并无不妥，本院予以维持。上述《别墅转让合同》应自签订之日起即生效。"

## 六、签订商品房定购书交付定金后，因不能归责于双方当事人的事由未能达成合同的，不适用定金罚则

**【案例索引】**

石忠兰与成都市京谊房地产发展有限责任公司商品房预售合同纠纷案[①]：四川省成都市中级人民法院（2012）成民终字第3536号。

**【基本案情】**

2011年12月18日，石忠兰（乙方）与成都市京谊房地产发展有限责任公司（以下简称京谊公司）签订《雄飞中心房屋定购书》，载明乙方在充分了解所订购商品房有关内容，且已仔细阅读并对销售中心已公示的《商品房买卖合同》及《补充协议》《前期物业服务协议》、其他相关附件及其填充内容无异议的基础上，自愿定购由甲方开发的位于成都市青羊区提督街1号"雄飞中心"项目商品房。双方约定：石忠兰自愿申请定购成都市青羊区提督街1号"雄飞中心"某号商品房，房屋总价款1868589元；签订定购书之日，石忠兰向京谊公司交纳购房定金10万元；石忠兰应在签订定购书之曰起7日内，即2011年12月25日前到"雄飞中心"销售中心与京谊公司签订《商品房买卖合同》及其附件，如石忠

---

① 国家法官学院案例开发研究中心编：《中国法院2014年度案例——房屋买卖合同纠纷》，中国法制出版社2014年版，第37页。

兰不按约定期限与京谊公司签订《商品房买卖合同》及其附件，京谊公司有权解除定购书并将定购书项下石忠兰定购的商品房另行销售而无须通知石忠兰，同时不退还已付定金。同日，石忠兰向京谊公司支付定金10万元。

2011年12月31日，石忠兰前往雄飞集团销售中心就签订购房合同相关事宜进行了协商。根据四川省成都国力公证处对现场的摄像显示，京谊公司的销售人员确认了石忠兰曾分别于2011年12月25日、30日前往售楼部进行过协商的事实，并且就合同签订时间要给石忠兰延期，双方一直就是否应将10年收益的保障性问题写入《商品房买卖合同》进行协商（京谊公司的广告宣传单中有关于“雄飞中心商铺投资价值分析”的内容）。在未就上述问题达成一致的情形下，石忠兰提出退还定金的要求，未得到销售人员答复。

石忠兰诉请法院判令解除双方签订的《雄飞中心房屋定购书》，并返还交纳的定金10万元及利息。

**【审判要览】**

一审法院认为，在经公证书确认的现场录音资料中显示，被告的销售人员确认了原告曾分别于2011年12月25日、30日前往售楼部协商的事实，且被告明确表示就房屋买卖合同的签订时间给原告延期，故对被告主张原告违约在先的请求不予支持。涉案商铺售价高达1868589元，被告在商品房广告宣传单上关于“雄飞中心商铺投资价值分析”的内容，是对房屋价格确定有重大影响的描述和允诺，故原告关于将10年回报率的保障性问题写入《商品房买卖合同》的要求合乎情理。双方当事人各自出于自身利益考虑，无法就上述问题达成一致，未能签订《商品房买卖合同》，双方均无过错，被告应将10万元定金返还原告。原告要求被告从2011年12月31日起支付10万元定金的利息的主张，没有合同和法律依据，不予支持。故判决：（1）解除原告石忠兰、被告成都市京谊房地产发展有限责任公司于2011年12月18日签订的《雄飞中心房屋定购书》。（2）被告成都市京谊房地产发展有限责任公司在本判决生效之日起7日内返还原告石忠兰定金10万元。（3）驳回原告石忠兰的其余诉讼请求。

京谊公司提起上诉，成都市中级人民法院驳回上诉，维持原判。

【裁判解析】

本案处理重点在于对“不能归责于当事人双方事由”的认定。《商品房买卖合同解释》第4条规定：“出卖人通过认购、订购、预订等方式向买受人收受定金作为订立商品房买卖合同担保的，如果因当事人一方原因未能订立商品房买卖合同，应当按照法律关于定金的规定处理；因不可归责于当事人双方的事由，导致商品房买卖合同未能订立的，出卖人应当将定金返还买受人。”本案中，石忠兰与京谊公司签订的《雄飞中心房屋定购书》，在性质上属于预约合同，其对行为内涵有默示性的要求，即双方在为签订正式合同而磋商之际，须尽最大努力确保公平的谈判。本案双方当事人争议的京谊公司宣传广告中的“雄飞中心商铺投资价值分析”的内容是否纳入商品房买卖合同，该内容在定购书及《商品房买卖合同》（公示合同文本）中均未作出约定，属于签订定购书后合理存在的磋商空间。双方因此不能协商一致，未能订立《商品房买卖合同》，这既有当事人双方出于自身利益考虑的因素，也有对广告宣传内容的理解不一致的因素，这属于“不可归责于当事人双方的事由”导致商品房买卖合同未能订立，京谊公司应返还石忠兰所交纳的定金10万元。

## 七、交付钥匙不能等同于出卖人履行了房屋交付义务，房屋交付时间可能早于或者晚于交付钥匙之时

【案例索引】

苏静与北京达华庄园房地产开发有限公司房屋买卖合同纠纷案①：北京市第一中级人民法院（2011）一中民终字第17033号。

【基本案情】

2008年9月23日，原告苏静与被告北京达华庄园房地产开发有限公司（以下简称达华庄园公司）签订一份《北京市商品房现房买卖合同》，

① 国家法官学院案例开发研究中心编：《中国法院2014年度案例——房屋买卖合同纠纷》，中国法制出版社2014年版，第17页。

合同约定：出卖人购买位于北京市昌平区北七家镇的某房屋，房屋总价款为381万元。出卖人应当在2008年11月30日前向买受人交付该商品房，该商品房交付时应当提供有资质的房产测绘机构完成的该商品房面积实测技术报告书。该商品房为住宅的，出卖人提供《住宅质量保证书》和《住宅使用说明书》以及该商品房取得的《北京市建筑工程竣工验收备案表》。合同还约定了逾期交房的责任，即逾期超过30日的，买受人有权要求退房。买受人要求继续履行合同的，合同继续履行，自约定的交付期限届满之次日起至实际交付之日止，出卖人按日计算向买受人支付全部已付款0.3‰的违约金，并于该商品房实际交付之日起15日内向买受人支付违约金。

合同签订后，原告苏静依约支付了购房款。2009年4月2日，原告的委托代理人签署了《达华庄园房屋验收单》，其中业主意见一栏为空白。2009年4月6日，原告的委托代理人向达华庄园物业提交了一份《××房屋改建申报单》，申请对达华庄园该房屋进行改建，后向北京达华物业管理有限公司交纳了装修押金2万元，对涉案房屋进行了改建并于2009年6月完工。2010年12月1日，被告达华庄园公司向原告交付了更换锁芯的涉案房屋的钥匙。原告认为被告迟延交房，直到2010年12月1日才履行了交房义务，请求判令被告履行房屋买卖合同及有关事项的协议并判令被告承担未按期交房的违约责任，赔偿违约金834390元；而被告认为该房屋至迟于2009年4月6日即原告开始对房屋进行改建时即已交付。

**【审判要览】**

一审法院认为，原、被告签订的《北京市商品房现房买卖合同》系双方当事人的真实意思表示，且不违反法律、行政法规的强制性规定，合法有效。双方均应按照合同约定履行各自的义务；本案的争议焦点系被告何时履行了交房义务。原告以被告曾于2010年12月1日向原告交付房屋的钥匙为由主张被告于2010年12月1日履行了交房义务，对该主张不予采信。理由如下：首先，该房屋在合同签订时已是具备交付条件的现房；其次，原告于2009年4月2日签署了《达华庄园房屋验收单》，并于2009年4月6日申请对房屋进行改建，并且改建工程于2009年6月实际完工。因原告不可能对未交付的房屋进行改建，故房屋交付的条件不应拘泥于交付钥匙，而是更应关注房屋在实际上是否已被原告控制，这符合双方当事人订立合同的目的及合同法规定的诚实信用原则。综合考虑双方当事人提交的证据及案件客观事实，被告于2009年4月6日，即原告申请对房屋进行改建之日已经履行了交付房屋的义务。现被告未能在合同约定的交房时间向原告交付房屋，应当承担相应的违约责任。对于原告的第1项诉讼请求中要求被告交付《住宅质量保证书》及《住宅使用说明书》，因被告同意给付，可予支持。对于原告要求签署验房单的诉讼请求，因原告已经于2009年4月2日签署了《达华庄园房屋验收单》，故对该项诉讼请求不予支持。关于原告要求签署房屋交接单的诉讼请求，符合双方在合同中的约定，对此予以支持。关于原告要求被告承担律师费的诉讼请求，因原告并未提供证据证明实际支出的律师费数额且双方对此并无约定，故对该项诉讼请求不予支持。故判决：（1）被告北京达华庄园房地产开发有限公司于判决生效之日起30日内与原告苏静签署房屋交接单，并向原告苏静交付《住宅质量保证书》和《住宅使用说明书》。（2）被告北京达华庄园房地产开发有限公司于判决生效之日起30日内向原告苏静支付自2008年11月30日至2009年4月6日未按期交房的违约金146304元。（3）驳回原告苏静的其他诉讼请求。

苏静、达华庄园公司均不服，上诉至北京市第一中级人民法院。

北京市第一中级人民法院认为：原审法院判决认定事实清楚，适用法律正确，故判决驳回上诉，维持原判。

**【裁判解析】**

交房义务于何时履行直接关系到违约金数额的计算，与双方当事人利益密切相关。一般认为，“交房”一词与“房屋钥匙初次交付于业主”等同，也就是所谓的“交房＝交钥匙”。诚然，“交钥匙”的行为本身一般来说的确能够体现对房屋的交付，但在本案中，如果简单地套用这一逻辑，将被告于2010年12月1日交付钥匙的日期作为被告履行交房义务的日期，则有不当加重被告人负担之虞，同时也会与原告于2009年4月6日进行改建这一事实相矛盾，因此，交房义务究竟于何时履行就成为值得分析的问题。

从“交房”一词的本质上讲，交房意味着被交房人开始对房屋加以实际控制，房屋权能得以充分发挥。诚然，依一般交易习惯，交房的完成一般体现为房屋钥匙的交付——盖因对钥匙的掌控成为一般观念中对房屋实际掌控的表征。然而，如果将这一逻辑套入本案中，则会与原告在 2009 年 4 月 6 日对房屋加以改建装修的事实相矛盾：本案中原告对房屋的改建装修早于原告实际取得钥匙，从“举重以明轻”的观点来看，得以不受他人阻碍的对房屋进行改建本身就意味着原告对房屋享有了充分的掌控，其对房屋的权能得到了充分的、不受阻碍的发挥，故在本案中将房屋被实际交付的日期认定为 2009 年 4 月 6 日是妥当的。

## 规范索引

**《中华人民共和国合同法》**

**第四十二条**　当事人在订立合同过程中有下列情形之一，给对方造成损失的，应当承担损害赔偿责任：

（一）假借订立合同，恶意进行磋商；

（二）故意隐瞒与订立合同有关的重要事实或者提供虚假情况；

（三）有其他违背诚实信用原则的行为。

**第五十二条**　有下列情形之一的，合同无效：

（一）一方以欺诈、胁迫的手段订立合同，损害国家利益；

（二）恶意串通，损害国家、集体或者第三人利益；

（三）以合法形式掩盖非法目的；

（四）损害社会公共利益；

（五）违反法律、行政法规的强制性规定。

**第五十八条**　合同无效或者被撤销后，因该合同取得的财产，应当予以返还；不能返还或者没有必要返还的，应当折价补偿。有过错的一方应当赔偿对方因此所受到的损失，双方都有过错的，应当各自承担相应的责任。

**《中华人民共和国城市房地产管理法》**

**第三十条** 房地产开发企业是以营利为目的，从事房地产开发和经营的企业。设立房地产开发企业，应当具备下列条件：

（一）有自己的名称和组织机构；

（二）有固定的经营场所；

（三）有符合国务院规定的注册资本；

（四）有足够的专业技术人员；

（五）法律、行政法规规定的其他条件。

**第四十五条** 商品房预售，应当符合下列条件：

（一）已交付全部土地使用权出让金，取得土地使用权证书；

（二）持有建设工程规划许可证；

（三）按提供预售的商品房计算，投入开发建设的资金达到工程建设总投资的百分之二十五以上，并已经确定施工进度和竣工交付日期；

（四）向县级以上人民政府房产管理部门办理预售登记，取得商品房预售许可证明。

商品房预售人应当按照国家有关规定将预售合同报县级以上人民政府房产管理部门和土地管理部门登记备案。

商品房预售所得款项，必须用于有关的工程建设。

**第四十六条** 商品房预售的，商品房预购人将购买的未竣工的预售商品房再行转让的问题，由国务院规定。

**第六十八条** 违反本法第四十五条第一款的规定预售商品房的，由县级以上人民政府房产管理部门责令停止预售活动，没收违法所得，可以并处罚款。

**《最高人民法院关于适用〈中华人民共和国合同法〉若干问题的解释（一）》**

**第三条** 人民法院确认合同效力时，对合同法实施以前成立的合同，适用当时的法律合同无效而适用合同法合同有效的，则适用合同法。

**第四条** 合同法实施以后，人民法院确认合同无效，应当以全国人大及其常委会制定的法律和国务院制定的行政法规为依据，不得以地方性法规、行政规章为依据。

**《最高人民法院关于适用〈中华人民共和国合同法〉若干问题的解释(二)》**

**第十四条**　合同法第五十二条第（五）项规定的“强制性规定”，是指效力性强制性规定。

**《最高人民法院关于审理商品房买卖合同纠纷案件适用法律若干问题的解释》**

**第二条**　出卖人未取得商品房预售许可证明，与买受人订立的商品房预售合同，应当认定无效，但是在起诉前取得商品房预售许可证明的，可以认定有效。

**第六条**　当事人以商品房预售合同未按照法律、行政法规规定办理登记备案手续为由，请求确认合同无效的，不予支持。

当事人约定以办理登记备案手续为商品房预售合同生效条件的，从其约定，但当事人一方已经履行主要义务，对方接受的除外。

**《城市商品房预售管理办法》**

**第五条**　商品房预售应当符合下列条件：

（一）已交付全部土地使用权出让金，取得土地使用权证书；

（二）持有建设工程规划许可证和施工许可证；

（三）按提供预售的商品房计算，投入开发建设的资金达到工程建设总投资的25%以上，并已经确定施工进度和竣工交付日期。

**第六条**　商品房预售实行许可制度。开发企业进行商品房预售，应当向房地产管理部门申请预售许可，取得《商品房预售许可证》。

未取得《商品房预售许可证》的，不得进行商品房预售。

**第九条**　开发企业进行商品房预售，应当向承购人出示《商品房预售许可证》。售楼广告和说明书应当载明《商品房预售许可证》的批准文号。

**第十条**　商品房预售，开发企业应当与承购人签订商品房预售合同。开发企业应当自签约之日起30日内，向房地产管理部门和市、县人民政府土地管理部门办理商品房预售合同登记备案手续。

房地产管理部门应当积极应用网络信息技术，逐步推行商品房预售合同网上登记备案。

# 第二章　商品房买卖认购纠纷

## 法理概览

### 一、认购书的法律性质

一般认为，商品房买卖认购书是商品房买卖合同双方当事人在签署商品房预售合同或商品房现房买卖合同前所签订的文书，是对双方交易房屋有关事宜的初步确认。[①] 由于我国房地产管理法律法规对于签订正式商品房买卖合同设置了较为严格的条件，开发商为了尽快销售房屋，往往在法律法规的条件满足之前采用认购书的形式固定意向签约客户。认购书成为开发商在预售商品房时广泛采用的交易形式。有些情况下，开发商销售现房时也会采取先签订认购书收取购房人定金，再约定正式签约时间的方式销售房屋。实践中，认购书表现形式多种多样，认购书只是对这类协议的统称，如商品房认购书、认购合同、认购协议、订购协议、认购意向书、签约意向书、预购意向书、商品房预定单、内部认购预定单、房屋买卖预约合同、诚意金购房确认书、预约排号单、贵宾卡申办协议等。通常，一份商品房认购书会包括买卖双方基本信息，如楼盘名称、开发商名称和购房人姓名；购房人拟购买房屋的基本情况，如房屋位置、户型、大概面积；房屋价款和定金、签约时间等内容。认购书主要是反映房屋买卖双方当事人就房屋买卖事项的磋商过程和双方在

① 邓基联主编：《房屋买卖合同纠纷》，法律出版社 2010 年版，第 26 页。

磋商过程中就部分要素达成一致的意思表示。认购书不是一个法律概念，对于认购书的法律性质，理论和实务有不同的观点。主要有三种观点，第一种观点认为，认购书是买卖双方形成商品房买卖意向的表现，认购书仅是意向协议，对当事人不具有拘束力。第二种观点认为，认购书是附条件的商品房买卖合同，认购书中的合同内容为商品房买卖合同所附条件，如开发商取得立项、规划批准手续，条件成就时商品房买卖合同成立并生效。第三种观点认为，认购书系双方订立商品房买卖合同前的行为，以订立正式商品房买卖合同为目标，其性质应为预约合同。目前，理论和实务中对认购书的性质看法基本一致，通常商品房认购书的法律性质为预约合同，其与商品房买卖合同是预约与本约的关系。

## 二、预约合同的一般理论

### （一）预约合同的概念

我国合同法中没有明确规定预约合同的概念，但预约合同在社会生活中广泛采用，如商品房房屋认购。预约合同纠纷也逐渐增多，对预约合同的法律规制有了实践需求。《商品房买卖合同解释》第 4 条、第 5 条针对商品房认购纠纷中有关定金处理和合同性质认定问题进行了规范，这是司法解释首次对预约合同作出规定。《买卖合同解释》第 2 条明确对预约合同违约责任和救济方式等作出了明确规定。《买卖合同解释》正式明确承认了预约合同这一概念，并明确了预约是与本约独立的合同、对预约合同的违反将承担违约责任，为司法实践中解决预约合同纠纷提供了法律依据。

预约是与本约相对而言的概念，是约定将来订立一定内容的本约为目的的合同。当事人之所以订立预约合同，是因为当事人遇到某些事实或法律上的障碍暂时不能订立本约合同，或者为了防止一方将来不订立本约合同，从而采取订立预约合同的办法，使当事人预先受到订立本约合同义务的约束。[①] 预约合同在经济活动和社会生活广发采用，形式多

① 郑玉波：《民法债篇总论》，陈荣隆修订，中国政法大学出版社 2004 年版，第 30 页。

样，实践中经常表现为认购书、意向书、谈判纪要、备忘录、定金收据等，也有通过电子邮件、网络等电子传媒形式形成的预约合同，商品房销售市场是最为广泛使用预约合同的领域之一。

预约合同具有以下特征：首先，预约具有诺成特点，当事人的意思表示一致即可成立。其次，预约合同的合同标的是订立本约。预约并不以本约中的权利义务为其标的，而是以促成本约的订立为其标的，包括谈判、签订本约等行为。再次，预约内容具有确定性。预约以订立本约为目的，虽然其内容与本约而言不完备，但应满足基本的确定性要求，否则本约的签订将没有任何基础。一般认为，预约合同包括确定条款和不确定条款两部分。确定条款应当是双方已达成的具有本约效力的合同条款。不确定条款是由于客观条件不具备或存在法律障碍时双方签订的权利义务关系的仍不明确的条款。[①] 预约应当明确将来何时、何地、如何协商订立本约，需要协商本约的哪些内容等。最后，预约具有合同拘束力。预约应当具有双方当事人受其约束的意思表示。只有此种意思表示才会在法律上对当事人产生拘束力，才是一份有效的预约。有效的预约应当是有效的法锁。[②] 实践生活中没有拘束力意思表示的意向书和预约都不成立预约合同。因此，一份有效预约合同应具备以下内容：预约合同订立主体、双方合意的意思表示、预约内容和违反预约的后果。

### （二）预约的法律性质及与本约的关系

关于预约的法律性质及与本约的关系，理论界和实务界有几种主要观点：一是附停止条件本约说。该观点认为预约是附停止条件的合同。预约规定了合同的部分主要条款，当事人若根据预约就其他条款协商无法达成一致则合同终止。二是前契约说。该观点认为预约处于本约成立前的前契约阶段，是一项没有法律拘束力协议，不构成合同。三是从合同说。该观点认为预约是本约成立的保证，是本约的从合同。四是独立

① 最高人民法院民一庭编著：《最高人民法院关于审理商品房买卖合同纠纷案件司法解释的理解与适用》，人民法院出版社 2003 年版，第 54 页。

② 吴颂明：《预约合同研究》，载《民商法论丛》2002 年第 2 期。

合同说。该观点认为预约是独立的合同，既有预设的本约合同的内容，也有预约合同本身的标的即双方负有订立本约合同的权利义务。

理论界和实务界多数观点赞同预约是独立的合同的观点，笔者也同意这种观点。预约是平等民事主体之间就将来签订一定内容的合同达成的一致意思表示，并往往以一定的定金作为双方愿意受预约合同条款约束的履约保障。其与前契约义务的一个显著区别是违反前契约义务只能按照缔约过失来追究民事责任，而预约可以按照约定追究对方违约责任。从预约合同的签订主体、意思表示和法律约束力来看，预约完全符合合同法意义上的合同的法律要求和特征，具备合同法规定的合同成立要件。

预约与本约之间既有区别又相互联系。预约与本约订立时间不同，预约签订时间相对于本约而言通常属于前契约阶段，而本约签订时间是合同当事人就双方法律关系权利义务明确了的情况下签订的。预约合同通常为诺成合同，签订双方主观合意，而本约往往要受要物约束。预约以订立本约为目的，本约以预约作为达成手段，两者之间是手段和目的的关系。虽然两者相互关联，但两者并没有从属关系，不能否定预约合同的独立性，对两种合同的效力应当独立判断。从合同产生的请求权来看，预约合同仅产生缔约请求权，而本约合同则产生本约合同履行请求权。[①] 我国台湾地区学者黄立认为，契约有预约与本约之分，两者异其性质和效力，预约权利人仅得请求对方履行订立本约之义务，不得径依预定之本约内容请求履行。实践中，有些预约内容完备，具备了本约的主要内容，且一方实际履行了主要义务，对方接受的，应认为此种预约实际已经转化为本约。

### （三）预约合同的法律效力

预约作为独立的合同，一旦签订必然在当事人之间发生法律效力。理论界和实务界对预约合同法律效力的争议主要集中在两种观点：一种观点认为，预约合同签订后，当事人必须进行磋商，当事人不履行谈判

① 刘俊臣：《合同成立基本问题研究》，中国工商出版社2003年版，第156页。

磋商的义务则构成违约，至于谈判磋商能否取得成功并缔结本约则在所不问。另一种观点认为，预约合同签订后，除有法定事由或客观条件阻碍外，当事人必须签订本约，否则构成预约的违约，应承担预约合同的违约责任。也有学者将预约区分为将进行谈判的预约和带未决条款的预约，认为将进行谈判的预约当事人只有谈判磋商义务，而带未决条款的预约当事人不仅必须磋商，还必须缔结本约。

主流观点认为，预约合同的法律效力是对当事人产生必须签订本约的法律约束力，故意不签订本约则构成对预约的违反。预约合同的法律效力要从预约合同制度的目的和预约与本约的关系出发进行分析。预约合同制度目的是对经济社会生活中存在的由于客观原因和法律障碍导致当事人无法立即签订本约的情况下，当事人先行订立预约对将来订立本约作出约定，目的是保护将来订立本约的机会，促进市场交易。预约是达成订立本约的手段和保障措施，订立本约是预约的合同目的和义务。如果将预约的法律效力理解为当事人只需履行磋商义务，显然无法达成此目标。因为当事人履行磋商义务非常容易，对于没有缔结本约意思的一方当事人，磋商必然流于形式，此时诚信欲订立合同一方反而无法追究恶意磋商一方的违约责任，无法发挥预约制度的作用和实现预约的目的，这是必须磋商说的重大缺陷。必须磋商说与实践中预约合同的内容也不相符。实践中，预约合同约定的违约条款一般都以不签订本约为判断依据，很少会将不磋商作为违约条款。不履行磋商义务在预约的违约中可能是不履行签订本约的外在表现之一。

应当缔约说更符合预约制度的目的，更具合理性。应当缔约说的功能在于，通过给预约当事人施加必须签订本约的义务，使当事人在签订预约时会对本约能否签的风险有更好的预估和期待，促使当事人诚信谨慎签订预约，并在签订预约合同后积极履行签订本约的合同义务。采纳“应当缔约说”，预约之人合同义务较大，法律责任更强，不仅引导当事人谨慎从事缔约行为，而且可以加大对恶意预约人的民事制裁，更能体现预约法律制度之法律价值。[①] 当然，采用必须缔约说，并非所有预约合同履行后都一定签订本约。是否签订本约还要取决于客观原因和法律障碍是否消除，是否发生足以影响订立本约的重大条件变化以致签订本约将导致有违诚实信用和公平原则。因此，预约订立后，当事人应依据诚信原则磋商，除不可归责于双方的事由外，应当签订本约，否则将承担违约责任。《商品房买卖合同解释》第4条和《买卖合同解释》第2条的规定实际上均是采纳了应当缔约说。

### （四）预约合同的违约救济

预约合同是独立的合同，因而违反预约的行为是违约行为，违约方应当按照预约合同的约定和合同法的规定承担违约责任。由于预约合同以订立本约合同作为其合同标的，该违约责任的承担与预约合同标的即本约的签订相关联，从本约的角度来看，违反预约也构成缔约过失责任。这导致预约合同的违约救济比起本约合同更显复杂。预约合同的违约责任承担方式包括继续履行、违约损害赔偿违约金和定金的适用。

1. 继续履行

继续履行又称强制履行、实际履行。继续履行是合同规定的首要违约救济方式。《合同法》第107条规定，当事人一方不履行合同义务或者履行合同义务不符合合同约定的，应当承担继续履行、采取补救措施或者赔偿损失等违约责任。继续履行有如下特点：一是继续履行是一种违约后的补救方法；二是继续履行赋予守约方请求违约方继续履行的权利；三是继续履行可以与其他违约责任并用。预约合同是否可以适用继续履行这一救济方式，先要明确预约合同的继续履行的内容是什么。对此，有两个履行义务相互关联：一是缔结本约的义务，二是履行本约的义务。通常认为，预约合同以订立本约为标的，可否适用继续履行的实质是本约可否强制缔约的问题，而本约的履行应是本约缔结之后的义务。理论和实践中对法院能否判令强制缔结本约均存在较大争议。否定观点认为，

---

① 最高人民法院民二庭编著：《最高人民法院关于买卖合同司法解释理解与适用》，人民法院出版社2012年版，第58页。

有些合同的签订存在法律上和事实上不可克服的障碍，强制缔约有违合同意思自治原则、有的预约缺乏签订本约的必要条款，无法继续履行等。肯定观点认为，预约中的债务并非不能履行，对本约内容不完善的可以通过合同解释、合同漏洞填补等途径解决。肯定说有理论和实践依据，很多国家均持肯定说立场。司法实务界对预约合同是否适用继续履行的观点比较模糊，无论是商品房买卖合同纠纷司法解释还是买卖合同纠纷司法解释，均未对预约合同继续履行问题进行规定。买卖合同纠纷司法解释起草小组认为，“考虑到当前我国民法学界对于该问题的学术研究尚有待深入，相关审判实务经验亦亟待丰富和发展，宜将该问题留给学术界进一步深入研究，留待审判实践去进一步检验，故将关于能否‘强制订立本约’的规定删除”。[①]《商品房买卖合同解释》第5条规定了具备合同主要内容的认购书应当认定为本约，根据该规定，部分具备合同主要内容的预约可以视为本约。本约合同通常可以适用继续履行，但此时继续履行的内容是本约合同权利义务，与预约合同的继续履行标的——缔结本约的义务是有区别的。笔者认为，预约合同的价值往往在于允许当事人在法律和客观障碍无法签订本约时通过签订预约事先固定交易机会，为完成交易创造条件。预约的这种特点决定了预约是否可以继续履行取决于两个方面：一是预约合同的内容是否相对完备；二是签订本约的法律和客观障碍是否消除或者可以消除。如果预约内容非常简陋，即使通过合同解释、漏洞填补等也无法消除，则无法确定本约的基本内容，显然无法判令强制订立本约。另外，如果签订本约的法律和客观障碍没有消除且无法消除，显然，即使预约内容较为完备，也无法支持当事人继续履行的诉讼请求。还有一个问题就是继续履行的方式问题，如果继续履行的条件可以满足，如何执行继续履行的判决。如果仅判决双方当事人签订本约，当事人不作为如何处理。当事人是否还需另行起诉违约方履行本约之义务。我国台湾地区有关法律和判例可以为我们提供一些思考。台湾地区强制执行法规定了“预约债务人负有订立本约的义务，权

① 最高人民法院民二庭编著：《最高人民法院关于买卖合同司法解释理解与适用》，人民法院出版社2012年版，第61页。

利人得诉请履行，法院应命债务人为订立本约的意思表示，债务人不为意思表示者，视同判决确定时已为意思表示。本约成立后，债权人即有请求给付的权利，基于诉讼经济原则，债权人得合并请求订立本约及履行本约”①。

2. 损害赔偿

违约损害赔偿，是指违约方因不履行或不完全履行合同义务而给对方造成损失，依法或根据合同规定应承担的损害赔偿责任。《民法通则》第 112 条和《合同法》第 113 条明确了违约损害赔偿的基本原则为完全损失赔偿原则和补偿性原则，即损失赔偿额应当相当于因违约所造成的损失。违约损害赔偿一直是审判实务中的难点问题，特别是损失的范围和计算方法。通常认为，违约损害赔偿的范围包括积极损失和可得利益。积极损失是指现有财产的减损、灭失和费用的支出，可得利益是合同在履行后可以获得的财产利益。也有很多学者将积极损失和可得利益称之为直接损失和间接损失。《合同法》第 113 条明确了对可得利益予以保护。当然也对其进行了限制，即这种损失不能超过违约方在订立合同时应当预见到的因违反合同可能造成的损失。可得利益实际上是一种履行利益，只有合同履行后才可以获得的利益，法律对可得利益的保护可以作为实际履行的替代方法，守约方在获得可得利益赔偿后，就达到了合同如期履行一般的状态。上述违约损害赔偿基本规则是指一般合同——本约的损害赔偿的规则。预约合同的特点决定了其与本约合同损害赔偿问题相比更为复杂。一方面，预约合同是独立合同，对其违约损害赔偿可以按照一般合同处理。另一方面，预约合同相对本约来说，仍是处于本约缔约前的一个过程，对预约的违反实际也构成本约的缔约过失责任，而缔约过失的损害赔偿范围与违约损害赔偿范围相差较大。《合同法》第 42 条、第 43 条规定了一方由于缔约过失给对方造成损失应当承担损害赔偿责任，但未明确具体损失范围。通常认为，缔约过失责任的赔偿范围是信赖利益的损失，信赖利益的损失限于直接损失，具体指因为信赖合同的成立和生效所支出的各种合理费用。因丧失交易机会导致的间接损

① 王泽鉴：《债法原理》，中国政法大学出版社 2001 年版，第 150 页。

失因机会所形成的利益很难合理确定，通常不在赔偿范围之列。

预约合同违约损害赔偿的范围如何确定，可以通过与本约合同违约损害赔偿的范围进行比较的方法进行分析。笔者认为，预约合同以订立本约为标的，其履行利益直接的表现是签订本约，并非本约的履行。预约合同的履行还不能让当事人直接获得财产利益，当事人只有通过本约的履行才可以间接获得财产利益。因此，预约合同违约损害赔偿的范围应当包括了因信赖对方当事人将签订本约而为签订预约合同或准备签订本约合同所支付的费用和丧失签订本约的机会造成的损失，不应包括本约合同履行的可得利益。具体来说，为签订预约合同或准备签订本约合同所支付的费用包括：（1）为准备签订本约合同支付的考察差旅费用；（2）为签订预约合同支付的交通通讯费用；（3）因履行预约合同或为准备履行本约合同所预付款项的利息；（4）因信赖为准备履行本约合同而支付的其他合理费用和损失。对于丧失签订本约的机会造成的损失在司法实践中较难确定，主要是由于丧失机会并不必然导致损失，市场价格本身也处于波动之中，有时买方因为商品价格下跌还可能带来利益。对于丧失机会导致的损失很难计算和确定，必须由法官根据个案情况，依据诚信原则，综合衡量违约方过错程度、因违约的获益情况、市场的价格变化和守约方重置类似合同的代价等情况，酌情裁量。

3. 违约金

《民法通则》第 112 条第 2 款和《合同法》第 114 条明确规定了违约金是当事人事先约定的，在一方违约时应当向对方支付的一定确定数额的金钱或按照约定计算方法计算的金钱。违约金具有以下法律特征：首先，违约金的数额是当事人事先通过约定确定。其次，违约金是违约后由违约方向守约方支付的一定数额的金钱。最后，违约金是一种违约责任承担方式。我国《合同法》规定的违约金是补偿性质的违约金，因而对于违约金的数额，《合同法》第 114 条第 2 款规定允许由法院或仲裁机构对其进行调整。调整的依据是约定违约金是否过分高于违约行为造成的损失或过分低于违约行为造成的损失。因而，在预约合同纠纷适用违约金条款时，如何界定预约合同的损失非常关键。这也是预约合同纠纷审判中的难点问题。

4. 定金

定金是合同当事人事先约定一方向对方给付定金作为债权担保的方式。《担保法》在第89条规定了定金概念和定金规则，《合同法》第115条重申了《担保法》第89条的定金规则，即给付定金得的一方不履行约定的债务的，无权要求返还定金；收受定金的一方不履行约定的债务的，应当双倍返还定金。《担保法》第90条规定了定金合同的形式要求、生效要件和定金数额。形式要求上，定金应当以书面形式约定，实践中通常在合同中以专门条款约定定金，或以单独的定金收条、收据等书面凭据来证明定金合同内容。定金是实践合同，定金合同从实际交付定金之日起生效。

关于定金的性质。学理上通常将定金分为立约定金、证约定金、成约定金、解约定金、违约定金。立约定金是当事人为保证以后正式订立合同而约定的定金。证约定金是为证明合同关系的成立而设，防止一方以合同未成立为由而违约。成约定金是以定金的交付作为主合同成立的要件，未交付定金，则主合同不成立。解约定金是当事人为保留单方解除主合同的权利而交付的定金，一方在交付定金后可以放弃定金为代价而解除合同，接受定金的一方也可以通过加倍退还定金解除合同。违约定金是为保证合同履行而设，一方不履行合同时，应当按照定金罚则承担责任。上述五种定金中，违约定金是实践中采用最广泛的。通说认为，预约合同中的定金具有立约定金和违约定金的双重属性。从预约与本约的关系来看，预约中的定金是为了保证预约合同当事人将来订立本约，因而预约合同中的定金对于本约来说具有立约定金的性质。另外，预约本身是独立的合同，对预约内容的违反构成违约，适用定金规则进行制裁，定金对预约来说具有违约定金性质。定金也是预约合同中使用最广泛的违约救济方式。

关于定金的数额。《担保法》第91条还对定金数额作了限制，不得超过主合同标的额20%。对于这个限制能否适用于预约合同，有观点认为，“20%的限额规定只有在可计算合同标的额的情况下，方有适用之余地，而预约合同的标的是缔结本约之行为，难以计算合同标的额，因此，20%的限额规定自难适用。当然，如果约定的定金过高，实务中还应兼顾公平"①。笔者认为虽然预约合同以订立本约为标的，不存在标的额的问题，但法律对本约的定金限制为20%以内，预约合同的定金对于本约具有立约定金的性质，通常也不宜超过20%。且预约合同的违约责任与本约合同的违约相比较，应当是违反本约可能承担的违约责任和损失更大，在本约已将定金限制在标的额20%以内的情况下，预约合同约定的定金也不宜超过20%。

## 实务指南

### 一、商品房认购书构成预约合同需要满足何种条件

实践中，商品房认购书的形式多种多样，不仅有的名称相差甚远，内容也是多种多样，是否开发商与购房人签订的所有具有购房意向的协议都成立预约合同呢？以下通过一个例子来分析这个问题：开发商甲公司在开盘前发布广告招徕有购房意愿的人来楼盘看房并许诺只需缴纳一定数额的购房诚意金购房时即可享受一定比例的折扣和优惠，未选中合适的房屋诚意金可以退款。乙被甲公司广告吸引来楼盘看房，并在甲公司售楼部填写了一张购房意向表格并留下个人姓名联系电话等信息。丙被甲公司广告吸引来楼盘看房后，向甲公司缴纳一定诚意金并取得甲公司开具的收款收据。丁被甲公司广告吸引来售楼处看房，缴纳诚意金后参加开盘抽签，抽签后选中一套房，并按照开盘价格签订了认购书，约定10天后签订正式商品房买卖合同。该案例中，乙、丙、丁是否都与甲公司成立预约合同关系？这个问题涉及预约合同的成立要件，即商品房认购书须满足何种条件方能成立预约合同。由于预约合同是独立的合同，因而判断预约合同成立需按照《合同法》规定的合同成立要件进行判断。

① 最高人民法院民二庭编著：《最高人民法院关于买卖合同司法解释理解与适用》，人民法院出版社2012年版，第64页。

合同法对合同成立的要件未作规定，一般认为合同成立有以下标志，合同主体确定、合同主体间合同主要内容达成一致意思表示、形式合法等。预约合同对合同主体、合同形式并没有特别要求，因而影响预约合同成立的关键因素是合同主体就预约内容是否达成一致意思表示，主要表现在双方合意意思表示具体内容的确定性。预约的内容不明确则双方权利义务不清晰，无法订立本约。订立预约合同，往往是因为订立本约存在法律或事实上之障碍，因此，由于本约合同的条件尚不完备，预约合同内容相对本约而言较为粗陋，具有一定的确定性但又不完备详细。

对预约内容的确定性须达到何种程度方可成立预约合同，有两种主要观点：一种观点认为，预约应包含本约赖以成立的必要条款或依合同解释可以确定，否则预约不成立。该观点又称为必要说。另一种观点认为，预约的成立生效并不要求具有本约的必要条款，只要预约能体现双方明确的缔约表示，并具有一定的确定性就可生效。该观点又称为非必要说。

笔者认为，必要说和非必要说都有一定的依据，但不全面。合同法规定了当事人订立合同采用要约承诺方式，并规定了有效的要约必须具备的两个条件，即要约内容具体确定和受要约人承诺后其即受该要约约束的意思表示。要约内容的确定性是合同内容的确定性的基础。内容不明确的要约，即使受要约人承诺，合同当事人权利义务也无法明确。预约合同中的要约同样应当具备确定性要求，但由于预约合同以订立本约为合同标的，所以预约内容的确定性实际上受签订本约条件和本约内容的确定性影响。预约内容具备本约内容最低限度的必要条款是实现预约合同目的签订本约的最低条件，否则因内容的不确定，本约无法缔结，预约则没有意义和价值。必要说符合预约合同的法理和合同法有关合同成立的规定，预约内容应当具备本约得以成立的必备条款，预约合同方可成立。但必要说忽视了预约合同的目的，即订立预约的任务是将来订立本约，如果预约的内容没有包含将来订立本约的意思表示，则不成为预约。非必要说强调了预约内容对将来订立本约意思表示的确定，但忽视了本约合同内容的确定，将导致将仅具有磋商性质的意向协议认定为预约合同。在本章法理概览部分也介绍了预约的法律效力是双方必须签订本约，而非仅仅是负有磋商义务。非必要说的观点实际上是认为预约的法律效力可以是磋商义务，能否缔结本约不是预约效力所及。综上分析，笔者认为预约的法律效力是预约合同当事人必须缔结本约，因而预约的内容确定性包括必须具备最低限度的订立本约所需的必备条款和将来订立本约的明确意思表示，表现在商品房认购书中，其内容应明确约定拟购商品房的基本信息和价款，并有将来订立商品房买卖合同的意思表示。按照该要求，前述案例中甲公司与乙之间没有任何将来订立本约的意思表示，甲公司的行为只是蓄积客户，为将来的销售锁定目标人群。甲公司与丙之间有将来购房的意思表示，但对于商品房买卖合同的标的物、价款等均不明确，其预约内容显然达不到预约合同成立的要求。只有甲公司和丁之间的认购书才明确了所购房屋、价款等商品房买卖合同必备的条款，并明确约定了将来签订正式商品房买卖合同。因而，只有甲公司与丁之间的认购书成立预约合同。

## 二、如何认定商品房认购书的效力

商品房认购书的效力争议主要表现在开发商未取得商品房预售许可证之前即对外售房，与购房人签订各种形式的商品房认购书。少数开发商甚至在刚购得土地后，尚未取得建设规划许可证，未完成商品房项目立项、规划、报建审批手续，即开始以内部认购等方式与购房人签订协议，收取购房定金或预付款。对于何时签订的商品房认购书具有合法效力，可以受到法律保护的问题，司法实践中有三种不同观点。第一种观点认为，认购书应区分为两类，把未取得商品房预售许可证之前签订的认购书称为内部认购书，而具备预售资格和现售资格之后签订的认购书称为外部认购书。法律规定了商品房预售的条件，房地产开发商在未能取得商品房预售许可证之前的与预购人签订的认购书违反了2004年《城市商品房预售管理办法》第2条的规定，应认定认购书违反了法律行政法规的强制性规定而无效。第二种观点认为，认购行为不是商品房的预售行为，预售合同是开发商与购房人就买卖某一商品房已经达成一致的意思表示，而认购书是约定将来签订预售合同或商品房买卖合同，商品房买卖合同关系尚未成立，签订认购书并不违反商品房预售管理方面的法律法规，应当认定为有效。第三种观点认为，开发商取得商品房预售许可证证明之前签订的商品房认购书通常有效，但开发项目尚未立项办妥规划报建手续之前签订的认购书应当认定无效。

笔者赞同第三种观点。我国法律、行政法规对商品房预售实行行政许可的监管制度。《城市房地产管理法》第 45 条、《城市房地产开发经营管理条例》第 23 条均明确规定，商品房预售应当取得商品房预售许可证证明。这表明我国的商品房销售具有较强的国家干预性。《商品房买卖合同解释》第 2 条规定，出卖人未取得商品房预售许可证证明，与买受人订立的商品房预售合同，应当认定无效，但是在起诉前取得商品房预售许可证明的，可以认定有效。由此可见，无论立法、行政法规，还是司法解释，预售许可证证明均是针对商品房预售行为的强制性规定。商品房认购书是为将来双方当事人订立确定性的正式的商品房买卖合同达成的书面允诺，其目的就是通过订立合同来约束双方当事人承担在将来订立商品房买卖合同的义务，与作为本约合同的商品房买卖合同相对应的预约合同。因而，认购书实际上是开发商与认购人之间为将来订立商品房买卖合同所做的承诺，并非正式商品房销售行为，预约合同成立生效，并不意味本约合同成立生效。法律、法规有关商品房预售许可证明的强制性规定不应认定为订立预约合同的前提条件。因而，未取得商品房预售许可证证明前签订的商品房认购书通常应认定有效。但是，未取得商品房预售许可证证明前也是一个不确定的期间，有必要进一步明确。一个商品房项目的开发通过要经过较长的时间，从获得国有土地使用权，申请商品房项目开发立项，办理建设工程规划许可证、建设工程施工许可证等各种审批手续，到开工建设、达到预售条件申请预售许可证、竣工验收、最后交付房屋。有的商品房项目分多期开发，时间跨度达几年甚至 10 年之久。实践中，有些开发商为了解决建设资金，在刚取得建设用地使用权后即通过内部认购、预订等多种形式签订商品房认购书。“但开发项目尚未立项就允许开发商向社会公众销售房屋，认购书就不是针对特定项目签订的，认购书上的所有条款都是不确定的，认购书是建立在空中楼阁上的，缺乏商品房买卖的现实基础，这一阶段签订的认购书与非法融资无异，应当无效。从预约合同的理论上讲，签订商品房买卖预约合同的条件应当比一般商品房买卖预约合同的条件严格，这也是各国立法的趋势，不仅要求商品房买卖的核心条款完备，而且要求项目已开工建设甚至还要求缴纳一定的房款，其目的在于增强预约合同的稳定性和确定性，减少不确定因素。”① 综上分析，对于开发商尚未办理立项和规划审批，尚未开工建设，即通过与他人签订商品房认购书的方式融资的，应当认定预约无效；对于项目经立项和规划批准，已经开工建设后，拟销售的房屋可以区分确定，即使开发商尚未取得预售许可证证明，认购书也应认定有效。

## 三、如何判断商品房认购书是预约还是本约

由于商品房买卖合同关系表现复杂，实践中有的虽然协议名称是认购书，但商品房买卖合同内容完备，且已经实际履行，与商品房买卖合同无异。有的协议虽然名为商品房买卖协议，但合同内容粗陋，不完备，许多交易细节尚待双方进一步磋商，该种协议实为预约。还有一个些商品房交易更为复杂，双方除签订多个协议外，还有一系列纪要、函件、付款、交房等谈判交付行为，导致对协议或认购书究竟是预约还是本约存在争议，认定较为困难。

《商品房买卖合同解释》第 5 条规定，商品房的认购、订购、预订等协议具备《商品房销售管理办法》第 16 条规定的商品房买卖合同的主要内容，并且出卖人已经按照约定收受购房款的，该协议应当认定为商品房买卖合同。对如何理解《商品房买卖合同解释》第 5 条规定，有不同的观点。一种观点认为，该条规定说明商品房认购书预约在具备本约主要内容情况下应当视为本约，即名为预约，实为本约。我国台湾地区学者黄立也持这种观点，“倘将来系依所订立之契约履行而无须另订立本约者，纵名为预约，仍非预约”②。另一种观点认为，“《商品房销售管理办

---

① 最高人民法院民一庭编著：《最高人民法院关于审理商品房买卖合同纠纷案件司法解释的理解与适用》，人民法院出版社 2003 年版，第 61 页。

② 林诚二：《民法债编各论》（上），中国人民大学出版社 2003 年版，第 32 页。

法》第16条规定商品房销售合同因在预约阶段存在‘事实或法律障碍’而不能做出明确具体约定，即在预约合同中表现为缺失条款或不确定条款，需要双方本着诚信原则，循着预约合同确立的原则，履行预约合同。履行预约合同的过程即是克服‘事实或法律障碍’的过程。预约合同履行完毕‘事实或法律障碍’即不存在，填充缺失条款和明确不确定条款的条件已成熟，诺成性合同即转化为实践性合同，预约即转化为本约”[①]。笔者也同意转化说的观点。首先，视为本约说与预约和本约的相互关系不符。预约以订立本约为目的，合同当事人就将来订立本约达成一致意思表示是预约合同成立的标志，也是其与本约的区别。即使预约合同具备本约合同所需的必备要素，只要合同当事人在预约合同中明确约定了将来某一时期订立本约，则本约合同就未成立，该合同仍未预约。做出这一判断是由当事人意思表示决定的，即当事人未为成立本约合同形成商品房买卖合同关系，而是将来订立商品房买卖合同的意思表示。如果将具有此种意思表示的预约视为本约，将混淆预约与本约的关系。因为预约合同必须满足内容在一定程度上的确定性要求，即使缺失一定内容，也可以通过合同解释和漏洞填补来确定，这样的话几乎所有的预约都可以视为本约，则预约在实践中没有多大存在的价值。其次，预约转化为本约说符合合同法有关实际履行的规定。《合同法》第36条规定，法律、行政法规规定或者当事人约定采用书面形式订立合同，当事人未采用书面形式但一定已经履行主要义务，对方接受的，该合同成立。在当事人已经履行了本约合同主要义务且对方接受的情况下，实际上是双方用实际履行行为就形成本约合同所指向的法律关系和具体权利义务达成了一致，此时另行签订本约已非必要，预约合同因双方履行本约合同而转化为本约合同。

按照转化说的观点，笔者认为，商品房认购书到底应认定为预约还是本约可以从这几个方面进行审查。

首先，审查商品房认购书是否具备商品房买卖合同主要内容。《商品

---

① 最高人民法院民一庭编著：《最高人民法院关于审理商品房买卖合同纠纷案件司法解释的理解与适用》，人民法院出版社2003年版，第68页。

房销售管理办法》第16条规定：商品房销售时，房地产开发企业和买受人应当订立书面商品房买卖合同。商品房买卖合同应当明确以下主要内容：（1）当事人名称或者姓名和住所；（2）商品房基本情况；（3）商品房的销售方式；（4）商品房价款的确定方式及总价款、付款方式、付款时间；（5）交付使用条件及日期；（6）装饰、设备标准承诺；（7）供水、供电、供热、燃气、通讯、道路、绿化等配套基础设施和公共设施的交付承诺和有关权益、责任；（8）公共配套建筑的产权归属；（9）面积差异的处理方式；（10）办理产权登记的有关事宜；（11）解决争议的方法；（12）违约责任；（13）双方约定的其他事项。该条规定的商品房买卖合同应当具备的内容也是指本约应当具备的合同条款，而非预约必备条款。具备《商品房销售管理办法》第16条规定内容的商品房销售合同就是本约，而非预约。如果商品房销售合同具有《商品房销售管理办法》第16条规定的内容，就不存在签订合同事实和法律上的障碍，没有签订预约合同的必要。具备了上述合同内容，实际也就具备了商品房交易履行的可能。当然认购书要成立商品房预约合同本身也应当具备商品房买卖的基本内容，以实现本约内容一定程度的确定性。但商品房买卖预约合同与本约合同对合同内容的要求应当不一样的，从《商品房买卖合同解释》第5条规定来看，具备《商品房销售管理办法》第16条所规定内容的合同已经非常详备。预约合同的确定性要求通常在于明确交易商品房位置、房型、价格，或者虽然未确认价格具体位置，但明确约定了房屋位置和价格的确定方法，可以根据约定的方法确认商品房位置和价格。只有《商品房销售管理办法》第16条规定的主要内容的商品房认购书、购房协议等才有实际履行的条件和可能，才有可能直接被认定为商品房买卖合同。

其次，审查商品房认购书中双方是否就将来订立本约合同达成一致意思表示。如果商品房认购书、购房协议等具备了《商品房销售管理办法》第16条规定的商品房买卖合同的主要内容，就要进一步审查在认购书或协议中，双方是否明确约定将来订立正式商品房买卖合同，即是否有预约的意思表示。如果认购书、协议书没有约定将来订立正式商品房买卖合同，而是直接约定了付款方式、交房时间、逾期付款交房的违约责任等商品房买卖合同内容，并且可以依据认购书、协议书直接履行商品房买卖合同权利义务内容，则该认购书、协议书则名为商品房认购，实为正式商品房买卖合同。此种情况下，合同应当是名实不符，可以根据合同内容确定合同性质，此种商品房买卖合同应当直接认定成立，无须考虑其是否已经实际履行的问题。如果认购书、协议书明确约定将来一定时期内再订立正式商品房买卖合同，则无论认购书、协议书是否有关商品房买卖的内容是否详尽，该认购书、协议书都应认定为预约合同。此时，该商品房认购书是否可以转化为商品房买卖合同，则应继续审查双方是否已经实际履行该合同，以行为填补了预约合同不详尽的条款。

最后，审查商品房认购书是否实际履行。《商品房买卖合同解释》第5条规定，商品房的认购、订购、预订等协议具备《商品房销售管理办法》第16条规定的商品房买卖合同的主要内容，并且出卖人已经按照约定收受购房款的，该协议应当认定为商品房买卖合同。笔者认为，该条规定后半句“出卖人已经按照约定收受购房款的，该协议书应当认定为商品房买卖合同”可以理解为司法解释将合同是否实际履行作为认定商品房买卖合同成立的前提。合同法规定，承诺生效时合同成立。承诺通常到达要约人生效。因此，按照合同法的规定，合同是否实际履行不影响合同的成立，不是合同成立的前提条件。笔者认为，完全具备《商品房销售管理办法》第16条规定的商品房买卖合同的主要内容的商品房认购书，如果没有约定将来在订立正式合同，本身就是商品房买卖合同，只不过形式、名称与正式商品房买卖合同不符，但这不影响对其合同本约成立的认定，无须考虑履行因素。只有那些虽然具备《商品房销售管理办法》第16条规定的商品房买卖合同的主要内容，并且约定了将来订立正式合同，性质应当认定为预约的商品房认购书，才存在通过实际履行转化为本约的问题。这类预约性质的认购书因其完备的内容和当事人此后的实际履行行为使得再签订本约没有意义和必要，因而可以直接依据预约直接确定双方商品房买卖合同的权利义务。

总结商品房认购书可以认定为本约的情况：一是商品房认购书关于商品房买卖合同的主要内容完全具备，双方没有预约的意思表示，此种商品房认购书应直接认定为商品房买卖合同；二是商品房认购书关于商品房买卖合同的主要内容虽然完备，且双方有预约的意思表示，但此后在签订本约前双方以实际行为履行了预约约定的内容，此时商品房认购书可以认定为商品房买卖合同。

## 四、如何理解《商品房买卖合同解释》第 4 条中的“不可归责于双方的事由”

《商品房买卖合同解释》第 4 条规定，出卖人通过认购、订购、预订等方式向买受人收受定金作为订立商品房买卖合同担保的，如果因当事人一方原因未能订立商品方面买卖合同，应当按照法律关于定金的规定处理；因不可归责于当事人双方的事由，导致商品房买卖合同未能订立的，出卖人应当将定金返还买受人。商品房认购书通常应认定为商品房预约合同，其所约定的定金对于将来订立商品房买卖合同本约来说具有立约定金的性质，对于商品房预约合同本身来说则具有违约定金的性质。当事人签订商品房认购书后，不履行预约合同约定义务，不与对方订立商品房买卖合同的，通常应当承担定金罚则的违约责任。定金是商品房认购书中最常见的担保形式，由于近些年房价涨跌较快，当事人订立商品房认购书后，经常因房价涨跌而拒绝签订正式商品房买卖合同，引发的此类纠纷相对较多。司法实践中，有关定金罚则适用的主要问题集中在对《商品房买卖合同解释》第 4 条中“不可归责于双方的事由”的理解上。哪些事由才属于不可归责于双方的事由，哪些事由不能作为免除定金责任的依据，司法实践中往往争议较大。

合同法定的免责情形通常是《合同法》第 117 条规定的不可抗力。理论和实务界对《合同法》第 117 条的不可抗力通常理解为人力不可抗拒的力量，如某些自然现象（如地震、台风、洪水、海啸、泥石流等自然灾害）和某些社会现象（如战争）。《民法通则》第 153 条、《民法总则》第 180 条将之定义为不能预见、不能避免并不能克服的客观情况。不可抗力是独立于人的行为之外，并且不受当事人的意志所支配的现象。因不可抗力导致合同未能履行造成当事人损失的，可以完全或部分免责。《商品房买卖合同解释》第 4 条所规定的“不可归责于双方的事由”是否指不可抗力呢？笔者认为，不可抗力是法定免责事由，认定条件相对严格，司法解释不需另行规定也应当免责，因而此处“不可归责于双方的事由”含义应做更宽松的理解。

笔者认为，司法解释关于不可归责于双方的事由应当是以过错为原则，即当事人对导致本约合同不能签订的事由没有过错时，即属于不可归责于双方的事由。按此理解，不可归责于双方的事由应该包括以下几类事由：不可抗力、政策变化、规划条件的变化、当事人对合同的理解认识分歧且没有过错和其他当事人没有过错导致合同不能签订的事由。具体来说，不可抗力主要是指自然灾害，因自然灾害导致开发项目灭失、房屋损毁，买卖合同标的物不存在，合同自然无法签订或短期无法签订，此种事由不可归责于任何一方，当属不可归责于双方的事由。政策变化主要是指政府有关房地产市场管理政策发生重大变化，比如商品房认购书签订后，政府出台限购政策，购房人正好属于限购范围，此时双方因政府房地产市场政策变化导致无法签订合同，双方对此均无过错，此种政策变化即属于不可归责于双方的事由。规划条件的变化是指商品房认购书签订后，该房地产开发项目的规划条件或周边规划经政府批准发生重大变更，足以影响购房人做出购房决定和购房目的的实现。比如，拟交易中的房屋属于学区房，购房人为了小孩读书签订商品房认购书，但此后政府调整了学区，导致拟交易的房屋不是目标学区，从而使得购房人不能实现其合同目的。还有诸如道路、公园绿地的修建或取消、公共配套的医疗机构的修建或取消等均可能影响购房人做出购房决定，导致购房人不能实现其合同目的。此种重大规划变更足以对房屋交易产生重大影响，在商品房认购书签订后出现此种变更，当事人均无法预料，对此均无过错，应属于不可归责于双方的事由。对合同理解的分歧主要是指，由于商品房认购书本身内容相对较粗，在此后双方协商订立正式合同时由于对某些条款产生理解分歧导致未能订立合同或合同欠缺的内容经磋商无法达成一致，如果这种理解分歧是合理的，且无法通过合同解释确定，应该理解为不能归责于双方的事由。另外还有一些无法归责于当事人的事由，比如双方认购书约定购房款支付采用按揭贷款的形式支付，但购房人申请按揭贷款无法得到银行批准，导致合同不能签订。对合同理解的分歧和其他事由导致合同不能签订时，除了要审查导致合同不能签订的直接原因外，还应当审查一方对引起不能签订的直接原因是否有过错，如果双方均没有过错，则可以理解为导致合同不能签订的事由属于不可归责于双方的事由。如果认定导致合同不能签订的事由不可规责于双方，则不能适用定金罚则。

## 五、当事人不履行商品房认购书约定的订立本约义务时，法院能否判决强制其订立本约或直接判令其继续履行

商品房认购书的继续履行问题是司法实践中的难点问题。近 10 年来，我国商品房价格经历了一个大幅上涨的阶段，有时短时间内价格涨幅很大。这也成为商品房认购书继续履行纠纷的导火索。因为房价平稳的情况下，购房者、开发商在同样的价格下都有很多选择。但是，短时间内房价的大幅波动，会导致刚刚签订的商品房认购书中拟交易的房屋价格大幅上涨或下跌，上涨和下跌的幅度已经超过了当事人因违约所需承担的定金罚则的损失。此时，房价大幅上涨，开发商一方有违约倾向。开发商宁可承担定金罚则的损失也不签订正式商品房买卖合同，并常以利益失衡为由要求解除预约。房价大幅下跌时，购房人一方违约倾向会明显增加。如果继续履行预约合同，按照预约合同确定的价格签订正式商品房买卖合同，预约价格与市场价格的差异已经超过了定金数额。购房人宁可违约损失定金，也不愿签订按照预约价格签订正式商品房买卖合同。在这两种情况下，如果双方不能协商解决分歧，守约方往往会提出继续履行认购书的诉讼请求。

关于当事人不履行商品房认购书中签订本约义务，法院能否判决强制其订立本约或直接判令继续履行商品房认购书，司法解释未明确规定此问题，司法实践中存在几种不同观点。第一种观点认为，商品房认购书虽然具有商品房买卖合同中的基本内容，但本约合同并未成立生效，因而当事人不享有本约合同中的权利义务，不能请求直接履行商品房买卖合同内容，也不能以判决代替当事人的意思表示判决强制履行认购书。第二种观点认为，商品房认购书是预约合同，一方不履行订立本约义务

时，另一方有权请求法院强制其履行订约义务及承担责任。第三种观点认为，当事人可以请求违约方承担强制实际履行的责任。也有人认为“应该视认购书的类型而定，对于将‘进行谈判的预约’和‘带未决条款的预约’采取不同的方法。对于违反‘进行谈判的预约’不能继续履行……对于违反了‘带未决条款的预约’，可以考虑继续履行”①。

笔者认为，继续履行是合同法规定的首要违约救济方式，商品房认购书作为预约合同也是独立的合同，并不排斥继续履行作为其违约救济方式。但是，《合同法》规定的继续履行作为救济方式是有条件的，《合同法》第110条规定：“当事人一方不履行非金钱债务或者履行非金钱债务不符合约定的，对方可以要求履行，但有下列情形之一的除外：（一）法律上或者事实上不能履行；（二）债务标的不适于强制履行或履行费用过高；（三）债权人在合理期限内未要求履行。”因此，一方不履行商品房认购书时，对方能否要求其强制履行要根据商品房认购书的完备情况来确定。如果商品房认购书具备商品房买卖合同的主要内容，各项条款完备，可以直接按照商品房认购书确定商品房买卖合同的条款和内容，则该商品房认购书就具备了继续履行的条件。有些商品房认购书包含了商品房买卖合同的基本内容，内容还不完备，但如果未约定之细节条款可以依照交易习惯和合同漏洞填补方法填补明确的话，则同样也可以具备继续履行的条件。如果商品房认购书未约定的内容无法通过合同漏洞填补的方法进行填补明确的话，则不具备继续履行的条件。当事人对不具备继续履行条件的商品房认购书请求继续履行，人民法院应当告知其变更诉讼请求，主张其他违约责任承担方式，不变更诉讼请求的，可以驳回其诉请。

在实践中，确定商品房认购书是否具备继续履行的条件并不容易，这也是《商品房买卖合同解释》第4条为什么只规定了定金责任，而未规定其他违约责任，特别是继续履行责任的原因。在前文法理概览中也分析了，买卖合同司法解释对该问题也采取了回避态度。笔者认为，确

① 韩延斌、王林清等：《房地产纠纷裁判思路与规范指引》，人民法院出版社2014年版，第578页。

定商品房认购书是否具备继续履行的条件可以采用以下方法：首先，审查商品房认购书的内容是否完备；其次，在商品房认购书内容欠缺的情况下，审查商品房认购书欠缺的内容能否参照市场交易习惯确定。商品房买卖合同的核心内容实际上应该是两个内容，一是标的物的确定，即拟交易的房屋位置要确定，从种类物中特定出来；二是标的物价款，即房屋价格，由于房屋一般是按照单价乘以建筑面积计算，因而通常房屋确定了，明确单价即可得出总价。除了这两个基本内容，房屋价款如何支付往往成为影响商品房认购书是否可以继续履行的关键。现在商品房买卖价款的支付方式有多种，主要有一次性支付和按揭贷款支付两种方式。采用何种支付方式取决于购房人的支付能力，有时还与其他因素关联，比如当事人信誉影响贷款审核，因而支付方式无法参照交易规则来确定。商品房认购书未就支付方式做出约定，那么该条款的弥补就取决于主张继续履行的是开发商还是购房人，如果购房人提出继续履行，那么购房人有义务做好随时支付的准备，并且应举证期具备支付能力，法院可以按照购房人的支付承诺决定以何种支付方式填补合同欠缺。如果是购房人违约，开发商请求继续履行合同，支付方式的欠缺就不可弥补，此商品房认购书将无法继续履行。合同的其他内容，比如交房时间，装饰、设备标准承诺，配套基础设施和公共设施的交付承诺和有关权益、责任等可以参照该项目同一栋房屋同一单元的其他房屋的交房时间确定。还有些内容并非房屋买卖合同必须内容，比如违约责任、争议解决方法，无须填补。

另外，还有一个问题就是继续履行的方式问题，如果商品房认购书满足继续履行的条件，继续履行的判决应如何做出。笔者认为，预约合同的标的是签订本约，签订本约是一个法律行为，如果法院判决违约方签订本约，违约方不履行时，该行为并不适于直接强制履行。对于商品房认购书满足继续履行条件的，可以有两种处理方案。第一种方案是：如果商品房认购书约定的签约时间已过，且明确约定了买卖合同中付款、交房等主要权利义务履行时间，可以直接判令双方商品房买卖合同关系成立，违约方按照商品房认购书的约定履行商品房买卖合同约定义务。这样处理既符合双方在认购书中的约定，也符合诉讼经济效率原则。第二种方案是：如果商品房认购书未明确约定签约时间及付款、交房等主要权利义务履行时间，法院可以判决确定商品房买卖合同的内容，并判令违约方在一定期限内与对方签订正式商品房买卖合同，如逾期违约方不履行，则双方商品房买卖合同关系自判决确定的履行期限完毕时成立。第二种方案不涉及本约的履行。合同成立后，如果当事人不按照法院确定的商品房买卖合同内容履行义务，对方当事人可以另行起诉要求履行商品房买卖合同。

## 六、出卖人恶意违约，认购人请求出卖人赔偿房价上涨导致的损失应否得到支持

商品房认购书签订后，在房价上涨行情中，一些开发商恶意违约不签订正式商品房买卖合同，或者与认购人签订商品房认购书后，又就同一套房屋与他人签订商品房认购书或商品房预售合同，一房二卖，谋取更高利益。由此引发诉讼，认购人通常除了要求开发商承担定金罚则的违约责任外，还会要求对方赔偿房价上涨后升值部分作为其损失。

对此，实践中有两种不同观点：第一种观点认为，商品房认购书在性质上为预约合同，属于商品房买卖合同的缔约过程中签订，当事人违反商品房认购书应承担缔约过失责任，赔偿损失仅限信赖利益范围，并认为信赖利益损失主要是订立商品房买卖合同而支出的费用和利息等损失。认购人请求赔偿房价上涨损失的，不予支持。第二种观点认为，如果商品房认购书内容详备，出卖人因房价上涨而恶意违约，致使认购人的利益无法实现，适用定金罚则尚不足以维护守约人利益，出卖人应当赔偿买受人的预期利益损失，即在定金罚则或直接损失的范围之外，再参照房屋差价或违约方所获利润确定赔偿数额。

预约合同本身是独立的合同，对预约合同的违反自然构成违约责任。商品房认购书中约定的定金、违约金等均是对违反预约合同所约定的违约责任。出卖人违反预约合同的直接后果是认购人无法与出卖人成立正式商品房买卖合同关系，房价上涨的损失并不是该违约行为直接所致，只能是出卖人违反认购书的间接后果。出卖人违约将导致认购人无法以

同样的价格在市场上买到类似的商品房，因而对认购人来说实际上是一种机会的损失，只是这种机会损失的确定比较困难。相对于本约而言，违反商品房认购书的责任具有缔约过失责任的性质，缔约过失责任赔偿范围通常仅限于信赖利益，司法实践中一般仅支持当事人的为订约支付的各种费用即利息。房价上涨损失属于履行利益和可得利益的范畴，认购人从缔约过失责任主张房价上涨的损失依据更不充分。因而，前述第一种观点实际上是从商品房买卖合同关系的角度处理预约合同纠纷，对购房人而言，其自然有选择主张预约合同违约责任的权利，而无须选择对自己不利的缔约过失责任。这种观点不可取。第二种观点显然是针对部分名为认购预约实为买卖本约的商品房认购书而言的，对于此种商品房认购书，由于当事人之间实际成立了商品房买卖合同关系，房价上涨损失作为可得利益之损失，自然应受保护，如果认购书约定的定金和违约金明显低于房价上涨损失，应允许认购人根据合同法的规定请求法院调整，以弥补其损失。本处所讨论的是出卖人对于仅构成预约合同的商品房认购书恶意违约的情形。

笔者认为，房价上涨损失应当属于出卖人违反商品房买卖预约合同造成的认购人的机会损失范畴，该损失如果过分高于商品房认购书所约定的定金、违约金，应当允许认购人请求增加赔偿损失。首先，支持认购人的请求符合诚实信用原则。诚实信用原则是民事活动的基本准则。出卖人因谋取更大利润置诚信于不顾，恶意违约，应当受到制裁。此种制裁在合同法上表现为不能让不诚信者因其不诚信民事行为获得更多利益。因而，赔偿认购人的机会损失是诚实信用原则的要求。其次，若不赔偿认购人的机会损失，将造成严重利益失衡，可能引发社会问题。实践中，经常有认购人是置换房屋，与开发商签订认购书后，为履行将来签订的商品房买卖合同，已经将旧房出卖了。此种情况下，若不对认购人的损失予以支持，将导致认购人双重损失。而且，认购人之所以与开发商签订商品房认购书，往往本身就有锁定商品房价格，规避房屋价格上涨风险的考虑，此种损失一律不予赔偿对认购人也有违公平。

另外，如何确定此种机会损失的数额也是一个实践难题。笔者认为，房价上涨导致认购人的损失数额，应当由法官根据个案情况，依据诚实信用原则，充分考虑出卖人的主观过错程度、出卖人的获益情况、市场价格的波动预期和认购人在市场上重置类似商品房的差价等情况酌情认定。

## 判解精要

### 一、认定当事人之间系预约还是本约关系，应综合审查相关协议约定内容以及当事人为达成交易进行的磋商和有关履行行为等事实，从中探寻当事人的真实意思，并据此作出界定

**【案例索引】**

成都讯捷通讯连锁有限公司与四川蜀都实业有限责任公司、四川友利投资控股股份有限公司房屋买卖合同纠纷案[①]：一审：四川省成都市中级人民法院（2011）成民初字第936号，二审：四川省高级人民法院（2012）川民终字第331号，再审：最高人民法院（2013）民提字第90号。

**【基本案情】**

2006年9月20日，四川蜀都实业有限责任公司（甲方，以下简称蜀都实业公司）与成都讯捷通讯连锁有限公司（乙方，以下简称讯捷公司）签订《购房协议书》约定："……1. 乙方购买甲方所拥有的蜀都大厦北一楼及中庭建筑面积2100平方米，总价格6750万元（最后按照房管部门办理的产权证为准进行结算）。2. 本协议签订之日起，甲方收到乙方预计购房定金1000万元，待购房合同签订时，该定金自动转为购房款。3. 甲、乙双方应就购房合同及付款方式等问题在本协议原则下进行具体磋商。4. 甲、乙双方均应遵守本协议所确定的原则，违反则违约方向守约方支付违约金1000万元。5. 甲乙双方就该宗房屋买卖合同签订时，本协议自动失效。"

① 载《最高人民法院公报》2015年第1期。

2006年9月14日、18日，讯捷公司向四川舒卡特种纤维股份有限公司（以下简称舒卡纤维公司，现名四川友利控股股份有限公司）银行账号内分别转入200万元和300万元，款项用途为预付购房定金。2006年9月18日至20日，讯捷公司又向舒卡纤维公司账号内分别转入200万元、200万元和100万元。舒卡纤维公司于2006年9月20日向讯捷公司开具了两张金额均为500万元的定金收据。蜀都实业公司于2007年1月4日将讼争房屋交付讯捷公司使用至今。

工商部门于2004年核准“成都蜀都大厦股份有限公司”的企业名称变更为“四川舒卡特种纤维股份有限公司”。四川蜀都大厦有限责任公司（以下简称蜀都大厦公司）由舒卡纤维公司（占46%）等出资设立，于2005年7月分立成蜀都大厦公司和蜀都实业公司。舒卡纤维公司于2009年4月10日变更名称为四川友利控股股份有限公司（以下简称友利公司）。

2005年8月5日，蜀都大厦公司出具的《场地证明》载明：“因企业分离，现蜀都大厦公司名下锦江区暑袜北三街20号蜀都大厦南楼（权0111476）、北楼（权0963909）、中庭（权0111478）第一至四层楼及精品屋（权0613360）无偿提供给蜀都实业公司使用。”2008年3月4日，蜀都实业公司取得了上述房屋的产权证。友利公司于2008年向中国农业银行成都蜀都支行借款3000万元，蜀都实业公司以该产权证下2043.91平方米的房屋为友利公司的借款提供抵押担保，并办理了抵押登记。友利公司于2009年12月15日偿还了上述贷款本息，但抵押登记未注销。2010年7月29日，蜀都实业公司以位于成都市锦江区署袜北三街20号一楼面积1347.52平方米的房屋为友利公司向招商银行成都顺城大街支行办理综合授信2500万元而设定抵押，并办理了抵押登记，友利公司在授信项下借款500万元已于2010年11月19日结清本息，但抵押登记未注销。

2009年10月20日、10月28日、12月9日，蜀都实业公司与讯捷公司组织相关人员就案涉房屋买卖中的相关问题进行了协商，双方就讯捷公司是否应当支付场地使用费，买卖过户税费的负担，产权证的办理及购房尾款的支付时间，出售房屋所涉抵押的解除等问题未达成一致意见。2009年11月4日，蜀都实业公司向讯捷公司发函，要求讯捷公司支付场地使用费，具体标准由双方协商，房屋买卖税费由讯捷公司全部承担。次日，讯捷公司回函，不同意支付场地使用费，要求税费由双方各自承担自行部分，讯捷公司同意在房屋产权及土地使用权过户后当即付清全部剩余房款。2009年11月12日，蜀都实业公司向讯捷公司发函称：（1）双方至今仍在许多重大问题上存在严重分歧，导致双方一直未签订《房屋买卖合同》，因此双方的房屋买卖关系未成立。（2）讯捷公司无偿占用蜀都实业公司房屋三年，应当支付场地占有使用费。（3）蜀都实业公司不同意讯捷公司提出的付款方式。（4）由讯捷公司承担房屋买卖全部税费是蜀都实业公司出卖房屋的交易条件，从未发生改变。2009年11月17日，讯捷公司向蜀都实业公司回函称：（1）讯捷公司认为双方的房屋买卖已经实际履行。（2）讯捷公司占有并使用房屋合法，不应支付场地占用费。（3）讯捷公司坚持在房屋过户登记后才向蜀都实业公司支付全部购房尾款。（4）蜀都实业公司提出房屋买卖税费全部由讯捷公司承担缺乏依据和违反国家相关法律规定。2010年3月3日，蜀都实业公司通过成都市蜀都公证处向讯捷公司发《函》称："……1. 解除贵我双方于2006年9月20日签订的《购房协议书》；2. 请贵公司收在本函后三十日内腾退该房屋；3. 请贵公司在收到本函后三十日内向我公司支付占用该房屋期间应付的场地使用费并办理相应的财务结算（定金、使用费等费用的退还和支付）。"

**【审判要览】**

讯捷公司一审起诉认为，案涉《购房协议书》已符合《商品房买卖合同解释》第5条的规定，且蜀都实业公司已将房屋交付讯捷公司占有使用，《购房协议书》已经实际履行。故诉请：（1）确认案涉《购房协议书》已成立并合法有效，确认蜀都实业公司于2010年3月3日作出的解除函无效；（2）判令蜀都实业公司在判决生效后15日内向讯捷公司履行办理房屋产权过户登记的义务，在蜀都实业公司履行过户登记后5日内，讯捷公司向蜀都实业公司支付剩余购房款5750万元；（3）产权过户的税费按照法律规定由讯捷公司与蜀都实业公司各自承担。

一审法院认定《购房协议书》为正式购房合同，合法有效，并判决在讯捷公司向蜀都实业公司履行完毕支付购房款义务后90日内，蜀都实业公司协助将争议房屋过户给讯捷公司。蜀都实业公司上诉。二审法院亦认定《购房协议书》为正式购房合同，但以蜀都实业公司为所有权人，有权收回房屋为由，判令讯捷公司腾退争议房屋。讯捷公司申请再审，最高人民法院认为，案涉《购房协议书》的性质应为预约，但结合当事人在订立《购房协议书》之后的履行事实，蜀都实业公司与讯捷公司之间已经成立了房屋买卖法律关系。此外，在双方房屋买卖法律关系成立并生效后，蜀都实业公司虽系该房屋的所有权人，但其应当依约全面、实际履行其在房屋买卖法律关系项下的义务。二审判决认为在买卖标的物转移之前，所有人对自己的标的物享有占有、使用、收益、处分的权利，进而认定蜀都实业公司有权选择处分财产的方式解除合同，并判决迅捷公司将房屋腾退给蜀都实业公司，违背了《合同法》保障交易安全的基本原则，系对《物权法》的错误理解与适用。再审判决最终撤销二审判决，维持一审判决。

**【裁判解析】**

本案的核心问题在于蜀都实业公司与讯捷公司之间法律关系的性质，具体而言，就是当事人以案涉《购房协议书》为基础形成的法律关系究竟构成了房屋买卖预约还是本约。由于预约与本约在法律效力方面的不同，导致当事人之间的权利义务关系差异很大，因此，准确把握预约的含义及其与本约的区别，对于正确审理此类案件十分重要。

一方面，虽然蜀都实业公司与讯捷公司在2006年9月20日签订的《购房协议书》中明确约定了双方拟进行买卖的房屋的位置、面积和价款，应当说具备了一份正式的房屋买卖合同的主要内容，可直接据此履行而无须另订本约。但是，双方当事人同时在该协议中约定了在付款方式等问题上需要日后进一步磋商，双方的这一意思表示是明确的，而且，当事人在该协议第5条进一步明确要在将来订立一个新的合同，以最终明确双方之间的房屋买卖法律关系的具体内容。因此，案涉《购房协议书》的性质应为预约。

但另一方面，双方在签订《购房协议书》时，作为买受人的迅捷公司已经实际交付了定金并约定在一定条件下下自动转为购房款，作为出卖人的蜀都实业公司也接受了讯捷公司的交付。在签订案涉《购房协议书》的三个多月后，蜀都实业公司也将合同项下的案涉房屋交付给了讯捷公司，讯捷公司接受了该交付。而根据案涉《购房协议书》的预约性质，蜀都实业公司仅仅有义务与迅捷公司进行诚信磋商以订立本约，而并不负有向迅捷公司交付案涉房屋的义务，因此，蜀都实业公司交付房屋的行为并非对该预约合同的履行。在当事人之间不存在租赁等其他有偿使用房屋的法律关系的情形下，依据《合同法》第 36 条、第 37 条的规定，蜀都实业公司交付案涉房屋给讯捷公司的行为应认定为系基于与讯捷公司之间的房屋买卖关系而为的交付。此后，双方又为进一步明确《购房协议书》中未约定的其他交易条件，进行了以买卖房屋为目的的多次磋商。因此，案涉《购房协议书》连同当事人在订立案涉《购房协议书》之后的磋商和履行的事实，可以认定当事人之间达成了买卖房屋的合意，尽管合意的内容之表达是分散的，但不妨碍在当事人之间成立有效的房屋买卖本约，蜀都实业公司与讯捷公司之间成立了房屋买卖本约。而且，由于蜀都实业公司在该房屋买卖法律关系中的主要义务就是交付案涉房屋，也就是说，蜀都实业公司的交付行为构成了《合同法》第 36 条、第 37 条所称的事实上履行本约的形成，因此，从这个意义上讲，蜀都实业公司与讯捷公司之间的房屋买卖本约也已经成立。

因此，本案中当事人之间的法律关系构成了事实上履行的本约和已经订立的预约在交易内容上的重合。双方签订的《购房协议书》虽然具备了与房屋买卖合同本约大致相当的主要内容，但在性质上仍是预约而非本约。但此后，在蜀都实业公司已经实际履行房屋买卖合同主要义务的情况下，事实上成立的买卖本约吸收了该预约中的内容，在其与讯捷公司之间成立了房屋买卖合同的本约。

## 二、开发商未取得商品房预售许可证的，不影响认购书的效力。一方当事人未尽义务导致本合同的谈判、磋商不能进行的，应当承担违约责任

**【案例索引】**

仲崇清与上海金轩大邸房地产项目开发有限公司合同纠纷案[①]：上海市第二中级人民法院（2007）沪二中民二（民）终字第1125号。

**【基本案情】**

2002年7月12日，仲崇清与上海市金轩大邸房地产项目开发有限公司（以下简称金轩公司）签订《金轩大邸商铺认购意向书》一份，约定仲崇清向金轩公司支付购房意向金2000元，仲崇清随后取得小区商铺优先认购权，金轩公司负责在小区正式认购时优先通知仲崇清前来选择认购中意商铺，预购面积为150平方米，并明确小区商铺的均价为每平方米7000元（可能有1500元的浮动）。如仲崇清未在约定期限内认购，则视同放弃优先认购权，已支付的购房意向金将无须退还。如仲崇清按约前来认购，则购房意向金自行转为认购金的一部分。意向书对楼号、房型未作具体明确约定。上述意向书签订之后，仲崇清向金轩公司支付了2000元意向金。2002年11月4日金轩公司取得房屋拆迁许可证，2003年5月29日取得建设工程规划许可证，2003年6月30日金轩公司取得预售许可证。但金轩公司在销售涉案商铺时未通知仲崇清前来认购。2006年年初仲崇清至售楼处与金轩公司交涉，要求金轩公司按意向书签订正式买卖合同。金轩公司称商铺价格飞涨，对原约定价格不予认可，并称意向书涉及的商铺已全部销售一空，无法履行合同，仲崇清所交2000元意向金可全数退还。双方因此发生争议，仲崇清遂诉至法院。

**【审判要览】**

仲崇清一审起诉称，其按照《金轩大邸商铺认购意向书》约定支付了意向金，但金轩公司对外发售商铺时未通知其前来认购，在其交涉后，

---

① 载《最高人民法院公报》2008年第4期。

金轩公司以楼价上涨为由拒绝与其签订正式买卖合同的行为违反了双方的约定，请求：判令金轩公司按105万元的销售价格向其出售涉案商铺，如果金轩公司不能履行，请求判令金轩公司赔偿其经济损失100万元。

一审法院认定，《金轩大邸商铺认购意向书》不是通常意义的"意向书"，而是具有预约合同的性质，法律对商品房预售合同的强制性规定并不适用于预约合同，金轩公司没有按照意向书的约定在正式出售房屋时通知仲崇清前来认购，造成双方无法进一步磋商签订正式商品房预售合同，构成违约。由于商铺已经全部售出，双方签订的意向书已无法继续履行，应予解除，金轩公司应承担违反预约合同的违约责任。根据涉案意向书的预约合同性质，结合金轩公司的过错程度、仲崇清履约的支出及其信赖利益的损失等因素，酌定金轩公司赔偿仲崇清损失10000元并返还意向金2000元。仲崇清和金轩公司均不服一审判决，提起上诉。二审法院认为，在双方签订意向书之前，金轩公司已经申请取得了有关政府部门的立项核准和建设用地规划许可证，双方在意向书中所约定的房屋买卖意向存在现实履行的基础。该意向书明确了双方当事人的基本情况，对拟购商铺的面积、价款计算、认购时间等均作了较为清晰且适于操作的约定。这表明意向书是具有法律约束力的预约合同。金轩公司未按约履行其通知义务，并将商铺销售一空，导致守约方仲崇清丧失了优先认购涉案商铺的机会，使合同的根本目的不能实现，金轩公司应当承担相应的违约责任。一审法院认为金轩公司违反预约合同约定的义务，应当赔偿仲崇清相应的损失，并无不妥，但一审判决确定的10000元赔偿金额，难以补偿守约方的实际损失。为促使民事主体以善意方式履行其民事义务，维护交易的安全和秩序，充分保护守约方的民事权益，在综合考虑上海市近年来房地产市场发展的趋势以及双方当事人实际情况的基础上，酌定金轩公司赔偿仲崇清150000元。仲崇清要求金轩公司按照商铺每平方米建筑面积15000至20500元的价格赔偿其经济损失，但由于其提交的证据不能完全证明涉案意向书所指商铺的确切情况，且根据金轩公司将有关商铺出售给案外人的多个预售合同，商铺的价格存在因时而异、因人而异的情形。另外，虽然仲崇清按约支付了意向金，但是双方签订的预约合同毕竟同正式的买卖合同存在法律性质上的差异。

故仲崇清主张的赔偿金额，不能完全支持。二审法院改判金轩公司赔偿仲崇清 150000 元。

**【裁判解析】**

本案存在几个争议焦点，一是仲崇清与金轩公司签订的《金轩大邸商铺认购意向书》的性质和效力；二是金轩公司是否应构成违约，应否承担违约责任；三是仲崇清的损失如何计算。

根据一审法院查明的事实，本案双方签订的《金轩大邸商铺认购意向书》虽然没有明确约定购买的店铺位置，但允许仲崇清选择确定具体店铺，约定了大概面积 150 平方米，价格也约定在 7500 元浮动 1500 元的范围内。这时虽然没有明确拟购买的房屋位置和价格，但约定了确定位置和价格的方法，当事人可以通过认购意向书确定的方法来明确具体房屋和价格，且双方有明确约定今后再签订本约合同的意思表示，因而该意向书不是一般的不具有法律拘束力的协议意向，而是具有法律拘束力的预约合同。金轩公司在与仲崇清签订认购意向书时，尚未取得建设工程规划许可证和商品房预售许可证。通常未取得建设工程规划许可证即对外认购，预收认购款或房款，有涉嫌非法集资嫌疑，但本案双方约定的意向金金额很小，且此后金轩公司取得了工程建设各项许可证，工程项目已经实际完成，不宜否定认购意向书效力。双方对意向书效力争议的主要是房地产管理法对商品房预售的强制性规定。《城市房地产管理法》第 45 条、《城市房地产开发经营管理条例》第 23 条均明确规定，商品房预售应当取得商品房预售许可证证明。但商品房预售是商品房买卖本约合同，本案双方争议的认购意向书是预约合同，开发商未取得商品房预售许可证不影响预约合同的效力，因此，二审法院认定认购意向书有效既不违背法律规定，也是尊重当事人意思自治。

仲崇清与金轩公司签订《金轩大邸商铺认购意向书》后，即成立预约合同。预约合同是独立的合同，违反预约合同要承担违约责任。本案中金轩公司违约事实清楚明确，金轩公司应承担预约合同的违约责任。预约合同的违约责任承担方式包括定金罚则、违约金、继续履行、赔偿损失等一般合同的违约救济。本案双方对认购意向书约定的意向金 2000 元性质约定不明确，且金额很小，即使适用定金罚则，显然也不足以弥补仲崇清的损失，对违约方金轩公司也几乎没有任何责任。因而，二审法院在确定仲崇清的损失金额时，考虑了以下因素：损失应能促使民事主体善意履行民事义务、损失可以充分保护守约方民事权益、上海房地产市场发展趋势、双方履行预约的实际情况、预约与本约的差异。由于预约合同的违约损失不直接指向履行本约的利益，而是签订本约机会的丧失，因而如何确定认购人的损失必须因案而异，由法官根据个案案情，以充分保护守约方民事权益为原则，又兼顾预约与本约的差异酌情确定。

## 三、预约合同签订后，当事人只是基于各自利益考虑，无法就合同条款达成一致，致使本约不能订立的，均不构成违约

**【案例索引】**

戴雪飞与江苏省苏州工业园区华新国际城市发展有限公司商品房订购协议定金纠纷案[①]：一审：江苏省苏州市苏州工业园区人民法院（2004）园民一初字第0339号，二审：江苏省苏州市中级人民法院（2005）苏中民一终字第0068号。

**【基本案情】**

2004年4月18日，戴雪飞与江苏省苏州工业园区华新国际城市发展有限公司（以下简称华新公司）签订《都市花园天域住宅定购协议（红表）》一份，约定由戴雪飞向华新公司定购苏州工业园区星汉街189号都市花园，天域2幢203室住宅一套，面积约为248.26平方米，销售单价为每平方米7720元。同时约定戴雪飞在签订该协议时需向华新公司缴交纳定金50000元。若戴雪飞在华新公司通知规定的签约日前选择放弃选定物业购买权或者到期不签约，50000元定金不予退还，若华新公司在通知规定的签约日前将该房屋卖给他人，则双倍返还定金。当日，戴雪飞向华新公司交纳了50000元定金，华新公司出具了收据，并通知戴雪飞于2004年4月25日至天域会所签订正式商品房预售合同。5月7日，戴雪飞在华新公司处书面提出，其在该日与华新公司签约时，要求所购房

① 载《最高人民法院公报》2006年第8期。

屋装修标准与样板房一致，需删除合同中“样板房仅供参考”“华新国际保留最终解释权”等条款，华新国际不能给予明确答复，需另择日签约。华新公司销售人员在该书面材料上写明“该客户意见已收到”。5月9日，华新公司通知戴雪飞，因其未按约于4月25日到华新公司处签订预售合同，已违反定购协议之约定，因此所交定金予以没收。双方交涉未果，戴雪飞遂向法院提起诉讼。关于4月25日戴雪飞到华新国际签约一节，二审法院查明，戴雪飞于当日前往华新国际售楼处协商订约事宜，双方未能协商达成一致意见，故未签订预售合同。对订约不成的原因，双方各执一词，且都不能举证证明。

戴雪飞向一审法院起诉称，收到华新公司的签订合同通知后，与华新公司商定5月7日再签合同，由于华新公司出具的格式合同中有样板房仅供参考的条款，其提出异议后与华新公司协商未果，并约定继续协商，华新公司没收其定金并要将房屋售与他人构成违约，请求判令华新公司双倍返还定金，并负担本案诉讼费。

**【审判要览】**

一审法院认为，双方签订的商品房定购协议依法成立，该协议中约定的定金为订约定金，是双方真实意思表示，合法有效，对双方产生拘束力。按照协议约定，戴雪飞应当在华新公司通知的2004年4月25日到华新公司与其协商签订商品房预售合同。戴雪飞不能说明其已于当日实践了订约行为。同时，戴雪飞就其与华新公司商定推迟到5月7日办理订约事宜的主张，因无足够证据证明，该主张不能成立。因此，戴雪飞应当就其未能于4月25日与华新公司协商订约事宜承担相应的民事责任，其要求双倍返还定金的请求不予支持，并判决驳回戴雪飞的诉讼请求。戴雪飞不服一审判决，提起上诉。

二审法院认为，戴雪飞与华新公司于2004年4月18日签订的《都市花园天域住宅定购协议（红表）》系相对于正式商品房预售合同这一本约合同而言的预约合同，其作用及意义在于为当事人按公平、诚信磋商达成本约奠定基础、创造条件。预约合同对双方当事人具有约束力。预约合同中的已决条款，非经当事人协商一致不得更改，否则则构成对预约合同的违约。对预约合同中的未决条款，则由双方当事人继续谈判，以达成正式、完备的本约。在无悖于公平原则情况下磋商不成，或因不可归责于双方当事人的原因未能订立本约，则不存在违约，预约合同相应解除，如附定金担保的，已付定金应予返还。一方当事人主张对方当事人违反预约合同，应承担相应的举证责任。本案戴雪飞主张4月25日、5月7日双方进行商品房预售合同的订约协商而未达成一致的事实足以认定，但其认为对方违反预约协议以致订约不成也无证据，故对其上诉请求中返还定金部分予以支持。华新公司认为4月25日因戴雪飞压价而未能定约，并无证据证实；其主张戴雪飞延期订约即构成违约，理由也不能成立。当事人均履行了订约行为，对本约定约不成的原因，双方都不能举证证明，应合理推定为磋商不成。华新公司主张戴雪飞违反预约，因无相应证据证实，不予支持。二审法院判决，撤销一审判决改判华新返还戴雪飞定金50000元。

**【裁判解析】**

本案双方争议的主要焦点是未能签订商品房预售合同的原因是什么，双方对此是否有过错，应否承担违反预约的定金责任。本案双方签订的《都市花园天域住宅定购协议（红表）》约定拟交易的商品房位置、价格，并明确约定将来签订正式买卖合同日期和定金责任，因而该定购协议是典型的预约合同。违反定购协议，则须承担定金责任。双方在协议中明确约定了双方在何种情况下应承担定金责任。《商品房买卖合同解释》第4条规定，出卖人通过认购、订购、预订等方式向买受人收受定金作为订立商品房买卖合同担保的，如果因当事人一方原因未能订立商品方面买卖合同，应当按照法律关于定金的规定处理；因不可归责于当事人双方的事由，导致商品房买卖合同未能订立的，出卖人应当将定金返还买受人。因而，本案双方未能签订本约合同是否属于不可归责于双方的事由成为解决本案争议的焦点。由于预约合同内容不完备，本约合同中的细节条款均须买卖双方秉持诚实信用原则进一步公平磋商敲定，但倘若双方均秉持诚实信用原则，仍无法就合同的条款达成一致，本约合同显然不能按照一方的意见强制对方签订，此时应该认定为不可归责于双方的事由导致本约未能签订。本案中，根据预约合同约定，戴雪飞应在华新公司通知确定的签约日签订商品房预售合同。诉讼中，双方当事人一致确认通知签约日为2004年4月25日，戴雪飞曾于当日至华新公司处协商签约事宜，但终未订立预售合同。虽然其中原因各执一词，但可以确认以下事实：第一，戴雪飞是如期前往磋商，这有别于到期不去签约；第二，戴雪飞该日磋商是愿意购房的，而非明确拒签预售合同；第三，对于未签的原因双方对各自陈述均不能举证证明，应合理推定为磋商未成；第四，戴雪飞称要求延期签约之原因是需要与丈夫商定，此应属于对预售合同内容磋商之合理因素，尚不构成违反公平磋商的预约义务。同年5月7日双方协商后，戴雪飞对预售合同有关格式条款提出异议的书面意见，华新公司工作人员在书据上签字收到。对此当然不能视同华新公司同意戴雪飞的异议，但却可以证明戴雪飞确对预售合同条款不能全面接受。而关于样板房装修以及解释权等问题的条款显失公平，戴雪飞的异议具有合理性，对此应当认为双方并未协商一致，同时也间接反映出戴雪飞并未恶意磋商。这一事实也可以合理推断与印证4月25日磋商未达成一致。本案一、二审期间，戴雪飞一直明确表示愿意继续完成交易，而华新公司则拒绝继续交易，此亦可佐证戴雪飞并非无故违反预约协议。因此，本案本约签约不成的原因应当认定为出于正常磋商不成的原因，双方当事人在不能证明可归责于对方的情况下，要求适用定金罚则条款的主张均不应予以支持。

## 四、认购书签订后，出卖人违约将房屋另售他人的，应赔偿认购人的损失，损失范围应按照订立认购书时商品房的市场行情和商品房现价，并结合开发建设、商品房市场的价格变动过程和认购人交纳的房款数额等情况确定

【案例索引】

张励与徐州市同力创展房地产有限公司商品房预售合同纠纷案[①]：徐州市泉山区人民法院（2010）泉民初字第2427号。

---

① 载《最高人民法院公报》2012年第11期。

**【基本案情】**

1999年6月，徐州市泉山区奎山办事处（原奎山乡）奎西村旧村改造工程经徐州市有关部门批准分期实施。2003年10月，旧村改造工程二期启动，徐州市同力创展房地产有限公司（以下简称同力公司）开始参与该工程，并将该工程定名为橙黄时代小区。建设的房屋部分用于安置原奎西村拆迁居民，其他部分作为商品房对外出售。同力公司参与上述旧村改造工程后即对其拟开发建设的部分楼盘对外进行出售。2004年2月16日，同力公司与张励签订《橙黄时代小区彩园组团商品房预订单》一份，该预订单约定：张励预订同力公司开发的橙黄时代小区彩园组团8号楼1单元102室商品房，该房屋建筑面积预计为123平方米，双方约定房屋单价为2568元/平方米，签订合同时单价不变；张励向同力公司预缴购房款50000元，合同签订时再缴付剩余房款258484元。同日，张励按上述约定向同力公司交纳房款50000元。其后，因拆迁受阻，该工程进度拖延，同力公司未通知张励签订商品房买卖合同。2006年，国务院发文要求自2006年6月1日起对新审批、开工建设的商品房项目中套型面积在90平方米以下的住房必须达到开发建设总面积的70%以上；2007年徐州市政府发文规定自2007年10月起徐州市所有的各类居住工程必须采用现交框架等结构体系。因此，同力公司此后建设的橙黄时代小区的商品房套型面积发生了变化。拆迁安置过程中，根据拆迁情况和建设进度，同力公司将橙黄时代彩园小区8号楼作为拆迁安置房对拆迁户进行了安置，并于2008年3月19日将其与张励签订的预订单中约定的橙黄时代小区彩园组团8号楼1单元102室（89平方米）安置给拆迁户徐西成。2010年1月21日，同力公司取得橙黄时代小区彩园组团5、6、7、8号楼的商品房预售许可证。2010年3月，张励起诉来院要求同力公司继续履行合同（预订单），后因故撤回起诉，并于2010年11月16日再次诉讼，要求同力公司按原合同（预订单）价格赔偿不低于90平方米的房屋一套并赔偿其他损失100000元。审理过程中，张励表示，如同力公司确实无房可交，则要求同力公司一次性给付33万元。

**【审判要览】**

张励向徐州市泉山区人民法院起诉称，2004年2月16日，张励与同力公司订立商品房预售合同，明确约定同力公司开发的橙黄时代小区彩园组团8号楼1单元102室商品房出售给张励，建筑面积为123平方米，价格为2568元/平方米，并约定张励向同力公司缴房款定金等。合同签订后，张励按合同约定履行了给付定金的义务，但同力公司迟迟于2009年开工建设，并公然违约，将房屋面积缩小为90平方米，并单方面提高售房价格。请求法院判令同力公司依法按原合同价格赔偿原告房屋（不低于90平方米）一套并赔偿其他损失100000元。

徐州市泉山区人民法院一审认为，原、被告双方作为具有相应民事行为能力的行为人在签订《橙黄时代小区彩园组团商品房预订单》时意思表示真实，且内容比较具体，因此该预订单在双方间产生了相应的权利义务关系，其所确定的内容在双方间产生拘束力。但因该预购单签订时所涉及的标的物尚处在规划之中且同力公司当时并未取得商品房预售许可，故先需要确定该预订单的性质。（1）关于双方签订的《橙黄时代小区彩园组团商品房预订单》的性质问题。判断商品房买卖中的认购书究竟为预约合同还是本约合同，最主要的是看此类认购书是否具备了《商品房销售管理办法》第16条规定的商品房买卖合同的主要内容。本案中，双方签订的《橙黄时代小区彩园组团商品房预订单》对于双方当事人的姓名或名称，商品房的基本情况（包括房号、建筑面积）、单价、付款时间进行了明确的约定，但因双方在签订该预订单时作为买卖标的物的商品房尚处在规划之中而没有进行施工，同力公司也没有取得商品房预售许可，所以双方对商品房的交付时间、办证时间、违约责任等诸多直接影响双方权利义务的重要条款在预订单中没有明确约定，属于未决条款，需在签订买卖合同时协商一致达成，且第5条明确约定“在甲方（被告）通知签定（订）《商品房销售合同》之前，乙方（原告）可随时提出退房……在乙方按照本条约定签定（订）《商品房销售合同》前，甲方不得将该房另售他人”，说明双方在签订该认购单时对于该行为的性质为预约合同的认识是明确的。因此，《橙黄时代小区彩园组团商品房预订单》是以将来签订商品房销售（买卖）合同为目的的预约合同，张励要求同力公司以该商品房预订单为依据履行商品房交付义务的主张不能成立。（2）关于违反预约合同应承担的法律后果问题。预约权利人可以请求对方履行订立本约的义务或者赔偿损失。本案中，原、被告双方签订商品房预订单后，因建设商品房用地拆迁安置问题致使商品房开工建设日期拖延，在此过程中，国务院及徐州市政府相继出台的有关行政法规对于新建商品房的建筑面积、施工工艺及材料进行了强制性规定，加上新的拆迁安置情况出现，致使商品房建设规划变更、面积变化及建筑成本增加，应属于不可预料的情形，不应视为同力公司故意违反预约合同。但同力公司在与张励签订商品房认购单时对于上述情况估计不足，其后又将认购书中列明的房号安置给他人，致使双方失去了进一步协商并签订本约合同可能性，双方签订的商品房预订单终止履行，对此结果同力公司应承担相应责任，并应对由此导致的张励的损失承担赔偿责任。(3) 关于张励损失的确定问题。在违约责任中，承担责任的一方应给对方造成的利益损失进行赔偿。张励在与同力公司签订预订单后，有理由相信同力公司会按约定履行订立本约合同的义务，从而丧失了按照预订单约定的房屋价格与他人另订购房合同的机会，因此同力公司因违约给张励造成的损失应根据订立预订单时商品房的市场行情和现行商品房价格予以确定，但因同力公司所开发建设的房屋无论是结构还是建筑成本都与双方签订预订单时发生了重大的变化，因此张励以同力公司开发建设房屋的现行销售价格作为赔偿标准亦显失公平，法院不予采纳。综合考量商品房市场的价格变动过程以及张励向同力公司交纳房款的数额，对于同力公司因违约给张励造成的损失确定为150000元。遂判决同力公司退还张励预交的房款50000元，赔偿张励损失150000元。

**【裁判解析】**

本案双方签订的《橙黄时代小区彩园组团商品房预订单》符合预约合同特征，应认定为预约合同。同力公司前期开发过程中因国家政策变化导致商品房建设规划变更、面积变化及建筑成本增加，应属于不可归责于当事人的事由，但此后同力公司在具备履行与张励签订的《橙黄时代小区彩园组团商品房预订单》条件时，将建好的房屋另售他人，违反了预约合同约定，应承担违约责任。

由于同力公司已经房屋另售他人，因而预约合同无法继续履行，本案的难点在于确定张励的损失和同力公司应承担的违约责任。虽然张励在签订预订单后向同力公司支付了50000元，但预订单约定该50000元为预付购房款，所以双方预约合同无定金、违约金约定，无法按照合同约定确定同力公司应承担的违约责任金额。认购人签订认购书时，有理由相信出卖人会按约定履行订立本约合同的义务。出卖人违约将房屋另售他人，使认购人丧失了按照预约合同约定的房屋价格与他人另订购房合同的机会。在确定张励的损失时，审理法院充分考虑了订立认购书时商品房的市场行情和现行商品房价格差额、商品房结构变动导致和其他因素导致的商品房建设成本的变化、当地商品房市场的价格变动情况和认购人预交的房款数额等因素。此案与本章判解精要3案例仲崇清诉金轩公司商品房预约合同纠纷在认购人损失的认定方法上有相似之处。总结两个案件在考虑确定认购人作为守约方的损失时，均考虑了当地商品房市场的价格变动情况和当事人履约的实际情况，区别是本案审理法院确定张励损失的主要依据是订立认购书时商品房的市场行情和现行商品房价格差额，在此基础上兼顾考虑了商品房建设成本的上涨、认购人预交的房款金额等因素进行权衡。由于预约合同的复杂性和损失表现方式不一样，预约合同中守约方损失的认定方法很难用一个标准统一，只能由法官根据个案情况衡量评判。

## 五、商品房预售合同中的定金只是合同双方在一定期限内继续就商品房买卖进行诚信谈判的一种担保。当事人为签订商品房买卖合同进行了诚信磋商，但因未正式达成一致而未能订立商品房买卖合同的，应认定双方均已履行了合同义务，定金罚则不应适用

**【案例索引】**

吴建平与无锡深港国际服务外包产业发展有限公司商品房预售合同纠纷案[①]：一审：江苏省无锡高新技术产业开发区人民法院（2012）新民初字第0218号，二审：江苏省无锡市中级人民法院（2012）锡民终字第

---

① 载《人民法院案例选》2013年第1期。

0619号。

**【基本案情】**

2011年8月，无锡深港国际服务外包产业发展有限公司（以下简称深港公司）经相关部门审批，取得了无锡市纺城大道西侧、东安路南侧深港都会广场一期创新广场及商业裙房的房屋预（销）售许可。2011年8月10日，吴建平参加了深港公司举行的“新经济财富增值计划”活动，并缴纳了10万元的整层购房意向金。2011年9月1日，吴建平与深港公司签订房屋认购单1份约定：吴建平认购上述房屋中的9幢1801～1826共26套房屋，建筑面积为1654.5平方米，认购总价为人民币1358万元，签订认购书时付定金人民币52万元。签署认购书后，购房人应在2011年10月10日前携带相关证明文件及本房屋认购单至售楼处签约，逾期按购房人违约处理，卖方可不经催告，将房屋另行处置。购房人所交定金，不予退还。签约时支付首付款679万元（含定金），并在签约同时申请商业贷款679万元……当日，吴建平向深港公司支付了52万元（含吴建平于2011年8月10日支付的整层意向金10万元），深港公司向吴建平开具了收款事由为“订金”的收据。后因为双方在2011年10月10日为花园问题没能达成一致意见，致使认购书约定需要签署的商品房买卖合同也没能订立。2011年10月14日，深港公司向吴建平发出违约告知函，称认购单已经失效，吴建平所交定金52万元不予返还。深港公司承认其销售人员在销售时曾经承诺购整层房屋赠送花园。关于花园问题是如何协商的，双方说法不一。吴建平认为是因为深港公司不同意在商品房买卖合同中明确承诺其对赠送的花园享有专属使用权问题造成的；深港公司认为是因为吴建平要求将其承诺赠送的花园明确登记在房屋产权证书上造成的。但双方均其未能提供证据证明。双方一致认可是因为花园问题没能达成一致意见，造成商品房买卖合同2011年10月10日没能订立。原告吴建平诉称：其与深港公司订立商品房认购书后缴纳了房屋预付款52万元，后因双方在订立正式商品房买卖合同时深港公司未能将其承诺的花园在合同中明确归其使用，所以双方没有签订正式的房屋买卖合同。其要求深港公司归还预付房款遭到深港公司的拒绝，形成诉讼。现要求判令被告立即向原告退还预付款人民币52万元。

【审判要览】

一审判决：深港公司应于本判决发生法律效力之日起 7 日内返还吴建平定金 52 万元。

深港公司不服，提起上诉。二审法院判决驳回上诉，维持原判。

二审法院认为，吴建平与深港公司签订的认购书属于预约合同，是对双方交易房屋有关事宜的初步确认，但对双方买卖房屋的交房时间、办证时间、违约责任等诸多直接影响双方权利义务的重要条款并无明确约定，需在签订正式的商品房买卖合同时协商一致达成。根据双方签订的认购书，吴建平享有对选中房屋优先购买的权利，并负有在约定的时间与深港公司诚信磋商签订商品房买卖合同的义务，而深港公司享有收取定金的权利，负有在认购期内为吴建平保留房屋，并不得再另行售予他人，即保证与吴建平诚信磋商、签订认购房屋的商品房买卖合同的义务。双方缔结认购书后就负有在 2011 年 10 月 10 日前为签订商品房买卖合同而进行诚信磋商的义务，只要当事人为签订商品房买卖合同进行了诚信磋商，就履行了认购书的义务。虽然深港公司出具收据上注明是收取的“订金”，但从认购书约定的付款内容应认定吴建平支付的是“定金”。认购书中约定的定金也只是担保双方的诚信谈判义务，以求最终达成正式的商品房买卖合同。吴建平签订认购书后按约支付了购房定金，同时与深港公司就即将签订的商品房买卖合同积极进行了磋商，如果双方在公平、诚信原则下进行了磋商，只是基于各自利益考虑，无法就重要条款达成一致的意思表示，致使本约不能订立，则属于不可归责于双方的原因，不在预约合同所指的违约情形内。对花园问题如何协商，在双方均不能以证据证明自己陈述真实的情形下，应当认定 2011 年 10 月 10 日未能订立商品房买卖合同的原因是双方当事人磋商不成，并非哪一方当事人对认购协议无故反悔，双方均已履行了认购书约定的义务，对未能签订商品房买卖合同均无过错。这种情况下，预约合同应当解除，已付定金应当返还。故出卖方深港公司应当返还买受方吴建平已付的购房定金 52 万元。吴建平的诉讼请求，法院予以支持。

【裁判解析】

双方签订的认购书性质属于预约合同，在预约合同订立后，双方当事人约定签订正式合同的期限。买受方在约定的期限内到出卖方处对有关买卖合同的相关条款进行协商时，由于双方对于室外花园是约定的使用权还是产权的问题没能达成一致意见，而这点正是影响买受方做出购买商品房决定的重要因素，出卖方虽然承诺赠送，但这种赠送只是让买受方享有专属使用权，达不到买受方要求将赠送花园部分的面积登记产权的要求。这属于双方对“赠送花园”这个附加销售房屋的条件理解不一，定金也只是担保双方的诚信谈判义务，只要当事人为签订商品房买卖合同进行了诚信磋商，未能订立商品房买卖合同的原因是双方当事人磋商不成，并非哪一方当事人对认购协议无故反悔，双方均已履行了认购书约定的义务，双方对未能签订商品房买卖合同均无过错，定金罚则就不能适用，卖方应向买方返还定金。

## 六、判断当事人之间订立的合同系本约还是预约的根本标准应当是当事人的意思表示

**【案例索引】**

王梅与陕西安同实业发展有限公司商品房预约合同纠纷案[①]：一审：陕西省西安市中级人民法院（2014）西中民二初字第00037号，二审：陕西省高级人民法院（2015）陕民一终字第00225号，再审：最高人民法院（2016）最高法民申180号。

**【基本案情】**

2013年8月12日，被告陕西安同实业发展有限公司（甲方，以下简称安同公司）与原告王梅（乙方）签订《认购协议书》，协议第1条至第3条约定：乙方购买甲方建设的东大街中段综合改造项目S-6段建设的商铺，商铺位于一层A排23、25号，商铺面积共79平方米，商铺总价款为人民币4068500元。协议第4条付款方式与期限约定：乙方于2013年8月12日前支付全部房价款的50%，计2038500元，剩余50%待甲方

① 中国裁判文书网：http：//wenshu.court.gov.cn/content/content？DocID＝491d7df9－29bc－4d8b－a6df－251739ae49f6&KeyWord＝（2016）最高法民申180号。

取得《商品房销售许可证》乙方付清首付款后，乙方按银行要求准备相关按揭材料，甲方配合乙方办妥按揭贷款按揭手续。协议第5条第6项约定：乙方自签订本协议满一年，甲乙双方未能签订正式买卖合同，乙方提出退房，甲方应当在接到乙方书面退房申请后的15个工作日内，全额退付乙方实交款项，并赔付乙方实交款10%的违约金。此外，双方《认购协议书》还对房屋交付使用的条件及日期、面积差异的处理、规划设计变更、双方的权利义务、争议的解决方法以及其他事项进行了约定。王梅于2013年8月10日向被告安同公司支付了50%的购房款，即人民币2038500元，被告于2013年2月15日向原告了出具了2038500元的收款收据。双方签订内部认购协议满一年后，因被告原因双方未能签订《房屋买卖合同》，原告遂申请解除协议并按约定返还购房款，被告至今未将购房款返还给原告，故原告诉至该院。该院开庭审理时，被告安同公司未能取得土地使用权证、建筑施工许可证和商品房预售许可证。

**【审判要览】**

一审法院认为，原告王梅与被告安同公司签订的《认购协议书》涉及房屋买卖和预约签订正式商品房买卖合同两部分权利义务关系。首先，原、被告双方《认购协议书》的部分约定具备了商品房买卖合同的主要内容，并且出卖人已经按照约定收受了原告50%的购房款，但由于双方签订涉案《认购协议书》后直至本案开庭审理时，被告安同公司并未取得商品房预售许可证明，故根据《商品房买卖合同解释》第2条的规定，双方《认购协议书》涉及房屋买卖部分的约定应属无效。其次，涉案《认购协议书》还涉及双方一定期限内签订正式《商品房买卖合同》的约定，该部分约定是以将来的签约行为作为设立双方权利义务关系的基础，双方是为将来签订买卖协议作出的预先约定，该预约与商品房买卖合同设立的给付房款、交付合格房屋、过户房屋产权等权利关系显著不同。《认购协议书》关于双方未能在认购协议签订一年内订立正式商品房买卖合同，且原告提出退房申请的情况下，被告安同公司应退还已收购房款并赔付10%违约金的约定，应视为被告安同公司因过错不能签订房屋买卖合同而不当占有原告首付款一年期间所作出的善后赔偿承诺，该约定并不为法律、行政法规所禁止，是对原告信赖利益的保护。依据《合同法》第56条“合同部分无效，不影响其他部分效力的，其他部分仍然有效”以及《买卖合同解释》第2条“当事人签订认购书、订购书、预订书、意向书、备忘录等预约合同，约定在将来一定期限内订立买卖合同，一方不履行订立买卖合同的义务，对方请求其承担预约合同违约责任或者要求解除预约合同并主张损害赔偿的，人民法院应予支持”的规定，双方签订的《认购协议书》之预约签订正式《商品房买卖合同》部分的协议条款应合法、有效。被告安同公司应依《认购协议书》有效条款的约定，返还原告已付购房款2038500元，并支付违约金203850元。另依据《合同法》第94条第3～4项的规定，原、被告《认购协议书》关于双方预约签订正式《商品房买卖合同》部分的条款应依法予以解除。综上，原告王梅请求解除双方《认购协议书》并返还已付房款、违约金的诉讼请求，该院予以部分支持。二审法院认为，商品房预约合同是指房地产开发商与购房者就双方在一定期限内签订商品房买卖合同的协议，商品房预约合同一般以“认购书”“定购单”“意向书”等形式表现，且多预付定金。商品房预约合同一般包括双方当事人基本情况、房屋基本状况、商品房总价款、签署正式买卖正式合同的期限、定金条款等内容。购房者签订预约合同可以防止其他买家抢购自己中意的房屋，又能暂缓付款，以冷静思考或筹措资金；开发商签订预约合同可以锁定购房者，有利于按计划售房。双方签订的《认购协议书》符合商品房预约合同的法律要件。安同公司与王梅签订的为商品房预约合同，而非商品房预售或商品房销售合同。该协议系双方当事人真实意思表示，不违反法律、法规的，为有效合同。

预约合同是一种约定将来订立一定合同的合同。判断当事人之间订立的合同系本约还是预约的根本标准应当是当事人的意思表示，即当事人是否有意在将来订立一个新的合同，以最终明确在双方之间形成某种法律关系的具体内容。如果双方当事人存在将来订立本约的意思表示，应当尊重当事人的意思表示。安同公司与王梅于2013年8月12日签订《认购协议书》，载明当事人双方的名称或者姓名和住所、商品房的基本状况、商品房的销售方式、商品房的价款及付款方式与时间、面积差异的处理方式、违约责任等内容，双方已经就商品房买卖的主要条款协商一致。但是，双方签订《认购协议书》时，安同公司尚未取得商品房预售许可证明。根据《认购协议书》的约定，安同公司取得商品房预售许可证明后，双方还需签订正式房屋买卖合同。据此，二审判决认定《认购协议书》为预约合同，并无不当。

**【裁判解析】**

判断房屋认购书是预约还是本约的根本标准就是当事人的意思表示。而对于当事人的意思表示，则应结合当事人在认购书中约定的内容，认购房屋的基本状况、当事人嗣后的履行行为等因素综合加以判断。本案中，虽然出卖人已经按照约定收受了买受人50%的购房款，但在《认购协议书》中，当事人明确约定过了要在未来一定期限内签订正式《商品房买卖合同》，可见，当事人的意思表示是明确的，就是对将来签订买卖协议作出了预先约定，该预约与商品房买卖合同中一般会约定的给付房款、交付合格房屋、过户房屋产权等内容存在明显不同。而且，案涉房屋一直未取得商品房预售许可，当事人在签订认购书时，对此亦为明知，如果将该认购书认定为商品房买卖合同，则其依法应被认定为无效，这显然与当事人的真意不符，也不符合合同解释的一般原则。

## 七、商品房买卖预约合同约定的定金不足以赔偿认购人遭受的损失的，认购人可以请求开发商对超出定金罚则部分的损失予以赔偿，但不能直接以未履行商品房买卖合同作为计算损失的依据

**【案例索引】**

程美菊与江西惠荣房地产投资开发有限公司商品房买卖（预约）合同纠纷案[①]：一审：江西省南昌市湾里区人民法院（2012）湾民一初字第114号，二审：江西省南昌市中级人民法院（2013）洪民三终字第182号，再审：江西省高级人民法院（2016）赣民再46号。

---

① 中国法院裁判文书网：http：//wenshu.court.gov.cn/content/content？DocID＝1a72d7f4－bd45－4122－a783－982f994dbe71&KeyWord＝（2016）赣民再46号。

【基本案情】

2004年4月9日，程美菊作为乙方与江西房地产湾里分公司作为甲方签订了一份江西房地产湾里分公司《〈东方假日广场〉楼宇认购书》(以下简称《认购书》)，该认购书约定程美菊向江西房地产湾里分公司认购位于湾里区翠岩路81号东方假日广场紫梅苑C单元401室的住宅一套，建筑面积约为69.26平方米，认购价为86436元，单价为1248元/平方米，定金为10000元。程美菊同意按一次性付款方式向江西房地产湾里分公司交付购楼款，一次性付款的折后单价为1200元/平方米，总价为83112元，具体付款办法以江西房地产湾里分公司拟定之购房须知与付款方式为准。《认购书》还约定：程美菊须于签订本认购书后接开发商通知携同本《认购书》及身份证或公司证明文件与购房首期楼款到江西房地产湾里分公司售楼处签署由南昌市房管局拟定的《商品房买卖合同(预售)》及有关文件，《商品房买卖合同》一经签署，首期定金即作为楼款的一部分；如乙方在上述期限内未前来签署《商品房买卖合同》或未依时缴付上述应付之楼款，则视作乙方自动放弃其所认购该物业之权利，甲方有权没收乙方已缴付的定金及其他款项，并有权将该物业另行处置或出售，因处置或出售而获得之一切利益全部归甲方所有，乙方不得要求任何形式之赔偿；乙方在未签署《商品房买卖合同》前不得自行办理转名手续或将认购书的权益转让；在未签署《商品房买卖合同》前，非甲方原因而致使该物业不能出售时，甲方应在确认之日起最迟不超过15日，退还所收定金予（于）乙方，乙方同意不得附加利息，也不得追加双倍定金赔偿，在退还所收定金后，本认购书自动作废，双方权利义务即时终结。在签订上述认购书的当日，程美菊如约向江西房地产湾里分公司支付定金10000元。

2006年3月5日江西房地产开发建设公司向程美菊发出《妥善处理〈东方假日广场〉楼宇认购告知函》，内容为：“您于2004年4月9日与我公司签订了《东方假日广场》楼宇认购书，同时交纳认购金人民币壹万元。但该项目自________年以来，由于区政府与住户就安置问题协商至今，仍无法妥善解决，致使原住户无法拆迁，从而导致您所认购的《东方假日广场》紫梅苑、红梅苑二栋楼宇无法正常开工建设。而上述拆迁问题日后何时解决，我公司尚无法预期。为妥善解决相关问题，我司特发此专函告知您。请您接此专函后十日内前来我司（湾里区翠岩路81号售楼处）办理是否继续认购或取消认购等相关手续。若您取消认购，我司将退还您所交纳的认购价，并支付银行相应利息；如您不取消认购，待拆迁问题解决，本公司将另行通知。您仍须在接通知函后十日内将确认单签名后交售楼处，若逾期未交确认单则作自愿取消处理。”

2008年1月11日，江西房地产湾里分公司被南昌市湾里区工商行政管理局撤销，其权利义务由江西惠荣房地产投资开发有限公司（以下简称惠荣公司）继受。本案所涉楼盘，惠荣公司于2010年9月17日取得建设工程规划许可证，2011年1月11日取得建筑工程施工许可证，2012年7月27日取得商品房预售许可证。

程美菊向江西省南昌市湾里区人民法院提起本案诉讼，请求：（1）判令惠荣公司双倍返还定金2万元；（2）惠荣公司承担因违约造成的利益损失169687元［（3650元/平方米－1200元/平方米）×69.26平方米＝169687元］；（3）解除双方签订楼宇认购书。

**【审判要览】**

一审法院认为，商品房认购实际上是商品房预售的一种简便形式，具备商品房预售的性质，属于商品房预售行为，故本案案由应为商品房预售合同纠纷。2008年1月11日江西房地产湾里分公司被撤销，其权利义务由惠荣公司继受，故应确认惠荣公司作为江西房地产湾里分公司权利义务的继受人。商品房的预售应当取得土地使用权证、建设工程规划许可证以及商品房预售许可证，江西房地产湾里分公司在涉案楼盘预售条件不成熟的情况下，即与程美菊签订楼宇认购书，该行为明显违反了法律的强制性规定，所签订的《认购书》应认定为无效。程美菊为取得优先购买权，在应当知道江西房地产湾里分公司未取得商品房预售许可证的情形下仍与其签订楼宇认购书，所以双方都应当对该合同的无效承担一定责任，故程美菊要求惠荣公司双倍返还定金和赔偿利益损失的诉请缺乏证据，不予支持，但惠荣公司须返还程美菊所交付的定金并相应补偿该部分定金的利息收益。据此，一审法院判决惠荣公司返还程美菊定金人民币10000元，驳回程美菊的其他诉讼请求。

二审法院认为：（1）关于《认购书》的法律性质问题。程美菊与江西房地产湾里分公司签订东方假日广场《认购书》，约定程美菊向江西房地产湾里分公司交付购房定金，双方初步确认交易东方假日广场涉案房屋的有关事宜，从而对双方在东方假日广场涉案房屋正式认购时签订商品房预售合同达成了合意。对于楼宇认购书的签订及其内容双方均无异议，应予以认定。《认购书》中对意欲交易的商品房的地址、楼号、面积、价格、购房款及购房款支付方式均作出了明确约定，《买卖合同解释》第2条明确规定了当事人签订的认购书为预约合同。因此，《认购书》应定性为预约合同。（2）关于《认购书》是否有效的问题。根据本案事实，《认购书》是在程美菊、江西房地产湾里分公司双方均对江西房地产公司湾里分公司能够合法取得相关许可证书有合理预期的情形下，对将来签订房屋预售合同的预先约定，认购书并非预售合同，法律对商品房预售合同的强制性规定并不适用于预约合同。即使惠荣公司出于种种原因最终没有取得相关许可，也不因此导致对预约合同本身效力的否定。此外，本案的事实是惠荣公司最终取得了相关开发及销售房产的许可，也进行了对涉案商品房的实际销售，因此，应认定签订的《认购书》合法有效。（3）关于是否应双倍返还定金的问题。《商品房买卖合同解释》第4条已对预约中的定金罚则作出明确规定："出卖人通过认购、订购、预订等方式向买受人收受定金作为订立商品房买卖合同担保的，如果因当事人一方原因未能订立商品房买卖合同，应当按照法律关于定金的规定处理；因不可归责于当事人双方的事由，导致商品房买卖合同未能订立的，出卖人应当将定金返还买受人。"而《合同法》第115条规定："当事人可以依照《中华人民共和国担保法》约定一方向对方给付定金作为债权的担保。债务人履行债务后，定金应当抵作价款或者收回。给付定金的一方不履行约定的债务的，无权要求返还定金；收受定金的一方不履行约定的债务的，应当双倍返还定金。"本案中，由于惠荣公司与程美菊在《认购书》中约定"乙方须于签订本认购书后接发展商通知前携同本《认购书》及身份证或公司证明文件与购房首期楼款到甲方售楼处签署由南昌市房管局拟定之《商品房买卖合同（预售）》及有关文件；《商品房买卖合同》一经签署，首期定金即作为楼款的一部分"。该

《认购书》只有交付定金的事实，未约定违约金。《合同法》第116条规定："当事人既约定违约金，又约定定金的，一方违约时，对方可以选择适用违约金或者定金条款。"而本案若适用定金法则不足以赔偿程美菊的利益损失。据此，惠荣公司应返还程美菊10000元人民币。（4）关于赔偿利益损失问题：由于双方对预约价格与现在市场价格无法进一步磋商签订正式商品房预售合同。且程美菊请求解除涉案的《认购书》。《买卖合同解释》第2条规定"当事人签订认购书、订购书、预订书、意向书、备忘录等预约合同，约定在将来一定期限内订立买卖合同，一方不履行订立买卖合同的义务，对方请求其承担预约合同违约责任或者要求解除预约合同并主张损害赔偿的，人民法院应予支持。"据此，根据本案《认购书》的预约合同性质，为促使民事主体以善意方式履行其民事义务，维护交易的安全和秩序，充分保护守约方的民事权益，在综合考虑南昌市近年来房地产市场发展的趋势以及双方当事人实际情况，程美菊履约的支出及其信赖利益的损失等因素，酌定惠荣公司赔偿程美菊84843.5元（程美菊主张的利益损失计人民币169687元÷2＝84843.5元）。在本案中，虽然程美菊按约支付了定金，但是双方签订的预约合同毕竟同正式的买卖合同存在法律性质上的差异。故程美菊主张的赔偿金额，不能完全支持。据此，二审判决解除《认购书》，由惠荣公司返还程美菊定金人民币10000元，并赔偿利益损失84843.5元。

抗诉机关认为，二审判决认定基本事实缺乏证据证明，适用法律确有错误。其理由有：（1）二审判决惠荣公司应返还程美菊1万元适用法律错误。二审判决依据《合同法》第116条规定的当事人既约定违约金，又约定定金，一方违约时，双方可以选择适用违约金或者定金条款，认为程美菊选择了主张违约损失，定金条款不应支持错误。本案双方当事人在协议中之约定了定金，未约定违约金，本案适用定金罚则不足以赔偿程美菊的损失，程美菊可以对超过定金部分的损失主张违约赔偿。《商品房买卖合同解释》第4条明确规定因一方原因未能订立商品房买卖合同，应当按照法律关于定金的规定处理。（2）二审判决酌定惠荣公司赔偿程美菊848843.5元超过法官自由裁量权范围，违反公平、诚实信用等基本原则，判决明显不当。《买卖合同解释》第2条规定了双方签订预约合同后，一方不履行订立买卖合同的义务，对方请求其承担预约合同违约责任或者要求解除预约合同并主张损害赔偿的，人民法院应予支持。《合同法》第 113 条还规定了一方违约造成对方损失，损失赔偿额应当相当于因违约所造成的损失，包括合同履行后可以获得的利益。程美菊的损失事实清楚，虽然是预期损失，但明确可计算，并非酌定的，没有自由裁量权的适用空间，且其损失系惠荣公司单方违约造成，不存在减轻其违约责任的情形。二审判决酌情确定程美菊损失是违约方获利而守约方未得合理赔偿，违反了公平、诚实信用等基本原则。

再审法院认为，本案属于典型的商品房买卖预约合同。双方争议的焦点问题是：(1) 惠荣公司应否双倍返还程美菊定金 1 万元；(2) 二审法院判决由惠荣公司赔偿程美菊损失 84843.5 元是否有事实和法律依据。(1) 关于惠荣公司应否双倍返还程美菊定金 1 万元的问题。预约合同系为将来签订本约合同而达成的协议，其本身具有相对独立性，违反预约合同的约定同样应当按照合同法的规定承担违约责任。关于定金罚则和违约责任的法律规定，主要是《合同法》第 114 条、第 115 条、第 116 条等规定。上述条款均未规定守约方在主张定金罚则后仍然可以就不足部分主张违约损失赔偿。第 116 条系针对合同既约定定金又约定违约金情况，允许守约方可以选择适用其一，解决定金和违约金冲突的问题，并不是解决合同约定的定金低于违约造成的损失情况下守约方可否同时要求违约方对超出定金罚则部分的损失承担违约责任的问题。本案《认购书》仅约定了定金，并未约定违约金，并不存在适用《合同法》第 116 条之规定的事实基础。虽然《合同法》没有明确规定此问题，但《合同法》第 113 条规定的损失赔偿是违约责任的基本原则，定金与违约金均属违约责任之一种，该基本原则应当同样适用于约定定金和违约金，且《买卖合同解释》第 28 条已有类似规定。因而，抗诉机关认为程美菊在主张定金罚则的情况下还可以要求惠荣公司赔偿超过定金罚则部分的损失的观点可以成立。但根据上述观点，本案程美菊在主张违约损失的情形下同时主张适用定金罚则能否得到支持应当结合二审认定的赔偿违约数额是否足以弥补程美菊的违约的损失进行认定。如果二审判决确认的违约赔偿数额充分考虑了程美菊因违约遭受的全部损失，虽然二审判决适用《合同法》第116条未支持其定金罚则不妥，程美菊的再审请求亦不能得到支持。因而，解决本争议焦点取决于对第二个争议焦点的分析，即二审判决酌定的违约损失数额84843.5元是否有事实和法律依据，是否包含了程美菊的全部损失。（2）关于二审法院判决由惠荣公司赔偿程美菊84843.5元是否有事实和法律依据的问题。预约合同系为将来签订本约合同而达成的协议，违反预约合同的约定应当承担违约责任，但这并不意味着违反预约合同应当承担与本约合同同样的违约责任。《买卖合同解释》第2条、《商品房买卖合同解释》第4条均未规定守约方可以按照商品房买卖本约合同主张违约责任。本案不能以商品房买卖本约合同的违约责任来判断程美菊的损失和惠荣公司应承担的违约赔偿数额。《合同法》第113条规定了一方违约后，守约方可以主张的违约损失范围，包括合同履行后可以获得的利益。预约合同作为具有独立性的合同，该条款对其应当同样适用，但预约合同和本约合同履行后可以获得的利益并非同一概念。商品房预约合同是以签订商品房买卖合同为标的，其产生的是缔约请求权，与商品房买卖本约合同所产生的履行合同请求权并不一样，不能以未能履行商品房买卖合同作为其主张损失的依据。本案程美菊与惠荣公司签订《认购书》后，其获得的是与惠荣公司签订商品房买卖合同的请求权，并非直接履行商品房买卖合同请求权，惠荣公司违反《认购书》的约定导致的损失是程美菊丧失与惠荣公司缔结商品房买卖合同的机会，此种机会损失不能简单以商品房买卖合同单价差异确定。综合本案查明的事实，程美菊为获得签订商品房买卖合同支付了1万元定金的代价，本案合同签订时东方假日广场尚未取得任何合法手续，直至2010年9月17日才取得建设工程规划许可证，程美菊在签订《认购书》时对其拟购买的房产项目是否合法取得相关基本手续有审查的义务，对自己认购预约无任何合法手续的房产可能的风险应有基本的判断，对长时间无法实现签订商品房买卖合同的目的自身应承担一定的行为风险。程美菊签订《认购书》后交纳1万元定金不足以限制程美菊的经济能力导致其无法通过另行购买其他房产实现其购买房屋的目的，且2006年江西房地产开发建设公司再次发函告知程美菊项目风险，程美菊完全可以通过要求解除《认购书》减少其可能的损失。现程美菊以履行商品房买卖合同的差价损失主张其预约合同的违约损失无法得到支持。二审法院根据南昌市房地产市场的发展趋势和本案实际情况，酌情认定由惠荣公司赔偿程美菊利益损失 84843.5 元，再审没有理由对二审法院判断的损失金额进行调整。二审法院判决惠荣公司返还定金 1 万元时已明确说明，系本案适用定金罚则不足以赔偿程美菊损失，因而才在判决返还程美菊 1 万元定金的同时，判决惠荣公司赔偿程美菊利益损失 84843.5 元，这说明二审法院已在违约损失数额中考虑了应当由惠荣公司承担的双倍返还定金责任。因此，虽然二审法院适用法律有瑕疵，但本案处理正确，应予维持。

**【裁判解析】**

本案涉及以下几个法律问题：一是合同约定定金，在守约方的遭受的损失适用定金罚则无法弥补时，守约方可否就超出定金罚则部分的损失向违约方主张违约赔偿；二是商品房预约合同认购人的损失如何判断。

关于第一个问题，合同法有关定金罚则和违约责任的法律规定，主要是《合同法》第 114 条、第 115 条、第 116 条等规定。其中第 114 条规定了在合同明确约定违约金的情形下，如果约定的违约金过分低于或过于高于违约造成的损失，守约方可以请求予以适当增加违约金，违约方可以请求适当减少违约金。第 115 条规定若合同约定了定金则适用定金罚则，但未明确如果适用定金罚则低于或高于违约造成的损失当事人是否可以请求增加或减少定金数额的问题。由于定金和违约金都是违约责任承担方式，第 116 条系针对合同既约定定金又约定违约金情况，允许守约方可以选择适用其一，解决定金和违约金冲突的问题，并不是解决合同约定的定金低于违约造成的损失情况下守约方可否同时要求违约方对超出定金罚则部分的损失承担违约责任的问题。由此可见，合同法本身只明确规定了合同约定的违约金数额过高或过低时当事人可以请求调整，而未规定在合同只约定了定金的情况下，守约方是否也可以就定金罚则不足部分向违约方主张赔偿责任。笔者认为，此时应该按照法律规定的基本原则去解释此问题。首先，《合同法》第 113 条规定了违约责任的基本原则，即损失赔偿应当相当于违约所造成的损失。定金虽然是一种担保形式，但合同法将其规定在违约责任一章，是因为其也具有违约责任的性质。违约赔偿应当填补违约造成的损失系合同违约责任的基本原则，该原则应当统率定金罚则。根据该原则，如果定金罚则不足以弥补违约造成的损失，守约方可以要求违约方补足超出定金罚则部分的损失。其次，《买卖合同解释》第 28 条明确规定买卖合同约定的定金不足以弥补一方违约造成的损失，对方请求赔偿超过定金部分的损失的，人民法院可以并处，但定金和损失赔偿的总额不应高于因违约造成的损失。本案合同虽然不是本约买卖合同，但预约合同具有相对独立性，其违约责任应当适用合同法有关违约责任的基本原则。

关于第二个问题。如何确定预约合同中守约一方的损失，特别是认购方的损失在司法实践中是一个难题。关于一方违反商品房买卖预约合同如何承担违约责任的问题，《买卖合同解释》和《商品房买卖合同解释》均有涉及，但都未明确损失的计算方法。《买卖合同解释》第 2 条规定了一方违反预约合同，不履行订立买卖合同的义务，对方请求其承担预约合同违约责任或者要求解除预约合同并主张损害赔偿的，人民法院应予支持。该条规定明确了守约方可以请求违约方承担的是预约合同违约责任。《商品房买卖合同解释》第 4 条规定出卖人通过认购、订购、预订等方式向买受人收取定金作为订立商品房买卖合同担保的，因一方当事人原因未能订立商品房买卖合同，应当按照法律关于定金的规定处理。只有因不可归责于双方的事由导致合同未签订的，出卖人才无须承担双倍返还定金的责任。该条规定只明确了守约方可以主张预约合同约定的定金罚则违约责任。可见司法解释并未明确预约合同违约责任损失可以按照本约合同违约责任计算。实际上预约合同所指向的是未来签订本约合同的权利，与本约合同违约所导致的直接后果并不一致。预约合同直接违约后果是丧失签订本约合同的机会，本约合同的直接违约后果是合同不能履行，实际上认购人没有实现其购房目的只是预约合同的间接结果。但是该间接结果的发生并不是必然的，此时要考虑认购人是否没有其他机会购买房屋，其交付的定金或房款是否足以限制其经济能力，导致其没有经济能力在他处购房，这些是在判断认购人丧失购房机会时应当考虑的因素。该案认购人签订认购书在 2004 年，但直到 2012 年认购人才起诉，其间相隔 8 年，如果认购人有急迫的购房需求，其完全可以解除认购书，另行购房，而不是等待八年非要购买认购的房屋。且认购人仅交纳了1万元定金，该数额显然不足以限制认购人另行购房的经济能力。另外，违约过错责任同样适用于预约合同，如果认购人对预约合同未能实际履行存在过错，在判断其损失时也应予以考虑并适当减轻违约方责任。认购人对拟购买的房屋是否具有合法手续负有基本审查义务，特别是该案开发商在2006年已经告知其风险的情况下，其仍然未采取解除合同主张赔偿等减少损失的措施，其自身对房价大幅上涨导致的风险和损失负有一定责任。再审法院在综合这些因素的情况下，对二审法院根据当地房地产实际情况酌情认定的损失数额予以确认并无不妥。当然二审法院未能适用定金罚则存在适用法律瑕疵，但由于其已在损失赔偿数额中对双倍返还定金的数额予以了考虑，未损害认购人利益，再审予以维持也是正确的。

## 八、未取得商品房预售许可证的，不影响商品房预约合同的效力

**【案例索引】**

耀鹏公司与肖某确认合同无效纠纷案：[①] 一审：重庆市黔江区人民法院（2015）黔法民初字第04923号，二审：重庆市第四中级人民法院（2015）渝四中法民终字第01323号。

**【基本案情】**

耀鹏公司系凤翔苑楼盘的开发商。2010年12月10日，耀鹏公司作为甲方与被告肖某作为乙方签订《认购协议》。该协议约定：一、乙方在此向甲方认购以下商品房：（1）商品房的地点及名称：黔江党校侧边“凤翔苑”。（2）认购商品房：凤翔苑B栋5层2号房。（3）销售面积97.56平方米。二、每套商品房的认购金在不低于总房款30％的情况下，乙方应享有该公司内部的优惠政策，总房款341265元，乙方已交付

① 张泽端、王倩：《预约合同不因商品房未取得预售许可证而无效——重庆四中院判决耀鹏公司诉肖某确认合同无效纠纷案》，载《人民法院报》2016年6月16日，第6版。

30000元。三、乙方必须在甲方正式售房起30日之内，提供相关证件并签订正式合同。逾期内部优惠作废。四、乙方已交纳的商品房选购金，在签订正式合同时，直接转入购房首付款中。五、乙方应在签订认购协议后，在约定的时间内交付认购金，并在甲方约定时间内签订《商品房买卖合同》。如乙方未在甲方约定时间内签订《商品房买卖合同》，则视为乙方违约，甲方将不退还乙方所交纳的认购金，并追究乙方的违约责任，甲方有权对乙方所认购的商品房另行出售。六、乙方认购的商品房建筑面积均以国土房管局最后测绘面积为准，若有出入，选购单价不变，总价多退少补。自2010年12月10日至起诉之日2015年8月3日，耀鹏公司未取得凤翔苑B栋商品房预售许可证。重庆市黔江区国土资源和房屋管理局于2014年10月9日作出拟对原告耀鹏公司开发的凤翔苑B、D栋违规预售行为进行处罚的通知。耀鹏公司起诉，请求法院确认原、被告签订的房屋认购协议无效。

**【审判要览】**

一审法院认为，肖某与耀鹏公司签订的《认购协议》所约定的内容，符合预约合同的特征，协议中没有对《商品房销售管理办法》第16条规定的多数关键性条款作出约定，肖某所支付的30000元性质为选购金，对其余房款的支付仅在“凤翔苑欢迎您”中作出概算，未作具体约定，更未实际交付该房款。因此，肖某与耀鹏公司签订的《认购协议》属商品房买卖预约合同，不应认定为商品房买卖合同，不适用《商品房买卖合同解释》第2条的规定，遂判决该协议无效。

被告肖某不服一审判决，提起上诉。

二审法院经审理后，改判驳回耀鹏公司的诉讼请求。

**【裁判解析】**

本案的争议焦点是：商品房预约合同不具备《商品房销售管理办法》规定的商品房买卖合同的主要内容或出卖人未实际收受购房款的，在商品房未取得预售许可证的情况下，预约合同的效力。

明为商品预约合同实为商品房（预售）买卖合同的认定标准：

商品房预约合同的内容一般包括：双方当事人的基本情况、房屋基本状况（含位置、面积、单价等）、签署正式契约的时限的约定等。商品房买卖合同，包括商品房预售合同的内容则比预约合同多得多。根据《商品房销售管理办法》第16条的规定，商品房买卖合同应当具备以下内容：(1) 当事人名称或者姓名和住所；(2) 商品房基本状况；(3) 商品房的销售方式；(4) 商品房价款确定方式及总价款、付款方式、付款时间；(5) 交付使用条件及日期……(12) 违约责任；(13) 双方约定的其他事项。由此可见，商品房的预约合同与本约在内容上具有明显差别，一是预约合同属前契约阶段合同，所承担的民事责任属缔约的过失责任，而本约则是在民事合同权利义务关系全部定型后签订的，双方应当承担的义务是合同义务。二是预约合同是诺成合同，不受要物约束，强调当事人主观意志在合同成立中的决定作用。而本约一般受要物约束，交付是合同履行的重要内容。三是签订预约合同的目的是订立本约。由预约到本约的签订，双方当事人应当遵循诚实信用原则，将预约所确定的原则贯彻到本约的合同条款中。商品房交易预约合同是预约合同，是指当事人约定将来订立正式合同的协议，当事人双方只负有签订正式合同的义务，即商品认购书。商品房预售合同是本合同，当事人之间负有的是履行合同约定的交付义务，不是将来订立本合同的义务。商品房预售合同与商品房预约合同是本约与预约的关系。

在现实生活中，往往存在双方签订的合同名义上为预约合同，即认购、订购、预订等协议，但其约定的内容却具备商品房买卖合同的特征。根据《商品房买卖合同解释》第5条规定的内容，商品房的认购、订购、预订等协议具备《商品房销售管理办法》第16条规定的商品房买卖合同的主要内容，并且出卖人已经按照约定收受购房款的，该协议应当认定为商品房买卖合同。由此可见，将商品房认购协议认定为商品房买卖合同，即名为预约实为本约，应当具备以下两个条件：一是具备《商品房销售管理办法》第16条规定的商品房买卖合同的主要内容，二是出卖人已按约定收取购房款。收取的购房款应当是包括一次性付清房款、分期付款、以个人住房贷款的方式付款三种情形。因此，要认定认购书为本约，除合同条款齐备外，还应当具备合同实际履行条件。

本案中，双方签订的《认购协议》，约定的内容既不完全具备商品房买卖合同的主要内容，也没有约定房款的支付方式和金额，更没有实际支付购房价款。故本案中双方签订《认购协议》本质上仍属商品房预约合同，不属商品房预售合同，不能适用《商品房买卖合同解释》第5条的规定，应当认定该《认购协议》为有效合同。

## 九、买房人与开发商置业顾问签订的包含房号、面积、单价及签约期限等内容的签约置业预算表应认定为商品房预约合同。与此一并订立的定金合同具有立约定金和违约定金的双重属性

**【案例索引】**

陈敬全、陈荟羽与重庆丰盈房地产开发有限公司商品房预售合同纠纷案：[1] 一审：重庆市江北区人民法院（2013）江法民初字第07478号，二审：重庆市第一中级人民法院（2014）渝一中法民终字第00179号。

**【基本案情】**

2012年3月15日，二原告陈敬全、陈荟羽向舒晓凤（原告陈敬全之妻、陈荟羽之母）出具委托书，委托舒晓凤办理购买被告重庆丰盈房地产开发有限公司（以下简称丰盈公司）开发的重庆市江北区某楼盘商品房的相关事项。同月26日，舒晓凤向重庆大泽置业代理有限公司（以下简称大泽公司）提交团购申请及承诺书，要求大泽公司代其向被告发出团购要约，并在交纳10万元团购指标费后，享受折后总价50万元的购房优惠。2012年3月31日，二原告与被告的置业顾问樊星签订了一份签约置业预算表，对客户名称、房号、建筑面积、建面单价、折前总价、现金减免、付款方式、代收费用、交房标准及签约日期等内容进行了确认。该预算表还对签约时客户须提供的资料进行了明确，并特别提示："尊敬的业主，《重庆市商品房买卖合同》将严格按此表进行填写，如网上提交将无法更改，请仔细核对。"当天，被告出具专用收据，表示收到钟波、舒晓凤定金20万元，收据上载明的房号为预算表中所确定的房号。

[1] 方剑磊、肖瑶、肖明明：《商品房买卖中定金的适用规则》，载《人民司法·案例》2015年第2期。

2012年4月6日，被告再次出具专用收据，表示收到房款50万元，客户名称为二原告，房号为预算表中确定的房号，客户确认栏由舒晓凤签字。二原告诉至重庆市江北区人民法院称：2012年4月18日，原告陈敬全、陈荟羽到被告丰盈公司签约中心签订书面购房合同时，被告出示的商品房买卖合同（草稿）中对置业预算表中确认的装修标准和接房标准进行了变更，故双方未能签署商品房买卖合同。后原告多次向被告发函，要求按照置业预算表中确认的内容签订书面合同，但被告拒不签署，并于2012年年底将原告所购房屋售予他人。故请求：（1）被告双倍返还定金40万元；（2）被告返还已付购房款50万元，并赔偿相应资金占用损失。被告丰盈公司辩称，签约置业预算表上并未加盖被告公章，真实性存疑，且其不能构成商品房买卖合同。双方不能形成定金合同关系，置业预算表上并未约定定金，且定金收据并非是开具给原告的，故本案不应适用定金罚则。

**【审判要览】**

一审法院认为，签约置业预算表中包含了当事人的基本情况、房屋的基本状况、价款计算、认购时间及签署契约的时限等内容，符合认购书的要件，因此，该预算表可认定为双方签订商品房买卖合同前所订立的认购书。虽然被告对签约置业预算表及定金和房款收据等持有异议，但是，原告举示的委托书、团购申请及承诺书、置业预算表、定金收据及房款收据等证据之间能够形成证据锁链，可证实二原告欲购买被告开发的特定房屋，并向被告交纳了定金20万元及房款50万元的事实。因此，在认定双方责任的前提下，本案可以适用定金罚则。根据《商品房买卖合同解释》第4条的规定，出卖人通过认购、订购、预订等方式向买受人收受定金作为订立商品房买卖合同担保的，如果因一方原因未能订立商品房买卖合同，应当按照法律关于定金的规定处理；因不可归责于当事人双方的事由，导致商品房买卖合同未能订立的，出卖人应当将定金返还买受人。本案中，被告并未按照双方在置业预算表中约定的交房标准签订商品房买卖合同，且未举示证据证实双方未签订正式合同系原告的原因或不可归责于双方的原因，故被告应承担相应定金责任，双倍返还原告定金40万元，同时应退还已收房款50万元及相应资金占用利息。综上，判决：被告双倍返还原告定金 40 万元、房款 50 万元及资金占用利息。

被告不服一审判决，提起上诉。

二审法院认为，双方当事人签订的签约置业预算表确定了房号、面积、单价、付款方式及正式签约时间等，符合预约合同的法律特征，且原告向被告交付了 20 万元定金，因此应视为双方的预约合同关系成立。原告缴纳购房定金后，也在规定期限内缴纳了部分房款，后因被告擅自变更了置业预算表中确认的装修标准和接房标准，致原告不愿意与被告继续签订购房合同。被告的行为违反了双方预约合同的约定，应承担双倍返还定金的违约责任。故判决：驳回上诉，维持原判。

**【裁判解析】**

本案的争议焦点及核心法律问题主要在于签约置业预算表能否构成商品房预约合同，以及在仅有签约置业预算表和交纳定金的专用收据的情况下，能否认定定金合同成立及适用定金罚则。

### （一）预约合同的构成要件及法律效力

商品房预约合同的构成要件主要包括四个：一是交易主体的特定化，即预约合同所约束的实际权利义务主体必须是将来订立本约的双方当事人。二是标的物特定化，即双方在预约合同中将待交易的标的物予以明确，使之由种类物转化为特定物，并进而成为商品房买卖合同的标的物。三是具备合同成立的要件。根据合同法及其司法解释的规定，具备当事人名称或姓名、标的及价款等合同必要内容并经双方当事人签字或者盖章时，合同便告成立。四是预约合同中必须包含承诺订立本约的合意，主要指双方在合同中应明确表示将在一定期限内订立商品房买卖正式合同，这是预约合同成立的关键条件。

需要指出的是，这种合意不一定要有明确的文字表述，只要根据交易惯例及合同内容能够合理推断出双方具备继续订立本约的意思即可。司法实践中应谨慎区分预约合同和拟制本约。根据《商品房买卖合同解释》第 5 条之规定，商品房的认购、订购、预订等协议具备《商品房销售管理办法》第 16 条规定的商品房买卖合同的主要内容，并且出卖人已经按照约定收受购房款的，该协议应当认定为商品房买卖合同。此条司法解释应为对拟制本约的法律界定。预约合同不同于拟制本约，主要在于：

一是认购书等预约合同一般并不会全面涵盖《商品房销售管理办法》第16条所规定的必要内容，且预约合同的核心要件是判断该合同是否包含在未来一定期限内订立本约的明确意思表示，换言之，即使认购书等协议中包含了商品房买卖合同的主要内容，但签订该协议的主要目的是约束双方按期订立正式买卖合同，则该协议仍属于预约而非本约。即“预约合同的标的不应该理解为买卖合同的标的物，而是指将来订立本约的作为义务”。

二是根据现行市场管理规范和行业惯例，商品房买卖合同多为格式文本合同，行政管理部门均要求市场主体按照发布的商品房买卖合同示范文本拟定书面合同，因此，商品房销售过程中签订正式商品房买卖合同（即本约）含有一定的强制意味，以认购书等预约代替或转化为本约的情形并不常见。关于预约合同的法律效力问题，历来有“必须磋商说”“应当缔约说”“视为本约说”等学理争议。

笔者认为，预约合同的法律效力应采“应当缔约说”的理论，即预约合同成立后，双方均应遵照合同所确定的内容，诚实履行订立正式买卖合同的义务，否则便应承担相应的法律责任。如前所述，预约合同的标的是承诺将来依预约订立本约的作为义务，若一方在其后拒绝签订本约，则是对该直接作为义务的违反，应承担不履行预约合同的违约赔偿责任。尤其在商品房买卖领域，买卖对象房屋的交易金额较大，且一般与购房人的生活密切相关，因此，若否认预约合同的强制缔约效力，开发商极有可能随意撕毁预约，严重损害购房消费者的合法权益。

### （二）签约置业预算表的性质认定

置业预算表（或置业计划书），是商品房销售过程中，由开发商统一制作并交购房者填写，用以确定双方初步交易合意的格式文书。置业预算表一般具有如下三个特征：一是体现合意性。虽然置业预算表为开发商单方制作且内容格式固定，但却包含了买卖双方就购买特定房屋的初步磋商合意，因此具备合同成立的基本要件，在性质上属于民事合同的范畴。二是内容明确具体，且具有指向性。置业预算表中一般都包括房屋位置、价款及付款方式、税费构成等商品房买卖合同的部分内容，且能直接或间接判断或推断双方将依照这些内容订立正式的商品房买卖合同。三是职务代理行为普遍。置业预算表多由开发商的置业顾问或销售代表与购房者共同签署，一般没有加盖开发公司的公章，签署的地点一般在开发楼盘销售地点或代理销售处。基于置业预算表性质的不确定性，司法实践中对其是否属于预约合同认定不一，商品房交易过程中若出现开发商擅自推翻置业预算表约定内容时，购房者大多处于相对弱势地位，难以获得基于合同责任或缔约过失责任的法律保护。

笔者认为，签约置业预算表实质上是早期商品房销售市场通用的认购书、订购书等文本的一种变体，其目的在于及时确认买卖双方的初步交易意愿，并最大程度地促进和保证交易的最终达成，本质上是双方规避交易风险的一种措施和形式。商品房买卖交易过程中，签约置业预算表一般会对当事人的基本情况、房屋的基本状况、价款计算、认购时间及签署契约的时限等内容进行约定，是对买卖双方对特定房屋达成购房初步合意的确认，产生对买卖双方签订本约义务的约束力，符合上文论述的预约合同构成要件。

本案中，原告陈敬全、陈荟羽与被告丰盈公司签订的签约置业预算表同样具备商品房预约合同的构成要件。

第一，签约置业预算表符合商品房预约合同的主体约束性特征。签约置业预算表上显示购房人为陈敬全、陈荟羽，置业顾问樊星代表丰盈公司与购房人对购买房屋基本情况进行约定并作记载，表明原告陈敬全、陈荟羽与被告丰盈公司愿意接受置业预算表的主体约束力。尽管本案中被告对签约置业预算表的形式合理性提出异议，认为该置业预算表上没有加盖被告的公章，且不认可在“置业顾问”栏签字的樊星的委托代理人身份。但结合签约地点位于被告开发楼盘的销售处，被告收取定金的专用收据签章为“重庆丰盈房地产开发有限公司发票专用章”和当事人陈述，以及商品房销售行业惯例一般为开发商销售代表或置业顾问全程负责买房人购房事宜等综合判断，置业顾问樊星在合约上签字行为是经过公司授权的职务代理行为，其行为的效果应归属于公司。

第二，该签约置业预算表符合合同成立的条件，属于合法成立的有效契约。本案中签约置业预算表对当事人的基本情况、房屋的基本状况、价款计算、认购时间及签署契约的时限等内容进行了约定，并经当事人签字确认，具备民事合同成立要件。

第三，该签约置业预算表符合预约合同的标志性特征——确定了签订本约的义务和期限。在预算表中明确了签订本约商品房买卖合同的具体时间，同时还以“《重庆市商品房买卖合同》将严格按此表进行填写，如网上提交将无法更改，请仔细核对”的表述表达了即将订立本约的明确意思表示和对双方当事人订立正式买卖合同的约束力，相当于规定了被告丰盈公司应当与原告陈敬全、陈荟羽订立正式买卖合同的作为义务。

第四，该签约置业预算表符合预约合同的内容确定性要件，即合理确定本约指向的标的物基本状况及价款等框架性内容。在预算表中，双方协商确定了拟购买房屋的房号、面积、价款、付款方式及交房标准等基本内容，已将预约和本约的标的物固定化与特殊化，亦使本约具备了确定性的可履行内容。

综上，本案中的签约置业预算表符合预算合同构成要件。预约合同成立后，双方当事人均应遵循诚实信用原则，诚实履行订立正式买卖合同的义务，否则应承担相应法律责任。

### （三）本案中定金合同及定金责任的具体认定

定金是债的担保方式的一种，“是为担保债权，依法律规定或者双方约定，一方于合同履行前给付对方的一定金钱”。因此，担保效力是定金的基本效力，也是定金目的的根本体现。也正因此，一般情况下，定金合同是从合同，从属于主债权合同，这是认定定金合同效力及权利归属的主要依据和特征。在商品房预约合同中，若同时约定有定金条款，或者单独设有定金合同，则此定金在性质上便具有了双重属性。一方面，该定金作为即将订立的本约的担保，即本约为其主合同，此时，定金性质为立约定金；另一方面，该定金与预约合同一并设立，共同作为担保订立本约的措施，“如果当事人拒绝签订本约，便是对预约义务的违反，要受到定金条款的约束，因而此定金还具有违约定金的性质”，可以视为是对预约合同的一种特殊担保。定金罚则是体现定金担保功能的主要形式，“定金作为一种担保方式，其所担保的对象就是合同当事人的履约合意，并以适用定金罚则为手段实现担保目的，相较于其他担保制度，定金最重要的法律特征就是担保手段上的惩罚性”。鉴于定金罚则的严厉惩罚性，司法实践中在适用此规则时，应把握统一而明确的适用条件。根据学界通说和司法实务，定金罚则的适用应满足如下条件：一是定金合同的成立并生效，即定金已实际交付，定金合同持续有效；二是除立约定金外，主合同须合法有效；三是一方不履行合同约定的义务；四是不履行义务方存在过错；五是不存在不可归责于双方的事由。本案中，定金合同是否成立，双方当事人存在较大争议。原告认为签约置业预算表的性质为预约，被告依据该预约收取原告20万元定金，双方定金合同成立，且其性质为立约定金；被告认为，定金专用收据上的客户确认人不是原告，且定金合同成立需要有书面的定金协议，双方并不存在定金合同法律关系。

笔者认为，尽管作为预约合同的置业预算表中未约定定金条款，但被告向舒晓凤出具的定金收据明确表明其收到了20万元购房定金，定金合同已经成立。其理由在于：其一，从时间因素来看，签约置业预算表与定金收据的形成时间相同，且收据上载明定金是针对预算表中确定的房屋而支付的，故此载明定金金额、房屋房号及被告和舒晓凤身份信息的专用收据应当视为定金合同的书面形式。其二，从原告在签订置业预算表并交纳20万元定金后又支付50万元购房款，以及定金收据由原告所持有等事实来判断，被告对定金合同的成立亦未持否定态度。其三，舒晓凤系原告陈敬全、陈荟羽的委托代理人，且系原告陈敬全之妻、陈荟羽之母，其代表原告缴纳定金的行为应等同于原告的行为，不影响双方当事人之间定金合同的成立。

原告陈敬全、陈荟羽支付的20万元定金，被告已于2012年3月31日收受并出具专用收据，作为预约合同的置业预算表也是双方当事人就购房事宜意思表示一致的合意表现。被告丰盈公司擅自变更预约合同内容，主观上存在不履行预约合同的过错，且客观上不存在不可归责于双方当事人导致合同不成立的事由，因此，本案对被告丰盈公司应当适用定金罚则，被告应承担定金法律责任，双倍返还原告支付的定金40万元。

## 规范索引

**《中华人民共和国合同法》**

**第十二条**　合同的内容由当事人约定，一般包括以下条款：

（一）当事人的名称或者姓名和住所；

（二）标的；

（三）数量；

（四）质量；

（五）价款或者报酬；

（六）履行期限、地点和方式；

（七）违约责任；

（八）解决争议的方法。

当事人可以参照各类合同的示范文本订立合同。

**第四十二条**　当事人在订立合同过程中有下列情形之一，给对方造成损失的，应当承担损害赔偿责任：

（一）假借订立合同，恶意进行磋商；

（二）故意隐瞒与订立合同有关的重要事实或者提供虚假情况；

（三）有其他违背诚实信用原则的行为。

**第一百一十二条**　当事人一方不履行合同义务或者履行合同义务不符合约定的，在履行义务或者采取补救措施后，对方还有其他损失的，应当赔偿损失。

**第一百一十三条**　当事人一方不履行合同义务或者履行合同义务不符合约定，给对方造成损失的，损失赔偿额应当相当于因违约所造成的损失，包括合同履行后可以获得的利益，但不得超过违反合同一方订立合同时预见到或者应当预见到的因违反合同可能造成的损失。

经营者对消费者提供商品或者服务有欺诈行为的，依照《中华人民共和国消费者权益保护法》的规定承担损害赔偿责任。

**第一百一十四条** 当事人可以约定一方违约时应当根据违约情况向对方支付一定数额的违约金，也可以约定因违约产生的损失赔偿额的计算方法。

约定的违约金低于造成的损失的，当事人可以请求人民法院或者仲裁机构予以增加；约定的违约金过分高于造成的损失的，当事人可以请求人民法院或者仲裁机构予以适当减少。

当事人就迟延履行约定违约金的，违约方支付违约金后，还应当履行债务。

**第一百一十五条** 当事人可以依照《中华人民共和国担保法》约定一方向对方给付定金作为债权的担保。债务人履行债务后，定金应当抵作价款或者收回。给付定金的一方不履行约定的债务的，无权要求返还定金；收受定金的一方不履行约定的债务的，应当双倍返还定金。

**第一百一十六条** 当事人既约定违约金，又约定定金的，一方违约时，对方可以选择适用违约金或者定金条款。

**第一百一十七条** 因不可抗力不能履行合同的，根据不可抗力的影响，部分或者全部免除责任，但法律另有规定的除外。当事人迟延履行后发生不可抗力的，不能免除责任。

本法所称不可抗力，是指不能预见、不能避免并不能克服的客观情况。

**第一百一十八条** 当事人一方因不可抗力不能履行合同的，应当及时通知对方，以减轻可能给对方造成的损失，并应当在合理期限内提供证明。

**《中华人民共和国担保法》**

**第八十九条** 当事人可以约定一方向对方给付定金作为债权的担保。债务人履行债务后，定金应当抵作价款或者收回。给付定金的一方不履行约定的债务的，无权要求返还定金；收受定金的一方不履行约定的债务的，应当双倍返还定金。

**第九十条** 定金应当以书面形式约定。当事人在定金合同中应当约定交付定金的期限。定金合同从实际交付定金之日起生效。

**第九十一条**　定金的数额由当事人约定，但不得超过主合同标的额的百分之二十。

**《最高人民法院关于适用〈中华人民共和国合同法〉若干问题的解释（二）》**

**第一条**　当事人对合同是否成立存在争议，人民法院能够确定当事人名称或者姓名、标的和数量的，一般应当认定合同成立。但法律另有规定或者当事人另有约定的除外。

对合同欠缺的前款规定以外的其他内容，当事人达不成协议的，人民法院依照合同法第六十一条、第六十二条、第一百二十五条等有关规定予以确定。

**第二十七条**　当事人通过反诉或者抗辩的方式，请求人民法院依照合同法第一百一十四条第二款的规定调整违约金的，人民法院应予支持。

**第二十八条**　当事人依照合同法第一百一十四条第二款的规定，请求人民法院增加违约金的，增加后的违约金数额以不超过实际损失额为限。增加违约金以后，当事人又请求对方赔偿损失的，人民法院不予支持。

**第二十九条**　当事人主张约定的违约金过高请求予以适当减少的，人民法院应当以实际损失为基础，兼顾合同的履行情况、当事人的过错程度以及预期利益等综合因素，根据公平原则和诚实信用原则予以衡量，并作出裁决。

当事人约定的违约金超过造成损失的百分之三十的，一般可以认定为合同法第一百一十四条第二款规定的“过分高于造成的损失”。

**《最高人民法院关于适用〈中华人民共和国担保法〉若干问题的解释》**

**第一百一十五条**　当事人约定以交付定金作为订立主合同担保的，给付定金的一方拒绝订立主合同的，无权要求返还定金；收受定金的一方拒绝订立合同的，应当双倍返还定金。

**第一百一十六条**　当事人约定以交付定金作为主合同成立或者生效要件的，给付定金的一方未支付定金，但主合同已经履行或者已经履行主要部分的，不影响主合同的成立或者生效。

**第一百一十七条** 定金交付后，交付定金的一方可以按照合同的约定以丧失定金为代价而解除主合同，收受定金的一方可以双倍返还定金为代价而解除主合同。对解除主合同后责任的处理，适用《中华人民共和国合同法》的规定。

**第一百一十八条** 当事人交付留置金、担保金、保证金、订约金、押金或者订金等，但没有约定定金性质的，当事人主张定金权利的，人民法院不予支持。

**第一百一十九条** 实际交付的定金数额多于或者少于约定数额，视为变更定金合同；收受定金一方提出异议并拒绝接受定金的，定金合同不生效。

**第一百二十条** 因当事人一方迟延履行或者其他违约行为，致使合同目的不能实现，可以适用定金罚则。但法律另有规定或者当事人另有约定的除外。

当事人一方不完全履行合同的，应当按照未履行部分所占合同约定内容的比例，适用定金罚则。

**第一百二十一条** 当事人约定的定金数额超过主合同标的额百分之二十的，超过的部分，人民法院不予支持。

**第一百二十二条** 因不可抗力、意外事件致使主合同不能履行的，不适用定金罚则。因合同关系以外第三人的过错，致使主合同不能履行的，适用定金罚则。受定金处罚的一方当事人，可以依法向第三人追偿。

**《最高人民法院关于审理商品房买卖合同纠纷案件适用法律若干问题的解释》**

**第四条** 出卖人通过认购、订购、预订等方式向买受人收受定金作为订立商品房买卖合同担保的，如果因当事人一方原因未能订立商品房买卖合同，应当按照法律关于定金的规定处理；因不可归责于当事人双方的事由，导致商品房买卖合同未能订立的，出卖人应当将定金返还买受人。

**第五条** 商品房的认购、订购、预订等协议具备《商品房销售管理办法》第十六条规定的商品房买卖合同的主要内容，并且出卖人已经按照约定收受购房款的，该协议应当认定为商品房买卖合同。

**《最高人民法院关于审理买卖合同纠纷案件适用法律问题的解释》**

**第二条**　当事人签订认购书、订购书、预订书、意向书、备忘录等预约合同，约定在将来一定期限内订立买卖合同，一方不履行订立买卖合同的义务，对方请求其承担预约合同违约责任或者要求解除预约合同并主张损害赔偿的，人民法院应予支持。

**《商品房销售管理办法》**

**第十六条**　商品房销售时，房地产开发企业和买受人应当订立书面商品房买卖合同。

商品房买卖合同应当明确以下主要内容：

（一）当事人名称或者姓名和住所；

（二）商品房基本状况；

（三）商品房的销售方式；

（四）商品房价款的确定方式及总价款、付款方式、付款时间；

（五）交付使用条件及日期；

（六）装饰、设备标准承诺；

（七）供水、供电、供热、燃气、通讯、道路、绿化等配套基础设施和公共设施的交付承诺和有关权益、责任；

（八）公共配套建筑的产权归属；

（九）面积差异的处理方式；

（十）办理产权登记有关事宜；

（十一）解决争议的方法；

（十二）违约责任；

（十三）双方约定的其他事项。

# 第三章　商品房买卖合同成立与效力纠纷

## 法理概览

商品房买卖合同成立与效力纠纷是房屋买卖合同纠纷案件中争议问题较为集中之处，其不仅涉及整个房屋买卖合同的开始，还对整个合同的履行有着至关重要的影响。合同的成立与效力涉及的问题较为复杂，认定商品房买卖合同的成立及其效力问题，有赖于对合同成立与效力相关理论的全面理解。

### 一、合同的订立

合同的订立，是指缔约人为意思表示并达成合意的状态。① 我国《合同法》对合同的订立进行了专门的规定，其中关于合同订立的形式、要件、方式都有具体的规定，如《合同法》第 9 条规定："当事人订立合同，应当具有相应的民事权利能力和民事行为能力。当事人依法可以委托代理人订立合同。"第 10 条规定："当事人订立合同，有书面形式、口头形式和其他形式。"第 13 条规定："当事人订立合同，采取要约、承诺方式。"

---

① 魏振瀛主编：《民法》（第 3 版），北京大学出版社 2007 年版，第 402 页。

（一）要约

要约是一方当事人以缔结合同为目的，向对方当事人提出合同条件，希望对方当事人接受的意思表示。

要约作为一个法律行为，其必须具备一定的条件才能具备法律效力：

第一，要约必须是特定人所为的意思表示。第二，要约必须是向相对人发生。第三，要约必须具有缔结合同的目的。第四，要约的内容必须具体确定且表明接受约束。《合同法》第 14 条规定："要约是希望和他人订立合同的意思表示，该意思表示应当符合下列规定：（一）内容具体确定；（二）表明经受要约人承诺，要约人即受该意思表示约束。"

要约的约束力又称要约的法律约束力，是指要约的生效及对要约人、受要约人的拘束力。[①] 要约一经生效，要约人即受到要约的拘束，不得撤回、随意撤销或者对要约加以限制、变更和扩张。受要约人在要约生效时即取得承诺的权利，或者说取得依其承诺而成立合同的法律地位。

在具体实践生活中，要约与要约邀请容易混淆。要约邀请又称为要约引诱，是指一方当事人邀请对方当事人向自己发出要约。当事人发出要约邀请的目的不是直接订立合同，而是邀请相对人向自己发出要约的意思表示。因此，要约诉请是当事人为了订立合同的准备活动，需要对方发出要约才能发生法律效果。要约邀请的通常形式包括有寄送价目表、拍卖公告、招标公告、招股说明书、普通广告等。从这些形式可以看出，都是作出行为表示的当事人向对方介绍一定的产品或者邀请参加某项活动，双方订立合同需要有对方发出实质性的要约。要约与要约邀请在法律意义及法律效果上均有不同，应当予以区别。首先，两者在目的上不同。要约的目的是直接订立合同，只要受要约人承诺，双方即达成合同。而要约邀请的目的仅是为了对方向自己发出要约。其次，两者在内容上同。要约的内容必须是明确具体完整的，其中包含了合同的必要内容，能够直接构成合同。要约邀请的内容中可能包含有合同的某些条款，也可能不包含。最后，两者的法律效力不同。要约通常认为是直接具有法

① 崔建远主编：《合同法》（第 4 版），法律出版社 2007 年版，第 47 页。

律效力的行为，要约人受到其要约的直接拘束，在对方承诺时直接产生权利义务关系。要约邀请实际并不产生法律关系，通说认为其是作为一种事实行为，并不具有意思表示，不产生直接的法律效果。

要约邀请在实践中广泛存在，这使得我们应当重视要约邀请的法律意义。虽然要约邀请并不具有直接的法律效力，也并不必然导致合同的形成，但是要约邀请中提出的条件或合同实质内容是对此后的要约具有直接影响的，应当作为合同的一部分产生约束力。《商品房买卖合同解释》第3条规定："商品房的销售广告和宣传资料为要约邀请，但是出卖人就商品房开发规划范围内的房屋及相关设施所作的说明和允诺具体确定，并对商品房买卖合同的订立以及房屋价格的确定有重大影响的，应当视为要约。该说明和允诺即使未载入商品房买卖合同，亦应当视为合同内容，当事人违反的，应当承担违约责任。"从该条即可以看出，在广告等要约邀请中，具备实质合同内容的条款，仍然在后续的合同产生法律效果，要约邀请人需要承担对应的法律义务。因此，要约邀请具有法律意义，其作为一种意思表示，可以发生实质拘束力和形式拘束力。要约邀请人在邀请中的误述或对要约邀请的违反可以构成缔约责任，且要约邀请中的有关内容可以成为合同的内容。

### （二）承诺

承诺，是指受要约人作出的同意要约以成立合同的意思表示。《合同法》第21条规定："承诺是受要约人同意要约的意思表示。"要约人向受要约人发出要约，受要约人表示接受要约中的全部条款，向要约人作出同意按要约成立合同的意思表示，即为受要约人作出承诺。承诺一旦作出，双方即形成合同关系。

承诺是受要约人接受要约的意思表示，其构成有以下几个要件：第一，承诺必须是由受要约人向要约人作出。第二，承诺的内容应当与要约的内容一致。第三，承诺必须在要约的存续期间内作出。《合同法》第23条规定："承诺应当在要约确定的期限内到达要约人。要约没有确定承诺期限的，承诺应当依照下列规定到达：（一）要约以对话方式作出的，应当即时作出承诺，但当事人另有约定的除外；（二）要约以非对话方式作出的，承诺应当在合理期限内到达。”《合同法》第 28 条规定：“受要约人超过承诺期限发出承诺的，除要约人及时通知受要约人该承诺有效的以外，为新要约。”

承诺的效力在于使得双方的意思达成一致，要约人与受要约人之间形成了合同法律关系。承诺的生效有以下几种情形：一是承诺通知时生效。通常而言，承诺在到达时生效，我国承诺生效的原则是到达主义，在要约人收到承诺的通知时，承诺生效。二是作出承诺的行为时生效。作出承诺行为，是以意思实现方式成立合同。作成承诺的行为，须该行为已经完成。如果是准备行为就不能认为以意思实现而成立合同。三是承诺的数据电文进入要约人的系统时生效。如果是以数据电文方式进行承诺，如果要约人指定特定系统接收数据电文的，该数据电文进入该特定系统的时间为到达时间，即为生效时间；要约人未指定特定系统的，该数据电文进入收件人的任何系统的首次时间，视为到达时间，即为承诺生效时间。

## 二、合同的成立与生效

### （一）合同的成立

1. 合同成立的概念

合同成立，是指合同当事人对合同的标的、数量、质量等必要条款取得合意并达成协议的法律事实。合同成立的后果是，合同双方达成了权利义务的合意，形成了债权债务关系，这种法律关系对双方当事人均有法律约束力。

合同的成立是一切法律关系形成、债权债务履行、合同解除等法律问题的基础，对合同成立的研究对于合同问题的研究具有重大的意义。首先，合同的成立与否决定合同关系是否存在。如果双方合同没有成立，则不存在合同关系，即没有后续的合同履行、变更、解除或终止。同时，合同的成立也是认定合同效力的前提条件，如果合同根本没有成立，那么确认合同的有效和无效就没有任何意义。[①] 其次，合同的成立与否决定当事人承担何种责任。在合同成立的情况下，违反合同的一方应当承担合同责任或违约责任，而合同未成立的情况下，如果一方当事人违反合同义务，则主要承担缔约过失责任。最后，合同的成立是判断合同生效时间的依据。《合同法》第44条规定："依法成立的合同，自成立时生效。"因此，对于部分合同需要确定其生效时间时，应当看合同的成立时间。

2. 合同成立的要件

合同成立的要件，是指合同成立的要素，即如何判断合同成立。我国合同法理论中对于合同成立的要件表述不一，其中包括两要件说和三要件说。两要件说认为合同成立包括缔约人与意思表示一致两个方面。三要件说又具有不同的几种观点，基本上包括有当事人主体、有订立合同目的、双方意思表示达成一致意见。[②] 归纳各种观点，合同成立的要件应当包括有三部分：一是有合同双方当事人，二是有达成合同关系的意思表示，三是意思表示达成一致。

判断一份合同是否成立，应当从以下几个方面来分析：第一，必须有两个或两个以上的当事人。合同是反映双方甚至多方当事人的意志，没有具体的当事人或者仅一方当事人，都无法成立合同。第二，标的要明确。标的是指合同当事人权利和义务共同指向的对象。标的可以是物（包括实物或者货币），也可以是行为，还可以是智力成果。第三，必须由当事人各方意思表示一致。当事人各方分别为意思表示，并达成合意，合同才能成立。如果当事人不能取得共识，则无从确立合同关系。合同的成立必须由当事人就合同必要条款达成合意。合同的必要条款明确的是合同的基本内容，当事人各方对合同基本内容协商一致，是合同成立的主要标志。合同成立表明合同的内容已为当事人双方所认可，当事人之间的权利义务关系已经明确，随着这一特定合同关系的确立，合同的订立过程即告结束，同时又使当事人履行合同成为可能。

---

① 王利明、崔建远：《合同法新论·总则》，中国政法大学出版社1996年版，第134页。

② 李仁玉等：《合同效力研究》，北京大学出版社2006年版，第71页。

3. 合同成立的时间

合同成立的时间，是指当事人之间发生法律关系的时间。《合同法》第25条规定："承诺生效时合同成立。"由于不同形式的合同是由不同形式的承诺所决定的，而不同形式的承诺生效的时间又不同，因此不同形式的合同成立的时间也不同。

（1）口头合同

口头合同，承诺作出的时间，就是合同成立的时间。

（2）书面合同

当事人采用合同书订立合同的，自双方当事人签字或者盖章时合同成立。这里所说的签字或者盖章是指双方当事人都签字或者盖章，只有一方当事人签字或者盖章合同不能成立。签字或者盖章两者具备其一即可，并不要求同时具备签字和盖章，只有签字没有盖章或者只有盖章而没有签字并不影响合同的成立。另外，在具体操作上，如果双方当事人签字或者盖章不在同一时间的，最后签字或者盖章的时间为合同成立的时间。

在实践中，采用信件、数据电文等形式订立合同的，一方当事人为了便于最后确定合同内容，常常要求自己签订确认书之前合同不成立，即只有己方签订确认书，才表明己方最终确认了合同的内容，承诺才生效，合同才成立。所以，一方当事人要求在合同成立之前签订确认书的，合同成立的时间是当事人签订确认书之时。在一方当事人签订确认书之前，无论合同内容如何完备，无论另一方当事人是否开始作出履行，合同订立的过程均不具备要约和承诺两个阶段，合同亦均不成立。对于双方约定采用数据电文形式订立合同，根据《合同法》第16条的规定，只要承诺进入对方数据电文系统的时间为到达时间，此时即为合同成立的时间。

（3）行为合同

根据要约的要求或者依照当事人间已经确定的习惯做法或者惯例，受要约人可以通过做出某种行为对要约表示接受，而无须向要约人发出接受通知。只要受要约人作出这种接受行为，承诺即告生效。而不要求等到货物运到要约人时才生效。因此，受要约人作出接受行为的时间即是合同成立的时间。

（4）实行履行合同

《合同法》第36条规定："法律、行政法规规定或者当事人约定采用书面形式订立合同，当事人未采用书面形式，但一方已经履行主要义务，对方接受的，该合同成立。"在这种情况下，虽然合同形式不符合法律、行政法规的规定或者当事人之间的约定，但是双方当事人已做出主要履行，法律认可当事人的订约过程已经具备要约和承诺两个阶段，合同成立。因此，对方接受履行的时间，就是合同成立的时间。《合同法》第37条规定："采用合同书形式订立合同，在签字或者盖章之前，当事人一方已经履行主要义务，对方接受的，该合同成立。"也就是说，在采用合同书订立合同时，当事人对合同书虽然没有签字或者盖章，但一方当事人已经履行主要义务，对方也已经接受履行的，该合同认定为成立。那么对方接受履行的时间，就是该合同成立的时间。

（5）要式合同

对于要式合同来说，以履行完特定的手续时，合同才成立。例如，一些必须经过批准方能成立的合同，则以批准的时间作为合同成立的时间。所以要式合同履行完特定形式的时间，才是合同成立的时间。

### （二）合同的生效

1. 合同生效的概念

合同的生效，即合同发生法律效力，是指合同符合法定生效要件，开始发生以国家强制力为保障的法律约束力。[①] 合同生效的相对面是合同不生效，合同不发生效力是指合同成立后，不能发生当事人预期的法律效力。有学者将合同不生效分为几类：无效、效力未定、意思表示被撤销而无效、合同被法院撤销、停止条件未成就或始期未届至。[②] 通常情况下，合同自成立时生效，但亦存在虽然合同成立，但尚未生效，主要有：（1）法律、行政法规规定在办理批准、登记等手续后生效的合同。《合同

① 李仁玉等：《合同效力研究》，北京大学出版社2006年版，第104页。
② 李仁玉等：《合同效力研究》，北京大学出版社2006年版，第104页。

法》第44条规定："法律、行政法规规定应当办理批准、登记等手续生效的，依照其规定。"（2）附生效条件的合同。《合同法》第45条规定："当事人对合同的效力可以约定附条件。附生效条件的合同，自条件成就时生效。附解除条件的合同，自条件成就时失效。"（3）附生效期限的合同。《合同法》第46条规定："当事人对合同的效力可以约定附期限。附生效期限的合同，自期限届至时生效。附终止期限的合同，自期限届满时失效。"此外，还存在有限制民事行为能力人订立的合同、越权代理的合同、无权处分的合同以及其他具备无效情形的合同。司法实践中对于无权处分签订的合同是否有效存在一定的争议，目前通说主张无权处分并不会导致合同无效。

2. 合同生效的要件

合同的生效要件是法律评价当事人合意的标准。合同生效应当符合下列条件：第一，当事人具有相应的合同行为能力。当事人应当能够了解合同的状况和法律效果，对保护其合法权益和减少纠纷均具有意义。当事人签订合同，先要有相应的行为能力。通常而言，自然人签订合同需要具有完全行为能力，限制行为能力人和无行为能力人不得亲自缔约，除非有法律特殊的规定。第二，当事人意思表示真实。意思表示真实是指缔约人的表示行为应真实地反映其内心的效果意思，其效果意思和表示行为要一致。意思表示不真实对于不同情形合同效力具有不同的影响，合同或可撤销或无效。具体到商品房买卖合同而言，当事人之间应当存在买卖商品房的意思表示并达成一致。实践中，当事人之间虽然签订了商品房买卖合同，但实际上却并不存在买卖商品房的真实意思的现象并不少见，在此情况下，准确把握当事人之间是否就买卖商品房达成了真实合意这一要件，就成为认定商品房买卖合同是否有效的关键要素。如果当事人之间仅具有签订商品房买卖合同的表象，实际上却并无买卖商品房的真实合意，则商品房买卖合同应为无效。第三，不违反法律和社会公共利益。根据《合同法》的规定，违反效力性强制性规定法律、行政法律的合同无效。在司法实践中，对于效力性强制性规定需要加以分析，对于此类规定不宜放宽。社会公共利益在我国也不是一个确定的概念，需要根据政治基础、公共秩序、道德准则及风俗习惯予以综合认定。

第四，合同内容必须确定和可能。合同标的决定着合同权利义务的基础，没有确定和可能的标的内容，合同将没有目的，将会毫无意义。

3. 合同生效的时间

合同生效必须以合同依法成立为前提，未经依法成立的合同，不能产生当事人所预期的法律后果，因此，合同生效的时间是以合同依法成立的时间为判断标准的。（1）对于大多数合同而言，由于法律、行政法规没有对其生效规定出特别要求，当事人双方又没有什么特别的约定，因此，只要合同是依法成立的，成立的同时就发生法律效力。即依法成立的合同，自成立时生效。（2）对于有些合同，因国家法律、行政法规规定应当办理批准或登记手续，如中外合资经营企业合同、专利权转让合同以及其他需要审批或登记的合同，这些合同经当事人双方签字或者盖章成立后，还要分别由有关审批机关或登记机关进行审批或登记，因此，该合同自获得批准或者登记之日起生效。这里的“法律”特指全国人民代表大会及其常委会颁布的立法文件，“行政法规”专指国务院颁布的法规。（3）对于附条件的合同，因当事人对该合同的生效附加一定的条件，所以该合同经当事人双方协商一致而成立后，虽然双方的权利、义务已经确定，但合同的效力处于停止状况或者说合同的效力要延缓发生，待所附条件成就时，该合同才发生法律效力。即所附条件成就时，合同才生效。（4）对于附期限的合同，因当事人对该合同的生效附加一定的期限，所以这种附生效期限的合同，在合同成立之后，期限到来之前，暂不发生效力，待期限到来时才发生法律效力。即所附期限到来时合同才生效。（5）对于限制民事行为能力人订立的合同。由于限制民事行为能力人只能进行与其年龄、智力相适应的民事活动，其他的民事活动由他们的法定代理人代理，或者征得法定代理人的同意，因此限制民事行为能力人单独与他人订立的合同，因其主体资格不合格，属于效力待定的合同，需经其法定代理人追认后方能有效。但对限制民事行为能力人来说，如果是纯获利益的合同或者是与其年龄、智力相适应的合同，不必经其法定代理人的追认，自成立时起，就发生法律效力。（6）对于无权代理人以被代理人名义订立的合同。因该合同是行为人没有代理权、超越代理权或者代理权终止后以被代理人名义而订立的合同，此类合同尽管因代理人缺乏代理权而存在瑕疵，但此种瑕疵是可以修正的，即经过被代理人的追认，可以使无权代理行为变成有权代理行为，从而使合同成为有效合同。因此，这种无权代理合同是属于效力待定合同，自被代理人追认时起生效。

### （三）商品房买卖合同的成立与生效

1. 商品房买卖合同的成立要件

（1）房屋买卖合同成立的一般要件

第一，买卖双方必须具有完全行为能力。未成年人和被宣告无民事行为能力或限制行为能力的公民不能签订房屋买卖合同，其房屋买卖行为由法定代理人代为进行。单位买房者如需购买私房的必须得到有关机关的批准。

第二，必须是买卖双方真实的意思表示。这是指房地产买卖双方当事人在买卖合同中表示出来的意思必须与其真实意思一致。如果一方以欺诈、胁迫等手段或乘人之危，使对方在违背真实意思的情况下签订房屋买卖合同，或者双方恶意串通签订损害国家、集体或第三人利益的买卖合同都属于无效合同。行为人对买卖合同内容有重大误解或显失公平的，一方当事人可以要求撤销或变更。这里应当说明的是，双方真实的意思表示可能无法直接从外观上判断，特别是在没有书面合同、仅存在口头约定的情况下，但是，我们仍可以从事后双方当事人的履行情况来推知当事人意思表示是否真实的情形。

第三，合同内容必须合法，即合同条款不得违反法律强制性规定或者社会公共利益。

（2）房屋买卖合同成立的特殊要件

第一，出卖方必须具有房屋所有权或土地使用权。非房屋所有人或土地使用人不得出卖他人的房产或地产，否则构成无权处分行为。

第二，房屋买卖合同的形式必须符合有关法律的规定。根据《城市房地产管理法》第 40 条和《城市房地产转让规定》第 7 条，房屋买卖合同需要签订书面合同。

第三，在没有签订书面合同的情况下，应当根据当事人实际履行的情况确定。根据《合同法》第36条的规定，法律、行政法规规定或当事人约定采用书面形式订立合同，当事人未采用书面形式但一方已经履行主要义务，对方接受的，该合同成立。对该条文的理解，可以从一方履行主要义务和对方接受者两方面进行解释。首先，所谓一方履行主要义务，即实际履行，是指一方当事人已经履行了合同主要义务。具体来说，房屋出卖人的主要义务是：交付房屋、办理相关登记手续；买受人的主要义务是：支付价款、领受房屋、协助办理相关登记手续。其次，所谓另一方接受，是指另一方当事人认可前者的行为，对于其义务履行未表示异议、配合其履行义务，也可以是默许前者享有相应的合同权利或者履行自己相应的合同义务。只要满足一方当事人履行主要义务、另一方当事人接受的条件，且房屋价款是履行义务时市场上的合理价格，就可以视为房屋买卖合同成立。

2. 商品房买卖合同的生效

商品房买卖合同的生效，首先应当符合前述合同生效的一般要件。但由于商品房买卖合同的标的物是房屋这一不动产，在探讨该类合同的效力时，必须注意区分房屋买卖合同效力与物权变动的关系，实际上也就是债权和物权的变动关系，具有重要意义。我国立法经过一段时期的探索和改进，才正式确立了折中主义的物权变动模式。

关于物权变动模式，就大陆法系传统而言，大体分三种：意思主义、形式主义和折中主义。在意思主义体制之下，仅依债权合同即可依法直接发生物权变动的效力，即物权变动与债的关系合二为一，不作区分，该立法例以法国、日本为代表。形式主义以德国法系的物权形式主义为典型，于债权行为中抽象出独立的物权行为，通过处分行为与负担行为的分离区别物权与债权的不同关系，即负担行为的效力仅发生债的请求权，处分行为才发生物权变动的效力，德国和我国台湾地区为该模式之典型代表。折中主义，又称债权形式主义，为意思主义与物权形式主义的折中观点，也称意思主义与登记或交付之结合，此种主义因以奥地利民法为其代表。我国《民法通则》第72条规定："财产所有权的取得，不得违反法律规定。按照合同或者其他合法方式取得财产的，财产所有权从财产交付时起转移，法律另有规定或者当事人另有约定的除外。"

《物权法》第6条规定："不动产物权的设立、变更、转让和消灭，应当依照法律规定登记。动产物权的设立和转让，应当依照法律规定交付。"第9条规定："不动产物权的设立、变更、转让和消灭，经依法登记，发生效力；未经登记，不发生效力，但法律另有规定的除外。"第23条规定："动产物权的设立和转让，自交付时发生效力，但法律另有规定的除外。"可见，我国物权变动采折中主义模式，物权变动并非当事人合意的直接效果，该合意仅发生债的效力；除当事人债权合意外，还须登记、交付，但不要求独立的物权合意的存在。根据我国的折中主义物权变动模式，仅有债权合意而没有交付、登记，则不发生物权变动的效果；只有交付、登记，而没有债权合意也不会发生基于法律行为的物权变动的效果。但是，登记或交付不具有对债的关系的影响力，这是各国物权法理论公认的基本原因之一。因而，在讨论债权合同与物权变动的关系问题时，我们必须划清两层关系：一是关于物权变动的基础关系，即物权变动的原因行为的成立与生效必须按照该行为自身要件予以判断，而不能以其物权的变动是否成就来判断；二是关于物权的变动，必须以登记或交付为必要条件，而不能认为基础关系的成立生效就必然发生物权变动的结果。这种观点，被学者称为"区分原则"。

据此，房屋所有权转移登记并非商品房买卖合同的生效要件。我国法学界和司法界曾经把进行房屋所有权转移登记作为房屋买卖合同的生效要件的传统观点，是对登记制度的误解，把债权和物权制度混为一谈。在登记的效力上，无论是采登记要件主义的德国、登记对抗主义的法国，还是地券交付主义的英美法国家，均把登记作为物权制度的组成部分，而不将房屋所有权转移登记作为房屋买卖合同本身的成立或生效要件。即认为登记制度属于物权制度范畴，对债权关系（房屋买卖合同）成立与否、是否有效并无影响。

房屋买卖合同属于诺成性合同，而房屋所有权转移登记只是房屋产权移转的必备条件。买卖合同时双务、有偿、诺成合同，房屋买卖合同作为买卖合同之一种，同样具有这三种特征。不动产物权变动仅是不动产变动、债权合同的履行效力所致，登记也是合同的履行行为，因此在本质上不会影响合同效力的判断。不能因为登记尚未完成而否定房屋买卖合同的有效性。当事人未履行登记手续，只标志着所有权变动无效或未发生变动，但契约效力不应受任何影响。

## 三、合同的效力

### （一）合同的效力概述

合同的效力是一个看起来简单，实际上异常复杂的法律概念。学者对于合同的效力的理解不尽相同，对于合同的效力与合同的法律效力之间的关系也多有论述。合同的效力，又称为合同的法律效力，是指法律赋予依法成立的合同具有拘束当事人各方乃至第三人的强制力。① 另有观点认为，合同的法律效力并不是指合同能像法律那样产生约束力，而只是强调合同对当事人的拘束性。合同具有法律约束力意味着合同能够对合同当事人甚至第三人产生约束力，虽然基于合同相对性原理，合同的法律效力原则上应当局限在合同当事人之间，但合同能否正常履行也可能受到第三人行为的影响，因此，为了保证合同的履行和维护当事人的利益，也应当使合同具有排斥第三人非法干预和侵害的效力。② 另有学者认为，合同的效力，是指因合同而生的一系列权利、义务关系及相应的法律责任，其主要观点是合同的效力是因合同而产生，而不是由法律直接规定的，且合同的效力是对合同当事人产生的效果，也是一种权利义务的法律责任。就跟第一种观点一样，有学者认为合同的效力就是合同的法律效力，因为合同的效力是指因合同所生的权利义务关系及相应法律责任，因此这种效力应当是得到法律承认和支持，这是一种法律上的效力。③ 我国台湾地区学者陈自强认为，合同拘束力包括形式拘束力和实质拘束力，形式拘束力是指合同一旦成立，当事人不得任意撤回或解除，实质拘束力是指合同的内容对双方当事人具有拘束力，此对于当事人而

---

① 崔建远主编：《合同法》（第 4 版），法律出版社 2007 年版，第 94 页。

② 王利明、崔建远：《合同法新论·总则》，中国政法大学出版社 2000 年版，第 233～236 页。

③ 程合红：《论新合同法中合同的效力》，载《北京科技大学学报》（社科版）1999 年第 4 期。

言，具有与实定法相同的法律规范效力。[①]

我国《合同法》第8条规定："依法成立的合同，对当事人具有法律约束力。当事人应当按照约定履行自己的义务，不得擅自变更或者解除合同。依法成立的合同，受法律保护。"该条规定表明了合同的效力，也直接表明合同的约束力是法律所赋予的法律约束力，合同的效力也是合同的法律效力。当然，并不是所有的合同都会产生效力，只有是依法成立的合同才能产生效力。就合同的效力而言，其来源一是源自当事人的意思自治，双方达成权利义务的一致意见。其次是来源于法律对于合同中当事人意思自治的认可，没有法律认可的意思表示，不会产生法律规定的约束力。因此，合同的效力不仅包括法律对有效合同赋予的对当事人的拘束力，还包括合同无效与合同被撤销后的法律后果。

合同的效力是对合同双方当事人基于意思表示并受法律认可权利义务的拘束力，这种拘束力不仅是对合同当事人产生效力，同时特殊情况下对第三人亦有效力。合同效力的内容便是对于合同效力对于当事人产生拘束的具体表现。合同对于当事人各方的拘束力主要包括有：（1）当事人负有适当履行合同的义务；（2）违约方依法承担违约责任；（3）当事人不得擅自变更、解除合同、不得擅自转让合同的权利义务；（4）当事人享有请求给付的权利、保有给付的权利、同时履行抗辩权、不安抗辩权等；（5）法律规定的附随义务也可以成为合同效力的内容。合同对于第三人的效力主要体现在合同第三人不得侵害合同当事人的权利义务，在合同债权人行使撤销权或代位权时涉及第三人，在涉他合同中可有向第三人履行或由第三人履行的效力。

### （二）合同的无效

#### 1. 合同无效的概念

合同无效，是指当事人所缔结的合同因严重欠缺生效条件，在法律上不按当事人合意的内容赋予效力。[②] 有学者认为，上述概念属于狭义的合同无效，在有些情况下，法律不许按照当事人合意的内容赋予法律效

---

① 陈自强：《民法讲义I——契约之成立与生效》，法律出版社2002年版，第102～103页。

② 韩世远：《合同法总论》，法律出版社2004年版，第188页。

果，只是对于特定的人而言的，对于其他人来说，仍然无权否认合同的法律效力。前者为绝对无效，后果是相对无效。它们都属于广义的合同无效。有日本学者认为，就解释论而言，广义的相对无效可指所有绝对无效受到限制的情形。①

2. 合同无效的分类

（1）绝对无效与相对无效

合同无效，有绝对无效和相对无效之分。绝对无效，是指合同自始、绝对、当然地无效，任何人均可主张。所谓自始无效，是指自合同成立时即不发生当事人所意欲的效力。所谓当然无效，是指无效的合同无须任何人主张，当然地不按照意思表示的内容发生效力，任何人皆得主张其无效，亦可对任何人主张之。② 对于该项表述的意思，所谓任何人均可主张，可以区分为合同当事人主张、利害关系人主张以及其他人主张，以示所主张的内容和范围以及法律效果的差异。合同的相对无效源自于德国民法典，是指如果合同仅仅相对于某个特定的人才不生效力，相对于其他人则是发生效力，或者合同的无效不能对特定人主张，如不得对善意第三人主张，该合同的无效就是相对无效。③ 鉴于区分不同情况而分别设置绝对无效和相对无效两种制度，更为灵活、合理，我国民法及司法解释已经尽可能地减少绝对无效制度适用的范围，重视相对无效制度的设计。

（2）自始无效与嗣后无效

以时间为标准，可将合同无效分为自始无效与嗣后无效。合同无效一般是合同成立之时就存在无效的原因，依据合同法的立法目的及合同法理论，法律对此类合同自始就不按照当事人意思表示的内容赋予法律效果，即合同自始无法律拘束力。自始无效乃于合同订立当时，即欠缺生效要件而无效，如合同违反法律强制性规定；嗣后无效于合同成立时，尚未有无效之原因，仅于合同成立后，效力发生前，因欠缺生效要件而

① 王泽鉴：《民法总则》，台北，三民书局2000年版，第514、518页。

② 王泽鉴：《民法通则》，台北，三民书局2000年版，第273～274页。

③ ［德］迪特尔·梅迪库斯：《德国民法总论》，邵建东译，法律出版社2000年版，第375页。

致无效，如停止条件成就前，标的物成为不融通物等。[①] 目前，嗣后无效在我国尚未形成完善的法律制度及理论，需要站在立法论的立场加以探讨。

（3）全部无效与部分无效

以合同的内容是否全部具有无效原因为标准，可分为全部无效和部分无效。前者为无效的原因存在于合同的全部，后者则仅部分存在无效的原因。《合同法》第56条规定："无效的合同或者被撤销的合同自始没有法律约束力。合同部分无效，不影响其他部分效力的，其他部分仍然有效。"

3. 合同无效的原因

合同的无效主要是法律对于当事人意思表示的否定性评价，因此，对于合同无效的原因是由法律予以规定的。我国《合同法》第52条规定："有下列情形之一的，合同无效：（一）一方以欺诈、胁迫的手段订立合同，损害国家利益；（二）恶意串通，损害国家、集体或者第三人利益；（三）以合法形式掩盖非法目的；（四）损害社会公共利益；（五）违反法律、行政法规的强制性规定。"第53条规定："合同中的下列免责条款无效：（一）造成对方人身伤害的；（二）因故意或者重大过失造成对方财产损失的。"根据上述规定，合同无效的原因进行如下分析。

（1）一方以欺诈、胁迫的手段订立的损害国家利益的合同

以欺诈、胁迫的手段订立的合同，可分两种，一种为可变更、可撤销合同，而当其损害国家利益时，则为无效合同。损害国家利益，主要是指损害国家经济利益，例如，欺诈国有的银行和其他金融机构而使国有财产造成损失。如果损害了社会公共利益，则应适用《合同法》第52条第4项的规定。

首先，因欺诈行为而导致的合同无效，应具备以下要件：

第一，欺诈方具有欺诈的故意。所谓欺诈的故意，是指欺诈的一方明知自己告知对方的情况是虚假的且会使被欺诈人陷入错误认识，而希望或放任这种结果的发生，可见，欺诈方实际上是有恶意的。欺诈方告知虚假情况，不论是否使自己或第三人牟利，不妨碍恶意的构成。如果

① 郑玉波：《民法总则》，中国政法大学出版社2003年版，第444页。

欺诈者意识到自己的欺诈行为会使自己或第三人牟利、使对方当事人遭受损害而恶意为之，则可认为欺诈者具有主观恶意性。

如果一方向他方陈述某种事实时，对于其陈述的事实的真伪性不能作出准确的判断，仍向他人作出陈述，以至于因陈述事实的虚伪性而导致他方陷入错误（如某人不能确定其出售的商品具有某种功能而向他人吹嘘该产品具有该种功能），这种情况也可认为陈述的一方具有欺诈的故意，因为陈述人不能判定其陈述的事实是否真实也就不能告诉他人该事实是真实的。在陈述时，他应当知道该事实若属虚假，会使他人陷入错误认识，而陈述人却以真实的事实向他人陈述，显然可认定陈述人具有欺诈他人的故意。

第二，欺诈方实施欺诈行为。所谓欺诈行为，是指欺诈方将其欺诈故意表示于外部的行为，在实践中大都表现为故意陈述虚伪事实或故意隐瞒真实情况使他人陷入错误的行为。所谓故意告知虚假情况，也就是指虚伪陈述，如将赝品说成真迹，将质量低劣的产品说成优质产品。所谓故意隐瞒真实情况，是指行为人有义务向他方如实告知某种真实的情况而故意不告知。根据诚实信用原则，当事人应当如实地向对方告知产品的使用方法、性能、隐蔽瑕疵等重要情况，这是当事人应承担的附随义务，违反此种义务，有可能构成欺诈行为。一方在订约时明知自己没有履行能力而仍然与对方订立合同，是否都构成欺诈，值得探讨。一般对此应该区分两种情况：其一，当事人在订约后根本不准备履行合同，或者没有为履行合同做任何准备工作，甚至将订立合同作为骗取定金、预付款和货款的手段，此种情况应作为典型的欺诈来处理。其二，在订约时虽无履约能力，但当事人在订约时并没有隐瞒其无实际履约能力的事实或在订约后积极为合同的履行做各种准备，且根据实际情况，可以认定其在履行期限到来时能够履行合同，则不能按欺诈处理。因为订约时无实际履约能力并不等于履约时无实际履约能力，从订约至履行期限到来的这一段时间，当事人在很多情况下可以通过自身的努力而获得履行能力。关键在于确定当事人主观上是准备履约，还是从订约时起就准备欺诈他人。即使在订约后不能履约，对方也可以根据默示违约的规定要求不能履约的一方提供履约担保，并暂时终止合同的履行。如果将凡是无履约能力的情况都作为欺诈处理，既不符合当事人双方的利益和意志，也不利于鼓励交易。

第三，被欺诈的一方因欺诈而陷入错误。在欺诈的情况下，被欺诈人因欺诈陷入了错误的认识。这里应注意两点：其一，欺诈人提供的虚假情况与合同内容有密切关系；如果与合同内容并无联系，不能认为欺诈行为与认识错误之间有因果联系。其二，受害人基于虚假的情况而对合同内容发生了错误认识，如因误信对方的假药宣传而将假药当成了真药。这种错误并不是因为被欺诈人自己的过失造成的，而是因受欺诈的结果。如果欺诈人实施欺诈行为以后，受欺诈人未陷入错误或者发生的错误内容并不是欺诈造成的，则不构成欺诈。

第四，被欺诈人因错误而作出了意思表示。被欺诈人在因欺诈发生了错误认识以后，基于错误的认识作出了意思表示并订立了合同，这就表明欺诈行为与受害人的不真实的意思表示之间具有因果联系。如果被欺诈人虽因欺诈行为陷入错误，但并未作出意思表示，则不能认为构成欺诈。

第五，欺诈行为损害了国家利益。欺诈行为必须损害了国家利益，才能使因欺诈而订立的合同应被宣告无效。损害国家利益，主要是指损害国家经济利益。

其次，因胁迫行为而导致合同无效，应符合以下几个要件：

第一，胁迫人具有胁迫的故意。所谓胁迫的故意，其一，是指胁迫者意识到自己的行为将造成受胁迫者心理上的恐怖而故意进行威胁；其二，胁迫者希望通过胁迫行为使受胁迫者作出某种意思表示。一般来说，胁迫的故意并不包括胁迫者希望通过胁迫行为使自己获得某种利益，牟利只是其动机问题。正是因为胁迫者具有胁迫的故意，因此其过错程度是较大的。

第二，胁迫者实施了胁迫行为。如前所述，胁迫行为包括以将要发生的损害相威胁或直接施加损害威胁他人。胁迫者既可以给公民及其亲友造成损害相威胁，也可以给法人造成损害进行要挟。胁迫并不一定以危害是否重大为要件，只要一方所表示施加的危害或者正在施加的危害足以使对方感到恐惧，就可以构成胁迫行为。需要指出的是，因胁迫行为是针对特定的当事人实施的，所以确定胁迫行为是否构成，应当以特定的受害人而不是一般人在当时的情况下是否感到恐惧为标准来加以判断。即使一般人不感到恐惧，而受害人感到恐惧，亦可构成胁迫。胁迫行为通常是在合同订立时为强制对方订立合同而实施的。在合同订立以后，一方以胁迫手段迫使对方变更或解除合同也可构成胁迫。如果胁迫的目的并不在于迫使对方订立合同，则此种行为将构成侵权或其他非法行为，而不产生胁迫订立合同的问题。

第三，受胁迫者因胁迫而订立了合同。也就是说，由于一方实施胁迫行为使另一方心理上产生恐惧，即因为面临损害或将要面临损害，而产生一种恐怖和惧怕心理，在此种心理状态的支配下，受胁迫人被迫订立了合同。由于受胁迫人是在受到恐吓的情况下订立的合同，因此其意思表示是不真实的。不过，如果胁迫一方的胁迫行为并未使被胁迫人产生恐惧或者即使产生了恐惧，但没有作出一定的意思表示，则不能认为胁迫行为与被胁迫人的意思表示之间有因果关系存在。

第四，胁迫行为是非法的。胁迫行为给对方施加了一种强制和威胁，这种威胁必须是非法的、没有法律依据的。如果一方有合法的根据对另一方施加某种压力，则不构成胁迫。另外，合同订立以后，一方拒不履行合同，另一方以将要提起诉讼等合法手段向对方施加压力，要求其履行合同，也不构成胁迫。

第五，胁迫行为损害了国家利益。与欺诈行为一样，合同法将因胁迫而订立的合同分为两类：一类是指一方采用胁迫的手段而使另一方被迫订立合同，损害了国家利益。此类合同应作为无效合同对待，无论当事人是否提出无效的请求，法院和仲裁机构都应当宣告合同无效。另一类是一方以胁迫的手段迫使对方订立合同，但并没有造成国家利益的损失，此类合同应作为可撤销合同对待。

（2）恶意串通，损害国家、集体或第三人利益

恶意串通的合同，是指双方当事人非法串通在一起，共同订立某种合同，造成国家、集体或第三人利益的损害。由此可见，行为人的行为具有明显的不法性，据此可以将其作为违法合同对待。这种合同的特点主要包括：

第一，当事人出于恶意。恶意是相对于善意而言的，即明知或应知某种行为将造成对国家、集体或第三人的损害，而故意为之。双方当事人或一方当事人不知或不应知道其行为的损害后果，不构成恶意。当事

人出于恶意，表明其主观上具有违法的意图。

第二，当事人之间互相串通。互相串通，首先，是指当事人都具有共同的目的，即都希望通过实施某种行为而损害国家、集体或第三人的利益。共同的目的可以表现为当事人事先达成一致的协议，也可以是一方作出意思表示，而对方或其他当事人明知实施该行为所达到的目的非法，而用默示的方式表示接受。其次，当事人互相配合或者共同实施了该非法行为。在恶意串通行为中当事人所表达的意思是真实的，但这种意思表示是非法的，因此是无效的。

（3）以合法形式掩盖非法目的

以合法形式掩盖非法目的，是指当事人实施的行为在形式上是合法的，但在内容上和目的上是非法的，这种行为又称为隐匿行为。在实施这种行为中，当事人故意表示出来的形式或故意实施的行为并不是其要达到的目的，也不是其真实意思，而只是希望通过这种形式和行为掩盖和达到其非法目的。如通过合法的买卖行为达到隐匿财产、逃避债务的目的；以合作的形式变相移转、划拨土地使用权，等等。这种行为就其外表来看是合法的，但是外表行为只是达到非法目的的手段。由于被掩盖的目的是非法的，且将造成对国家、集体或第三人的损害，因此这种行为是无效的。掩盖非法目的的行为与规避法律的行为并不完全等同。掩盖非法目的的行为是以一种行为掩盖另一种当事人所希望实施的行为；而规避法律行为只是通过实施某种规避行为，达到违法的目的，而并没有实施掩盖的行为。应当指出，如果当事人所掩盖的目的并不是违法的，而是合法的（如公民之间通过租赁私人房屋的办法掩盖借用的目的），则应按照行为人的真实意图处理，使被掩盖的行为生效。

（4）损害社会公共利益

社会公共利益体现了全体社会成员的最高利益，违反社会公共利益或公序良俗的合同无效，这是各国立法普遍确认的原则。我国民法虽未采纳公共秩序和善良风俗的概念，但确立了社会公共利益的概念，根据我国《合同法》第 52 条第 4 项，损害社会公共利益的合同无效，因此凡订立合同危害国家公共安全和秩序（如走私军火、买卖枪支和毒品等），损害公共道德、危害公共健康和环境（如购买“洋垃圾”等）以及其他损害公共利益的行为，无论当事人是否主张无效，法律和仲裁机构都应主动宣告合同无效。

（5）违反法律、行政法规的强行性规定

这种合同属于最典型的无效合同。此处所说的法律，是指由全国人大及其常委会制订的法律，行政法规，是指由国务院制订的法规，违反这些全国性的法律和法规的行为是当然无效的。无效合同都具有违法性，而违反法律、行政法规的强行性规定的行为，在违法性方面较之于其他无效合同更为明显。当事人在订立此类合同时，主观上大都具有违法的故意（当然，即使当事人主观上出于过失而违反了法律，即在订约时根本不知道所订立的合同条款是法律所禁止的，亦应确认合同无效）。值得注意的是，我国《合同法》仅规定违反全国性的法律和国务院规定的行政法规强行性规定的合同无效，而并没有提及违反行政规章、地方性法规及地方性规章的合同是否无效的问题。这并不是说，违反这些规定的合同都是有效的，而只是意味着违反这些规定的合同并非当然无效的合同，是否应当宣告这些合同无效应当考虑各种因素，例如，所违反的规定是否符合全国性的法律和法规、是否符合宪法和法律的基本精神等。

所谓强制性规范，是与任意性规范相对，是指直接规范人们的意思表示或事实行为，不允许人们依其意思加以变更或者排除其适用，否则，将受到法律制裁的法律规范。强制性规范的违反并不必然导致对合同效力的绝对否定，因为强制性规范中只有效力性强制性规范才能致使合同无效，而管理性强制性规范并不影响合同效力。所谓效力性强制性规范，是指对违反强制性规范的私法上的行为，在效力后果上以私法上的方式予以一定制裁的强制性规范。

效力性规范，指法律及行政法规明确规定违反了这些禁止性规定将导致合同无效或者合同不成立的规范；或者是法律及行政法规虽然没有明确规定违反这些禁止性规范后将导致合同无效或者不成立，但是违反了这些禁止性规范后如果使合同继续有效将损害国家利益和社会公共利益的规范。而管理性规范或取缔性规范，指法律及行政法规没有明确规定违反此类规范将导致合同无效或者不成立，而且违反此类规范后如果使合同继续有效也并不损害国家或者社会公共利益，而只是损害当事人的利益的规范。

对于强制性效力性规定的区分方法，王利明教授提出三分法：第一，法律、法规规定违反该规定，将导致合同无效或不成立的，为当然的效力性规定。第二，法律、法规虽然没有规定：违反其规定，将导致合同无效或不成立。但违反该规定若使合同继续有效将损害国家利益和社会公共利益，这也属于效力性规定。第三，法律、法规没有规定：违反其规定，将导致合同无效或不成立，虽然违反该规定，但若使合同继续有效并不损害国家利益和社会公共利益，而只是损害当事人利益的，属于取缔性规定（管理性规定）。

（6）格式条款及免责条款无效

《合同法》第40条规定："格式条款具有本法第五十二条和第五十三条规定情形的，或者提供格式条款一方免除其责任、加重对方责任、排除对方主要权利的，该条款无效。"对于免责条款具有特定的限制，即免除提供格式条款一方的责任、加重对方责任等，因此对于该条规定应当进行目的性限缩，不能过分扩大适用范围。特定的合同载有无效的免责条款，除去无效的免责条款也不会使其余条款有效的话，整个合同便归于无效。《合同法》第53条规定："合同中的下列免责条款无效：（一）造成对方人身伤害的；（二）因故意或者重大过失造成对方财产损失的。"如果特定的合同只载有这样的条款，那么这样的免责条款无效就是合同无效的原因。如果特定的合同载有包括这类免责条款在内的众多条款此类免责条款无效，导致其他条款也无效的，那么此类免责条款无效同样是合同无效的原因。

（7）虚伪表示与隐匿行为

在法律实务中，经常出现名为某个合同，按当事人的真实意思实际上是另外一个合同的现象，即合同中的意思并不是当事人的真实意思。比较常见的合同有：名为买卖实为赠与的合同；名为赠与实为偿还借款的合同；名为合作建房，实为转让划拨建设用地使用权及借款的合同等，此类合同即是虚伪表示。所谓虚伪表示，是指与相对人通谋实施的、没有真实意思的意思表示。而透过合同的虚伪表示，当事人所表达真实意思的行为即为隐匿行为。对于虚伪表示和隐匿行为，若一律适用我国《民法通则》第58条和《合同法》第52条的规定，则上述行为均为无效，但实践中往往不妥。按照虚伪表示和隐匿行为的理论，把虚伪表示与隐匿行为区分开来，各自考察，虽然虚伪表示行为无效，但只要隐匿行为符合有效要件，它就发生法律效力。我国目前司法解释已经承认了虚伪表示与隐匿行为相区分的理论。《民法总则》第一百四十六条对此也予以明确："行为人与相对人以虚假的意思表示实施的民事法律行为无效。""以虚假的意思表示隐藏的民事法律行为的效力，依照有关法律规定处理。"

### （三）合同的撤销

#### 1. 合同的撤销概述

合同的撤销，是指因意思表示不真实，通过撤销权人行使撤销权，使已经生效的合同归于消灭。

我国《合同法》第 54 条规定："下列合同，当事人一方有权请求人民法院或者仲裁机构变更或者撤销：（一）因重大误解订立的；（二）在订立合同时显失公平的。""一方以欺诈、胁迫的手段或者乘人之危，使对方在违背真实意思的情况下订立的合同，受损害方有权请求人民法院或者仲裁机构变更或者撤销。当事人请求变更的，人民法院或者仲裁机构不得撤销。"我国《民法通则》第 59 条规定："下列民事行为，一方有权请求人民法院或者仲裁机构予以变更或者撤销：（一）行为人对行为内容有重大误解的；（二）显失公平的。""被撤销的民事行为从行为开始时起无效。"上述法律规定对于可撤销合同的原因及行使进行了规定，确立了我国的撤销权制度。《民法总则》第 147 条至第 151 条对撤销权制度进行了进一步详细的规定。从我国的立法来看，合同撤销权普遍被认为是一种形成权，但单纯的形成权是指当事人一方可以自己的行为使法律关系发生变化，而可撤销合同中的当事人并不能仅以自己行为就改变法律关系，而是需要法院、仲裁机关认可。因此，撤销权并不是真正意义上的形成权，而是一种形成诉权，不能直接通知对方当事人变更或撤销合同。

可撤销合同中行使撤销权时，应当遵循下列规则：首先，行使撤销权的主体要合格法律规定撤销权的目的，是保护因合同有重大误解、显失公平、欺诈、胁迫、乘人之危等情形而在利益上受到损害的一方当事人，所以，行使撤销权的主体应是错误或瑕疵意思表示的一方当事人，即重大误解方（一方为主，有时也可是双方）、因显失公平的合同利益受到严重损害方，被欺诈、被胁迫、处于危难中的一方。其次，行使撤销权的客体要合法。即须为《合同法》第 54 条所规定的几种合同：因重大误解而订立的合同、显失公平的合同（订立时）、一方以欺诈、胁迫的手段或者乘人之危，使对方在违背真实意思的情况下订立的合同。除此之外的合同，当事人不得行使撤销权。再次，行使撤销权的方式要适当。《合同法》第 56 条与《民法通则》第 59 条的规定是一致的，即享有撤销权的当事人可以请求人民法院或者仲裁机构变更或撤销。此与国外如德国、日本等国家规定的撤销权人通过向对方当事人为撤销的意思表示方式行使撤销权并不相同。依我国法律规定，行使撤销权应以诉讼或仲裁方式为之，而直接向对方当事人为意思表示，并不发生撤销权行使的效力。最后，行使撤销权须在法定期间内行使。根据《合同法》第 55 条第 1 项之规定，行使撤销权的当事人自知道或者应当知道撤销事由之日起一年内行使，否则，法律不予保护，可撤销合同仍应为有效合同。但需要注意的是，《民法总则》对于撤销权行使的法定期间作出了不同于《合同法》的规定，其第 152 条规定："有下列情形之一的，撤销权消灭：（一）当事人自知道或者应当知道撤销事由之日起一年内、重大误解的当事人自知道或者应当知道撤销事由之日起三个月内没有行使撤销权；（二）当事人受胁迫，自胁迫行为终止之日起一年内没有行使撤销权；（三）当事人知道撤销事由后明确表示或者以自己的行为表明放弃撤销权。""当事人自民事法律行为发生之日起五年内没有行使撤销权的，撤销权消灭。"根据新法优于旧法的原则，自 2017 年 10 月 1 日《民法总则》实施之日起，应适用《民法总则》的该条规定，对撤销权是否消灭作出认定。

2. 合同撤销的情形

（1）重大误解

所谓重大误解，是指误解者作出意思表示时，对涉及合同法律效果的重要事项存在认识上的显著缺陷，其后果是使误解者的利益受到较大的损失，或者达不到误解者订立合同的目的。误解直接影响到当事人所应享有的权利和承担的义务。同时在这种情况下，虽然同行为人原来的真实意思不相符合，但这种情况的出现，并不是由于行为人受到对方的欺诈、胁迫或者对方乘人之危而被迫订立的合同，而使自己的利益受损。而是由于行为人自己的大意，缺乏经验或者信息不通而造成的。因此，对于这种合同，不能与无效民事行为一样处理，而应由一方当事人请求变更或者撤销。

因重大误解而可撤销的合同一般具有以下几个要件：①误解一般是因受害方当事人自己的过失产生的。这类合同发生误解的原因多是当事人缺乏必要的知识、技能、信息或者经验而造成的。②必须是要对合同的内容构成重大的误解。也就是说，对于一般的误解而订立合同一般不构成此类合同，这种误解必须是重大的。所谓重大的确定，要分别误解者所误解的不同情况，考虑当事人的状况、活动性质、交易习惯等各方面的因素。在我国的司法实践中，对误解是否重大，主要从两个方面来考察：其一，对什么产生误解，如对标的物本质或性质的误解可以构成重大误解，对合同无关紧要的细节就不构成重大误解。其二，误解是否造成了对当事人的重大不利后果。如果当事人对合同的某种要素产生误解，并不因此而产生对当事人不利的履行后果，那么这种误解也不构成重大误解的合同。③这类合同要能直接影响到当事人所应享有的权利和承担的义务，合同一旦履行就会使误解方的利益受到损害。④重大误解与合同的订立或者合同条件存在因果关系。误解导致了合同的订立，没有这种误解，当事人将不订立合同或者虽订立合同但合同条件将发生重大改变。与合同订立和合同条件无因果关系的误解，不属于重大误解的合同。

根据我国已有的司法实践，重大误解一般包括以下几种情况：①对合同的性质发生误解。在此种情况下，当事人的权利义务将发生重大变化。如当事人误以为出租为出卖，这与当事人在订约时所追求的目的完全相反。②对对方当事人发生的误解。如把甲当事人误以为乙当事人与之签订合同。特别是在信托、委托等以信用为基础的合同中对对方当事人的误解就完全属于重大误解的合同。③对标的物种类的误解。如把大豆误以为黄豆加以购买，这实际上是对当事人权利义务的指向对象即标的本身发生了误解。④对标的物的质量的误解直接涉及当事人订约的目的或者重大利益的。如误将仿冒品当成真品。除此之外，对标的物的数量、履行地点或者履行期限、履行方式发生误解，足以对当事人的利益造成重大损害的，也可认定为重大误解的合同。

（2）在订立合同时显失公平

所谓显失公平的合同，就是一方当事人在紧迫或者缺乏经验的情况下订立的使当事人之间享有的权利和承担的义务严重不对等的合同。标的物的价值和价款过于悬殊、承担责任、风险承担显然不合理的合同，都可称为显失公平的合同。

显失公平的合同往往是当事人双方权利和义务很不对等，经济利益上严重失衡，违反了公平合理的原则，法律规定显失公平的合同应予撤销，不仅是公平原则的体现，而且切实保障了公平原则的实现；再是从法律上确认显失公平的合同可撤销，对保证交易的公正性和保护消费者的利益，防止一方当事人利用优势或利用对方没有经验而损害对方的利益都有重要的意义。

我国的司法实践一般认为，显失公平制度具有以下构成要件：第一，客观要件，即在客观上当事人之间的利益不平衡。根据显失公平的合同，一方当事人权承担更多的义务而享受极少的权利或者在经济利益上遭受重大损失，而另一方则以较少的代价获得了极大的利益。这种不平衡违反了民法通则中的等价公平原则，也违反了当事人的自主自愿。第二，主观要件，即一方当事人故意利用其优势或者另一方当事人的草率、无经验等订立了合同。因此，在考察是否构成显失公平制度时，就必须把主观要件和客观要件结合起来考虑。

掌握显失公平制度还要搞清其与正常的商业风险的区别。在市场经济条件下，要求各种交易中给付和对价给付都达到完全的对等是不可能的，做生意都是有赔有赚，从事交易必然要承担风险，并且这种风险都是当事人自愿承担的，这种风险造成的不平衡如果是法律允许的限度范围之内，这种风险就是商业风险。显失公平制度并不是为免除当事人所应承担的正常商业风险，而是禁止限制一方当事人获得超过法律允许的利益；同时显失公平制度下，一方当事人一般是利用了另一方当事人的草率或者无经验等而订立的合同，而在正常的商业风险下，不存在这种情况。

（3）一方以欺诈、胁迫的手段或者乘人之危，使对方在违背对方真实意思的情况下订立合同

《合同法》第52条已规定因欺诈、胁迫订立的合同无效的问题，这和本条对因欺诈、胁迫订立的合同最大的区别是是否损害了国家利益。损害国家利益的，涉及社会公共秩序，大陆法系一般规定为无效。如果未损害国家利益，受欺诈、胁迫的一方可以自主决定该合同有效或者撤销。适用可撤销合同制度，已经能够充分保护受损害方的利益，也能适应订立合同时各种复杂的情况。

欺诈，是指一方当事人故意告知对方虚假情况，或者故意隐瞒虚假情况，诱使对方作出错误意思表示的行为作为合同可撤销情形的欺诈，与导致合同无效的欺诈的不同就在于是否损害国家利益。《商品房买卖合同解释》第9条对出卖人实施欺诈行为，导致合同无效或者被撤销、解除的责任承担问题作出了明确的规定。根据该条规定，在出卖人订立商品房买卖合同时，故意隐瞒没有取得商品房预售许可证明的事实或者提供虚假商品房预售许可证明，或者故意隐瞒所售房屋已经抵押的事实，或者故意隐瞒所售房屋已经出卖给第三人或者为拆迁补偿安置房屋的事实，导致合同无效或者被撤销、解除的，买受人可以请求返还已付购房款及利息、赔偿损失，并可以请求出卖人承担不超过已付购房款一倍的赔偿责任。

胁迫，是指因他人的威胁和强迫而陷入恐惧作出的不真实意思表示的行为。胁迫订立的合同构成要件为：第一，须胁迫人有胁迫的行为。第二，胁迫人须有胁迫的故意。第三，胁迫的本质在于对表意人的自由意思加以干涉。第四，须相对人受胁迫而陷入恐惧状态。第五，须相对人受胁迫而为意思表示，即表意人陷入恐惧或无法反抗的境地，与意思表示之间有因果关系。

乘人之危，是指行为人利用对方当事人的急迫需要或危难处境，迫使其作出违背本意而接受于其非常不利的条件的意思表示。乘人之危订立的合同构成要件为：第一，须有表意人在客观上正处于急迫需要或紧急危难的境地。第二，须有行为人乘人之危的故意，即相对人明知表意人正处于急迫需要或紧急危难的境地，却故意加以利用，使表意人因此而被迫作出对行为人有利的意思表示。第三，须有相对人实施了足以使表意人为意思表示的行为。第四，须相对人的行为与表意人的意思表示之间有因果关系。第五，表意人因其意思表示而蒙受重大不利。

### （四）效力待定的合同

1. 效力待定的合同概述

效力待定的合同，是指合同是否发生效力处于不确定状态，需待其他行为使其确定的情况。合同效力待定既不同于合同无效，也异于合同可撤销。合同欠缺有效要件，能否发生当事人预期的法律效力尚未确定，只有经过有权人的追认，才能化欠缺有效要件为符合有效要件，发生当事人预期的法律效力；有权人在一定期间内不予追认，合同归于无效。[①]

效力待定的合同在法律上的效力在于其需要有其他补正行为导致合同生效，我国民法设定效力待定合同具有两项效果：其一，暂时不确定其生效与否，而是将其效力悬置于未定状态；其二，允许事后的被正。如果欠缺条件获得补正，该法律行为则生效，并溯及既往；反之，则自始无效。[②] 在效力待定的情况下，有权人对合同予以追认，是指明确表示同意效力待定的合同。它是一种单方的意思表示，无须相对人的同意即发生补正的法律效力，使合同有效。因此，有权人的追认，须是无条件的对合同全部条款的承认。如果仅是对部分条款予以承认，则其为新的要约，须相对人同意才能有效。在实践中，效力待定的合同主要包括有限制行为能力人依法不能独立订立的合同、无权代理人订立的合同、无处分权人订立的合同。

2. 效力待定合同的类型

（1）无行为能力人所订立之合同

无民事行为能力人除可以订立某些与其年龄相适应的细小的日常生活方面的合同外，对其他的合同，必须由其法定代理人代理订立。一般来说，由无民事行为能力人所订立的除细小的日常生活方面以外的合同，必须经过其法定代理人事先允许或事后承认才能生效。

（2）限制行为能力人订立的合同

合同作为一种民事法律行为也必须要求合同当事人具有相应的民事

① 崔建远主编：《合同法》（第4版），法律出版社2007年版，第111页。
② 龙卫球：《民法总论》，中国法制出版社2002年版，第524～525页。

行为能力。限制民事行为能力人所签订的合同从主体资格上讲，是有瑕疵的，因为当事人缺乏完全的缔约能力、代签合同的资格和处分能力。在限制民事行为能力人因合同受有关法律效果上的利益时，无论是丧失权利或负担义务，纵使其在经济上获得巨大利益，亦不属于能获得法律上的利益。德国、瑞士、奥地利民法采用此种标准。以前的司法实践在处理此类合同时，基本上是认定为无效合同。此类合同应当认定为效力待定合同。这是因为：第一，此类合同与无效合同和可撤销合同不同，它并非因为当事人故意违反法律的强制性规定及社会公共利益，也不是因为当事人意思表示不真实而导致合同可撤销。主要是因为，当事人缺乏缔约能力和处分能力所造成的，这类合同并非不可补救的。第二，这类限制民事行为能力人所签订的合同，是符合权利人利益的。第三，有利于促成更多的交易，也有利于维护相对人的利益。

限制民事行为能力人签订的合同要具有效力，一个最重要的条件就是，要经过其法定代理人的追认。这种合同一旦经过法定代理人的追认，就具有法定效力。在没有经过追认前，该合同虽然成立，但是并没有实际生效。所谓追认，是指法定代理人明确无误的表示，同意限制民事行为能力人与他人签订的合同。这种同意是一种单方意思表示，无须合同的相对人同意即可发生效力，这里需要强调的是，法定代理人的追认应当以明示的方式作出，并且应当为合同的相对人所了解才能产生效力。

根据《合同法》第47条第2款的规定，合同的相对人可以催告限制民事行为人的法定代理人在一个月内予以追认，法定代理人未作表示的，视为拒绝追认。所谓“催告”就是指的相对人要求法定代理人在一定时间内明确答复是否承认限制民事行为能力人签订的合同，法定代理人逾期不作表示的，则视为法定代理人拒绝追认。设立相对人的催告权，可以避免限制民事行为能力人签订的合同长期处于不确定状态，从而也可以维护相对人的利益，但是相对人的催告应当有明示的方式作出。同时，对于相对人催告中一般要定一个期限，合同法规定以一个月为限，超过这个期限，法定代理人不作答复的，视为拒绝追认。

相对人除了有催告权外，还有撤销合同的权利。这里的撤销权，是指合同的相对人在法定代理人追认限制民事行为能力人所签订的合同之前，撤销自己对限制民事行为人所作的意思表示。在此类合同中，如果仅有法定代理人的追认权而没有相对人的撤销权，那么，法定代理人作出追认前，相对人就不能根据自己的利益进行选择，只能被动的依赖法定代理人追认或者否认，这对相对人是很不公平的。设定相对人的撤销权正是为了使相对人与法定代理人能有同等的机会来处理这类效力待定合同的效力。但是相对人撤销这类合同必须满足以下条件：第一，撤销的意思表示必须法定代理人追认之前作出的，对于法定代理人已经追认的合同相对人不得撤销。第二，只有善意的相对人才可以作出撤销合同的行为。第三，相对人作出撤销的意思表示时，应当用通知的方式作出，任何默示的方式都不构成对此类合同的撤销。

（3）无代理权人以被代理人名义订立的合同

所谓无权代理的合同就是无代理权的人代理他人从事民事行为，而与相对人签订的合同。因无权代理而签订的合同有以下三种情形：第一，根本没有代理权而签订的合同，是指签订合同的人根本没有经过被代理人的授权，就以被代理人的名义签订的合同。第二，超越代理权而签订的合同，是指代理人与被代理人之间有代理关系而存在，但是代理人超越了被代理人的授权，与他人签订的合同。第三，代理关系中止后签订的合同，这是指行为人与被代理人之原有代理关系，但是由于代理期限届满、代理事务完成或者被代理人取消委托关系等原因，被代理人与代理人之间的代理关系已不复存在，但原代理人仍以被代理人名义与他人签订的合同。

无权代理人以本人名义与他人签订的合同是一种效力待定的合同。无权代理人签订的合同尽管缺乏代理权，存在主体的瑕疵，但是这种缺陷是可以通过本人的追认加以补正的。我国《合同法》第 48 条规定："行为人没有代理权、超越代理权或者代理权中止后，以被代理人名义订立的合同，未经被代理人追认，对被代理人不发生效力，由行为人承担责任。"相对人可以催告被代理人在一个月内予以追认。被代理人未作表示的，视为拒绝追认。合同被追认前，善意相对人有撤销的权利。撤销应当以通知的方式作出。将无权代理人签订的合同纳入效力待定是基于以下原因：首先，无权代理人签订的合同并非都对被代理人不利，有些因无权代理而签订的合同对被代理人可能是有利的。其次，从本质上讲，无权代理行为也具有某些代理人的特征，如无权代理人为被代理人签订合同的意思表示，第三人也愿意与被代理人签订合同，如果被代理人事后授权，也就意味着事后对合同的承认。最后，经过事后的追认，可有利于维护交易秩序的稳定和保护合同相对人的利益。

正是基于以上原因，《合同法》第 48 条第 1 款规定无权代理人以被代理人名义订立的合同未经被代理人追认，对被代理人不发生效力。也就是说，合同一旦经过被代理人的追认，就具有效力。所谓追认，是指被代理人对夫权代理行为事后予以承认的单方意思表示，向相对人作出。如果仅向无代理权人作出意思表示，也必须使相对人知道后才能产生法律效果。一旦被代理人作出追认，因无权代理所订立的合同就从成立时产生法律效力。追认权是被代理人的一项权利，即被代理人有权作出追认，也可以拒绝追认，如果被代理人明确地表示拒绝追认，那么因无权代理而签订的合同就不能对被代理人产生法律效力。

在日常的经济生活中，法人或者其他经济组织的经济活动都是经过其法定代表人、负责人进行的。法定代表人、负责人代表法人或者其他组织进行谈判、签订合同等。法定代表人、其他组织的负责人的权限不是无限制的，他们必须在法律的规定或者法人的章程规定的范围内行使职责。但是在现实经济活动中，却大量存在法定代表人、负责人超越权限订立合同的情形。《合同法》第 50 条规定："法人或者其他组织的法定代表人、负责人超越权限订立的合同，除相对人知道或者应当知道其超越权限的以外，该代表行为视为有效。"

（4）无处分权人处分他人财产订立的合同

无权处分，是指无处分权人以自己名义擅自处分他人财产。依合同法的规定，无权处分行为是否发生效力，取决于权利人追认或处分人是否取得处分权。为保护当事人的合法权益，在效力待定合同中，法律赋予有关民事主体以追认权、拒绝权，赋予相对人以催告权、撤销权。《合同法》第 51 条将无权处分合同规定为效力待定：如果权利人追认或者无权处分人事后取得处分权的，因无权处分而订立的合同有效；若未经权利人追认且无处分权人事后也未取得处分权的，该合同无效。

但根据前述区分原则签订买卖合同的行为实际上为两个不同性质的行为从负担行为来看，合同双方均具有民事行为能力，签订合同是双方的真实意思表示，在合同内容不违反法律、行政法规的强制性规定的情况下，合同对于合同当事人具有法律拘束力，不应认定无效。而对于买卖合同标的物的处分，即处分行为，因未取得有权处分人的同意，除法律另有规定的以外，则不产生物权变动之效力。此时，合同构成履行不能，买受人可以请求违约损害赔偿。对此，《买卖合同解释》第3条即规定："当事人一方以出卖人在缔约时对标的物没有所有权或者处分权为由主张合同无效的，人民法院不予支持。出卖人因未取得所有权或者处分权致使标的物所有权不能转移，买受人要求出卖人承担违约责任或者要求解除合同并主张损害赔偿的，人民法院应予支持。"

根据区分原则，还需认识到，物权变动并非房屋买卖买合同的当然效力。房屋物权变动需要包括房屋买卖合同生效、房屋所有权转移登记这两个必要组成部分。这两个部分既相互独立，又相互统一。只有负担行为而无登记或者登记成立而负担行为无效，均不发生物权变动效力。比如《合同法解释（一）》第9条规定："……法律、行政法规规定合同应当办理登记手续，但未规定登记后生效的，当事人未办理登记手续不影响合同的效力，合同标的物所有权及其他物权不能转移。"《物权法》第15条规定："当事人之间订立有关设立、变更、转让和消灭不动产物权的合同，除法律另有规定或者合同另有约定外，自合同成立时生效；未办理物权登记的，不影响合同效力。"这些规定科学地区分了合同的效力和物权变动，当事人虽未登记，房屋所有权尚未转移，但其买卖合同已有效成立。只是由于转移登记未完成，其物权变动的法律效果还未发生，即使房屋已经交付给买方占有，登记手续也在办理中也一样。这是《物权法》第6条、第9条明文规定的。此外，《物权法》第14条规定："不动产物权的设立、变更、转让和消灭，依照法律规定应当登记的，自记载于不动产登记簿时发生效力。"可见，不动产物权变动生效的时点是"记载于不动产登记簿时"。判断不动产物权变动与否的唯一标准应当从登记簿上的记载予以判断，而不能依据登记机构工作人员的口头答复或者书面答复判定，更不能依据登记机构"领导"的批示判定。当事人已经提出登记申请而登记尚未办结时，物权尚未发生变动。

在房屋交付和办理登记手续之间的一段时间内，房屋买受人也对房屋享有一定的权利。买卖合同关系是双方当事人之间的关系，不是对世效力，一旦不动产已经交付，受让人即获得占有使用房屋的权利，也就是说，从实际享用上受让人已经完全成为房屋的所有者，其对房屋的占有是和平、合法、公然的占有，但是其不能对该房屋进行处分，因为此时已经涉及无权处分、不特定世人的利益问题，危及交易安全。

# 实务指南

## 一、无房产权证商品房买卖合同的效力认定

在实践中，有部分案件当事人主张因买卖的房屋没有取得产权证而要求确认房屋合同无效，该请求的法律依据为《城市房地产管理法》的有关规定。该法第 38 条规定："下列房地产，不得转让：（一）以出让方式取得土地使用权的，不符合本法第三十九条规定的条件的；（二）司法机关和行政机关依法裁定、决定查封或者以其他形式限制房地产权利的；（三）依法收回土地使用权的；（四）共有房地产，未经其他共有人书面同意的；（五）权属有争议的；（六）未依法登记领取权属证书的；（七）法律、行政法规规定禁止转让的其他情形。"根据上述规定，未依法登记领取权属证书的房屋，不得进行转让。对于该条规定，争议焦点为其是否属于合同法司法解释中认定的效力性强制性规定。

《合同法》第 52 条第 5 项规定，违反法律、行政法规的强制性规定的合同无效。《合同法解释（二）》第 14 条规定："合同法第五十二条第（五）项规定的'强制性规定'，是指效力性强制性规定。"强制性规定分为管理性规定和效力性规定，只有违反效力性强制性规定的合同才是无效合同。对于管理性规定与效力性规定的区分，法律、行政法规明确规定违反该规定导致合同无效或者虽然法律、行政法规没有规定违反将导致合同无效，但违反该规定如使合同继续有效将损害国家利益和社会公

共利益的，应为效力性强制性规定；法律、行政法规的强制性规定仅关系当事人利益的，该规定仅是为了行政管理或纪律管理需要的，一般为管理性强制性规定。因此，《城市房地产管理法》的上述规定应作为管理性强制性规定，不能作为认定房屋买卖合同无效的依据。《北京市高级人民法院关于审理房屋买卖合同纠纷案件适用法律若干问题的指导意见（试行）》第3条亦规定："《城市房地产管理法》第三十八条第（六）项'未依法登记领取权属证书'的房屋不得转让的规定，在性质上不属于《最高人民法院关于适用〈中华人民共和国合同法〉若干问题的解释（二）》第十四条规定中的'效力性强制性规定'，不应作为认定房屋买卖合同无效的法律依据。"

## 二、"阴阳合同"的效力认定

按照现行房屋交易管理政策，为了规范房地产市场交易，防止出现一房二卖等恶意违约行为，我国房屋交易在制度上涉及了网上签约环节，即双方签订网签合同。在房屋交易中，买卖双方当事人之间往往会签订两份房屋买卖合同，其中一份为实际履行的合同，另一份则为网签合同，这种在当事人之间存在的两份合同俗称"阴阳合同"。而在进行房屋交易过程中的税费时，依据为双方在网上备案登记的网签合同。买方为了减少税款和费用，往往在网签合同中会约定相对较低的成交价格，故两份合同中的房屋价款并不相同。在房屋价格随市场行情波动较大，出现一方当事人反悔的情况时，一方当事人往往会以"阴阳合同"违反法律规定为由要求确认合同无效。

针对此类案件，在审判实践中遇到的问题主要有：（1）网签合同的性质是属于合法有效的房屋买卖合同还是行政机关的备案手续。（2）当事人能否以网签合同故意逃避国家税收损害国家利益为由，起诉确认整个房屋买卖合同无效。（3）当事人能否起诉要求确认网签合同无效，进而要求撤销房屋转移登记。关于网签合同的性质认定，具有一定的争议。有观点认为网签合同系买卖双方自行签订，合同约定的内容不违反法律、行政法规的强制性规定，应当认定为合法有效的房屋买卖合同。另有观点认为，合同是平等主体的自然人、法人、其他组织之间设立、变更、终止民事权利义务关系的协议。故交易双方订立合同的行为是以设立、变更、终止民事权利义务关系为目的的一种民事法律行为。而网签合同系买卖双方为配合过户，到房屋交易管理部门进行的备案登记，并不是真实的签订合同行为，而是一种行政备案手续。我们更倾向于后一种观点，即网签合同并不是真实的房屋买卖合同，而应作为一种行政登记备案手续。

基于上述观点，当事人并不能仅仅起诉要求确认网签合同无效，或者以网签合同中的条款违反法律规定为由要求确认全部买卖合同无效。但在司法实践中，此类案件却大量存在，在如何认定合同的效力时亦存在不同的观点。少数观点认为网签合同约定的房屋价格明显低于真实合同的价格，属故意逃避国家税收损害国家利益的行为，故应当认定该合同因违反法律的强制性规定而无效。多数观点认为双方在网签合同中的价款约定，属于部分条款违反了法律的强制性规定，故该条款属无效条款，但这并不影响整个房屋买卖合同的效力，双方应按照真实的房屋买卖合同履行。还有部分观点认为网签合同中的约定并不是当事人的真实意思表示，该虚假表示并不应该作为合同的内容进行审查，而应直接以房屋买卖合同中的真实价款进行履行。笔者同意上述多数人的观点，在认定网签合同作为一份买卖合同的前提下，关于价款的约定违反法律的强制性规定，应属无效，但不影响其他合同条款的效力。因此，即使当事人以网签合同作为单独的买卖合同进行诉讼，也应当对其要求确认该网签合同无效的请求予以驳回。如《北京市高级人民法院关于审理房屋买卖合同纠纷案件若干疑难问题的会议纪要》第 4 条即规定对房屋买卖中阳合同的效力予以确认："当事人在房屋买卖合同（包括双方已经签字的网签合同）中为规避国家税收监管故意隐瞒真实的交易价格，该价格条款无效，但该条款无效不影响合同其他部分的效力。当事人以逃避国家税收为由，要求确认买卖合同全部无效的，不予支持。"

## 三、恶意串通损害第三人利益合同的效力认定

恶意串通是我国在民事立法中使用的法律术语，在我国民法理论中与恶意串通相对应的民事行为是串通虚假行为。按照我国的民法理论，串通虚假行为，是指表意人与相对人串通合谋实施的与其内心意思不一致的法律行为。恶意串通理论上的依据是串通虚假行为理论，但是我们的民事立法发展了串通虚假行为理论，赋予恶意串通更丰富实际的内涵，《民法通则》规定的恶意串通，应理解为表意人与相对人以恶意通谋实施某种行为，损害国家、集体或第三人的利益并从中受益。这一概念与法学理论串通虚假行为的不同之处在于恶意串通行为不仅包括表意人与相对人合谋实施的与其内心真实意思不一致的民事行为，也包括表意人与相对人合谋实施的与其内心真实意思一致的民事行为。而且它通常是表意人与相对人通某实施的与其内心真实意思一致的行为，与内心真实意思不一致的行为为特例，且它以损害国家、集体或者第三人利益为目的。它具有以下特征：（1）当事人双方出于恶意，即明知或者应知某种民事行为将造成国家、集体或者第三人利益的损害，而故意为之。因恶意串通而成立的合同当事人均出于故意，这种故意的本质在于通过损害他人的利益而获取自己的非法利益。当然，因恶意串通而成立的合同不以行为人已经或必然获得非法利益为必要条件。双方当事人或一方当事人不知或不应知道其行为的损害后果，不构成恶意。（2）当事人之间互相串通，都希望通过实施某种行为损害国家、集体或者第三人的利益。共同的目的可以表现为当事人事先达成一致的协议，也可以是一方作出意思表示，而对方或其他当事人明知实施该行为所达到的目的非法，而用默示的方式表示接受。（3）当事人互相配合或者共同实施了该非法行为。它强调的是当事人的实施行为的恶意通谋性。

对恶意串通合同无效应理解为恶意串通合同在实施串通行为的当事人之间无效，但这种无效同样不应对抗善意第三人。对于善意且以对价取得恶意串通行为指向标的物的第三人，不应因恶意串通合同无效而利益受损。对恶意串通合同无效的确定，涉及的主要问题之一是如何保护

因恶意串通行为而利益受损的第三人。这里就涉及法律对利益受损的第三人在实体法上及程序法上的保护。《民法通则》及《合同法》规定了恶意串通、损害国家、集体或者第三人利益的民事行为或合同无效，但是没有明确国家、集体或者第三人在因恶意串通行为利益受损的情况下享有的实体上的请求权。我国诉讼法上对第三人诉权的行使也只是原则性的规定。这种请求权表现在诉讼法上就为诉权。民事实体法确定当事人在何种情况下有权提起诉讼，《民事诉讼法》则确定具备何种条件有权进行诉讼。诉权是当事人请求法院依法保护其民事权益的权利。它包括三个要点：诉权的主体是当事人；诉权主体行使诉权的目的在于请求保护自己的民事权益；法院保护诉权主体民事权益的方式是作出有利于诉权主体的判决。诉权应当是公民、法人和其他组织依法享有的一项基本权利，是人权的重要内容。诉权的实质是司法保护请求权，他是公民、法人或其他组织当其民事权益受到损害或者与他人发生争议时，请求人民法院予以保护的权利。诉权是为实体权利寻求司法保护的手段，其基础为法定的实体权利，实质是司法保护请求权。根据《合同法》和《民法通则》关于恶意串通损害国家、集体或者第三人利益无效的规定及关于诉权的理论，利益受到损害的第三人可以享有要求人民法院认定恶意串通行为无效的实体上及诉讼上的权利。这是对利益受到损害的当事人诉权的延伸。对实践中发生的恶意串通损害国家、集体或者第三人利益的无效合同行为，第三人和人民检察院可以向人民法院请求确认合同无效，以有效保护国家、集体或者第三人利益。在最高人民法院的一些司法解释中都根据当事人的实体权利，相应扩大或者说延伸了权利受侵害人的诉权。如《民法通则意见（试行）》第 118 条规定，出租人出卖出租房屋，应提前三个月通知承租人，承租人在同等条件下，享有优先购买权；出租人未按此规定出卖房屋的，承租人可以请求人民法院宣告该房屋买卖无效。这是承租人基于优先购买权被侵害而提起确认他人之间的合同无效的规定，是对承租人诉权的扩大解释。最高人民法院制定的婚姻法司法解释，对请求宣告婚姻无效的主体也包括了婚姻当事人以外的利害关系人。对此，《商品房买卖合同解释》第 10 条也规定：“买受人以出卖人与第三人恶意串通，另行订立商品房买卖合同并将房屋交付使用，导致其无法取得房屋为由，请求确认出卖人与第三人订立的商品房买卖合同无效的，应予支持。”

审判实践中，当事人以恶意串通为由要求确认合同无效的案件并不少见，但真正能够认定构成恶意串通损害第三人利益而确认合同无效的，却是少之又少。究其原因，就在于恶意串通的构成要件是需要合同双方当事人存在主观恶意，而对于恶意这一主观心态较难举证证明。在审判中较为多见的关于恶意串通的案件为亲属间存在的合同关系，由第三人起诉要求确认该合同无效。对于此类案件，由于合同双方存在亲属关系，对于恶意串通的认定有重要影响。

当事人主观心态如何，是认定是否构成“恶意串通”的关键，但主观心态属个人内心活动范畴，除当事人自行承认外，往往难以运用证据材料予以证实或查实。案件审理中，若仅按照“谁主张，谁举证”的一般举证规则分配举证责任，由主张权利的当事人承担举证责任，该方当事人往往基于客观原因举证不能，从而导致败诉，致其合法利益得不到应有的保护，亦不符合设定法律所追求的公平、公正目标。

审判实务中，关于恶意串通的认定主要有以下几个方面需要注意：首先，主观恶意的认定。当事人以恶意串通为由主张合同无效，如果需要当事人证明合同双方具有主观恶意，对于此主观心态的举证非常困难。采取推定方式完成举证、认证较为合理，即对当事人提交的证据或已查明事实基础上，依照日常习惯经验，推理、判断未知“恶意串通”事实是否存在，并允许相关当事人进行反证、辩驳，当存在高度盖然可能性时，可根据证据规则判定“恶意串通”的事实，从而最大程度反映案件客观真实情况。其次，串通的认定。恶意串通的前提除了要有恶意之后，还需要有串通，即合同双方意思的一致。由于串通行为本身即具有隐蔽性，第三人无法对此进行预知并举证，因此对于是否存在串通的情形，也不能严格按照“谁主张，谁举证”来认定。在审判实践中，应当由法官根据当事人提供的证据，并结合案件有关事实，从高度盖然性的角度加以综合认定。具体可从以下几个方面考虑：一是考虑合同当事人之间的身份关系。当事人之间是否熟知、是否为亲属关系，关系不一般的当事人之间存在串通的可能性更大。二是考虑双方是否对侵害他人权益的行为是否明知。如果合同双方明知合同行为会导致第三人受到损害，那么尽管他们没有恶意的共同商协，也应视为他们有共同的意思表示，可以认定为串通。三是考虑合同的履行情况。合同是否严格按照法律规定履行，是否存在不合理的价格或本身就没有支付对价。在合同履行没有严格按照法律规定或价款支付不合理时，应视为合同双方存在串通行为。最后，损害第三人利益的认定。恶意串通导致合同无效的一方面是损害了第三人利益，对此，应当作广泛的理解，即损害第三人利益可以是合同双方的主观故意所为，也可以是客观上导致第三人利益损害。主观故意所为，是指合同双方签订合同的目的就是为了故意损害第三人的利益，这是签订合同的起因。客观上损害第三人利益，是指合同双方签订合同主要是为了获取私利，在此过程中，合同客观上对第三人带来了损害。这两种行为都致使第三人受到损害，都应当为法律所禁止。

此外，还需要注意的一个诉讼程序问题是，合同以外的第三人能否提起确认合同无效之诉？对此，理论界和实务界对此素有争议。一种观点认为，任何人发现合同包含有无效因素均可以向法院起诉或向仲裁机关申请仲裁，只有这样，才能真正贯彻对无效合同实行国家干预原则。另一种观点认为，在一般情况下，无效合同是绝对无效、当然无效，任何人都可以主张无效，法院也可以依职权审查，主动宣告无效。但某些特殊的合同尽管具有违法性，但只涉及特定第三人的利益。如果将这种合同都认定为绝对的、当然的无效，即允许任何第三人主张合同无效未必妥当。对此，笔者认为，对合同以外的第三人能否以诉讼的方式要求确认合同无效的问题，不应一概而论。一方面，合同以外的第三人并非一概均不具备请求确认合同无效的诉讼主体资格；另一方面，只有与无效合同有利害关系的第三人才能具有请求确认合同无效的诉讼主体资格，即该第三人必须符合《民事诉讼法》第 119 条第 1 项关于“原告必须是与本案有直接利害关系的公民、法人和其他组织”的规定。该条规定系关于起诉实质要件的规定，据此，起诉必须符合的条件之一就是原告是与本案有直接利害关系的公民、法人和其他组织。这是对行使起诉权人的资格要求，也是提起诉讼的人能够成为原告的条件。所谓与本案有直接利害关系，是指作为原告的公民、法人或其他组织自身的财产权、人身权或其他民事权益受到侵犯或者是与他人直接发生了民事权利义务上的争议，原告因此而向法院起诉，要求法律保护。这在民事诉讼理论上称为诉的利益，确定法律关系成立或不成立的诉讼，只有在原告有法律上利益时才可提起。直接利害关系是一种权利、义务的冲突关系，属于法律上的利害关系，它只能是现实存在的一种已然状态，不可能是将来发生的或然状态。如果起诉人的合法权益未曾受到侵害，或者他与别人不存在民事权利义务上的争议，就不能也无须提起诉讼；如果其与诉讼标的没有利害关系，或者只有事实上的利害关系而构不成法律上的利害关系，也不能作为原告起诉。基于民事诉讼法的上述规定，第三人要提起诉讼确认合同无效，其必须符合原告的条件，如果合同与其没有直接利害关系，即使该合同是绝对无效的合同，他也不能起诉要求确认合同无效。只有当无效合同的存在直接影响到或者害及第三人的合法权益，第三人才能起诉要求确认合同无效。否则，法院不应受理第三人的起诉。

## 四、为套取银行贷款之目的而签订的商品房买卖合同的效力认定

商品房买受人与开发商假意签订商品房买卖合同，此后，商品房买受人以此与银行签订个人住房抵押贷款合同，从银行获取较低低息的房货，并实质上交由开发商使用，在实践中亦不少见。从形式上看，是向房屋买受人按揭借款以购买开发商的房产，并由房产开发商对借款承担保证责任。但实际上，作为按揭借款主债务人的房屋买受人，一般除在合同上签字外，并不真正享有合同的权利和义务，从商品房预购登记和房地产按揭抵押登记备案及其中各种费用的支付，到所借取款项的收取、使用及还款付息均由房地产开发商包办。这种房屋买受人与开发商协议在先，只签名不负责任，购房零首付，开发商包办一切的借款，是显然的虚假个人按揭贷款行为，实质上是开发商借用所谓的房屋买受人的名义借款开发房产。

对于此种情形下的商品房买卖合同的效力，应根据合同效力要件加以认定。当事人意思表示真实是合同的有效要件之一。在为套取银行货

款的目的而签订商品房买卖合同的行为中，表意人的内心意思与外在表示不一致，即意思与表示不一致，其效力在学理上有三种主张，即意思主义、表示主义和折中主义。按有效处理，就是采用表示主义，在表示与意思不一致时，以外部的表示为准。我国一般认为采取折中主义，以表示主义为主，意思主义为辅，在一般情况下采表示主义，在当事人欺诈、胁迫、乘人之危、错误等原因为表示意思时，采意思主义。意思与表示不一致，又可分为虚假表示、伪装表示、隐藏行为、错误和误传五种。当事人合谋以虚假的形式套取银行资金，属于通谋虚伪表示或称伪装表示，即表意人与相对人通谋，不表示内心真意的意思表示。其构成要件为：（1）当事人双方皆欠缺内心的真意；（2）表意人此项非真意的意思表示为对方所明知；（3）对方进一步故意实施非真意的合意表示。对于伪装表示的效力问题，一般认为表意人与相对人通谋所为的意思表示原则上无效，但为保护交易安全，不得对抗善意第三人。但《民法通则》没有规定伪装表示，仅规定了“恶意串通，损害国家、集体或者第三人利益”和“以合法形式掩盖非法目的”的行为无效，实际上就是采取折中主义。在处理此类案件时，应揭开当事人虚伪表示的面纱，以其真实意思确定合同的效力。

尽管学理上否定伪装表示的效力，我国立法上也采取折中主义，但在法律适用上却遭遇尴尬。在《民法总则》实施之前，我国法律对意思与表示不一致并没有具体的调整规范，也没有规定伪装表示，只是在《民法通则》上规定了“恶意串通，损害国家、集体或者第三人利益”和“以合法形式掩盖非法目的”的行为无效，若当事人的投资开发成功并及时还贷，则难以符合“损害国家、集体或者第三人利益”或“目的非法”，若投资失败，则后果可想而知，故当事人的此种合谋必然给金融秩序造成莫大的影响。因此，对合同的性质和效力问题的认定上，可以民事法律行为应当具备“意思表示真实”的实质要件为切入点，援引《民法通则》第55条、《合同法》第52条第5项、《商业银行法》第35条第1款的规定，不以合同的表现形式而是按当事人的内心真意确定合同性质和效力。《民法总则》第一百四十六条对此作出了明确规定：“行为人与相对人以虚假的意思表示实施的民事法律行为无效。”“以虚假的意思表示隐藏的民事法律行为的效力，依照有关法律规定处理。”在《民法总则》实施后，则可援引该条规定作为认定合同效力的依据。

## 五、当事人之间系房屋买卖合同关系还是民间借贷的担保关系之认定规则

在民间借贷纠纷中，以房屋买卖合同担保借款按时偿还的情形日益增多。一方为保障借款本金、利息及时收回，另一方为资金融通之目的，往往以签订《商品房买卖合同》甚至办理商品房备案登记的方式进行担保。那么，其究竟应与商品房买卖合同如何区分，实务中，可以从双方意思表示是否一致、证据的证明力、基本价值取向、交易习惯、是否符合常理等多个角度予以判断：

第一，从双方意思表示是否一致分析。如要明晰当事人权利义务的边界、内容，应准确判断民事主体形成一定法律关系时所形成的一致意思表示。如果双方缔约的真实目的是借贷，买卖合同只是作为担保，那么双方的意思表示就不可能是建立买卖关系。

在双方证据均有缺陷的情况下，应当结合双方当事人提交的证据，探究合同签订时双方当事人的真实意思，进而对当事人之间的法律关系作出判断。

双方签订了房屋买卖合同且已经备案登记，在实际履行过程中，在没有任何直接证据证明存在民间借贷法律关系，且卖方对其所主张民间借贷法律关系诸多核心要素的陈述并不一致的情况下，不宜认定双方之间存在民间借贷法律关系。

卖方主张为借贷关系，但缺少《借款合同》这一关键性证据。买方主张为房屋买卖合同关系，但未持有支付购房款的《销售不动产统一发票》原件，且否认收到部分款项是对方支付的借款利息，但却以商业秘密为由拒不说明该款项的性质。考虑到民间借贷支付利息的一般做法，综合全部事实，在买方未能证明双方存在其他经济往来的情况下，认定该系借款利息更具可信度。

第二，从书面直接证据的证明力来判断。在多个证据对同一事实的

证明力大小比较时，应坚持原始证据的证明力一般大于传来证据，直接证据的证明力一般大于间接证据的原则。合同在性质上属于原始证据、直接证据，相对于传来证据、间接证据所具有的较高证明力。

当实际履行行为与书面合同表现的效果意思不同时，如何确定法律关系的性质？对此，最高人民法院在（2015）民一终字第78号民事判决书中认为，仅可在确有充分证据证明当事人实际履行行为与书面合同文件表现的效果意思出现显著差异时，才可依实际履行行为确定其间法律关系的性质。也就是说，如果仅由一般差异，仍应按书面合同表现的意思确定法律关系的性质。

若要否定书面证据所体现的法律关系，并确定当事人之间存在缺乏以书面证据证明的其他民事法律关系，必须在证据审核方面给予更为审慎的分析研判。

第三，从重诺守信的基本价值导向观察。在没有充分证据佐证当事人之间存在隐藏法律关系时，不宜简单否定既存外化法律关系对当事人真实意思的体现和反映。

即便在房屋买卖和民间借贷两种解读结果具有同等合理性的场合，也应朝向有利于书面证据所代表法律关系成立的方向作出判定，借此传达和树立重诺守信的价值导向。

第四，从履行方式和交易行为分析是否符合常理。如房屋买卖合同约定的房屋为现房，卖方已具备交付条件，但双方在合同签订后长达几年的时间内，均未要求交付房屋，反而是卖方从签订合同之月起就按月固定支付大额违约金给买方，此违背房屋买卖的正常逻辑。

比如在双方签约前，房屋已作为酒店正式开业经营，但一方购买的房屋却显示为酒店大厅、大堂吧、餐厅、宴会厅、会议室等，另一方将用于这些酒店经营所必需的重要功能区域房屋单独分解出售，有违常理。此外，合同约定买方逾期付款违约金每月几千元，而卖方逾期交房违约金为每月一百多万元，明显不对等。此种情形认定为民间借贷更为合理。

第五，看双方的行为是否符合日常交易习惯。《合同法》就“交易习惯”规定的意旨侧重于完善和补充当事人权利义务的内容，增强当事人合同权利义务的确定性。如果案件不涉及运用交易习惯弥补当事人合同约定不明确、不完整所导致的权利义务确定性不足的问题，运用“交易习惯”认定当事人交易行为之“可疑性”，应格外谨慎。

关于房屋价格。对不合理低价的判断，须以当时当地房地产管理部门公布的同等房地产之价格信息为参考依据。不能仅以双方约定价格明显低于卖方与第三人在案涉合同签订之日很久前所订合同中约定价格为主要理由，否定双方存在房屋买卖法律关系。

关于付款问题。合同虽约定购房款分期支付，但买方一次性支付及卖方接受给付时，应当认定属变更合同履行。如将此种合同履行变更视作与正常买房人的付款习惯相悖，理据尚不充分。

关于购房发票。最高人民法院在（2013）民提字第135号民事判决中认为，《销售不动产统一发票》原件是交易真实发生的证明，更是办理不动产权属登记的重要依据。但买方在交纳全部房款后，未能取得发票原件，却始终没有向卖方索要；且在近两年时间内，没有要求办理权属登记，这与一般购房者做法明显不一致，不符合交易习惯。

同时，双方在合同中没有约定单价，而是以一口价方式交易了一千多平方米的商铺，此种不约定单价的售房方式与一般房地产交易习惯不符。另外，卖方已收到全部购房款，没有开具发票原件，却于诉讼前将发票原件连同第二、三、四联在当地税务机关做了缴销，充分说明卖方否认房产交易的真实性。

关于税费。如果双方约定房屋买卖的所有税费均由出卖方承担，并由卖方负责人及其关联公司提供担保，该约定亦与交易习惯不符。

## 六、借名买房合同的效力认定

所谓借名买房，是指当事人一方（借名人）经他方（出名人）同意，以出名人名义买房并登记，且房屋归属于借名人一方的房屋交易类型。

借名买房的大致过程是：借名人与出名人书面或口头订立借名买房协议，约定借名订立买房合同、借名登记及房屋归属与过户登记等事项；再由借名人或出名人与房地产公司订立买房合同，并以出名人名义办理房产证书和房产登记；待时机成熟时，由出名人协助借名人办理房屋过户登记；购房款项和相关费用均由借名人支付，因双方常具亲友关系，故只有在特别情况下借名人才给付一定报酬。这一系列约定构成了借名买房协议的全部内容，其中既涉及买卖关系，又有间接代理的影子，还牵涉不动产登记和物权归属，可谓错综复杂。如出名人擅自处分房屋，将涉及借名人、出名人、第三人等多方利益，法律关系则更为复杂。

借名买房作为一种借名实施的法律行为，同样包括内部的借名约定与外部的借名行为，后者包括借名订立买房合同与借名登记房屋。借名买房协议包括两个主要内容：借名订立买房合同；借名登记房屋。具体分析如下：

首先，借名人与出名人通常为亲友关系，借名人由于特定原因，比如因住房限购令被限制买房，与出名人达成借名买房协议，其目的本就是为了借名购得房屋，双方意思表示真实，非为通谋虚伪意思表示。

其次，借名订立买房合同，分为借名人亲自缔约与出名人代为缔约两种情形。在借名人亲自缔约情形，借名人虽以他人名义订立买房合同，但其真意是为自己缔约，只不过借名人并不表明此真意，若相对人不知此真意而与借名人缔约，则不能认定双方为通谋虚伪意思表示；若相对人知悉该借名情事，且仍与其缔约，则相对人通过实际行动表明了与借名人缔约的意思，而非为通谋虚伪意思表示。在出名人代为缔约情形，出名人以自己名义为借名人缔约，且行为的法律效果归属于借名人，而相对人又不知借名情事，以外表观之，可成立间接代理；但若相对人知悉借名情事，而仍与出名人缔约，则可成立隐名代理。

再次，借名登记房屋，根据物权法关于不动产物权变动的规定，借名人若想取得房屋所有权，就必须办理不动产登记，因而必然会发生借名登记。有学者认为，借名登记一方面使借名人与出名人之间产生了债权债务关系，借名人据此约束和限制出名人的行为以及权限，故属于债权合同。单就借名当事人的借名登记约定来说，认为该约定具有债权合同属性，是有道理的。依该约定，借名人有权利借用出名人的名义登记房屋，出名人则负出借名义的义务。虽然房屋登记在出名人之下，但借名人依其与出名人的约定，而实际享有对房屋的管理、处分权利，因而双方并无信托或消极信托的意思表示。据此，学者认为，在当事人内部配置了物权归属，从出名人的名字被借用购买房屋之时，借名人就实际控制了标的房屋的全部价值，因此就产生了物权关系的属性，属于物权行为。笔者认为，对房屋的物权归属所作的安排，应是整个借名买房协议的内容，而非借名登记，且正是依据借名买房协议，出名人须待时机成熟时将房屋过户给借名人，此项义务具有给付内容。

最后，在借名买房关系中，借名人实际支付购房款项及相关费用，而出名人则为房屋的名义所有人。表面上，双方之间似存在赠与或借款合同，但由前述可知，借名人并无“借款”或“赠与”的意思表示，故难认借名买房为借款给出名人买房，或者以借名方式赠房给出名人的行为。

综上可知，借名买房协议实际上包含了借名买房合同、借名登记合同、过户房屋等一系列内容，双方以真实意思约定彼此的权利义务，并循此协议为法律行为，故该协议实质上是一种合同。根据该协议，出名人对借名人负借名订立买房合同、登记房屋和过户房屋的义务，借名人除支付购房款和相关费用外，仅在个别情况下对出名人负给付报酬的义务。综合《合同法》规定及学理上关于典型合同与非典型合同的理论，该协议应属混合合同，且为类型结合合同。对该合同的法律适用，应采“结合说”，以个别给付所属合同类型的法律规定加以判断。

根据借名原因不同，借名买房可分类为规避限购政策型借名买房、回避贷款限制型借名买房、为享受购房优惠型借名买房及其他；而根据房屋类型，可分为借名购买政策房与借名购买普通商品房。这两种分类并非泾渭分明，但这两种分类仍是讨论借名买房协议效力的基础。如对借名购买普通商品房，法院以认可居多；而对借名购买经济适用房等政策房，否定意见则占了绝大多数。因此，在对借名买房合同的效力作认定时，应区分不同类型加以讨论。

认定借名买房协议的效力的总的思路是：只要当事人意思表示真实，内容不具有《合同法》第 52 条和其他法律规定的无效合同情形，即应认可其效力。

### （一）从《合同法》第52条角度分析

1. 一方以欺诈、胁迫的手段订立合同，损害国家利益

遍观借名买房实例，借名买房常发生于亲友之间，故借名人与出名人之间本应不存在欺诈、胁迫的情形，但由于不良社会风气的影响，借名买房场合亦可能存在欺诈、胁迫的情形。然纵存在欺诈、胁迫情形，亦不可直接认定合同无效，因为是否“损害国家利益”实在很难判断。对此，全国人大常委会法制工作委员会编写的《中华人民共和国合同法释义》在解释时指出：“在经济生活中出现很多以此类合同的方式侵吞国有资产和侵害国家利益的情形，但因受害方害怕承担责任或对国家财产的损失漠不关心，将导致国有资产的大量流失，若此类合同的效力不通过法律直接否定，则国有资产难以得到保护。”该解释似以“国有资产”作为认定“国家利益”的标准，而所谓国有资产，在民事领域包括了国有企业资产。作为民事主体的国有企业被欺诈或被胁迫而签订合同，致使国有资产有流失之虞，按上述释义，该合同应为无效；但若被欺诈或胁迫的主体非国有企业，却只能依《合同法》第54条规定请求撤销或变更合同，此种区别对待明显与私法基本精神相悖，不足可取。梁慧星教授对该项进行解释时，认为“损害”应限缩为“直接损害”，而“国家利益”以解作“社会公共利益”为宜。将损害限缩为直接损害，排除间接损害的情形，使“损害国家利益”被严格界定，从而尽可能保证合同自由实现。在大陆地区审判实务中，以“损害国家利益”为由认定合同无效的案例极为少见，即使有也多为“合同双方串通少缴税款”的情形，且法院须结合“以合法形式掩盖非法目的”规定才能进行判决。因此，本项“损害国家利益”的规定实际上仅具宣示意义，无法作为认定合同效力的根据，自然不宜用来认定借名买房协议的效力。

2. 恶意串通，损害国家、集体或者第三人利益

前已述及，此项“损害国家利益”的规定被第4项“损害社会公共利益”的规定吸收，自不待言。而所谓“集体利益”，不过是集体企业资产在民事领域的代名词，集体企业与非集体企业处于同等的民事主体地位，并无任何优待特权，故“损害集体利益”的规定亦不能用来认定合

同效力，同样仅具有宣示意义；唯有“恶意串通，损害第三人利益”，才能作为认定合同效力的依据。一般来说，借名买房当事人真意即在于订立买房合同取得房屋，双方虽有串通之嫌，但罕有以此损害买房合同相对人利益的，故仅在确有恶意串通损害第三人利益情形时，才能依此否定借名买房协议的效力。

3. 以合法形式掩盖非法目的

借名买房在很多情形中都是为了规避现有的规定、政策等以达其真实目的。比如借名人为达规避限购令，或为购买经济适用房等政策房，或为逃避到期债务之目的，而采用借他人名义买房、登记的合法形式。表面上似有“以合法形式掩盖非法目的”之嫌，但实际考察“以合法形式掩盖非法目的”的规范意旨，则不能一概而论。

学说上，对“以合法形式掩盖非法目的”的理解，主要是以王利明、杨立新教授为代表的隐藏行为说，即行为人利用一个合法的民事行为掩盖一个非法的民事行为。而梁慧星教授则主张，“以合法形式掩盖非法目的，是通过使用不直接违反禁止性规定的手段，在实质上实现法律所禁止内容的行为，在民法理论上称为脱法行为或规避行为”。笔者同意规避行为说，应以是否通过违反禁止性规定的手段，在实质上实现法律所禁止的内容，为判断借名买房效力的重要维度。若借名人的目的在规避限购令买房，或规避政策购买政策房，由于限购令和该政策不属法律禁止性规定，因而借名人的行为不为法律所禁止，故不适用“以合法形式掩盖非法目的”。在借名人为逃避债务而借名买房以变相转移财产的情形，若借名人的行为对债权人造成损害的，债权人是否可依《合同法》第 74 条行使债权人的撤销权，值得研究。既然债务人放弃到期债权或无偿转让财产损及债权即可引起撤销权的行使，则举轻以明重，借名买房以变相转移财产且损及债权，当然应该有撤销权的适用余地。在上述情形下，若债权人与借名人存在双务合同关系，且应由借名人先履行债务的，债权人可根据《合同法》第 68 条行使不安抗辩权。若上述不安抗辩权与债权人撤销权均无适用空间，则可考察借名人与出名人是否有恶意串通损害第三人利益的情形。

4．损害社会公共利益

社会公共利益，我国学者普遍认为是指境外立法例及其学说所指称的公序良俗，并根据被侵害的权益类型，对损害社会公共利益的合同进行分类。从广义上说，社会公共利益，是指全体社会成员为实现个体利益所必需的社会秩序，其实现形式包括国家制度和国家权力。在私法中，它具体化为公序良俗，是公权力介入私法的典型例证，并与私人利益既对立又统一。如何在借名买房中衡量私人利益与社会公共利益，是认定借名买房效力的重要环节。

对于为规避限购政策而借名买房的情形，虽然《民法通则》第6条规定民事活动在没有法律规定的时候应当遵守国家政策，但根据《合同法》第52条，显然不能依国家政策来认定合同效力。尽管限购政策是为了平抑房价、保障市民住房，但规避该政策却不一定真正违背政策目的，现实中许多借名人确有正当乃至迫切的买房需求，只是由于限购政策而失去买房资格，而通过借名买房解决住房问题，反倒符合限购政策的初衷。同时，若借名买房违背了限购政策的初衷，也不能笼统地将其认定为无效合同，此时应从社会公共利益角度出发，判断私人利益是否足以侵害公共利益，若是，则应判定合同无效。司法实践中，对这种规避限购政策的借名买房，法院也常持肯定态度，更有判决将该借名买房理解为“转让购房指标”，或者认为借名人虽于借名买房时不符购买条件，但于审理当时已满足购买条件，即认可其效力。但是，现实中也确实存在为囤房、炒房以及借名买房行为，违背政策的不一定无效，但违背社会公共利益的，则一定无效。

在借名购买经济适用房等政策房情形，由于经济适用房等政策房本就是为保障低收入家庭住房而设，具有极强的社会公益性，若允许借名购买，则将极大地损害低收入者的利益。司法实践中，虽有个别法院认为“经济适用房购买指标是一种权利，借名购买经济适用房是行使了他人享有的购房权利”，且《关于已购经济适用住房上市出售有关问题的通知》明确在一定条件下允许经济适用房出售转让，因而认可借名购买经济适用房的效力。但是，经济适用房购买指标固然是一种权利，但却具有专属性，其行使受到严格限制，权利人要么自己行使，要么放弃，却不能用来转让。因为政策房的本旨在于保障低收入家庭的住房，不该被用作转让牟利的工具，一旦被转让则意味着一个指标被浪费，一个符合购买条件的低收入家庭将失去购买经济适用房的机会，这明显与社会公共利益相悖。因此，绝大多数法院都不认可借名购买经济适用房等政策房的效力。

5. 违反法律、行政法规的强制性规定

时至今日，立法、司法及学说均认为违反的强制性规定应为效力性规定，且应依据法律的规范意旨判断合同效力。对于确实违反法律、行政法规的效力性强制规定，违背其规范意旨的借名买房，当然应认定为无效。但有一点仍须说明，实践中，部分法院依《经济适用住房管理办法》来认定借名买房效力，值得商榷。因为该办法属于部门规章，并不在法律、行政法规的范畴之内，因而并不能用来认定合同效力，但可从社会公共利益的角度认定借名购买经济适用房的效力，如上文所述。

### （二）从借名买房合同与借名登记合同的角度分析

由上文可知，借名买房协议为类型结合的混合合同，主要由借名买房合同与借名登记合同结合而成，因而在分析借名买房协议的效力时，应分别考察借名买房合同与借名登记合同的效力，以判断借名买房协议有效与否以及是否部分有效，这与从《合同法》第 52 条角度分析是一致的。

1. 借名买房合同效力分析

借名买房合同，即借名人以出名人名义订立的买房合同，包括借名人亲自缔约与出名人代为缔约两种情况。

在借名人亲自缔约情形，若相对人不知借名情事而与借名人缔约，为保护善意相对人的利益，应认可该借名买房合同的效力。此时，借名买房合同的当事人应为相对人与出名人，出名人依此合同而对相对人享有权利和负担义务，但在出名人与借名人间，依两者的内部关系，该合同权利义务的行使与承担，移转于借名人，这种情形就类似于涉他合同。所谓涉他合同，是指内容涉及第三人的合同，包括第三人负担合同与第三人利益合同。以第三人的给付为合同标的，亦即由第三人为给付的合同，为第三人负担合同；第三人利益合同，即要约人与债务人约定，使债务人向第三人给付，第三人因而取得直接向债务人请求给付债权的合同。借名人因借名买房协议取得出名人依买房合同而享有的权利，故相对人对出名人履行合同义务时，实际上是向借名人履行（即交付并移转房屋所有权），类似于第三人利益合同，但两者有着本质不同。因为在第三人利益合同中，第三人是根据合同当事人的约定即第三人利益合同本身而享有权利；而在借名买房合同中，借名人则是根据其与出名人的借名买房协议而享有权利，且借名人不能向相对人请求履行。同理，借名人因借名买房协议而须向相对人为给付（即支付房款等费用），但本质上不同于第三人负担合同。因为第三人负担合同是以第三人的给付为合同标的，第三人不为给付时，债权人并不能请求债务人履行，而只能主张损害赔偿；而出名人与相对人订立的买房合同显然不以借名人的给付为标的，不管借名人是否为给付，相对人都可要求出名人履行义务。

当借名人亲自缔约，且相对人知悉借名情事时，若相对人仍与借名人缔约，则表明了相对人与借名人缔约的真意，则借名买房合同在借名人与相对人之间成立。除了借用出名人的名义缔约，该合同与一般合同无异，只要其满足一般生效要件，即应认可其效力，借名人与相对人依该合同而互为给付。

在出名人代为缔约情形，出名人以自己名义为借名人缔约，且法律效果归属于借名人。若相对人知悉借名情事，即知道委托人（借名人）的存在，而仍与出名人缔约，则成立隐名代理，由于隐名代理实质上仍为代理，其法律效果应直接对借名人发生。而若相对人不知借名情事，即不知委托人的存在，则成立间接代理，由于间接代理并非真正代理，其法律效果应先对代理人即出名人发生，再由出名人内部关系转移于本人即借名人，才对借名人发生效力。

总之，借名买房合同可能仅为普通合同，也可能与涉他合同极为接近，还可能为隐名代理乃至间接代理，但不管其性质如何，只要满足生效要件，都应认可其效力，反之则否。由于借名买房合同是实现借名买房的基础，该合同的无效使后续的借名登记合同失去意义，而借名买房协议的合同目的也根本落空，此时，借名买房协议归于无效。

2. 借名登记合同效力简析

依该合同，出名人对借名人负借名登记房屋的义务，借名人则须支付登记过程中的相关费用。借名买房合同订立之后，当事人须经登记才能取得房屋所有权，则借名登记合同实为借名买房合同的延续，其效力一般与借名买房合同共命运。因而借名买房合同无效时，借名登记合同相应无效，则借名买房协议亦无效；而借名买房合同有效时，借名登记合同一般同为有效，则借名买房协议亦有效。

总之，借名购房合同案件的处理，关键在于借名合同的认定标准，对于借名合同的认定，应区分有无书面约定：有书面约定的从约定，无书面约定的可依据查明的事实进行推定。推定时，应当重点考虑房屋的出资情况、占有使用情况、购房票据及房屋权属证书的持有情况、借名购房有无合理解释等。通常情况下，同时符合以上要求的，可以认定双方之间存在“借名购房”约定。

在借名购房约定存在的前提下，要区分房屋的性质而分别处理。第一，对于购买政策性保障住房的，包括经济适用房、两限房、廉租房及公租房，因其是有限产权，产权主体、收益权、处分权以及对价等均受限制，借名购买违反了社会公共利益，借名购房合同应当认定为无效，借名人主张确认房屋归其所有或者依据双方之间的约定要求登记人办理房屋所有权转移登记的，不予支持。出名人主张返还房屋的，由于房屋升值，双方利益失衡，在房屋增值没有解决之前，不宜判决互相返还财物，而应维持现状。第二，对于购买商品房的，由于“借名购房”行为实际上是为了规避限购政策或信贷政策，只涉及合同双方当事人的利益，不影响社会公共利益，因此，对此类合同应当认定为有效。至于约定能否履行，由于借名人的请求权基础是债权请求权，必须遵循《合同法》第 110 条关于合同客观上是否具备履行条件的规定，若借名人目前尚不具备购房资格，则不得支持其相关诉讼请求。

## 七、一房签订多份买卖合同的效力认定

商品房“一房数卖”，为一物数卖的一种形式，也称二重买卖，是指

房地产开发商将同一房屋出售给不同的两个或两个以上的买受人，并分别与之签订商品房买卖合同的情况。“一房数卖”包括两种情况：(1) 出卖人尚未将房屋所有权转移给前买受人之前，又将该房屋出卖；(2) 出卖人已将房屋交付并转移所有权给前买受人后，又签订买卖合同出卖该房屋。有人认为，对于第二种情形，依据《城市房地产管理法》的规定，第一买受人已经依法取得了房屋的所有权，房地产开发商在这之后再与第三人签订以该商品房为标的的买卖合同，实际上是无权处分他人财产的行为，并不是将自己所有的房屋“一房数卖”的行为，他们所签的合同为效力待定合同。取得房屋所有权的先买方可以以物权排他性的效力取得房屋，而第三人并不能主张取得房屋所有权，只能向出卖方主张债权．故在先买方已经办理房屋过户手续后．售房人再次将房屋出卖给他人的行为并不属于“一房数卖”。

据此，商品房“一房数卖”具有以下特征：第一，商品房的“一房数卖”的主体是特定的，即销售方为房地产开发企业。在商品房的“一房数卖”中，要出售房屋的是房地产开发商，而受让方则可以是任何自然人、法人，也可以是其他组织。第二，商品房“一房数卖”中房地产开发商与不同买受人签订的两个合同中，标的是具有特定性的物，是以同一房屋为标的签订的两个买卖合同，同时存在两个债权，但不能并存两个物权，这才会引起房屋所有权的归属纠纷。第三，商品房的第二次买卖是在先买人签订买卖合同之后，办理过户登记手续之前发生的，如果先买人已经办理了登记手续，也就依法取得了对房屋的所有权，房地产开发企业若又与他人签订房屋买卖合同，不构成“一房数卖”。第四，在前后两个房屋买卖合同中，房地产开发商存在违约或欺诈，而第一买受人一般无过错，第二买受人可能是被欺诈，也可能存在主观恶意。第五，“一房数卖”的行为必然导致买受人利益受损，一方买受人的债权得不到实现。

关于商品房“一房数卖”合同效力如何认定的问题，司法实践中主要有三种观点：

第一种为“无效说”。该观点认为，我国《合同法》第 132 条第 1 款“出卖的标的物，应当属于出卖人所有或者出卖人有权处分”的规定为强制性规定，依据《合同法》第 52 条第 5 项的规定，违反强制性规范的合同为无效合同。

第二种为“效力待定说”。该观点认为，出卖他人之物的买卖合同属于《合同法》第51条所规定的无权处分合同，依据该条规定：“无处分权的人处分他人财产，经权利人追认或者无处分权的人订立合同后取得处分权的，该合同有效。”

第三种为“有效说”。该观点认为，商品房“一房数卖”的合同应当认定有效，该学说又有两种主张：一是主张我国应采取物权行为理论，认可负担行为与处分行为的区分，从而使出卖他人之物的买卖合同成为生效合同。二是认为在我国立法采取的债权形式主义的物权变动模式下，债权合同效力的发生并不直接引起物权变动的法律效果，物权变动法律效果的发生，需以生效的债权合同与交付行为或者登记行为的法律事实构成为前提。因此，买卖合同中，标的物所有权能否发生转移，是出卖人能否依约履行合同的问题。

笔者同意第二种观点。根据我国《民法通则》第72条、《合同法》第133条的规定，标的物的所有权自标的物交付时起转移，但法律另有规定或者当事人另有约定的除外。另据《城市房地产管理法》、《城市房地产开发经营管理条例》等法律法规规定，房屋所有权转移、变更应当办理登记。依此规定，动产买卖标的物所有权的转移以交付为准，不动产买卖标的物房屋的所有权转移以登记为准。从法学理论上讲，我国民事立法采用的是债权形式主义的物权变动模式。此模式的特点是：一方面，区分债权变动与物权变动的法律事实基础，认为当事人之间生效的债权合同仅能引起债权变动的法律效果，即生效的债权合同结合交付或者登记手续的办理，方能发生物权变动的法律效果。另一方面，它不认可在债权合同之外独立存在有引起物权变动的物权合同，认为交付或者登记手续的办理只是事实行为。因此，在此模式下，当出卖人与买受人订立买卖合同后，如未向买受人交付标的物或者办理登记手续，标的物所有权就不发生转移。此时，作为标的物所有权人的出卖人就同一标的物与其他人另行订立的买卖合同均为有效合同。

在出卖人将标的物交付与前买受人或者办理登记手续后，买受人取得标的物所有权，成为所有权人。出卖人在将标的物交付或者办理登记手续后，又出卖该标的物与他人的行为，则属于无权处分行为。无权处分中的“处分”仅指处分行为，而不包括负担行为。处分人具有处分权，是处分行为有效的要件。于负担行为，则不以设立债权行为人具有处分权为必要条件。以买卖合同为例。在买卖合同中，出卖人是否为标的物的真实权利人，并不影响买卖合同的生效，若出卖人为无权处分，只产生买受人取得所有权效力待定的后果，而并不会导致买卖合同无效。这一原则在我国《物权法》第15条明确确立。《买卖合同解释》第3条据此对合同效力问题进行了进一步的明确。根据上述法律、司法解释规定的精神，无权处分行为能否发生相应的物权效力，不同于相应的负担行为是否有效的问题，负担行为的效力不受出卖人无权处分这一因素的影响。这一负担行为和处分行为相区分的原则应一体适用于全部类型的合同，而不应再区分各类合同分别认定其效力。因此，不动产“一房数卖”中的数个买卖合同均可确认为有效。出卖人只是承担不能交付标的物的违约责任。我国在债权形式主义模式下，物权要发生变动，不但当事人之间需有债权意思表示，标的物还须履行登记或交付的法定方式，动产的物权变动以交付为准。而对于不动产所有权的取得，我国房地产管理规定中则以登记注册为要件。此外，《买卖合同解释》第9、10条对“一物数卖”亦采取的是合同均有效的观点．对统一司法实践的意义重大。

需要注意的是，《商品房买卖合同解释》中第8、9、10条规定的内容与一房多卖纠纷案件的处理有关。通过对第8、9、10条的分析，可以被认定为无效的合同有以下两种情况：第一，出卖人故意隐瞒合同标的物为拆迁补偿安置房屋的事实而就该房屋签订的合同无效；第二，出卖人与第三人恶意串通，另行订立商品房买卖合同并将房屋交付使用，导致在先购房人无法取得房屋，经在先购房人请求，可以确认出卖人与第三人订立的商品房买卖合同无效。之所以得出以上结论是因为：第一，第8条规定的是可被请求解除的合同的情况，可被解除的合同在被解除前，应为有效合同。第二，第9条将无效合同与可被撤销、解除的放在一起进行规定，但不难看出，拆迁补偿安置房屋因其对买受人的特殊要求，其他人是被禁止购买的，所以如买受人为非被拆迁人，则该购房合同当然无效。如果该拆迁补偿安置房屋有数个买卖合同，则除被拆迁人签订的合同外，其他合同均无效。第9条规定的另外一种情况是出卖人故意隐瞒所售房屋已经出卖给第三人的事实而签订的合同，即基于出卖人的欺诈而签订的合同，根据《合同法》第52、54条的规定，因欺诈所签合同属于可撤销的合同，只有该合同损害国家利益时，才为无效合同。所以，通常情况下，出卖人故意隐瞒所售房屋已经出卖给第三人的事实而签订的合同为可撤销合同，而非无效合同。第三，第10条规定的是因恶意串通导致合同无效的情况，这与《合同法》第52条的规定相符。与该条原文相比，我们之所以强调在先购房人可以主张后合同无效．是因为如果他签约在后，则不可能出现出卖人与第三人恶意串通，在其合同还不存在的情况下，却另签合同的问题。

## 八、起诉前未取得预售许可证的商品房预售合同的效力认定

因开发商自身原因，房地产项目一直未取得商品房预售许可证，但项目已经完成建设工程竣工验收并备案，并完成了产权首次登记。此种情形下，房屋买卖合同的效力应如何认定？实践中，存在两种不同意见：

第一种意见认为，根据《商品房买卖合同解释》第2条的规定，出卖人未取得商品房预售许可证明，与买受人订立的商品房预售合同，应当认定无效，但是在起诉前取得商品房预售许可证明的，可以认定有效。如果开发商在起诉前也未取得预售许可证，则合同应认定无效。

第二种意见认为，应从商品房预售许可制度的立法目的出发，当起诉前商品房已完成竣工验收备案，房屋已属现房时，商品房预售合同应认定有效。

笔者赞同第二种意见，理由如下：

### （一）符合《商品房买卖合同解释》第2条的立法目的

该条将是否取得预售许可证作为认定商品房预售合同效力的判断依据，其规范目的主要在于回应与落实城市房地产管理法以及城市商品房预售管理办法等法律法规所确立的商品房预售与管理制度。上述立法的根本目的在于维持安全稳定的房地产开发秩序，并实现商品房买卖领域

在刺激经济发展、维护交易安全以及保障购房者利益等价值取向上的兼顾与平衡。而与商品房预售制度相对应，商品房销售（现售）领域的法律限制和条件则较为宽松，相关法律规范对于合同效力的司法认定的影响亦较小。因此，开发商在预售阶段出售的商品房在经竣工验收备案后发生纠纷的，人民法院在认定合同效力时则不应再将未取得预售许可证作为认定合同无效的当然原因。

### （二）有利于实现实体公正的司法价值理念

基于前述分析，在本质上，《商品房买卖合同解释》第 2 条体现了公共利益和国家意志对于交易自由和意思自治的干预和限制，意在维系公益与私益之间的平衡。在特殊案件的司法裁判中，应适时采取目的解释和利益分析的法律适用原则和理念，合理区分商品房预售与销售制度在价值功能和管理规范上的差异，正确认定商品房预售合同的效力。虽然开发商在订立合同之时以及之后一直未取得预售许可证，但在买受人起诉前相应房屋已完成了建设工程竣工验收备案登记，且已进行了产权首次登记，该房屋实质上已符合了现房销售的条件，商品房预售制度所欲维护的秩序和利益已无受侵害之虞，若再以未取得预售许可证为由认定合同无效，则无疑有失实体公正。

### （三）有利于保护购房人的预期利益

从维护购房人预期利益的角度，也不应以开发商未取得预售许可证为由认定商品房预售合同无效。在买卖双方已经签订房屋买卖合同多年以后，房屋价值在数年间已获得较大幅度增值；若在该房屋已完成竣工验收备案且不存在其他履行障碍的情况下，仍单纯以违背商品房预售管理规范为由否定合同效力，则必将使买受方的合同预期利益落空并承受巨大的交易成本，如此，案件裁判的法律效果和社会效果亦均将甚不理想。

综上，在适用《商品房买卖合同解释》第 2 条时，应将该法律规范的外延作限缩解释，即出卖人未取得商品房预售许可证明且起诉前尚未完成房屋竣工验收备案的，应认定商品房预售合同无效；如不能同时符合前述条件的，则应认定合同有效。

## 九、如何理解《商品房买卖合同解释》第5条规定的“具备《商品房销售管理办法》第十六条规定的商品房买卖合同的主要内容”

对何为具备商品房买卖合同的主要内容，存在不同理解。一种观点认为，《商品房销售管理办法》规定商品房买卖合同“应当”具备上述13项主要的内容，亦即上述13项内容系商品房买卖合同均应具备的主要内容，因此，只有预约合同中上述13项内容悉数齐备时，才应认定为具备商品房买卖合同的主要内容。另一种观点认为，只要双方当事人对标的房屋、价款达成合意，即具备商品房买卖合同的主要内容，其他内容可根据交易习惯、诚信原则等予以确定。

笔者认为，上述两种观点均有失偏颇。一方面，商品房买卖预约合同之所以要具备商品房买卖合同的主要内容才能视为本约，乃是为了消解履行上可能存在的法律或事实上的障碍。但是《商品房销售管理办法》第16条列举的部分内容（如第7项、第9项、第10项、第12项等），并非商品房买卖合同的必备条款，上述内容如果不作约定，亦不构成履行的障碍，《商品房买卖合同解释》对未约定上述内容时如何处理作出了明确的规定。譬如，对于面积误差的处理，《商品房买卖合同解释》第14条规定：“出卖人交付使用的房屋套内建筑面积或者建筑面积与商品房买卖合同约定面积不符，合同有约定的，按照约定处理；合同没有约定或者约定不明确的，按照以下原则处理……”又如对于违约责任，《商品房买卖合同解释》第17条规定了当事人对违约金数额或者损失赔偿计算方法没有约定时违约金数额或者损失赔偿数额的确定标准。再譬如对于产权登记的事宜，《商品房买卖合同解释》第18条亦明确进行了规定。因此，既然上述内容不是商品房买卖合同必备条款，未约定亦不妨碍其履行，那么是否具备上述内容也不应成为影响预约合同视为本约合同的条件。另一方面，商品房买卖预约合同与实践中出现的“认筹”等不同之处在于，双方当事人一般对标的房屋和价款均已经明确，如果仅就标的和价款达成合意即可视为本约合同，那么预约合同几无存在的必要。况且，实务中之所以签订预约合同，很多情形下是因为签订商品房买卖合同的条件尚不具备（如开发商尚未取得预售许可证等），如果此时可以将预约合同视为本约合同，而本约合同又因为违反强制性规定无效，则作为巩固交易机会的预约合同，反成为损害对方利益的工具，不仅未增加缔约机会，反而导致大量无效合同的出现，其观点之不足取，毋庸多言。

综上，当预约合同具备《商品房销售管理办法》第16条第1项、第2项、第4项、第5项、第6项，即具备当事人的姓名（名称）和住所、商品房的基本情况、商品房价款的确定方式及总价款、付款方式、付款时间、交付使用条件及日期、装饰、设备标准承诺时，应认为已经具备了商品房买卖合同的主要内容。①

## 十、如何理解《商品房买卖合同解释》第5条规定的“出卖人已经按照约定收受购房款”

有观点认为，根据国外立法例，预约合同转化为本约合同无须附加实际履行的内容。《商品房买卖合同解释》之所以规定收受房款，纯为实务处理之便利，即为了便于实务区分预约合同和本约合同，因此只要出卖人实际收受了购房款，不管该款项是全部购房款还是部分购房款，甚至是定金，都可以认定为“出卖人已经按照约定收受购房款”。也有观点认为，《商品房买卖合同解释》对可视为商品房买卖合同的预约合同采取了严格的限定，只有在合同条款齐备、明确，不存在法律或事实上的障碍，且已经实际履行的情况下才能转化。因此，只有在买受人支付了全部购房款，而出卖人已经实际收受的情况下，才能转化为本约。

笔者认为，出卖人已经按照约定收受了购房款，不仅指收受了全部购房款的情形，也包括收受了部分购房款的情形，但不包括收受定金的情形。原因是：定金不能认定为购房款。一般情况下，定金在双方签订本约合同后转化为购房款，而在只签订预约合同的情况下，双方尚未签

① 睢晓鹏：《商品房买卖预约视为本约的认定》，载《人民法院报》2016年7月6日，第7版。

订本约合同，定金尚未转化为“购房款”。出卖人是否“按照约定收受了购房款”应当根据约定的付款方式的不同而确定不同的标准。

商品房买卖合同中，买受人支付购房款的方式有三种：一是一次性付款方式，即买受人在约定的时间内一次性支付全部购房款的方式；二是分期付款方式，即出卖人将房屋先交付给买受人，买受人在约定的一定期限内分期支付购房款的方式；三是按揭贷款方式，即买受人在支付首付款后，以向银行申请个人住房按揭贷款，通过银行按揭贷款支付购房款的方式。对于一次性付款的，出卖人收受了全部购房款才能认定为“按照约定收受了购房款”；对于分期付款的，出卖人收受了第一期购房款即可认定为“按照约定收受了购房款”；对于按揭贷款方式付款的，出卖人收受了首付款即可认定为“按照约定收受了购房款”。[①]

## 判解精要

### 一、具备商品房买卖合同实质性要件的合同，不能认定为预约合同

**【案例索引】**

江某与某房地产公司房屋买卖合同纠纷案。[②]

**【基本案情】**

2005年7月13日某房地产公司与江某签订《购房合同》约定：房地产公司开发建设出让取得的土地证号为（2003）字第02300号地块，房屋建设许可证正在办理中。双方约定江某购买房地产公司建设的商品楼东南角1～2层商业用房，房屋均价为每平方米8500元，房屋交付标准

① 雎晓鹏：《商品房买卖预约视为本约的认定》，载《人民法院报》2016年7月6日，第7版。

② 载《民事审判指导与参考》2008年第4集（总第36集）。

另行协商，总房价为340万元。该房屋拟开发建设12层商住两用商品房。协议签订前江某支付了77.5万元，作为购买房屋的首付款，其余房款待房地产公司办妥工程规划许可证并开工后，双方另行协商支付方式。双方商定无论将来市场如何变化，江某所购房屋价格按本协议约定价格执行。双方还约定，房地产公司承诺，房屋于2005年10月开工，周期12个月，2006年12月竣工，验收合格交付江某。无论房地产公司是独立开发、或与他人合作开发、或将项目转让他人，均按本协议约定的价格保证江某的购房权。若因房地产公司的原因造成江某无法购买此房屋，房地产公司双倍偿还江某所付房款并承担因此给江某造成的经济损失。双方还商定，在未办妥房屋的开工手续之前，房地产公司按同期银行贷款利率承担江某所付款项的利息。待房屋具备销售手续后，双方另行签订购房合同。

合同签订后，房地产公司取得建设工程规划许可证、建筑工程施工许可证、商品房预售许可证。该楼房正在建设中。

2007年1月江某与房地产公司协商，要求按双方协议约定价格与房地产公司签订购房合同，并协商剩余房款支付方式，房地产公司予以拒绝。

江某遂向法院起诉。请求：(1)房地产公司交付合同约定的商品房；(2)房地产公司支付延期交付房屋的违约金及损失；(3)承担全部的诉讼费用。

房地产公司提起反诉称，房地产公司办妥工程规划许可并开工后，江某没有尽协商履行支付房款的义务，房地产公司可以解除合同。政府规划部门将12层变更为6层，双方合同目的也不可能实现。请求：(1)解除双方签订的《购房合同》；(2)退还江某77.5万元；(3)反诉费由江某负担。

**【审判要览】**

一审法院审理认为，双方当事人签订的《购房合同》虽然是在房地产公司未取得《商品房预售许可证》的情况下签订的，但是在协议中就当事人名称、商品房基本情况、销售方式、价格、付款方式、交付使用条件及日期、违约责任等进行了约定，其约定的标的物明确，内容翔实而现在涉诉楼盘已经取得《商品房预售许可证》。依照双方《购房合同》约定双方应另行签订购房合同。现江某同意与房地产公司另行签订购房合同，但房地产公司拒绝并要求解除原协议，在此情况下，江某请求房地产公司按《购房合同》交付约定的商品房，不存在事实和法律上的障碍，具备可履行的条件，且双方签订的《购房合同》有效。江某的诉讼请求应予支持。

关于房地产公司请求解除协议问题。因双方《购房合同》约定房地产公司办妥工程规划许可等手续后，双方另行协商剩余房款支付方式。房地产公司作为开发建设单位，其最了解规划许可证办理及建设工程开工的时间，对此，房地产公司应向江某履行告知义务，以便于江某与房地产公司协商剩余房款的支付方式。现在房地产公司无证据证明房地产公司履行了通知义务，并且现在江某同意交付剩余房款，但房地产公司不予接受。故房地产公司关于江某没有尽协商履行支付房款的义务，存在违约行为的主张不能成立。房地产公司主张因政府强制规划，规划由12层变为6层，涉诉房屋不存在了，合同目的不能实现，对此房地产公司没有提供证据证明。而且双方协议约定的东南角1～2层，仍然存在。且双方协议也约定“无论怎么变化，江某按协议约定价格执行”。综上，江某无违约行为，双方合同目的能够实现，房地产公司的反诉请求不能成立。

关于江某主张的违约金问题。由于房屋仍在建设中，验收合格时间不能确定，故江某违约金请求无法给予支持，其可另行主张。据此，判决：（1）房地产公司与江某的《购房合同》继续履行。（2）房地产公司向江某交付双方协议约定的商品房；江某依照协议约定数额向房地产公司支付剩余房款。（3）驳回江某的其他诉讼请求。（4）驳回房地产公司的反诉请求。

房地产公司不服提起上诉，请求撤销一审判决，依法改判解除双方签订的《购房合同》；房地产公司退还江某77.5万元款项。

二审法院审理认为：原审法院认定事实清楚，适用法律正确，实体处理得当。判决：驳回上诉，维持原判。

**【裁判解析】**

本案的争议问题是：双方当事人签订的协议性质是《商品房预约合同》还是《房屋买卖合同》及本案应如何处理问题。主要有两种不同观点：

第一种观点认为，双方签订的合同名称虽为《购房合同》，但是其条款不完备，根据双方当事人的合同约定，在房地产公司办理完建设项目各种手续后，双方再另行签订正式的《购房合同》。因此，双方所签订的《购房合同》性质应为《商品房预约合同》，该合同是为了签订正式《购房合同》做准备的。因此，在双方没有签订新的《购房合同》的情况下，江某不能请求房地产公司履行合同。另外，因市政府规划发生变化，再依照合同约定的每平方米8500元价格交付房屋，对房地产公司不公平。

第二种观点认为，双方所签订的合同应认定为房屋买卖合同。虽然双方当事人在签订合同时房地产公司未取得项目的规划、报建的审批手续，但双方在合同中就当事人名称、商品房基本情况，购买房屋的位置、面积、价格、房屋交付条件、违约责任等均进行了约定，而且房地产公司已取得了项目的相关批准手续及商品房预售许可证。双方当事人所签订的《购房合同》具备了房屋买卖的实质要件，且房屋正在建设之中，合同约定的房屋能够得到实际履行。因此，终审判决房地产公司依照合同约定履行交房义务是正确的。

最高人民法院民一庭赞同第二种观点。理由是：

第一，双方当事人签订的《购房合同》应认定为房屋买卖合同，而非商品房预约合同。在房屋买卖中，由于开发商尚未办妥开发项目的立项、规划、报建的审批手续，因此开发商先与购房者签订商品房的认购、订购、预订等协议，待开发商相关手续办妥以后，在与购房者签订《购房合同》，这种合同一般称为商品房预约合同。其特征是：（1）该合同是诺成合同，而非实践性合同，不受要物约束，其目的是订立本约。（2）是对未来事项的预先规划，所承担的民事责任属缔约的过失责任范畴。而房屋买卖合同的特征是：合同约定的义务是直接具备履行内容的，是受要物约束的，交付房屋及付房款是双方当事人履行合同的重要内容。（3）合同约定的是相互之间权利义务，双方承担的民事责任是履行合同义务。本案中双方当事人所签订的合同内容，已具备了房屋买卖的主要条件，即约定了商品房地点、名称、购买房屋基本情况、销售方式、价格、付款方式、房屋交付条件及日期、违约责任等，更重要的是购房者江某已支付了首付房款。根据《商品房买卖合同解释》第5条“商品房的认购、订购、预购等协议具备《商品房销售管理办法》第16条规定的商品房买卖合同的主要内容，并且出卖人已经按照约定收受购房款的，该协议应当认定为商品房买卖合同”的规定，双方所签订的《购房合同》因已具备了房屋买卖合同的两个主要条件，所以应认定为房屋买卖合同。

第二，根据双方合同约定，即使双方不再另行签订合同，其房屋买卖行为亦可得到履行。这一点是商品房预约合同所不具备的。

第三，双方所签订的合同应认定为有效，同时应继续履行。关于双方当事人签订的《购房合同》效力问题，属于人民法院依职权审查的范围。双方当事人在签订《购房合同》时，建设许可证正在办理之中及尚未取得《商品房预售许可证》，但是在双方当事人诉至法院时，出卖人已经取得《商品房预售许可证》。根据《商品房买卖合同解释》第2条的规定：“出卖人未取得商品房预售许可证明，与买受人订立的商品房预售合同，应当认定无效，但是在起诉前取得商品房预售许可证明的，可以认定有效。”双方当事人签订的《购房合同》应认定有效。关于双方所签订的合同能否得到实际履行问题。笔者认为，根据双方当事人约定，房地产公司已办妥商品房建设的所有相关手续，其房屋正在建设中，房地产公司约定出售给江某的商品房并没有向房地产公司所称已不存在，即使按房地产公司所称，原规划12层，现规划为6层，那么，江某所购买的1～2层房屋也是存在的。因此，房地产公司称合同无法实际履行与事实不符。

第四，关于规划面积减少问题。从本案查明的事实看，房地产公司没有证据证明原规划面积与批准的规划面积发生了变化。退一步讲，即使规划面积发生了变化，其责任亦应由房地产公司承担。在建设工程规划尚未取得的情况下，房地产公司应当预料到规划面积可能会发生变化。而且房地产公司在与江某签订卖房合同时明确约定，“无论怎么变化，江某按协议约定价格执行”。因此，房地产公司这一诉讼主张，亦不能支持。

综上，根据《商品房买卖合同解释》第2条、第5条等的规定，当事人签订《购房合同》后，如果具备了商品房买卖合同的主要条款，且其他条款不违背国家法律、行政法规规定的，应当认定合同为商品房买卖合同。

## 二、开发商以他人名义“假按揭”套取银行贷款的，应与该名义购房人对银行的贷款共同承担连带清偿责任

**【案例索引】**

中国光大银行股份有限公司上海青浦支行诉上海东鹤房地产有限公司、陈思绮保证合同纠纷案。[①]

**【基本案情】**

2007年8月29日，原告中国光大银行股份有限公司上海青浦支行（以下简称光大银行）与被告陈思绮、上海东鹤房地产有限公司（以下简称东鹤公司）签订《个人贷款合同（抵押、保证）》1份，约定陈思绮向光大银行借款37万元，用于购房。陈思绮以坐落于上海市青浦区鹤如路185弄20号102房屋作为抵押物提供担保，担保范围包括利息、律师费等；贷款期限自2007年9月12日至2037年9月12日，还款方式采用等额还本付息法。东鹤公司作为保证人在合同上盖章，自愿为陈思绮在贷款合同项下所产生的全部债务向光大银行提供阶段性连带责任保证，如陈思绮未按合同约定履行还款义务，东鹤公司保证向光大银行履行还款义务，保证期间从合同签署之日起至抵押人就抵押物有效设定抵押，且相关抵押物权利证明及设定抵押的相关文件交付贷款人正式执管之日止。合同签订后，光大银行和陈思绮于2007年9月12日办理预告登记（预购商品房抵押），光大银行于同日发放贷款。

2010年12月28日，上海市青浦区人民法院受理陈思绮诉东鹤公司商品房预售合同纠纷案。审理中，光大银行作为第三人参加诉讼。上海市青浦区人民法院在审理该案中认为，陈思绮和东鹤公司通过签订商品

① 载《最高人民法院公报》2014年第9期。

房预售合同的合法形式，掩盖了东鹤公司获得银行贷款的非法目的，该行为损害了他人的利益，故合同无效。因商品房预售合同被确认无效，贷款合同的目的已无法实现，故该贷款合同应一并予以解除。据此上海市青浦区人民法院作出（2011）青民三（民）初字第79号民事判决，判决合同无效；陈思绮归还光大银行借款本金355672.35元及截至2011年3月29日的利息。陈思绮不服该判决提起上诉，上海市第二中级人民法院作出（2011）沪二中民二（民）终字第1370号民事判决，驳回上诉，维持原判。之后，光大银行收到归还的贷款820.09元。

原告光大银行诉称：2007年8月29日，其与两被告签订《个人贷款合同（抵押、保证）》1份，约定：被告陈思绮向其借款人民币37万元（以下币种均为人民币），用于购买坐落于上海市青浦区鹤如路185弄20号102室房屋，被告东鹤公司承担连带责任。合同签订后，原告按约发放贷款。因两被告之间的房屋买卖行为已被法院生效判决确认无效，故请求判令被告陈思绮偿付自2011年3月20日起至2011年6月20日的利息7843.86元以及自2011年6月21日起至实际清偿之日止的利息（利率按合同约定计算）；被告东鹤公司连带清偿借款本金354852.26元，偿付合同期内利息和逾期利息7843.86元（暂计至2011年6月20日）及自2011年6月21日起至实际清偿之日止的利息（利率按合同约定计算）；两被告偿付原告律师代理费15000元；原告在抵押物处分时享有优先受偿权，不足部分由两被告连带清偿。

**【审判要览】**

一审法院认为，原告光大银行与被告东鹤公司、陈思绮签订的《个人贷款合同（抵押、保证）》是当事人在平等、自愿的基础上缔结的，是其真实意思表示，合法有效。由于贷款合同被判令解除后，陈思绮未履行生效判决规定的还款义务，根据合同约定，光大银行有权行使抵押权。东鹤公司作为保证人也应承担相应的保证责任。光大银行为本案支付的律师代理费为5000元，根据合同约定，此款应由陈思绮偿付，东鹤公司承担保证责任。对光大银行主张的其他律师代理费，因非本案支出的费用，故不予支持。由于光大银行的债权既有保证又有物的担保，故东鹤公司对物的担保以外的债权承担保证责任。鉴于借款合同的有效性已在前述作了认定，故保证合同有效，东鹤公司仍应承担保证责任。陈思绮经合法传唤无正当理由拒不到庭参加诉讼，放弃了自己的抗辩权利。综上，判决：(1) 陈思绮应于判决生效之日起10日内偿付光大银行律师代理费5000元。(2) 如陈思绮未履行 (2011) 青民三 (民) 初字第79号民事判决确定的归还借款本金354852.26元 (2011年6月21日后的利息按合同规定计算) 以及本判决第1条确定的律师费5000元，光大银行可以与抵押人陈思绮协议，以坐落于上海市青浦区鹤如路185弄20号102室房屋折价，或者申请以拍卖、变卖该抵押物所得价款优先受偿。抵押物折价或者拍卖、变卖后，其价款超过债权数额的部分归抵押人陈思绮所有，不足部分由陈思绮清偿。(3) 在陈思绮提供的抵押物不足以清偿全部债务时，由东鹤公司对不足部分债务承担连带清偿责任。东鹤公司承担保证责任后，有权向陈思绮追偿。

光大银行、东鹤公司均不服一审判决，向上海市第二中级人民法院提起上诉。二审法院认为：

关于第一个争议焦点：上诉人光大银行对涉案房产能否行使抵押权。系争房产上设定的抵押预告登记，与抵押权设立登记具有不同的法律性质和法律效力。根据《物权法》等相关法律法规的规定，预告登记后，未经预告登记的权利人同意，处分该不动产的，不发生物权效力。预告登记后，债权消灭或者自能够进行不动产登记之日起3个月内未申请登记的，预告登记失效。即抵押权预告登记所登记的并非现实的抵押权，而是将来发生抵押权变动的请求权，该请求权具有排他效力。因此，上诉人光大银行作为系争房屋抵押权预告登记的权利人，在未办理房屋抵押权设立登记之前，其享有的是当抵押登记条件成就或约定期限届满对系争房屋办理抵押权登记的请求权，并可排他性地对抗他人针对系争房屋的处分，但并非对系争房屋享有现实抵押权，一审判决对光大银行有权行使抵押权的认定有误，应予纠正。

关于第二个争议焦点：上诉人东鹤公司在本案中是否承担法律责任。根据《担保法解释》第10条的规定，东鹤公司提供阶段性连带保证的主合同为系争贷款合同，现主合同虽被解除，在东鹤公司与光大银行未在保证合同中另有约定的情况下，保证人东鹤公司仍应对债务人的相关民事责任承担连带清偿的保证责任。而所谓阶段性连带保证，其本意就是让房产开发商为借款人在该阶段内（贷款合同签署之日起至抵押有效设定，相关权利证明文件交付银行执管之日止）向银行履行还款义务提供保证，亦为银行获得安全的房屋抵押担保的等待过程提供保证。一旦房屋抵押设定成功，该阶段性保证的任务完成，即阶段性保证期限届满之时即是银行获得借款人的房屋抵押担保之时。本案抵押预告登记在未变更为抵押权设立登记之前，根据物权法定原则，上诉人光大银行就抵押房屋处分并优先受偿的权利在行使要件上有所欠缺，即上诉人东鹤公司提供的阶段性连带保证的期限届满条件未成就。且该期限届满条件的未成就并非光大银行造成，而是东鹤公司与被上诉人陈思绮恶意串通，以商品房买卖为名，行东鹤公司融资之实，损害了光大银行的利益，危及银行贷款安全，陈思绮与东鹤公司具有明显过错。因此，东鹤公司应对陈思绮因贷款合同所产生的所有债务承担连带清偿责任。至于东鹤公司承担连带清偿责任之后与陈思绮之间的权利义务关系，双方可能另行存在约定，东鹤公司可与陈思绮另行解决，本案中不予处理追偿权问题。

关于第三个争议焦点：上诉人光大银行主张的利息、逾期利息及律师费是否应予支持。上诉人光大银行在本案中对被上诉人陈思绮的利息主张与另案生效判决存在部分期间的重叠，故本案对光大银行向陈思绮主张的利息中，计算重复部分不予支持，本案中陈思绮应付的利息应自2011年3月30日起算。对于光大银行主张的律师费，其作为第三人申请参加另案诉讼的审理，由此产生的律师费不能在本案中予以主张。至于光大银行主张因本案保证合同诉讼所产生的律师费，一审法院已阐明了支持的理由，并无不当。

综上所述，一审判决确有错误，应予改判。二审法院判决：（1）维持一审判决第一项；（2）撤销一审判决第二项、第三项；（3）陈思绮应于本判决生效之日起10日内支付中国光大银行股份有限公司上海青浦支行自2011年3月30日起至2011年6月20日止的期内利息及逾期利息计5263.01元以及自2011年6月21日起至实际清偿完毕日止的逾期利息（以本金354852.26元为基数，按照合同约定的贷款执行利率基础上上浮30%计收）；（4）上海东鹤房地产有限公司应连带清偿被上诉人陈思绮借款本金354852.26元，截至2011年6月20日的期内利息及逾期利息计7843.86元以及自2011年6月21日起至实际清偿完毕日止的逾期利息（以本金354852.26元为基数，按照合同约定的贷款执行利率基础上上浮30%计收）；（5）上海东鹤房地产有限公司对本判决第一项陈思绮的给付义务承担连带清偿责任；（6）驳回中国光大银行股份有限公司上海青浦支行其他诉讼请求；（7）驳回上诉人上海东鹤房地产有限公司的上诉请求。

**【裁判解析】**

当事人合谋以虚假的形式套取银行资金，属于通谋虚伪表示或称伪装表示，即表意人与相对人通谋，不表示内心真意的意思表示。表意人与相对人通谋所为的意思表示原则上无效，但为保护交易安全，不得对抗善意第三人。但由于我国法律对意思与表示不一致并没有具体的调整规范，也没有规定伪装表示，只是在《民法通则》上规定了“恶意串通，损害国家、集体或者第三人利益”和“以合法形式掩盖非法目的”的行为无效，因此，本案在对合同的性质和效力问题的认定上，以民事法律行为应当具备“意思表示真实”的实质要件为切入点，援引《民法通则》第55条、《合同法》第52条第5项、《商业银行法》第35条第1款的规定，不以合同的表现形式而是按当事人的内心真意，认定合同无效。

## 三、如购房合同、回购协议等证据证明双方之间并非以取得房屋所有权为目的，而是为实现资金融通，则应认定双方之间真实的法律关系是民间借贷

**【案例索引】**

吴俊妮与安华房地产开发有限公司民间借贷纠纷案。[①]

**【基本案情】**

2011年7月25日，郑鹤与被告安华房地产开发有限公司（以下简称安华公司）签订一份《商品房买卖合同》，主要内容为：郑鹤购买安华公

① 载《民事审判指导与参考》2014年第2辑（总第58辑）。

司开发的如画小区一幢 101、201、301、401 号房（预售商品房），面积 6200 平方米，单价 8000 元/平方米，总价款 4960 万元，郑鹤于合同签订后 10 日内一次性付清房款。安华公司于 2012 年 5 月 30 日前将验收合格的商品房交付郑鹤使用。《商品房买卖合同》上均加盖了当地房地产交易中心的房地产交易监证专用章和当地房地产产权产籍监理处的产权申报专用合同章。同日，双方签订一份《回购协议》，约定：现安华公司欲将回购郑鹤购买的商品房，如在 1 个月内回购，应支付郑鹤房屋价款 5060 万元，在两个月内回购房屋价款为 5160 万元，在 3 个月内回购房屋价款为 5260 万元，以后以此类推；郑鹤在收到安华公司支付的回购房款后，双方终止商品房买卖合同，同时郑鹤应立即协助安华公司办理房屋备案解除手续。2011 年 7 月 28 日，郑鹤向安华公司汇款 5000 万元，3 份汇款凭证上用途一栏载明“购房款”。2011 年 8 月 2 日，安华公司出具了“今借到郑鹤 4960 万元”的借条。

2013 年 1 月 8 日，郑鹤为甲方，原告吴俊妮为乙方，双方签订一份《债权转让协议》，主要内容为：（1）郑鹤于 2012 年 3 月 1 日起至 2012 年 10 月 18 日共向吴俊妮借款 6000 万元，2012 年 12 月 7 日郑鹤偿还吴俊妮本金 1000 万元。（2）安华公司于 2011 年 7 月 25 日向郑鹤借款 4960 万元，为履行还款义务，安华公司将其开发的如画小区一幢 101、201、301、401 号房以 4960 万元的价格备案至甲方名下，并签订了回购协议。截至 2012 年 12 月 31 日安华公司向郑鹤支付回购款 300 万元。因安华公司不履行回购协议以及按时还款，经多次交涉无果，准备启动诉讼程序。（3）郑鹤将对债务人安华公司享有包括欠款本金及利息、违约金等的全部债权转让给吴俊妮。（4）郑鹤于本协议生效后壹日内，将其与安华公司之间的债权债务凭证，以及与房产买卖、备案相关的所有资料移交给吴俊妮。

同日，郑鹤作出《债权转让通知书》，主要内容为，安华公司：本人在 2011 年 7 月向贵公司出借款项 4960 万元。为保证该笔借款的安全，贵公司将开发的部分房屋作为担保，双方签订了《商品房买卖合同》和《回购协议》，并办理了相关的商品房备案登记手续。借款中的本金 4960 万元，依照约定贵公司应在借款后 1 个月内归还，利息为 100 万元，若延期还款，每月支付利息及违约金100万元。现要求贵公司依约立即偿还上述所有借款本金及利息。经本人多次催告，贵公司已支付利息300万元。因本人另欠吴俊妮款项，故决定将上述4960万元全部借款及相关的所有权利全部转让给吴俊妮持有，并于2013年1月8日签订《债权转让协议》。根据《合同法》第80条的规定，书面通知贵公司，请贵公司将所欠款项及利息向吴俊妮直接支付。同日，郑鹤将该《债权转让通知书》以及《债权转让协议》邮寄送达至安华公司。

2011年8月5日，安华公司与当地国土资源局签订《成交确认书》载明，安华公司以5000万元的成交价，取得一块面积为39493平方米的国有建设用地使用权。

2013年1月31日，吴俊妮向一审法院起诉，请求判令安华公司向其偿还原向郑鹤借款本金4960万元及利息（计至付清全部款项之日止）并承担案件诉讼费、财产保全费。

**【审判要览】**

一审法院认为，当事人争议焦点为：（1）郑鹤与安华公司之间是商品房买卖关系还是借贷关系；（2）郑鹤与吴俊妮的债权转让对安华公司是否有法律约束力；（3）安华公司是否应当向吴俊妮还债。

关于郑鹤与安华公司之间是商品房买卖关系还是借贷关系问题。根据双方提交的《回购协议》和安华公司提交的《成交确认书》，结合安华公司关于《回购协议》和《成交确认书》的证明目的，可以证明，安华公司因竞买建设用地需要资金，遂于2011年7月25日与郑鹤签订一份总价款为4960万元的《商品房买卖合同》。同时，双方又签订《回购协议》，约定安华公司回购郑鹤所购商品房，还约定回购的期限及价款，郑鹤在收到安华公司支付的回购房款后，双方终止商品房买卖合同，郑鹤应立即协助安华公司办理房屋备案解除手续。故郑鹤签订《商品房买卖合同》的真实目的并非取得所购商品房的所有权及使用权，安华公司签订《商品房买卖合同》的真实目的亦非为了出售该商品房，而是为了获取竞拍土地所需资金后再回购。《商品房买卖合同》及《回购协议》签订后，安华公司仅支付郑鹤300万元，便未再继续履行《回购协议》，也未交付商品房，故可以认定双方是以《商品房买卖合同》的形式，实现借贷4960万元的目的。《回购协议》约定的回购房款，超出购房款的部分，实为安华公司支付占用4960万元资金期间的利息。此外，从郑鹤的《债权转让通知书》和《债权转让协议》的内容也可以看出，其真实意思表示不是购买商品房，而是出借资金。安华公司虽然为郑鹤开具了销售不动产统一发票，但并未依约交付商品房，也未办理产权证，且郑鹤将所有债权转让给吴俊妮，表明其已放弃了取得商品房的权利，故安华公司的以商品房买卖合同手续作为抗辩的主张不能成立。

关于郑鹤与吴俊妮的债权转让对安华公司是否有法律约束力；安华公司是否负有向吴俊妮偿还欠款即利息的问题。虽然《商品房买卖合同》已经备案登记，但郑鹤并未实际取得该商品房的所有权，故其与安华公司之间存在5000万元的债权债务关系。《回购协议》约定的回购价款，实际月利息超出法律允许的民间借贷最高利率的部分不受保护。因此，安华公司已支付了300万元，应以4960万元本金为基数，先按同期中国人民银行6个月至1年期贷款基准利率四倍计算利息予以冲减，再冲减本金，剩余部分本金及其利息为郑鹤对安华公司享有的合法债权。郑鹤与吴俊妮签订的《债权转让协议》的主要内容即郑鹤将其对安华公司享有的全部债权转让给吴俊妮，根据《合同法》第80条“债权人转让权利的，应当通知债务人”之规定，《债权转让通知书》到达安华公司后已经产生债权转让的效力，至于郑鹤与吴俊妮之间的《债权转让协议》的内容以及是否送达给安华公司，不影响债权转让的效力，吴俊妮的诉讼请求应予部分支持。

综上，一审法院判决安华公司于判决生效之日起10内，偿还吴俊妮4960元本金及利息（利息自2011年11月3日起，按同期中国人民银行6个月至1年期贷款基准利率的四倍，计算至付清之日止，其中应扣除已经支付的300万元）。

安华公司不服一审判决，上诉请求撤销一审判决，驳回吴俊妮的全部诉讼请求。二审法院维持了一审判决。

**【裁判解析】**

本案中，郑鹤与吴俊妮签订的《债权转让协议》是否成立。该合同对于安华公司是否具有约束力的关键在于，郑鹤与安华公司之间是商品房买卖及回购合同关系还是民间借贷关系。

在一审法院审理过程中，对上述问题其实存在两种相互对立的观点。

第一种观点认为，郑鹤与安华公司之间是以商品房买卖及回购合同关系。

第一，安华公司与郑鹤之间存在真实、合法的商品房买卖合同及回购合同关系。（1）郑鹤与安华公司签订有符合法律规定的形式要件的《商品房买卖合同》。安华公司通过合同将总面积6200平方米的商业用房以4960万元预售给郑鹤，并办理了商品房备案登记手续。（2）案涉《商品房买卖合同》的内容完整，符合法律规定。（3）缔约双方均具备商品房买卖的主体资格。（4）安华公司与郑鹤签订《回购协议》的目的，是为了最大限度地减少因急需资金用于竞拍建设用地而低价出售商品房，可能因此造成损失。安华公司希望在竞拍不成功的情况下，以适当高于出售时的价格回购商品房，以降低损失。如果竞拍成功，安华公司不仅要支出巨额土地出让金，而且还急需投入开发资金，进而不具备回购能力，而只能通过开发土地的盈利弥补低价销售商品房的损失。由此可见，安华公司与郑鹤签订《商品房买卖合同》确为融资所需，但并非借贷，《商品房买卖合同》是双方当事人的真实意思表示。

第二，缔约双方已经实际履行了《商品房买卖合同》的主要义务。合同签订后，安华公司向房屋登记管理部门办理了《商品房买卖合同》的登记备案手续，郑鹤向安华公司支付了购房款共计4960万元。安华公司为郑鹤开具了正式发票。安华公司于2012年5月30日将符合约定标准的房屋钥匙交付给郑鹤的代理人郑明，郑明接收房屋后，已经实际出租而获益。缔约双方的实际履行行为说明，安华公司与郑鹤不是以商品房买卖合同之名，行借贷之实。否则，双方没有履行合同的必要。

第三，《回购协议》仅为安华公司回购商品房的意向性约定，该协议是否履行，取决于安华公司。从文字上看，《回购协议》仅仅赋予安华公司选择是否回购的权利，并非为其设定回购义务。而安华公司回购的前提是其竞拍建设用地失败，只有在此种情况下，安华公司才具备回购商品房的能力。《回购协议》内容未反映出任何借贷关系。该协议只约定了回购价格，并未约定借贷的本金和利息、还款期限、还款方式等借贷合同必备条款。回购价格的限定，是为了防止郑鹤在安华公司回购房屋时任意抬高房价而损害安华公司的利益，同时考虑安华公司如不能及时回购房屋则可能损害郑鹤的利益，因此，确定了回购价款随着回购时间的延长而递增的计价方式，但该协议不能直接或间接体现借贷法律关系。《回购协议》的缔约双方均未实际履行该协议。《回购协议》仅为意向而非协议本身，不具备履行条件。双方也未实际履行该协议。虽然安华公司曾经向郑鹤支付了300万元，但该款与《回购协议》不存在必然联系。

第四，郑鹤与吴俊妮签订《债权转让协议》，对安华公司没有约束力。吴俊妮的诉请没有法律依据。《债权转让协议》中涉及对安华公司与郑鹤签订的《商品房买卖合同》中的权利和义务，根据《合同法》第88条之规定，郑鹤转让《商品房买卖合同》中的权利义务应当包括其在回购协议中的义务，而其只通知安华公司而未取得其同意，故转让对安华公司没有约束力。

第二种观点即一审判决所持观点。其主要理由如下：

1. 关于郑鹤与安华公司之间就4960万元形成的是商品房买卖关系还是民间借贷关系的问题。郑鹤与安华公司之间就4960万元形成的是民间借贷关系。由于郑鹤与安华公司没有就案涉4960万元签订书面的借款协议，诉讼中，从郑鹤处受让债权的吴俊妮与安华公司对上述4960万元的性质各执一词，双方均无法提供足以证明自己的主张或者足以反驳对方主张的证据，因此，在双方证据均有缺陷的情况下，应当结合双方当事人提交的证据，探究合同签订时双方当事人的真实意思，进而对当事人之间的法律关系作出判断。第一，从郑鹤签订《商品房买卖合同》和《回购协议》的行为分析，其缔约的目的不是购买商品房。作为《商品房买卖合同》中的购买者，购买房屋的目的无非是自用或者投资，如果属于自用，则买方不会在缔约当日就签订回购合同，允诺售房一方将房屋回购；如果购房的目的是投资，则需要待所购房屋升值后售出，以赚取差价。在排除了购房自用和投资两种用途后，结合《回购协议》中约定安华公司回购房屋的时间和价款的约定，可以判断郑鹤向安华公司支付4960万元不是以购买案涉商品房为目的。第二，从安华公司缔约时的真实意思看，安华公司并不否认其与郑鹤缔约的目的是尽快得到4960万元，以便用于参与建设用地的竞拍活动。从《回购协议》的内容和安华公司自己的陈述可以看出，其缔约的目的就是向郑鹤借款参与竞拍，如果竞拍不成功，则马上回购所售房屋。如果竞拍成功，则可能因无力回购而舍弃《商品房买卖合同》项下房屋。但在与郑鹤缔约时，双方并未强调这一结果。否则，难以解释该公司对《商品房买卖合同》项下房屋低价卖出，一个月后回购，则要增加 100 万元，第二个月回购，增加 200 万元。安华公司将《回购协议》解释为只是为其设定回购的权利，是否回购，完全凭其意愿自主决定，面对于郑鹤来说，只有在安华公司要求回购时进行配合的义务。一方当事人只享有权利，而另一方当事人只承担义务的合同，并非是否当事人的真实意思表示。一、二审法院不采信安华公司的上述观点，是正确的。第三，一审法院已经查明，安华公司在签约后陆续向郑鹤汇款 100 万元、200 万元，合计 300 万元。如果上述款项不是回购款，虽然符合安华公司在诉讼中反复强调的因竞拍成功，其无力回购《商品房买卖合同》项下房屋，但安华公司不回购房屋，又不欠郑鹤债务，自然也没有义务向买房人郑鹤付款。显然，安华公司的主张与其向郑鹤汇款的行为自相矛盾。相比较而言，吴俊妮关于上述款项为 4960 万元利息的陈述更具合理性。第四，从安华公司参与竞拍取得成功后签订的《成交确认书》看，安华公司竞拍成功后，需要交纳成交总价款 5641 万元，且要在《成交确认书》签订后 30 日内一次性付清。结合安华公司从郑鹤处筹集 4960 万元的情况看，该笔款项即是安华公司用于参与竞拍并在竞拍成功后支付购得土地总价款。当事人之间借款关系的形成，并非必须具备书面合同，只要确认双方当事人就借贷问题达成了合意且出借方已经实际将款项交付给借款方，即可认定债权债务关系成立。郑鹤与安华公司签订的一系列协议及其所涉款项的数额、支付时间已经充分证明，在安华公司与郑鹤之间存在借款的民事法律关系。第五，从案涉《商品房买卖合同》本身看，郑鹤与安华公司签订《商品房买卖合同》记载，其购买如画一号楼 101、201、301、401 室并办理了商品房备案登记手续。合同所涉房屋，既有住宅又有商铺，但单价均为每平方米 8000 元，与一般商品房交易习惯明显不同，该单价与平方米的总面积相乘，可以得出总价款为 4960 万元。但郑鹤付款时实际支付的数额是 5000 万元。在一般的商品房买卖合同中，买房人不会无故向售房人多支付款项。郑鹤与安华公司在上述合同签订和履行中的做法，可以印证双方之间并非真正的商品房买卖合同关系。仅凭双方办理了商品房买卖备案登记手续和安华公司为郑鹤开具部分发票的行为，并不能证明《商品房买卖合同》关系的真实性。从安华公司为郑鹤开具发票的时间看，双方签订《商品房买卖合同》的时间是 2011 年 7 月 25 日、28 日，郑鹤向安华公司汇款 5000 万元，双方在《商品房买卖合同》中约定的交房时间是 2012 年 5 月 30 日，但安华公司为郑鹤开具如画一号楼 201、301、401 室的 19 张销售不动产统一发票的时间是 2012 年 9 月 19 日，远远晚于郑鹤的付款时间，且总金额为 3500 万元。因为没有销售不动产统一发票，是无法办理房屋产权登记的。所以商品房交易中，购房者在支付了购房款后长期拿不到发票，甚至到了交房日期仍然拿不到发票却不与开发商交涉是不合常理的。综上所述，郑鹤与安华公司签订《商品房买卖合同》与《回购协议》，并非以取得案涉房屋所有权为目的，而是为了实现资金融通。卖方取得资金用于竞拍土地，买方收取利息。《商品房买卖合同》不过是为了担保郑鹤债权的实现。

2. 关于郑鹤向吴俊妮转让债权的效力，吴俊妮是否因此成为安华公司的债权人的问题。郑鹤向吴俊妮转让的是债权还是将《商品房买卖合同》项下的权利义务概括转移，是双方当事人争议的另一个主要问题。既然认定郑鹤与安华公司之间存在民间借贷的民事法律关系，那么，郑鹤作为案涉款项的出借方，在已经履行了向安华公司实际给付出借款项的情况下，向吴俊妮转让的就是债权。根据《合同法》第 80 条第 1 款之规定，“债权人转让权利的，应当通知债务人。未经通知的，该转让对债务人不发生效力。”案涉债权转让在郑鹤与吴俊妮之间并无争议，问题的关键在于上述转让对于安华公司是否具有约束力，即安华公司是否应当在接到郑鹤发出的债权转让通知后，向吴俊妮履行还款义务。安华公司实际收到了《债权转让协议》，因此，应当认定郑鹤向吴俊妮转让债权的行为，对安华公司发生法律效力。

退一步说，即按照安华公司主张的那样，郑鹤与安华公司签订的是《商品房买卖合同》，郑鹤在支付了全部购房款 4960 万元后，即履行了自已全部的合同义务，只剩下收房的权利。因此，其向吴俊妮转让的也是债权，而不是将合同的权利义务概括转移，故无须取得安华公司的同意。

综上，最高人民法院民一庭意见认为，不签订书面的借款合同，只用签订《商品房买卖合同》并登记备案的方式作为担保，同时签订回购协议，然后再用出借人向借款人实际交付款项的方式建立债权债务关系，是目前一些民间借贷当事人选择的借贷方式。判断当事人之间法律关系的性质，不能仅看合同的名称、形式和内容，更重要的是分析当事人之间法律关系的实质。如果《商品房买卖合同》中售房方并未准备实际交付房屋，而购房一方亦不关心取得所购房屋产权。且双方当事人的关注点集中在《回购协议》及其相应的违约金上，则足以证明双方之间真实的法律关系是民间借贷。

## 四、对是否构成“名为商品房买卖实为民间借贷”法律关系的判断，应将书面合同作为判断的逻辑起点和基本依据，不宜简单否定既存外化法律关系对当事人真实意思的体现和反映

**【案例索引】**

洪秀凤与昆明安钡佳房地产开发有限公司房屋买卖合同纠纷案①：一审：云南省高级人民法院（2014）云高民一初字第 9 号，二审：最高人民法院（2015）民一终字第 78 号。

**【基本案情】**

2013 年 8 月 21 日，安钡佳公司（甲方）与洪秀凤（乙方）签订两份《商品房购销合同》，就洪秀凤购买安钡佳公司开发建设的百富琪商业广场一、二层商铺的具体事项进行了约定。001 号《商品房购销合同》约定：一层商业用房按套内建筑面积计价，该商品房套内建筑面积为 3143.02 平方米，单价为每平方米 2 万元（已包含分摊的共有建筑面积的价格），总金额 62860400 元；乙方应在 2013 年 8 月 18 日前支付 56574360 元，2014 年 1 月 20 日前支付 6286040 元；交房时间为 2013 年

① 载《最高人民法院公报》2016 年第 1 期。

12月14日；甲方逾期交房，自交房时间届满次日起至实际交房之日止30天内，按每天314302元向乙方支付违约金，合同继续履行。逾期30天后，甲方按购房款总金额的5‰支付违约金，合同继续履行。002号《商品房购销合同》约定：二层商业用房按套内建筑面积计价，该商品房套内建筑面积为3601.29平方米，单价为每平方米9869元（已包含分摊的共有建筑面积的价格），总金额35541130元；乙方应在2013年8月18日前支付31987017元，2014年1月20日前支付3554113元；交房时间和违约责任与001号合同约定相同。同日，双方当事人对上述两份合同进行了登记备案。洪秀凤按照安钡佳公司出具的付款委托书载明的收款账户，于当日通过银行转账方式向安钡佳公司汇款56574360元和22825640元，同时还向安钡佳公司法定代表人张晓霞汇款1900万元，共计汇款9840万元。安钡佳公司向洪秀凤出具10张收据，每张金额984万元，共计9840万元。2013年8月26日、9月18日，张晓霞向洪秀凤各汇款368万元。

此外，2011年10月28日，百富琪商业广场竣工验收。2013年6月2日，安钡佳公司与昆明力邦房屋拆迁有限公司（以下简称力邦公司）签订《商铺租赁合同》将百富琪商业广场一、二层商铺出租给力邦公司，租期自2013年6月1日起至2033年5月31日止。安钡佳公司于2013年8月14日出具付款委托书，委托洪秀凤将购房款9840万元汇至张晓霞及该公司账户。中国农业银行股份有限公司昆明吴井路支行银行卡取款业务回单记载，张晓霞于2013年8月21日向吴基协账户内转款1840万元。2013年8月21日，安钡佳公司出具十张收据，载明内容为收到洪秀凤购房款共计9840万元。2013年8月26日、9月18日，张晓霞向洪秀凤汇款各368万元，款项用途一栏均记载为私人汇款。

2014年9月23日，一审庭审中，安钡佳公司述称，百富琪商业广场共有四层商铺，有些对外出租，有些对外出让，出让的单价是每平方米1.8万元。二审庭审中，安钡佳公司述称，百富琪商业广场四层商铺在开盘时的价格是1.8万元。本院就“张晓霞向吴基协付款1840万元的原因为何，是否基于洪秀凤的指令，有无证据”“吴基协是什么人”等问题询问安钡佳公司，安钡佳公司称，该款是返还给吴基协，没有证据证明该汇款是基于洪秀凤的指令；张晓霞在借款之前认识吴基协，不认识洪秀凤；吴基协是联恒投资总经理，洪建华是联恒投资董事长，洪秀凤和洪建华是亲属关系。本院就洪秀凤与洪建华之间的关系问题询问洪秀凤，其称需要核实。

**【审判要览】**

一审法院认为，（1）双方当事人虽然形式上签订了《商品房购销合同》，但百富琪商业广场已于2011年10月28日完成竣工验收，案涉房产于双方签约前也整体出租给力邦公司，且洪秀凤明知上述情况。在已经具备交付条件的情况下，双方却将交房时间约定为2013年12月14日，有违常理。（2）从安钡佳公司提交的2010年4月9日其与案外人张琳婕签订的《商品房购销合同》看，双方约定的百富琪商业广场第四层商铺的买卖价格为每平方米40936.06元，而案涉一层、二层房产交易价格为每平方米2万元及9869元，明显低于安钡佳公司与案外人约定的价格。（3）洪秀凤按约应在2014年1月20日前，分两期支付全部房价款，但其在签约当日就分别向安钡佳公司汇款56574360元和22825640元，同时还向安钡佳公司法定代表人张晓霞汇款1900万元（共计9840万元），已经付清了全部房款，这与正常买房人的付款习惯不符。安钡佳公司在收到上述款项后出具给洪秀凤的是10张收据而非购房发票，此亦违背房屋买卖的交易习惯。（4）在洪秀凤与安钡佳公司无其他业务往来的情况下，安钡佳公司法定代表人张晓霞于2013年8月26日、9月18日向洪秀凤各汇款368万元。对该款项，安钡佳公司认为其与洪秀凤之间实际的借款金额是8000万元，月息4.6%，每月利息即368万元。洪秀凤则认为736万元是安钡佳公司给洪秀凤的销售返点，但双方在合同中并无约定，也无其他证据予以证实。双方当事人上述一系列行为明显不符合房屋买卖的一般交易习惯，故应认定双方所签《商品房购销合同》名为房屋买卖实为借款担保，双方之间系名为房屋买卖实为借贷民事法律关系。洪秀凤主张其与安钡佳公司之间是房屋买卖关系，与法院认定的法律关系不一致。一审法院向洪秀凤进行了释明，洪秀凤仍坚持其诉讼请求不予变更。综上，一审法院依判决驳回洪秀凤的诉讼请求。

洪秀凤不服一审判决，向最高人民法院提起上诉。二审法院认为：

1. 关于双方当事人之间法律关系的性质问题

一项民事交易特别是类似本案重大交易的达成，往往存在复杂的背景，并非一蹴而就且一成不变。当事人的意思表示于此间历经某种变化并最终明确的情况并不鲜见。有些已经通过合同确立的交易行为，恰恰也经历过当事人对法律关系性质的转换过程。而基于各自诉讼利益考量，当事人交易形成过程中的细节并不都能获得有效诉讼证据的支撑。合同在性质上属于原始证据、直接证据，应作为确定当事人法律关系性质的逻辑起点和基本依据，应当重视其相对于传来证据、间接证据所具有的较高证明力。仅可在确有充分证据证明当事人实际履行行为与书面合同文件表现的效果意思出现显著差异时，才可依前者确定其间法律关系的性质。此外，透过解释确定争议法律关系的性质，应当秉持使争议法律关系项下之权利义务更加清楚，而不是更加模糊的基本价值取向。在没有充分证据佐证当事人之间存在隐藏法律关系且该隐藏法律关系真实并终局地对当事人产生约束力的场合，不宜简单否定既存外化法律关系对当事人真实意思的体现和反映，避免当事人一方不当摆脱既定权利义务约束的结果出现。此外，即便在两种解读结果具有同等合理性的场合，也应朝着有利于书面证据所代表法律关系成立的方向作出判定，借此传达和树立重诺守信的价值导向。综上，若要否定书面证据所体现的法律关系，并确定当事人之间存在缺乏以书面证据为载体的其他民事法律关系，必须在证据审核方面给予更为审慎的分析研判。

根据《合同法解释（二）》第7条的规定，“交易习惯”，是指不违反法律、行政法规强制性规定的，在交易行为当地或者某一领域、某一行业通常采用并为交易对方订立合同时所知道或者应当知道的做法，或者当事人双方经常使用的习惯做法。《合同法》针对“交易习惯”问题作出相关规定，其意旨侧重于完善和补充当事人权利义务的内容，增强当事人合同权利义务的确定性。而本案并不涉及运用交易习惯弥补当事人合同约定不明确、不完整所导致的权利义务确定性不足的问题。在前述立法意旨之外，运用“交易习惯”认定当事人交易行为之“可疑性”，应格外谨慎。首先，关于房屋交付时间问题。案涉房产存在违反规划超建楼层且尚未报批即行出售的事实，在此情况下，当事人约定在合同签订之日后近 4 个月时交付房产。而即便不考虑前述事实，在现房买卖情形中，如何约定交房期限方符合“交易习惯”，有无必要乃至是否形成“交易习惯”，同类一般交易判断是否已经形成普遍共识，尚存较大疑问。其次，关于房屋价格问题。抛开此节是否属于“交易习惯”的问题，对不合理低价的判断，亦须以当时当地房地产管理部门公布的同等房地产之价格信息为参考依据。虽安钡佳公司称对其法定代表人张晓霞与张琳婕是否为亲属关系不得而知，但其确认张琳婕同张传文（与张晓霞户籍迁移时间、原因，迁出及迁入地均相同）身份证号相同的事实。张琳婕与安钡佳公司《商品房购销合同》的备案登记，已于 2014 年 4 月 22 日（一审庭审时间为 2014 年 9 月 23 日）因退房原因被注销。一审法院未查明相关事实，亦未对安钡佳公司在一审庭审中所作陈述与前述合同约定单价出现明显差异的事实给予必要关注，径以双方当事人约定价格明显低于安钡佳公司与张琳婕在案涉合同签订之日近 30 个月前所订合同中约定价格为主要理由，否定本案双方当事人之间存在房屋买卖法律关系，理据不足。此外，至本案当事人签约时（2013 年 8 月 21 日），昆明市进一步加强商品房预售管理实施意见已经在当地施行（2011 年 1 月 1 日生效）。根据该意见的前述相关规定，可以认定洪秀凤所持本案交易价格符合合理区间的主张成立。再次，关于付款问题。案涉合同约定的购房款支付方式为分期支付，但在洪秀凤所为一次性支付及安钡佳公司受领给付的共同作用下，应当认定其属于合同履行之变更。将此种合同履行变更视作与正常买房人的付款习惯相悖，理据尚不充分。而洪秀凤向安钡佳公司法定代表人张晓霞付款 1900 万元，也符合该公司所出具付款委托书的要求。购房发票系当事人办理房地产变更登记过程中所必需，一审法院认定安钡佳公司此前先行开具购房款收据违背房屋买卖“交易习惯”，并得出当事人之间不存在房屋买卖法律关系的结论，缺乏足够的事实和法律依据。对本案 736 万元款项性质，双方所述均无合同依据且无其他证据佐证。然据前所述及，也不宜基此通过解释和推断得出推翻书面证据所反映当事人法律关系存在的结论。最后，关于借贷法律关系问题。洪秀凤与安钡佳公司签订了房屋买卖合同且已经备案登记，在实际履行过程中，虽然有些事实可能引发不同认识和判断，但在没有任何直接证据证明洪秀凤与安钡佳公司之间存在民间借贷法律关系，且安钡佳公司对其所主张民间借贷法律关系诸多核心要素的陈述并不一致的情况下，认定双方当事人之间存在民间借贷法律关系，缺乏充分的事实依据。本案二审庭审时，当庭播放了沈汉卿与安钡佳公司法定代表人张晓霞于2014年11月10日（一审庭审之后）的通话录音。其时，安钡佳公司一审所持抗辩意见已经固定，但安钡佳公司法定代表人张晓霞在通话中对洪秀凤之购房人身份却是认可的。至于安钡佳公司主张支付吴基协的1840万元系其所归还的借款本金问题，因其未提供任何证据支持，故难以采信。如有争议，当事人可另循法律途径解决。

证明标准是负担证明责任的人提供证据证明其所主张法律事实所要达到的证明程度。本案中，洪秀凤已经完成双方当事人之间存在房屋买卖法律关系的举证证明责任，安钡佳公司主张其与洪秀凤之间存在民间借贷法律关系。按照《民事诉讼法解释》第108条规定，安钡佳公司之举证应当在证明力上足以使人民法院确信该待证事实的存在具有高度可能性。而基于前述，安钡佳公司为反驳洪秀凤所主张事实所作举证，没有达到高度可能性之证明标准。较之高度可能性这一一般证明标准而言，合理怀疑排除属于特殊证明标准。《民事诉讼法解释》第109条对排除合理怀疑原则适用的特殊类型民事案件范围有明确规定。一审法院认定双方当事人一系列行为明显不符合房屋买卖的“交易习惯”，进而基于合理怀疑得出其间系名为房屋买卖实为借贷民事法律关系的认定结论，没有充分的事实及法律依据，也不符合前述司法解释的规定精神，应予纠正。

2. 关于安钡佳公司应否向洪秀凤交付案涉房产并协助办理所有权变更登记的问题

安钡佳公司与洪秀凤所签两份《商品房购销合同》，不违反法律、行政法规的效力性强制性规定，应认定有效。《合同法》第8条、第60条第1款规定，依法成立的合同，受法律保护，当事人应当按照约定全面履行自己的义务。在洪秀凤已经按约支付全部价款的情况下，安钡佳公司应当依法按约向洪秀凤交付房产并协助办理所有权变更登记。百富琪商业广场存在违规超建的事实，但该行政违法并不针对本案争议房产，安钡佳公司向洪秀凤交付房产并不存在法律上和事实上的障碍，对洪秀凤有关安钡佳公司交付案涉房产的诉请，予以支持。而因前述行政违法行为构成案涉房产所有权变更登记之法律障碍，于本案中直接判决安钡佳公司履行办理所有权变更登记义务并不妥当。安钡佳公司应在相关行政违法事项消除后，协助洪秀凤办理所有权变更登记。后续事项如因新的事实出现而再起争议，洪秀凤可另循法律途径解决。

3. 关于安钡佳公司应否以及如何承担逾期交房的违约责任，应否承担洪秀凤支付的律师费的问题

《合同法》第107条规定，当事人一方不履行合同义务或者履行合同义务不符合约定的，应当承担继续履行、采取补救措施或者赔偿损失等违约责任。本案中，安钡佳公司逾期交房构成违约，理应依法承担相应的违约责任。按照双方当事人有关安钡佳公司逾期交房违约责任的约定，安钡佳公司应承担的违约金为：314302元×30日×2＝18858120元；62860400元×5‰＝314302元；35541130元×5‰＝177705.65元；以上合计19350127.65元。洪秀凤要求安钡佳公司承担19350128元的违约责任有合同依据。考虑到洪秀凤对其收取的736万元款项性质的主张未能提供充分证据，为更好平衡当事人利益，该款可从违约金总额中予以相应扣减。据此，安钡佳公司应向洪秀凤支付违约金11990128元。根据《合同法》第113条第1款的规定，当事人一方不履行合同义务或者履行合同义务不符合约定，给对方造成损失的，损失赔偿额应当相当于因违约所造成的损失。律师费300万元的支出，并非洪秀凤主张权利必然发生的费用，在当事人对此并无特别约定的情况下，洪秀凤亦未充分证明该损失额与安钡佳公司违约行为之间的直接因果关系，故对洪秀凤此项诉讼请求，不予支持。

综上所述，一审判决认定双方当事人之间名为房屋买卖实为借贷法律关系，并据此驳回洪秀凤的诉讼请求，认定事实和适用法律错误，最高人民法院对此予以纠正。洪秀凤上诉主张其与安钡佳公司之间存在房屋买卖法律关系，并要求安钡佳公司承担继续履行等违约责任，有事实和法律依据，对其合理部分，最高人民法院予以支持。判决：（1）撤销一审判决；（2）安钡佳公司于判决生效后10日内向洪秀凤交付百富琪商业广场一层、二层商业用房；（3）安钡佳公司于百富琪商业广场所涉行

政违法事项消除后40日内协助洪秀凤办理一层、二层商业用房所有权变更登记；（4）安钡佳公司于判决生效之日起10日内向洪秀凤支付违约金11990128元；（5）驳回洪秀凤的其他诉讼请求。

**【裁判解析】**

本案争议的核心问题是当事人之间法律关系的性质究竟为何？是房屋买卖法律关系，还是名为房屋买卖实为民间借贷法律关系？

民事法律关系是民事法律规范调整社会关系过程中形成的民事主体之间的民事权利义务关系。在特定案件中，明确法律关系性质的目的主要有二：一是明晰当事人权利义务的边界、内容；二是精准探究和正确揭示当事人之真实意思。本案即是如此，当事人之间法律关系性质认定正确与否，直接关系到当事人各自的权利和义务的界定，进而对当事人的诉讼请求能够得到支持也就是案件的审理结果产生决定性的影响。可以说，如果不能准确认定当事人之间法律关系的性质，本案的最终审理结果将会是失之毫厘谬以千里。

除基于法律特别规定，一个具体的民事法律关系的产生、变更、消灭，需要通过法律关系参与主体的意思表示一致才能形成。判断民事主体根据法律规范有目的、有意识地建立一定法律关系时所达成的意思表示一致的方法，一是探究当事人在合同、协议等书面文件中所体现的真实目的，二是把握当事人实际履行行为所反映出来的内心真意。

一项民事交易特别是类似本案重大交易的达成，往往存在复杂的背景，并非一蹴而就且一成不变。当事人的意思表示于此间历经某种变化并最终明确的情况并不鲜见。有些已经通过合同确立的交易行为，恰恰也经历过当事人对法律关系性质的转换过程。而基于各自诉讼利益考量，当事人交易形成过程中的细节并不都能获得有效诉讼证据的支撑。此时，就需要我们正确理解民事诉讼证据规则中有关证据证明力的规定，准确把握相关证据在对案件事实证明中的作用和证明力大小，在对证据综合审查评判的基础上对当事人的真实意思作出认定。

所谓证据的证明力，是指证据在证明案件事实方面所起的作用。所有的证据都具有证明案件事实的作用，但证据不同，其证明作用力的大小也有所不同，即证据证明力的强弱有所不同。证明力的强弱或大小常常是通过对立或矛盾证据之间的比较显现出来的。根据《民事诉讼证据规定》第77条的规定，人民法院就数个证据对同一事实的证明力，可以依照下列原则认定：（1）国家机关、社会团体依职权制作的公文书证的证明力一般大于其他书证；（2）物证、档案、鉴定结论、勘验笔录或者经过公证、登记的书证，其证明力一般大于其他书证、视听资证人证言；（3）原始证据的证明力一般大于传来证据；（4）直接证据的证明力一般大于间接证据；（5）证人提供的对与其有亲属或者其他密切关系的当事人有利的证言，其证明力一般小于其他证人证言。因此，在审查认定证据的证明力大小时，应当格外重视书证、原始证据、直接证据对案件事实的证明作用。

书证是指以文字、符号、图形等形式所记载的内容或表达的思想来证明案件事实的证据。如各种书面文件或纸面文字材料，如合同文本、各种信函、电报、传真、图纸、图表、文件等。但书证内容的物质载体并不限于纸面材料，非纸类的物质亦可成为载体，如木、竹、石、金属等。书证的主要特征有：第一，书证以其表达的思想内容证明案件的事实，而不是以其外形、质量等来证明案件的事实；第二，书证往往能够直接证明案件的主要事实；第三，书证的真实性较强，不易伪造。按照民事诉讼证据来源划分，可以将证据分为原始证据和派生证据。原始证据，就是直接来源于案件客观事实的证据。如合同的原件。一般而言，经过中间环节越多，证据失真的可能性越大，即证明力与传递次数成反比，而原始证据由于直接形成于案件事实，其证明力大于派生证据。按照民事诉讼证据与证明对象的关系划分，可以将证据分为直接证据和间接证据。直接证据就是能够直接证明证明对象的证据。如结婚证、房产证。一般而言，直接证据的可靠性大，证明效力强。直接以约定房屋买卖为内容的书面合同文本原件就同时具备了书证、原始证据和直接证据的特征。因此，合同在判断当事人间法律关系性质问题上具有较高的证明力，其应当是确定当事人法律关系性质的逻辑起点和基本依据。若确有充分证据证明当事人实际履行行为与书面合同文件表现的真实意思出现差异，才可依前者确定其间法律关系的性质。但需明确的是，除了基于特定法政策考量而有必要在书面证据之外仍需对其所表现的事实予以格外查证的情形外，推翻书面证据之证明力仅属例外。即便在两种解读结果具有同等合理性的场合，亦应朝着有利于书面证据代表的法律关系成立的方向作出判定，否则就无法传达和树立重诺守信的价值导向。因此，如果否定书面合同所体现的法律关系，并确定当事人之间存在缺乏以书面证据为载体的其他民事法律关系，必须在证据审核方面给予更为严格和充分的分析研判。

具体到本案，并不存在洪秀凤和安钡佳公司之间形成民间借贷法律关系的书面证据，相反，双方当事人明确订立了表彰房屋买卖法律关系的房屋买卖合同。一审法院认定洪秀凤与安钡佳公司之间不存在房屋买卖法律关系的路径是，双方当事人一系列行为明显不符合房屋买卖的一般交易习惯，进而认定双方之间系名为房屋买卖实为借贷民事法律关系。但通过对一审判决做出该认定的理由的分析，我们发现，其依据所谓的疑点认定本案双方当事人一系列的行为明显不符合房屋买卖的一般交易习惯，并没有充分的证据支持。

至于应否认定洪秀凤与安钡佳公司之间存在借贷法律关系，亦应根据民事证据规则关于证明标准的规定加以审判判定。证明标准是负担证明责任的人提供证据证明其所主张法律事实所要达到的证明程度。本案中，洪秀凤已经完成双方当事人之间存在房屋买卖法律关系的举证证明责任，安钡佳公司主张其与洪秀凤之间存在民间借贷法律关系，则应当承担相应的举证证明责任，并且在证明力上应足以使人民法院确信该待证事实的存在具有高度可能性。而洪秀凤与安钡佳公司签订了房屋买卖合同且已经备案登记，在实际履行过程中，虽然有些事实可能引发不同认识和判断，但基于前述，尚不足以否定房屋买卖关系在本案双方当事人之间的真实存在。在没有任何直接证据证明洪秀凤与安钡佳公司之间存在民间借贷法律关系的情形之下，加之安钡佳公司对其所主张的民间借贷关系诸多核心要素的陈述并不一致，如果认定本案争议法律关系为民间借贷，将会导致当事人权利义务内容的确定疑难。透过解释确定争议法律关系的性质，应当坚持使争议法律关系项下之权利义务更加清楚，而不是更加模糊的基本价值取向。一项民事交易的达成，往往存在复杂的背景，很多时候当事人的交易安排过程并不能都被有效的诉讼证据所证明。本案事实亦表明，双方当事人均有意隐瞒相关事实。但民事诉讼中的案件事实，应为能够被有效证据证明的案件事实。有些能够为直接证据证明的交易行为，恰恰也经历过当事人对法律关系性质的转换过程。在没有直接且充分证据佐证当事人之间隐藏法律关系存在且该隐藏关系真实地对当事人产生约束力的场合，除非违反法律、行政法规的效力性强制性规定，否则不能随意否定既存外化法律关系对当事人真实意思的体现和反映。安钡佳公司作为房地产开发企业，其本应具备专业的法律素养，其对所主张法律关系与案件法律事实所表彰法律关系之间的差异，以及审判机关可能作出的司法判断应有充分的预判。

因此，洪秀凤与安钡佳公司之间法律关系的性质应认定为房屋买卖法律关系，当事人所签合同不违反法律、行政法规的效力性强制性规定，应认定有效。双方当事人在合同中，约定了实际交付房屋和产权移交等事宜，在洪秀凤已经按约支付全部价款的情况下，安钡佳公司应当向洪秀凤交付案涉房产并协助办理所有权变更登记。

## 五、买受人与开发商均主张双方之间存在真实有效的商品房买卖关系，并依据《最高人民法院关于建设工程价款优先受偿权问题的批复》第 2 条的规定，对抗承包人建设工程价款请求权的，应重点审查签订购房合同、支付购房款等重要事实，以判断双方之间商品房买卖关系的真伪

**【案例索引】**

宋宇与北京盛和发房地产开发有限公司、广东粤财投资控股有限公司、北京城乡建设有限责任公司商品房预售合同纠纷案[①]：一审：北京市第二中级人民法院（2006）二中民初字第 16218 号，二审：北京市高级人民法院（2010）高民再终字第 1715 号，再审：最高人民法院（2011）民提字第 331 号。

---

① 载《最高人民法院公报》2013 年第 3 期。

**【基本案情】**

2001年4月25日，宋宇与北京盛和发房地产开发有限公司（以下简称盛和发公司）签订了17份商品房买卖合同，约定宋宇购买盛和发公司开发的位于北京市朝阳区安慧东里2号院盛和家园2号楼内17套房屋，价款总计10190728元。合同签订后，宋宇于2001年4月26日至2002年4月28日期间将全部房价款支付给盛和发公司，盛和发公司认可收到全部房价款，并为宋宇开具收款收据。盛和发公司未依合同约定到房地产管理部门申请合同登记备案。2003年5月28日，盛和发公司向宋宇发出房屋入住通知书，通知宋宇办理入住手续。宋宇认可于2003年5月28日实际接收全部房屋。

2001年7月12日，盛和发公司为向广东发展银行股份有限公司北京分行（以下简称广发行北京分行）申请贷款，将诉争17套房屋在内的盛和家园2号楼129套在建房屋抵押给广发行北京分行，并在房地产管理部门进行抵押登记，抵押权权利范围为4000万元。由于盛和发公司不能按期偿还贷款，2003年7月10日，盛和发公司与广发行北京分行再次签订借款合同，借款1868万元，以偿还之前借款，贷款期限为2003年9月18日至2004年4月17日，盛和发公司以其拥有的包括诉争17套房屋在内的盛和家园2号楼71套房产作为抵押，同日，双方签订抵押合同。2003年9月15日，上述房屋在房地产管理部门完成抵押登记手续。

2004年3月，广发行北京分行向北京市第二中级人民法院（以下简称北京二中院）提起民事诉讼，要求盛和发公司提前偿还剩余贷款，给付利息、复利及相关费用，并要求就抵押房产享有优先受偿权。2004年6月2日，北京二中院就法案作出（2004）二中民初字第04276号民事判决，确认广发行北京分行与盛和发公司签订的借款合同和抵押合同有效，盛和发公司偿还广发行北京分行借款本金1748万元、利息、复利及律师费，广发行北京分行对盛和发公司抵押的房产（包括诉争17套房屋）享有优先受偿权。该判决已经生效。

2005年3月15日之前，房地产开发企业预售商品房使用的商品房买卖合同文本均是从建委房管处或直接到印刷厂领取，编号为125401至125425的空白合同由北京武夷房地产开发有限公司领取，编号为130126

至130150的空白合同由北京万泉花园物业开发有限公司领取，案涉编号为125415、125417～125423、125425、130131～130135等合同文本已由上述两公司签约使用。

盛和发公司原部分员工在公安机关询问时，均表示知晓时任盛和发公司法定代表人王勇伟与宋宇之间存在借款关系，但就宋宇与盛和发公司之间签订房屋买卖合同及支付购房款的具体情况不详。

2002年4月29日，盛和发公司盖章出具的钥匙移交书、盛和家园2号楼销售一览表、2002年5月22日，盛和发公司盖章出具的借条及明细单、盛和发公司销控表等证据材料，均显示诉争37套房屋（含以宋宇名义购买的17套房屋）未售出。

2001年1月至9月，盛和发公司会计报表中发生额及余额表科目名称“宋宇”一栏记载：本期发生借方1100万元，贷方1100万元。2001年11月，新生代事务所接受盛和发公司委托作出的审计报告显示：2001年5月8日，盛和发公司与华南实业签订了借款合同，向华南实业借款1100万元，借款期限一个月。2001年7月25日，盛和发公司将1100万元借款归还华南实业。在盛和家园项目资金来源明细表、往来明细表中，该1100万元记载为向宋宇借款，并记载已归还。

诉争商品房买卖合同签订后未到房地产管理部门申请办理合同登记备案手续。宋宇称，2003年5月28日，盛和发公司发出房屋入住通知书（通知书上办理日期空白），其当日办理了入住手续，但未实际入住，亦未签订物业管理合同。

2000年3月13日，北京城乡建设有限责任公司（以下简称城乡建设）与盛和发公司签订了北京市建设工程施工合同，约定由城乡建设承建盛和家园1～3号楼商住及配套公建工程，该工程于2002年4月26日如约竣工验收并交付使用。2003年8月8日，城乡建设与盛和发公司签订了工程结算补充协议，双方确定盛和发公司尚欠47393600元。上述协议签订后，盛和发公司除于2003年10月14日、17日向城乡建设付款50万元外，其余款项包括违约金均未支付。后城乡建设分别两次诉至北京二中院，请求判令盛和发公司给付工程款及相应违约金等，并请求确认对已完工程享有优先受偿权。北京二中院于2004年7月1日分别作出

（2004）二中民初字第623号、（2004）二中民初字第4023号民事判决，判令盛和发公司给付城乡建设工程款共计47393600元及相应违约金，驳回城乡建设要求确认对已完工程享有优先受偿权等诉讼请求。上述判决已经生效。城乡建设申请对盛和发公司强制执行后，宋宇提出执行异议，中止了强制执行程序。

广发行北京分行依据2005年12月31日广东发展银行股份有限公司与广东粤财投资控股有限公司（以下简称粤财公司）签订的不良资产转让协议，于2006年10月31日与粤财公司签订单项贷款债权的债权转让协议，将广发行北京分行对盛和发公司基于借款合同享有的债权及由此债权产生的全部权益转让给粤财公司。后于2006年11月20日将债权转让及催收通知、担保权利转让及催收通知、还款账户通知送达盛和发公司，并对送达进行了公证。2007年6月27日，广发行北京分行在人民法院报上发布债权转让及催收公告。

2008年10月20日，盛和发公司被依法吊销企业法人营业执照。

宋宇一审起诉请求：（1）确认17份商品房买卖合同合法有效；（2）判令盛和发公司支付延期办证的违约金101907.28元及经济损失5898092.72元；（3）判令盛和发公司为其办理相应房屋的产权证；（4）判令盛和发公司承担本案的诉讼费。

**【审判要览】**

一审法院认为，宋宇与盛和发公司均认可2001年4月25日所签17份商品房买卖合同系双方当事人自愿签订，且上述17份商品房买卖合同亦不存在违反法律、行政法规的强制性、禁止性规定之处，应当认定该17份商品房买卖合同系双方当事人真实意思表示，合法有效。

盛和发公司认可宋宇依约交纳了全部购房款，则宋宇已经充分履行了合同义务，盛和发公司亦应当按照约定协助办理所购房屋的所有权证。另外，宋宇基于其与盛和发公司签订的商品房买卖合同主张盛和发公司为其办理诉争房屋的所有权证，其仅享有针对诉争房屋的债权，而生效判决已经确认广发行北京分行对盛和发公司抵押的房产（包括诉争17套房屋）享有优先受偿权，该优先受偿权来源于抵押物权。则在盛和发公司未向广发行北京分行及时清偿时，抵押权人广发行北京分行可以以抵押物折价或者从抵押物的变价中优先于一般债权人获得先位清偿，抵押权人行使抵押权后，剩余部分盛和发公司才能履行其与宋宇所签商品房买卖合同，为宋宇办理所购房屋的房屋所有权证。因此，只有在广发行北京分行就抵押物享有的优先受偿权充分实现后，盛和发公司才能为宋宇办理剩余房屋的房屋所有权证。

盛和发公司未在合同约定的期限内为宋宇办理诉争房屋的房屋所有权证，应当承担违约责任。关于延期办证违约金的数额，商品房买卖合同有明确的约定，盛和发公司亦同意按照合同约定给付宋宇称因盛和发公司迟延办证，致使其产生违约金之外的损失，就该部分损失宋宇未举证证明，不予支持。综上，作出（2006）二中民初字第16218号民事判决：（1）宋宇与盛和发公司签订的17份商品房买卖合同有效；（2）在广发行北京分行就诉争房屋享有的优先受偿权实现后30日内，盛和发公司为宋宇办理判决第1项所指合同项下除因广发行北京分行行使优先受偿权而被折价、拍卖或变卖房屋的所有权证；（3）盛和发公司于判决生效后7日内给付宋宇延期办证违约金101907.28元；（4）驳回宋宇其他诉讼请求；（5）驳回广发行北京分行其他诉讼请求。

宋宇和盛和发公司均未提起上诉。上述判决生效后，城乡建设以该判决侵害其合法权益为由，向北京市高级人民法院申请再审，称宋宇与盛和发公司恶意串通，所签订的商品房买卖合同是虚假无效合同，请求再审依法改判。北京市高级人民法院于2008年12月26日作出（2008）高民申字第3230号民事裁定，指令北京二中院再审本案。北京二中院再审过程中，城乡建设申请作为第三人参加诉讼，法院依法予以准许。

再审诉讼中，宋宇称，2001年4月，时任盛和发公司法定代表人的王勇伟向其借款1100万元，2004年5月8日，宋宇与盛和发公司签订了两份借款金额分别为1000万元和100万元的借款合同。后王勇伟表示将盛和家园房屋以较低价格卖与宋宇抵作借款，于是宋宇分别以宋宇本人、张京生、关宏彪三人名义与盛和发公司签订了37套商品房买卖合同，并将合同签订时间写为2001年4月25日。合同签订后，宋宇称自2001年4月至2002年陆续通过银行转账、现金方式支付剩余购房款，直至2002年4月28日付清全部购房款23776740元，并称盛和发公司一直拖延拒开购房发票，均向其开具的收据，并在盛和发公司法定代表人更换为杨晓南后换开了新的收据。

北京二中院再审认为，本案宋宇虽提供了其与盛和发公司签订的商品房买卖合同、购房款收据及入住通知书等支持其诉讼请求，但其在签订合同、支付房款、借款等重要事实上原审及再审中陈述前后不一致，综合本案法院调取的公安局卷宗中相关证据以及盛和发公司销售记录等资料，表明宋宇未实际购买诉争房屋，诉争房屋均未售出。故现有证据不足以证明宋宇与盛和发公司之间存在商品房买卖关系，宋宇请求确认双方商品房买卖合同有效及其他相应诉讼请求，不予支持。粤财公司在原审中申请作为有独立请求权的第三人参加诉讼，请求确认其对诉争房屋的优先受偿权，鉴于已有生效判决确认其对盛和发公司抵押房产（包括诉争房屋）享有优先受偿权，不再重复处理。综上，作出（2009）二中民再初字第17337号民事判决：（1）撤销（2006）二中民初字第16218号民事判决；（2）驳回宋宇的诉讼请求；（3）驳回粤财公司的诉讼请求。

宋宇不服该判决，向北京市高级人民法院提起上诉。

北京市高级人民法院二审认为，当事人行使权利、履行义务应当遵循诚实信用原则。本案宋宇虽提供了其与盛和发公司签订的商品房买卖合同、购房款收据及入住通知书等证据支持其诉讼请求，但其在签订合同、支付房款、借款等重要事实上所做陈述前后不一致，综合本案法院调取的公安局卷宗中相关证据以及盛和发公司销售记录等证据，表明诉争房屋均未售出，故现有证据不足以证明宋宇与盛和发公司之间存在真实有效的商品房买卖关系，宋宇请求确认双方商品房买卖合同有效及其他相应诉讼请求，不予支持。综上，作出（2009）高民再终字第5744号民事判决：驳回上诉，维持原判。

宋宇不服北京市高级人民法院二审判决，向最高人民法院申请再审，认为其与盛和发公司的房屋买卖关系真实有效。最高人民法院于2010年6月28日以（2010）民再申字第64号民事裁定指令北京市高级人民法院再审。

北京市高级人民法院经再审，作出（2010）高民再终字第1715号民事判决：维持（2009）高民再终字第5744号民事判决。

宋宇仍不服北京市高级人民法院再审判决，再次向最高人民法院提出申诉。

最高人民法院再审认为，案涉商品房买卖关系是否真实存在是本案争议的关键所在。本案商品房买卖关系明显与同类的正常交易不符。虽然盛和发公司与宋宇在诉讼中均主张双方之间存在真实有效的商品房买卖关系，但对签订购房合同、支付购房款等重要事实，宋宇多次陈述不一、前后矛盾。根据本案现已查明的事实以及宋宇、盛和发公司在历次诉讼中所作陈述，本案商品房买卖关系在真实性上存在以下疑点：

1. 本案是源于2004年城乡建设因建设工程施工合同纠纷一案申请对盛和发公司财产（主要是案涉房屋）的强制执行。宋宇为对抗该强制执行，提起本案诉讼，导致上述强制执行措施的中止。而正是在中止执行期间，盛和发公司又陆续将大部分案涉房屋售出。对于自己购置的大量房产，宋宇只是委托盛和发公司“价格合适可以卖”，对具体销售时间、价格、售出的套数以及资金收回情况，并不关注。自2006年10月宋宇在北京二中院提起本案一审诉讼至最高人民法院再审期间，盛和发公司一方面，陆续另行出售前述房屋中的大部分；另一方面，又认可宋宇关于已购案涉房屋的主张。对上述情况，双方均无合理解释。

2. 商品房买卖合同本身存在疑点。根据原审查明的事实，编号为125401至125425的空白合同由北京武夷房地产开发有限公司领取，编号为130126至130150的空白合同由北京万泉花园物业开发有限公司领取，诉争编号为125415、125417～125423、125425、130131～130135等合同文本已由上述两公司签约使用。盛和发公司对案涉合同文本的来源无合理解释。另外，案涉合同未在房地产管理部门进行合同登记备案，而盛和发公司在再审庭审后提交的4份案外人购房合同上均盖有房地产管理部门的登记备案章。

3. 案涉合同的履行过程存在疑点。从总体看，案涉合同履行的非常随意。关于款项支付情况，本案所涉购房款的支付存在大量现金交易（700余万元），仅有宋宇本人的陈述，无其他证据佐证。盛和发公司一方面主张该现金部分主要被其前法定代表人王勇伟收取，另一方面又认可宋宇已付清全部购房款；转账部分，北京市东城区竹源食品店和北京永信喷胶棉有限公司向盛和发公司的转账日期均为2001年4月30日，其在本案原审诉讼期间对支付该笔款项出具《资金说明》均称，支付的款项用于宋宇购买盛和发公司开发的盛和家园2号楼部分商品房屋，但根据宋宇陈述，其与盛和发公司在2001年4月是借款关系，在2001年6月后该笔借款才转为购房款的，两者存在明显矛盾。关于付款凭证，宋宇仅提交了盛和发公司出具的10张收据，无正式发票。在北京二中院再审期间，宋宇对此的解释是，“我买的房子都没开过发票，对于开发票的事情我都没想”。该解释难以让人信服。形式上，10张发票的编号与开具时间顺序存在颠倒现象，收据所载的数额与具体每次所付款项亦不能一一对应。关于入住情况，盛和家园项目2002年4月26日竣工验收，同年5月开始办理入住手续，而宋宇2001年已经签订购房合同，2002年4月28日已经付清全部购房款，盛和发公司却在2003年5月才向其发出房屋入住通知书。宋宇虽称已办理入住手续，但却未与物业公司签订物业服务合同，亦未实际入住。

4. 粤财公司在2001年7月和2003年9月两次对案涉房屋进行了抵押登记。签订抵押合同时，盛和发公司并未告知粤财公司案涉房屋已销售。盛和发公司给宋宇的入住通知书时间为2003年5月28日，宋宇也主张当日办理了入住手续，而案涉房屋第二次抵押登记日期为2003年9月15日，宋宇此时却未提任何异议。作为支付了全款的买房人，在一审判决其权利落后于在后的银行抵押权时，亦未提出上诉。

5.《盛和家园项目资金来源明细表》（截至2001年10月10日）其中一栏载明，单位：宋宇；性质：借款；金额：1100万元，同时列出的还有预收售楼款11441万元。按照盛和发公司与宋宇的主张，2001年10月，双方已经将1100万元借款转化为购房款，但该表仍将宋宇的1100万元借款与售楼款同时并列列出。而在同时的《盛和家园项目资金来源明细表》（截至2001年10月10日）其中一栏记载：还宋宇借款1100万元。现宋宇和盛和发公司均主张1100万元借款已转化为购房款，而对上表中所载的已还款情况未能作出合理解释，且对如此大额的资金往来和大量的房屋交易，双方仅以口头陈述为凭，亦未能提供借款转换成购房款的任何书面协议。对于借款如何转换为购房款以及购房经过，宋宇多次陈述不一，前后矛盾，又未能提供其他证据证明。

6.2002年4月29日城乡建设与盛和发公司签署的钥匙移交书，载明案涉工程2002年4月24日验收合格，城乡建设将已经预售的房屋每户五把钥匙移交盛和发公司。2002年5月22日城乡建设与盛和发公司签署的借条载明，为配合盛和发公司售楼需要，城乡建设借给盛和发公司盛和家园1号、2号楼尚未售出居室户门钥匙（各户一把）。其中所附的盛和家园2号楼销售一览表中，案涉房屋显示尚未售出。双方签署上述文件的主要目的是进行房屋移交以及配合盛和发公司后续售楼的需要，此时隐瞒对宋宇的销售行为并无任何意义。

在存在上述众多疑点的情况下，认定宋宇与盛和发公司之间存在真实商品房买卖关系，依据明显不足。原审判决认定宋宇与盛和发公司之间不存在真实的商品房买卖关系，并无不当。本案判决仅否定了宋宇与盛和发公司之间房屋买卖关系的真实性，对于宋宇主张的其与盛和发公司多次资金往来情况，为另一法律关系，不属本案审理范围。综上，判决：维持北京市高级人民法院（2010）高民再终字第1715号民事判决。

**【裁判解析】**

本案之所以产生虚构商品房买卖关系，抵抗施工人建设工程价款优先受偿权的问题，是源于对《最高人民法院关于建设工程价款优先受偿权问题的批复》（法释〔2002〕16号）的滥用。虽然该批复能够最大限度保障普通购房人的利益，但在实践中也要防止被别有用心的人利用，引发道德风险。就本案来说，盛和发公司与宋宇之间是否存在真实的商品房买卖关系是争议的焦点，但由于债权不具有公示性，在“一个愿打，一个愿挨”，双方意见一致的情况下，作为第三方的法院，很难单纯从形式上推翻双方债权债务关系的真实性。因此，从各证据形成的证据链，来综合探究双方当事人的本意就成为本案审理的重点和难点。

首先，要考虑本案产生的缘起。盛和发公司和宋宇之所以产生诉讼，不是因为双方产生实质性的纠纷，而是由于盛和发公司开发的案涉房产被施工方城乡建设强制执行，宋宇为此提出执行异议，导致的本案诉讼。而根据双方当事人提交的证据看，在本案诉讼前，盛和发公司早已违反双方提交的商品房买卖合同约定，未办理房产过户登记，存在违约行为。宋宇对此未予追究，亦未向盛和发公司提出要求履行合同约定。

其次，要考虑双方利益诉求的对抗程度。本案中，从盛和发公司和宋宇之间诉讼主张的趋同、双方前后陈述的矛盾以及合同订立和履行中的种种不合常规之处，都可以对双方是否存在真实的商品房买卖关系提出合理怀疑。

最后，要考虑案件的其他相关情节。本案中，盛和发公司的法定代表人杨晓南和宋宇并非陌生人，而是朋友关系。双方的资金往来也比较多，大量资金又均是现金交易，无其他证据佐证，双方主张存在商品房买卖关系的三份证据，商品房买卖合同、入住通知书和收款收据，均是在盛和发公司和宋宇内部形成，无相应国家管理机关确认等，这些都存在恶意串通、损害第三人利益的条件和可能。

## 六、格式条款提供方负有三项法定义务，即遵循公平原则确定当事人之间的权利义务、对于免责或限责条款采取合理的方式提示对方注意以及依对方的要求给予说明的义务。只有违反前述义务的格式条款，方可认定为无效

**【案例索引】**

李晓天、王海燕、李琪与江苏仑山湖发展有限公司商品房买卖合同纠纷案：一审：江苏省镇江市中级人民法院（2013）镇民初字第 18 号，二审：江苏省高级人民法院（2014）苏民终字第 0011 号。

**【基本案情】**

2011 年 5 月 15 日，李晓天、王海燕、李琪与江苏仑山湖发展有限公司（以下简称仑山湖发展公司）签订了商品房买卖合同。该合同约定，仑山湖发展公司将位于句容市边城镇芦塘村、暂定名为湖西居住小区（溪山丽苑）第 J69 幢 1—2 层 0101 号房出售给李晓天、王海燕、李琪，买受人于 2011 年 5 月 31 日前支付给出卖人全部房款 3841734 元（含定金）。该合同第 7 条约定，买受人如未按本合同规定的时间付款，逾期在 30 日之内，自本合同规定的应付款期限之第 2 天起至实际全额支付应付款之日止，买受人按日向出卖人支付逾期应付款 3‱的违约金，合同继续履行；逾期超过 30 日后，出卖人有权解除合同；出卖人解除合同的，买

受人按累计应付款的3%向出卖人支付违约金；买受人愿意继续履行合同的，经出卖人同意，合同继续履行，自本合同规定的应付款期限之第2天起至实际全额支付应付款之日止，买受人按日向出卖人支付逾期应付款5‰的违约金。该合同第8条约定，出卖人应当在2012年8月30日前将商品房交付买受人使用，但如遇下列特殊原因，除双方协商同意解除合同或变更合同外，出卖人可据实予以延期：遭遇不可抗力，且出卖人在发生之日起15日内告知买受人的。该合同第9条约定，除本合同第8条规定的特殊情况外，出卖人如未按合同规定的期限将该商品房交付买受人使用，逾期不超过90日，自本合同第8条规定的最后交付期限的第2天起至实际交付之日止，出卖人按日向买受人支付已交付房价款1‰的违约金，合同继续履行；逾期超过90日后，买受人有权解除合同；买受人解除合同的，出卖人应当自买受人解除合同通知到达之日起30天内退还全部已付款，并按买受人累计已付款的1%向买受人支付违约金；买受人要求继续履行合同的，合同继续履行，自本合同第8条规定的最后交付期限的第2天起至实际交付之日止，出卖人按日向买受人支付已交付房价款万分之一的违约金。该合同附件四第16条约定，任何一方在履行本合同过程中的违约责任，均按本合同约定的责任承担方式处理。任何一方不得向对方提出超过本合同约定的违约责任的其他索赔要求等。

李晓天、王海燕、李琪于2011年4月23日交纳房款30万元，于2011年5月15日交纳房款1041734元，于2011年6月15日交纳房款250万元。仑山湖发展公司未交付房屋。2013年1月23日，李晓天、王海燕、李琪诉至法院，请求判令仑山湖发展公司返还购房款3841734元，并赔偿损失459051元。

一审中，双方自愿达成协议：双方2011年5月15日商品房买卖合同解除。仑山湖发展公司在2013年4月10日前退还李晓天、王海燕、李琪购房款3841734元整，此款打入江苏省镇江市中级人民法院账户。李晓天、王海燕、李琪与仑山湖发展公司在2013年4月18日前共同办理2011年5月15日商品房买卖合同备案登记注销手续。该合同备案登记注销手续完成后，将上述3841734元由法院转付给李晓天、王海燕、李琪。关于李晓天、王海燕、李琪在本案主张的损失、交通费、律师费另行解决。一审法院已另行制作（2013）镇民初字第18号民事调解书并送达双方当事人。仑山湖发展公司于2013年4月10日已退还购房款3841734元。

【审判要览】

一审法院认为，第一，本案双方当事人于2011年5月15日签订商品房买卖合同，李晓天、王海燕、李琪支付购房款3841734元，而仑山湖发展公司未按2011年5月15日商品房买卖合同约定交付商品房，构成违约。就购房款退还事宜，双方当事达成调解，仑山湖发展公司已按调解协议退还完毕。第二，违约金是合同当事人双方在合同中自由约定的违反合同义务一方应支付给守约方的价款，法律一般不对此进行干涉，但约定违约金低于造成的损失的，人民法院可以按照法律和司法解释规定对违约金数额调增。本案双方当事人于2011年5月15日签订的商品房买卖合同因仑山湖发展公司违约而导致解除，双方当事人从事的商品房交易行为终止，但李晓天、王海燕、李琪已支付购房款3841734元，而仑山湖发展公司未向李晓天、王海燕、李琪交付所购商品房，李晓天、王海燕、李琪因商品房买卖合同解除而造成已付房款的银行贷款利息损失显而易见。因此，本案商品房买卖合同第9条约定，出卖人如未按合同规定的期限将该商品房交付买受人使用，逾期超过90日后，买受人解除合同的，出卖人应当自买受人解除合同通知到达之日起30天内退还全部已付款，并按买受人累计已付款的1%向买受人支付违约金。李晓天、王海燕、李琪主张按照银行贷款利率计算所付房款的利息，实际以商品房买卖合同约定违约金低于造成的损失为由，请求增加违约金数额，符合法律规定，应予支持。综上，判决：（1）仑山湖发展公司于判决生效之日起十五日内给付李晓天、王海燕、李琪利息（自2011年4月23日至2011年5月14日，以30万元为基数，按中国人民银行同期一年期贷款利率计算利息；自2011年5月15日至2011年6月14日，以1341734元为基数，按人民银行同期一年期贷款利率计算利息；自2011年6月15日至2013年4月9日，以3841734元基数，按人民银行同期一年期贷款利率计算利息）；（2）驳回李晓天、王海燕、李琪的其他诉讼请求。

一审判决后，仑山湖发展公司提起上诉。

二审法院认为，仑山湖发展公司与李晓天、王海燕、李琪系采用格式条款签订的商品房买卖合同，仑山湖发展公司作为提供格式条款的一方，应当遵循公平原则确定当事人之间的权利和义务，提供格式条款一方免除其责任、加重对方责任、排除对方主要权利的，该条款无效。本案中，合同附件四第16条约定："任何一方在履行本合同过程中的违约责任，均按本合同约定的责任承担方式处理，任何一方不得向对方提出超过本合同约定的违约责任的其他索赔要求。"而根据《合同法》第114条的规定："当事人可以约定一方违约时应当根据违约情况向对方支付一定数额的违约金，也可以约定因违约产生的损失赔偿额的计算方法。约定的违约金低于造成的损失的，当事人可以请求人民法院或者仲裁机构予以增加；约定的违约金过分高于造成的损失的，当事人可以请求人民法院或者仲裁机构予以适当减少。"可见，在违约金约定过低不足以填补损失时，要求增加违约金属于当事人的法定权利，而合同附件四第16条的约定显然排除了买受人的上述权利，应属于无效的格式条款。《合同法解释（二）》第28条规定："当事人依照合同法第一百一十四条第二款的规定，请求人民法院增加违约金的，增加后的违约金数额以不超过实际损失额为限。"本案中，李晓天、王海燕、李琪已按照约定交付了购房款，该款项的孳息利益被仑山湖发展公司占有，按照双方合同约定，在仑山湖发展公司违约导致买受人解除合同的情况下，李晓天、王海燕、李琪只能获得已付款1%的违约金，远低于款项的孳息利益，故李晓天、王海燕、李琪要求按照同期银行贷款利率计算的利息作为实际损失并主张赔偿，符合法律规定。况且，在合同解除的情况下，仑山湖发展公司占有孳息亦无法律依据，理应随购房款一并返还。故判决：驳回上诉，维持原判。

**【裁判解析】**

（一）合同示范文本与合同格式条款辨析

合同示范文本一般是指通过有关专业法规、商业习惯等确立的，为当事人订立合同时所参考的文本。《合同法》第12条第2款中明确规定"当事人可以参照各类合同的示范文本订立合同"，明确了合同示范文本制度。合同示范文本与合同格式条款虽然都是为了重复使用而事先拟定的合同文本，但两者依然存在较明显的区别，主要在于：（1）合同条款的拟定主体不同。合同示范文本是由相关业务主管部门以维护特定类型交易秩序稳定为目的制订并发布的文本，而格式条款一般是由具有垄断地位或交易优势的一方或行业组织，在未与对方协商的情况下，预先设计制订的文本。（2）合同条款的自身属性不同。合同示范文本仅对合同文本的构架和条款的完备性作出规定，不涉及双方具体协商内容和权责分配，赋予合同双方平等商谈的空间。而格式条款则是对具体交易内容的直接规定，对方只有接受或不接受的选择，如果签订合同当事人一方处于弱势地位，就会发生明显违背协商一致和诚实信用原则的情况。

### （二）合同格式条款的审查

《合同法》第39条第2款规定："格式条款是当事人为了重复使用而预先拟定，并在订立合同时未与对方协商的条款。"因此，对争议合同条款的审查，主要应基于格式条款的以下特征：（1）预先拟定。所谓预先拟定，是指合同当事人在合同磋商之前已经拟定好合同条款的具体内容。在判断是否存在预先制定的要件时，如下问题值得注意：争议条款系合同当事人或合同外第三人拟定并不影响对预先拟定行为的判断。格式条款提出方在合同订立时使用第三人已拟定好的格式条款并不影响对该合同条款性质的认定。虽然本案中并未涉及，但各地法院的审判实践中，偶有存在行业垄断企业以行业协会之名引入格式条款的案例发生。此类案例中，笔者认为即使合同条款以第三人拟定的"示范性"或"推荐性"名义出现，也同样满足格式条款的预先拟定标准，不能与一般合同示范文本混同。（2）重复使用。多次重复使用反映了格式条款适应大规模重复性交易的特点，即该条款通常并不是为某个具体合同拟定的，而是为某一类交易。但在判断合同条款是否旨在多次使用时，依然需要结合法官心证判断使用者的主观意图，即使用者是否具有对某合同条款的使用计划性。如果某合同条款起初仅仅准备用于某次特定合同磋商，虽然此后其再次被用于其他合同，但笔者依然不倾向认定其为格式条款。但若使用者自始便将合同条款计划为多次重复使用，则即使现实中仅被应用一次，依然不妨碍认定该条款具有格式条款多次重复性特征。（3）单方提出并未经磋商。所谓单方提出就是格式条款使用人在订立合同时未与对方协商单方面决定合同内容。格式条款的单方提出特征使其获得了与法律规范相类似的法律地位，其在功能上恰恰替代了《合同法》中的任意法部分。从此角度出发，格式条款甚至具有规范性的性质。如果某一合同条款虽然系单方提出，但经过双方磋商并最终达成一致，则依然不能认定为格式条款。根据前述格式条款的审查要件，本案所涉合同附件四第 16 条明显具有格式条款性质，应被认定为格式条款。

### （三）合同格式条款的效力认定

#### 1. 格式条款的有效情形

《合同法》第 40 条规定了格式条款无效的情形。以此为基础，《合同法解释（二）》第 9 条、第 10 条对格式条款的效力作出了更为细致的规定。前述解释第 10 条规定："提供格式条款的一方当事人违反《合同法》第三十九条第一款的规定，并具有《合同法》第四十条规定的情形之一的，人民法院应当认定该格式条款无效。"依据《合同法》第 39 条第 1 款"采用格式条款订立合同的，提供格式条款的一方应当遵循公平原则确定当事人之间的权利和义务，并采取合理的方式提请对方注意免除或者限制其责任的条款，按照对方的要求，对该条款予以说明"之规定，格式条款提供方负有三项法定义务，即遵循公平原则确定当事人之间的权利义务、对于免责或限责条款采取合理的方式提示对方注意以及依对方的要求给予说明的义务。前述解释第 6 条第 1 款对何谓采取合理的方式作出了解释，即对免责或限责格式条款，格式条款提供方在合同订立时采用足以引起对方注意的文字、符号、字体等特别标识，并按照对方的要求对该格式条款予以说明的，人民法院应当认定符合《合同法》第 39 条所称采取合理的方式。其所作的特别标识足以引起对方注意，是判断格式条款提供方是否尽到合理提示义务的一个非常重要的条件。

#### 2. 格式条款的无效情形

《合同法》第 40 条规定了格式条款无效的三种情形：一是符合《合同法》第 52 条一般合同无效情形的格式条款无效；二是格式条款免除造

成对方人身伤害的或者因故意或者重大过失造成对方财产损失的责任时无效；三是格式条款提供方免除自身责任、加重对方责任、排除对方主要权利的，格式条款无效。第三种情形中的免除自身责任，又可以称为免除主要义务，主要指条款中含有免除条款提供方按照通常情形或一般交易习惯应当承担的主要义务，一些为消费者所诟病的类似于“商品一经售出概不负责”等条款皆属于此类情形。加重对方责任，是指格式条款中含有在通常情况或一般交易习惯中对方当事人不应当承担的义务。如某些合同中规定消费者对于不可抗力发生的后果也应承担责任。排除对方主要权利，是指格式条款中含有排除对方当事人按照通常情形或一般交易习惯应当享有的主要权利。这三种无效情形不是彼此排斥，而是互有重合之处，比如某格式条款违反了法律或行政法规的强制性规定，同时可能也加重了格式条款相对方的责任或者排除了其主要权利。本案中，合同附件四第16条约定：“任何一方在履行本合同过程中的违约责任，均按本合同约定的责任承担方式处理，任何一方不得向对方提出超过本合同约定的违约责任的其他索赔要求。”这明显损害了买受人在违约金约定过低不足以填补损失时，要求增加违约金属于当事人的法定权利。综上，法院认定该部分内容符合格式条款模式，并认定该条款无效。

## 七、购房人以首付与银行按揭相结合方式付款，开发商提供的合同中有关“一旦贷款申请未获批准则购房人应于短期内付清购房余款”的格式条款，因违反了格式条款提供方公平拟约的义务，而应认定为无效

**【案例索引】**

刘岩与淮安恒大房产公司商品房买卖合同纠纷案[①]：一审：江苏省淮安市清浦区人民法院（2012）浦商初字第1243号，二审：江苏省淮安市中级人民法院（2013）淮中民终字第0475号。

① 孙坚：《明显加重购房人付款义务的格式条款无效》，载《人民法院报》2013年8月22日，第7版。

【基本案情】

刘岩系在校大三学生。2011 年 8 月 29 日，刘岩与淮安恒大房产公司（以下简称淮安恒大公司）签订一份商品房买卖合同，约定刘岩购买淮安恒大公司开发的恒大名都 12 幢 3 单元 607 号房，总价款为 813591 元，刘岩应于合同签订之日支付首付款 244591 元，余款 56.9 万元须在 2011 年 8 月 29 日前办理完毕银行按揭贷款申请手续。

双方在签订商品房买卖合同的同日，还订立了一份补充协议，其中“关于银行按揭付款方式的约定”的条款约定：如买受人的按揭申请未获银行最终审批同意，买受人应在银行审批终了之日起 5 日内付清剩余房款。该份补充协议文本由淮安恒大公司提供，全文字号为“小五号”，前述约定在补充协议中未作任何特别提示。淮安恒大公司在与其他买受人签订购房合同时，均签订了与前述内容一致的补充协议。

商品房买卖合同签订后，刘岩依约向淮安恒大公司交付了首付款 244591 元，并办理了按揭贷款申请。后银行以刘岩为在校学生无还款能力为由，未予批准贷款申请。刘岩在与淮安恒大公司协商退房未果后，诉至法院，要求解除双方签订的商品房买卖合同并退还首付款 244591 元。

【审判要览】

一审法院认为，刘岩与淮安恒大公司签订的商品房买卖合同不违反法律规定，为有效合同，应受法律保护。但是，在银行以刘岩为在校学生无还款能力为由未予发放按揭贷款的情况下，继续履行合同已无实际可能，故对刘岩要求解除合同的请求予以支持。合同解除后，尚未履行的终止履行，已经履行的，根据履行情况和合同性质，当事人可以要求恢复原状。因此，淮安恒大公司应退还刘岩首付款。故判决：刘岩与淮安恒大公司签订的商品房买卖合同于判决生效之日起解除；淮安恒大房产公司于判决生效之日起 10 日内向刘岩退还购房款 244591 元。

淮安恒大房产公司不服一审判决，提起上诉。二审法院判决驳回上诉，维持原判。

【裁判解析】

《合同法》第 39 条第 2 款规定，格式条款是当事人为了重复使用而预先拟定，并在订立合同时未与对方协商的条款。本案中的商品房买卖合同补充协议，由淮安恒大公司提供，系其为重复使用而事先拟定且在订立合同时未与对方协商的条款。因此，关于银行按揭付款方式的补充约定系格式条款。

“付款方式及期限”系商品房买卖合同中的主要条款，淮安恒大公司作为专业从事房产开发与销售的企业，应遵循诚实信用与契约自由原则，在与购房人充分协商的基础上在合同正本中作出详尽的约定。但实际情况是，淮安恒大公司并未就如果贷款申请未获批准应如何付款与刘岩协商，而是以格式条款的方式要求：如银行贷款申请未获批准，则买受人应在5日内付清余款。该约定存在两个问题：首先，该格式条款所在的补充协议全文为“小五号”，字体较小，淮安恒大公司对该条款未作任何加粗或变换字体等特别提示，且也未举证证明其在订约时提请刘岩予以充分注意，因此，该补充约定不能代表双方已就此形成合意；其次，商品房买卖的特点之一即是标的额巨大，对于选择以首付款与银行按揭相结合作为付款方式的购房人而言，如果按揭申请未获批准，则很难在短期内一次性付清余款，因此，该补充约定显然加重了购房人的付款义务。由此，法院认为，淮安恒大公司就支付房款的订约方式有违诚实信用原则，其拟定的格式条款，不仅违反了格式条款提供方应公平合理分配双方权利义务的法律规定，同时也显然加重了刘岩的合同义务，属于《合同法》第40条规定的“加重对方责任”的情形。

《合同法解释（二）》第10条规定：“提供格式条款的一方当事人违反合同法第三十九条第一款的规定，并具有合同法第四十条规定的情形之一的，人民法院应当认定该格式条款无效。”根据上述规定，法院认定淮安恒大公司就付款方式的补充约定无效。

## 八、双方当事人基于同一笔款项先后签订《商品房买卖合同》和《借款协议》，在一定情形下可认定当事人之间同时成立了商品房买卖和民间借贷两个民事法律关系

**【案例索引】**

朱俊芳与山西嘉和泰房地产开发有限公司商品房买卖合同纠纷案①：一审：山西省太原市小店区人民法院（2007）小民初字第1083号，二审：山西省高级人民法院（2010）晋民再终字第103号，再审：最高人民法院（2011）民提字第344号。

**【基本案情】**

2007年1月25日，朱俊芳与山西嘉和泰房地产开发有限公司（以下简称嘉和泰公司）签订14份《商品房买卖合同》，主要约定朱俊芳以每平方米4600元价格向嘉和泰公司购买百桐园小区十号楼14套商铺。同日办理了14份《商品房买卖合同》的销售备案登记手续。嘉和泰公司于次日向朱俊芳出具两张总额1035.4554万元的销售不动产发票。2007年1月26日，朱俊芳与嘉和泰公司签订一份《借款协议》，约定嘉和泰公司向朱俊芳借款1100万元，借款期限自借款到账之日起3个月，即自2007年1月26日起至2007年4月26日止；嘉和泰公司自愿将其开发的百桐园小区十号楼商铺以每平方米4600元的价格抵押给朱俊芳，抵押的方式为和朱俊芳签订商品房买卖合同，并办理备案手续，开具发票；借款到期，嘉和泰公司一次性还清借款，朱俊芳将抵押手续（合同、发票、收据）退回嘉和泰公司，如到期不能偿还，嘉和泰公司将以抵押物抵顶借款，双方互不支付对方任何款项等。同日，嘉和泰公司向朱俊芳出具1100万元收据。另查明，朱俊芳与嘉和泰公司签订14份《商品房买卖合同》购买的百桐园小区十号楼14套商铺，与嘉和泰公司抵押给朱俊芳的百桐园小区十号楼14套商铺为同一标的。双方当事人在《借款协议》中约定的“乙方（嘉和泰公司）一次性还清甲方（朱俊芳）借款后，甲方

---

① 载《最高人民法院公报》2014年第12期。

将以上抵押手续（合同、发票、收据）退回乙方”，合同即为朱俊芳与嘉和泰公司签订的 14 份《商品房买卖合同》；发票即为嘉和泰公司向朱俊芳出具的两张总额 1035.4554 万元的销售不动产发票；收据即为嘉和泰公司向朱俊芳出具的 1100 万元借款收据。

**【审判要览】**

最高人民法院再审认为，本案中，14 份《商品房买卖合同》涉及的款项和《借款协议》涉及的款项，在数额上虽有差额，但双方当事人对于 14 份《商品房买卖合同》所涉款项和《借款协议》所涉款项属同一笔款项并无异议。也就是说，双方当事人基于同一笔款项先后签订了 14 份《商品房买卖合同》和《借款协议》，且在太原市房地产交易所办理了 14 份《商品房买卖合同》销售备案登记手续。《合同法》第 32 条规定：“当事人采用合同书形式订立合同的，自双方当事人签字或盖章时合同成立。”第 44 条第 1 款规定：“依法成立的合同，自成立时生效。”案涉 14 份《商品房买卖合同》和《借款协议》均为依法成立并已生效的合同。本案双方当事人实际上就同一笔款项先后设立商品房买卖和民间借贷两个法律关系。山西省高级人民法院再审认为本案双方是民间借贷合同关系而非商品房买卖合同关系不当，应予纠正。从本案 14 份《商品房买卖合同》和《借款协议》约定的内容看，案涉《商品房买卖合同》与《借款协议》属并立又有联系的两个合同。案涉《商品房买卖合同》与《借款协议》之间的联系表现在以下两个方面：其一是案涉《商品房买卖合同》与《借款协议》涉及的款项为同一笔款项；其二是《借款协议》约定以签订商品房买卖合同的方式为《借款协议》所借款项提供担保，即双方当事人实际是用之前签订的 14 份《商品房买卖合同》为之后签订的《借款协议》提供担保。同时《借款协议》为案涉《商品房买卖合同》的履行附设了解除条件，即借款到期，嘉和泰公司还清借款，案涉《商品房买卖合同》不再履行；借款到期，嘉和泰公司不能偿还借款，则履行案涉《商品房买卖合同》。关于《借款协议》中“如到期不能偿还，或已无力偿还，乙方（嘉和泰公司）将用以上抵押物来抵顶借款，双方互不再支付对方任何款项”的约定是否违反法律的强制性规定问题。《担保法》第 40 条规定：“订立抵押合同时，抵押权人和抵押人在合同中不得约定在债务履行期届满抵押权人未受清偿时，抵押物的所有权转移为债权人所有。”《物权法》第 186 条规定：“抵押权人在债务履行期届满前，不得与抵押人约定债务人不履行到期债务时抵押财产归债权人所有。”这是法律上禁止流押的规定。禁止流押的立法目的是防止损害抵押人的利益，以免造成对抵押人实质上的不公平。本案《借款协议》中“如到期不能偿还，或已无力偿还，乙方（嘉和泰公司）将用以上抵押物来抵顶借款，双方互不再支付对方任何款项”的约定，并非法律上禁止的流押条款。首先，《借款协议》上述条款并非约定嘉和泰公司到期不能偿还借款，《借款协议》所称抵押物所有权转移为朱俊芳所有。在嘉和泰公司到期未偿还借款时，朱俊芳并不能直接按上述约定取得《借款协议》所称的“抵押物”所有权。朱俊芳要想取得《借款协议》所称的“抵押物”即 14 套商铺所有权，只能通过履行案涉 14 份《商品房买卖合同》实现。正基于此，朱俊芳在本案一审提出的诉讼请求也是确认 14 份《商品房买卖合同》有效，判令嘉和泰公司履行商品房买卖合同。其次，案涉 14 份《商品房买卖合同》和《借款协议》均为依法成立并生效的合同，双方当事人在《借款协议》中约定以签订商品房买卖合同的形式为《借款协议》提供担保，并为此在《借款协议》中为案涉 14 份《商品房买卖合同》附设了解除条件，该约定并不违反法律、行政法规的强制性规定。实际上，双方当事人对于是履行 14 份《商品房买卖合同》，还是履行《借款协议》具有选择性，即商品房买卖合同的解除条件成就，就履行《借款协议》；商品房买卖合同的解除条件未成就，就履行 14 份《商品房买卖合同》。无论是履行 14 份《商品房买卖合同》，还是履行《借款协议》，均符合双方当事人的意思表示，且从合同的选择履行的角度看，嘉和泰公司更具主动性。嘉和泰公司如果认为履行 14 份《商品房买卖合同》对其不公平，损害了其利益，其完全可以依据《合同法》第 54 条第 1 款第 2 项的规定，请求人民法院撤销案涉 14 份《商品房买卖合同》，但嘉和泰公司在法定的除斥期间内并未行使合同撤销权，而是拒绝履行生效合同，其主张不符合诚信原则，不应得到支持。因此，《借款协议》上述关于到期不能偿还，或已无力偿还，嘉和泰公司抵押物来抵顶借款的约定，不符合《担保法》第 40 条和《物权法》第 186 条禁止流押的规定。山西省高级人民法院再审认为，《借款协议》中“到期不能还款用抵押物抵顶借款，双方之间互不再支付对方任何款项”的约定违反法律的强制性规定，应属无效，缺乏事实和法律依据，本院予以纠正。

综上，案涉14份《商品房买卖合同》和《借款协议》均为依法成立并生效的合同。《借款协议》约定的商品房买卖合同的解除条件未成就，故应当继续履行案涉14份《商品房买卖合同》。故判决：（1）朱俊芳与嘉和泰公司签订的14份《商品房买卖合同》有效；（2）嘉和泰公司应当按照该《商品房买卖合同》的内容履行合同。

**【裁判解析】**

本案争议的焦点是当事人之间的法律关系，以及案涉《商品房买卖合同》和《借款协议》的效力。双方当事人在合同中约定，约定如借款到期，借款人依约还本付息的，《商品房买卖合同》不再履行；如果借款到期，借款人不能依约还本付息的，就应履行《商品房买卖合同》。从该约定看，当事人签订《商品房买卖合同》的目的是确保出借人在《借款协议》项下的债权能够实现。对于当事人之间的关系和《商品房买卖合同》的效力，理论和司法实践中存在争议：一种观点认为，双方当事人之间是民间借贷合同关系而非商品房买卖合同关系，商品房买卖合同是借款合同的抵押担保合同，借款协议中“到期不能还款用抵押物抵顶借款，双方之间互不支付对方任何款项”的约定违反法律的强制性规定，应属无效。另一种观点认为，本案中14份《商品房买卖合同》涉及的款项和《借款协议》涉及的款项属同一笔款项。双方当事人基于同一笔款项先后签订了14份《商品房买卖合同》和《借款协议》，且在太原市房地产交易所办理了14份《商品房买卖合同》销售备案登记手续。根据《合同法》第32条和第44条第1款的规定，案涉《商品房买卖合同》和《借款协议》依法成立并已生效。双方当事人实际上就同一笔款项先后设立商品房买卖和民间借贷两个法律关系。而且，从案涉《商品房买卖合同》和《借款协议》约定的内容看，二者相互并立又有联系。案涉《商品房买卖合同》与《借款协议》涉及的款项为同一笔款项，且《借款协议》约定以签订商品房买卖合同的方式为《借款协议》所借款项提供担保，即双方当事人的真实意思是用之前签订的14份《商品房买卖合同》

为之后签订的《借款协议》提供担保。同时《借款协议》为案涉《商品房买卖合同》的履行附设了解除条件，即借款到期，嘉和泰公司还清借款，案涉《商品房买卖合同》不再履行；借款到期，嘉和泰公司不能偿还借款，则履行案涉《商品房买卖合同》。如果借款到期后，借款人不能按期还本付息，出借人要求履行《商品房买卖合同》，取得房屋所有权，不违反《担保法》第 40 条、《物权法》第 186 条有关“禁止流押”的规定，应予支持。

关于本案的法律关系问题。双方当事人先后签订了 14 份《商品房买卖合同》和《借款协议》，从动机看，双方签订《商品房买卖合同》似是为了保障出借人在《借款协议》项下债权的实现而签订，但从双方当事人的意思表示看，二者是独立的合同，当事人之间成立商品房买卖和借款两个法律关系。

关于《商品房买卖合同》的效力问题。一方面，案涉《商品房买卖合同》和《借款协议》均为依法成立并生效的合同，双方当事人在《借款协议》中约定以签订商品房买卖合同的形式为《借款协议》提供担保，并为此在《借款协议》中为案涉 14 份《商品房买卖合同》附设了解除条件，该约定并不违反法律、行政法规的强制性规定。根据上述合同约定，双方当事人对于是履行 14 份《商品房买卖合同》，还是履行《借款协议》具有选择性：如果商品房买卖合同的解除条件成就，就履行《借款协议》；如果商品房买卖合同的解除条件未成就，就履行 14 份《商品房买卖合同》。无论是履行 14 份《商品房买卖合同》，还是履行《借款协议》，均符合双方当事人的意思表示。另一方面，《借款协议》关于“如到期不能偿还，或已无力偿还，乙方（嘉和泰公司）将用以上抵押物来抵顶借款，双方互不再支付对方任何款项”的约定，不违反《担保法》和物权法关于禁止流押的规定。《担保法》第 40 条规定：“订立抵押合同时，抵押权人和抵押人在合同中不得约定在债务履行期届满抵押权人未受清偿时，抵押物的所有权转移为债权人所有。”《物权法》第 186 条规定：“抵押权人在债务履行期届满前，不得与抵押人约定债务人不履行到期债务时抵押财产归债权人所有。”禁止流押的立法目的是防止损害抵押人的利益，以免造成对抵押人实质上的不公平。案涉《借款协议》中“如到期不能偿还，或已无力偿还，乙方（嘉和泰公司）将用以上抵押物来抵顶借款，双方互不再支付对方任何款项”的约定，并非法律上禁止的流押条款。《借款协议》上述条款并非约定嘉和泰公司到期不能偿还借款，《借款协议》所称抵押物所有权转移为朱俊芳所有。在嘉和泰公司到期未偿还借款时，朱俊芳并不能直接按上述约定取得《借款协议》所称的“抵押物”所有权。朱俊芳要想取得《借款协议》所称的“抵押物”即14套商铺所有权，只能通过履行案涉14份《商品房买卖合同》实现。

## 规范索引

**《中华人民共和国合同法》**

**第三十六条**　法律、行政法规规定或者当事人约定采用书面形式订立合同，当事人未采用书面形式但一方已经履行主要义务，对方接受的，该合同成立。

**第三十九条**　采用格式条款订立合同的，提供格式条款的一方应当遵循公平原则确定当事人之间的权利和义务，并采取合理的方式提请对方注意免除或者限制其责任的条款，按照对方的要求，对该条款予以说明。

格式条款是当事人为了重复使用而预先拟定，并在订立合同时未与对方协商的条款。

**第四十条**　格式条款具有本法第五十二条和第五十三条规定情形的，或者提供格式条款一方免除其责任、加重对方责任、排除对方主要权利的，该条款无效。

**第四十一条**　对格式条款的理解发生争议的，应当按照通常理解予以解释。对格式条款有两种以上解释的，应当作出不利于提供格式条款一方的解释。格式条款和非格式条款不一致的，应当采用非格式条款。

**第四十四条**　依法成立的合同，自成立时生效。

法律、行政法规规定应当办理批准、登记等手续生效的，依照其规定。

**第四十五条** 当事人对合同的效力可以约定附条件。附生效条件的合同，自条件成就时生效。附解除条件的合同，自条件成就时失效。

当事人为自己的利益不正当地阻止条件成就的，视为条件已成就；不正当地促成条件成就的，视为条件不成就。

**第四十六条** 当事人对合同的效力可以约定附期限。附生效期限的合同，自期限届至时生效。附终止期限的合同，自期限届满时失效。

**第四十七条** 限制民事行为能力人订立的合同，经法定代理人追认后，该合同有效，但纯获利益的合同或者与其年龄、智力、精神健康状况相适应而订立的合同，不必经法定代理人追认。

相对人可以催告法定代理人在一个月内予以追认。法定代理人未作表示的，视为拒绝追认。合同被追认之前，善意相对人有撤销的权利。撤销应当以通知的方式作出。

**第四十八条** 行为人没有代理权、超越代理权或者代理权终止后以被代理人名义订立的合同，未经被代理人追认，对被代理人不发生效力，由行为人承担责任。

相对人可以催告被代理人在一个月内予以追认。被代理人未作表示的，视为拒绝追认。合同被追认之前，善意相对人有撤销的权利。撤销应当以通知的方式作出。

**第四十九条** 行为人没有代理权、超越代理权或者代理权终止后以被代理人名义订立合同，相对人有理由相信行为人有代理权的，该代理行为有效。

**第五十条** 法人或者其他组织的法定代表人、负责人超越权限订立的合同，除相对人知道或者应当知道其超越权限的以外，该代表行为有效。

**第五十一条** 无处分权的人处分他人财产，经权利人追认或者无处分权的人订立合同后取得处分权的，该合同有效。

**第五十二条** 有下列情形之一的，合同无效：

（一）一方以欺诈、胁迫的手段订立合同，损害国家利益；

（二）恶意串通，损害国家、集体或者第三人利益；

（三）以合法形式掩盖非法目的；

（四）损害社会公共利益；

（五）违反法律、行政法规的强制性规定。

**第五十三条**　合同中的下列免责条款无效：

（一）造成对方人身伤害的；

（二）因故意或者重大过失造成对方财产损失的。

**第五十四条**　下列合同，当事人一方有权请求人民法院或者仲裁机构变更或者撤销：

（一）因重大误解订立的；

（二）在订立合同时显失公平的。

一方以欺诈、胁迫的手段或者乘人之危，使对方在违背真实意思的情况下订立的合同，受损害方有权请求人民法院或者仲裁机构变更或者撤销。

当事人请求变更的，人民法院或者仲裁机构不得撤销。

**第五十五条**　有下列情形之一的，撤销权消灭：

（一）具有撤销权的当事人自知道或者应当知道撤销事由之日起一年内没有行使撤销权；

（二）具有撤销权的当事人知道撤销事由后明确表示或者以自己的行为放弃撤销权。

**第五十六条**　无效的合同或者被撤销的合同自始没有法律约束力。合同部分无效，不影响其他部分效力的，其他部分仍然有效。

**第五十七条**　合同无效、被撤销或者终止的，不影响合同中独立存在的有关解决争议方法的条款的效力。

**第五十八条**　合同无效或者被撤销后，因该合同取得的财产，应当予以返还；不能返还或者没有必要返还的，应当折价补偿。有过错的一方应当赔偿对方因此所受到的损失，双方都有过错的，应当各自承担相应的责任。

**第五十九条**　当事人恶意串通，损害国家、集体或者第三人利益的，因此取得的财产收归国家所有或者返还集体、第三人。

**《中华人民共和国民法通则》**

**第五十五条** 民事法律行为应当具备下列条件：

（一）行为人具有相应的民事行为能力；

（二）意思表示真实；

（三）不违反法律或者社会公共利益。

**《最高人民法院关于贯彻执行〈中华人民共和国民法通则〉若干问题的意见（试行）》**

**67.** 间歇性精神病人的民事行为，确能证明是在发病期间实施的，应当认定无效。

行为人在神志不清的状态下所实施的民事行为，应当认定无效。

**68.** 一方当事人故意告知对方虚假情况，或者故意隐瞒真实情况，诱使对方当事人作出错误意思表示的，可以认定为欺诈行为。

**69.** 以给公民及其亲友的生命健康、荣誉、名誉、财产等造成损失或者以给法人的荣誉、名誉、财产等造成损害为要挟，迫使对方作出违背真实的意思表示的，可以认定为胁迫行为。

**70.** 一方当事人乘对方处于危难之机，为牟取不正当利益，迫使对方作出不真实的意思表示，严重损害对方利益的，可以认定为乘人之危。

**71.** 行为人因对行为的性质、对方当事人、标的物的品种、质量、规格和数量等的错误认识，使行为的后果与自己的意思相悖，并造成较大损失的，可以认定为重大误解。

**72.** 一方当事人利用优势或者利用对方没有经验，致使双方的权利义务明显违反公平、等价有偿原则的，可以认定为显失公平。

**73.** 对于重大误解或者显失公平的民事行为，当事人请求变更的，人民法院应当予以变更；当事人请求撤销的，人民法院可以酌情予以变更或者撤销。

**《最高人民法院关于适用〈中华人民共和国合同法〉若干问题的解释（二）》**

**第一条** 当事人对合同是否成立存在争议，人民法院能够确定当事人名称或者姓名、标的和数量的，一般应当认定合同成立。但法律另有规定或者当事人另有约定的除外。

对合同欠缺的前款规定以外的其他内容，当事人达不成协议的，人民法院依照合同法第六十一条、第六十二条、第一百二十五条等有关规定予以确定。

**第二条**　当事人未以书面形式或者口头形式订立合同，但从双方从事的民事行为能够推定双方有订立合同意愿的，人民法院可以认定是以合同法第十条第一款中的“其他形式”订立的合同。但法律另有规定的除外。

**第五条**　当事人采用合同书形式订立合同的，应当签字或者盖章。当事人在合同书上摁手印的，人民法院应当认定其具有与签字或者盖章同等的法律效力。

**第九条**　提供格式条款的一方当事人违反合同法第三十九条第一款关于提示和说明义务的规定，导致对方没有注意免除或者限制其责任的条款，对方当事人申请撤销该格式条款的，人民法院应当支持。

**第十条**　提供格式条款的一方当事人违反合同法第三十九条第一款的规定，并具有合同法第四十条规定的情形之一的，人民法院应当认定该格式条款无效。

**第十一条**　根据合同法第四十七条、第四十八条的规定，追认的意思表示自到达相对人时生效，合同自订立时起生效。

**第十二条**　无权代理人以被代理人的名义订立合同，被代理人已经开始履行合同义务的，视为对合同的追认。

**第十三条**　被代理人依照合同法第四十九条的规定承担有效代理行为所产生的责任后，可以向无权代理人追偿因代理行为而遭受的损失。

**第十四条**　合同法第五十二条第（五）项规定的“强制性规定”，是指效力性强制性规定。

**第十五条**　出卖人就同一标的物订立多重买卖合同，合同均不具有合同法第五十二条规定的无效情形，买受人因不能按照合同约定取得标的物所有权，请求追究出卖人违约责任的，人民法院应予支持。

**《最高人民法院关于审理商品房买卖合同纠纷案件适用法律若干问题的解释》**

**第一条**　本解释所称的商品房买卖合同，是指房地产开发企业（以下统称为出卖人）将尚未建成或者已竣工的房屋向社会销售并转移房屋所有权于买受人，买受人支付价款的合同。

**第二条** 出卖人未取得商品房预售许可证明，与买受人订立的商品房预售合同，应当认定无效，但是在起诉前取得商品房预售许可证明的，可以认定有效。

**第三条** 商品房的销售广告和宣传资料为要约邀请，但是出卖人就商品房开发规划范围内的房屋及相关设施所作的说明和允诺具体确定，并对商品房买卖合同的订立以及房屋价格的确定有重大影响的，应当视为要约。该说明和允诺即使未载入商品房买卖合同，亦应当视为合同内容，当事人违反的，应当承担违约责任。

**第五条** 商品房的认购、订购、预订等协议具备《商品房销售管理办法》第十六条规定的商品房买卖合同的主要内容，并且出卖人已经按照约定收受购房款的，该协议应当认定为商品房买卖合同。

**第六条** 当事人以商品房预售合同未按照法律、行政法规规定办理登记备案手续为由，请求确认合同无效的，不予支持。

当事人约定以办理登记备案手续为商品房预售合同生效条件的，从其约定，但当事人一方已经履行主要义务，对方接受的除外。

**《最高人民法院关于审理买卖合同纠纷案件适用法律问题的解释》**

**第一条** 当事人之间没有书面合同，一方以送货单、收货单、结算单、发票等主张存在买卖合同关系的，人民法院应当结合当事人之间的交易方式、交易习惯以及其他相关证据，对买卖合同是否成立作出认定。

对账确认函、债权确认书等函件、凭证没有记载债权人名称，买卖合同当事人一方以此证明存在买卖合同关系的，人民法院应予支持，但有相反证据足以推翻的除外。

**第二条** 当事人签订认购书、订购书、预订书、意向书、备忘录等预约合同，约定在将来一定期限内订立买卖合同，一方不履行订立买卖合同的义务，对方请求其承担预约合同违约责任或者要求解除预约合同并主张损害赔偿的，人民法院应予支持。

**第三条** 当事人一方以出卖人在缔约时对标的物没有所有权或者处分权为由主张合同无效的，人民法院不予支持。

出卖人因未取得所有权或者处分权致使标的物所有权不能转移，买受人要求出卖人承担违约责任或者要求解除合同并主张损害赔偿的，人民法院应予支持。

**第四条** 人民法院在按照合同法的规定认定电子交易合同的成立及效力的同时，还应当适用电子签名法的相关规定。

**《中华人民共和国城市房地产管理法》**

**第三十八条** 下列房地产，不得转让：

（一）以出让方式取得土地使用权的，不符合本法第三十九条规定的条件的；

（二）司法机关和行政机关依法裁定、决定查封或者以其他形式限制房地产权利的；

（三）依法收回土地使用权的；

（四）共有房地产，未经其他共有人书面同意的；

（五）权属有争议的；

（六）未依法登记领取权属证书的；

（七）法律、行政法规规定禁止转让的其他情形。

**第三十九条** 以出让方式取得土地使用权的，转让房地产时，应当符合下列条件：

（一）按照出让合同约定已经支付全部土地使用权出让金，并取得土地使用权证书；

（二）按照出让合同约定进行投资开发，属于房屋建设工程的，完成开发投资总额的百分之二十五以上，属于成片开发土地的，形成工业用地或者其他建设用地条件。

转让房地产时房屋已经建成的，还应当持有房屋所有权证书。

**第四十条** 以划拨方式取得土地使用权的，转让房地产时，应当按照国务院规定，报有批准权的人民政府审批。有批准权的人民政府准予转让的，应当由受让方办理土地使用权出让手续，并依照国家有关规定缴纳土地使用权出让金。

以划拨方式取得土地使用权的，转让房地产报批时，有批准权的人民政府按照国务院规定决定可以不办理土地使用权出让手续的，转让方应当按照国务院规定将转让房地产所获收益中的土地收益上缴国家或者作其他处理。

**第四十一条** 房地产转让，应当签订书面转让合同，合同中应当载明土地使用权取得的方式。

**第四十二条** 房地产转让时，土地使用权出让合同载明的权利、义务随之转移。

**第四十三条** 以出让方式取得土地使用权的，转让房地产后，其土地使用权的使用年限为原土地使用权出让合同约定的使用年限减去原土地使用者已经使用年限后的剩余年限。

**第四十四条** 以出让方式取得土地使用权的，转让房地产后，受让人改变原土地使用权出让合同约定的土地用途的，必须取得原出让方和市、县人民政府城市规划行政主管部门的同意，签订土地使用权出让合同变更协议或者重新签订土地使用权出让合同，相应调整土地使用权出让金。

**第四十五条** 商品房预售，应当符合下列条件：

（一）已交付全部土地使用权出让金，取得土地使用权证书；

（二）持有建设工程规划许可证；

（三）按提供预售的商品房计算，投入开发建设的资金达到工程建设总投资的百分之二十五以上，并已经确定施工进度和竣工交付日期；

（四）向县级以上人民政府房产管理部门办理预售登记，取得商品房预售许可证明。

商品房预售人应当按照国家有关规定将预售合同报县级以上人民政府房产管理部门和土地管理部门登记备案。

商品房预售所得款项，必须用于有关的工程建设。

# 第四章　商品房买卖合同履行纠纷

## 法理概览

合同的履行，指的是当事人按照法律的规定和合同的约定，全面、适当地完成各自的合同义务，以便使合同债权得到实现的行为。任何合同约定义务的执行，都是合同的履行行为；相应地，凡是不执行合同约定义务的行为，都是合同的不履行。因此，合同的履行，表现为当事人执行合同义务的行为，该行为不仅包括积极的作为，也包括消极的不作为。当合同义务执行完毕时，合同也就履行完毕。

无论是大陆法系还是英美法系，合同的履行均规定为完成合同的行为或当事人实现合同内容的行为。首先，从合同订立的目的来看，任何当事人订立合同，都是为了能够实现合同中约定的内容，而合同内容的实现，有赖于合同义务的执行。其次，当合同约定的义务被执行时，就是合同当事人正在履行合同。最后，当合同约定的全部义务都被执行完毕时，当事人订立合同的目的也就得以实现，合同也就因目的实现而消灭。因此，合同的履行是合同关系消灭的最正常的原因，也是合同目的实现的根本条件。由此可见，合同的履行是合同制度的中心内容，是合同法及其他一切制度的最终归宿或延伸。

合同的履行重在过程，这其中包括执行合同义务的准备、具体合同义务的执行，以及义务执行的善后等。如在履行商品房买卖合同的过程中，出卖人按约交付房屋并转移房屋所有权，买受人按约支付购房款的行为，是具体合同义务的执行，也是合同履行的核心内容，但该履行行为并非是合同履行过程的全部，还应包括当事人为完成最终交付行为所实施的一系列准备行为（如出卖人在预售商品房之前需支付全部的土地使用权出让金，办理、商品房预售许可证等）以及合同履行完毕后的善后义务（如质量保证义务、协助办理登记义务、保密义务）的行为。至于当事人履行合同不符合约定而应承担的违约责任，也是合同履行问题的有机延伸，基于体例结构安排，本章不做涉及，而是在违约责任一章中加以探讨。

## 一、合同的履行原则

合同履行的原则，是指合同当事人在履行合同的整个过程中所必须遵循的一般准则。合同的履行除与其他民事行为一样应遵循平等、公平、诚实信用等民法基本原则外，还应遵循以下合同履行的特有原则，即实际履行原则、适当履行原则、协作履行原则等。

### （一）实际履行原则

实际履行原则，是指合同当事人必须严格按照合同规定的标的履行自己的义务，未经权利人同意，不得以其他标的代替履行或者以支付违约金和赔偿金来免除合同规定的义务。

实际履行原则是买卖合同履行的重要原则，它要求双方当事人必须严格按照合同约定事项履行合同义务，有明确标的物的，履行方不得以任意其他物品替代，包括不得且不能任意改变标的物的品种、牌号、规格、型号、质量等级，更不能用金钱来代替实物。当事人一方违约，若对方要求其继续履行合同的，违约方必须按合同约定的标的物继续履行，而不能以偿付违约金、赔偿金代替应承担的实际履行责任。

### （二）适当履行原则

适当履行原则，又称正确履行原则或者全面履行原则，是指当事人按照法律规定或者合同约定的标的及其质量、数量，由适当的主体在适当的履行期限、履行地点，以适当的履行方式，全面完成债务的履行原则。

第一，履行期限适当。合同履行中，若双方当事人约定了履行合同期限的，双方必须依照合同约定按时履行，债务人不得延迟履行，同时，债权人不得延迟受领；若双方当事人未明确约定合同履行期限的，则任一方均可随时提出履行要求，但必须给对方必要的准备时间。第二，履行标的物及其数量、质量适当。此原则要求合同双方必须严格按照合同的约定履行义务，包括合同约定的标的物，以及相应数量和质量。第三，履行方式适当，即双方当事人履行合同的方式必须严格按照合同约定，包括标的物的履行方式以及价款或酬金的履行方式。第四，履行地点适当，双方当事人必须严格依照合同约定的地点来履行合同。第五，履行主体适当，即双方当事人必须亲自履行合同义务或接受履行，不得擅自转让合同义务或合同权利让其他人代为履行或接受履行。

### （三）协作履行原则

协作履行原则，是指当事人不仅应适当履行自己的合同债务，而且应基于诚实信用原则的要求协助对方当事人履行其债务的履行原则。合同是双方基于自愿达成的双方民事法律行为，在合同的履行过程中，需要合同双方当事人相互配合、协作，共同达成合同意愿，即债务人要积极给付，债权人积极配合受领。因在合同履行过程中，债务人受到比债权人更多的诚实信用、适当履行等原则的约束，协作履行往往是对债权人的要求。

协作履行原则主要体现在以下几个方面：第一，债务人在积极履行合同债务时，债权人应视其履行情况积极受领给付，不得无故拖延、推迟受领时间。第二，在债务人履行合同义务时，债权人应提供必要的履行条件。第三，债务人在因非故意不能或不能完全履行合同义务时，债权人有义务积极采取措施，防止损失的进一步扩大，否则，债权人应对扩大损失承担相应责任。

### （四）情势变更原则

情事变更原则，是指合同依法成立后，因不可归责于双方当事人的原因发生了不可预见的情事变更，致使合同的基础丧失或动摇，若继续维护合同原有效力则显失公平，从而允许变更或解除合同的原则。

情事变更原则有其存在的合理性。合同依法成立之时，有其信赖的客观环境，当事人在合同中约定的权利义务是与这种客观环境相适应的。权利义务的对等，也是就该环境而言的。在合同成立之后，该客观环境发生改变或不复存在，原来约定的权利义务如与新形成的客观环境不适应，也就不再公平合理了。只有将合同加以改变乃至解除，才符合公平，符合诚实信用原则的要求。

情事变更原则的适用条件有以下几项：

1. 须有情事变更的事实。所谓情事，泛指作为合同成立基础或环境的客观情况，如合同订立时的供求关系。这里的变更，是指上述客观情况发生了异常变动，如战争引起严重的通货膨胀。具体判断是否构成情事变更，应以是否导致合同基础丧失、是否致使合同目的落空、是否造成对价关系障碍作为判断标准。

2. 情事变更须发生在合同成立以后，履行完毕之前。之所以要求情事变更须发生在合同成立以后，是因为若情事变更在合同订立时即已发生，应认为当事人已经认识到发生的事实，合同的成立是以已经变更的事实为基础的，不允许事后调整，只能令明知之当事人自担风险。之所以适用情事变更原则要求情事变更发生在履行完毕前，是因为合同因履行完毕而消灭，其后发生情事变更与合同无关。

3. 须情事变更的发生不可归责于当事人，即由不可抗力及其他意外事故引起。若可归责于当事人，则应由其承担风险或违约责任，而不适用情事变更原则。

4. 须情事变更是当事人所不可预见的。如果当事人在缔约时能够预见情事变更，则表明他承担了该风险，不再适用情事变更原则。

5. 须情事变更使履行原合同显失公平。该显失公平应依理性人的看法加以判断，包括履行特别困难、债权人受领严重不足、履行对债权人无利益等。

### （五）经济合理原则

经济合理原则要求在履行合同时，讲求经济效益，付出最小的成本，取得最佳的合同利益。在履行合同中贯彻经济合理原则，表现在许多方面：债务人选择最经济合理的运输方式，选择履行期限履行合同义务，选择设备体现经济合理原则，变更合同，对违约进行补救也体现经济合理原则。如《民法通则》第114条规定："当事人一方因另一方违反合同受到损失的，应当及时采取措施防止损失的扩大；没有及时采取措施致使损失扩大的，无权就扩大的损失要求赔偿。"

## 二、合同履行的内容

### （一）履行主体

合同履行的主体包括债务人和债权人。合同能否全面顺利地实现，不但需要债务人积极的履行，还需要债权人的积极受领，缺乏任一方，合同则无法顺利完成。当合同的履行行为是法律行为时，除法律规定、双方当事人约定、合同性质上必须由债务人本人履行的债务外，履行行为可以由债务人指定其代理人进行。同样的，在上述情况下，债权人同样可指定其代理人代为受领。但必须注意的是，在代理行为行使时，代理人作为第三方是正确的履行主体，但并不取得合同当事人的地位，仅仅是出于双方履行的辅助人地位。

### （二）履行标的

合同的标的是合同的核心内容，是双方当事人订立合同的目的所在，是债务人必须给付的特定物品或实施的特定行为。合同的标的决定了合同的性质与类型。合同利益的实现依赖于合同标的的履行。合同标的的质量和数量是衡量合同标的的基本指标，因此，按照合同标的履行合同，在标的的质量和数量上必须严格按照合同的约定进行履行。如果合同对标的的质量没有约定或者约定不明确的，当事人可以补充协议，协议不成的，按照合同的条款和交易习惯来确定。如果仍然无法确定的，按照国家标准、行业标准履行；没有国家标准、行业标准的，按照通常标准或者符合合同目的的特定标准履行。在标的数量上，全面履行原则的基本要求便是全部履行，而不应当部分履行，但是在不损害债权人利益的前提下，也允许部分履行。

（三）履行期限

合同履行期限，是指债务人履行合同义务和债权人接受履行行为的时间。履行期限可在签订合同时予以明确约定，双方当事人均应在约定履行期限内按时履行。若当事人未能在约定履行期限内履行相应义务，则可按合同约定的违约条款承担违约责任。如果签订合同时履行期限不明确的，双方当事人可合意后另行进行补充，无法达成合意的，应当根据所签订合同的有关条款和交易习惯来确定。如果还无法确定的，债务人可以选择随时履行，债权人同样也可以要求随时履行，但均应给对方一定的准备时间。

（四）履行地点

履行地点，是合同双方当事人履行合同义务的地点。合同条款中，如果约定了明确的履行地点的，债务人应当按照合同约定的地点履行义务，债权人也应当在约定的履行地点受领。如果合同中履行地点约定不明确的，双方当事人可依据《合同法》的相关规定，另行订立协议进行约定；如果无法达成合意约定合适的履行地点的，双方应按照合同的相关条款或交易习惯确定。以上情况仍无法确定履行地点的，依照标的物的性质，当事人可参照以下方式履行：合同标的为货币的，则在接受货币一方所在地履行；合同标的为不动产的，应在不动产所在地履行；合同标的为其他的，在履行义务的一方所在地履行。

（五）履行方式

履行方式，是指合同当事人约定以何种形式来履行义务。不同的合同性质、合同内容都有不同的履行方式，具体方式由法律规定或由双方当事人直接在合同中进行约定。约定不明确的，当事人可依据《合同法》的相关规定，进行协议补充；无法达成协议的，应根据合同的有关条款和交易习惯来确定；如果仍然无法确定的，履行方式应当按照有利于实现合同目的的方式履行。

（六）履行费用

履行费用，是指当事人在履行合同时所应支出的合理费用。履行费用的承担，由双方当事人在合同中约定。如果双方当事人未在合同中约定履行费用或约定不明确的，应当依照合同的相关条款或者交易习惯确定；如果仍然无法确定的，则由履行义务的一方承担。在履行过程中，由于受领一方的原因，如变更住所或其他行为，导致履行义务的一方履行费用的增加的，其中增加的部分，应当由受领一方承担。

## 三、交付

（一）交付的概念及性质

通说认为，所谓交付，是指物的所有人依照法律或合同转让其对标的物占有的行为。德国学者萨维尼早在两个世纪之前创立了物权行为理论，认为交付是一个独立的契约，是一个独立的法律行为，即物权行为。该理论对德国民法理论产生了重大的影响，后德国立法便采纳了该理论。

在我国《物权法》立法之初，理论界对于交付的法律性质存在两种对立的观点，一种观点与萨维尼的理论相符，认为交付是一种独立的法律行为；另一种观点则认为，交付仅仅是一种实事，只有与债权行为结合才有特定的法律意义。在商品房买卖合同的履行中，交付主要应理解为一种实事，即将房屋转移于买受人占有使用的事实，其本身并不会导致房屋所有权的变动。

（二）交付的形式

关于动产的交付，我国《物权法》规定了两种交付方式：现实交付与观念交付。观念交付又分为简易交付、指示交付和占有改定。但对于不动产的交付方式没有明确的规定，理论界和实务界对此主要有三种观点：

第一种是习惯交付说。该观点认为，与动产交付不同，不动产的交付不影响物权的变动，所以可以以交付契据、办理交接手续等方式进行。例如，按照市场的交易习惯，对于土地的交付，可以表现为实地踏勘土地、对土地面积进行核实后签字确认、在地籍调查表上签字确认等行为；对于房屋的交付，可以表现为领取钥匙、单方出具交房通知或者由购房者在交房通知上签收等行为。

第二种是登记交付说。该观点认为，不动产的交付应以登记为标志。交付直接影响着物权的变动，而物权在设立和变动时，必须经过一定的公示方法向社会公开，从而使第三人知道物权变动的情况，以保护交易安全，因此，不动产物权变动的登记行为才能视为交付。该观点主要的依据是《物权法》第6条“不动产物权的设立、变更、转让和消灭，应当依照法律规定登记。动产物权的设立和转让，应当依照法律规定交付”的规定。物权在设立和变动时之所以要公示，是因为物权具有绝对的排他性效力，如果没有公示制度，则不利于物权交易的安全，不利于保护第三人的利益，从而导致财产交易秩序的混乱。

第三种是占有转移说。该观点认为，根据《商品房买卖合同解释》第11条规定：“对房屋的转移占有，视为房屋的交付使用，但当事人另有约定的除外。”商品房买卖合同中的交付应当理解为对房屋的转移占有。所谓转移占有，是指占有人以法律行为将其占有物交与他人，受让人因此而处于对标的物的控制与支配的状态。占有制度最早起源于罗马法，指的是对物的事实上的掌管和控制。罗马法将占有从所有权中剥离，加以独立化，认为占有是一种事实，而不是权力，其机能不是为了保护权利，而是为了维持一种平和、稳定的社会秩序。因此，在商品房买卖合同履行的过程中，交付作为一种事实行为，应当独立于登记行为，不能将登记行为与交付行为等同。

由于《商品房买卖合同解释》第11条规定的是“交付使用”，因此部分理论界和实务界的人认为“交付使用”不等同于“交付”，并且该条制定时我国尚未颁布物权法。该条规定在《物权法》已经出台以及房屋登记制度已经建立的情况下，已经与现行法律的规定不符，加之《物权法》采纳了物权变动登记生效主义，所以此处的交付应理解为物权登记变动。[①]

（三）交付与风险转移

买卖合同中的风险指的是因不可归责于双方当事人的原因而导致标的物发生毁损、灭失的风险。标的物的毁损、灭失若可归责于一方当事人的原因，则该责任由该方当事人承担，也就不属于买卖合同中风险的范畴。在一些大陆法系国家中，所谓买卖合同的风险，往往指价金风险，即当出现合同项下标的物不可履行之时，买受人是否应当支付价金。而部分日本、我国台湾地区及大陆的学者们则认为，买卖合同风险制度的关键在于解决一方受到风险损失时，是否有权向对方要求对待给付的问题。

对于风险转移问题，根据合同意思自治的原则，当事人可以在合同中予以约定，若当事人未在合同中约定，则按照法律的规定来确定风险的负担。根据我国《合同法》第 142 条："标的物毁损、灭失的风险，在标的物交付之前由出卖人承担，交付之后由买受人承担，但法律另有规定或者当事人另有约定的除外"，以及《商品房买卖合同解释》第 11 条的规定，我国立法对于风险转移采用的是交付主义，主要理由是，交付意味着标的物占有主体的改变，而占有主体往往更能够有效地防止风险的发生，并且占有主体自交付之时起，就已经开始享有标的物所带来的利益，因此，其应当承担标的物毁损、灭失的风险。

## 四、所有权转移

所有权转移指义务人将标的物的所有权转移给权利人的行为。如前文所述，19 世纪初，萨维尼曾提出，为履行买卖契约或其他以转移所有权为目的的契约而践行的交付，并不是一种单纯的事实行为，而是包含了一项以转移所有权为目的的物权契约。按照萨维尼的意思，基于买卖

① 最高人民法院民事审判第一庭编著：《最高人民法院关于审理商品房买卖合同纠纷案件司法解释的理解与适用》，人民法院出版社 2003 年版，第 143 页。

合同的物权交易中，同时包含了两种法律行为：债权行为和物权行为，后者的效力不受前者的影响。这首先意味着物权行为独立于债权行为而存在；其次意味着物权行为在效力上与债权行为绝缘。1896 年，《德国民法典》正式规定了物权行为概念，并将其与债权行为概念相对应。物权行为概念的提出具有重要的意义，因为它将财产行为分为债权行为和处分行为（物权行为是处分行为的一种），使法律行为这一概念更趋精致和科学。

在我国的法律体系中，关于物权的变动，原则上采用债权形式主义，例外采用意思主义。所谓债权形式主义，是指物权因法律行为而变动时，除有债权的合意之外，还必须履行登记或交付的法定形式，才可生效。在债权形式主义的物权变动模式之下，物权变动法律效果的发生，并非法律行为这一单一民事法律事实的作用，而是以债权合同这一法律行为与交付或登记这一事实行为的相互结合为根据。所谓意思主义，是指物权的变动因当事人的合意即可完成，无须以交付或者登记为要件。

我国立法原则上对于所有权转移采取债权形式主义模式的立场是一贯的，如《民法通则》第 72 条规定："财产所有权的取得，不得违反法律规定。按照合同或者其他合法方式取得财产的，财产所有权从财产交付时起转移，法律另有规定或者当事人另有约定的除外。"《合同法》第 133 条规定："标的物的所有权自标的物交付时起转移，但法律另有规定或者当事人另有约定的除外。"《物权法》第 9 条规定："不动产物权的设立、变更、转让和消灭，经依法登记，发生效力；未经登记，不发生效力，但法律另有规定的除外。"而意思主义则体现在对土地承包经营权、地役权、动产抵押权以及特殊动产集合抵押权的规定当中。

## 五、合同履行的附随义务

所谓附随义务，是指在合同履行过程中，为协助实现主给付义务，遵循诚实信用原则，根据合同的性质、目的和交易习惯而履行的义务。[①]

---

① 张驰、鲍治：《附随义务论》，载《华东政法学院学报》1999 年第 6 期。

早在罗马法时期，就有了附随义务的雏形。在罗马法中，合同领域的诚信是课加于合同主体的具有明显道德内容的义务，该诚信虽然要求使用客观的标准评价当事人的行人，但并不排除对主体故意或者过失等主观因素的考虑。罗马法中的诚信（bona fides）契约要求债务人除了履行契约规定的义务外，还要履行诚实、善良的契约外义务。与之对应的诉讼称为诚信诉讼，审判员可以而且应该根据善意（ex fide bona）去探究当事人达成的是什么东西，对合同义务予以扩张，以补充合同内容，使当事人的合同利益得到法律全面的保护。

通说认为，附随义务的形成，其理论基础为诚实信用原则。诚实信用原则起源于罗马法中的诚信契约和诚信诉讼。《德国民法典》第一次将诚实信用原则规定为债法的基本原则，为法官解释及补充合同当事人权利、义务提供了法律前提。在现代民法中，诚信原则被奉为民法的最高原则，有“帝王条款”“超级调整规范”之称。为了平衡当事人的利益，维护法的公平正义精神，当合同所约定的内容不能通过合同解释的方法加以明确时，法官应依诚信原则，对合同义务予以扩张，以补充合同内容，使合同当事人的合同利益和人身、财产安全得到周全保护。诚信原则偏重于以社会利益为本位，弥补了合同自由原则以个人利益为本位而引发的不正当竞争乃至当事人事实上的不平等等市场经济的负面影响，达到衡平当事人的利益，维护法律的公平正义精神的目的，它是道德价值在法律上的具体化。诚信原则是附随义务的理论基础，附随义务是诚信原则在合同法领域的一种具体表现形式。[①]

附随义务具有可变性和不确定性，因而合同当事人很难在合同中约定附随义务的内容，而诚实信用原则的内容具有抽象性和效力的强制性，从而为确认与履行扩延合同义务提供了相应的模式。诚实信用原则使得合同中当事人应当履行的义务从给付义务扩张到以前仅停留在道德层面的通知、协助、保密等义务，甚至还扩张到合同关系以外的第三人，即特定合同一经成立，不但在当事人之间发生权利义务关系，同时债务人对于与债权人具有特殊关系的第三人，亦负有照顾、保护义务，从而在

① 史尚宽：《债法总论》，中国政法大学出版社2000年版，第341页。

债务人与第三人之间产生了一种以诚实信用为基础，以照顾及保护等附随义务为内容之法定债之关系。在诚实信用原则的指导下，先合同义务、履行中的附随义务及后合同义务相继确立，使附随义务有了完整的理论基础。因此诚实信用原则既是扩延合同义务产生的源泉，也是确认和判断扩延合同义务的依据。①

在合同履行的过程中，常见的附随义务有以下几种：

1. 保密义务。保密义务，是指当事人一方对于知晓的对方的商业秘密或要求保密的信息、事项不得对第三人泄露。保密义务是一种消极义务，只要义务人消极的不作为，而不要求义务人积极的作为。因此保密义务的履行通常不会给义务人带来额外的负担。

2. 通知义务。通知义务又称告知义务，是指债务人负有对有关债权人利益的事项的通告使其知晓的义务。合同的履行及合同目的的实现，需要当事人通力配合，其中需要双方互通信息的情形，多有所在。如果依据诚信原则，当事人应当主动地通知对方，此时便可认为有通知义务存在。

3. 协助义务。协助义务又称协作义务，是指合同当事人应互为对方行使合同权利，履行合同义务提供照顾和便利，促使合同目的圆满实现。它要求当事人在缔约过程中承担协力义务；在履约中，当事人应当顾及另一方及其标的物的状况，最大限度地运用其能力和一切可以运用的手段实现对方的正当愿望，以利于合同的适当履行。合同关系终止后，当事人应当协助对方处理与合同相关的事务。

4. 注意义务。注意义务是对债务人在履行债务时的一般要求，即债务人应尽到如同管理自己事务的注意。债务人的注意程度因其地位、职业、判断能力及债务的性质而有所不同。一般而言，当事人应当作为一个善良管理人并像管理自己事务那样做到尽职尽责，以尽保护对方合法权益的义务。

5. 保护义务。保护义务是指在由于合同接触（准备交付、履行、受领等）而有发生侵害对方生命、身体、财产的可能性的场合，对于诸此

① 道文：《试析合同法上的附随义务》，载《法学》1999年第10期。

法益不予侵害的义务。虽然保护义务常见于侵权责任之中，但在合同的履行阶段保护义务同样存在。[①]

## 六、合同履行中的抗辩权

抗辩，是合同当事人对抗违约行为的一种救济手段，也是当事人维护自身利益、保障交易安全的一项权利。抗辩权是指对抗他人行使权利的权利，与支配权、请求权、形成权相并列。根据作用的不同，抗辩权又分为永久性抗辩权与延期性抗辩权。永久性抗辩权，是指权利人有永久阻止他人行使请求权的权利，如诉讼时效届满后，债权人请求债务人履行债务，债务人提出的时效已经过的抗辩。延期性抗辩权，是指权利人在一定时间、条件下可以提出抗辩，而非永久性可以抗辩，故又称为一时的抗辩权。如担保法中关于一般保证人的先诉抗辩权就属此类。

在双务合同中，合同当事人都承担义务，往往一方的权利与另一方的义务之间具有相互依存、互为因果的关系。为了保证双务合同中当事人利益关系的公平，法律做出了规定：当事人一方在对方未履行或者不能保证履行时，一方可以行使不履行的保留性权利，这就是对抗对方当事人要求履行的抗辩权。合同履行中的抗辩权有下列几种：

### （一）同时履行抗辩权

当事人互负债务没有先后履行顺序的，应当同时履行。一方在对方履行之前或对方履行债务不符合约定时，有权拒绝其履行的要求。同时履行抗辩权的适用条件为：（1）由同一双务合同产生的互负债务，且双方债务有对价关系。（2）债务同时到期，可以同时履行；双方的对等给付是可能履行的义务。（3）当事人一方的履行不符合约定，即瑕疵履行的另一方可对有瑕疵的履行部分行使抗辩权。

① 方龙华、吴根发：《合同法上的保密附随义务》，载《法律适用》2001年第10期。

### （二）先履行抗辩权

当事人互负债务，有先后履行顺序，先履行一方未履行的，后履行一方有权拒绝其履行的要求；先履行一方不符合约定的，后履行一方有权拒绝其相应的履行要求。先履行抗辩权的适用条件为：（1）由同一双务合同产生的互负债务。（2）债务有先后履行顺序，这种顺序一般由当事人在合同中约定，或按交易习惯能够确定。应先履行的债务有履行可能。（3）应先履行一方未履行或履行不符合约定，即全部或部分瑕疵履行。

### （三）不安抗辩权

应当先履行债务的当事人，有确切证据证明对方有下列情形之一的，可以终止履行：（1）经营状况严重恶化；（2）转移财产、抽逃资金以逃避债务；（3）丧失商业信誉；（4）有丧失或者可能丧失履行债务能力的其他情形。当事人没有确切证据中止履行的，应当承担违约责任。由上述规定可见，不安抗辩权的使用条件为：（1）双务合同，且后履行债务的一方当事人的债务尚未至履行期限；（2）后履行债务的当事人有丧失或者可能丧失履行债务能力的情形。

不安抗辩权是预防性的保护措施，当一方情况发生变化，另一方先履行会造成损失时，法律依据公平原则作出上述规定。为防止不安抗辩权的滥用，法律规定当事人在行使此项权力时，一定要有确切的证据。

# 实 务 指 南

## 一、商品房的法定交付标准

关于商品房交付的法律及相关规定主要有1995年1月1日起施行的《城市房地产管理法》（以下简称1995年《城市房地产管理法，现已根据

2009年8月27日第十一届全国人民代表大会常务委员会第十次会议《全国人民代表大会常务委员会关于修改部分法律的决定》修正)、2008年1月1日起施行的《城乡规划法》、2009年5月1日起施行的《消防法》、1998年7月20日公布施行的《城市房地产开发经营管理条例》、2000年1月30日公布实施的《建设工程质量管理条例》、2003年9月1日起施行并于2007年10月1日修改施行的《物业管理条例》、2003年6月1日起施行的《商品房买卖合同解释》、2001年6月1日起施行的《商品房销售管理办法》。其具体如下：

1995年《城市房地产管理法》规定的交付标准主要体现在第26条，即“房地产开发项目竣工，经验收合格后，方可交付使用”，验收的标准为“房地产开发项目的设计、施工，必须符合国家的有关标准和规范”，但未明确规定验收主体。

《城乡规划法》规定的交付标准主要体现在第45条，即“县级以上地方人民政府城乡规划主管部门按照国务院规定对建设工程是否符合规划条件予以核实。未经核实或者经核实不符合规划条件的，建设单位不得组织竣工验收”，也就是说，经城乡规划主管部门核实符合规划条件才能竣工验收，并交付使用。

《消防法》规定的交付标准主要体现在第13条，即“按照国家工程建设消防技术标准需要进行消防设计的建设工程竣工，依照下列规定进行消防验收、备案：(一)本法第十一条规定的建设工程，建设单位应当向公安机关消防机构申请消防验收；(二)其他建设工程，建设单位在验收后应当报公安机关消防机构备案，公安机关消防机构应当进行抽查。依法应当进行消防验收的建设工程，未经消防验收或者消防验收不合格的，禁止投入使用；其他建设工程经依法抽查不合格的，应当停止使用”，也就是说需要进行消防设计的建设工程未经消防机构验收的、验收不合格的或者抽查不合格的均不得交付使用。

《城市房地产开发经营管理条例》规定的交付标准主要体现在该条例第16、17、18条，即“房地产开发项目竣工，经验收合格后，方可交付使用；未经验收或者验收不合格的，不得交付使用”，验收标准及方式为“房地产开发企业开发建设的房地产项目，应当符合有关法律、法规的规定和建筑工程质量、安全标准、建筑工程勘察、设计、施工的技术规范以及合同的约定”。住宅小区等群体房地产开发项目竣工，应当依照本条例第17、18条的规定和进行综合验收。“房地产开发项目竣工后，房地产开发企业应当向项目所在地的县级以上地方人民政府房地产开发主管部门提出竣工验收申请。房地产开发主管部门应当自收到竣工验收申请之日起30日内，对涉及公共安全的内容，组织工程质量监督、规划、消防、人防等有关部门或者单位进行验收”。根据该条例规定，商品住宅需综合验收合格，涉及公共安全的内容需县级以上人民政府房地产开发主管部门作为验收主体组织质量监督、规划、消防、人防等验收主体部门共同验收，未经验收或验收不合格的，不得交付使用。

《建设工程质量管理条例》规定的交付标准主要体现在该条例第16、47、49条，即“建设工程经验收合格的，方可交付使用”，验收标准及方式为“建设单位收到建设工程竣工报告后，应当组织设计、施工、工程监理等有关单位进行竣工验收。建设工程竣工验收应当具备下列条件：（一）完成建设工程设计和合同约定的各项内容；（二）有完整的技术档案和施工管理资料；（三）有工程使用的主要建筑材料、建筑构配件和设备的进场试验报告；（四）有勘察、设计、施工、工程监理等单位分别签署的质量合格文件；（五）有施工单位签署的工程保修书”，但是“建设单位应当自建设工程竣工验收合格之日起15日内，将建设工程竣工验收报告和规划、公安消防、环保等部门出具的认可文件或者准许使用文件报建设行政主管部门或者其他有关部门备案。建设行政主管部门或者其他有关部门发现建设单位在竣工验收过程中有违反国家有关建设工程质量管理规定行为的，责令停止使用，重新组织竣工验收。县级以上地方人民政府建设行政主管部门和其他有关部门应当加强对有关建设工程质量的法律、法规和强制性标准执行情况的监督检查”。根据该条例规定验收主体为建设单位、设计单位、施工单位及监理单位，前述验收主体验收合格即可交付使用。建设行政主管部门仅是验收备案部门，不是验收主体，但是如其发现验收过程中存在违反质量管理规定的行为，有权责令停止使用，重新组织竣工验收。

《物业管理条例》规定的交付标准主要体现在该条例第三章，即“建设单位应当在销售物业之前制定临时管理规约，将临时管理规约向物业买受人明示，并予以说明。建设单位与物业买受人签订的买卖合同应当包含前期物业服务合同约定的内容。物业服务企业承接物业时，应当对物业共用部位、共用设施设备进行查验。在办理物业承接验收手续时，建设单位应当向物业服务企业移交资料，建设单位应当按照规定在物业管理区域内配置必要的物业管理用房”。根据该条例规定，商品房交付前建设单位需选定前期物业管理单位、制定临时管理规约并将规划向买受人明示、向物业公司移交规定的资料、共用部位及设施经物业管理单位验收合格、配置必要的物业管理用房。

《商品房买卖合同解释》规定的交付标准主要体现在该解释第 11、12、13 条，即“对房屋的转移占有，视为房屋的交付使用，但当事人另有约定的除外。买受人接到出卖人的书面交房通知，无正当理由拒绝接收的，房屋毁损、灭失的风险自书面交房通知确定的交付使用之日起由买受人承担，但法律另有规定或者当事人另有约定的除外。房屋主体结构质量不合格不能交付使用。房屋质量问题严重影响正常居住使用，买受人请求解除合同和赔偿损失的，应予支持”。根据该解释，交付条件为转移占有，买受人无正当理由拒收的，书面交房通知确定的交付使用日也视为转移占有，交付使用的商品房主体结构质量需合格，且不得存在严重影响正常居住使用的质量问题。

《商品房销售管理办法》规定的交付标准主要体现在该办法第五章，即“房地产开发企业销售商品房时设置样板房的，应当说明实际交付的商品房质量、设备及装修与样板房是否一致，未作说明的，实际交付的商品房应当与样板房一致。销售商品住宅时，房地产开发企业应当根据《商品住宅实行质量保证书和住宅使用说明书制度的规定》，向买受人提供《住宅质量保证书》、《住宅使用说明书》。房地产开发企业应当在商品房交付使用前按项目委托具有房产测绘资格的单位实施测绘，测绘成果报房地产行政主管部门审核后用于房屋权属登记。商品房交付使用后，买受人认为主体结构质量不合格的，可以依照有关规定委托工程质量检测机构重新核验。经核验，确属主体结构质量不合格的，买受人有权退房”。按照该规定，设置样板房的，如未明确说明样板房与交付商品房是否一致的，样板房应作为交付标准，而且交付时应向买受人提供《住宅质量保证书》《住宅使用说明书》，并且商品房已经完成了实测，主体结构质量合格。

鉴于上述法律、法规、司法解释及规章的效力等级不同、施行时间不同，按照效力等级优势原则、新法优于旧法原则，《城市房地产管理法》《城乡规划法》《消防法》的效力优于《城市房地产开发经营管理条例》《建设工程质量管理条例》《物业管理条例》《商品房买卖合同解释》及《商品房销售管理办法》;《城市房地产开发经营管理条例》《建设工程质量管理条例》《物业管理条例》《商品房买卖合同解释》优于《商品房销售管理办法》;《建设工程质量管理条例》《物业管理条例》《商品房买卖合同解释》优于《城市房地产开发经营管理条例》。

商品房的法定交付标准应为已经由城乡规划主管部门核实符合规划条件，商品房经建设、设计、施工、工程监理等单位验收合格；如需进行消防设计的需经消防机构验收或者抽查合格；已按规定于验收合格之日起 15 日内将相关许可文件报建设行政主管部门或其他有关部门备案，在竣工验收过程中不存在“因违反国家有关建设工程质量管理规定而被建设行政主管部门或者其他有关部门责令停止使用，重新组织竣工验收”的情形；商品房主体结构质量合格，且不存在严重影响正常居住使用的质量问题；设置样板房的，未说明实际交付的商品房质量、设备及装修与样板房是否一致，实际交付的商品房应当与样板房一致；商品房需转移占有；需配备物业管理单位及物业管理用房；物业共用部位、共用设施设备已通过物业管理单位验收，并已向物业管理单位移交了必要的材料；购销双方签订的《商品房买卖合同》约定的其他交付条件。

从上述规定可知，商品房通过竣工验收并取得交付使用的批准文件是商品房交付的前置性要件。其中，经过竣工验收是商品房交付使用的实质性要件，而取得交付使用的批准文件是商品房交付使用的形式性要件。

## 二、当事人约定出卖人在交付房屋时应当取得《建设工程竣工验收备案表》，对此应如何理解

依据住房和城乡建设部《房屋建筑和市政基础设施工程竣工验收备案管理办法》规定，建设单位应当自工程竣工验收合格之日起 15 日内，向工程所在地的县级以上地方人民政府建设主管部备案。建设单位办理工程竣工验收备案应当提交下列文件：（1）工程竣工验收备案表；（2）工程竣工验收报告；（3）法律、行政法规规定应当由规划、环保等部门出具的认可文件或者准许使用文件；（4）法律规定应当由公安消防部门出具的对大型的人员密集场所和其他特殊建设工程验收合格的证明文件；（5）施工单位签署的工程质量保修书；（6）法规、规章规定必须提供的其他文件。住宅工程还应当提交《住宅质量保证书》和《住宅使用说明书》。备案机关收到建设单位报送的竣工验收备案文件，验证文件齐全后，应当在工程竣工验收备表上签署文件收讫。备案机关发现建设单位在竣工验收过程中有违反国家有关建设工程质量管理规定行为的，应当在收讫竣工验收备案文件 15 日内，责令停止使用，重新组织竣工验收达到要求后，再办理竣工验收备案。备案通过的，建设单位取得《建设工程竣工验收备案表》。由此可见，出卖人已经取得《建设工程竣工验收备案表》的，可以证明该商品房竣工验收和消防、规划等其他专业验收已经合格，具备了商品房交付使用的法定最低标准。这是当事人作出这一约定的体现的真正含义。

## 三、《商品房买卖合同》范本约定的商品房交付条件的理解

实践中，商品房买卖合同双方当事人签订的合同一般会参照中华人民共和国建设部和国家工商行政管理局发布的《商品房买卖合同》范本，该范本第 8 条规定：交付期限，出卖人应当在________年____月____日前，依照国家和地方人民政府的有关规定，将具备下列第____种条件，并符合本合同约定的商品房交付买受人使用：（1）该商品房经验收合格。

(2) 该商品房经综合验收合格。(3) 该商品房经分期综合验收合格。(4) 该商品房取得商品住宅交付使用批准文件。(5) 该范本规定了四种交房条件供合同当事人选择。那么，应如何理解上述交付条件的含义呢?

“商品房经验收合格”，对于该表述的含义，目前通说理解为建筑物竣工验收合格，即取得《建设工程竣工验收报告》。《建筑法》第 61 条规定：“交付竣工验收的建筑工程，必须符合规定的建筑工程质量标准，有完整的工程技术经济资料和经签署的工程保修书，并具备国家规定的其他竣工条件。建筑工程竣工经验收合格后，方可交付使用；未经验收或者验收不合格的，不得交付使用。”《建设工程质量管理条例》第 16 条规定：“建设单位收到建设工程竣工报告后，应当组织设计、施工、工程监理等有关单位进行竣工验收。建设工程竣工验收应当具备下列条件：（一）完成建设工程设计和合同约定的各项内容；（二）有完整的技术档案和施工管理资料；（三）有工程使用的主要建筑材料、建筑构配件和设备的进场试验报告；（四）有勘察、设计、施工、工程监理等单位分别签署的质量合格文件；（五）有施工单位签署的工程保修书。”故建设工程经验收合格的是商品房交房条件的最低要求，前述问题已经分析探讨过，此处不赘述。

“商品房经综合验收合格”，是指该房屋除了建筑物竣工验收合格，还包括小区绿化、配套设施。1998 年 7 月 20 日，经国务院常务会议通过并于当日公布实施的《城市房地产开发经营管理条例》第 18 条规定：“住宅小区等群体房地产开发项目竣工，应当依照本条例第十七条的规定和下列要求进行综合验收：（一）城市规划设计条件的落实情况；（二）城市规划要求配套的基础设施和公共设施的建设情况；（三）单项工程的工程质量验收情况；（四）拆迁安置方案的落实情况；（五）物业管理的落实情况。住宅小区等群体房地产开发项目实行分期开发的，可以分期验收。”该条规定明确了综合验收的具体内容。

《房屋建筑和市政基础设施工程竣工验收备案管理办法》（住房和城乡建设部令第 2 号）第 5 条规定：“建设单位办理工程竣工验收备案应当提交下列文件：（一）工程竣工验收备案表；（二）工程竣工验收报告。竣工验收报告应当包括工程报建日期，施工许可证号，施工图设计文件审查意见，勘察、设计、施工、工程监理等单位分别签署的质量合格文件及验收人员签署的竣工验收原始文件，市政基础设施的有关质量检测和功能性试验资料以及备案机关认为需要提供的有关资料；（三）法律、行政法规规定应当由规划、环保等部门出具的认可文件或者准许使用文件；（四）法律规定应当由公安消防部门出具的对大型的人员密集场所和其他特殊建设工程验收合格的证明文件；（五）施工单位签署的工程质量保修书；（六）法规、规章规定必须提供的其他文件。住宅工程还应当提交《住宅质量保证书》和《住宅使用说明书》。”该条规定了工程竣工验收备案需要提交的各种文件。2003 年 2 月 27 日国务院通过了《国务院关于取消第二批行政审批项目和改变一批行政审批项目管理方式的决定》（国发〔2003〕5 号）第 76 项规定，建设单位只需要提供房屋建筑工程竣工验收相关的资料给建设行政主管部门，建设行政主管部门只能进行形式审查，而无须进行实质性审查。至此，建筑竣工验收由建设单位自行组织验收即可。国务院 2004 年 5 月 19 日在《国务院关于第三批取消和调整行政审批项目的决定》（国发〔2004〕16 号）中将《城市房地产开发经营管理条例》（国务院令第 248 号）确定的“住宅小区等群体房地产开发项目竣工综合验收”取消，国家单位不再统一组织综合验收，故前述规定的综合验收合格，实质上已不可能完成。

“商品房经分期综合验收合格”，指出卖人只需将交付使用的商品房项目综合验收合格即可，无须整个项目所涉房屋全部综合验收合格。如前述理由，该交房条件实践已基本不具备适用价值。

“商品房取得商品住宅交付使用批准文件。”从字面含义看，该条款要求相关部门对商品住宅交付使用应当下发批准文件，不过从未发现该批准文件由哪家部门下发以及相关依据。同时该约定未明确商品住宅交付使用批准文件的具体内容，容易产生争议，审判实践中尚未遇到约定该内容作为交房条件。不过，《房屋建筑和市政基础设施工程竣工验收备案管理办法》第 5 条规定：“……商品住宅还应当提交《住宅质量保证书》和《住宅使用说明书》。”故出卖人交房时，还应当同时向购房人提供《住宅质量保证书》和《住宅使用说明书》。

综合前述内容来看，商品房买卖合同示范合同文本中所列的交房条件，实践中可以使用的也就是“商品房经验收合格”。

## 四、合同约定的交付条件与法定交付条件不一致时应如何处理

实践中，存在出卖人与买受人在商品房买卖合同中对交付条件进行约定，并且与法定标准不一致的情形。通常认为，在约定的交付条件与法定的交付条件不一致时，如约定的交付条件高于法定的交付条件，应当按照该约定履行合同；如约定的交付条件低于法定的交付条件，交付时房屋未达到法定交付条件的，买受人有权拒绝收房。

但当约定的交付条件低于法定的交付条件，买受人又接受了房屋，在此情况下，出卖人是否构成逾期交付？出卖人不能交付经验收合格的房屋为例，实践中存在不同观点，如福建省高级人民法院《关于审理城市房地产管理法施行后房地产开发经营案件若干问题的意见》第36条规定：“预售的商品房质量未经验收合格，但已实际交付使用，预购方以预售方交付的房屋不符合合格条件，主张实际交付之日后逾期交房违约金的，不予支持。但预购方可以根据合同约定或法律规定主张房屋质量不合格的违约责任，或逾期办理房屋所有权证的违约责任。”江苏省淮安市清浦区人民法院课题组《关于商品房逾期交付纠纷案件的调研》中提到：“买受人明知商品房不符合交付条件而领取房屋并实际占有，应视为买受人同意变更约定的交付条件，视为商品房已经交付，违约金应计算至实际交付之日。”

笔者认为，房屋是否符合交付条件，判断的因素很复杂。买受人是否明知房屋不符合交付条件，在实践中往往难以查实，因此，不应在审理中根据买受人接受房屋的行为推定买受人明知房屋不符合交付条件而予以接受。《建筑法》第61条第2款规定：“建筑工程竣工验收合格后，方可交付使用；未经验收或者验收不合格的，不得交付使用。”《城市房地产开发经营管理条例》第17条规定：“房地产开发项目，经验收合格后，方可交付使用；未经验收或者验收不合格的，不得交付使用。”《商品房销售管理办法》亦规定，开发商应按期将具备商品房交付条件的房屋交付给购房者使用。上述法律、行政法规、部门规章的规定，实际上

体现了对于房屋这种涉及广大人民群众基本居住权利的不动产的交付，法律确立了最低交付标准，也就是说，出卖人应交付验收合格的房屋。当事人约定的出卖人不能交付经验收合格的房屋，因违反了法律对于交付条件的最低标准而无效。买受人对房屋的接收，不影响出卖人在不具备交付条件时交房应承担的违约责任。即使购房者在开发商交房时做出了同意收房的意思表示，也不能免除开发商对逾期交房违约责任的承担。

## 五、商品房装饰、设备标准对商品房交付条件的影响

一般而言，商品房交付的法定标准是一种普遍性和强制性规范，而商品房的装饰、设备标准一般是双方事先通过协商方式确定的，具备特殊性、任意性和协定性，法律不可能对特殊性、任意性和协定性约定作出普遍性的规范。所以说，商品房装饰、设备标准对商品房交付的法定条件的认定并无实质性影响，只要商品房相关装饰、设备标准不影响商品房的功能性质量即可。

对此，有些地方法院有相应的指导性意见亦体现了这一精神。如江苏省高级人民法院关于审理房地产案件若干问题的意见规定：房屋买卖合同的卖方，应当向买方交付符合合同约定的房屋，房屋不符合合同约定的条件，致使合同履行行为不必要，买方因此提出解除买卖合同的，可以允许。但是，发生纠纷后，买方以房屋不符合合同约定的条件为由提出解除买卖合同的，不予支持。北京市高级人民法院关于审理房屋买卖合同纠纷案件若干疑难问题的会议纪要规定：出卖人交付的房屋符合商品房买卖合同约定及法定的强制性交付条件和质量标准，买受人以房屋质量存在表面瑕疵为由拒绝接受房屋，并要求出卖人承担逾期交房违约责任的，一般不予支持，但买受人确有证据证明房屋在交付时存在功能性质量瑕疵以致严重影响正常居住使用的除外。

## 六、如何理解实际交付的房屋与样板房之间的一致性

关于实际交付的房屋与样板房之间的一致性问题，司法实践中存在

不同观点：一种观点认为，实际交付的房屋与样板房之间必须一致，且必须是细节上的一致，才符合恰当履行。另一种观点认为，应当区分毛坯房和装修房。如果样板房和实际交付的房屋均为毛坯房，只要实际交付的毛坯房经过验收合格即可。如果样板房和实际交付的房屋均为装修房，实际交付的房屋的装修材料与样板房必须一致。

笔者认为，对于“一致”的判断，应当根据具体情况加以确定。样板房和楼盘模型属于售楼宣传材料之一种，其法律约束力应当与宣传资料一致。为了规范开发商在销售现场设置样板房和楼盘模型的行为，《商品房销售管理办法》第31条作了相关规定。该条规定：“房地产开发企业销售商品房时设置样板房的，应当说明实际交付的商品房质量、设备及装修与样板房是否一致，未作说明的，实际交付的商品房应当与样板房一致。”要求实际交付的房屋与样板房在每一个具体细节上都保持一致是不现实的。如果样板房和实际交付的房屋均为毛坯房，只要实际交付的毛坯房经过验收合格即可。如果样板房和实际交付的房屋均为装修房，实际交付的房屋的装修材料与样板房一致即可。如果实际交付的房屋和样板房之间一个为毛坯房、另一个为装修房，则二者之间难以比较。因此，前述办法所称的“一致”应当根据个案的具体情况加以判断。

## 七、合同约定的商品房交付期限已经届满，但房屋仍未办理竣工验收手续，买受人诉请出卖人交付房屋，应如何处理

一种观点认为，房屋未经验收合格不得交付使用是法律的强制性规定，因此，只要买受人提起诉讼时，房屋尚未办理竣工验收或经竣工验收不合格的，均应当驳回买受人要求交房的诉讼请求，并告知买受人待房屋竣工验收合格后再行主张。

另一种观点认为，依据相关法律规定，出卖人作为建设单位在工程竣工后负有组织竣工验收的义务，并且，实践中，在合同约定的交房期限届满后，工程仍未办理竣工验收的最常见原因是出卖人与工程施工方就工程款的给付存在争议，施工方拒绝配合甚至占用房屋导致无法办理工程竣工验收手续，买受人对此不存在任何过错，因此，在因出卖人原

因未能办理竣工验收的情况下，直接判决驳回买受人的诉讼请求是不适当的，而应当判决出卖人在限期内组织竣工验收，并将符合交付条件的房屋交付给买人。当然，如果合同约定的交房期限届满，工程尚未建成的，经释明后买受人仍坚持要求交付房屋的，应当判决驳回买受人的诉讼请求，告知其待房屋建成后再行主张。

我们同意后一种观点。

## 八、《住宅质量保证书》和《住宅使用说明书》的性质如何区分

《城市房地产开发经营管理条例》第31条第1款规定："房地产开发企业应当在商品房交付使用时，向购买人提供住宅质量保证书和住宅使用说明书。"建设部《商品房销售管理办法》第32条规定："销售商品住宅时，房地产开发企业应当根据《商品住宅实行质量保证书和住宅使用说明书制度的规定》，向买受人提供《住宅质量保证书》《住宅使用说明书》。"

实践中，对"两书"的交付应属何种法律性质的行为存有争议。第一种观点认为，"两书"的交付属于行政法规和行政规章规定的当事人的义务，属于出卖人的法定义务，出卖人必须严格遵守，故"两书"的交付应属于出卖人交付房屋时的一个必要条件。第二种观点认为，"两书"的交付仅仅是出卖人对所交付的标的物的质量保证和对买受人使用标的物的提示，不是交付标的物的必要条件。笔者认为，出卖人提供"两书"属于行政法规和行政规章的强制性规定，各地商品房买卖合同示范文本中均有相应的约定，出卖人应当严格遵守。在合同履行过程中，出卖人交付房屋时没有提供"两书"的，如果合同有约定，应按照合同约定处理；如果合同中没有约定或约定不明的，买受人以上述规定为依据拒绝接收房屋的，应认定出卖人不具备交房条件，由此产生的逾期交房违约责任由出卖人承担。如福建省高级人民法院民一庭《商品房买卖解答》第23条规定："出卖人不能提供《住宅质量保证书》和《住宅使用说明书》的，构成违约，买受人因此拒绝接收商品住宅的，由此产生的逾期

交房责任应当由出卖人承担。”

## 九、房屋主体结构质量不合格的认定

《商品房买卖合同解释》第12条规定：“因房屋主体结构质量不合格不能交付使用，或者房屋交付使用后，房屋主体结构质量经核验确属不合格，买受人请求解除合同和赔偿损失的，应予支持。”那么，实践中应如何认定房屋是否存在“主体结构质量不合格”呢？

笔者认为，该条规定的“主体结构”不同于建筑行业术语上的“主体结构”，而是应作广义理解，既包括房屋地下隐蔽工程的地基部分，也应包括房屋地上工程所涉及的部分。就是说地下与地上部分是不可分割的一个整体。根据《建筑法》的规定房屋建筑工程应当包括以下内容：房屋的地基基础工程、主体结构工程、屋面防水工程和其他土建工程，以及电气管线、上下水管线的安装工程，供热、供冷系统工程等部分。《建筑法》第60条第1款规定：“建筑物在合理使用寿命内，必须确保地基基础工程和主体结构质量。”建筑物的地基基础工程和主体结构工程是建筑工程的重要基础和主体，如果一项建筑工程在地基基础工程和主体结构出现质量问题，即使其他部分施工质量再好也难以保证整个建筑工程质量。因此《建筑法》规定，建筑物在合理使用寿命内，必须确保地基基础工程和主体结构的质量。对地基和主体结构发生质量缺陷，是否在合理使用寿命内引起争议，应先确定该建筑物的合理使用寿命。已有确定年限的，以该年限为准；无确定年限的由原设计单位或有权确认的部门确定，并按此确定的年限为准。地基基础工程和主体结构工程质量问题是直接关系到建筑物是否安全问题，该两项工程是不能存在质量隐患的，如果地基基础工程及主体结构工程质量出现问题，也很难通过修复办法解决。但是如果通过加固等能够修复，且确保建筑物安全的可以修复，其建筑物继续使用，如不能修复建筑物无法使用的，买受人可依法请求有关责任者承担法律责任。

该条款中的“质量不合格”并非当事人单方主张即可成立，应依据法定鉴定部门出具的关于建筑物质量不合格的鉴定结论进行判定。《建筑法》第61条规定："建筑工程竣工经验收合格后，方可交付使用；未经验收或者验收不合格的，不得交付使用。"1995年《城市房地产管理法》第26条规定："房地产开发项目的设计、施工，必须符合国家的有关标准和规范。"在现有房地产开发市场中，房屋质量合格均以政府有关部门的竣工验收合格表为准。因此，购房人在办理商品房交接入住手续时，出卖人出示该商品房的《建筑工程竣工验收备案表》，应初步认定该工程经验收合格。如果出卖人不能出示，则说明该工程未经验收或者验收不合格。但开发商取得《建筑工程竣工验收备案表》只是开发商用于证实房屋质量合格的初步证据，当房屋交付使用后主体结构经相关鉴定部门核验被鉴定为不合格，房屋质量仍属不合格，买受人有权行使合同解除权。

## 十、房屋质量问题严重影响正常居住使用的认定

司法实践中，各级法院处理因房屋质量问题而引起的商品房买卖合同纠纷时，一般将房屋质量问题划分为三个层次：（1）明显的主体结构质量不合格，所谓"主体结构"，是指房屋的主要构件相互连接、作用的平面或空间构成体。依法及行业规定，其必须具备符合技术要求的强度、韧性和稳定性，以确保承受建筑物本身的各种载荷。主体结构问题当然也包括地基基础工程的质量问题。（2）属于可以保修的一般质量问题，这是指在除地基基础和主体结构之外的其他质量问题，经修复后不影响正常居住使用的房屋质量问题。（3）介于前面两种情形之间的一种情形，即"严重影响正常居住使用"。这是指除房屋主体结构和地基基础质量问题以外的其他工程质量问题，并且该质量问题能够达到足以影响房屋正常居住和使用的"严重"程度。《商品房买卖合同解释》第13条第1款规定："因房屋质量问题严重影响正常居住使用，买受人请求解除合同和赔偿损失的，应予支持。"该规定明确了买受人可以依据《合同法》第90条第4项的规定行使其法定解除权的另一情形，即房屋质量问题严重影响正常居住。关于如何认定房屋质量问题严重影响生活，实务中存在三种观点：

第一种观点认为商品房正常的“居住使用”主要以安全为标准只要房屋能安全的居住使用即不存在严重影响居住使用的问题。该观点认为，房屋的本质功能就满足居住性（住宅）或者能够使用（非住宅）的基本条件，只要房屋在交付时或者交付后具备上述基本功能，则可以认定房屋质量问题不影响正常的居住和使用，买受人无权行使合同解除权。对于存在的房屋质量问题，法官可以通过向买受人释明是否变更诉讼请求，买受人变更诉请的，判令出卖人予以维修即可；买受人坚持原诉请的，判决驳回诉讼请求。

第二种观点认为判断房屋质量问题是否“严重影响正常居住使用”应通过委托工程质量检验部门鉴定，法院依据鉴定结论做出判断。该种观点认为：任何的房屋质量问题均系专业领域问题，房屋是否存在质量问题及质量问题是否足以影响房屋的正常居住使用需要由专门的鉴定机构进行，同时鉴定机构应当就房屋是否影响正常的居住使用出具鉴定意见，人民法院只需要根据鉴定意见作出判决即可。裁判方式同第一种观点。

第三种观点则认为房屋质量问题是否“严重影响正常居住使用”属于法官根据生活常识自由裁量的范围不需要工程质量检验部门进行鉴定。该观点认为，专业质量鉴定机构所进行的鉴定只是依据现有规范、标准作出不合格、合格或优良的认定并对某些量化指标进行确认。而房屋质量是否“严重影响正常居住使用”的认定没有客观标准即使由专业工程师来认定其所做出的鉴定也是完全依赖于其个人的生活经验和主观判断没有法定依据和标准。因此是否“严重影响正常居住使用”法官作为审判人员完全可以根据生活常识和经验作出认定。①

笔者认为，所谓“严重影响正常居住使用”，应指房屋质量问题已严重影响买受人享用房屋的正常使用功能和用途的情形。在具体认定时，应注意区分：一是影响居住使用与房屋这一商品本身的特性有关。应该说，房屋建筑的绝大组成部分都具有满足居住与使用的功能，如果这些

---

① 江西省宜春市袁州区人民法院课题组：《商品房买卖合同纠纷案件的实证考察与思考》，载《法律适用》2010 年第 11 期。

部分出现瑕疵，都会影响到该房屋的居住与使用。如房屋渗漏水、墙面裂痕、天花板开裂、地面空鼓、墙皮脱落等。二是影响居住使用的程度必须是“严重”。这显然包含一定裁量权。法官仅需要根据当事人提交的证据结合自己内心的、公正的感知，作出公平的判断。裁量的标准主要有：一是危害居住人的程度。如果已危害居住人的生命安全，直接认定严重影响居住使用；如果危害居住人的身体健康，则居住人对此主张应以医院病历证明或相关部门技术检测结论为准。二是修复的次数。如果多次修复未果，也应认定严重影响到居住人享用房屋的正常使用功能和用途。三是适用该条款不以买受人的居住使用为前提条件，也就是说，买受人在交付使用时确有证据证实商品房存在重大质量瑕疵且足以影响商品房的居住使用，其也可主张合同解除权。

## 十一、商品房面积存在差异应如何处理

所谓房屋面积差异，是指房屋买卖合同约定的面积与房屋产权登记面积发生的差异。在房地产市场中，面积误差通常被称为“房屋缩水”，实际上表现形式各有不同，不但有“缩水”，还有“涨水”。《商品房买卖合同解释》第14条对由此产生的纠纷的处理作出了规定：“卖人交付使用的房屋套内建筑面积或者建筑面积与商品房买卖合同约定面积不符，合同有约定的，按照约定处理；合同没有约定或者约定不明确的，按照以下原则处理：（一）面积误差比绝对值在3%以内（含3%），按照合同约定的价格据实结算，买受人请求解除合同的，不予支持；（二）面积误差比绝对值超出3%，买受人请求解除合同、返还已付购房款及利息的，应予支持。买受人同意继续履行合同，房屋实际面积大于合同约定面积的，面积误差比在3%以内（含3%）部分的房价款由买受人按照约定的价格补足，面积误差比超出3%部分的房价款由出卖人承担，所有权归买受人；房屋实际面积小于合同约定面积的，面积误差比在3%以内（含3%）部分的房价款及利息由出卖人返还买受人，面积误差比超过3%部分的房价款由出卖人双倍返还买受人。”实践中适用应注意以下问题：

（一）认定面积存在差异的标准

审判实践中对以“产权登记面积”还是以“测绘成果中的测量面积”作为认定面积差异依据存在争议。根据《商品房销售管理办法》第 20 条、第 45 条的规定，产权登记面积是确认交付房屋面积的依据，而产权面积是指房地产行政主管部门确认登记的房屋面积。何为“产权登记面积”，结合相应测绘管理规定，不能简单地认为房地产行政主管部门所确认的面积为《商品房买卖合同解释》第 14 条规定中的“出卖人交付使用的房屋套内建筑面积或者建筑面积”，因为：一方面，根据测绘实务，《商品房销售管理办法》出台前，测绘工作由房管部门委托其指定的测绘单位进行。2001 年 6 月 1 日开始实施的《商品房销售管理办法》第 31 条规定，开发商应当委托具有房产测绘资格的单位实施测绘，测绘成果报房地产行政部门主管部门审核后用于房屋权属登记。另根据《房产测绘管理办法》，房管部门只对测绘结果进行审查，审查的依据为测绘单位的测绘结论。另一方面，如果产权登记面积为“出卖人交付使用的房屋套内建筑面积或者建筑面积”，那么无法解决以下纠纷情形：测绘单位的测绘结论出来，但商品房权属证书未办理，如果买受人与开发商之间如因面积差异已发生纠纷，在无其他相反证据时，从有利于解决双方纠纷考虑，应认定该测绘结论所确认的房屋面积作为认定面积差异的依据。这一认定原则将可避免任何一方当事人以房屋权属尚未办理为由逃避其应承担退还或补交合同价款的合同责任。

测绘成果表是确定商品房产权登记面积的依据，商品房买卖双方也可以约定以测绘成果表作为确定所交付商品房面积的依据。如果测绘成果表上所记录的商品房面积超过合同约定的正常误差范围，买受人可以在收到测绘成果表后作出是否对方的决定，买受人可以在收到测绘成果表后作出是否退房的决定。这种做法符合实际，买受人在交房时间点前后收到测绘成果表时，就可以知道交付房屋面积误差有多大，是否符合合同约定的退房条件，以便作出是否退房的决定。买受人作出退房决定后，开发商也可以及时将买受人所退房屋再次卖出，避免损失扩大。

### （二）商品房面积差异的处理原则

1. 按套内建筑面积计价面积误差的处理

根据《商品房销售管理办法》的规定，按套内建筑面积计价的，当事人应当在合同中载明合同约定面积与产权登记面积发生误差的处理方式。但是，在实际交易中，有的未约定合同约定面积与产权登记面积发生误差的处理方式。

当事人有约定的，即按约定处理。例如，当事人在合同中约定：在商品房支付时，支付的套内建筑面积（以产权登记面积为准）增加或者减少，其面积误差比绝对值在 2%以内（含 2%）的，双方互不退补。超过 2%的，据实结算，即面积增加的，由买受人补足增加的面积的房价款；面积减少的，由出卖人返还减少的面积的房价款。

当事人没有约定的，如何处理？对此，《商品房销售管理办法》第 20 条和《商品房买卖合同解释》第 14 条均作了原则性规定。按照上述规定，应当根据出卖人交付的套内建筑面积的误差比绝对值在 3%以内和超出 3%两种不同情况，作出不同处理。

（1）面积误差比绝对值在 3%以内的处理。出卖人交付的套内建筑面积的误差比绝对值在 3%以内（含 3%）的，不论是面积增加导致面积误差比绝对值在 3%以内，还是面积减少导致面积误差比绝对值 3%以内（含 3%），均只能据实结算，继续履行合同，而不能解除合同。要求解除合同的，不予支持。据实结算，包括面积增加或者减少两种情况。面积增加的，由买受人按照合同约定的单价款数额补足增加的面积的房价款，面积减少的，由出卖人返还减少的面积的房价款。

（2）面积误差比绝对值超出 3%的处理。面积误差比绝对值超出 3%包括两种情况，其一，由于面积增加致使面积误差比绝对值超出 3%。其二，由于面积减少致使面积误差比绝对值超出 3%。交付的套内建筑面积的误差比超出 3%的，有两种处理方式，一是买受人有权要求解除合同。买受人要求解除合同的，人民法院应当予以支持。解除合同的，如果面积误差比绝对值超出 3%是由于面积减少造成的，出卖人应当返还买受人已付的房价款，并支付已付房价款的利息。二是继续履行合同。买受人同意履行合同的，应当继续履行合同。继续履行合同的，如果面积误差比绝对值超出3%是由于面积增加造成的，那么面积误差比在3%以内（含3%）部分的房价款由买受人按照合同约定的价格予以补足，而面积误差比超出3%部分的房价款由出卖人承担，所有权归买受人。如果面积误差比绝对值超出3%是由于面积减少造成的，那么面积误差比在3%以内（含3%）部分的房价款及其利息由出卖人返还买受人，而面积误差比超出3%部分的房价款由出卖人双倍返还买受人。

2. 按套计价面积误差的处理

按套计价，既适用于现售商品房，也适用于预售商品房。现售商品房是指已经竣工验收建成的商品房。预售商品房是指正在建设尚未建成的商品房。《商品房销售管理办法》第19条第1款规定："按套（单元）计价的现售房屋，当事人对现售房屋实地勘察后可以在合同中直接约定总价款。"商品房现售时，一般都是双方当事人对现售商品房进行实地勘察，约定总价款。买受人认为总价款与商品房的价格大体相当，值得购买，才会签订商品房买卖合同，否则，不会签订商品房买卖合同。因此，买卖现售商品房，大多不会发生面积误差纠纷。如果发生纠纷，对于当事人约定处理方式的，如果出卖人交付的商品房的套型与设计图纸相符，相关尺寸也在约定的误差范围之内，就维持总价款不变，买受人要求退房或者减少总价款的，不应支持。对于当事人没有约定处理方式的，如果出卖人交付的商品房的套型与设计图纸不符，或者相关尺寸超出了约定的误差范围，买受人可以退房，或者与出卖人重新约定总价款。买受人退房的，由出卖人承担违约责任。这里所说的退房和承担违约责任，意思是可以解除合同，合同解除后，由出卖人返还买受人已付的购房款及相应的利息。

3. 规划设计变更面积误差的纠纷处理

第一，规划设计变更必须经过批准。商品房销售后，规划设计变更，必须经过主管部门批准。规划的变更由规划主管部门批准，设计的变更经设计单位同意。否则，不得变更。房地产开发企业擅自变更规划设计，造成面积误差，引起面积误差纠纷的，不在上述规定处理的范围之内，而应当根据《商品房销售管理办法》第20条和《商品房买卖合同解释》

第14条的规定，作出处理。

第二，退房的条件。这里所说的退房，意为解除合同。解除合同的条件主要有：首先，买受人在收到出卖人房地产开发企业的规划设计变更的规定时限内，必须作出退房的选择。否则，视同接受规划设计变更以及由此引起的房价款的变更，或者出卖人房地产开发企业未在规定时限内通知买受人，买受人也有权退房。其次，不是所有的规划设计变更，买受人都可以选择退房，解除合同，只有在规划设计变更导致商品房的结构形式、户型、空间尺寸、朝向变化，以及出现合同当事人约定的其他影响商品房质量或者使用功能的情况下，才有权选择退房，解除合同。退房解除合同的，出卖人应当返还买受人已付的房价款，并支付已付房价款的利息。

第三，不退房不解除合同的，签订补充协议。规划设计变更造成面积误差，买受人不退房不解除合同的，应当与出卖人房地产开发企业另行签订补充协议。补充协议订立后，合同约定面积应当以新订立的补充协议中的面积为准，面积误差及其处理也应当以此为依据。

## 十二、精装修房质量问题的处理

当前，精装商品房在商品房销售中的比例不断提高，如何处理商品房买卖合同与装修合同或装修条款之间的关系，成为商品房买卖合同案件审理中的难点。

### （一）装修部分存在严重质量问题的处理

出卖人与买受人签订的商品房买卖合同中包含装修条款，或者出卖人在与买受人签订商品房买卖合同时指定买受人与其另行签订装修合同，因装修部分存在质量问题严重影响商品房品质的，此时双方的意思表示是将商品房作为一个整体使用的精装修房屋进行交易，两个合同构成合同联立，买受人有权一并请求解除商品房买卖合同和装修合同并赔偿损失。在另行签订装修合同的情形，买受人亦可请求单独解除装修合同并要求出卖人承担其他违约责任。

（二）装修存在质量瑕疵的处理

装修存在质量瑕疵，但不影响买受人正常使用的，买受人无权拒收房屋。在装修保修期内，出卖人应承担保修责任；出卖人拒绝保修或者在合理期限内拖延维修的，买受人自行或者委托他人维修后，可以就修复费用及修复期间造成的其他损失向出卖人主张权利。对于装修用材和施工工艺等应达到的标准，合同有约定的按约定，没有约定或约定不明的，结合出卖人销售时广告宣传内容等进行认定。

（三）出卖人指定精装修的商品房质量问题的处理

开发商将装修部分交由专业的装修公司施工，并要求买受人与装修公司单独签订合同的，出现装修质量问题时，合同有约定按照约定处理，合同没有约定或约定不明的，如何处理？对此存在两种观点：第一种观点认为，买受人可依据《合同法》第402条的规定，请求出卖人承担委托人的责任；第二种观点认为，买受人可以请求出卖人与第三人对装修质量承担连带责任。我们赞同第一种观点，因为在开发商指定装修公司的情况下，买受人在签订合同时没有选择权，虽然装修合同是购房人与装修公司签订，应视为装修合同系接受开发商的委托施工，买受人可以依据《合同法》第402条的规定，要求开发商对装修质量问题承担责任。①

## 十三、买受人无正当理由拒绝接收房屋应承担何种法律责任

《商品房买卖合同解释》第11条规定，对房屋的转移占有，视为房屋的交付使用，但当事人另有约定的除外。房屋毁损、灭失的风险，在交付使用前由出卖人承担，交付使用后由买受人承担；买受人接到出卖人的书面交房通知，无正当理由拒绝接收的，房屋毁损、灭失的风险自书面交房通知确定的交付使用之日起由买受人承担，但法律另有规定或

① 潘军峰：《商品房买卖合同审判新类型问题研究》，载《法律适用》2015年第8期。

者当事人另有约定的除外。

何为“正当理由”？实践中存在不同观点。第一种观点认为，买受人认为有质量缺陷、配套设施不到位、装修材料货不对版、虚假广告宣传、物业费标准偏高、面积差异、噪音、环境不利因素等，是正当理由。第二种观点认为，如果是买受人非主观方面的原因，如买受人因出差、出国、伤病等，不能如期接收房屋，可视为正当理由，从而阻却风险转移。

笔者认为，第一种观点所述的理由不能成为拒绝接收房屋的正当理由，因为这些因素即便真实客观存在，也不影响合同目的的实现，可以通过其他方法解决和获得救济。即使可能影响合同目的实现，也可以在交付后通过诉讼或者仲裁来解除合同。

出差、出国、伤病是行动障碍的正当理由，但不是不行使权利的正当理由，更不是加重对方责任的正当理由。民事法律行为允许代理，房屋交付亦非突然事件，买受人可以预作安排，即使行动遇到客观障碍，也不影响法律行为的完成。退一步讲，买受人可以甘愿迟延受领，但相应的责任不能推卸，不能因自己的原因，导致对方风险与负担的增加。否则，买受人有可能为了规避风险或者费用负担，制造各种行动障碍的理由来对抗交付，这时对出卖人就很不公平。《合同法》第 143 条规定：“因买受人的原因致使标的物不能按照约定的期限交付的，买受人应当自违反约定之日起承担标的物毁损、灭失的风险。”这里并没有规定“有正当理由的除外”，其法理就在于买方可以有各种理由不接收，但没有理由让卖方为他承担风险。最极端的情况是，在约定交付的日子，买受人因车祸未能来接收，3 个月后方来收房，这 3 个月的物业费、采暖费谁来承担？由于卖方无任何过错，没有理由替买方负此损失。此期间内如果发生强烈地震将房屋摧毁，损失也应当由买方承担。

所以，《商品房买卖合同解释》第 11 条所说的拒绝接收的“正当理由”，只能是《合同法》第 148 条所规定的“因标的物质量不符合质量要求，致使不能实现合同目的”，也就是标的物本身存在重大缺陷，而不能包括买受人所主张的客观障碍。

对于无正当理由拒绝接收房屋的法律责任，根据《商品房买卖合同解释》第 11 条的规定，购房人拒绝接收商品房的正当理由为商品房“不符合交付条件”。商品房不符合交付条件包括以下两种情况：（1）商品房未经综合验收。（2）商品房明显存在重大质量瑕疵。即使该商品房已经通过综合验收，并取得相关证明文书，购房人仍有权拒绝接受房屋，并要求开发商承担违约责任。《合同法》第148条规定，因标的物质量不符合质量要求，致使不能实现合同目的的，买受人可以拒绝接受标的物或者解除合同。买受人拒绝接受标的物或者解除合同的，标的物毁损、灭失的风险由出卖人承担。《商品房买卖合同解释》第12条规定，因房屋主体结构质量不合格不能交付使用，或者房屋交付使用后，房屋主体结构质量经核验确属不合格，买受人请求解除合同和赔偿损失的，应予支持。第13条第1款规定，因房屋质量问题严重影响正常居住使用，买受人请求解除合同和赔偿损失的，应予支持。

## 十四、办理房屋所有权证书的义务

《合同法》第130条规定：“买卖合同是出卖人转移标的物的所有权于买受人，买受人支付价款的合同。”第135条规定：“出卖人应当履行向买受人交付标的物或者交付提取标的物的单证，并转移标的物所有权的义务。”可见，买卖双方在签订买卖合同后，为实现签订合同的目的，买方支付房款，卖方交付房屋，并办理房地产权属转移登记，这是买卖双方的最主要的权利与应履行的义务。另外，就商品房买卖合同的出卖人一方来说，出卖人在交付实物房屋之外还负有转移标的物所有权的义务。具体来说，出卖人应当交付房屋并保证房屋所有权转移给买受人，一般也就认为出卖人房地产开发企业为办理房屋权属证书的义务主体。

《商品房买卖合同解释》第1条规定：“本解释所称的商品房买卖合同，是指房地产开发企业将尚未建成或者已竣工的房屋向社会销售并转移房屋所有权于买受人，买受人支付价款的合同。”据此规定，房地产开发企业有义务转移标的物所有权于买受人，办理房屋权属证书的义务主体为房地产开发企业。《商品房买卖合同解释》第18条第1款规定：“由于出卖人的原因，买受人在下列期限届满未能取得房屋权属证书的，除当事人有特殊约定外，出卖人应当承担违约责任：（一）商品房买卖合同约定的办理房屋所有权登记的期限；（二）商品房买卖合同的标的物为尚未建成房屋的，自房屋交付使用之日起90日；（三）商品房买卖合同的标的物为已竣工房屋的，自合同订立之日起90日。”此款规定的是由于出卖人的原因，买受人无法按期取得房屋权属证书的出卖人应该承担违约责任的情形，由此，也充分说明了出卖人是办理房屋权属证书的义务主体。《城市房地产开发经营管理条例》第33条规定：“预售商品房的购买人应当自商品房交付使用之日起90日内，办理土地使用权变更和房屋所有权登记手续；现售商品房的购买人应当自销售合同签订之日起90日内，办理土地使用权变更和房屋所有权登记手续。房地产开发企业应当协助商品房购买人办理土地使用权变更和房屋所有权登记手续，并提供必要的证明文件。”根据上述法律规定可知，办理房屋权属证书的义务主体是买受人，房地产开发企业仅负有协助义务。

基于此，司法实践中对此问题亦存在不同观点：第一种观点认为，根据《合同法》第130条、第135条，《商品房买卖合同解释》第1条、第18条的规定，办理房屋权属证书的义务主体为房地产开发企业，因为法律规定其负有转移房屋所有权的义务。第二种观点认为，根据《城市房地产开发经营管理条例》第33条的规定，办理房屋权属证书的义务主体是买受人，房地产开发企业负有协助义务。

笔者认为，《合同法》《城市房地产开发经营管理条例》与《商品房买卖合同解释》对于办理房屋权属证书义务的主体的规定并非相互冲突，而是相互补充关系。根据权属登记流程规定，房屋权属登记的通常做法是开发商向不动产登记机构提交必要的手续，完成房屋权属的首次登记后，再告知买受人情况，买受人提出申请，不动产登记机构进行审查登记，颁发权属证书。此过程中，开发商和买受人互有协助履行的义务，同时再加上不动产登记机构，即通过三者的共同行为完成权属登记的。《城市房地产开发经营管理条例》第33条规定：“预售商品房的购买人应当自商品房交付使用之日起90日内，办理土地使用权变更和房屋所有权登记手续；现售商品房的购买人应当自销售合同签订之日起90日内，办理土地使用权变更和房屋所有权登记手续。房地产开发企业应当协助商品房购买人办理土地使用权变更和房屋所有权登记手续，并提供必要的证明文件。”可见，《城市房地产开发经营管理条例》对于办证义务的规定并非简单的主办和协办，而是相互补充的关系。因此，对办证义务主体的理解，先应遵循当事人意思自治原则，双方约定办证义务的，从其约定。如果当事人之间没有约定，通常情况下，开发商只要在法定期限内向相关行政主管部门提交了相关证明文件及资料，期间开发商可要求买受人配合提供相应资料，在完成首次登记并履行告知买受人的义务后，开发商的办证义务已履行完毕。此后买受人可自行申办房屋产权证书，期间亦可要求开发商补充提供有关材料。所以在办证流程中的不同阶段，应根据具体情况确定开发商和买受人不同的义务，从而判断各自可能承担的违约责任。如果开发商提交了完备的手续，买受人也提出了申请，由于不动产登记机构等部门原因未能办证或迟延办证的，属于第三人的原因，买受人可提起行政诉讼，要求不动产登记机构履行办证的法定职责。

## 十五、房屋买卖纠纷所涉房屋已被另案查封，是否可以判决出卖人协助转移登记

在房屋买卖纠纷中，涉及房屋所有权转移登记诉请的，人民法院应尽量查清房屋是否存在已查封等事实。因为买受人请求协助办理转移登记的请求，属于合同履行，是债的给付之诉。给付之诉能否得到支持，不仅审查请求人有无合法的权利基础，还要审查标的是否存在履行障碍，即法律上、事实上不能履行，或不适于强制履行或者履行费用过高等。

若所涉房屋因另案被执行部门查封的，则由于司法查封是当事人借助公权力对债权的一种保全手段，具有法定的公示和对抗效力，并构成涉讼房屋过户的履行障碍。当事人请求过户，实际上处于暂时不可以履行的情况，因此，法院在处理中应结合房屋查封的处理情况进行区分：

1. 系争房屋已被执行部门通过拍卖、变卖等方式处置，房屋产权将由第三方买受人所取得，合同履行已无可能的，人民法院应进行释明，引导当事人变更诉请为赔偿，若当事人坚持不变更的，则应驳回其

诉请。

2. 系争房屋尚未被拍卖、变卖的，民事审判部门应与执行部门协调处理，若当事人愿意以涤除债务、提出执行异议等途径解除查封的，可在执行部门解除查封后，判决支持其协助转移登记诉请。

3. 系争房屋在解封之前，因房屋尚处于被强制拍卖、产权转移他人的不确定状态，人民法院一般不应判令出卖人协助办理转移登记。

## 十六、"一房数卖"情形下房屋所有权的归属及合同的实际履行顺序

根据债权平等的原则，当以同一标的物为标的的数个买卖合同均为有效的情况下，各受让人均可要求继续履行合同。但标的物是特定的，哪个合同当事人能够取得标的物的所有权，其主张继续履行合同的请求应优先得到支持，这是审判实践中必须要面对的问题。笔者认为，在我国债权形式主义的物权变动模式下，若数个受让人均主张继续履行合同、取得标的物所有权，应区分不同情形确定标的物所有权的归属。

### （一）已登记之物权归属

根据我国《物权法》第 9 条的规定，不动产物权的变动一般以登记为生效要件，故一般情况下，在一个受让人已经办理完毕变更登记手续的情况下，该受让人即取得标的物的所有权，其他受让人的向出卖人主张违约责任的承担。在标的物为不动产时，一般而言，已经办理转移登记的买受人取得所有权（或国有土地使用权），这在《国有土地使用权合同解释》第 10 条中即有体现。虽然在《商品房买卖合同解释》中没有明确规定一房多卖情况下应如何处理，但笔者认为，在审理房屋买卖合同纠纷时亦可参照适用该原则。

较为特殊的情况是，一方先取得了对房屋的占有，后买受人则办理完毕了房屋转移登记，此时，应如何确认房屋所有权的归属？王泽鉴先生认为，（以土地为例）"出卖人于办理所有权移转登记给后买受人前，已将其物交付由前买受人占有时，后买受人仍能取得该地所有权。盖不

动产所有权之让与，以登记为要件，不以移转占有为必要也（第758条）。于此情形，后买受人得否依第767条之规定，向前买受人请求返还其物，殊值研究。所有物返还请求权之发生，系以无权占有为要件，前买受人受让不动产之占有系基于其与出卖人（即原所有人）间之买卖契约，对于出卖人而言，系属有权占有，固无疑问，唯该不动产之所有权一旦移转于后买受人，前买受人对该物之占有即失其法律上之基础，对后买受人而言，乃构成无权占有，应负返还之义务，自不待言”[①]。我国《物权法》及相关司法解释对此类问题没有明确规定，应如何处理还有待进一步研究探讨。

（二）未登记之物权归属

但对于房屋未办理转移登记的情况下，应由哪个买受人通过继续履行合同取得房屋所有权，则是困扰司法实践的一个难题。根据债权平等的原则，则数个买受人均可主张通过履行合同取得物权，但基于物权的排他效力和优先效力，最终对标的物享有所有权的主体只能有一方。因此，从定分止争的司法审判视角出发，最高人民法院的有关土地权利的司法解释对此情形下的物权取得区分实践中的不同情况作了规定。

对于国有土地使用权的多重转让，《国有土地使用权合同解释》第10条规定在中，转让合同原则上均有效，在各方均主张获得土地使用权时，依次考虑登记、占有、支付出让金三项因素。而对于发包方就同一土地签订两个以上承包合同，《最高人民法院关于审理涉及农村土地承包纠纷案件适用法律问题的解释》第20条，则规定了依次考虑登记、合同生效、占有三项因素。而有关其他房屋买卖情形，则仍未有相关具体的司法解释可循。

对此，有观点认为，根据《物权法》确立的物权变动规则，不动产一物数卖下标的物所有权的归属只能根据不动产登记来确定。同时，债权在性质上是请求权，具有平等性，这种平等性不仅体现在各买受人之间，同样也体现在各买受人与出卖人的其他债权人之间，无论债权人数

① 王泽鉴：《民法学说与判例研究》（四），中国政法大学出版社1998年版，第176～177页。

量有多少，也不论债权成立的先后顺序，各个债权人的地位是平等的，任何一方均有权平等受偿。据此，有人认为此种情形下法院应当将该标的物折价、变价后的价款在数个买受人之间平等分配。笔者不赞同这种观点。这是因为：第一，各买受人享有的合同债权属请求权而非支配权，不具有就标的物优先受偿的效力。如果将这种效力赋予买受人的债权，则明显侵害了出卖人其他债权人的平等受偿权，尤其在出卖人别无其他财产的情形更是如此。第二，各买受人根据买卖合同所享有的请求权，其主要内容是请求出卖人移转标的物所有权，而非给付金钱。将标的物变卖后在买受人之间分配价款，实际上已经使数个买卖合同的目的一概落空。第三，在正常的交易环境下，买卖合同的标的物的变价款仅与一位买受人支付的价款具有等价性。因而前述处理方式将使各买受人的损失均得不到足额补偿，最后还是要诉诸出卖人的其他财产。

更多的观点则是倾向于由出卖人自行选择买方，被选择的买方最终获得标的物所有权。债务人是选择履行合同以消灭债务，还是选择不履行并承担违约责任，应属于债务人可以自由决定的范围，因为这二者并无法律责任的轻重之分，也符合民法上意思自治与自己责任的原则。因此，在数个买受人同时要求出卖人履行合同的情况下，应由出卖人自主决定将标的物所有权移转给何人。但这种处理方式可能带来的不利后果就是鼓励了出卖人违背诚信的行为，并可能导致实际履行成本过高、社会资源浪费以及社会实际效果不好等不利影响。因此，笔者倾向于在此情形下，根据案件的实际情况，综合考虑下述等因素，确定应当支持哪个买受人继续履行合同的主张。

1. 占有优先之辨析

一房数卖中，数买受人均未取得登记时，笔者认为，比较合适的解决方案是将系争房屋的所有权赋予取得占有的买受人，主要理由如下：

第一，从占有的机能角度分析。占有具有排他性，与本权结合时亦获得支配权能：法理上占有人对于其占有之保护权能，可以达到所有人对占有之保护的强度[①]，虽然基于债的相对性，债权人地位平等，但占有人之权利却具有排他性，与本权结合的占有还具有一定程度的权利归属内容，如得主张权益被损害的不当得利，这样就大大超越了债权权能的范围。债权是相对权，一般仅得向债务人主张；而占有人可以主张所有人对于所有物得主张之权利，具有排他性，可以向任何世人主张，所以，从这个角度来说，占有人的权利具有一定对世权的性质。[②]

占有具有保护、强化本权的机能，反之本权亦可以强化占有：[③] 占有可以表彰本权，具有保护本权的机能，因此买受人可以其占有保护其债权；且根据占有之强化本权的机能：买受人的占有是基于与出卖人之间的债权，是基于本权的占有，是有权占有。有权占有可以对抗出卖人所有人之物权[④]，买受人之债权由于得到出卖人的交付占有而被强化，虽然不能强化到买卖不破租赁的程度来对抗已经登记过户给第三人的所有权，但在第三人同样未取得登记的情况下，仍可因占有强化买受人的债权优

① “谨按占有人应有保护占有之权能，原与所有人相同，则所有人对于所有物所得主张之权利，占有人亦得主张之。故占有人于其占有被侵夺时，使其得向侵夺人或其继受人，请求返还占有物及请求损害赔偿，或占有被妨害时，亦应使其得向妨害其占有之人，及其一般继受人请求除去其妨害（即恢复原状），或遇有被妨害之虞时，应使各占有人得向欲加妨害之人，或其继承人请求预防其妨害，以完全保护其占有。”转引自王泽鉴：《民法物权 2·用益物权·占有》，台北，三民书局 1999 年版，第 322 页。

② 也有学者称其为“绝对的占有权”。“绝对的占有权”，是指基于完全正当权源的占有（即有权占有）所产生的占有权，如基于所有权、他物权、债权、亲权等。之所以称它为“绝对的占有权”，是因为此时的占有人可以对抗其自身以外的所有人，不仅包括第三人，而且还包括所有权人。在“绝对的有权占有”中，占有法律关系主要体现在占有人和原权利人之间的权利义务关系上。占有人基于其占有的权利基础（如买卖合同、租赁合同等）完全可以对抗原权利人的返还请求或者其他形式的侵害或妨害。对于其他第三人的相同请求，占有人更是有权对抗。在这种意义上，有权占有的权利性质完全就是一种实实在在的绝对权利，也是一种具体的财产利益。尽管有权占有来源于形式多样的权利基础（本权），但正是借助于占有表征，源于本权的占有权却发生了质变，质变为接近于所有权的对世效力（绝对性）。说它接近于所有权，意味着它还不是所有权，而是在所有权与其所依附的本权之间的一种中间权利。参见彭诚信、岳耀东：《房屋多重转让中权利保护顺位的确立依据与证——以“占有优先保护说”为核心》，载《山东社会科学》2012 年第 5 期。

③ 王泽鉴：《民法物权 2·用益物权·占有》，台北，三民书局 1999 年版，第 31 页。

④ 我国台湾地区“民法”第 425 条规定：“出租人于租赁物交付后，纵将其所有权让与第三人，其租赁契约，对于受让人，仍继续存在。”学说上称为买卖不破租赁，此须以承租人受让租赁物的占有为要件，租赁权因占有而强化，具有对抗第三人的效力。

先于其他买受人单一的债权。[①] 买受人的占有强化了本权，反之本权又强化了占有，形成了一个相辅相成的权利锁链。

第二，从法经济学的角度分析。根据效率原则的考量，取得占有的买受人已经达到对房屋的支配或控制，双方合同义务最接近履行完毕，此时较未占有房产之买受人之法律关系已处于更为稳定的状态，物权变动亦最接近完成。这种归属的社会总资源最节约且最能发挥物的效益，达到物尽其用。

第三，从法律物权与事实物权区分的角度分析。房屋出卖人既有真实的移转房屋所有权的意思表示，又有交付房屋占有的行为，由于客观原因没有办理所有权变动登记，但出卖人将标的房屋交付买受人占有，则买受人取得了事实上的权利，可以据此补办登记手续。同时，由于其他买受人虽与法律物权人（出卖人）有合法的债权关系，但尚未通过房屋登记取得物权，所以第三人在物权法中也就没有确定的地位，就不能对抗事实权利人。[②]

2. 生效合同顺序之辨析

在未有买受人占有房屋之情形下，可按照合同生效时间的先后（实践中还会参考房款的交付情况、是否办理了网签等多种因素），来判断房屋所有权应当之归属，笔者认为将房屋所有权判归于先买受人的法理依据可能在于，保护交易秩序，交易安全，保护诚实信用。

但有学者认为，无论是依据合同生效在先还是依据买受人交付房款在先而优先获得所有权的观点在法律上都难以找到依据，甚至还违背法律的一般原理。其主要理由是：（1）平等性是债权的本质属性之一。既

---

① 买受人的有权占有，可以对出卖人提出占有抗辩。既然其可以有权占有对抗房屋的登记所有权人，根据“举重以明轻”的民法解释学原理（当然解释），当然可以对抗仅为债权人的其他买受人。

② 孙宪忠先生指出：“交付房屋占有乃是基于开发商和买受人之间的转移所有权的合意，这就是一种物权行为。这种行为，在主观上以当事人之间独特的意思表示为要件，在客观上以交付房屋的实际行为为要件。无论是从法理上看还是从事实上看，这种行为完全符合独立而且生效的物权行为的特征。因此，交付房屋实际占有的行为完全符合处分行为生效的要件，交付住房就是转移了所有权。在接受交付之后，买受人的占有是基于所有权的占有。”转引自孙宪忠：《房屋买卖交付而未登记的法律效果分析》，载《人民法院报》2005 年 2 月 2 日。

然所有的买卖合同都是有效的，那么它们的法律效力都应该相同。王泽鉴先生亦曾表达过类似观点：“基于先后买卖契约而生之此二重债权，系处于平等地位，并无位序关系，不因先后而异其效力。因此，前买受人及后买受人均得随时向出卖人请求履行债务。出卖人破产时，前买受人及后买受人均以同等地位参与分配。”① 所以认为，根据合同的生效时间来确定合同效力的优先性，没有法律依据，也违背法律基本原理。（2）债权的另外一个本质属性是相对性，无须公示。相对性是指合同效力仅约束合同的双方当事人。由于合同不需要公示，其他人无从得知该合同存在与否。如果基于合同的生效时间来确定合同效力的优先，那么这对其他当事人不利，也违背法律的基本理论与逻辑。首先，没有合同法原理支持生效在先的合同效力优先。其次，如果是这样的话，这就给了所有签约人一项义务，即判断该标的物上有无其他买受人，否则其合同权利有可能得不到法律保护。而这样的义务施加稍显武断，违反法律逻辑。（3）其违背法律适用的一般原理。法律适用应该先穷尽法律规则、法律原则等一切法律制度资源，其次才是法官的自由裁量问题。具体到房屋多重转让案件的处理，法官应该先收集、运用制度资源。其出发点应该是，房屋所有权的移转首先还是应该依照当事人的意思并依据一般的物权变动模式发生，在我国就是要符合债权形式主义的基本要求。毕竟，如果依据合同生效在先的观点判决房屋所有权移转，这就等于给了法院一项无须考虑其应该适用的一般物权变动模式而直接依据合同生效在先规则判决所有权发生变动的权力，从而背离了法律适用的一般原理。②

笔者认为，从出卖人遵守诚实信用原则角度看，当他与第一买受人就特定标的之买卖合同订立并生效之后，他即受此法锁约束，应当按照合同约定履行其义务，将特定标的物之所有权移转于买受人。与此相对应，出卖人应履行的消极义务是，不得违反合同约定，将本合同标的物再次卖与他人。虽然不问先买受人是否取得所有权，不问出卖人是否有

① 王泽鉴：《民法学说与判例研究》（第4册），中国政法大学出版社1998年版，第164页。

② 彭诚信、岳耀东：《房屋多重转让中权利保护顺位的确立依据与证——以“占有优先保护说”为核心》，载《山东社会科学》2012年第5期。

处分权，基于买卖契约为债权行为的性质，出卖人与后买受人就特定标的订立的合同亦能有效成立，但出卖人与第一买受人订立合同受契约约束在先，他将同一标的再次卖与他人并隐瞒之前存在的已经与第一买受人订立合同的事实，已经违背了诚实信用原则。从保护交易秩序角度来看，第一买受人之合同成立在先，保护第一买受人在某种程度上就是保护社会的诚实信用基础，保护交易秩序，保护朴素的法律情感。

针对此问题，最高人民法院在2016年11月21日印发的《第八次全国法院民事商事审判工作会议（民事部分）纪要》（法〔2016〕399号）亦作出了规定："15. 审理一房数卖纠纷案件时，如果数份合同均有效且买受人均要求履行合同的，一般应按照已经办理房屋所有权变更登记、合法占有房屋以及合同履行情况、买卖合同成立先后等顺序确定权利保护顺位。但恶意办理登记的买受人，其权利不能优先于已经合法占有该房屋的买受人。对买卖合同的成立时间，应综合主管机关备案时间、合同载明的签订时间以及其他证据确定。"

## 十七、"一房数卖"情形下先买受人是否必须针对后买卖合同行使撤销权以保全合同债权

出卖人在与先买受人订立和买卖合同后，又与后买受人订立了同一标的物的买卖合同，并交标的物的所有权移转归后买受人所有，那么，不无疑问的是，对先买受人而言，能否行使撤销权以保全合同债权，并进而通过主张合同继续履行而最终取得标的物所有权呢？

债权人的撤销权，是指债权人所享有的对于债务人所为的危害债权的行为，可以请求法院予以撤销的权利。在一物数卖情形下，当出卖人将标的物所有权移转给后买受人时，对于先买受人而言，虽然出卖人可以通过买回标的物等方式重新取得标的物所有权以履行对先买受人的合同义务，但在实践中出卖人作出如此选择的可能性毕竟不大。而且这一方案还要依已取得标的物所有权的后买受人的意思而定。因此，在这种情况下，先买受人承担的交易风险增加，合同目的很有可能落空。此时，先买受人能否行使撤销权以保全自己的合同债权，并进而通过主张继续

履行合同而取得标的物所有权呢?

在日本，司法实务界最初依据《日本民法典》第424、425条的规定[①]，一般认为在一物数卖情形，当出卖人将标的物交付给后买受人时，先买受人仅可对于无给付能力的出卖人为损害赔偿请求。但该种见解受到学界的批评，日本司法实务界一度接受了学界的看法，认为特定物债权人为保全自己的特定物债权的实现，可以行使撤销权。如日本较早的判例对于不动产一物数卖认可对出卖人与第一买受人的买卖合同得以诈害行为为由予以撤销。[②] 但嗣后又出现了否定特定物债权人可以行使撤销权的判例。根据1919年联合判决，仅承认为保全共同担保的撤销权，不允许为保全特定债权而行使撤销权。[③] 申明以特定物的交付为标的时，债权人不得行使撤销权，并明示可以行使撤销权的债权以金钱债权为限。此项见解为后来的判例接受。但该观点又受到学界批评。学界认为，以特定物的交付为标的的债权，最后仍得以债务人的一般财产予以担保，与金钱债权并无不同。债权人撤销权的行使虽系以保全总债权人的共同担保为目的，但却无法因此认为行使撤销权的债权人不包括特定物债权的债权人。所以，如果因债务人处分该特定物债权的标的物而陷入无给付能力时，理应承认该特定物债权的债权人享有撤销权。日本最高法院1961年于大法庭判决中接受了这一见解，判决理由为“民法第424条规定的债权人撤销权，系以保全总债权人的共同担保为目的的制度，从而即使为特定物交付之请求权，如其标的物为债务人所处分并因而成为无给付能力时，该特定物债权人可以处分行为系诈害行为将其撤销。此项债权最终将变为损害赔偿债权，与金钱债权相同，应由债务人的一般则

① 《日本民法典》第424条规定：“债权人可以请求法院，撤销债务人知有害于其债权人而实施的法律行为。但是，因该行为而受利益或转得利益者，于行为或转得当时不知侵害债权人的事实者，不在此限。”“前款规定，不适用于不以财产权为标的的法律行为。”第425条规定：“依前条规定所进行的撤销，为全体债权人的利益发生效力。”

② ［日］1903年12月3日大民判，载民录8辑11卷，第9页。转引自王轶：《论一物数卖——以物权变动模式的立法选择为背景》，载《清华大学学报》（哲学社会科学版）2002年第4期。

③ ［日］1919年10月26日大民联判，载民录24辑，第2036页。转引自王轶：《论一物数卖——以物权变动模式的立法选择为背景》，载《清华大学学报》（哲学社会科学版）2002年第4期。

产予以担保”①。

我国台湾地区“民法典”采用物权形式主义的物权变动模式。其“民法典”第244条是关于债权人撤销权的规定，修订前的内容为“债务人所为之无偿行为，有害及债权者，债权人得声请法院撤销之”。“债务人所为之有偿行为，于行为时明知有损害于债权人之权利者，以受益人于受益时亦知其情事者为限，债权人得声请法院撤销之”。“债务人之行为非以则产为标的者，不适用前一项之规定”。围绕该规定，就特定物债权人是否享有债权人的撤销权在解释论上有三种不同见解，即肯定说、否定说以及限制肯定说。否定说认为，如认可特定物债权人得行使债权人的撤销权，就等于承认债权人直接对物取得权利。限制肯定说认为，特定物债权也可适用撤销权制度以为保全。但撤销权系对于已成立的法律关系加以破坏，使债务人与第二人间发生本不应有的事态，对交易安全影响极大，因此，该项制度的适用应加以限制，非于保全共同担保有其必要，即债务人因处分该特定物而陷入无清偿力时，不允许其以维持特定物债务的直接履行为原因而行使撤销权，否则有害交易安全。民法上关于物的交付与登记制度，也将不免遭受破坏。司法审判实践就此问题，态度不一。② 我国台湾地区“民法典”第244条在修订后采用了限制肯定说，认为撤销权的规定是以保障全体债权人的利益为目的，非为确保特定债权而设，故明确仅有害于以给付特定物为标的的债权，不得适用撤销权的规定。

我国《合同法》第74条规定了撤销权制度，规定撤销权行使的两种情况是：第一，因债务人放弃其到期债权或者无偿转让则产，对债权人造成损害的，债权人可以请求人民法院撤销债务人的行为。第二，债务人以明显不合理的低价转让财产，对债权人造成损害，并且受让人知道

---

① ［日］1961年7月19日最高法院大法庭判例，载民集15卷，第187页。转引自王轶：《论一物数卖——以物权变动模式的立法选择为背景》，载《清华大学学报》（哲学社会科学版）2002年第4期。

② 王泽鉴：《民法学说与判例研究（四）》，中国政法大学出版社1998年版，第164～166页。转引自王轶：《论一物数卖——以物权变动模式的立法选择为背景》，载《清华大学学报》（哲学社会科学版）2002年第4期。

该情形的，债权人也可以请求人民法院撤销债务人的行为。一物数卖应当由属于第二种情况下的法律加以调整。该条并未明确排除特定物债权的债权人不得单纯为保全自己的债权行使撤销权，但笔者认为，特定物债权的债权人是否有权单纯为保全自己的债权行使撤销权应当从该撤销权制度设置的目的着眼进行分析。对于撤销权行使的目的，史尚宽先生有过十分精辟的论述："债权人撤销权，与债权人代位权同为对于债权人保护债务担保力所设之制度。""故为保护无特别担保之一般债权人，于债务人为减少财产之行为而害及债权时，使得在一定之条件下，撤销其行为，以回复债务人则产上之地位，而维持其为共同担保之资力，此即债权人撤销权制度之目的也。"① 撤销权的行使目的是对债权人的共同无担保债权提供保护，并非针对特定财产。由此，"对债权人造成损害"即为对债务人的共同债权人的无担保债权造成损害，而对共同债权人的无担保的一般债权造成损害的唯一途径是减少债务人概括性的责任财产，使其达到不能够完全清偿债权人的无担保债权，或在已经不能完全清偿无担保债权的基础上进一步使债务人财产减少的程度。此即"对债权人造成损害"真正含义。撤销权的行使与概括性的一般责任财产有关，特定物的低价转让或灭失对于概括性一般责任财产不具有直接关系（如果此时取得损害赔偿请求权或者因此而获利，则概括性一般财产未必减少），如果在债务人尚有足够资力履行债务，并未对债权秩序造成根本性威胁的情况下，仅因个别债权而无限制地允许特定物给付行为的撤销，显然超越了撤销权制度的本来目的，不利于交易安全的维系，因此，笔者认为，只有将其转化为损害赔偿之债以后，债务人的总资力不足以清偿时，才有撤销权的发生。

## 十八、公共设施不符合商品房买卖合同约定，业主委员会是否具有起诉的主体资格

业主委员会是由物业管理区域内业主选举产生，代表业主的利益的

① 史尚宽：《债法总论》，中国政法大学出版社2000年版，第474～475页。

组织。业主委员会的权力基础是其对物业的所有权，它代表该物业的全体业主，对该物业有关的一切重大事项拥有决定权。

一般情况下，业主委员会有两种产生方式：（1）由业主或业主大会会议选举产生。依照《物权法》《物业管理条例》，以及各地的相关办法依照程序产生。（2）对于较大小区，业主先按照楼选举各自楼委会，然后每个楼委会推选代表，集中而成业委会；这样方式形成的业委会，主要负责楼间共有的管理；而楼委会，负责楼内共有的管理。根据《物业管理条例》（以下简称条例）关于业主大会和业主委员会的规定，业主大会是由全体业主组成并代表和维护全体业主在物业管理活动中的合法权益的组织，履行下列六大职责：（1）制定、修改业主公约和业主大会议事规则；（2）选举、更换业主委员会委员，监督业主委员会的工作；（3）选聘、解聘物业管理企业；（4）决定专项维修资金使用、续筹方案，并监督实施；（5）制定、修改物业管理区域内物业共用部位和共用设施设备的使用、公共秩序和环境卫生的维护等方面的规章制度；（6）法律、法规或者业主大会议事规则规定的其他有关物业管理的职责。

对公共设施不符合合同约定，能否以业主委员会的名义提起诉讼，存在不同的认识。一种观点认为：公共配套设施涉及全体业主的公共权利，不应由单个业主主张权利，由此引发的违约责任也是基于公共配套建筑的使用问题而引起，并不是基于各业主独立所有权问题所引起，同样也不应由单个业主进行主张并享有。如果有符合人数要求的业主授权业主委员会作为诉讼主体依法向人民法院提起诉讼，业主委员会依法能够取得诉讼主体资格。另一种观点认为：配套设施的违约责任超出了业主共有和物业共同管理事项的范围，也同样超出了业主委员会的职责和权限，不会使业主委员会产生诉讼主体资格。因此，业主委员会不具备该情形的诉讼主体资格。

笔者认为，合同之债具有相对性，业主委员会不是合同当事人，无权就合同内容提起诉讼，也不能根据业主的授权或业主大会的决议取得诉讼主体资格。虽然业主委员会依法享有一定的民事权利和义务，是具有民事主体地位的非法人组织。但其民事诉讼主体资格范围是由法律、法规规定的业主委员会的职责和权限决定的，只限于与业主共有和物业共同管理事项有关的范围。商品房销售合同是业主与开发商之间形成的合同法律关系，基于商品房销售合同形成的权利主张是特定主体之间的权利义务关系，不属于业主共有和物业共同管理事项的范围，业主委员会无权代为主张，也不能通过业主授权或业主大会决议取得诉讼主体资格。业主委员会的宗旨在于维护全体业主的共同利益，对于涉及全体业主共同利益事项，业主委员会具备诉的利益，具有诉讼主体资格，可以独立提起诉讼。[①]

## 十九、买受人在约定的交房期限届满之日起超过两年请求出卖人交房是否超过诉讼时效期间？办理房屋权属转移登记的义务是否适用诉讼时效的规定

关于买受人在约定交房期限届满之日起超过两年请求出卖人交房是否超过诉讼时效期间的问题，实践中有两种观点：一种观点认为，买受人主张出卖人交付房屋的请求权应在两年诉讼时效期间内行使，超过两年诉讼时效期间请求出卖人交房的，因其怠于行使权利的状态经过诉讼时效期间丧失胜诉权。另一种观点认为，买受人在约定交房期间届满之日起超过两年请求出卖人交房的不能一律简单地认定为已超过诉讼时效，而应区分出卖人在约定交房期限是否具备交房条件分别进行处理。

关于买受人在合同约定期限届满之日起超过两年才请求出卖人办理所有权转移登记，是否超过诉讼时效期间的问题，也有两种观点：一种观点认为，出卖人所承当的主给付义务为转移房屋的占有，更为重要的是转移房屋所有权。如果出卖人仅向买受人履行交付房屋的义务，未在合同规定的期限届满时办理房屋所有权转移登记的，系没有履行转移房屋所有权这个最重要的主给付义务，已经构成违约，诉讼时效期间应该起算。因此买受人未在出卖人违约之日起两年内请求办理房屋所有权转

---

① 最高人民法院民事审判第一庭编：《民事审判指导与参考》2013 年第 3 辑（总第 55 辑）。可参见《徐州西苑艺君花园（一期）业主委员会诉被告徐州中川房地产开发有限公司物业管理用房所有权确认纠纷案》，载《最高人民法院公报》2014 年第 6 期。

移登记的，因超过诉讼时效期间而丧失胜诉权。另一种观点认为，房屋已经交付的，买受人在约定办理房屋所有权转移登记期限届满之日起超过两年请求出卖人为其办理房屋所有权转移登记的应予支持。

笔者认为，诉讼时效本身具有一定的适用范围。尽管我国《民法通则》中没有明确规定诉讼时效是适用于债权，还是适用于物权请求权，但目前多数法律界人士共识的观点是，诉讼时效适用的是债权，至于物权是否适用，则存在不同意见，但主流观点认为物权请求权不应当适用诉讼时效。对于房屋买卖是否适用诉讼时效，笼统地回答“是”或“否”都有失偏颇。究其原因，还在于与一般买卖不同，房屋买卖不仅涉及金钱对价的支付，还涉及标的物的交付和具有产权公示作用的权属转移登记。故此，在房屋买卖过程中，交付房屋、产权变更登记以及违约金的支付是否适用诉讼时效，应当首先明确合同履行中各阶段请求权的性质，随后将债权请求权与物权请求权作出区分，如此才能清晰地回答房屋买卖中诉讼时效的适用规则。

对于请求房屋交付是否适用诉讼时效的问题，笔者认为，房屋交付依赖于请求权，房屋交付的请求权属于何种性质，债权请求权说有之，物权请求权说亦有之。何为债权请求权？其是指权利人基于债的关系而产生的、请求特定人为特定行为的权利。何为物权请求权？其是指物权的圆满状态受到妨害或者有被妨害之虞时，物权人为恢复其物权圆满状态，得请求妨害人为一定行为或不为一定行为的权利。物权请求权，“在所有权存在之期间，不断地发生，其为独立之权利，盖无可疑，盖物上请求权以回复物权支配力为目的，得随物之所在而追及之。”鉴于房屋买卖交易的彻底完成包括交付和产权变更登记两个重要环节，故对于房屋交付的请求权性质需要分情况进行分析。

1. 房屋买卖合同签订后，房屋并未交付和办理产权变更登记。在此前提下，物权并未转移，对于买受人而言，其本质上并未获得物权，只是基于合同的约定获得了对出卖人交付房屋的请求权，故此，此时买受人所享有的房屋交付请求权当属于债权请求权，原则上应当适用诉讼时效。然在此情形中，尚有一个问题需要明确：诉讼时效的起算时间是否需要考虑房屋本身具备不具备交付条件。笔者认为诉讼时效的本质含义，在于催促权利人及时行使权利，勿使权利处于睡眠状态，但如果房屋本身在约定的交付期限届满之时甚至之后更长的时间内根本就不具备交付的条件，此时依然从约定交付期限届满之时起算诉讼时效就有失偏颇。

因此，在此种情形下，如果严格按照合同约定的房屋交付期限起算诉讼时效，则买受人只能有以下三种权利可行：一是继续要求出卖人履行合同交付房屋；二是追究出卖人未按时交付房屋的违约责任；三是解除合同。在第一种情况下，因为房屋未经过竣工验收或其他程序，本身不具备法定的交付条件，故此，如果买受人要求出卖人交付房屋，根本就不存在事实履行的基础，出卖人也无法履行交付的义务；在第二种情况下，买受人虽可得到经济上的补偿，但其签订合同的目的并未实现；在第三种情况下，如果买受人行使解除的权利，势必造成在出卖人违约时，大量合同被解除，从而破坏交易市场的稳定，同时在房屋的价格上涨时，还将对买受人产生不利后果，也会成为恶意出卖人谋取不法利益的惯用手段。维持交易安全和既定社会秩序、维护社会公共利益才是诉讼时效的核心价值之所在。故而，在房屋未具备交付条件之前，如果以买受人怠于行使诉讼权利为由而适用诉讼时效的话，不仅有失公允，亦违背了诉讼时效制度的最初目的。

2. 房屋买卖合同签订后，出卖人已经将房屋产权变更到买受人名下，但是并未交付房屋。此时，买受人对于房屋的交付请求权与第一种情况存在本质区别。就房屋买卖而言，出卖人的义务主要包括两方面内容：交付房屋给买受人；将房屋所有权证交付给买受人，即办理或协助办理权属证书。

有观点认为，在房屋买卖合同中，尽管买卖的房屋已经按照房屋买卖合同规定的日期交给了购房人占有、使用，但这只是出卖人履行了移转所售房屋占有的义务，只要在合同规定的期限届满时因出卖人的原因仍未办理过户登记手续场合，就属于主给付义务不履行，构成违约，甚至是根本违约，按照《民法通则》第 137 条的规定，诉讼时效自合同规定的办理过户登记手续的期限届满的次日起算，据此观点，出卖人有权援引诉讼时效已经完成的抗辩，拒绝办理房屋所有权过户登记手续，并拒绝交付房地产权证。照此观点进行法理推论，如果出卖人已经将房屋产权变更登记在买受人的名下，则其已经将主给付义务履行完毕，故鉴于从给付义务的依附性，交付房屋当不应适用诉讼时效。

笔者认为，房屋买卖中，买受人实际占有标的物和进行产权变更登记乃是其完整地享有物权的方式，两者共同构成物权完整的统一体，在买卖过程中，同为主给付义务，而交付房屋产权证书则可以理解为从给付义务。因此，当买受人已经获得了房屋的产权变更登记之后，其基于此向出卖人主张房屋交付的请求权，已经演变为具有物权性质的请求权。

对于请求办理房屋权属转移登记是否适用诉讼时效的问题，笔者认为，与确定房屋交付性质需要分析是否办理产权变更登记一样，在确定房屋产权变更登记的性质之时，亦需要区分房屋是否已经交付。

如果房屋并未完成交付，此时，物权依然归属于出卖人，并未发生变动，买受人基于合同请求出卖人变更产权登记的请求权属于债权请求权。如果房屋已经完成交付，则会出现如此情形，即买受人占有使用房屋，出卖人持有房屋的权属证书。出卖人用权属证书当可证明其对尚处于买卖中的房屋拥有一定的物权权利。但对于买受人而言，其同样也对房屋享有一定的物权权利，该权利来源于占有。

依据《物权法》第 241 条的规定“基于合同关系等产生的占有，有关房屋或者动产的使用、收益、违约责任等，按照合同约定；合同没有约定或者约定不明确的，依照有关法律规定。”《物权法》设立占有的意义之一在于明确占有是一种法律事实，占有是行为正当性的一种推定，占有作为所有权权能的一部分，是法律赋予当事人合法行使的民事权利。在房屋合同履行过程中，出卖人将房屋交付给买受人以及买受人接受交付的房屋并实际占有、使用的事实，足以表明出卖人有真实转移房屋所有权的意思表示。而买受人请求出卖人办理产权变更登记，其目的就是完成房屋的权属登记，取得房屋的产权证书，享有具有排他权利的所有权。因此，在房屋已完成交付的前提下，买受人请求办理产权变更登记的请求权不同于一般的债权请求权，是一种具有物权性质的请求权。

从另一个层面分析，如果买受人要求出卖人办理产权变更登记的请求权因诉讼时效期间届满而消灭，那么必将导致标的物长期处于归属不清或者权利真空之状态，即房屋的占有使用者对该房屋缺乏其名下的产权证书，而持有该房屋权属证书者并未真正的对其进行利用。这种“分离”状态不但对真正的权利人不利，而且还会纵容出卖人拖延办证或根本不予协助办证等不法行为，从而使标的物得不到正常的利用，这显然与诉讼时效制度的立法本旨相背离。

## 判解精要

### 一、提供设备实现“抄表到户”并非房地产开发商的法定义务，业主的相应诉求应否支持，应以商品房买卖合同的约定为依据

**【案例索引】**

刘如蓉诉重庆元佳房地产开发有限公司商品房买卖合同纠纷案[①]：一审：重庆市江北区人民法院（2010）江法民初字第3022号，二审：重庆市第一中级人民法院（2011）渝一中法民终字第93号。

**【基本案情】**

原告刘如蓉与被告重庆元佳房地产开发有限公司（以下简称元佳公司）签订商品房买卖合同，对户内配置供水设施合同约定为“接市政设施管网，二次供水，每户独立设表，表后管接入户。”实际上，该小区内设有总表，二次供水业主的房屋内设有分表。整个小区在供水公司只有元佳公司一个账户，接受二次供水的业主在供水公司并无独立账户，业主必须向小区物管公司缴纳水费后，物管公司再集中向供水公司缴纳水费。刘如蓉认为，每户独立设表，是指每户业主在供水公司都应当有独立的账户，供水公司抄表到户，业主与供水公司直接进行水费结算，供水公司除直接计量每户业主用水外，再无其他用水费用。元佳公司认为，

---

① 赵进、王庆：《商品房买卖合同中对供水设施约定一户一表的义务范围》，载《人民司法·案例》2012年第10期。

在小区内设立总表后双在每户业主家中设立分表亦为每户独立设表，元佳公司的做法并无不妥。

**【审判要览】**

一审法院认为，每户独立设表仅是对计量用水的设施设备进行的约定，并没有对用水的权利义务进行约定，且每户独立设表也无法确定供用水合同的内容。刘如蓉要求的在供水公司设立单独账户，与供水公司进行直接结算，本质上属于刘如蓉欲与供水公司产生供用水的权利义务关系。本案合同双方对供用水的权利义务并未约定，仅约定了安装独立的水表，元佳公司已经为每户业主安装了水表，已经履行了合同义务。据此，判决驳回刘如蓉的诉讼请求。原告不服一审判决，提起上诉。

二审法院认为，刘如蓉所主张的一户一表实质是要求独立与供水公司建立供用水关系，独立开设账户并进行结算，此属于另一法律关系，需要刘如蓉与供水公司另行订立供用水合同确认双方的权利义务，而商品房买卖合同中并没有明确相关的具体内容。据此，驳回上诉，维持原判。

**【裁判解析】**

本案涉及的主要问题是每户独立设表即一户一表的效力认定。业主所理解的每户独立设表应当是供水公司抄表到户，业主与供水公司直接结算水费，元佳公司应当为供水公司抄表到户提供相应的直接结算设备。而元佳公司理解每户独立设表即是每户有水表即可，由物管公司先居中与业主结算水费，再与供水公司结算水费的间接结算方式亦符合每户独立设表的安装要求。双方的争议焦点在于元佳公司提供的间接结算的供水方式是否符合法律和合同的规定。

《物业管理条例》第 45 条规定，物业管理区域内供水、供电、供气、供热、通信、有线电视等单位应当向最终用户收取有关费用。该条规定了公用设施提供单位应当向最终用户收取有关费用，但并未规定供水、供电企业是否必须抄表到户，更未规定地产公司是否必须提供相应的设施设备，使供水、供电企业可以抄表到户。各个地方对此有两类不同的规定，一类是不强求必须抄表到户，如《重庆市物业管理条例》的规定；另一类是要求供水供电企业必须抄表到户，如《海南省物业服务收费管理办法》第23条规定，物业管理区域内，供水、供电、供气、通讯、有线电视等专业经营单位应当抄表到户，并向最终用户收取有关费用，物业服务企业接受委托代收上述费用的，可向委托单位收取手续费，不得向业主收取额外费用。由于从法律和行政法规的层面来看，并没有强制出卖人必须为业主提供与供水供电企业等提供抄表到户、直接结算的条件，因此，双方在合同中对此事项进行约定并不违反法律和行政法规。对于当事人的约定应当如何解释？合同解释的目的在于探求当事人的真实意思表示，对于真实意思的标准，理论上存在主观标准和客观标准两个标准。我国《合同法》采用的是主客观相结合的标准，《合同法》第125条规定，当事人对合同条款的理解有争议的应当按照合同所使用的词句、合同的有关条款、合同的目的、交易习惯以及诚实信用原则，确定该条款的真实意思。在合同解释过程中既要探求当事人之间的真实意图，也要按照诚实信用原则来分析当事人民事法律行为的表示意思。合同解释的后果在于让合同履行过程中的不诚信方承担违约责任。一审法院没有支持原告的观点，原因在于《物业管理条例》第45条没有对是否直接结算作出规定，法院不应当对《物业管理条例》第45条作扩展解释，地产公司亦无义务拓展其合同责任。业主希望供水公司抄表到户，实际上是要与供水公司建立直接的水资源买卖关系，水表作为计量工具，也应当在水资源买卖合同中作为附随项目进行约定。为此，业主需要与地产商在房屋买卖合同中约定地产商在交付房屋时应当提供的供用水设备标准。

## 二、交付的商品房仅装饰、设备标准不符合约定标准的属于瑕疵交付，不构成交付不能，开发商对此应承担合同违约责任。但买受人有过错的，应适当减轻开发商的责任

**【案例索引】**

周亚华与涟水海上房地产开发有限公司商品房买卖合同纠纷案[①]：一

---

① 于四伟、詹荣安：《商品房瑕疵交付及相关责任之司法认定》，载《人民司法·案例》2015年第20期。

审：江苏省淮安市涟水县人民法院（2013）涟民初字第2594号，二审：江苏省淮安市中级人民法院（2014）淮中民终字第1203号。

**【基本案情】**

2012年1月，原告周亚华与被告涟水海上房地产开发有限公司（以下简称海上公司）签订商品房买卖合同，约定将海上公司开发的某小区5号楼一套商品房出售给周亚华，房价×元，交房时间为2012年10月底，逾期交付，每日按房款的万分之二支付违约金。商品房达到交付标准后，海上公司应书面通知买受人办理交付手续。合同签订后，周亚华依约支付房款×元。同年12月20日，5号楼房屋竣工验收合格并取得交付使用批准文件。2013年7月底，海上公司通知周亚华接收房屋，但周亚华看过房屋后，认为商品房不符合约定的装饰、设备标准，拒绝接收。后周亚华以海上公司逾期交付房屋为由起诉，请求判决海上公司交付房屋并承担违约金。

**【审判要览】**

一审法院认为，原、被告之间签订的商品房买卖合同，系双方真实意思表示，且不违反国家法律法规强制性规定，属于有效合同，原、被告双方应予履行。本案中，被告未能在合同约定的时间内交付房屋，且房屋业已具备合同约定的交付条件，故对原告要求被告交房并承担逾期交房的违约责任的诉讼请求应予支持。被告辩称房屋验收合格后通知原告，原告拒不接收房屋，房屋合格后的逾期交房的责任在原告，对此原告予以否认，被告又无证据证明其履行了合同约定的书面通知义务，被告的辩解理由不能成立，不予支持。被告要求调整减低违约金，因合同约定的违约金并不违反有关法律规定，不予调整。判决：海上公司于判决生效后3日内向周亚华交付位于某小区5号楼的房屋，同时承担某年某月某日起至判决生效之日的逾期交房违约金。

海上公司不服一审判决，以周亚华恶意拖延接收房屋为由，提起上诉，请求撤销并改判。

二审法院认为，涉案5号楼于某年某月底验收合格并经备案，已符合合同约定的商品房交付条件，故认定涉案5号楼于2012年10月底符合合同约定的交付条件。海上公司曾多次向周亚华主张交房，周亚华也自认某年某月接收房屋时，发现屋内未粉刷，有杂物堆放。审理认为，周亚华完全可以在接收房屋后，要求周亚华履行维修、清理杂物等义务。根据涉案房屋符合交付的时间，未能交付的原因、责任等因素，酌情认定海上公司于某年某月底已通知周亚华领取房屋，其应承担违约金的数额为62790元，剩余损失由周亚华自行承担。判决海上公司于判决生效后3日内向周亚华交付位于某小区5号楼的房屋，同时承担逾期交房违约金62790元。

**【裁判解析】**

### （一）商品房交付法定强制性标准的认定

商品房交付标准的司法认定难题并非空穴来风，《商品房买卖合同解释》规定："对房屋的转移占有，视为房屋的交付使用，但当事人另有约定的除外"，而房屋在什么条件下才能达到转移交付使用的标准，法律及《商品房买卖合同解释》均未作出详细规定。

1. 商品房交付强制性标准的认定

由《商品房买卖合同解释》第11条规定的前半句可知，房屋的交付即房屋的转移占有，由此可引出商品房交付的法定强制性标准。《商品房销售管理办法》第7条规定："商品房现售，应当具备以下条件：……（四）已通过竣工验收……"第8条规定："房地产开发企业应当在商品房现售前将房地产项目手册及符合商品房现售条件的有关证明文件报送房地产开发主管部门备案。"可见，商品房通过竣工验收并取得交付使用的批准文件是商品房得以交付使用的前置性要件。

其中，经过竣工验收是商品房交付使用的实质要件，而取得交付使用的批准文件是商品房交付使用的形式要件。而学界与实务界对商品房竣工验收标准的确定却是见仁见智，归纳起来主要有三种观点：一是商品房经验收合格；二是商品房经综合验收合格；三是商品房经分期综合验收合格。如果认同第一种观点，那么商品房交付强制性标准的确定，应以开发商取得当地建设管理机构发出的《竣工验收备案证》为标准；如果认同第二种或第三种观点，商品房交付强制性标准的确都应以开发商取得当地房地产开发管理机构发出的《房地产开发经营或项目交付使用许可证书》为标准。

本案反映的观点是，只要开发商在合同约定的交房时间取得了竣工验收备案证与相应的使用许可证书，就具备了合同约定的交付条件，即商品房交付的强制性标准是一种严格标准。

2. 商品房交付约定标准的司法认定

由《商品房买卖合同解释》第11条规定的后半句可知，当事人对房屋的交付有约定的，商品房的交付应符合该约定，由此可引出商品房交付约定标准。值得探讨的是，对开发商未按约定提供房屋的相关设施等情形的，不能一概而论均认定开发商不具备约定交房条件，而应承担逾期交房的违约责任。例如，开发商未按约安装防盗门、在高层房屋中未按约安装安全玻璃等情形，就只能由开发商承担瑕疵履行的违约责任，而非买受人有权拒收房屋并向开发商主张逾期交房的违约责任。故只要商品房具备竣工验收备案证与相应的使用许可证书，开发商交付房屋的条件既已成熟，只是因商品房标准不符合约定且不影响房屋功能性使用，此时开发商交付商品房属于瑕疵交付，而不应构成交付不能。

### （二）商品房装饰、设备标准对商品房交付条件的影响

《合同法》第60条第1款规定："当事人应当按照约定全面履行自己的义务。"开发商向房屋买受人交付不符合商品房约定装饰、设备标准的，属于未按合同约定全面履行商品房交付义务。但实际上，商品房的装饰、设备标准对商品房交付法定条件的确定并无实质性影响，只要相关装饰、设备标准并不影响商品房的功能性质量。一般可以认为，商品房交付的法定强制性标准是一种普遍性、强制性规范，而商品房的装饰、设备标准一般是双方事先通过协商方式确定的，是一种特殊性、任意性和协定性标准，毕竟法律不可能对特殊性、任意性和协定性约定作出普遍性的规范。而且，即使出卖人向买受人交付的商品房不符合约定的装饰、设备标准，法律也为商品房瑕疵交付预留了权利救济空间，即商品房买受人可以要求出卖人承担商品房交付后的维修责任。

### （三）商品房瑕疵交付的责任承担

1. 开发商商品房瑕疵交付的先合同义务

《合同法》第60条第2款规定："当事人应当遵循诚实信用原则，根据合同的性质、目的和交易习惯履行通知、协助等义务。"实践中，即使商品房出现瑕疵交付的情形，出卖人也应履行通知或告知买受人的特定先合同义务。一般认为，开发商承担通知或告知买受人的特定先合同义务，是满足房屋买受人知情权、维护市场交易安全与降低市场成本的需要。商品房买卖活动中，买受人一般处于信息获取的劣势地位，法律理应通过合同义务的设定，来实现合同当事人利益上的平衡。而且，一旦商品房出现瑕疵交付的情形，此时实现商品房的预期交付就存在一定的风险。为了维护市场市场交易安全和防止矛盾的扩大升级，以实现降低市场交易成本的目的，就有必要设定开发商商品房瑕疵交付的先合同义务。

2. 商品房瑕疵交付的违约责任承担

合同当事人未按照双方约定的合同内容履行义务，能继续履行的，应继续履行合同义务并承担相应的违约责任。开发商瑕疵交付商品房的，首先应查明开发商是否存在免责事由，即开发商是否遇到不可抗力及合同约定的其他免责事由。所谓不可抗力，是指不能预见、不能避免并不能克服的客观情况，如政策变化导致双方约定条件无法成就。当然，是否构成不可抗力，需具体情况，不能一概而论。如果开发商瑕疵交付商品房是由于发生了不可抗力或存在其他免责事由，并履行了及时通知或告知义务，开发商可以不承担瑕疵交房的违约责任。但如果没有发生不可抗力或合同约定的其他免责事由，或未通知、告知买受人，开发商就应承担商品房瑕疵交付的违约责任。相关违约责任包括开发商继续交付房屋、维修清理、支付违约金及买受人有权解除购房合同。特别要指出的是，如果商品房买卖合同对商品房买受人解除合同的条件没有约定时，依据《商品房买卖合同解释》的规定，经购房者催告后3个月，开发商仍然没有交房，则购房者有权解除合同。解除权应当在一定期限内行使，逾期不行使的，解除权消灭。购房者解除合同后可以要求开发商赔偿损失。

本案中，涉案的5号楼单位工程业已经过竣工验收，并取得当地房地产开发管理机构交付使用的批准文件，完全符合商品房交付使用的法定强制性标准，此时海上公司向周亚华交付商品房的条件业已成熟，只是这种交付因不符合双方约定的装饰、装修标准而构成瑕疵交付。但海上公司未实际交付房屋，因此应承担继续交付房屋和承担违约金的法律责任。

但值得注意的是，海上公司曾多次向周亚华主张交房，周亚华也自认接收房屋时发现屋内未粉刷，有杂物堆放，可以视为海上公司履行了通知或告知的先合同义务。事实上，涉案5号楼于某年某月底已经验收合格并取得交付使用批准文件，周亚华完全可以在接收房屋后，要求海上公司履行维修、清理杂物等义务。所以，周亚华对于商品房没能实际交付也有一定责任，应酌定减轻海上公司承担的违约金责任。

## 三、商品房买卖合同的出卖人对于房屋质量负有一定期限的保修义务，在保修期限内发生相应的质量问题，应当由出卖人无条件负责维修或者买受人自行维修后由出卖人承担费用。维修没有达到质量要求的，出卖人应承担相应的违约责任

**【案例索引】**

高凤珍诉承德燕东房地产开发有限公司商品房买卖合同纠纷案[①]：一审：河北省承德市中级人民法院（2011）承民初字第00026号，二审：河北省高级人民法院（2014）冀民一终字第185号。

**【基本案情】**

2002年4月高凤珍（乙方）与承德燕东房地产开发有限公司（甲方，以下简称燕东公司）签订《商品房销售合同》。合同除对房号、面积、单价等事项规定外，还约定：本合同签订之日乙方向甲方交付购房定金108万元，其余房款在交房之前交清；不按合同规定期限付款，乙方应向甲

① 北大法宝：http：//www.pkulaw.cn/Case/pfnl_121323956.html?match=Exact。

方交所欠购房款的滞纳金，以每日3‰计算。合同还规定了违约责任等条款。合同签订后，燕东公司将房屋交付高凤珍。高凤珍开始对房屋进行了装修，并在工商部门注册成立了康熙饺子馆。康熙饺子馆开业不久，地下室发现漏水，致使地下室完全被水浸泡，不能营业。高凤珍找到燕东公司及相关物业部门进行了多次修复，但仍然未能解决漏水问题。燕东公司对漏水问题承认。

因双方当事人就漏水及赔偿问题达不成协议，高凤珍诉至法院，请求判令燕东公司为其修复房屋并赔偿各项经济损失318万元，庭审中高凤珍根据其申请完成的司法鉴定结果，变更诉讼请求为赔偿各项经济损失435713元。燕东公司提出反诉，请求法院判令高凤珍给付拖欠的购房款69781元，并按照日千分之三支付滞纳金至给付之日。

截至2008年12月，高凤珍尚欠燕东公司69781元。高凤珍起诉后于2012年5月将欠款交清，燕东公司将270万元发票交付高凤珍。

一审法院根据高凤珍的申请，委托北京市建筑工程研究院建设工程质量司法鉴定中心对康熙饺子馆负一层漏水原因及该层是否存在质量问题进行了鉴定，鉴定意见为，“外墙外侧防水层存在质量缺陷，当墙体外侧积水达到一定高度时，造成地下一层外墙墙体渗漏水”。北京市建筑工程研究院建设工程质量司法鉴定中心出具了修复建议方案。根据高凤珍的申请，一审法院委托河北金益资产评估事务所对康熙饺子馆负一层房屋受损期间的经济损失（包括维修费用、装修费用及营业期间损失）进行了评估，结论为：康熙饺子馆负一层房屋在2002年11月至2011年3月的经济损失共计人民币435713元，其中营业期间的损失431288.08元，维修及装修费用4425元。

**【审判要览】**

一审法院认为，2002年4月高凤珍与燕东公司签订《商品房销售合同》后，高凤珍按合同约定交付了大部分购房款，燕东公司将房屋交付。高凤珍将房屋进行了装修并进行餐饮业经营，而后地下室开始漏水。燕东公司虽多次修复，但未能阻止漏水。对高凤珍康熙饺子馆负一层房屋漏水燕东公司也予承认，并且双方进行了多次协商。根据法院委托的北京市建筑工程研究院建设工程质量司法鉴定中心对康熙饺子馆负一层漏水原因及该层是否存在质量问题进行的鉴定结论可以认定，造成高凤珍康熙饺子馆负一层房屋漏水的原因是“外墙外侧防水层存在质量缺陷”所致，其责任应由出售房屋的一方即燕东公司承担。根据河北金益资产评估事务所鉴定结论，康熙饺子馆负一层房屋在2002年11月至2011年3月营业期间的经济损失共计431288.08元，燕东公司应予赔偿。高凤珍对房屋漏水及装修应自行修复，费用4225元应由燕东公司承担，高凤珍的起诉理由成立。由于燕东公司防水存在质量缺陷，几经修复，均未能阻止漏水，因此不应受五年保修期间的限制，燕东公司关于房屋已过了五年的保修期限，其不应再承担责任的抗辩理由不成立。燕东公司反诉称，高凤珍至今仍欠购房款69781元，按照双方的约定，应当按照日千分之三支付滞纳金至给付之日。由于燕东公司交付的房屋地下室漏水，且几次修复未能阻止漏水，高凤珍没有将剩余的69781元购房款给付燕东公司，符合《合同法》第66条之规定，即同时履行抗辩权。另外，高凤珍已将剩余的69781元购房款于其起诉后交付燕东公司，燕东公司已将购房款发票交付高凤珍，故燕东公司的反诉理由已不成立。一审法院判决：（1）高凤珍对康熙饺子馆负一层房屋漏水及装修自行修复，费用4425元由燕东公司承担；（2）燕东公司赔偿高凤珍康熙饺子馆负一层房屋受损营业期间的经济损失共计人民币431288.08元，于判决生效后10日内一次性付清；（3）驳回燕东公司的反诉请求；（4）驳回高凤珍的其他诉讼请求。

一审宣判后，双方当事人均提出上诉。

二审法院认为，涉案鉴定程序合法。根据案件证据，可以看出漏水问题在房屋保修期内即已存在，虽经多次维修仍未修复，在一定程度上影响了高凤珍正常使用和经营，因此该责任应由燕东公司承担。燕东公司在原审中虽然提交了反诉状主张房款滞纳金，但未缴纳诉讼费用，也未提交司法救助申请，对其反诉应按自动撤诉处理，原审法院对其反诉进行审理并作出判决不当，燕东公司就其反诉部分提出的上诉自然亦不是二审审理范围。故判决：（1）维持一审判决第1项、第2项、第4项；（2）撤销一审判决第3项。

**【裁判解析】**

本案涉及商品房买卖合同中房屋质量缺陷原因的认定及相应责任承担的问题。商品房买卖合同的出卖人有义务向买受人交付符合质量标准和合同约定标准的房屋。房屋是否存在质量问题及其形成原因是对客观事实的认定，在存在质量问题且出卖人不能证明系买受人原因造成的情况下，出卖人应当承担质量不合格或保修的责任。质量问题一旦形成，其呈现为一种延续的状态，因此，在保修期内发现的质量问题如果未能在保修期内修理达到质量要求，是出卖人怠于履行其合同义务，应当视为出卖人没有履行维修义务，应承担相应的违约责任。

实践中比较容易产生争议的是，有些房屋质量问题比如外墙渗水在质量保修期内确已经客观存在，但业主在保修期满后再向出卖人主张权利，此时，出卖人应否承担保修责任。由于法律关于保修期的规定是基于保障业主利益与房屋质量要求、业主合理使用等方面因素的考虑而设计，如果仅考虑质量问题在保修期内既已存在放任业主无限制地主张权利，不仅造成司法审查的困难，也会使商品房买卖合同双方当事人之间的权利义务长期处于不稳定状态，造成当事人之间的利益失衡，影响社会经济关系的稳定，因此，对于保修期满后提出的质量维修要求，以不予支持为妥。

## 四、房屋买卖合同的出卖人，在收取了买受人支付的大部分款项后，不能以房屋的工程价款需要优先支付为由，拒绝按约定向房屋买受人交付房屋

**【案例索引】**

三门峡水利管理局诉郑州市配套建设公司房屋买卖合同纠纷案[①]：河南省高级人民法院（2002）豫法民一初字第8号。

**【基本案情】**

1992年12月27日，原告三门峡水利管理局（以下简称水利管理局）

① 载《最高人民法院公报》2004年第8期。

与被告郑州市配套建设公司（以下简称配套建设公司）签订了4份《房产交易合同》，并在郑州市公证处进行了公证。合同约定：水利管理局购买配套建设公司开发商住楼B座1～13楼的房产，总面积为5441.26平方米；交易总额为1842.75万元，分期付款，第一期均按合同价款的40%支付，并作为定金；房产交付期限为1994年6月30日前，最迟不能晚于1994年10月31日。若水利管理局延期付款，则每拖延一个月按应缴金额的1%向配套建设公司缴纳滞纳金，拖延付款超过两个月视为中止合同，配套建设公司有权另售，定金不退；若配套建设公司不按合同规定期限交付使用，除不可抗拒因素外，每拖延一个月，按拖延部分赔偿水利管理局1%的延工金，拖延两个月为严重违约，应向水利管理局赔偿与定金全额相等的经济损失；任何一方单方中止合同，必须征得对方同意，并向对方赔偿定金全额的损失。合同签订后，水利管理局依约于1992年12月30日分三笔向配套建设公司支付了4份合同的第一期款项共计736万元作为定金，后又陆续支付了部分房款。截至1993年12月，水利管理局共向配套建设公司支付款项1198.79万元。该项工程自1992年7月动工至1993年年底，仅完成基础施工部分。后因资金不足，至1994年10月31日双方合同约定的最后交房期限，该工程仍未完工，后一直处于停工状态。2001年4月26日，该工程复工，至今尚未竣工。1993年10月29日，双方就工程进度及第三期付款达成补充协议，约定按工程进度付款。至本案诉讼前，配套建设公司未向水利管理局交付房屋，水利管理局尚有643.95万元购房款未付。

配套建设公司在与水利管理局签订4份《房产交易合同》时，尚未取得开发房产所占土地使用权证、建筑规划许可证、建筑施工许可证及预售房屋许可证等相关手续。2002年3月20日，郑州市土地管理局向配套建设公司颁发了涉案房屋项目的商品房预售许可证。2001年1月10日，配套建设公司与荥阳一建签订涉案房屋项目补充协议，约定若配套建设公司未依约支付工程款，则荥阳一建有权将五层以下按原设计降低标准装修后使用，直到本息收回或配套公司支付工程款后，荥阳一建将该部分交还。后因拖欠工程款，荥阳一建实际占有该房产B座1～3层共计1437平方米。B座4～13层已卖出24套，房产交易合同均在郑州市房地产管理处登记备案。所卖24套房产中，2001年10月31日至12月6日卖出20套，2002年3月至4月卖出4套。其中21套买受人通过银行按揭方式购买，并到郑州市房产管理局办理了抵押登记手续。该24套房至今未交付，也未办理产权过户登记手续，24套买受人未取得房产证。配套建设公司认可21名按揭方式购买人中，包括公司副总经理李冰和副总经理康杰的妹妹康萍。诉讼前，水利管理局向河南省高级人民法院申请诉前财产保全。2002年3月6日，河南省高级人民法院以（2002）豫法立民保字第2号民事裁定冻结配套建设公司存款3556.42万元或查封该公司房产5441.26平方米。

**【审判要览】**

一审法院认为，本案系商品房买卖合同纠纷，双方当事人的主要争议焦点为：（1）合同效力及责任承担；（2）合同可否继续履行。由于双方的房屋买卖合同签订于《城市房地产管理法》施行前，故应适用《民法通则》和《最高人民法院关于审理房地产管理法施行前房地产开发经营案件若干问题的解答》（以下简称《解答》）。

第一，关于合同效力及责任承担问题。

《解答》第25条规定："商品房的预售方，没有取得土地使用证，但投入一定的开发建设资金，进行了施工建设，预售商品房的，在一审诉讼期间补办了土地使用证、商品房预售许可证明的，可认定预售合同有效。"本案中，原告水利管理局与被告配套建设公司于1992年12月27日所签4份《房地产交易合同》及1993年10月29日达成的补充协议均系双方真实意思表示，且不违反国家法律、法规禁止性规定。虽然合同签订时，配套建设公司尚未取得土地使用证等相关手续，但在案件成讼前已投入了一定的开发建设资金，进行了施工建设，并取得了土地使用证，办理了相关的开发建设及预售手续，因此，双方所签预售合同应为有效合同。配套建设公司辩称双方合同无效的理由与相关司法解释的规定不符，故不予采纳。合同签订后，水利管理局已依约向配套建设公司支付了大部分购房款，履行了合同约定的义务。而配套建设公司不但至今未能依约按期交付房产，反而将有关房产擅自处置，售与他人或交给施工方占有使用并从收益中优先抵偿所欠工程款。配套建设公司的行为违反了与水利管理局的合同约定，严重侵犯了水利管理局的合法权益，应对此承担违约责任。配套建设公司主张与水利管理局签订的合同无效，水利管理局也有过错，亦应承担相应责任的请求无事实根据和法律依据，不予支持。

第二，关于合同可否继续履行问题。

《解答》第27条规定："预售商品房合同签订后，预购方尚未取得房屋所有权证之前，预售方未经预购方同意，又就同一预售商品房与他人签订预售合同的，应认定后一个预售合同无效；如后一个合同的预购方已取得房屋所有权证的，可认定后一个合同有效，但预售方给前一个合同的预购方造成损失的，应承担相应的民事责任。"本案中，配套建设公司与水利管理局的合同签订在先，与左坤鹏等24位购房人的房屋买卖合同签订在后，左坤鹏等24人所购房产虽然在房产管理部门办理了登记手续，但所购房产并未交付，也未实际取得房屋所有权证。因此，配套建设公司将房产出售给左坤鹏等24人的行为，不能对抗水利管理局作为购房人的权利。此外，荥阳一建虽然因工程价款优先受偿权而占有部分房产，但并未实际取得所有权，它通过与配套建设公司的合同所取得的权利只是对房屋的占有权、使用权、收益权，不能对抗水利管理局所享有的权利。此外，房屋尚未竣工交付使用，荥阳一建和左坤鹏等24位购房人的权利也可以通过其他途径进行保护。配套建设公司作为房屋买卖合同的出卖人，在收取了买受人支付的大部分款项后，不能以房屋的工程价款需优先受偿为由，拒绝按合同约定向房屋买受人交付房屋。因此，水利管理局的诉讼请求应予以支持。从合同约定及诚实信用、公平原则出发，配套建设公司应向水利管理局赔偿与定金全额相等的经济损失。依双方合同约定，配套建设公司拖延两个月以上交付房屋，应赔偿水利管理局与定金相等的损失，即736万元。由于水利管理局尚有643.95万元购房款未付，可与配套建设公司支付的赔偿金相抵。配套建设公司辩称房屋已处置给第三方，合同不能继续履行的主张不符合法律规定，不予采信。法院判定：水利部黄河水利委员会三门峡水利枢纽管理局与郑州市配套建设股份有限公司签订的商阜城综合楼房产交易合同及补充协议合法有效，应继续履行；郑州市配套建设股份有限公司应于判决生效后60日内向水利部黄河水利委员会三门峡水利枢纽管理局交付合同约定房产；郑州市配套建设股份有限公司应于判决生效后10日内向水利部黄河水利委员会三门峡水利枢纽管理局支付违约金736万元，水利部黄河水利委员会三门峡水利枢纽管理局应向郑州市配套建设股份有限公司支付购房款643.95万元。

宣判后，配套建设公司曾向最高人民法院提起上诉，后又以有望庭外和解为由申请撤诉。

最高人民法院裁定：准许郑州市配套建设股份有限公司撤回上诉。

**【裁判解析】**

本案主要问题在于买受人支付了大部分购房款的情况下，买受人取得房屋所有权的权利与建设工程款价款优先受偿权冲突如何处理。

建设工程优先受偿权，是指建设工程承包人对于建设工程的价款就该工程折价或者拍卖的价款享有优先受偿的权利。法律上设定此项制度的目的是使工程承包人所完成的工程建设价款能够得到清偿。原因主要有二：第一，在发包人拖欠的工程价款中，相当一部分是承包人应当支付的工作人员的工资和其他劳务费用。根据民事诉讼法和其他相关法律的规定，法律应当优先保护工人工资和其他劳动报酬，这符合法律保护劳动者利益的宗旨。如果承包人应得的工程价款不能实现，则工人的工资和其他劳动报酬将难以保障，显然违反了劳动立法的旨意。第二，在现代社会中，建筑业属于国民经济的支柱产业之一。除了建设了大量的建设项目、促进了国民经济的发展和人民生活水平的提高，而且吸纳了大量城乡剩余劳动力，对社会的稳定和进步起到了积极作用。因此，法律上有必要赋予工程承包人对于工程建设价款的优先受偿权。[①]

商品房的买受人订立商品房买卖合同的目的取得商品房的所有权，是一般买卖合同关系。由于我国商品房买卖大量是预售合同，在买受人支付价款时房屋尚不具备交付条件，更不可能立即转移所有权。商品房买卖合同的履行结果之一是出卖人取得价款，从而具备支付工程建设、设备采购等方面的款项的条件，使商品房开发各个环节的权利义务得到

① 汪治平：《建设工程价款优先受偿权的若干问题》，载《人民司法·应用》2002年第8期。

实现。假设在买受人支付了大部分房款的情况下，工程承包人仍然享有工程价款优先受偿权，则无异于令买受人代人受过承担无妄的损失，等于开发商将自己的债务转嫁给广大消费者，严重违背保护消费者合法权益的特殊法律政策。广言之，则因为买受人的权利处于极端不安全状态而将令商品房市场无法正常存在，从而破坏国家的经济发展和经济秩序。基于此，2002 年 6 月最高人民法院在《关于建设工程价款优先受偿权问题的批复》第 2 条中规定，消费者交付购买商品房的全部或者大部分款项后，承包人就该商品房享有的工程价款优先受偿权不得对抗买受人。在买受人购买的房产已经办理产权过户登记的情形下，消费者已经取得房屋所有权，就该房屋而言，工程价款优先受偿权已归于消灭，自不待言。

涉案合同虽然签订于《合同法》和《城市房地产管理法》实施之前，法院根据当时的法律规定判决的结果，与现行法律规定也是一致的。

## 五、现金支付或者贷款支付只是买受人对支付方式的选择，并未改变买受人的义务。因不能如期获得贷款导致出卖人未获得预期的房款的，买受人应承担逾期付款的违约责任

**【案例索引】**

古某某诉汤臣公司房屋买卖纠纷案[①]：一审：上海市浦东新区人民法院（2009）浦民一（民）初字第 20748 号，二审：上海市第一中级人民法院（2010）沪一中民二（民）终字第 3423 号。

**【基本案情】**

2006 年 11 月，汤臣公司（甲方）与古某某（乙方）签订《上海市商品房预售合同》，约定乙方向甲方购买涉案商品房，房屋总价款暂为人民币 6900 万元。合同约定，乙方若未按本合同约定的时间付款，应当向甲方支付违约金，违约金按逾期未付款的日万分之五计算，自应付款期限

① http://openlaw.cn/judgement/035e70af2847416a8885ea3be5e51609? keyword=（2010），沪一中民二（民）终字第 3423 号。

次日起算至实际付款日止；逾期超过60天后，甲方有权单方面解除合同，乙方应当承担赔偿责任，赔偿金额为总房价的5%，甲方有权在乙方已付房款中扣除乙方应赔偿金额等。房屋的交付必须符合下列条件：甲方承诺在2007年5月31日前办理房地产初始登记，取得新建商品房房地产权证（大产证），……甲方于2007年3月31日前将房屋交付乙方。甲方或乙方对相对方行使单方面解除合同有异议的，应在接到对方书面通知之日起10天内，向法院确认解除合同的效力。预售合同附件一约定，乙方于2006年11月3日支付首期房款1220万元，于2007年2月28日前支付房款5680万元，贷款方式为商业贷款。

古某某依约支付了1220万元后，未依约于2007年2月28日前支付第二期房款5680万元。后开发公司同意古某某延期至2007年6月30日前支付余款。此后，古某某支付了部分余款，双方在往来信函中对合同是否解除及付款期限的意见进行反复沟通，在双方诉讼前的最后信函中，古某某确认将于2009年9月30日前支付余款4830万元，而汤臣公司则要求古某某于2009年9月30日前付清剩余房款及违约金，否则协商解除合同事宜。在此期间古某某曾向汤臣公司发出通知，表示解除预售合同，并要求汤臣公司返还房款，汤臣公司致函古某某，表示双方均已丧失单方解除权，希望双方进行协商。

汤臣公司于2007年7月31日取得住宅交付使用许可证，于2007年8月21日取得大产证。法院并查明，系争预售合同补充条款第7条（补充本合同第11条）约定：此条款约定的交屋日期以满足合同第10条的交付条件为唯一要件，不以未能书面通知作为逾期交屋的依据；除不可抗力外，如甲方（汤臣公司）遇到以下情况，则约定的交屋日期相应顺延：……（2）乙方（古某某）房款（包括但不限于逾期付款违约金及利息）未能全部付清（以到账为准）的。

**【审判要览】**

一审法院认为，当事人协商一致可变更合同。根据汤臣公司、古某某之间往来信函的内容以及古某某于2007年9月支付160万元和2008年8月支付690万元的行为，可以认定双方在签订预售合同后，对付款方式曾进行过变更，对付款期限汤臣公司亦同意延期至2009年1月31日前。

之后由于古某某未能按约履行付款义务，且逾期履行超过60日，汤臣公司经数次催告后古某某仍未履行。因此，根据预售合同的约定，汤臣公司有权行使单方面的合同解除权。由于双方对付款期限和付款方式已变更，古某某提出汤臣公司已丧失约定解除权的抗辩以及古某某未支付购房余款系行使先履行抗辩权等意见，理由不能成立。汤臣公司主张解除合同，于法有据，予以支持。古某某逾期付款的行为已构成违约，按约应当承担相应的违约责任，汤臣公司主张违约金，于法不悖，且无不当，予以支持。

一审宣判后，古某某提出上诉。

二审法院认为，关于除首付款外其余房款其应以贷款方式支付，且贷款由汤臣公司代办，无法办理贷款导致其未付清房款的责任应由汤臣公司承担的问题。第一，双方合同附件一中对付款方式约定为分期付款，对贷款方式约定为商业贷款，但对于贷款成数及汤臣公司需代为办出贷款并未作出约定。第二，虽然在双方往来信函中汤臣公司自认代古某某向贷款银行提交相关资料，但众所周知贷款能否通过审批系根据申请贷款人自身的资信状况等因素决定，汤臣公司代古某某递交相关资料并不表明汤臣公司须为古某某办理成功贷款审批手续。而贷款作为古某某支付房款的主要方式之一，古某某理应积极关注贷款手续的办理情况并及时履行相关义务，但古某某并未在双方的往来函件中向汤臣公司询问贷款办理的情况。而古某某认为因汤臣公司未告知其贷款手续办理的相关情况导致其对贷款未通过审批的原因毫不知情，此显然不符合常理。第三，根据汤臣公司2007年12月5日的函件，汤臣公司曾向古某某表示即便银行通过贷款审批也不足古某某申请的成数，需要古某某补足2520万元的现金，但之后古某某也仅支付690万元房款。第四，根据古某某在诉讼前2009年8月26日最后给汤臣公司的函件，其明确表示在2009年9月30日前可筹得4830万元房屋余款，在此其并未提及付款的方式系贷款还是现金。由此，古某某以汤臣公司未为其办妥贷款为由，主张其不构成逾期付款的理由亦不能成立。

对古某某所称的汤臣公司逾期取得住宅交付使用许可证及大产证，故其逾期付款系行使先履行抗辩权的问题。本院认为，根据双方合同约定，古某某本应在交房前付清全部款项，而补充协议也约定古某某若逾期付款则汤臣公司交房日期也相应顺延。由此，古某某在汤臣公司同意其延期付款的情况下仍坚持主张汤臣公司未按照合同原约定的交房日期交房应承担违约责任，该主张显然缺乏依据。

关于古某某所称的汤臣公司不享有单方解除合同权的问题。鉴于古某某长期、多次拖延支付房款，即便在其自己承诺的 2009 年 9 月 30 日前其也未付清房款本金，故汤臣公司根据合同法的相关规定享有解除合同的权利。古某某称汤臣公司行使合同解除权已超过一年除斥期间，但古某某提出的最高人民法院司法解释的相关规定是针对《合同法》第 94 条规定的法定解除权，在对方当事人没有催告的情形下解除权的行使期间，而本案中汤臣公司直至 2009 年 9 月 22 日仍在催促古某某付款，故上述规定不适用本案。另外，在汤臣公司已给予古某某多次付款宽限期的情况下，古某某认为汤臣公司仍应按照双方合同约定的 60 天期限行使合同解除权，缺乏依据。此外，在汤臣公司提起诉讼至今，古某某亦未支付分文房款，故原审法院判决支持汤臣公司解除合同的诉请并无不当。

二审判决鉴于古某某逾期付款的事实明确，在汤臣公司多次催告的情况下仍未予支付，故汤臣公司要求解除系争预售合同并由古某某承担相应违约责任，理由正当，古某某不同意合同解除的理由均不能成立，法院不予采纳。

**【裁判解析】**

古某某依约应当于 2007 年 2 月 28 日前支付第二期房，该义务虽经汤臣公司同意延期，确定付款期限汤臣公司亦同意延期至 2009 年 1 月 31 日前。在此之后，古某某并未在约定的时间内履行其付款义务。由于付款义务是购房者的主要义务，即使在后来双方当事人之间对于付款事项存在信函往来，但双方在此事项上并未重新达成一致，付款期限没有发生再次变更；在此情况下，即使古某某对汤臣公司要求其承担违约金有异议，但此项异议不能成为其气绝支付购房款的理由，故古某某逾期支付购房款的事实明确。

在商品房预售合同纠纷中，以贷款方式支付购房款是比较普遍的支付方式。首先应当明确，付款是买受人的主要义务，也事关出卖人的合同目的的实现问题。现金支付或者贷款支付只是买受人对支付方式的选择，并不改变买受人的义务。如果不能如期获得贷款，由此导致出卖人未获得预期的房款，应当由买受人承担逾期付款的违约责任。因此，以贷款方式支付购房款的，买受人应当对能否获得贷款的风险有充分的评估，对贷款成数和具体办理协助义务应有明确约定。约定按揭贷款由出卖人“代办”或“协办”不等于“包办”，贷款能否通过审批系根据申请人自身资信状况、信贷政策等因素决定，出卖人代办责任并不表明其须为买受人办理成功贷款审批手续获得贷款。

买卖合同是双务合同，在合同对双方履行义务的顺序有约定的情况下，双方当事人应当按照合同约定履行各自的义务。合同约定买受人应当在交房前付清全部款项，且在买受人逾期付款时出卖人的交房日期也相应顺延。在此情况下，买受人不能基于出卖人没有按照合同约定的时间交房而对自己逾期付款的事实行使抗辩权。

## 六、当事人对商品房结算面积的约定优先于测量规范所确定的房屋面积或者房屋的登记面积

**【案例索引】**

北京市外交人员服务局与北京华富房地产发展有限公司商品房预售合同纠纷案[①]：一审：北京市第二中级人民法院（2005）二中民初字第01100号；二审：北京市高级人民法院（2005）高民终字第1059号；再审：北京市高级人民法院（2006）高民再终字第915号，最高人民法院（2009）民提字第128号。

**【基本案情】**

1997年1月31日，北京华富房地产发展有限公司（以下简称华富公司）与北京外交人员服务局（以下简称外交服务局）签订《金岛花园梅苑公寓买卖合同书》，外交服务局购买总建筑面积21710平方米的（不包

① 载最高人民法院民事审判第一庭编：《民事审判指导与参考》2011年第2辑（总第46辑）。

括人防面积及管道层面积）房屋。其具体包括：（1）梅苑公寓，其地下地上建筑面积16510平方米；（2）专门用于梅苑公寓的三层地下车库，其建筑面积为5000平方米；（3）该物业应分摊的公用设施建筑面积约200平方米。房价款的构成包括：该物业价格为每平方米9380元，以及《金岛花园梅苑公寓进一步装修及设备采购安装承包合同》总价款为11201960元。交付时间为1997年6月30日前。同日，双方另行签订了《北京市外销商品房预售契约》，该契约第1条的内容为："北京金岛花园梅苑公寓及地下专用车库房屋，建筑面积为21710平方米（含共有共用面积、分摊面积）。"第18条的内容为："本契约未尽事项，双方可签订补充协议。本契约的附件为本契约不可分割的组成部分，具有同等的法律效力。"该预售契约附件二的付款方式约定：在该物业的土建结构保修期满并办理完毕立契过户手续取得房屋产权证书及相应土地使用权证书后15日内，买方支付剩余房价款的5%。预售契约附件三第3条内容为："阳台为全封闭弧形热弯比利时进口6mm厚镀膜绿色玻璃，阳台内铝合金推拉门和后阳台铝合金平开门采用国产5mm浮法玻璃。"该预售契约之附件五《补充条款》第4条约定："该物业的专用车库及独立庭院由乙方所有并独立使用，专用车库面积为5000平方米，含133个车位。"第5条约定："甲方（华富公司）同意专用车库的面积按5000平方米进行计算，专用车库按双方已定的图纸进行施工，如暂测面积或实测面积超过5000平方米，超过部分均不计人该物业总建筑面积，并且甲、乙双方对超出部分亦不再结算。"第7条约定："倘该物业的实测面积（不含专用车库面积）与暂测面积之差超过暂测面积的1.3%时，乙方（外交服务局）有权选择不解除该契约，但甲方同意对实测面积超过1.3%（含）部分不再向乙方结算。"

华富公司于1998年4月3日将房屋交付外交服务局，因延期交房，华富公司向外交服务局支付违约金17105743元、资金占用费394425元。

按照双方所签《北京市外销商品房预售契约》的约定，外交服务局购房面积21710平方米（每平方米9380元）的房价款为203639800元。按照双方关于实测面积大于暂测面积1.3%部分应结算房款（5000平方米的专用车库除外）的约定，外交服务局向华富公司支付实测面积大于暂测面积 1.3%部分的房款为 2037617.40 元。按照《梅苑公寓进一步装修及设备采购安装承包合同》的约定，外交服务局已向华富公司支付 11201960 元。上述数额相加，外交服务局应支付的购房款总额为 216879377.40 元。外交服务局已向华富公司支付房款（包括上述违约金、资金占用费及“进一步装修款”）212601388.75 元，外交服务局尚欠房款 4277988.65 元。

1999 年 2 月，有关部门开始对本案争议的梅苑公寓进行测绘。2003 年 9 月 8 日，经有关部门测绘，本案争议的梅苑公寓建筑面积总计 24730.18 平方米。其中专用车库面积 5472.12 平方米、管道层 753.73 平方米、1～23 层建筑面积 18327.28 平方米（阳台建筑面积 1151.78 平方米）、附属用房 177.05 平方米。

房屋交付后，华富公司多次致函外交服务局，要求外交服务局按照实测面积给付超过合同约定部分的房价款。协商过程中，外交服务局曾同意就管道层及共用公摊超过约定部分的面积进行结算。但因华富公司坚持要求外交服务局支付阳台面积等超过合同约定部分的价款，外交服务局撤回其同意管道层及共用公摊部分价款的允诺。

北京市第二中级人民法院审理过程中，双方均表示签订《北京市外销商品房预售契约》时，按有关部门的规定层高为 2.2 米的管道层不计入建筑面积（本案争议的梅苑公寓管道层高度为 2.2 米）。2000 年颁布的《北京市房地产测绘细则》规定：房屋的建筑面积包括层高为 2.2 米（含 2.2 米）的永久性建筑。

2003 年 12 月，北京市国土资源和房屋管理局函告华富公司，金岛花园 C 座（亦由华富公司开发建设、成为金岛花园兰苑）“楼面毛地价 1200 元/平方米”。按兰苑的标准计算，本案争议的梅苑公寓管道层的建筑面积为 753.75 平方米，该面积需要交纳土地出让金 904500 元。

双方签订《北京市外销商品房预售契约》及《金岛花园梅苑公寓买卖合同书》等文件时，华富公司持有《预售许可证》，且签约时梅苑公寓的主体结构已完成。1997 年 11 月 24 日，双方签订《追加工程款确认书》，约定：根据华富公司 1997 年 9 月 15 日的《关于要求拨付增加工程款报告书》，外交服务局确认，上述内容的工程款额为人民币 80 万元。

外交服务局已向华富公司支付上述款项。

**【审判要览】**

一审法院认为，双方当事人在合同中明确约定，外交服务局购买金岛花园梅苑公寓及地下车库总建筑面积为21710平方米（不包括人防及管道层、含共有共用面积、分摊面积），如车库的暂测面积或实测面积超过5000平方米，超过部分不计入该物业总建筑面积，并且对超过部分不再结算。该物业的实测面积（不包括车库）与暂测面积之差超过暂测面积的1.3%（含）时，超过部分不再结算。因此，华富公司要求外交服务局支付实测面积超过21710平方米价款的请求缺乏依据，对其请求不予支持。关于管道层的面积问题，签约时，按有关部门规定层高2.2米的管道层不计入建筑面积，因此，虽管道层属于交付的范围，但不属计价范围，后有关部门明确层高2.2米（含2.2米）的管道层计入建筑面积，但该变化并不导致管道层建安费用的增加，因此，华富公司要求外交服务局按管道层的建筑面积支付价款的请求没有依据，对其请求不予支持。但应指出，管道层计入建筑面积虽不导致管道层建安费用增加，但增加了土地出让金的支付，该支出不属双方预料范围，故应由双方共同分担。关于华富公司主张外交服务局支付延期付款违约金一节，因双方约定在取得权属证书后支付剩余5%的付款，现外交服务局尚未取得权属证书，且外交服务局未支付的房款小于5%，并未违约。因此，对于华富公司主张外交服务局延期付款、并要求外交服务局承担延期付款违约责任的请求不予支持。另外，外交服务局依据双方于1997年1月24日签订的《追加工程款确认书》向华富公司支付的80万元工程款，不属于《梅苑公寓进一步装修及设备采购安装承包合同》约定的内容，故不能折抵该合同约定的款项。综上所述，根据《合同法》第44条之规定，北京市第二中级人民法院于2005年6月20日作出（2005）二中民初字第01100号民事判决：（1）外交服务局本判决生效后10日内向华富公司补偿金岛花园梅苑公寓管道层的土地出让金452250元；（2）驳回华富公司的其他诉讼请求。

华富公司、外交服务局均不服一审判决，分别向北京市高级人民法院提起上诉。

二审法院判决：驳回上诉，维持原判。

华富公司不服二审判决，向北京市高级人民法院申请再审，北京市高级人民法院裁定对本案再审。

北京市高级人民法院再审认为，华富公司与外交服务局签订的《金岛花园梅苑公寓买卖合同书》《北京市外销商品房预售契约》及附件合法有效。双方在合同中约定购买房屋的面积为21710平方米，而实际面积超出了该约定3020.18平方米，该超出面积为阳台封闭后面积、地下一层管道层面积、18～22层轴连接面积、阳光屋、电梯机房及水箱间面积、地下车库面积等。该协议中的面积21710平方米是经过规划部门审批的，而所附图纸并非审批面积的附图，而是双方调整后的面积附图，该变更在双方签约时未经规划部门审批，双方均有一定过错。房屋交付后，华富公司多次致函外交服务局，要求外交服务局按照实测面积给付超过合同约定部分的房价款。协商过程中，外交服务局曾同意就管道层及共用公摊超过合同约定的434.40平方米的面积进行结算，但因华富公司坚持要求外交服务局支付阳台面积等超过合同约定部分的价款，外交服务局撤回其同意结算管道层及共用公摊部分价款的允诺。虽然双方签订的《补充协议》第7条约定实测面积与暂测面积之差超过1.3%时，外交服务局就超过部分不再向对方结算。但由于管道层计入建筑面积，是发生在双方签约后的政策调整，且外交服务局也曾承诺对管道层面积予以结算。因此，外交服务局应当就其曾经书面同意结算的管道层753.73平方米及共用公摊超过合同约定的面积（以《北京市房屋登记表》载明的超出面积255.89平方米计），按照合同价格9380元予以结算。原审判决虽明确了外交服务局尚欠华富公司房款4037617.4元（含实测面积大于暂测面积1.3%部分应结房款），却未予处理，北京市高级人民法院再审一并予以处理。华富公司主张超出面积部分价款的违约金没有法律依据，不予支持。综上，判决：（1）撤销北京市高级人民法院（2005）高民终字第1059号民事判决和北京市第二中级人民法院（2005）二中民初字第01100号民事判决；（2）外交服务局于判决生效后10日内给付华富公司房款13507853元；（3）驳回华富公司的其他诉讼请求。

外交服务局向最高人民法院申请再审。

最高人民法院再审认为，根据双方当事人的合同约定，外交服务局不应向华富公司承担支付涉案房屋实测面积超出合同约定面积部分的价款。外交服务局向华富公司支付其尚未支付的购房尾款的条件尚未成就。判决：撤销北京高院的再审判决，维持一审、二审判决。

**【裁判解析】**

本案的争议焦点为，外交服务局应否向华富公司支付涉案房屋实测面积超出合同约定面积的房价款。

首先，《合同》第1、2条约定，双方当事人买卖的标的物为梅苑公寓及其独立庭院、地下专用车库。总建筑面积为21710建筑平方米（不包括人防面积及管道层面积）。《预售契约》第1条约定："北京金岛花园梅苑公寓及地下专用车库房屋，建筑面积为21710.00建筑平方米（含共有共用面积、分摊面积、房屋状况详见附件一），国有土地使用权面积4160.00平方米（含共有共用面积），土地使用期限自房屋产权过户之日起至2064年10月10日止。上述各项面积为甲方暂测面积，房屋竣工后以北京市房屋土地管理局实测面积为准。"第2条约定："甲乙双方同意，该商品房交付时，房屋的实际面积与暂测面积的差别不超过暂测面积的±1.3%（不含）时，按照本契约第3条所述房屋售价进行结算；实测面积与暂测面积之差超过暂测面积的±1.3%（含）时，自甲方向乙方出示北京市房屋土地管理局实测面积文件之日起7日内，乙方有权解除本契约。契约解除自乙方书面通知送达甲方之日起生效。甲方除在契约解除后30日内向乙方双倍返还定金外，并须将乙方已付的房价款及利息全部退还给乙方。利息按中国人民银行固定资产贷款利率（付款币种为人民币）或按中国人民银行外汇贷款利率（付款币种为外汇）计算。"《预售契约》附件五《补充条款》第5条约定："甲方同意专用车库的面积按5000平方米进行计算，专用车库按双方已定的图纸进行施工，如暂测面积或实测面积超过5000平方米，超出部分均不计入该物业总建筑面积，并且甲、乙双方对超出部分亦不再结算。"第7条约定："倘该物业的实测面积（不含专用车库面积）与暂测面积之差超过暂测面积的1.3%（含）时，乙方有权选择不解除契约，但甲方同意对实测面积超过1.3%（含）部分不再向乙方结算。"

上述约定说明，双方当事人在签订合同之时已经明确预见到合同约定的面积（即暂测面积）与房屋土地管理部门未来的实测面积存在差异。但是，从上述条款来看，双方当事人明确约定最终的结算面积并不以实测面积为准，而是在合同约定面积的基础上进行调整，即外交服务局只需对梅苑公寓（不含专用车库面积）实测面积与暂测面积之差超过暂测面积1.3%以内的部分进行结算。如果实测面积与暂测面积之差超过暂测面积的1.3%（含）时，外交服务局既可以解除合同，也可以选择不解除合同，继续按照合同约定的面积履行付款义务，而华富公司对实测面积超过1.3%（含）部分的房屋价款不享有请求权。而关于专用车库，则不论实测面积是多少，双方均按5000平方米的约定面积结算，超出部分不再结算。由此可以认定，上述关于面积的条款既是对华富公司交付的标的物的大致描述，更为重要的是，它是确定双方结算面积的条款，即双方约定的最高结算面积应当是：最高结算面积＝约定公寓面积16710平方米（公寓自用建筑面积16510平方米＋共用公摊200平方米）＋约定增加面积217.23平方米（16710平方米×1.3%）＋车库面积5000平方米＝21927.23平方米。

其次，关于管道层面积部分是否应当计算合同价款问题。根据《合同》第2条的约定，双方明确将人防层面积和管道层面积排除在合同约定的总建筑面积之外。再结合双方当事人签订的其他合同条款，说明双方当事人在签订合同之时就明确，无论管道层面积为多少、在测量上是否计入建筑面积，外交服务局都无须就该部分面积支付相应的价款，此其一。其二，在合同签订之时，当时建筑行业施行的是国家经济委员会于1982年11月12日颁布实施的（1982）经基设字58号《建筑面积计算规则》，该规则规定：“建筑物内的技术层，层高超过2.2米的，应计算建筑面积”，“层高在2.2米以内的技术层不计算建筑面积。”1998年12月11日，北京市房屋土地管理局关于印发《北京市商品房销售面积计算及公用建筑面积分摊暂行规定》的通知，仍以此《建筑面积计算规则》为附件，并于第2条明确：“商品房建筑面积应按国家现行的《建筑面积计算规则》进行计算。”本案诉争的管道层为2.2米，按上述规定不应计算在建筑面积内。这也说明，双方当事人作出将管道层排除在结算面积之外的约定符合当时的相关政策。退言之，即使当时的政策规定管道层应当计算在建筑面积内，也并不影响当事人就该面积是否计算价款作出特别约定。换言之，对于该部分面积是否计算相应的价款属于当事人意思自治的范围。其三，2000年10月24日起实施的《北京市国土资源和房屋管理局关于贯彻执行国家标准〈房产测量规范〉通知》附件一《北京市房地产测绘细则》的补充规定第1条规定："房屋建筑面积系指房屋外墙（柱）勒脚以上各层的外围水平投影面积，包括阳台、挑廊、地下室、室外楼梯等，且具备有上盖，结构牢固，层高2.20tn以上（含）的永久性建筑。"涉案房屋在实际测量时由于上述测量规范的变化导致涉案房屋的管道层面积在测量上应当计入建筑面积，但是，房屋的某一部分在测量规范上应否计入建筑面积以及如何计算建筑面积，是国家基于行政管理、公共政策等目的的考虑而规定的，但该建筑面积应否计算价款则是当事人意思自治的范围。同时，诉争房屋梅苑公寓的主体结构在签订合同时已完成，双方当事人约定将管道层面积排除在计算价款的范围之外，更加说明当事人对该约定的含义及后果是明确的。因此，上述测量规范的变化并不影响当事人关于管道层面积不计入结算面积、不计算价款的约定。退言之，即使测量规范的变化应当影响双方关于合同价款的约定，但由于华富公司迟延履行交付房屋及办理权属登记义务，才导致上述政策变化对本案合同履行产生影响。华富公司亦无权请求支付相应价款。其四，当然，管道层计入建筑面积虽不导致管道层建安费用增加，但增加了土地出让金的支付，该支出不属双方预料范围，一、二审法院对此判令由双方共同分担由此所增加的土地出让金，已经考虑到由于测量规范变化所造成的负担如何承担的问题，且外交服务局对此并未请求再审，依法应予维持。

最后，关于外交服务局是否承诺就管道层及共有分摊部分面积据实结算的问题。从双方当事人往来函件看，外交服务局于2003年3月4日发出的复函对华富公司之前发出的据实结算要约作出了实质性变更，不能认定为是对华富公司要约的承诺，而应认定为是对华富公司要约的反要约。而华富公司于2003年8月21日发出的函件内容并未对外交服务局的上述要约作出承诺，且对该要约的内容作出了实质性变更，根据《合同法》第20条的规定，外交服务局的上述要约已经失效。并且，外交服务局于2003年9月29日第二次复函又明确撤销了其第一次复函中的要约。因此，可以认定，双方当事人并未就管道层面积和共有分摊面积据实结算达成协议，双方的合同权利义务并未发生变化。

综上所述，根据双方当事人的合同约定，外交服务局不应向华富公司承担支付涉案房屋实测面积超出合同约定面积部分的价款。北京市高级人民法院再审判决以双方《预售契约》的面积附图未经规划部门审批、外交服务局在协商过程中曾同意就管道层及共用公摊部分超过合同约定面积部分进行结算、管道层计入建筑面积是发生在双方签约后的政策调整所致等理由，判令由外交服务局按照每平方米9380元的约定价格承担管道层753.73平方米和共用公摊超过合同约定的面积255.89平方米的合同价款支付义务，无合同依据和法律根据。

## 七、一方当事人以案外人违约为由，主张在涉案合同履行中行使不安抗辩权的，不予支持

**【案例索引】**

俞财新与福建华辰房地产有限公司、魏传瑞商品房买卖（预约）合同纠纷案[①]：一审：福建省高级人民法院（2009）闽民初字第8号，二审：最高人民法院（2010）民一终字第13号。

**【基本案情】**

2007年12月10日，甲方福建华辰房地产有限公司（以下简称华辰公司）与乙方俞财新、丙方魏传瑞签订的《商铺认购书》约定，俞财新向华辰公司认购“君临盛世茶亭”一号地块的一、二、三层店面，面积约2378平方米，每平方米价格72798元，总价款17275.0198万元。俞财新在签订本认购书后10日内支付给华辰公司订金6360万元；华辰公司应当在收到俞财新订金后30日内领取《商品房预售许可证》，并与俞财新签订《商品房买卖合同》，同时保证在签订《商品房买卖合同》后的10

① 载《最高人民法院公报》2011年第8期。

日内在房地产交易管理部门备案登记。如华辰公司不能在上述约定的期限内领取《商品房预售许可证》，俞财新即放弃认购，华辰公司必须于收到订金后的第31日起两个月内将俞财新支付的订金全部返还；逾期返还，其利息按月利率10％计（不足1个月的，按实际天数计算）。华辰公司收到订金后的第31日起两个月未全部返还订金的，视为逾期返还；逾期3个月未全部返还订金及其利息的，俞财新可采取“以房抵欠款”的方式实现债权，即将华辰公司尚欠的订金和利息转为购买华辰公司上述项目的房产（具体店面房号由俞财新选定），其店面售价按第1条约定的出售价的30％计价。如在“以房抵欠款”后，华辰公司仍欠俞财新余款，则华辰公司应提供其他地块的店面抵扣其余欠款（仍按售价30％计价），双方签订《商品房买卖合同》。俞财新不同意“以房抵欠款”的方式实现债权的，则华辰公司应以现金返还和支付。俞财新支付订金6360万元部分为现金，部分为汇款等。魏传瑞对华辰公司的债务承担连带保证责任，保证期间为两年。

上述《商铺认购书》签订后，俞财新或其指令有关单位通过银行账户向华辰公司支付8笔共计4900万元。在上述8笔银行《付款凭证》的附加信息及用途或用途栏目中，2007年12月20日的800万元凭证的栏目上注明周转金，2007年12月21日的400万元凭证上此栏目为空白，其余6笔凭证的相应栏目均注明借款。相应地，华辰公司出具6张共计4900万元的《收款收据》。另华辰公司还分别于2007年12月10日、11日、21日向俞财新出具400万元、260万元、300万元（共计960万元）3张《收款收据》，即华辰公司先后共向俞财新出具九张计5860万元的《收款收据》，其在该9张《收款收据》的款项内容栏目内均写明“认购君临盛世茶亭一号地块1～3层店面订金（详见2007年12月10日协议书）”等内容。华辰公司在上述400万元、260万元、300万元（共计960万元）3张《收款收据》的存根联中，除记载“认购君临盛世茶亭一号地块1～3层店面订金（详见2007年12月10日协议书）”内容外，还分别注明“回报率部分2％另计”“回报率部分20％另计”“100＋1000＋400＝1500万元回报率20％”的内容。

华辰公司于2008年6月26日取得讼争商铺的《商品房预售许可证》。

俞财新向一审法院起诉称，在付款期间，俞财新了解到华辰公司无法按期办理《商品房预售许可证》，暂缓支付订金余款500万元，符合《合同法》第68条的规定，经多次催告，华辰公司以各种理由拒不与俞财新签订《商品房买卖合同》，后将《商铺认购书》项下的商铺转卖他人，其已无履约的可能。故请求：（1）解除双方签订的《商铺认购书》；（2）华辰公司返还购房订金5860万元；（3）华辰公司以俞财新已付购房订金每月10%的金额支付违约金，自2008年3月22日起计至还清款项之日止，暂计至2009年3月22日止为7032万元（5860万元×12个月×10%＝7032万元）；（4）魏传瑞对华辰公司的上述2、3项债务承担连带保证责任；（5）华辰公司、魏传瑞承担本案诉讼费用。

**【审判要览】**

一审法院认为，双方当事人对华辰公司出具的《收款收据》中所记载的5860万元款项，其性质及华辰公司实际收款数额存在争议。华辰公司向俞财新出具9张《收款收据》，确认依据《商铺认购书》收取俞财新5860万元，款项性质应认定履行《商铺认购书》的订金。根据《商铺认购书》第5条的约定，俞财新支付订金部分为现金，部分为银行转账，故俞财新主张上述5860万元中的4900万元为银行转账、960万元为现金支付，符合常理，应予采信。俞财新的部分银行转账凭证上记载款项用途为借款，华辰公司在960万元《收款收据》存根、登账联上注明“回报率”或“借款回报率”，俞财新在起诉状中以利息计算违约金等事实，不足以证明俞财新实际支付款项为4900万元，以及相关款项为借贷的性质。综上，应当认定俞财新向华辰公司支付《商铺认购书》项下的订金5860万元。

根据《商品房销售管理办法》第16条的规定，商品房销售时，房地产开发企业和买受人应当订立书面商品房买卖合同，明确交易的主要内容。本案中，双方当事人签订的《商铺认购书》对所出售商品房的坐落、面积、单价、总价款等商品房买卖核心条款作出约定，符合商品房买卖合同的基本特征。但因该《商铺认购书》同时又明确约定在华辰公司取得《商品房预售许可证》后，应另行签订商品房买卖合同，且约定内容与《商品房销售管理办法》第16条规定相比有不少欠缺，故应当认定

《商铺认购书》系双方当事人为将来签订商铺买卖合同而事先达成的合意，本案为商品房买卖预约合同纠纷。华辰公司主张本案为借贷纠纷，证据不足，不予采信。

涉案《商铺认购书》系双方当事人真实意思表示，内容不违反国家法律、行政法规的禁止性规定，应认定有效。从该认购书第2条及第3条约定的内容看，华辰公司领取《商品房预售许可证》的履行期限为俞财新付清6360万元后的30日内，因俞财新只支付5860万元订金，即便在其支付订金过程中，存在因华辰公司不能如期办理《商品房预售许可证》而依法行使不安抗辩权导致未全额支付订金的情形，华辰公司也不构成违约。因为俞财新在知道华辰公司于2008年6月26日取得《商品房预售许可证》后，无证据证明此后其向华辰公司要求继续支付订金余额，实际上也未支付。因此，应当认定俞财新至今没有依约付清6360万元订金，华辰公司取得《商品房预售许可证》时并未超过《商铺认购书》约定的履行期限。俞财新以华辰公司逾期领取《商品房预售许可证》及未在收取订金后的第31日起两个月内返还全部订金为由，请求华辰公司按俞财新已付订金5860万元每月10%承担违约金，缺乏事实依据，一审法院不予支持。

俞财新以讼争商铺已由华辰公司售与他人为由，提出请求解除《商铺认购书》，华辰公司及魏传瑞对商铺售予他人的事实亦不持异议，《商铺认购书》继续履行已不可能，依法应予解除。华辰公司依《商铺认购书》收取俞财新订金5860万元及其法定孳息应予返还。魏传瑞作为签订《商铺认购书》的当事人之一，愿为华辰公司履行该认购书的相关债务提供两年的连带保证责任担保，应对华辰公司返还俞财新5860万元及其利息的款项承担连带责任。

综上，判决：(1) 解除三方当事人签订的《商铺认购书》；(2) 华辰公司应于本判决生效之日起10日内向俞财新支付5860万元及其利息（其中2400万元自2007年12月10日、1560万元自2007年12月11日、1800万元自2007年12月21日、100万元自2008年1月7日起至本判决确定的还款之日止按中国人民银行同期贷款利率计算）；(3) 魏传瑞应对华辰公司的上述第2项债务承担连带偿还责任；(4) 驳回俞财新的其他诉讼请求。

俞财新、华辰公司均不服一审判决，提起上诉。

最高人民法院二审认为，俞财新主张不安抗辩权的理由是华辰公司丧失商业信誉，依据是其与福州华辰公司签订另一购房合同后，福州华辰公司将合同约定的房屋设定抵押。然而，福州华辰公司与华辰公司是两个不同的法人，以案外人违约为由在本案合同履行中行使不安抗辩权，不符合合同相对性原则。根据《合同法》第68条的规定，俞财新关于其行使不安抗辩权的主张，依据不足。《合同法》第69条规定了行使不安抗辩权的要件，即使俞财新有权行使不安抗辩权，也应当及时通知对方。但无证据证明俞财新履行过通知义务。因此，俞财新关于其行使不安抗辩权的主张，缺乏事实和法律依据，不予支持。最终判决驳回上诉，维持原判。

**【裁判解析】**

本案涉及一个重要法律问题，即俞财新主张其在履行合同中行使不安抗辩权是否成立。如果其主张成立，即使在《商铺认购书》签订后10日内其未依约向华辰公司付齐订金6360万元，也有权中止履行合同，并不承担违约责任。此后如果华辰公司提供了适当担保，俞财新应当继续履行合同，补足500万元订金差额。但实际上，俞财新行使不安抗辩权的两个法定条件均未成就，其主张的该项理由不能成立。由于俞财新负有先履行合同的义务，其仅支付了5860万元订金，属于违约在先。而华辰公司应在收齐约定的全部订金后再与俞财新订立正式购房合同，故其行为不构成违约。合同解除后，华辰公司只需向俞财新返还已收取的订金及孳息，不应支付违约金。值得注意的是，涉案《商铺认购书》约定俞财新支付“订金”而非“定金”，故不适用定金法则。根据定金法则，交付定金的一方违约的，定金不予退还；收取定金的一方违约的，双倍返还定金。而在订金条件下，先履行债务的一方违约，可以主张返还订金及利息。本案的关键在于如何理解不安抗辩权的概念、行使要件。

第一，关于不安抗辩权的概念。

不安抗辩权也叫先履行抗辩权，是指应当先履行债务的一方当事人，有确切证据证明对方当事人不能履行合同义务，或者有不能履行合同义务的可能时，在对方当事人没有履行或者提供担保之前，有权中止履行合同义务。合同法规定不安抗辩权的目的在于维护市场诚信，防止丧失履行能力的或者不讲诚信的当事人利用合同获得非法利益，减少市场风险，确保交易安全。在理解不安抗辩权的概念时要把握两个问题，一是在合同类型上，不安抗辩权仅限于双务合同成立之后。通常合同成立即生效，对缔约双方产生约束力，涉及双方当事人按照先后顺序履行债务。单务合同不存在先后履行顺序，故不产生不安抗辩权。二是在主体上，根据合同相对性原则，不安抗辩权限于“同一合同主体”之间，是指本合同主体中后履行债务的主体的情形发生变化，包括财产的减少或者其他变化，该主体不可能履行债务，由此对先履行债务的一方产生不安抗辩权。第三人不能履行债务，属于不同合同的不同主体，不能成为行使不安抗辩权的原因。

第二，关于行使不安抗辩权的要件。

根据《合同法》第68条、第69条的规定，行使不安抗辩权应具备两个条件，一是应当先履行债务的一方有确切证据证明对方不能履行债务，或者有不能履行债务的可能，且未提供适当担保；二是符合前一条件，中止履行合同义务时及时通知对方当事人。只有符合这两个条件，行使不安抗辩权才有效，先履行债务的一方有权中止履行合同义务。认定第一个条件是否成立，应由先履行债务的一方举证证明对方有以下情形：（1）经营状况严重恶化；（2）转移财产、抽逃资金，以逃避债务；（3）丧失商业信誉；（4）有丧失或者可能丧失履行债务能力的其他情形。前述情形必须是由证据证明的客观事实，而非主观想象。如不能证明前述情形而中止履行合同义务，应当承担违约责任。本案中，俞财新并未举证证明华辰公司具有上述情形。其举证案外人福州华辰公司擅自将卖给俞财新的房屋进行抵押，而华辰公司与福州华辰公司是两个不同的法人。由于主体不同，即使俞财新能够证明福州华辰公司有违约行为，根据合同相对性原则，俞财新也不能在本案中行使不安抗辩权。关于通知义务。根据《合同法》第69条的规定，即使华辰公司符合第一个条件，俞财新行使不安抗辩权，也应当及时通知华辰公司，给华辰公司提供担保的机会，尽量实现合同目的。然而，没有证据证明俞财新履行了通知义务。因此，其行使不安抗辩权的第二个条件也未成就。

鉴于俞财新主张的行使不安抗辩权的两个条件均未成就，二审判决驳回其上诉请求是正确的。

## 八、对于合同中税费负担条款约定不明的情形，应当依据合同的内在逻辑以及合同双方的履约情况来确定双方的真实意思表示

**【案例索引】**

张某诉东奥公司商品房预售合同纠纷案：北京市第二中级人民法院(2011)二中民终字第15230号。

**【基本案情】**

2010年7月28日，张某与东奥公司签订《北京市存量房屋买卖合同》，张某支付了购买诉争房屋的定金237248元。2010年8月20日，张某与东奥公司签订了网签合同，该网签合同中的房屋成交价款为985000元。此后张某分别于2010年9月9日、25日各将474496元共计40%的购房款汇入东奥公司指定账户。2010年10月12日，张某缴纳了营业税49250元、印花税492.5元。后双方对于土地增值税由谁缴纳问题产生争议。房屋买卖合同无法继续履行。张某诉至法院，要求解除《北京市存量房屋买卖合同》、返还已付房款1186240元、支付银行同期贷款利息，给付汇款手续费65元及代缴税金49742.5元、东奥公司支付违约金1186240元、赔付房屋中介费30000元。

东奥公司辩称双方签订的《居间服务合同》及《北京市存量房屋买卖合同》中明确约定，交易过程中产生的所有税费均由张某承担。张某应按照合同的约定承担缴纳税费的义务。双方在合同中对于税费的决定不存在未约定、约定不明的情形。在合同已经约定由张某承担所有税费后，张某认为土地增值税数额较高试图将房屋价格作低以达到少交税的目的，在被拒绝后，恶意提起诉讼。张某不按合同约定支付税费，违约在先。东奥公司不存在任何违约行为，不同意张某的诉讼请求并提起反诉：(1)张某继续履行双方签订的房屋买卖合同；(2)张某向东奥公司

支付违约金30万元。

**【审判要览】**

一审法院认为，依据《居间服务合同》第5条的约定，标的房屋交易过程中须缴纳土地出让金、营业税、契税、印花税、个人所得税及土地增值税、房产税、土地使用税等费用，甲乙双方根据《北京市存量房屋买卖合同》的约定履行，没有约定的，按国家有关规定缴纳。而双方签订的《北京市存量房屋买卖合同》第7条第1项虽然约定了由张某承担营业税、契税、印花税、个税等此次交易过程中产生的所有税费，但又在该条第2项约定了对前述税费未约定，约定不明或者政策调整的，双方应在权属过户之前5日协商并达成一致，否则，甲乙双方按国家相关法规定缴纳各自应承担的税费。如果按东奥公司理解的"由张某承担营业税、契税、印花税、个税等此次交易过程中产生的所有税费"包括交易过程中产生的税费，该条第2条项的约定则没有意义。此外，土地增值税在本次交易过程中属于一个十分重要的税种，费用很高，涉及张某、东奥公司之间的重大利益，应该在合同中明确约定。而合同并未对土地增值税进行明确约定，结合合同文本，可以认为双方对土地增值税约定不明，且双方未能协商一致。根据国家关于转让房地产应当缴纳土地增值税的规定，东奥公司负有土地增值税的纳税义务。东奥公司未申报核缴土地增值税，致使合同不能继续进行，已构成违约。据此，判决：（1）解除张某与东奥公司签订的房屋买卖合同；（2）东奥公司于判决生效后15日内返还张某购房款1186240元并支付利息（具体起算时间略）；（3）东奥公司于判决生效后15日内给付张某汇款手续费65元；税金49742.50元；（4）东奥公司于判决生效后15日内支付张某违约金1186240元；（5）东奥公司于判决生效后15日内赔偿张某已交付的房屋中介费3万元；（6）驳回东奥公司的反诉请求。

判决后，东奥公司不服，提起上诉。

二审法院认为，双方因土地增值税由谁负担问题产生争议，致使合同未能继续履行。就税费负担的问题，双方《居间服务合同》中明确约定土地增值税等税费应根据《存量房屋买卖合同》中的约定履行，没有约定的，按照国家有关规定缴纳；而在《北京市存量房屋买卖合同》关于税费负担的约定中，第 7 条第 1 项在列举一系列税费时，并未将土地增值税明确列在其中，结合本条第 2 项的理解，无法得出应由购房人张某缴纳的结论。根据国家相关规定，房地产交易中产生的土地增值税应当由出卖人缴纳。作为诉争房屋的所有权人，东奥公司应对是否该缴纳土地增值税以使所售房屋具备交易条件具有更高的认知义务，系纳税义务主体，应当缴纳土地增值税确保诉争房屋交易得以顺利进行，现其在合同签订后长时间内并未缴纳，致使合同无法极性履行，应当对此承担违约责任。故东奥公司的上诉意见缺乏事实法律依据，法院不予采纳。张某要求解除合同，合法有据，法院予以支持。原审法院判决解除双方签订的买卖合同，东奥北京分公司、东奥公司返还购房款并支付利息、给付汇款手续费及代缴的税金、赔偿房屋中介费，正确合理，法院予以维持。

关于张某主张的违约金一节，东奥公司上诉称该违约金约定过高。法院认为，违约金的数额应以补偿实际损失为宜，张某发函要求解除合同，故不得就发函后扩大的损失主张赔偿，综合考虑双方合同的履行程度、市场情形等因素，原审法院判决东奥公司全部承担违约金过高，法院酌情予以调整。据此，判决：（1）维持一审判决第 1 项、第 2 项、第 3 项、第 5 项、第 6 项；（2）变更一审判决第 4 项为：东奥公司于判决生效后 15 日内给付张某违约金 60 万元；（3）驳回张某其他诉讼请求；（4）驳回东奥公司其他上诉请求。

**【裁判解析】**

合同解释，是为了确定当事人双方的共同意思，对合同及其相关材料的含义所作的分析和说明。不论合同用语是否清楚，均需解释，当合同条款不清楚时，法院可以援引最初的协议来确定当事人双方的真意。合同解释的必要性主要在于“合同属于当事人自创之规范，源自当事人意思，在于满足不同之利益，而所以表达之者，又为未臻精确之语言文字，故在订立或者履行过程中对其意义、内容或者适用范围，发生疑义，势所难免”。广义的合同解释除通常意义上理解的合同解释外，还应包括补充的解释，即为解决合同关于某事项应有约定却未约定的漏洞现象，对合同漏洞进行填补所作之补充解释。

本案的争议焦点即在于土地增值税究竟由谁负担，涉及对合同中税费负担条款的解释问题。双方当事人之间签订有两份合同，分别为《居间服务合同》及《北京市存量房屋买卖合同》。单纯依据《居间服务合同》尚无法确定税费的负担主体，需要依据正式的《存量房屋买卖合同》进行确定。《北京市存量房屋买卖合同》第7条对税费作了相关约定，“（一）本合同履行过程中，买卖双方应按照国家及北京市相关规定缴纳各项税费。经甲乙双方协商一致，决定按照如下方式承担税费；乙方承担营业税、契税、印花税、个税等此次交易过程中产生的所有税费（包括之前未结清的物业管理费）。（二）双方对签署税费未约定、约定不明或遇政策调整的，双方应在权属过户之日前5日内协商达成一致，否则，甲乙双方按照国家相关规定缴纳各自应承担的税费。”本条第1项在详细列举了营业税、契税、印花税、个税等税种后，对于关键税种土地增值税并未列明，虽然用“所有税费”作为本条款兜底之用，但考虑到第2项的措辞，第2项的约定又系对第1项的兜底，故仅从字面含义上无法得出双方已对土地增值税负担问题达成一致合意的结论。由于《居间服务合同》和《北京市存量房屋买卖合同》的条款约定之间存在内在的逻辑矛盾，无法界定出一个明确的结果，需要我们进一步结合当事人的订约及履约过程来探求当事人的真实意思表示。

在签订合同后，张某一直积极地履行合同义务，支付了50%的购房款，并缴纳了印花税、营业税等相关税费。而根据查明事实反观东奥公司未在签订合同前将原始购房资料（直接影响到土地增值税的核税及最终税额）丢失的信息告知张某，未尽到充分的告知义务。在合同履行过程中亦并无积极履行协助配合义务之表现，在土地增值税问题上迟迟未去税务部门申报核缴。究其原因，东奥公司作为出售方，公司持有房产在转让时的土地增值税税率较高，且在丢失原始购房文件情形下，土地增殖税额由税务部门核定，数额巨大，从而导致应纳土地增值税也就相应地水涨船高（本案中高达40余万元）。这样一笔巨额税款对于合同的价款足以产生重大实质影响，直接影响决定合同的订立和履行，双方在签订合同之时均未能预见，事后张某曾与东奥公司进行协商，但未能达成一致意见，致使合同履行陷入僵局。综合整个合同的订立和履行过程来看，双方并未就土地增值税的交纳问题达成一致意见，应视为在此问题上约定不明。

那么究竟哪一方才应当是土地增值税的纳税主体？根据《土地增值税暂行条例》的规定，土地增值税的纳税义务人系转让国有土地使用权、地上建筑物及其附着物并取得收入的单位和个人，东奥公司北京分公司作为房产的持有者系法律明确规定的纳税义务人，在信息不对称情形下更有优势，在对是否该缴纳土地增值税以使所售房屋具备交易条件的问题上应具有更清晰的认知义务，履行更高的谨慎注意义务，所以在其未履行充分告知相关信息义务、隐瞒原始购房资料丢失的情形下，其应作为土地增值税的承担者以确保诉争房屋交易顺利进行。由于东奥公司的拒绝核、交税行为致使合同无法继续履行，产权无法过户，张某获得诉争房屋的合同目的无法实现，东奥公司应当对此承担相应的赔偿责任。因此，在合同解除情形下，东奥公司应当退还已付购房款并支付相应利息，赔偿税费等经济损失。

## 规范索引

**《中华人民共和国合同法》**

**第六十条**　当事人应当按照约定全面履行自己的义务。

当事人应当遵循诚实信用原则，根据合同的性质、目的和交易习惯履行通知、协助、保密等义务。

**第六十一条**　合同生效后，当事人就质量、价款或者报酬、履行地点等内容没有约定或者约定不明确的，可以协议补充；不能达成补充协议的，按照合同有关条款或者交易习惯确定。

**第六十二条**　当事人就有关合同内容约定不明确，依照本法第六十一条的规定仍不能确定的，适用下列规定：

（一）质量要求不明确的，按照国家标准、行业标准履行；没有国家标准、行业标准的，按照通常标准或者符合合同目的的特定标准履行。

（二）价款或者报酬不明确的，按照订立合同时履行地的市场价格履行；依法应当执行政府定价或者政府指导价的，按照规定履行。

（三）履行地点不明确，给付货币的，在接受货币一方所在地履行；交付不动产的，在不动产所在地履行；其他标的，在履行义务一方所在地履行。

（四）履行期限不明确的，债务人可以随时履行，债权人也可以随时要求履行，但应当给对方必要的准备时间。

（五）履行方式不明确的，按照有利于实现合同目的的方式履行。

（六）履行费用的负担不明确的，由履行义务一方负担。

**第六十四条**　当事人约定由债务人向第三人履行债务的，债务人未向第三人履行债务或者履行债务不符合约定，应当向债权人承担违约责任。

**第六十五条**　当事人约定由第三人向债权人履行债务的，第三人不履行债务或者履行债务不符合约定，债务人应当向债权人承担违约责任。

**第六十六条**　当事人互负债务，没有先后履行顺序的，应当同时履行。一方在对方履行之前有权拒绝其履行要求。一方在对方履行债务不符合约定时，有权拒绝其相应的履行要求。

**第六十七条**　当事人互负债务，有先后履行顺序，先履行一方未履行的，后履行一方有权拒绝其履行要求。先履行一方履行债务不符合约定的，后履行一方有权拒绝其相应的履行要求。

**第六十九条**　当事人依照本法第六十八条的规定中止履行的，应当及时通知对方。对方提供适当担保时，应当恢复履行。中止履行后，对方在合理期限内未恢复履行能力并且未提供适当担保的，中止履行的一方可以解除合同。

**《最高人民法院关于审理商品房买卖合同纠纷案件适用法律若干问题的解释》**

**第十一条**　对房屋的转移占有，视为房屋的交付使用，但当事人另有约定的除外。

房屋毁损、灭失的风险，在交付使用前由出卖人承担，交付使用后由买受人承担；买受人接到出卖人的书面交房通知，无正当理由拒绝接收的，房屋毁损、灭失的风险自书面交房通知确定的交付使用之日起由买受人承担，但法律另有规定或者当事人另有约定的除外。

**第十二条**　因房屋主体结构质量不合格不能交付使用，或者房屋交付使用后，房屋主体结构质量经核验确属不合格，买受人请求解除合同和赔偿损失的，应予支持。

**第十三条**　因房屋质量问题严重影响正常居住使用，买受人请求解除合同和赔偿损失的，应予支持。

交付使用的房屋存在质量问题，在保修期内，出卖人应当承担修复责任；出卖人拒绝修复或者在合理期限内拖延修复的，买受人可以自行或者委托他人修复。修复费用及修复期间造成的其他损失由出卖人承担。

**第十四条**　出卖人交付使用的房屋套内建筑面积或者建筑面积与商品房买卖合同约定面积不符，合同有约定的，按照约定处理；合同没有约定或者约定不明确的，按照以下原则处理：

（一）面积误差比绝对值在3%以内（含3%），按照合同约定的价格据实结算，买受人请求解除合同的，不予支持；

（二）面积误差比绝对值超出3%，买受人请求解除合同、返还已付购房款及利息的，应予支持。买受人同意继续履行合同，房屋实际面积大于合同约定面积的，面积误差比在3%以内（含3%）部分的房价款由买受人按照约定的价格补足，面积误差比超出3%部分的房价款由出卖人承担，所有权归买受人；房屋实际面积小于合同约定面积的，面积误差比在3%以内（含3%）部分的房价款及利息由出卖人返还买受人，面积误差比超过3%部分的房价款由出卖人双倍返还买受人。

**索引：**《合同法》第77条、第93条、第94条、第97条；《物权法》第6条、第9条；《建筑法》第61条；《消防法》第10条；《物业管理条例》第10～14条；《建设工程质量管理条例》第16条、第17条、第39～41条；《最高人民法院关于审理买卖合同纠纷案件适用法律问题的解释》第24条、第25条。

# 第五章　商品房买卖合同解除纠纷

## 法理概览

合同解除，是指在合同成立以后，当解除的条件具备时，因当事人一方或双方的意思表示，使合同自始或仅向将来消灭的行为。合同解除有广义和狭义之分。广义的合同解除，是指合同成立后、履行或者完全履行前，基于双方当事人合意或者因当事人一方的意思表示，使合同关系提前归于消灭的行为。它包括双方协议解除和一方行使法定或者约定的解除权解除合同。狭义的合同解除，仅指当事人一方通过行使法定或者约定的解除权，使合同归于消灭的行为。大陆法系国家多采用狭义的合同解除，认为协议解除是合同自由原则的本来之义，无须加以规定。英美法系的合同解除有两种含义，在广义上使用则与合同消灭同义，在狭义上使用则与大陆法系的合同解除相同。

商品房买卖合同解除的法律意义，在于保障房屋的出卖人或者买受人可采取措施防止损害发生或者避免损失扩大并获得法律救济。在订立商品房买卖合同的过程中，出卖人往往占据了优势地位，而在合同履行过程中，尤其是在期房买卖中，房屋本身也存在较大的不确定性，因此在法律保护上有必要向购房人倾斜。在买卖合同履行的过程中，如果是采取分期付款形式，买受人和银行还要签订商品房担保贷款合同，买卖合同的解除则必然影响贷款合同的履行，能否恰当处理两个合同的关系会直接影响各方的利益和房屋的再次交易。此外，买卖合同解除后，买卖双方基于交易行为而缴纳的各类税款问题也是一个值得探讨和关注的问题。

## 一、合同解除的分类及法律属性

### （一）合同解除的分类

根据《合同法》第93条、第94条、第97条的规定和学术界的通说，合同解除包括协议解除、约定解除、法定解除三种方式。

1. 协议解除

协议解除，大陆法系称为“合意解除”“解除契约”或“反对契约”，是指当事人双方在合同履行过程中协商一致使合同归于消灭的行为，只要协议内容不违反法律规定，不损害国家、集体、他人和社会公共利益，即为有效。《合同法》第93条第1款规定：“当事人协商一致，可以解除合同。”

2. 约定解除

约定解除，是指当事人双方在合同中约定，在合同成立以后，没有履行或没有完全履行之前，由当事人一方在某种解除合同的条件成就时享有解除权，并可以通过行使合同解除权，使合同关系消灭。[①]《合同法》第93条第2款规定：“当事人可以约定一方解除合同的条件。解除合同的条件成就时，解除权人可以解除合同。”

3. 法定解除

法定解除，是指在合同成立以后，没有履行或没有全部履行完毕以前，当事人一方通过行使法定的解除权而使合同效力消灭。[②] 其特点在于由法律直接规定合同解除的条件，当该条件出现时，当事人可依据法律直接行使解除权将合同解除，而无须征得对方同意。根据《合同法》第94条的规定，合同解除的法定事由有五种情况：（1）因不可抗力致使不能实现合同目的；（2）在履行期限届满之前，当事人一方明确表示或者以自己的行为表明不履行主要债务（预期违约）；（3）迟延履行主要债务，经催告后在合理限期内仍未履行；（4）当事人一方迟延履行债务或

---

① 王利明：《合同法研究》，中国人民大学出版社2011年版，第297～298页。

② 崔建远、韩世远、于敏：《债法》，清华大学出版社2010年版，第284页。

者有其他违约行为致使不能实现合同目的；（5）法律规定的其他情形。从法定的五种情形看，主要是“违约方不履行主要债务”或者“使合同目的不能实现”的根本违约的行为。可见，我国《合同法》对解除合同的法定条件是严格限制的，除此之外的当事人一般违约行为则不能解除合同。

### （二）合同解除权的性质

从不同的角度分析，合同解除权的法律属性可以归入不同的权利范畴。例如，从合同解除权在民事权利体系中的定位来看，其是公民民事生活中一项重要的私权利，而非国家或政府所享有的公权力；从其与债权之间的关系来看，是债权的一种从属权利而非原权利，其依附于债权而生，一旦合同本身无效时，合同解除权不得成立，一旦合同被撤销时，解除权也视为自始未成立。

通说认为，解除权是一种形成权。形成权，是指一方当事人可以自己单方的意思表示，使法律关系发生变动的权利。[①] 也就是说，形成权不需要他方相应地作出某种行为，仅凭一方单独的意思表示即可以使法律关系产生变动和消灭。按照梅迪库斯的看法，形成权是“法律允许权利主体对某项法律关系采取单方面的行动”[②]，“形成权人有权以单方需受领的意思表示变更债务关系的内容，特别是终止此种债务关系”[③]。而合同解除权凭解除权人单方意思表示就可发生合同法律关系归于消灭的预期法律后果，当属形成权的一种。

但也有观点认为解除权有时候是一种请求权，解除权人可以诉诸法院或者仲裁机构，由裁判机构判令解除合同。例如，《德国民法典》第477条规定：“解除合同请求权或者减少价金请求权以及在所保证的品质有瑕疵時的损害赔偿请求权，对动产，于交付后六个月内不行使而消灭；对土地，在移转后一年内不行使而消灭，但出卖人故意隐瞒其瑕疵的除

---

① 王利明：《合同法新问题研究》，中国社会科学出版社2011年版，第563页。

② ［德］迪特尔·梅迪库斯：《德国民法总论》，邵建东译，法律出版社2000年版，第68页。

③ ［德］迪特尔·梅迪库斯：《德国债法总论》，杜景林、卢谌译，法律出版社2004年版，第62页。

外。”此时法条不将因瑕疵而解除合同的权利理解为形成权，而是将其理解为请求权。还有一种观点认为，解除权是作为一种形成诉权而存在，在司法实务中，仅仅依据解除权人的合同解除通知，往往难以使合同真正得以解除，大多数情况下对方当事人均会对合同解除提出异议。与此同时，在当事人就合同解除争议达不成一致意见的情况下，合同解除争议往往都通过诉讼途径，由法院确认合同解除的效力，因此，合同解除权实际上是作为一种形成诉权而存在。即权利人必须以向法院提起诉讼的方式来行使，并通过法院的判决来确定其效力。①

笔者认为，《合同法》第 93 条第 2 款和第 94 条所规定的解除权在性质上应属于形成权。其理由在于：（1）解除权制度是在合同履行受挫时为避免订约主体利益失衡而采取的“逃离”机制，其目的是迅速地了结当事人之间的契约关系，使无辜受损方迅速摆脱合同束缚。而当事人通常不能就合同关系的解除取得合意，“在此种情形，由于受到债务关系的拘束，单方摆脱合同通常是不可能的。其仅在例外情形才在考虑范围之内，即意欲摆脱债务关系束缚的那一方当事人拥有相应的形成权”②。若要求解除权须以请求权的方式行使，会造成解除效率的低下和交易成本的增加。在此理念下，我国合同法采用了以意思表示到达对方时解除行为生效的形成权模式。（2）从《合同法》第 96 条第 1 款规定的文义来看，明确表述“当事人一方行使约定解除权或者法定解除权的，应当通知对方，自通知到达对方时合同解除”。故合同解除的效力系依单方意思表示发生，而非基于裁判机构的裁判。即使对方当事人就合同解除效力提出异议并诉诸法院进行确认，合同解除的时间仍为通知到达对方之时。正如史尚宽先生所言：“权利因其作用，可分为支配权、请求权、形成权及抗辩权。自己正当得为某行为或不为某行为，或依特定行为使生法律上之效果之权利者，支配权、抗辩权、形成权也；正当要求他人为某行为者，请求权也。”③（3）在某些情形下，“权利人依诉之形式始行使形成

---

① 陈坚：《合同司法解除研究》，法律出版社 2012 年版，第 51 页。

② ［德］迪特尔·梅迪库斯：《德国债法总论》，杜景林、卢谌译，法律出版社 2004 年版，第 390 页。

③ 史尚宽：《民法总论》，中国政法大学出版社 2000 年版，第 25 页。

权，以判决形成法律关系，谓之形成判决，其诉谓之形成之诉”。[①] 此时的形成权通过诉讼得以实现，在相关判决确定后才发生法律效力，故为形成诉权。如《合同法解释（二）》第26条关于情势变更解除权（《合同法》第94条第5项），须法院介入方可行使，在此意义上解除权亦是一种形成权。

## 二、合同解除权的行使方式

### （一）合同解除的方法

1. 以通知解除合同

《合同法》第96条规定：“当事人一方依照本法第九十三条第二款、第九十四条的规定主张解除合同的，应当通知对方。合同自通知到达对方时解除。对方有异议的，可以请求人民法院或者仲裁机构确认解除合同的效力。”在行使解除权的方式上，《合同法》采用德国民法的立法体例，在本法条中的第一项即规定了当事人一方在约定解除事由或法定解除事由发生而欲行使解除权时，必须通知相对人，合同自通知到达相对人时发生解除的效力。《合同法》并未对通知的形式作特殊要求，因此它可以包括书面、口头或其他形式，如国际上惯用的声明、请求或特定情况下的传真、电子邮件等。但为了避免产生争议，最好应采取书面形式。对于法律规定或当事人约定采取书面形式的合同，在合同解除时，也应采取书面通知的形式。不管采取哪种方式，只要通知送达对方即可发生合同解除的法律效力。

2. 办理批准与登记等手续解除合同

在社会主义市场经济的发展过程中，国家对市场行为仍有一定的干预。《合同法》第96条第2项规定：“法律、行政法规规定解除合同应当办理批准、登记等手续的，依照其规定。”但实际上《合同法》的规定显得较有弹性，所谓“依照其规定”应理解为按照相关法律或行政法规的规定，若以有关机关的批准、登记为解除的特别生效要件

① 史尚宽：《民法总论》，中国政法大学出版社2000年版，第26页。

的，则需获得批准或办理登记后才可解除合同；若仅为行政上管理的需要，则办理该手续与否并不会影响解除的效力。这是与合同生效要件相对应的。某一合同的解除条件与程序应当与该合同的成立条件和程序保持一致。

3. 诉讼解除

诉讼解除也叫司法解除、判决解除，即解除权的行使不能仅凭当事人的意思表示，而须借助于司法审判程序来完成。采取此种解除方式的法律认为，合同解除是法院的司法行为，当事人只能通过法院裁判的方式解除合同，法国即采取这种解除模式。这种制度设计的理由是："当事人享有的合同解除权是合同债权效力的表现，它体现了公共意志，非经法院允许，任何人不得予以否定。"司法解除的优点在于：首先，合同解除的效力得到了司法确认，因此具有强制执行力。其次，一定程度上可以避免当事人随意解除合同，从而影响交易稳定。但其弊端也显而易见，在契约严守这一基本原则下，解除合同之所以为双方当事人所采纳，系因为这种补救措施能迅速结束当事人之间的合同关系，使守约方从合同束缚中解脱出来。而如果要求解除合同必须由司法机关来决断，会造成解除时间的拖延及解除成本的增高。最后，在裁判作出之前，当事人仍然为合同关系所束缚，双方都不确定合同解除行为最终能否得到法院确认，故而不确定应该继续履行还是终止履行。因此，诉讼的滞后性会导致当事人的交易关系在裁判作出前处于不确定的状态。

4. 自动解除

自动解除，是指当符合法律规定或合同约定的解除事由或要件出现时，无须当事人提出意思表示或经过法院的裁判确认，双方当事人的合同关系自动而当然地消灭。例如，1964 年海牙《国际货物销售统一法公约》规定："解除合同由于当事人的违约事实自动发生，未违约方不需要向对方发出通知就产生合同解除的效果。"《日本商法典》第 525 条规定："依买卖性质或当事人的意思表示，非于一定时日或一定期限内为履行则不能达到契约目的者，如当事人一方不为履行且经过所定期间，而相对人又不立即请求履行的，视为契约解除。"《德国民法典》第 326 条有关给付不能的规定也都属于自动解除。自动解除合同的方法，固然使合同的解除较为迅速简便，但也存在很大弊端。首先，它并未考虑解除权人的意志与利益，因为在自动解除的情况下，尽管当事人享有解除权，但因解除合同可能对其更为不利而不愿意解除合同，在此情形下，若视为合同已经自动解除，不但背离了解除权人的意志，也导致事实上的不公。其次，自动解除会造成合同状况的混乱和不确定性。因为只有在解除权人及时告知违约方合同解除的意思表示后，违约方才有可能采取必要行动减轻损失，如卖方立即停止生产、包装、运输合同项下货物，买方及时补进替代物等。而在自动解除的情形下，违约方可能没有注意到解除权人已决定解除合同而继续履行，从而扩大不必要的损失。

（二）合同解除的程序

1. 解除权的行使应当符合法律规定的程序，即遵守合同解除的条件

只有在出现了合同规定的条件和法律规定的情况下一方才有权通知对方解除合同，而不必征得对方同意。

2. 解除合同原则上须采用书面的形式通知对方当事人

通知到达对方当事人时生效。当事人在作出解除合同的通知以后，不得随意撤销。对方有异议的，可以请求法院或仲裁机构确认解除合同的效力。

3. 解除权的行使必须及时

因为在一方享有解除权时，该当事人长期不行使解除权，会影响当事人双方权利义务关系的确定。在一方违约导致另一方享有解除权时，权利人可在行使解除权和要求实际履行间作出选择。不管作出何种选择，都应及时确定，不能久拖不决。如果超过一定期限不行使解除权，应视为已损失解除权。所以在出现了法定的解除情况和约定的解除条件成就以后，一方享有解除权，但该解除权必须在规定的期限内行使。根据《合同法》第95条的规定，如果当事人约定了解除权行使的期限，则必须在约定的期限内行使。如果没有约定期限，必须在法律规定的期限内行使。如果法律没有规定或者当事人没有约定解除权行使期限，不享有解除权的一方有权催告享有解除权的一方在合理期限内行使解除权。享有解除权的一方收到催告以后应尽早通知是否解除合同，如果超过合理

期限不行使解除权，则解除权消灭，合同关系继续有效。如果当事人对催告的合理期限有异议的，应由法院或者仲裁机构确认。

## 三、合同解除的法律后果

### （一）合同解除的效力

合同解除的直接法律后果是使合同关系消灭，合同不再履行。合同解除的效力是合同解除制度中的核心问题，涉及合同解除是否有溯及力、是否需要恢复原状等问题。《合同法》第 97 条规定："合同解除后尚未履行的，终止履行；已经履行的，履行情况和合同性质，当事人可以要求恢复原状，采取其他补救措施，并有权要求赔偿损失。"何时恢复原状，何时采取其他补救措施，何时赔偿损失，其具体内容和请求权的基础又是什么，都是值得探讨的问题。

### （二）合同解除的作用范围

合同解除的作用范围问题，在我国当前学界，主要是指合同解除的溯及力问题。合同解除的溯及力问题，从根本上讲，实质是人们对于合同解除的作用范围做出考量时产生的最直接的问题，是从时间层面来考量时而产生的问题。合同解除有溯及力，是指合同解除的效力及于合同成立之时，此时合同自始无效，合同已履行的部分失去法律依据，未履行的部分也不再具有法律约束力。合同解除无溯及力则，是指合同解除仅对合同未履行的部分有效，未履行的部分失去法律约束力，而对已履行的部分没有效力，当事人仍可以保有已履行的给付。可见，合同解除是否具有溯及力，是合同解除制度中十分重要的问题。大陆法国家基本规定合同解除具有溯及力。在大陆法中，合同解除是作为违约制裁的一种制度，为了保护债权人利益，法律肯定合同解除具有溯及力。例如，《德国民法典》第 346 条规定："在解除契约时，当事人双方互负返还其已受领的给付义务。"《日本民法典》第 545 条第 1 项规定："当事人的一方行使解除权时，各当事人负有使相对人恢复原状的义务，但不得侵害第三人的权利。"《意大利民法典》第 1958 条规定："契约因不履行而解除在当事人之间不具有溯及力。”

合同解除是否具有溯及力涉及两个问题：一是立法价值取向；二是事实问题，即依合同性质能否恢复原状。规定法定解除是否具有溯及力的出发点之一，应是看其是否有利于保护非违约方利益。从一定角度看，肯定合同法定解除有溯及力是颇有道理的。其理由如下：一是非违约方已作出了履行时，违约方的违约常表现为不履行或不相应履行。规定违约解除有溯及力，将使非违约方取回其已作出的履行，对其显然是有利的。非违约方的履行乃是基于为了获得对方的履行。这亦是双务合同的订立基础。如果知道不能获得违约方的履行，非违约方则不会履行的。因此，当履行意图落空时，应允许非违约方取回履行。二是当合同双方已履行完毕时，如不允许解除具有溯及力，则法定解除制度在此处没有获得现实价值。此时选择违约责任救济或解除救济没有什么差别。三是当违约方已作出了不适当履行，如果允许解除具有溯及力，则不适当履行将重返违约方，有利于保护非违约方利益。因为，不适当履行可能对于非违约方毫无意义，如非违约方接受对其毫无意义的瑕疵的货物。进一步看，合同解除应具有溯及力的理由在于：合同的履行应符合合同目的。发生重大违约时，从合同目的来看，由受领履行方保留履行可能已不符合其订立合同目的。因此，合同解除具有溯及力应是可取的。但是，在一定情况下，合同解除不具有溯及力可能更不利于保护非违约方利益。例如在一方交付货物以后，另一方不按时付款。如果合同解除效力只向未来，则交货方可以在解除合同时追索货款。如果合同解除有溯及力，则交货方解除合同后只能索要货物。针对此种情况持合同解除具有溯及力的学者认为：如果恢复原状对解除权人不利，则解除权人可以不解除合同。其自愿解除行为表明恢复原状对其是有利的。这种观点值得商榷。若合同解除具有溯及力，则合同解除如同合同未成立。除恢复原状，当事人亦从合同解放出来。若合同解除不具有溯及力，当事人则从合同面向将来的拘束力中解放出来。在合同解除具有溯及力时，保留履行利益和获得从合同拘束力中解脱出来的利益，是不能并存的。交货方解除合同表明其愿意从合同拘束力中解脱出来。这并不表明其没有获得已履行的利益的意愿。这实际上是一个鱼和熊掌不可兼得的两难选择，尤其是在交货方亦只有部分交货时。综上所述，合同解除是否应具有溯及力不可一概而论。

合同解除是否具有溯及力不仅涉及当事人利益，亦关系到社会利益。若合同解除有溯及力，则恢复原状需支付费用。这虽由当事人支付，但相对于整个社会则仍是财富浪费。而且亦不利于社会交易秩序稳定。合同解除不具有溯及力，不仅没有以上弊端，而且能保留合同部分履行的利益，这亦符合合同交易目的。有些合同依其性质是不可能恢复原状的，如委任合同、劳务合同等。

## 四、合同解除权行使的限制

### （一）公意限制

即合同解除权的行使不得损害国家利益和社会公共利益，不得影响国家计划的执行。若损害国家利益和社会公共利益，则不得行使合同解除权。

### （二）期限限制

《合同法》第 95 条规定："法律规定或者当事人约定解除权行使期限，期限届满当事人不行使的，该权利消灭。法律没有规定或者当事人没有约定解除权行使期限，经对方催告后在合理期限内不行使的，该权利消灭。"也就是说合同解除权的行使，是有期限限制的，而且这个期限是除斥期限，不适用诉讼时效中止、中断的规定。此期间，当事人可以约定，当事人没有约定的按照法律规定行使，在约定或法定期限内不行使，当事人的合同解除权即消灭。例如，《商品房买卖合同解释》第 15 条第 2 款规定："法律没有规定或者当事人没有约定，经对方当事人催告后，解除权行使的合理期限为三个月。对方当事人没有催告的，解除权应当在解除权发生之日起一年内行使；逾期不行使的，解除权消灭。"

（三）行政限制

一些合同必须经主管部门批准才成立，这些合同的解除权当然也要经过批准才能行使。如《涉外经济合同法》第7条第2款规定："中华人民共和国法律、行政法规规定应当由国家批准的合同，获得批准时，方为合同成立。"第33条又规定："中华人民共和国法律、行政法规规定应当由国家批准成立的合同，其重大变更应当经原批准机关批准，其解除应当报原批准机关备案。"因此，经过主管部门批准成立的合同，该合同的解除权的行使受其主管部门的行政制约。原因在于，这类合同的经济目的不仅直接关系到合同当事人之间的利益，而且关系到整个国家的利益，所以行政干预理所当然。

（四）不得行使

即指特殊合同在一定条件下不得行使合同解除权。这类合同因涉及重大利益，涉及重大国计民生问题，任何一方任意解除合同都将导致重大经济损失，甚至危及国计民生，对这类合同解除权的行使必须加以限制。如《保险法》第34条规定："货物运输保险合同和运输工具航程保险合同，保险责任开始后，合同当事人不得解除合同。"

## 五、合同解除权的消灭

合同解除权消灭，是指由于某些法定事由，使当事人一方取得的合同解除权归于消灭。设立合同解除权消灭制度有利于保证交易安全和秩序。解除权属于形成权，仅凭单方意思表示就可以发生效力。解除权是有利于保护解除权人利益的，但解除权若规定不当，易造成债权人滥用解除权。因此，对解除事由作了严格限制。同理，一旦出现债权人享有解除权时，合同的约束力有随时被打破的危险。可以说，在解除权行使前，合同关系处于不确定状态。如果长期不行使，使债务人选择变得相当困难。所以，从兼顾交易安全的角度出发，有必要对解除权的消灭的问题作出规定。此外，规定解除权消灭制度有利于公正地保护债务人的利益。在债务人重大违约时，解除权成为债权人的自救手段。法律在赋予债权人解除权的同时，也寻求利益平衡，也应赋予债务人一定的手段，以保护自己的利益。解除权消灭制度就是为促进债权人更好地行使合同解除权，避免解除权的滥用，从这个角度来说，这亦是公平原则及诚实信用原则之要求。

大陆法系民法关于合同解除权消灭原因规定有如下情况：

### （一）期间届满

这种合同解除权消灭原因的期间，为法律特别规定，属于除斥期间。在除斥期间内，法律对某种权利规定一个不变期间，只要时间届满，不管其他事由如何，该项权利即告消灭。

### （二）催告而未行使

在解除权行使期间上，法律未作明确规定时，债务人可以确定相应期限，催告解除权人在期限内明确答复是否解除合同。如果该期限内债务人未接到解除通知，则债权人解除权消灭。催告期限的长短是一个事实问题，应视不同情况而定。催告所定期间如果过短，解除权人可以此作为抗辩理由。如果过长，超过常理上的相当期间，则有利于债权人。如前所述，《商品房买卖合同解释》第 15 条第 2 款是对催告解除权人行使解除职权的期限作了明确规定，即经催告后，解除权行使的合理期限为 3 个月，逾期不行使的，解除权消灭。

### （三）受领标的物不能返还

有解除权的人，因可归责于自己的原因致其所受领的标的物毁损灭失，或者其他情形不能返还的，解除权消灭。因此原因解除权的消灭必须满足以下条件：

1. 须受领的标的物由于毁损灭失或其他情形而导致无法返还

标的物灭失自然谈不上什么返还问题。在受领物毁损情况下，视毁损程度，判断是否能返还。日本民法对此规定为显著的毁损，德国民法以严重的毁损为基础，我国台湾地区“民法”则仅以返还不能为足。总而言之，就是标的物的毁损使标的物返还没有意义，即相对于标的物交付前的原状，而且难以修复的情况下，解除权人的解除权被排除。如果标的物的毁损可以修复或者只是轻微的，解除权人仍可以行使解除权。但是解除权人有修复或者赔偿损失之责任。标的物被依法扣押、拍卖、标的物已依法转让给第三人，或者标的物上设定的权利已严重影响返还请求权人使用时，解除权人的解除权亦被排除。

2. 不能返还发生于解除权行使之前

解除权行使之后，受领物发生不返还情形的，解除权人只负损害赔偿责任。

3. 对于受领物不能返还，解除权人具有可归责任

标的物返还不能不可归责于债权人时，解除权人不丧失解除权。这种情况包括不可抗力和偶然事件，可归责于解除权人的原因主要包括以下两种情形，一是由于解除权人自己的故意或者过失致使标的物不能返还；二是须由解除权人负责的他人，如其代理人、雇佣人等人的行为所致。

4. 受领标的物的种类变更

有解除权的人因加工或者改造，把受领的标的物改变种类的，解除权消灭。在此种情况下，解除权人的解除权消灭需要满足以下几个条件：

（1）解除权人对受领标的物加工或改造具有可归责性

其代理人或继承人加工或者改造标的物时，解除权同样被排除。这里可归责性不是指解除权人有无过失，而是指解除权人对标的物加工或改造负有责任。

（2）标的物经过加工改造后，其变更之程度须是标的物种类之变更

如果未达到种类变更之程度，解除权并不消灭。标的物的部分加工或者改造，应视不同情况而定。可分之给付，其一部分因加工或者改造不能返还，而不是重要部分的，解除权并不因此而消灭。

（3）受领标的物之种类变更的发生须发生于解除权行使前

解除权行使后，当事人的合同关系已不复存在，因而不发生解除权消灭问题。当然，解除权人对此应负赔偿责任。

# 实务指南

## 一、合同解除与违约责任

在合同因违约而解除的情形下，对违约责任应如何处理？或者说，合同解除的后果是否能与违约责任共存？在实务上经常发生争议，造成法律适用上的困难。而实际上，该问题可以区分为合同解除与违约责任的概念逻辑和司法逻辑两个视角。概念逻辑关注合同解除之功能与效力范围是否与违约责任的某些形式相同；司法逻辑关注在一个案件当中，合同解除与违约责任能否同时得到主张。在传统合同法理论当中，合同解除与违约责任是两种各自独立的救济制度。因而，对于合同解除与违约责任的探讨大多只是从各自的视角出发进行专门的制度研究。但是，由于合同解除的发生也有可能源于合同当事人一方之违约行为，因而有学者将合同解除视作违约责任的形式之一，这促使我们需要对这两个概念做一种形而上的思考，即其逻辑关系究竟为何，合同解除果真内含于违约责任之中吗？

否定论者认为，解除合同本身并不是违约责任形式。首先，从形式上看，我国《合同法》在违约责任这一章并没有包括合同的解除。其次，从实质上看，合同解除是指合同的一方当事人违约，另一方有权免除自己对待给付的义务，从而使合同的法律效力归于消灭的行为。其制度重心在于，在对方违约的情况下，为非违约方提供一种可以寻求的补救方式。尽管此种方式常常与损害赔偿、实际履行方式相对应，但它们毕竟分属不同的制度项下，在救济机制与救济后果方面，均存在较大差异[①]。可以说，合同解除与违约责任是在不同的层面上对非违约方给予保护。在发生合同解除时，非违约方的解除权未必对应着违约方的违约责任。

① 吴兴光、龙著华、周新军、叶昌富：《合同法比较研究》，中山大学出版社2002年版，第352页。

实际上，合同解除之时，尚未言及违约责任的承担。[①]

肯定论者认为，合同解除制度，在整个合同法体系中是作为对违约的补救而存在的，合同解除本身就是违约责任的形式之一。无论是大陆法系，还是英美法系及国际货物买卖合同公约均将违约作为法定解除权发生的原因。据此，合同解除就是违约可能导致的法律后果。而我国《合同法》第94条也非常明确地将根本违约作为了法定解除权发生的原因。因此，合同解除是对违约的一种补救。无论合同解除制度在形式上有多么独立，都应该将其放在违约责任形式的大前提下来讨论[②]。

那么合同解除与违约责任是各自独立的全异关系，还是一个对另一个的包含关系，或者是略有交集的交叉关系？一般而言，合同解除分为协议解除与法定解除。法定解除又分为因不可抗力而产生的解除权和因根本违约而产生的解除权。而违约责任，是合同主体违背合同义务将产生的法律后果，由国家强制力保障履行，其包括继续履行，赔偿损失等责任形式。区分不同情况，逐一比较，可以得出以下的结论：第一，协议解除乃是双方当事人通过事后订立一个新合同而解除原来的合同。它是双方自由意愿的产物，并非必然基于某一方的违约行为，也并非赋予一方权利，课以另一方义务的责任形式。所以，协议解除不是违约责任的一种形式。第二，在因不可抗力无法履行而解除合同的情况下，合同目的不能实现并不是合同任何一方当事人的过失造成的，因此双方都享有解除权，任何一方当事人都有权行使解除权。这与权责分明的违约责任制度显然是格格不入的。所以，不可抗力事由下的合同解除亦不是违约责任形式。第三，因根本违约而解除合同。这是最容易引发争议的一种情况。根据我国《合同法》的相关规定，在发生根本违约，导致合同目的不能实现时，非违约方可以选择要求承担继续履行、损害赔偿等违约责任，也可以选择行使解除权，解除合同并同时要求赔偿损失。法律这样规定的目的在于，从不同角度为非违约方提供救济自身利益的手段。既然同是因对方之根本违约而产生的权利，合同解除权便极易与继续履

① 王利明：《违约责任论》(修订版)，中国政法大学出版社2003年版，第714页。

② 陈晗雨、蒋桂芝：《合同解除的效力》，载《中国律师》2003年第4期。

行请求权、损害赔偿请求权等被一并视为违约责任的对应物，而被划入违约责任的范畴。实际上，合同解除权作为一种形成权，其与继续履行请求权和损害赔偿请求权并不同质。合同解除权一经守约方单方行使，立即发生合同履行义务终止的效果。相对于继续履行、损害赔偿等违约责任形式而言，合同解除能够较其他方法更迅速地了结当事人之间的合同权利义务，从而尽可能地减少其因对方违约而蒙受的损失。由此可见，合同解除的终极目标，只在于使守约方快速终止自己的合同履行义务，并非是要达成双方当事人利益与社会利益的全面平衡。虽然，法律规定了在解除合同的同时有权要求赔偿损失，但赔偿损失并不是合同解除本身的效力所及，它是在合同解除之外由法律另行配置的损失弥补机制。因而在此种情况下，合同解除是对违约行为的一种反应，但其本身并不是违约责任的形式。

## 二、合同解除与赔偿损失

根据《合同法》的规定，合同解除可分为协议解除与单方解除。单方解除又可分为一方行使法定解除权解除合同与一方行使约定解除权解除合同两种情形。下面区分协议解除与单方解除两种情形加以分析。

协议解除，是当事人意思自治的表现，是当事人重新订立协议对原合同的效力及有关问题作出新的安排。当事人协议解除合同，可能是因为一方违约但未达到《合同法》第 94 条规定的情形，双方协议解除合同；也可能是双方都未违约，但由于客观情况的变化使双方同意不再继续履行原合同。若当事人对损失承担问题明确作出安排，或者由受损方自行承担，或者由另一方进行赔偿，均无不可，只要此约定是在自愿合法的基础上达成，就应有效。若当事人未对损失承担问题作出明确约定，而一方要求赔偿的，如何处理？笔者认为不应支持一方的赔偿请求。因为当事人是通过协议来安排双方的权利义务关系，在当事人缔约能力平等且约定未损害社会公益时，法院无权代替当事人对损失承担进行分配，若法院代替当事人作出安排，可能会有违当事人解除原合同的真意，破坏当事人间达成的利益平衡。利益受损者，要么对自己行为自负其责，要么另寻他途救济自己。

单方解除合同时，不管是法定解除还是约定解除，大都是非违约方的救济手段，也是法律对当事人解除权的限制。故以一方违约，非违约方根据法律规定或合同约定行使合同解除权解除合同为例加以探讨。实务中主要应注意以下几点：

第一，合同解除时损害赔偿责任的性质。合同解除时，若有赔偿责任，应是信赖利益赔偿责任。合同解除时的信赖利益损失，应是信赖对方当事人会诚信履约，却因对方未诚信履约而受的损失，围绕此信赖被辜负而受损的客观利益有为得到对方履约承诺而支出的交易成本损失，准备履约及接受对方履行支出的费用损失，因对方未依约履行而遭受的机会损失，（正常情况下，这些成本及支出会从合同履行中得到补偿）以及相信对方当事人会诚信履约，却因对方未诚信履约而多花费的费用如返还给付物的费用。此信赖利益赔偿目的是让当事人恢复到缔约前的状态。

第二，合同解除时信赖利益赔偿责任的构成。在一方违约，另一方根据法定或约定解除权解除合同，违约方承担赔偿责任要符合以下构成要件：（1）违约方有过错，无过错不发生赔偿责任。（2）非违约方行使解除权解除合同。合同若未被解除，不发生信赖利益赔偿责任，而有可能发生违约责任。（3）解除权人信赖利益受损失。包括缔约费用损失、准备履约及接受对方履行所支出的费用损失，返还给付物所支出的费用损失及机会损失。如果当事人无损失，也不发生赔偿责任。（4）解除权人受损失与一方违约有因果关系。这里的因果关系，是指一方违约与合同解除以及另一方信赖利益受损与合同解除有因果关系。所以此时的因果关系具有间接性，与违约行为直接致对方履行利益受损不同。（5）解除权人主观上无过错。信赖是一种相信了对方承诺的善良并无过失的心理状态。如受害人对其受损主观上有过错，如明知对方不会履约而订立合同并为履行做准备，何有信赖之存在？也谈不上信赖利益受损。

另外，需说明的问题有两个：一是约定解除合同场合，若一方并没有违约行为，对方按照约定根据自身情况的变化而行使解除权解除合同，行使解除权的当事人按照约定向对方支付解约金，并不是因为其有过错，也不管对方是否有损失都需支付，这是约定中对解除权的限制和对另一方的补偿，性质上不是赔偿责任。上述情形是违约方向解除权人赔偿损失，而这里是解除权人向对方支付解约金。二是因不可抗力造成不能履行合同，当事人解除合同时不发生赔偿责任。根据不可抗力性质的主观说与客观说，可解释为当事人没有过错或过错与损失间没有因果关系。

第三，信赖利益赔偿责任范围的确定。信赖利益赔偿责任范围的确定，也就是如何计算当事人的信赖利益损失。当事人的信赖利益损失包括两个方面：一是客观的费用支出损失，二是机会损失。前者包括当事人的缔约费用、准备履约费用、准备接受对方履约支出的费用、返还给付物的费用，这些费用支出是客观事实，应以实际损失为准。当事人的机会损失，是指因信赖责任人而致丧失的与第三人另订合同机会的损失，包括两种情况：第一种情况是受害人与第三人缔约的机会曾经是客观存在的，且在诉讼时已确定的不存在。这种情况下，受害人须证明通常情况下与第三人订约时可得的净利润，这是一种客观计算标准，与合同解除时债务不履行损害赔偿说根据受害人的主观情况所计算的可得利润损失是不同的。第二种情况是受害人与第三人缔约的机会曾经是客观存在的，且在诉讼时也客观存在，但第三人却比以前提出了更为苛刻的合同条件，那么前后两种条件下的差额，也应是信赖人的机会损失，应予赔偿。可见，合同解除时，信赖利益赔偿中的机会损失赔偿与债务不履行损害赔偿中的可得利润赔偿是不同的，而前者更合理。因合同解除时的信赖利益赔偿也属交易中的损失赔偿，为确定交易风险，鼓励当事人从事交易活动，此赔偿范围应受可预见性规则限制，赔偿范围不应超过责任人在缔约时预见到或应当预见到的因违约致合同解除所可能造成的损失。

## 三、合同解除与情势变更

情势变更原则指的是在契约成立后、正式履行之前发生了不可归责于双方当事人之事，致使契约成立的基础被削弱甚至丧失，如若继续履行则显失公平，受影响的当事人可向法院请求变更合同或者解除合同。

《合同法解释（二）》第26条对此作出了明确规定。

情势变更原则的适用条件主要有：

（一）客观情势的变动

“情势”又被称为“情事”，指的是契约成立之时社会的经济、生态、政治、外交、金融等各个方面的环境，且必须是客观具体的情况、状态或者事件。“变更”则指情势的变动，这种变动有两层含义：其一，这种变动是条件的客观变化，不以人的主观意志为依据；其二，这种变动对于契约的履行来说是阻力，是剧烈而不正常的。

（二）时间的界定

情势变更原则的适用时间即在契约订立与实际履行之间。如果情势在契约订立之前就已变更，则当事人的法律行为应当以变动之后的情事作为依据订立契约。同样，如果情势在实际履行之后发生变动，则彼时双方权利义务已经对等履行，法律关系消灭，再论情势变动已无意义。

（三）维持契约的履行则显失公平

情势变更原则所追求的价值就在于维持合法契约的公平和正义，而情势变更原则中该价值就体现在对“显失公平”的把握上。这种“显失公平”指的是契约在订立之后，双方当事人实际履行义务之前，发生了情势的变动，即出现了重大事由使得双方权利义务极度不对等，或者使得契约默认的履行基础和环境遭受破坏，继续履行成为不可能，或者继续履行会让契约所追求的原始目的落空，如果强行继续履行，则会让一方当事人遭受重大损失，即契约履行结果对其明显不公允，有违公平正义的原则要求。

（四）当事人对情势变动无法预见

无法预见，指的是契约在订立之时情势发生了变动，一方或者双方当时没有预料，且其变动不能预料。对当事人而言，如果是双方都没有预见，则自然符合适用情势变更原则之条件；如果是其中一方没有预见且依其能力和当时所处社会环境无法预见，而另一方有所预见，却并未在契约中有所体现，则一旦发生情势的变更，未预见一方有权利向法院申请适用情势变更原则，可预见的一方无此权利，自担损失和责任；如果双方都能预见而均无在契约中有所约定，则根据公平正义的原则合理分担损失，不能适用情势变更原则。无法预见在情形上也可以分为两类：其一是主观方面，双方当事人所属职业、年龄、知识水平、社会经验不同，其对情势变更的风险预见能力也不同，那么在实践中应根据具体情形加以区别；其二是客观方面，双方订立的契约要区分其性质，如本身就具有市场风险的投资性法律行为的预见性，就与普通的买卖法律行为不一样，前者对情势变更原则的适用应该更加谨慎与严格。

（五）情势的变更不可归责于双方当事人

若是因为契约的当事人之故意和过失（主观过错）而致使契约无法履行或者显失公平，则不符合情势变更原则适用之条件。这是因为一方或者双方当事人应就其个人主观过错而负担相应不利法律后果，若适用情势变更原则，则有逃避法律责任之嫌。即使情势的变动相对于双方当事人来说都是无过错的，都是不可归责于其身的，在实践中也需要结合具体情形和情势变更原则的适用条件加以分析。例如，对契约默认基础变动程度较轻微的意外事件并不一定能引发显失公平的法律后果，另外，善意第三人之法律行为、受胁迫或者欺诈而为的法律行为虽然没有过错，但因其属于主观性变动，仍然不符合情势变动之客观性，不适用情势变更原则。

国家对房地产市场出台的调控政策是否属于情势变更，是商品房买卖合同解除纠纷中的难点问题。笔者倾向于认为，一般不宜适用情势变更原则，但可援引《商品房买卖合同解释》规定的“不可明查于双方当事人的事由”，对合同是否应予解除的问题加以处理。对此，可参考本书第八章“实务指南”部分的分析。

## 四、法院在合同解除之诉中对违约方的违约行为是否构成根本违约的释明

根本违约对于解除权的意义是双重的，一方面，其固然是解除合同的主要理由；另一方面，其更是对当事人解除合同权利的重要限制。当事人的违约行为达到根本违约的，合同解除；当事人的违约行为不构成根本违约的，合同不能解除。因当事人对违约方的违约行为是否构成根本违约可能与人民法院的认识存在差异，故人民法院负有向当事人释明的义务。

### （一）违约方的违约行为未构成根本违约时，人民法院对合同相对方提起的合同解除之诉的释明义务

因合同一方违约，合同相对方提起合同解除诉讼，请求解除合同并要求违约方承担《合同法》第 97 条规定的合同解除后的法后果。经法院审理查明，违约方的行为构成违约，但是不构成根本违约时，人民法院应当如何处理？人民法院的审理思路有两种：一是直接驳回其诉讼请求。二是对原告释明，让其变更诉讼请求，如追究违约责任并继续履行。如果原告坚持不变更诉讼请求，再行驳回其诉讼请求。笔者赞同第二种意见。因为根本违约与解除合同的关系在于通过根本违约制度严格限制一方当事人在对方违约以后滥用解除合同的权利，因为无限制的、频繁的合同解除是对资源的极大浪费，同时又是对交易安全的巨大威胁。

### （二）违约方的违约行为已构成根本违约时，人民法院对守约方提起的违约之诉的释明义务

因合同一方违约，合同相对方提起诉讼请求违约方承担违约责任，如请求支付违约金或者请求支付违约金并要求继续履行，如果经人民法院审理查明违约方的行为已经构成根本性违约时，人民法院应当如何处理？人民法院是否可以不管违约方的违约行为是否构成根本违约而支持

其诉讼请求呢？笔者认为，如果合同已经无法实际履行时，人民法院不宜支持其诉讼请求，而应当对当事人释明令其变更诉讼请求，因为如果继续履行对违约方来说不可能或者非常艰难，就只有解除合同而不能选择继续履行。实践中较为典型的就是一房二卖的情况。出卖人将房屋卖给两个买受人，两人均已经交付房款并且后来的买受人已经办理了过户登记手续。如果第一买受人提起诉讼请求出卖人承担违约责任，人民法院是否应予支持？人民法院大体有两种审理思路：一是可以支持，因为出卖人一房二卖的行为构成违约；二是认为不能支持其诉讼请求，应当向其释明，令其变更诉讼请求为解除合同并承担相应的法律后果，因为出卖人一房二卖的行为构成根本违约并且无法继续履行。如果当事人主张出卖人承担违约责任并请求交付房屋，人民法院是否可以支持？大体也有两种审理思路：一是认为当事人主张出卖人承担违约责任的请求可以支持，主张交付房屋的请求应予驳回；二是当事人主张出卖人承担违约责任不能支持，应当向其释明，令其变更诉讼请求为解除合同并承担相应的法律后果。笔者赞成应当释明的思路。首先，守约方订立合同的主要目的不是收取违约金而是为了合同的履行利益，即取得所购房屋。因此，单纯地主张违约金并不能满足当事人的利益；其次，如果违约方的违约行为已经达到根本违约而不解除合同的话，则只能导致守约方的诉累，因为守约方在获得违约金后依然受合同的约束，依然要承担相应的义务，如支付相应的对价，这对守约方明显是不利的，并且由于合同已经无法实际履行，守约方不可能要求对方履行，故最终守约方还是要提起合同解除之诉；守约方提起合同解除之诉对守约方来说并不会造成损失（如果说有损失的话，最多是想要的特定物得不到），因为合同解除后，守约方可以要求违约方赔偿损失，而该损失是与违约金大体相当的。如果将违约金条款视为结算条款在合同解除后继续有效的话，则两者是一致的。而且，将违约金条款作为结算条款对于守约方而言是有利的，因为作为结算条款时，其是计算损失的依据，违约方不能请求人民法院调整，但是如果作为违约金条款计算损失时，违约方可以主张调整违约金金额。

## 五、法院是否可依职权解除合同

有观点认为，对于合同无法继续履行的，当事人虽然未主张解除合同，法院也可以依职权解除合同，并对合同解除后当事人之间的债权债务关系一并处理。如北京市高级人民法院《民商事案件解答之五》第17条规定："当事人无法协议解除合同，继续履行又有现实困难的法院应认定合同一方当事人或者双方当事人的合同目的已经不能实现，判令合同解除。对于合同解除的后果，法院应根据《合同法》第九十七条规定的内容，及当事人对合同解除后的处理约定行使释明权，以决定是否一并处理合同解除后当事人之间债权债务的实体问题。"

笔者不同意这种观点，当事人是否行使解除权属于当事人对于自身权利的处分，应当予以尊重。对于双方当事人均不主张解除合同，但经审查合同无法继续履行的，法院应当向当事人行使释明权，告知当事人可以变更诉讼请求解除合同，双方当事人均不同意变更的，一般应驳回当事人的诉讼请求，而非作出解除合同的判决。

## 六、因一方当事人过错致房屋买卖合同解除后的损害赔偿范围是否包括房屋差价损失

《合同法》第97条规定，解除合同后，当事人可以要求赔偿损失。"赔偿损失"究竟是信赖利益损失或是履行利益损失，实践中存在不同观点：

第一种观点认为，从合同解除溯及使合同消灭的观点出发主张信赖利益损失，以合同效力为依据的请求权，包括请求履行以及请求债务不履行的损害赔偿的权利，都因为合同解除而丧失了规范基础。因此，解除合同中的赔偿"损失"，应指信赖利益的损失。

第二种观点认为，在损害赔偿领域合同解除溯及力应受限制，履行利益损害赔偿在债务不履行时即客观产生，或认为合同解除并无溯及力。因此，损害赔偿应为履行利益赔偿。

第三种观点认为，合同解除的效力是使合同恢复到缔约前的状态，而履行利益是在合同得到履行后方能产生，因此，在当事人选择合同解除的情况下，非违约方不应得到履行利益的赔偿。

笔者赞同第一种观点。从目前的房屋买卖合同纠纷案件情况来看，很多纠纷引发的原因均是出卖人在与买受人签订合同后，由于房价上涨、下跌原因，出卖人或者买受人对原来的出卖价格不满意而拒绝履行合同。在房价上涨时，出卖人往往首先要求买受人加价，加价不成，则很可能采取串通第三人诉至法院要求确认买卖合同无效，甚至直接以高价将房屋卖与第三人并办理过户手续。在房价下跌时，则买受人往往要求出卖人降价，协商不成，则买受人以各种理由要求确认合同无效或者解除合同。在此情况下，进行履行利益的损害赔偿显然符合损害赔偿政策的选择标准。因此，在因一方当事人过错导致房屋买卖合同解除的情况下，另一方当事人应当可以提出要求当事人对房屋差价部分进行损害赔偿的请求。总之，房屋买卖合同不成立、被确认无效或被撤销，信赖合同有效成立致受损害的一方当事人要求另一方赔偿信赖利益损失的，应予支持。信赖利益损失包括所受损害和所失利益（当事人信赖合同有效成立而丧失另订其他有利合同的机会损失等），损失赔偿数额以不超过履行利益为限。

至于房屋差价损失的计算问题。所谓房屋差价损失，是指合同约定价格与房屋现在市场价之间的差额。实践中可以委托具有评估资质的专业机构进行评估或者比照最相类似的房屋（同幢相同楼层及房型、相邻幢同楼层及房型、相同区域内房屋）市场交易价格，与买卖合同约定价格之差确定房屋差价损失，但合同另有约定或当事人事后能够协商确定的除外。认定房屋差价损失的时间点应从保护守约方的利益出发，以守约方的选择和请求为基础，结合合同约定的履行期限届满之日、违约方的违约行为确定之日、合同解除之日、评估之日以及审理中房屋的涨跌情况等，予以合理确定。

## 七、解除商品房买卖合同纠纷案件中银行的诉讼地位

在商品房买卖合同中，买受人较多以向银行担保贷款或公积金贷款为付款方式（俗称按揭贷款），因此，对于当事人诉请解除商品房买卖合同纠纷案件，提供按揭贷款的银行常常被列为案件的一方当事人，但在司法实践中银行的诉讼地位却非常混乱，有的法院将银行列为被告；有的经当事人申请或法院通知将银行作为无独立请求权第三人参加诉讼；有的法院将银行作为有独立请求权第三人进行处理。银行的诸种诉讼地位的不确定导致了一定程度上商品房买卖合同纠纷案件诉讼关系的混乱，影响了银行作为诉讼当事人的权利行使。

据此，处理解除商品房买卖合同纠纷案件，首先应理顺银行与买卖合同双方当事人的诉讼关系。笔者认为，第一，银行不应作为共同被告参加诉讼。商品房买卖合同与贷款合同均有一定的关联性，但二者在性质上仍然为独立的两个合同。首先，商品房买卖合同的目的在于转移房屋所有权，贷款合同的目的在于借款人在合同约定的期限内有偿使用贷款资金，二者并非基于同一事实或同一法律关系而设立。其次，商品房买卖合同与贷款合同当事人之间并无任何共同的权利义务关系，该两个合同之间亦不产生合同的依附性和从属性。最后，商品房买卖合同之诉与贷款合同之诉的诉讼主体、诉讼标的不同，应为两个独立的诉。据此，在解除商品房买卖合同纠纷案件中将银行与买受人列为共同被告参加诉讼，有悖于《民事诉讼法》第52条关于必要共同诉讼的规定。第二，当事人不应将银行列为无独立请求权第三人参加诉讼，法院亦不应依职权通知（追加）银行作为无独立请求第三人参加诉讼。如前所述，在商品房买卖合同法律关系中，银行对买受人、出卖人均不负任何法律义务，同时根据《最高人民法院关于在经济审判工作中严格执行〈中华人民共和国民事诉讼法〉的若干规定》（法发〔1994〕29号）第9条“与原被告双方争议的诉讼标的无直接牵连和不负有返还或赔偿义务的人……不得作为无独立请求权第三人通知其参加诉讼”的规定，将银行列为无独立请求权第三人参加诉讼，显属不当。第三，银行可以作为有独立请求权

第三人参加诉讼。贷款合同的基础是商品房买卖合同，买受人向银行贷款的用途是支付购房款，银行对商品房买卖合同纠纷之诉享有诉的利益，买受人与出卖人之间争议的标的物与银行主张的权利有法律上的利害关系，银行对买卖双方争议的标的物享有独立的实体权利，同时，将银行作为有独立请求权第三人亦符合《商品房买卖合同解释》第 25 条第 1 款的规定："以担保贷款为付款方式的商品房买卖合同的当事人一方请求确认商品房买卖合同无效或者撤销、解除合同的，如果担保权人作为有独立请求权的第三人提出诉讼请求，应当与商品房担保贷款合同纠纷合并审理；未提出诉讼请求的，仅处理商品房买卖合同纠纷。"

另外，根据《民事诉讼法》的规定，有独立诉讼请求权人参加诉讼的条件为申请参加、提出独立诉讼请求、缴纳诉讼费等，据此，法院在审理诉请解除商品房买卖合同纠纷案件时，对存在贷款合同的情况下，法院应告知（或书面通知）银行正在发生的诉讼情况，但对于是否作为有独立请求权人申请参与诉讼，应由银行进行选择，法院不能依职权主动追加其为诉讼当事人。

## 八、商品房买卖合同解除对于贷款合同的影响

按揭，是指买受人以所购房屋作为担保向银行取得贷款，分期还本付息，并由出卖人承担还款担保责任的融资购楼方式。在实践中，按揭按照担保内容的不同可以分为两类：楼花按揭和现楼按揭。楼花按揭，是指买受人在支付出卖人首期款后，不能或者不愿一次性支付其余购房款，由买受人将其预购期房抵押给按揭银行，以担保贷款债务之清偿，再由按揭银行以买受人的名义将该余款拨付出卖人，于抵押期间内，待期房完工，买受人取得该房产之所有权登记时，再重新办理该房产抵押登记给按揭银行的一种购房贷款抵押行为。在银行实务中将此类业务称为甲类按揭贷款。现房按揭，是指买受人在支付出卖人首期款后，不能或者不愿一次性支付其余购房款，由买受人于取得所购现房所有权登记时抵押给按揭银行，以担保贷款债务之清偿，再由按揭银行以买受人名义将该余款拨付出卖人的一种购房贷款抵押行为。在银行实务中又将其

称为乙类按揭贷款。就按揭的法律性质，我国《物权法》《担保法》均没有相关规定，理论上有多种学说，如抵押说、质押说、让与担保说、信托说、所有权保留说等。一般认为，英美法上的按揭担保近似于大陆法系的让与担保，但中国内地的按揭担保与英美法的按揭担保有本质上的差异，在性质上也不属于大陆法系的让与担保。两者最大的区别在于商品房所有权是否转让。让与担保的最主要特征是债务人将标的物所有权让给担保权人，作为清偿债务的担保。但中国内地从香港地区引入按揭担保制度时，最重要的改变就是按揭担保人（买受人）并未将按揭房屋的所有权转让给按揭担保权人（银行），在按揭担保期间，按揭房屋的权利仍属于按揭担保人。虽然在双方签订的担保贷款合同中，均规定买受人须将购房合同正本或者商品房权属证书交给按揭银行保管，但依据我国《物权法》第9条第1款“不动产物权的设立、变更、转让和消灭，经依法登记，发生效力；未经登记，不发生效力”的规定，单纯交付购房合同或者房屋权属证书的行为，并不能发生房屋权属转移的效力。

司法实践中，一般认为按揭担保属于一种非典型的担保方式，可以按照法律中关于不动产抵押的相关规定处理。

### （一）商品房买卖合同与商品房担保贷款合同的关系

按揭担保，一般涉及买受人、出卖人及按揭银行三方主体，可能涉及六个法律关系：(1) 买受人因购买房屋和出卖人产生的商品房买卖关系；(2) 买受人（借款人）因支付购房款向按揭银行（贷款人）贷款所发生的借贷关系；(3) 买受人（按揭人）将所有房屋作为向按揭银行（按揭权人）偿还贷款本息的担保所产生的抵押担保关系；(4) 出卖人（保证人）为保证买受人（主债务人）清偿贷款与按揭银行（债权人）产生的连带保证关系；(5) 当买受人（借款人）不能按约定向银行偿付贷款本息，由出卖人（回购人）按原房价的一定比例回购按揭房屋所产生的房屋回购关系；(6) 买受人按银行指定的险种向保险公司办理保险而产生的保险关系。三方主体在不同的法律关系中分别担任不同的角色，其中，房地产开发商既是商品房买卖中的出卖人，又是按揭担保中的保证人和房屋回购中的回购人；购房者既是商品房买卖中的买受人，又是借贷关系中的借款人，还是按揭担保中的按揭人；按揭银行既是借贷关系中的贷款人，又是按揭担保中的按揭权人和被保证人。

关于商品房买卖合同与贷款合同的关系，有观点认为，两者是主从合同的关系。买受人选择按揭付款方式后，必须按照出卖人的要求与指定的按揭银行签订贷款合同，由按揭银行向买受人发放贷款并依买受人的委托直接将贷款支付给出卖人。买受人签订贷款合同是为履行其在商品房买卖合同中的付款义务，是附属于买卖合同的从合同。因此，当商品房买卖合同被确认无效或者被撤销、解除时，贷款合同也应随之无效、被撤销或者解除。

笔者认为，认定两个合同之间形成主从关系，应当有法律的直接规定，或者有当事人关于主从关系的特别约定。实践中，购买房屋的商品房买卖合同和贷款合同中并无关于主从关系的约定，法律对此也无相关规定，因此，在法律上确认两个合同之间系主从依据不足，两个合同均属于相互独立的合同。另外，两个合同之间确实具有高度的关联性，如果商品房买卖合同被确认无效或者被撤销、解除时，贷款合同也就失去了履行的意义。因此，两个合同之间的关系应采如下标准：（1）商品房买卖合同被确认无效或者被撤销时，不影响贷款合同的效力，反之亦然。（2）商品房买卖合同被确认无效或者被撤销、解除，致使贷款合同的目的无法实现的，买受人有权解除与贷款银行之间的贷款合同。（3）贷款银行因借款人逾期还款解除贷款合同，不影响商品房买卖合同的继续履行。如广东省高级人民法院《商品房买卖合同指导意见》第5条第2款规定："商品房买卖合同与借款合同不存在主从合同的关系，商品房买卖合同无效的，借款合同不因此而无效。但因商品房买卖合同被确认无效或者被撤销、解除的，致使借款合同的目的无法实现，当事人请求解除借款合同的，人民法院应予支持。"

关于抵押合同，保证合同与贷款合同的关系，依据《物权法》及《担保法》的相关规定，两者之间系典型的主从合同关系，抵押合同、保证合同系贷款合同的从合同。贷款合同无效、被撤销、解除的，抵押合同、保证合同也随之无效，被撤销或者解除。因贷款合同无效、被撤销导致抵押合同、保证合同也随之无效，被撤销的，依据《担保法解释》

第8条“主合同无效而导致担保合同无效，担保人无过错的，担保人不承担民事责任；担保人有过错的，担保人承担民事责任的部分，不应超过债务人不能清偿部分的三分之一”的规定，抵押人和保证人根据其是否有错及过错程度承担相应的缔约过失责任。因贷款合同解除导致抵押合同、保证合同也随之解除的，依据《担保法解释》第10条“主合同解除后，担保人对债务人应当承担民事责任仍应承担担保责任”的规定，抵押人和保证人仍应承担担保责任，按揭银行有权行使抵押权就房屋优先受偿，也有权要求出卖人承担连带保证责任。

### （二）商品房担保贷款纠纷中的抵押、回购保证和连带保证

1. 商品房担保贷款纠纷中的抵押

在商品房担保贷款合同中，约定买受人以所购房屋作为抵押物向银行抵押，在买受人逾期不能偿还贷款时，银行有权行使抵押权就该房屋优先受偿。《物权法》第187条规定：房屋抵押的，应当办理抵押登记，抵押权自登记时设立。实践中存在的问题是：（1）买受人（借款人）与按揭银行（贷款人）签订贷款合同和抵押合同时，作为抵押物的房屋有的处于期房阶段，也有的属于现房，出卖人大多尚未取得房屋的大产权证，买受人作为抵押人对房屋仅享有期待性的权利，在此阶段，按揭双方只能办理房屋抵押的预告登记，待买受人取得房屋产权证后，再办理房屋抵押权登记。根据《物权法》第20条规定所确立的预告登记制度。《房屋登记办法》第71条最早在不动产登记法上规定了预购商品房抵押权预告登记制度。在此之前，有些地方的房屋管理部门只办理房屋抵押的本登记，不办理房屋抵押的预告登记，有的地方采取由按揭双方将抵押合同向房管部门备案登记的形式代替预告登记，该种做法是当时特定历史条件下的产物，得到社会的认同，在司法实践中可以作为预告登记的性质予以认定。另外，在房屋已经办理抵押预告登记的情况下，按揭银行作为抵押权人在房屋已经能够办理产权证时，应当先与借款人共同到房屋管理部门办理房屋抵押登记，方能行使抵押权，借款人不同意办理的，按揭银行可以通过公证或者诉讼的方式，将房屋抵押预告登记推进到本登记再行使抵押权。（2）如果按揭银行与借款人未办理房屋抵押

登记或者抵押预告登记，抵押合同依然有效，但抵押权不成立，按揭银行不能行使抵押权就该房屋优先受偿。对于因登记部门原因未办理房屋抵押登记，借款人已将购房合同等权利凭证交付给银行的，依据最高人民法院《担保法解释》第59条的规定，可以认定按揭银行对房屋有优先受偿权。但未办理抵押物登记的，不得对抗第三人。广东省高级人民法院《商品房买卖合同指导意见》第10条也规定："担保权人与买受人、出卖人签订预售商品房担保贷款合同后，因登记部门的原因致使其未办理预售商品房担保贷款合同备案登记或者抵押登记的，人民法院可以认定预售商品房担保贷款合同中的抵押合同关系有效，但不得对抗第三人。"但上述规定在《物权法》出台后应如何理解值得商榷。

2. 商品房担保贷款纠纷中的回购保证

担保贷款合同中经常约定："借款人连续N个付款期或者在合同期内累计N个付款期未按时偿还贷款本息，银行有权宣布借款合同提前到期，并有权要求保证人履行保证义务或对借款人所购房产进行回购。"最常见的是出卖人承担全程的回购义务及阶段性的连带保证责任，其具体承担责任的方式由权利人银行选择。所谓"回购"，即合同法上的"买回"，实质上是一种新的买卖关系，是对出卖人已售出的商品房通过再交易行为而使之重新回归出卖人。但实践中，按揭银行虽然持有房屋买受人的商品房买卖合同或者产权证等权属证书，但其不是房屋的所有权人，买受人才是房屋真正的产权人，因此出卖人不可能从银行处回购房屋，重新取得房屋的所有权。

实践中对于回购条款如何理解存在争议：第一种观点认为，由于银行不是房屋的产权人，因此在银行行使抵押权处分抵押物前不存在出卖人向银行回购房屋的问题。所谓出卖人回购房屋，实际上是抵押权人银行与买卖双方就抵押房屋如何处分达成的一种协议，是银行控制风险，实现债权的手段。在银行行使抵押权以拍卖或者变卖方式处分抵押房屋时，如果第三人愿以高于合同约定的回购价购买抵押房屋的，应由第三人购买，否则，银行有权要求出卖人以回购价格无条件回购房屋，并将回购款用于清偿借款人未偿付的贷款本息，超出部分返还给借款人。在目前房地产市场上涨的情况下，银行行使抵押权实现债权有保障，出卖人一般不需要承担回购房屋的义务，若出现房地产市场价格下跌，银行实现抵押权存在风险，银行可能会选择出卖人承担回购义务。

第二种观点认为，合同约定出卖人回购房屋，并用回购款清偿借款人未偿付的贷款本息，其实质上就是连带保证。如广东省高级人民法院《商品房买卖合同指导意见》第8条规定："买受人未按照借款合同的约定还款，担保权人以执行回购条款为由请求出卖人承担连带保证责任、偿还买受人所欠贷款本息的，人民法院应予支持。"

第三种观点认为，由于银行不是房屋所有权人，买受人才是房屋所有权人，因此出卖人的回购可以理解为出卖人按合同约定的回购价格向买受人回购诉争房屋，并用回购款向银行清偿买受人为偿付的贷款本息，超出部分返还买受人，双方签订的商品房买卖合同即行终止，买受人应将房屋返还给出卖人。

笔者认为，依据三方签订的商品房担保贷款合同的约定，出卖人是向按揭银行承担回购房屋的义务，因此除非合同有特殊约定，否则第三种观点不可采；第二种观点将回购等同于连带保证，与合同将两者并列约定也不相符，因此我们倾向于第一种观点。

3. 商品房担保贷款纠纷中的连带保证

依据商品房担保贷款合同的约定，买受人逾期不能还款，出卖人作为保证人应当承担连带保证责任。依据合同约定，出卖人在按揭银行设立的保证金账户，并存入足够的款项（一般出卖人每签订一份商品房买卖合同支付购房款总额的5%左右）作为担保，在买受人不履行还款义务时，按揭银行有权直接从保证金账户中扣划相应款项。实践中存在争议的是按揭银行对保证金账户享有权利的性质。有观点认为，按揭银行对出卖人的保证金账户享有账户质押的权利，可以对抗第三人。其主要理由是该账户由按揭银行实际占有控制，并已特定化，按揭银行可直接扣划相应款项用于出卖人代替买受人偿还欠付的贷款本息；其法律依据是《担保法解释》第86条的规定，"债务人或者第三人将其金钱以特户、封金、保证金等形式特定化后，移交债权人占有作为债权的担保，债务人不履行债务时，债权人可以以该金钱优先受偿"。另有观点认为，出卖人在按揭银行设立保证金账户只是为了承担连带保证责任的方便，并不具有账户质押的性质。其主要理由是担保贷款合同中一般没有关于账户质押的约定，双方未成立账户质押的法律关系；该账户虽由按揭银行实际控制，但一般在某个借款人还清银行贷款或者房屋办理抵押登记后，出卖人可将该合同相对应的担保款项从保证金账户中划出，因此可能出现保证金账户内资金低于担保债权数额的情况，此时仍然需要通过出卖人就剩余款项承担连带保证责任来解决；按揭银行在借款人逾期还款的情况下直接从保证金账户扣划相应款项，是银行行使抵销权的表现，但其不具有物权担保的性质，因此不能对抗第三人。两种观点均有道理，我们倾向于后一种观点。

4. 商品房担保贷款纠纷中的抵押与连带保证

实践中存在按揭银行对买受人的房屋享有抵押权，同时出卖人对按揭银行承担连带保证责任的情形，按揭银行应当如何实现权利？这就涉及在被担保的债权人既有物权的担保又有人的担保的情况下，应如何处理物的担保与人的担保的关系问题。《担保法》第 28 条第 1 款规定："同一债权既有保证又有物权的担保的，保证人对物的担保以外的债权承担担保责任。"依据该规定，物的担保应当优于人的担保，抵押权人银行应当先行使抵押权，就房屋优先受偿，出卖人作为保证人只有物的担保不足以清偿债务时，才承担补充责任。《担保法解释》第 38 条第 1 款规定："同一债权既有保证又有第三人提供物的担保的，债权人可以请求保证人或者物的担保人承担保证责任。"该解释对《担保法》规定的"物保"进行了限缩解释，只有债务人提供的物保才优于人的担保。由于买受人是主债务人，按揭银行应当先就买受人提供的房屋行使抵押权。

《物权法》第 176 条规定："被担保的债权既有物的担保又有人的担保，债务人不履行到期债务或者发生当事人约定的实现担保物权的情形的，债权人应当按照约定实现债权；没有约定或者约定不明确，债务人自己提供物的担保的，债权人应当先就该物的担保实现债权；第三人提供物的担保的，债权人可以就物的担保实现债权，也可以要求保证人承担保证责任。提供担保的第三人承担担保责任后，有权向债务人追偿。"依该规定，应作如下处理：（1）在三方在合同中对物的担保和人的担保的关系有约定的情况下，应当尊重当事人的意思，债权人银行应按合同约定实现债权。(2) 在没有约定或者约定不明确的情况下，买受人作为主债务人以自己购买的房屋作为抵押，抵押权人银行应当先行使抵押权，就房屋优先受偿。未能清偿部分，银行有权要求出卖人承担保证责任。

### (三) 商品房买卖合同和贷款合同的解除的后果

以担保贷款为付款方式的商品房买卖合同纠纷中，往往涉及贷款合同是否继续履行的问题，因此，在一方当事人起诉要求确认商品房买卖合同无效或者撤销、解除商品房买卖合同的情况下，按揭银行处于何种诉讼地位，理论上存在一定的争议。

一种观点认为，银行作为担保权人，可依据对买卖合同标的物所享有的担保物权，作为有独立请求权的第三人向法院提起诉讼，法院应当将商品房买卖合同与商品房担保贷款合同关系一并解决，否则法院应仅处理商品房买卖合同纠纷。另一种观点认为，银行只可作为无独立请求权第三人参加诉讼。在买受人与出卖人因商品房买卖合同发生纠纷的诉讼中，银行对双方争议的标准没有独立请求权，因此银行不能作为有独立请求权第三人参加诉讼，而只是案件处理结果与其有法律上利害关系的无独立请求权第三人，它只可以该身份申请参加诉讼或者由法院通知其参加诉讼。

为保护债权人银行的利益，一次性解决纠纷，做到案结事了，《商品房买卖合同解释》最终采纳了第一种观点，该解释第 25 条第 1 款规定："以担保贷款为付款方式的商品房买卖合同的当事人一方请求确认商品房买卖合同无效或者撤销、解除合同的，如果担保权人作为有独立请求权第三人提出诉讼请求，应当与商品房担保贷款合同纠纷合并审理；未提出诉讼请求的，仅处理商品房买卖合同纠纷。担保权人就商品房担保贷款合同纠纷另行起诉，可以与商品房买卖合同纠纷合并审理。"

实践中，法院受理当事人起诉要求确认商品房买卖合同无效或者撤销、解除商品房买卖合同的案件后，应当主动告知按揭银行有权作为有独立请求权的第三人参加诉讼。有观点认为，法院应当先审理当事人关于合同无效或者撤销解除的诉讼请求是否应当得到支持，再确定是否告知按揭银行参加诉讼。但实践中一般认为，按揭银行在得到通知后可以根据案件的具体情况，选择是否作为有独立请求权第三人参加诉讼，法院不应代替按揭银行作出判断，因此，无关当事人的诉讼请求能否得到支持，法院均应告知按揭银行可以作为有独立请求权第三人参加诉讼。根据按揭银行是否参加诉讼，可具体分为以下情况进行处理：

1. 按揭银行以有独立请求权第三人的身份参加诉讼，并提出了独立的诉讼请求。如果法院经审理确认出卖人与买受人之间的商品房买卖合同无效、撤销或者解除的，应同时解除买受人与按揭银行之间的担保贷款合同，判决出卖人分别将买受人尚欠的银行贷款本息直接偿付给银行，将买受人已付的购房款，包括买受人已支付给出卖人的购房款及已偿还的给银行的按揭贷款，返还给买受人。《商品房买卖合同解释》第 25 条第 2 款明确规定："商品房买卖合同被确认无效或者被撤销、解除后，商品房担保贷款合同也被解除的，出卖人应当将收受的购房贷款和购房款的本金及利息分别返还担保权人和买受人。"如果法院经审理认为当事人关于商品房买卖合同无效或者撤销、解除的诉讼请求不能得到支持，则按揭银行要求解除贷款合同的请求也不应得到支持，贷款合同应当继续履行，除非贷款合同自身已经具备了解除条件，如买受人存在逾期还款的违约行为已经达到了合同约定的解除条件。应当注意，这里可以作为有独立请求权第三人参加诉讼的主体仅指《商品房买卖合同解释》第 25 条规定的"担保权人"，即买受人办理按揭贷款的按揭银行，并且在担保贷款合同中有出卖人承担保证责任或者买受人以房屋作为抵押物进行抵押的约定，而不包括其他为买受人购买房屋提供借款或者贷款的主体。深圳仲裁委员会《商品房买卖合同意见》第 6 条关于"买受人以银行贷款方式购买商品房，在裁决解除购房合同后购房款的返还问题"的规定值得参考："（一）由于出卖人逾期交房、交付的房屋不符合约定等原因而被仲裁庭解除合同，如果买受人在支付了一定数额的购房款后，其余款项是在出卖人的帮助下以银行贷款的方式支付的，并且贷款合同中约定了出卖人是买受人按期偿付贷款的保证人，或者约定了所够房屋为抵押物，或约定出卖人不按期还本付息时出卖人应回购该房的，仲裁庭裁决返还的购房款应包括买受人直接向出卖人支付的款项和已经向银行还本付息的款项，而不宜将买受人从银行所借款项全部返还买受人。

（二）买受人虽系以银行贷款方式购房，但出卖人的借款是通过自己的行为完成，与出卖人没有关系。如果仲裁庭以出卖人逾期交房为由裁决解除合同，应同时裁决出卖人返还买受人所交全部购房款（含以银行借款方式所交购房款）。”

2. 按揭银行不愿以有独立请求权第三人的身份参加诉讼，则法院只处理买受人和出卖人之间的商品房买卖合同纠纷，而不处理买受人与按揭银行之间的担保贷款合同。在此情况下，如果买受人只起诉要求出卖人返还首付款及已付按揭款本金和利息的，按照买受人的诉讼请求处理。

实践中存在争议的是买受人起诉要求出卖人返还包括尚未偿还的按揭贷款在内全部购房款的，应如何处理？有观点认为，法院应当判决出卖人只返还买受人支付的首付款和已付按揭款的本息，买受人无权要求出卖人返还尚未偿还的按揭贷款。其理由是：按揭银行实际向出卖人支付了按揭贷款，如果出卖人将全部款项返还给买受人，而买受人不用该款项偿还银行贷款，则银行存在贷款不能收回的风险；更重要的是，银行在借款人不能偿还贷款的情况下，往往要求出卖人承担连带保证责任，有可能会出现出卖人既向买受人偿还全部购房款，又向银行承担保证责任却无从追偿，从而承担双重责任的情况，对出卖人很不公平。

笔者认为，出卖人应当向买受人返还包括尚未偿还的按揭贷款在内全部购房款。其理由是：按揭银行是依买受人的委托向出卖人支付的按揭贷款，买受人才是商品房买卖合同的付款人；从按揭银行的角度，法院已经告知银行可以参加诉讼，解除贷款合同收回借款人尚未偿还的按揭贷款，但银行不愿意参加，其因此不能收回贷款的风险应由其自身承担；从出卖人的角度，实践中出卖人确实有承担双重责任的可能，但出卖人在向银行承担保证责任后，对买受人可以行使追偿权，与应返还给买受人的购房款债务相互抵消，从而部分解决了上述实践中不公平情况的发生。就上述争议，广东省高级人民法院《商品房买卖合同指导意见》第7条就作出了详细的规定：“出卖人或者买受人请求确认商品房买卖合同无效或者撤销、解除商品房买卖合同的，人民法院应当在开庭前告知担保权人可以作为有独立请求权的第三人参加诉讼。若担保权人就借款合同和抵押、保证合同另行起诉的，人民法院一般应将该案与商品房买卖合同纠纷合并审理。商品房买卖合同被确认无效或者被撤销、解除后，借款合同也被解除的，人民法院可判决出卖人将买受人所欠担保权人借款本息直接支付给担保权人，其余款项支付给买受人。若担保权人不参加诉讼的，法院仅审理商品房买卖合同纠纷。商品房买卖合同被确认无效或者被撤销、解除的，出卖人应将收受的购房款（包括买受人已实际支付的款项和向担保权人所借款项）本息返还买受人，违约责任按双方约定和有关法律规定处理。”

另外，实践中，如果一方当事人起诉要求继续履行合同交付房屋、办理房屋产权证或支付购房款，并承担迟延履行违约责任的，属于商品房买卖合同纠纷，如果处理不涉及按揭银行的利益，一般不需要通知按揭银行作为当事人参加诉讼。如果买受人认为逾期付款是因为按揭银行的违约行为造成的，买受人可以申请法院追加按揭银行作为无独立请求权第三人参加诉讼。

## 九、当事人行使合同解除权，是否受除斥期间的限制

合同解除权的性质属于形成权，《商品房买卖合同解释》第 15 条规定：“出卖人迟延交付房屋或者买受人迟延支付购房款，经催告后在三个月的合理期限内仍未履行，当事人一方请求解除合同的，应予支持，但当事人另有约定的除外。法律没有规定或者当事人没有约定，经对方当事人催告后，解除权行使的合理期限为三个月。对方当事人没有催告的，解除权应当在解除权发生之日起一年内行使；逾期不行使的，解除权消灭。”该条对合同解除权的行使期限进行了规定，解除权人行使解除权，最长必须自解除权事由发生之日起一年内行使，一年之内不行使，解除权即为失权，该一年期间，即为除斥期间。合同解除权设定除斥期间的立法本意，就是为了督促解除权人及时表明是否行使解除权的态度，从而使合同双方处于不稳定状态的关系确定下来，即要么解除合同，要么使合同继续有效。合同解除权的产生可以基于《合同法》的规定，也可以基于当事人的约定，如一方当事人根本违约导致合同目的不能实现、约定解除合同的条件成就等。如前述分析，除斥期间为不变期间，并不

因存在不可抗力或根本违约等事由发生期间的终止、中断或延长的情形。如前文所述，买受人有多种诉请解除合同的事由，实务中，对于对方当事人未催告的案件，应根据当事人不同的解除合同事由，正确界定解除权除斥期间。如买受人以房开商在合同约定的交房期限内未交房，商品房未经验收合格，房开商构成根本违约为由诉请解除合同的，逾期交房解除权的除斥期间应从合同约定的交房期限届满之日起计算一年；若买受人以房开商逾期履行办证相关义务为由，主张解除合同的，应根据双方合同约定的房开商履行办证相关义务期限届满之日为除斥期间起算时间；若买受人接收房屋后，以房屋存在严重质量问题，影响正常居住使用为由主张解除合同的，除斥期间应从买受人实际接收房屋之日起开始计算一年。

## 十、解除权人发出解除通知后又起诉至法院要求解除商品房买卖合同，或未发出解除通知而径行起诉至法院要求解除合同，如何确定该商品房买卖合同解除的时间

笔者认为，按照合同解除权属于简单形成权的理论，其行使应不以诉讼为必要，即依当事人一方意思表示可以产生解除的法律效果，原则上，解除权人应当以通知方式解除合同。在具体的审判实践中，就商品房买卖合同而言，如在诉讼前，解除权人已发出解除合同的通知，相对方有异议提起诉讼或解除权人直接起诉请求法院确认合同解除的效力，法院审理后认为当事人行使合同解除权符合合同约定或法律规定的，解除合同通知送达之日即为合同解除之日。但解除权人未发出解除合同的通知，径行起诉或反诉要求解除合同，法院审理后认为当事人行使合同解除权符合合同约定或法律规定的，也应当判决解除合同，为避免诉讼拖延影响当事人利益，合同解除的时间可以确定为法院传票送达时间，合同相对方有多方当事人的，以最后收到传票一方的送达时间为合同解除时间。当事人双方对合同是否解除存在争议，法院审理后认为主张解除的当事人无合同解除权，合同应当继续履行，但当事人在诉讼中均同意解除合同的，可以双方合意解除之日为合同解除之日。当事人在起诉

时未提出解除的请求，但在诉讼过程中，一方当事人变更诉讼请求或对方反诉要求解除合同的，法院经审理认为合同应当解除的，可以诉讼请求通知到对方之日为合同解除日期。

## 判解精要

### 一、守约方在因对方违约享有约定合同解除权后又自愿弃权的，不得再行主张新的约定解除权

**【案例索引】**

重庆鼎金房地产开发有限公司与何雪商品房预售合同纠纷案[①]：一审：重庆市渝北区人民法院（2013）渝北法民初字第12030号，二审：重庆市第一中级人民法院（2014）渝一中法民终字第00978号。

**【基本案情】**

2011年7月30日，原告重庆鼎金房地产开发有限公司（以下简称鼎金公司）与被告何雪签订商品房买卖合同，约定何雪购买鼎金公司位于重庆市渝北区“丽都名苑”小区商品房一套，房屋总成交金额为6978779元。双方约定了购房款的支付方式。同时约定，乙方逾期付款超过30日后，甲方有权解除合同。甲方解除合同的，乙方按应付款的百分之五向甲方支付违约金，甲方退还乙方全部已付房价款。

合同签订后，何雪于2011年7月30日前分3次向鼎金公司共计支付房款1743306.83元，即合同约定的第一期房款支付完毕。2012年4月28日、同年12月27日，何雪先后向鼎金公司支付房款各100万元。何雪共向鼎金公司支付房款3743303.83元，尚欠鼎金公司3235472.17元房款。鼎金公司陈述在接收何雪逾期付款时愿意继续履行合同，本案是依据双

---

① 陈娅梅、顾鲁晓：《约定解除权的消灭及其法律后果》，载《人民法院报》2014年11月20日，第6版。

方签订的重庆市商品房买卖合同的约定条件行使解除合同的权利。何雪于2013年8月11日将购房尾款3235472.17元打入鼎金公司账户，后鼎金公司将该笔房款退回何雪账户。

**【审判要览】**

一审法院认为，虽然被告何雪在支付房款过程中存在违约行为，但在何雪于2012年12月27日支付100万元房款时，原告鼎金公司同意继续履行合同，则合同对双方仍具有约束力，双方均应继续依约履行合同义务，何雪应当向鼎金公司支付剩余全部购房款。何雪在2012年12月27日后至鼎金公司起诉前未再支付任何款项，再度延迟履行，鼎金公司即享有合同约定的解除权。据此，法院对鼎金公司提出的解除合同的诉讼请求予以支持。

何雪不服判决，提起上诉。二审法院认为，针对何雪在如期支付了第一期购房款后，未依约支付第二、三期购房款的逾期付款的违约行为，鼎金公司享有相应除斥期间内的合同解除权。何雪在2012年分两次向鼎金公司支付了购房款200万元后，鼎金公司接收该款，并向何雪出具收据的行为应视为鼎金公司同意与何雪继续履行合同，该司享有的约定解除权至此消灭，其再以何雪存在逾期付款违约行为为由主张新的约定解除权缺乏法律依据。故改判驳回鼎金公司的诉讼请求。

**【裁判解析】**

本案的争议焦点是守约方在因违约方存在逾期付款违约行为而享有约定解除权后又出具收据的行为，能否认定为守约方基于自愿弃权而导致约定解除权至此消灭。

根据《合同法》第93条、第95条、第96条之规定，当事人协商一致，可以解除合同；主张解除合同的一方应当通知对方；约定解除权的行使期限届满当事人不行使的，该权利消灭。即法律规定当事人约定的合同解除权条件成就后，守约方应当在除斥期间内及时行使，明确向违约方作出拒绝继续履行合同的意思表示，从而达到解除合同的目的。笔者认为，既然法律赋予了合同当事人可以就解除权进行约定的权利，那么，在违约方存在合同约定的违约行为时，守约方就行使合同权利还是放弃合同权利应当及时作出明确选择。

放弃合同权利，即合同弃权，是指当事人对合同权利的自愿放弃，并且没有再行主张合同权利的意图，该弃权行为直接产生相关权利消灭的法律后果。合同弃权包含两层含义，即放弃的真实意图和表明此意图的外在行为。对意图的判断，可以从当事人的先前交易行为、当事人之间的关系、行业惯例等因素来考虑当事人的外在表示。

就本案而言，鼎金公司与何雪之间系因涉案房屋的买卖关系而建立联系，房价的涨跌、房款能否按期支付、房屋能否依约交付、产权能否如期转移过户对双方而言具有重大利益关系。从鼎金公司在何雪逾期付款时接收房款并出具收据的先前行为，以及庭审过程中鼎金公司明确表示在接收何雪的后两次付款时愿意继续履行合同等陈述看，能够判定鼎金公司存在自愿继续履行合同的真实意图，进而得出鼎金公司对约定解除权已自愿放弃这一结论。鼎金公司的弃权行为必然产生约定解除权消灭的法律后果。

笔者认为，从法律效果层面上看，鼎金公司在约定解除权消灭后再以相同理由主张享有新的约定解除权缺乏法律依据，法院不应支持。从社会效果层面上看，本案的判决结果既能实现买卖合同双方当事人的交易目的，又有利于维护正常、稳定的房地产市场交易秩序，推进社会经济的繁荣发展，亦能为广大民众所接受。

## 二、当按揭贷款合同因商品房买卖合同解除而解除时，应当明确其解除效力的溯及力并确定合理的损失赔偿额。同时，可以判决开发商直接承担购房人在按揭贷款合同项下的责任

**【案例索引】**

肖树生等与上海博锦房地产开发中心有限公司商品房预售合同纠纷案[①]：一审：上海市闵行区人民法院（2012）闵民五（民）初字第2083号，二审：上海市第一中级人民法院（2013）沪一中民二（民）终字第325号。

---

① 金绍奇：《商品房预售合同与按揭贷款合同一并解除后由房产开发商偿还银行按揭贷款》，载《人民司法·案例》2016年第14期。

**【基本案情】**

2010年4月13日，原告肖树生等（乙方）与被告上海博锦房地产开发中心有限公司（甲方，以下简称博锦公司）签订上海市商品房预售合同。乙方购买房屋的总房价款暂定为2362848元。甲方定于2011年12月31日前将该房屋交付给乙方，除不可抗力外。甲方如未在本合同约定期限内将房屋交付乙方，逾期超过60天，乙方有权单方面解除本合同。

签订合同后，肖树生等于2010年4月14日向博锦公司支付了首期购房款952848元，并作为借款人与博锦公司、被告上海银行股份有限公司青浦支行（以下简称上海银行）签订个人住房借款担保合同。该合同约定贷款金额为141万元，贷款期限为360个月。贷款人将贷款资金划入博锦公司名下账户。借款人以所购房屋作为抵押财产提供抵押担保。博锦公司为本合同项下肖树生等的全部债务提供阶段性连带保证担保。

2010年4月30日，上海银行发放贷款141万元。同年5月9日，上海银行取得涉案房屋的抵押权人预告登记证明。肖树生等自2010年5月20日起逐月向上海银行归还贷款本息。

后博锦公司逾期交房超过60日，肖树生等遂诉至上海市闵行区人民法院，请求解除商品房预售合同和借款担保合同。

**【审判要览】**

一审法院认为，博锦公司作为开发商，按约交房系其基本合同义务。其逾期交房已超过60日，显属违约，肖树生等行使合同解除权，符合约定。同时，根据《商品房买卖合同解释》第24条之规定，肖树生等有权要求解除与上海银行签订的个人住房借款担保合同。

解除商品房预售合同后，肖树生等要求博锦公司返还已付购房首付款及已向上海银行所还贷款本金，并赔偿首付款利息及已还贷款利息的诉讼请求，于法有据。但肖树生等对于首付款利息要求按贷款利率计算，没有依据。首付款利息损失，应以银行同期存款利率为准，自支付之日起计算至判决生效日止。

根据《商品房买卖合同解释》第25条之规定，肖树生等要求博锦公司向上海银行返还自判决生效之日起剩余贷款之请求，予以支持。博锦公司清偿剩余贷款本息等债务后，上海银行应及时解除涉案房屋上的抵押登记。

据此，一审法院判决：（1）解除肖树生等与博锦公司签订的上海市商品房预售合同；（2）解除肖树生等与上海银行、博锦公司签订的个人住房借款担保合同；（3）博锦公司于判决生效之日起 3 日内向肖树生等返还房款 952848 元及自 2010 年 5 月 20 日起至判决生效之日止肖树生等已向上海银行归还的贷款本金；（4）博锦公司于判决生效之日起 3 日内向肖树生等赔偿以 952848 元为本金，自 2010 年 4 月 14 日起至判决生效之日止，按中国人民银行同期定期存款利率计算的利息；（5）博锦公司于判决生效之日起 3 日内向肖树生等赔偿自 2010 年 5 月 20 日起至判决生效之日止，肖树生等已向上海银行支付的贷款利息；（6）博锦公司于判决生效之日起 7 日内向上海银行偿还肖树生等自判决生效之日起就个人住房借款担保合同剩余的贷款。自博锦公司清偿上述贷款之日起 7 日内，上海银行办理房屋抵押登记的涤除手续。

上海银行不服一审判决，提起上诉。

二审法院认为，本案涉及商品房买卖合同关系及商品房按揭贷款合同关系。双方当事人的争议焦点在于作为按揭银行的上海银行在本案一审中的诉讼地位以及按揭贷款合同解除后果的处理。

首先，当事人系作为被告抑或有独立请求权的第三人参加诉讼，确定的原则及参加诉讼的方式殊为不同。诉讼被告的确定取决于提起诉讼的原告，参加诉讼的方式亦为被动参加，只不过在被告主体不适格时，人民法院应驳回原告的起诉。有独立请求权的第三人，是指对本诉的诉讼标的有独立请求权的当事人，其参加诉讼的方式为主动要求参加本诉。本案肖树生等作为一审原告在提起诉讼时一并要求解除商品房买卖合同及按揭贷款合同，并将作为按揭贷款合同一方当事人的上海银行列为被告，并无不当。《商品房买卖合同解释》第 25 条的规定系解决按揭银行进入单纯商品房买卖合同之诉的诉讼地位问题，即商品房买卖合同的双方仅就买卖合同提起诉讼时，按揭银行有权作为有独立请求权的第三人主动要求参加该案诉讼。本案显然非为上海银行主动申请参加单纯商品房买卖合同之诉的情形，《商品房买卖合同解释》并不适用。事实上，上海银行作为一审被告参加诉讼，针对肖树生等的诉讼请求，亦并未丧失抗辩及提出反诉的权利和机会，程序上已获相当保障。

其次，在商品房买卖合同解除后，按揭贷款合同的目的已无法实现，依据《商品房买卖合同解释》第24条的规定，购房人有权解除按揭贷款合同。需要说明的是，按揭贷款合同不同于典型的继续性合同，其解除溯及于合同成立时即消灭效力，因此，按揭贷款合同解除后即对双方不再具有约束力，原则上应当恢复原状，购房人应当返还全部贷款，银行应当返还购房人已经偿还的本金及利息。对于银行因按揭贷款合同解除而受之损失，可要求购房人予以赔偿。在按揭贷款合同的解除系开发商违约导致房屋买卖合同解除而致时，购房人向银行承担的损失赔偿责任最终亦应由开发商承担。为了减少不必要的重复、烦琐和当事人的诉累，在商品房买卖合同纠纷和按揭抵押贷款合同纠纷合并审理时，当然可由贷款的实际收取方即开发商直接将购房贷款返还银行，并直接向银行承担购房人应当承担的责任。这也是《商品房买卖合同解释》第25条第2款规定的应有之义。根据一审判决，按揭贷款合同解除前，相应贷款本金及利息由购房人肖树生等承担，按揭贷款合同解除后剩余贷款由开发商博锦公司承担，同时博锦公司赔偿肖树生等支付银行的本金及贷款利息，就结果而言与前述处理原则并无本质差别。鉴于上海银行尚未就系争房屋获得实在之抵押权，而仅为抵押权预告登记，自不存在所谓行使抵押权的问题。当博锦公司怠于履行归还剩余贷款的义务时，上海银行可拒绝办理系争房屋上设定的抵押权预告登记解除手续，以保障其债权实现。

综上，判决驳回上诉，维持原判。

**【裁判解析】**

以按揭贷款支付房款，使房地产交易客观上形成了房屋出售方、购房人与银行之间的三角法律关系，即房屋出售方与购房人之间的房屋买卖合同关系、购房人与银行之间的按揭贷款合同关系以及房屋出售方与银行之间的担保关系。不同法律关系之间既相互独立，又相互联系。就实践中出现的纠纷而言，有些可以在单独的法律关系下予以解决，有些则相对比较复杂，需要将不同的法律关系纳入同一诉讼程序中予以解决。本案即是一起较为典型的商品房买卖合同纠纷与按揭贷款合同纠纷合并审理的案件。

### （一）商品房买卖合同纠纷与按揭贷款合同纠纷合并审理的前提

探求商品房买卖合同纠纷与按揭贷款合同纠纷的合并审理，必须从诉的合并的一般原理出发。所谓诉的合并，通说认为是指将两个以上有关联的诉纳入同一诉讼程序进行审理并作出裁判。基于诉的要素的区分，诉的合并可以区分为主体合并、客体合并以及混合合并。诉的主体合并即当事人合并，以共同诉讼为典型。诉的客体合并即诉讼标的合并，以本诉与反诉的合并为典型。诉的混合合并包括主体合并和客体合并两个方面，以有独立请求权的第三人参加之诉与本诉的合并为典型。实际上，基于诉的合并是否取决于当事人意志抑或法院意志，又存在任意的诉的合并与强制性的诉的合并的区分。诉的合并的目的在于提高诉讼效率，节约诉讼成本和司法资源，保障裁判统一。可以说，诉的合并决定于不同之诉之间的关联性以及合并审理和裁判带来的便利。

以按揭贷款支付房款的商品房交易，涉及商品房买卖合同关系和按揭贷款合同关系。二者具有不同的主体和权利义务内容，商品房买卖合同纠纷并不必然涉及按揭贷款合同，反之亦然。如买卖双方的争议仅涉及房屋的交付时，自然与按揭贷款合同的履行无关；按揭贷款合同双方仅就借款人是否需要承担逾期还款的违约责任存在争议时，一般亦与买卖合同的履行无涉。但是，二者又并非绝对的毫无关联。从合同的产生而言，按揭贷款合同的成立依赖于商品房买卖合同的成立；从合同的履行目的而言，按揭贷款合同的履行服务于商品房买卖合同的履行。当商品房买卖合同无效或被撤销、解除时，按揭贷款合同的继续履行就成为一个问题。实践中，购房人和房屋出售方一旦发生上述争议，购房人亦即按揭贷款合同的借款人通常会采取停止偿还贷款等举措，以保护自己的合法权利。由此，按揭贷款合同纠纷与商品房买卖合同经常纠纷相伴而生。就法律层面而言，《商品房买卖合同解释》第 24 条规定，商品房买卖合同被确认无效或者被撤销、解除的，当事人有权解除按揭贷款合同。据此，在商品房买卖合同双方就合同的效力、解除与撤销发生争议时，按揭贷款合同的履行就处于待定状态。在按揭贷款合同双方因商品房买卖合同无效或者被撤销、解除，而解除按揭贷款合同时，商品房买卖合同纠纷的处理与按揭贷款合同纠纷的处理就存在天然的关联。为了一次性解决当事人之间的争议，保证裁判统一，自然就产生商品房买卖合同之诉与按揭贷款合同之诉的合并审理问题。当然，从另一个角度而言，商品房买卖合同纠纷与按揭贷款合同纠纷的合并审理通常即应限于商品房买卖合同存在合同效力、解除与撤销的争议时。

本案购房人以开发商违约为由要求解除双方之间建立的商品房预售合同关系，同时又依据商品房买卖合同司法解释要求解除与银行之间建立的按揭贷款合同关系，显然，本案就商品房买卖合同之诉与按揭贷款合同之诉存在合并审理的必要。

（二）商品房买卖合同纠纷与按揭贷款合同纠纷合并审理时按揭银行的诉讼地位

商品房买卖合同之诉与按揭贷款合同之诉的合并属于混合的诉的合并。基于按揭银行参与诉讼的不同方式，大致可以分为两种情形：一是购房人亦即借款人一并就买卖合同和按揭贷款合同提起诉讼；二是按揭银行主动加入买卖合同双方已经存在的买卖合同之诉。两种情形下买卖合同之诉与按揭贷款合同之诉的合并均属于任意的诉的合并，其产生完全基于当事人诉权的行使，通常情形下，因符合诉的合并的原理，法院亦应当予以确认。

现代诉讼之当事人概念更强调其程序意义，并不以实体法律关系为基础。通常而言，当事人的诉讼地位完全取决于提起诉讼之原告。谁提起诉讼，就为当然的原告。谁作为被告，亦为原告在提起诉讼时确定。第三人或为无独立请求权之第三人，或为有独立请求权之第三人，其诉讼地位的确定亦依赖于原告提起的诉讼。商品房买卖合同纠纷与按揭贷款合同纠纷合并审理时，基于按揭银行参与诉讼的不同方式，其诉讼地位并不相同。前述第一情形下，按揭银行系作为被告参加诉讼；第二种情形下，按揭银行系作为有独立请求权的第三人参加诉讼。需要说明的是，按揭银行不管是作为被告，抑或有独立请求权的第三人参加诉讼，均有权提出自己的诉讼请求，其诉讼权利并不因诉讼地位的不同而有实质差异。

本案购房人在提起诉讼时，一并要求解除商品房买卖合同和按揭贷款合同，并据此将按揭银行作为列为被告，按揭银行当然应当以被告的身份参与诉讼，而非所谓有独立请求权的第三人。在诉讼过程中，按揭银行有权对购房人的诉讼请求进行抗辩，也有权对购房人提出自己的诉讼请求。

### （三）商品房买卖合同纠纷与按揭贷款合同纠纷合并审理时按揭贷款合同解除后果的处理

依据我国《合同法》的规定，合同的解除分为约定解除和法定解除。其中合同当事人法定解除权主要限于两种情形：一是因不可抗力致使不能实现合同目的；二是一方存在违约行为。《商品房买卖合同解释》第 24 条规定赋予按揭贷款合同借款人的合同解除权，从严格意义上来说突破了合同法的规定。其正当性基础在于认为按揭贷款合同的目的于购房人而言在于购房商品房买卖合同项下的商品房。商品房买卖合同无效或者被撤销、解除时，借款人的目的和追求必然落空。实际上，就其本质而言，该司法解释赋予借款人此时解除按揭贷款合同的权利仍在于经济效益与利益平衡的考虑。在商品房买卖合同被确认无效或者被撤销、解除的情况下，如果强求借款人继续履行按揭贷款合同，不仅给借款人造成巨大的经济负担，也为按揭银行的贷款收回造成巨大风险。相反，赋予借款人解除按揭贷款合同的权利，免除了其无谓的履行负担，于银行而言，并无造成巨大损失的可能，因为银行提前收回贷款后可另行放贷，客观上反而促进了整个社会的资源配置。

商品房买卖合同之诉与按揭贷款合同之诉合并审理的情况下，商品房买卖合同纠纷的处理依据通常的处理原则即可，与单独审理商品房买卖合同纠纷并无不同。相反，此时按揭贷款合同解除后果的处理则与单独按揭贷款合同纠纷的审理存在相当的差异，尤其是在按揭贷款合同项下责任的最终承担上。

1. 解除效果上的溯及力

根据我国《合同法》第 97 条的规定，合同解除是否产生溯及既往的效力，应当根据合同履行情况及合同性质予以确定。按照合同法理，合同的性质存在继续性合同和非继续性合同的区分。依据通说，继续性合同的解除，只产生向后的效力，即导致合同权利义务于合同解除时终止；非继续性合同的解除，则产生溯及既往的消灭效力。继续性合同，指合同的内容并非一次给付可以完成，而是继续地实现。其基本特色是，时间因素在债的履行上居于重要地位，总给付的内容取决于应为给付时间的长度。[①] 租赁合同即为典型的继续行合同。非继续性合同，又称为一时性合同，则指合同的内容一次给付就可以完成。通常的买卖合同即为典型。

按揭贷款合同形式上表现为借款人需要持续地进行给付，但其与典型的继续性合同仍有本质差别。一是合同的总给付量自始确定；二是按揭银行发放贷款为一次性给付；三是借款人的持续给付并非合同继续履行分阶段产生的义务，而不过是总给付量下的分期履行而已。因此，按揭贷款合同本质上仍为非继续性合同，其解除应产生溯及既往的效力。本案一审判决将按揭贷款合同的解除限定为只产生向后的效力，未正确认识到按揭贷款合同非为继续性合同的本质，值得商榷。

2. 解除后的恢复原状与赔偿损失

合同解除具有溯及力时，当事人自可要求恢复原状。就按揭贷款合同而言，恢复原状仍为双方返还。不过，双方的返还义务具体均表现为金钱债务的履行，即借款人将所贷款项全部返还银行，银行则应将借款人已经偿还的借款本金及利息予以返还。当然，二者在金额上可进行抵扣而产生债务抵销的效力。

本案情形下，按揭贷款合同履行过程中，按揭银行主观上并无过错，客观上亦无违约行为，借款人虽然系通过行使法定解除权而解除按揭贷款合同，但其仍应当向按揭银行承担赔偿责任以保障银行合法权益。特别需要说明的是，按揭银行的损失应以实际损失为限（按揭贷款合同解除前，贷款人已经偿还的利息不应当然地计入按揭银行的实际损失范围，因为按揭还款初期，不管是采用哪一种还款方式，利息在全部还款中所

---

① 王泽鉴：《债法原理》（第1册），中国政法大学出版社2001年版，第132页。

占的比重均大于还款后期。通常情况下，银行的实际损失应为所贷款项的利息损失，贷款利率可参照按揭贷款合同约定的利率计算），而不包括按揭银行根据按揭贷款合同所生预期利益的损失。[①] 因为银行因按揭贷款合同解除提前收回贷款后，仍可以自由安排再次放贷，因此实际上并不发生预期利益的损失问题。本案一审判决由于认为按揭贷款合同的解除不具有溯及力，确定购房人应当承担按揭贷款合同解除前按揭贷款合同项下的利息，同时，又确定该部分利息最终由开发商承担，客观上加重了购房人、开发商的责任，但是购房人及开发商并未就此提起上诉，所以二审中未对此予以处理。

3. 房屋出售方违约时形式上可直接承担借款人对按揭银行的责任

商品房买卖合同纠纷和按揭贷款合同纠纷合并审理时，二者解除后果的处理原则上仍应遵循合同性对性原则。就本案而言，针对商品房买卖合同部分，由于买卖合同因开发商违约而解除，开发商本应将收取的全部房款，包括首付款和购房人通过按揭贷款支付的部分全部返还购房人，并向购房人承担赔偿责任。针对按揭贷款合同部分，购房人作为借款人应将按揭贷款合同项下的贷款返还按揭银行，并向银行承担赔偿责任，按揭银行应当返还购房人已经偿还的贷款本息，注销房屋上设定的预告登记。需要明确的是，购房人作为借款人解除按揭贷款合同的根本原因在于开发商违约导致买卖合同解除，因此购房人对按揭银行承担的赔偿责任应视为其在买卖合同项下因开发商违约而致损失的当然组成部分。

在最终判决中如果机械地遵循合同相对性原则，必然产生两个问题：一是商品房买卖合同和按揭贷款合同解除后在开发商、购房人、按揭银行之间产生的金钱给付义务存在不必要的重复和烦琐。二是在按揭贷款合同项下，为了保证按揭贷款用于购买商品房买卖合同项下的房屋，按揭贷款形式上受购房人的指示直接给付开发商，在买卖合同及按揭贷款合同解除后，开发商将按揭贷款等直接给付购房人，则易导致按揭银行

---

① 最高人民法院民一庭编著：《最高人民法院关于审理商品房买卖合同纠纷案件司法解释的理解与适用》，人民法院出版社 2003 年版，第 315 页。

收回按揭贷款产生额外的风险。因此，为了减少不必要的重复、烦琐和徒生的风险，法院在最终判决时，可直接要求开发商将按揭贷款及购房人应当赔偿按揭银行的损失部分直接支付给按揭银行，按揭银行收到相应款项后配合办理注销房屋预告抵押的手续。同时，按揭银行将购房人已经偿还的贷款本金及利息返还购房人，开发商将首付款及应当赔偿购房人的其他损失支付给购房人。

本案一审判决按揭贷款合同解除前，相应贷款本金及利息由购房人承担，按揭贷款合同解除后剩余贷款由开发商承担，同时开发商赔偿购房人支付按揭银行的本金及贷款利息，就结果而言可谓殊途同归。

## 三、出卖人在交易过程中应遵循诚实信用原则，针对标的物的重要性质、特征，向买受人尽到必要的说明、告知义务

**【案例索引】**

熊某诉银座兴业公司商品房预售合同纠纷案：北京市第二中级人民法院（2011）二中民终字第 19314 号。

**【基本案情】**

2011 年年初，熊某通过某门户网站的房产栏目发现一则楼盘“新盘”出售信息。在电话咨询后，熊某遂赴该售楼处进行洽商，最后以每平方米 46000 元的价格与银座兴业公司签订销售协议书，并支付定金 20 万元。

后因双方发生争议，熊某将银座兴业公司诉至法院，要求解除合同并返还定金。在案件审理过程中，熊某主张银座兴业公司并非涉案房屋的产权人，且其在签订销售协议时明确表示要购买的是新房，而对方销售人员亦承诺房屋不是二手房且没有经营过，但在签订销售协议后才发现本案房屋于 2007 年起即开始作为快捷酒店对外出租，而银座兴业公司以“新盘”的名义进行宣传，侵害了其知情权。银座兴业公司则出示了产权单位堡廷有限公司出具的《声明书》，用以证明其作为受托人有权销售该房屋，同时认可房屋曾经出租的事实，但辩称“新盘”与“新房”并非同一概念，同时，双方于销售协议中明确约定“须签订存量房买卖

合同”，已经指出本案房屋系存量房。

**【审判要览】**

一审法院经审理认为，当事人应当按照约定全面履行义务，并遵循诚实信用原则，根据合同的性质、目的和交易习惯履行通知、协助等义务。现熊某与银座兴业公司均同意解除《销售协议书》，本院不持异议。合同解除后，尚未履行的，终止履行；已经履行的，根据履行情况和合同性质，当事人可以要求恢复原状、采取其他补救措施，并有权要求赔偿损失。根据《公证书》反映的内容可以认定银座兴业公司以“新盘”的名义宣传涉案房屋，且并没有对房屋现状予以明确解释，结合熊某提交的录音资料内容可以认定银座兴业公司从未明确、清楚地告知熊某涉案房屋已经使用、出租的事实。银座兴业公司未履行此项告知义务，会影响熊某就是否购买涉案房屋作出判断。银座兴业公司对于《销售协议书》的解除负有责任，其应将收取的定金返还给熊某。据此，判决：（1）解除熊某与北京银座兴业房地产经纪有限公司签订的《销售协议书》；（2）银座兴业公司于判决生效后 7 日内退还熊某定金 20 万元。

判决后，银座兴业公司提起上诉。二审法院经审理认为，根据我国法律规定，定金不予返还须以给付定金一方违约为前提。根据本案已经查明的事实，熊某已经按照《销售协议书》的约定于 2011 年 4 月 16 日，即《销售协议书》签订后第 6 日再行支付 17 万元。熊某的上述付款行为已经履行了《销售协议书》中约定的主要义务，且存量房买卖合同及补充协议是否如期签订，尚需以买卖双方相互配合为前提，银座兴业公司并未举证证明熊某存在拒不履行的事实，同时根据熊某提供的视听资料，银座兴业公司销售人员在熊某足额支付 20 万元定金后，额外提出了签订买卖合同的前置条件。因此，银座兴业公司仅以存量房买卖合同及补充协议未能如期签订为由，主张熊某存在违约行为，并无事实和法律依据，本院不予采信。银座兴业公司虽对熊某提供的视听资料的真实性不予认可，但其并未就此申请鉴定，亦未提供相反的证据予以证明，应就此承担举证不能的不利后果，一审法院对上述视听资料的真实性予以采信，处理并无不当，二审法院予以认可。基于上述分析，银座兴业公司不返还定金已无法律依据。

需要指出的是，银座兴业公司作为专业从事房地产经纪的公司法人，应在交易过程中遵循诚实信用原则，针对标的物的重要性质、特征，向买受人尽到必要的说明、告知义务。本案中，其以“新盘”的名义宣传销售曾经出租使用过的房屋，为避免买受人产生误解，应当在交易过程中进行合理、必要的说明。银座兴业公司虽辩称涉案房屋所在项目已经建成多年，且《销售协议书》中明确载明需签署“存量房买卖合同”，买受人应知悉房屋并非未曾使用的事实。但“存量房”的概念系针对“增量房”而言，其文义本身并不包含房屋是否已经使用过的含义，而涉案房屋所属项目竣工的时间，亦与房屋是否曾出租使用之间不存在必然联系。故银座兴业公司的上述行为，在一定程度上对买受人关于涉案房屋的认知产生影响。

综上，故判决驳回上诉，维持原判。

**【裁判解析】**

本案的争议焦点在于房地产经纪公司以“新盘”的名义出售曾经租赁使用过的房屋，而又在销售协议书中载有的“存量房”一词，是否应认定其作为出卖人，就买卖标的物的性质、特征等尽到了必要的说明、告知义务。

《合同法》第60条规定：“当事人应当按照约定全面履行自己的义务。当事人应当遵循诚实信用原则，根据合同的性质、目的和交易习惯履行通知、协助、保密等义务。”对于买卖合同而言，是否曾经使用系买卖标的物的重要性质之一，会对买受人意思表示的形成产生重大影响。而本案中，房产经纪公司在宣传销售过程中始终对涉案房屋冠以“新盘”的名义，而实际上则为曾经出租使用过的房屋。在市场经济条件下，虽允许出卖人利用各种广告促销手段，对其出卖的标的物进行宣传，但应以合理方式为限。如在本案中，房地产经纪公司在以“新盘”名义进行广告宣传后，为避免购房人产生误解，应当在交易过程中进行合理、必要的说明，以符合交易双方诚实信用之原则。销售协议书中虽载有签署“存量房买卖合同”的约定，但“存量房”的概念系针对“增量房”而言，系指已经进行转移登记，即取得“小证”的房屋，其文义本身并不包含房屋是否已经使用过的含义，同时，从实际情况来看，存量房中仍然存在未曾使用的所谓“空置房”，即在经过预售或销售期后划归为存量房，但始终未经居住使用的房屋。该房产经纪公司以“新盘”名义进行宣传，又不对此作出明确说明的情况下，在一定程度上会对熊某对房屋性质的认知产生影响。结合本案买受人熊某提供的视听资料证据，法院对该房产经纪公司的上述行为予以指正。

在类似的案件中，一些房产经纪公司往往将同一楼盘、同一小区中多套已取得房屋所有权证的存量房进行“打包”，再以“新盘”“在售”的名义在网络媒体上进行宣传，而基于网络媒体宣传存在的审核、监管缺位的问题，出卖人往往将此类房屋发布于预（销）售商品房即新房栏目中，从而对购房人的正常判断产生影响。而在销售过程中，售楼人员也往往回避房屋是否曾经使用这一问题，甚至少部分售楼人员在作出虚假表述，其目的在于尽快与购房人签订协议并收取定金。在发生纠纷后，则以其“从未承诺是新房”“存量房一定曾经使用过”等理解歧义作为辩解，一旦购房人提出不购买房屋，出卖人则以单方违约为由拒不退还定金，以致最终成讼。

对此，在督促出卖人应以诚实信用为原则，向购买人尽到必要的说明、告知义务，并督促网络内容服务商加强信息发布的审核力度，尽到必要的审查义务的同时，提示购房人在签订房屋买卖合同前，在四个关键步骤中注意如下事项：第一，尽量在较知名的网络媒体上获取信息，注意审核网络售房信息真实性。第二，在现场看房时，注意审核所购项目的各项证明文件，及出卖人的营业范围。第三，交付定金时应签订内容明确的定金协议，将出卖人承诺的内容落实为书面约定。第四，在定金协议签订后至正式购房合同签订前，应注意保存证据，以备发生诉讼后明确双方责任。

## 四、当事人将特定主观目的作为合同的条件或成交的基础并明确约定，则该特定的主观目的客观化，属于《合同法》第94条第1款第4项的规制范围。当事人仅以诉讼方式解除合同的，一审期间起诉状副本送达对方当事人之日为合同解除时间

**【案例索引】**

张俭华、徐海英与江苏省启东市取生置业有限公司商品房买卖合同纠纷案[①]：一审：江苏省启东市人民法院（2015）启开民初字第01662号，二审：江苏省南通市中级人民法院（2015）通中民终字第03134号。

**【基本案情】**

2014年2月7日，张俭华与江苏省启东市取生置业有限公司（以下简称取生置业）签订《商品房买卖合同》一份，约定买受由取生置业开发的位于启东市汇龙镇某小区商品房（在建）一套，房屋总价为人民币63万元。该合同附件一为张俭华、徐海英买受房屋的平面图并加盖取生置业印章。签订合同当日，张俭华、徐海英一次性支付房款63万元，取生置业开具销售不动产统一发票。

2015年6月，取生置业向张俭华、徐海英发出交房通知，张俭华、徐海英购买的房屋与取生置业的房型图宣传资料以及双方的购房合同附件一载明的房型图户型一致，但实际房间布局结构与房型图为轴对称方向，实际格局与宣传册及合同附件的图形位置相反。张俭华、徐海英于2015年7月16日向取生置业发出律师函一份，认为无法实现合同目的，取生置业已构成根本性违约，要求与取生置业协商解决。后协商未成，张俭华、徐海英诉至法院请求解除合同。

**【审判要览】**

一审法院认为，取生置业实际交付的房屋并不影响投资、就学等合同目的。仅存在方向的反差，并不影响张俭华、徐海英的居住目的，且

---

① 高雁：《开发商交付方位布局与合同约定相反的房屋构成根本违约——江苏南通中院判决张俭华、徐海英诉取生置业公司买卖合同纠纷案》，载《人民法院报》2016年7月21日，第6版。

住宅楼每层两侧的房屋布局呈轴对称方向亦为一般常规，张俭华、徐海英据此主张取生置业构成根本违约，缺乏事实与法律基础。取生置业自愿补偿1万元，一审法院判决驳回张俭华、徐海英的诉讼请求。

张俭华、徐海英提起上诉。

二审法院认为，开发商交付与购房合同约定方位布局相反的房屋且无法调换，构成根本违约，购房者可以以合同目的不能实现解除合同。遂撤销一审判决，改判确认张俭华、徐海英与取生置业《商品房买卖合同》于2015年8月1日解除。

**【裁判解析】**

根据《合同法》第94条第1款第4项的规定，当事人一方迟延履行债务或者有其他违约行为致使不能实现合同目的，当事人可以解除合同。该条赋予合同目的不能实现时非违约方的法定解除权，案涉房屋内部布局左右相反导致张俭华、徐海英合同目的不能实现，其有权解除购房合同。

首先，合同目的包括客观目的和主观目的。客观目的即典型交易目的，当事人购房的客观目的在于取得房屋所有权并用于居住、孩子入学、投资等，影响合同客观目的的实现的因素有房屋位置、面积、楼层、采光、质量、小区配套设施等，客观目的可通过社会大众的普通认知标准予以判断。主观目的为某些特定情况下当事人的动机和本意。一般而言，《合同法》第94条第1款第4项中的合同目的不包括主观目的，但当事人将特定的主观目的作为合同的条件或成交的基础，则该特定的主观目的客观化，属于《合同法》第94条的规制范围。

其次，本案中，双方当事人对于房屋的内部左右布局约定明确。从现有证据来看，无论是取生置业的宣传图片还是购房合同附件中的房屋平面图，均明确了房屋进门后的左右布局。取生置业在购房合同附件中的房屋平面图加盖合同专用章，该附件并未提醒购房者，实际交付房屋的内部左右布局可能与平面图相反。取生置业辩称其工作人员在销售房屋时曾明确告知，但并未提供证据予以证明，应承担举证不能的不利后果。且张俭华、徐海英所购房屋为期房，在购房时参观的样板房也与实际交付的房屋不一致，无法据此推断张俭华、徐海英明知所购房屋的内部左右布局与合同约定相反。

最后，张俭华、徐海英对于房屋内部左右布局明确约定并作为特定的合同目的，属于当事人意思自治的范畴。该约定并不违反法律、行政法规的禁止性规定，亦未侵害第三人权益，法律尊重和保护个体通过自身价值判断自由选择合适房屋的合法权利。房屋并非普通商品，购房者对所购房屋的谨慎选择符合生活常理。由于取生置业并未交付符合合同约定布局的房屋且无法调换，致使张俭华、徐海英购买符合购房合同附件中约定布局房屋的合同目的落空，张俭华、徐海英要求解除合同于法有据。张俭华、徐海英于2015年7月16日向取生置业发出律师函，告知取生置业构成根本违约，要求其拿出解决方案，但未明确解除合同，故确认案涉购房合同的解除时间为一审期间起诉状副本送达取生置业之日，即2015年8月1日。

根据《合同法》第97条的规定，合同解除后，尚未履行的，终止履行；已经履行的，根据履行情况和合同性质，当事人可以要求恢复原状、采取其他补救措施，并有权要求赔偿损失。由于张俭华、徐海英并未实际取得案涉房屋，取生置业应返还购房款63万元。

## 五、政府房贷政策调整导致首付比例提高，购房者获得的银行贷款少于申请贷款数额致使原合同无法继续履行时，购房者单方解除合同应予支持

**【案例索引】**

彭琳茹与重庆市金科昌锦置业有限公司商品房预售合同纠纷案①：一审：重庆市荣昌区人民法院（2015）荣法民初字第00632号，二审：重庆市第五中级人民法院（2015）渝五中法民终字第05534号。

**【基本案情】**

2013年1月25日，彭琳茹与重庆市金科昌锦置业有限公司（以下简

① 李天全、朱红兵：《房贷政策调整导致商品房预售合同解除的认定——重庆五中院判决彭琳茹诉金科公司商品房预售合同纠纷案》，载《人民法院报》2016年5月5日，第6版。

称金科公司）签订了一份商品房买卖合同，合同约定，彭琳茹购买金科公司所建面积94.41平方米商品房一套，房款总金额444639元，以按揭付款方式付款，首付20%共89639元。2013年3月，重庆执行新的商品房按揭政策，首付比例调整至30%。合同约定彭琳茹在金科公司指定的银行办理按揭手续。同时约定交房时间为2014年10月26日。现交房时间已过，金科公司未通知彭琳茹到指定银行办理按揭手续，只通知彭琳茹再交4.5万元房款才能办理银行按揭手续，彭琳茹没同意。

2015年1月9日，彭琳茹向法院提起诉讼。请求判决解除双方签订的商品房买卖合同，并要求金科公司返还购房款89639元及承担银行同期贷款利息，以及返还其他购房费用16449元。金科公司提起反诉并要求彭琳茹按照约定支付剩余房款35.5万元并承担违约责任。

**【审判要览】**

一审法院认为，解除合同的条件成就时，解除权人可以解除合同。合同签订时，彭琳茹支付了两成购房款，因国家房贷政策的调整，在彭琳茹与金科公司签订合同一个月后首付比例由两成提高至三成，导致原告未获得银行贷款。金科公司未提交首付两成已获得银行审批通过的相关证据，在本案审理结束时彭琳茹仍未获得银行按揭贷款，且也未提交应归责于彭琳茹个人导致合同无法履行的证据。综合案情评判，判决解除原告彭琳茹与被告金科公司签订的商品房买卖合同；被告金科公司返还原告彭琳茹购房款89639元及其他购房费用16331元；驳回被告金科公司的反诉请求。

一审宣判后，金科公司不服，提出上诉。二审法院判决：驳回上诉，维持原判。

**【裁判解析】**

### （一）政府房贷政策调整导致房屋买卖合同无法履行，购房者可以解除合同

因政府房贷政策调整，合同无法继续履行时，购房合同是否可以解除？实践中通常存在三种观点：

第一种观点认为，银行房贷政策调整属于不可抗力，应当解除合同。

第二种观点认为，银行房贷政策调整属于情势变更，可以视情况解除合同。

第三种观点认为，银行房贷政策调整属于商业风险，当事人不可据此解除合同。购房人应当预见办理贷款存在的不确定性，政府房贷政策调整并非合同目的不能实现的不可抗力，当事人都不得以商业风险给自己带来损失为由要求解除合同并免责。

购房者的合同目的是以自己期望的价值购买到房屋。政府房贷政策的调整必然给购房者支付房款带来较大影响。此种情形应区分看待：如房屋买卖合同签订于国家房贷政策调整之后，购房者理应知晓利害；如果房屋买卖合同签订于国家房贷政策调整之前，首付款的提高超出了购房者的合理预期，这时如果仍然要求依合同约定继续履行，相当于将不利后果转嫁给购房者，违背了合同本意。因此，在不可归责于合同双方的情况下，因政府房贷政策调整导致合同无法继续履行时，合同一方请求解除合同，依法应予准许。

### （二）购房合同解除后购房者是否承担违约责任

购房合同对贷款风险有约定的，按照约定处理；对贷款风险没有约定的，则要看购房人是否确有证据证明其因政府房贷政策调整而无法履行付款义务。如果合同签订后确因房贷政策调整使得购房人无法取得贷款或者所获贷款数额明显低于合同约定的贷款比例，而购房人又无法通过其他途径筹集资金支付购房款的，则购房人以贷款方式购买房屋的合同目的将无法达到，必将导致房屋买卖合同无法继续履行，此时，购房人可以解除合同。因解除合同的原因非因购房者造成，故购房者无须为此承担违约责任，同时，房屋买卖合同解除后，出卖人应当将已收受的购房款本金及其利息或者其他购房费用如数返还购房者。

具体到本案中，彭琳茹不应承担违约责任，金科公司的反诉请求也不应得到支持，且金科公司应将已收取的所有购房费用返还彭琳茹。

## 六、预查封不影响预售商品房合同当事人行使约定解除权

**【案例索引】**

江苏省宜兴市江南水乡度假村有限公司执行异议案①：江苏省宜兴市人民法院（2013）宜执异字第0021号。

**【基本案情】**

2009年12月29日，江苏省宜兴市江南水乡度假村有限公司（以下简称江南公司）与孙有英夫妇签订预售商品房买卖合同，首付款108万元，余款400万元由孙夫妇、江南公司与交通银行宜兴支行签订了房产抵押贷款合同。因孙有英夫妇未按约还款，交通银行诉至江苏省宜兴人民法院。宜兴法院判决孙有英夫妇偿还借款本金、利息等373万余元，江南公司承担连带清偿责任。

毛文光与孙有英等民间借贷纠纷一案，宜兴法院预查封了孙有英购买的西渚镇云海间11号别墅，并判决要求孙有英夫妇对偿还毛文光1000万元承担连带清偿责任，后该案经申请立案执行，江南公司提出执行异议，要求中止执行措施。

江南公司诉孙有英夫妇房屋买卖合同纠纷一案，宜兴法院于2013年9月17日作出民事调解：解除江南公司与孙有英于2009年12月29日签订的商品房买卖合同。

**【审判要览】**

宜兴市法院依照《民事诉讼法》第227条之规定，裁定中止对宜兴市西渚镇云海间11号的执行。

**【裁判解析】**

本案的争议焦点在于法院对预售商品房预查封后，合同当事人能否行使约定解除权。法院预查封不影响预售商品房合同当事人行使约定解除权的理由有：

---

① 范莉、马云、许乐群：《预查封期间合同约定解除权行使及法律后果——江苏宜兴法院裁定江南公司执行异议案》，载《人民法院报》2014年12月18日，第6版。

1. 被执行人合同权利未受到有害处分。预查封是《关于依法规范人民法院执行和国土资源房地产管理部门协助执行若干问题的通知》新创立的强制执行措施，其效力是禁止查封机关以外的主体对查封财产进行有害处分。是否允许当事人在预查封后解除合同要看对被执行人的合同利益是否受到无法预期的减损。本案售房合同中约定了开发商承担还贷保证责任后未能受偿可以解除合同。条件成就时解除合同是购房人在预查封时即能预料到的风险，并没有因合同解除额外增加减损的可能，故约定解除权可以行使。但预查封后的合意解除则由于预查封时不可预期，可能造成对被执行人合同利益的不当减损，不应被准许。

2. 合同约定的解除条件已经成就。《合同法》第93条第2款规定，"当事人可以约定一方解除合同的条件。解除合同的条件成就时，解除权人可以解除合同"。本案中，江南公司与孙有英签订合同明确约定了解约条款。而江南公司承担保证责任、未能受偿的解约条件已经成就，江南公司选择诉讼途径解除合同，应当准许。

3. 商品房买卖合同的目的无法实现。商品房合同出卖人订立合同目的是出售房屋、取得房款。本案江南公司在承担还贷保证责任后，获取房产对价的合同目的落空。《商品房买卖合同解释》第23条明确规定买受人"未能订立担保贷款合同"（即无法足额支付房款）而导致买卖合同无法继续履行，对方可请求解除合同。而买受人因未履行还款义务导致出卖人承担连带保证责任，与不能签订担保贷款合同导致房屋买卖合同无法履行，在本质上是相同的。

## 七、建筑面积误差比绝对值超出3%时，应从维护交易稳定又兼顾公平原则出发综合评判房屋买卖合同应否解除

**【案例索引】**

张某诉某房地产公司商品房预售合同纠纷案[①]：一审：安徽省芜湖县

① 朱训明、宋喜萍：《从既维护交易稳定又兼顾公平原则出发综合评判房屋买卖合同》，载《人民法院报》2015年8月13日，第6版。

人民法院（2014）芜民一初字第00407号，二审：安徽省芜湖市中级人民法院（2015）芜中民四终字第00022号。

**【基本案情】**

2012年4月18日，张某与某房地产公司签订了《商品房买卖合同》一份，合同约定：该公司将其开发的某小区一套房屋出售给张某，该商品房预测建筑面积89.18平方米，其中套内建筑面积79.92平方米，公摊面积9.26平方米；房屋单价4642.3元/平方米，总价款为41.4万元；合同第5条还约定建筑面积、套内建筑面积误差比绝对值在3%以内（含3%），根据产权登记建筑面积结算房价款；建筑面积、套内建筑面积误差比绝对值其中有一项超过3%时，买受人有权退房。

后经测绘，讼争房屋实际建筑面积为95.36平方米（套内建筑面积82.69平方米，公摊建筑面积12.67平方米）。2013年12月15日，某房地产公司发布的“交房流程”载明：互补面积差价款（2.5%以内补款、2.5%以外赠送），张某建筑面积超6.19平方米，某房地产公司实际要求按2.23平方米补交房款。

此外，建设部和国家质量技术监督局于2000年8月1日发布实施的《房产测量规范》适用于房产产权、产籍管理、税费征收范围，其中第8条房产面积测算中规定：挑楼、全封闭的阳台按其外围水平投影面积计算；未封闭的阳台、挑廊，按其维护结构外围水平投影面积的一半计算。建设部于2005年7月1日发布实施的《建筑工程建筑面积计算规范》（已于2014年7月1日废止）适用于新建、扩建、改建的工业与民用建筑工程的建筑面积的计算，其中第3.0.18条规定，建筑物的阳台均应按其水平投影面积的1/2计算。2014年1月17日，该县人民政府常务会议第31号纪要载明：为维护社会稳定，原则同意对2011年度在某小区购买90平方米以下住房但实际测量面积超过90平方米的购房户，其应缴契税总额的25%由县财政局予以先征后返。

2014年3月19日，张某以涉案商品房面积超过合同约定的3%为由，向法院提起诉讼，要求解除商品房买卖合同，返还购房款41.4万元并按同期银行贷款利率承担损失。

**【审判要览】**

一审法院认为：某房地产公司对于超面积的部分只是要求按2.5%补交购房款，对于超过2.5%的部分予以赠送，并未损害张某的利益，为此张某以建筑面积、套内建筑面积误差比绝对值其中有一项超出3%为由要求解除合同的事实依据不成立，判决驳回张某的诉讼请求。张某不服该一审判决，遂向安徽省芜湖市中级人民法院提起上诉。

二审法院认为：（1）某房地产公司在涉案合同履行中并不具有导致合同解除的违约行为。涉案房屋实际面积与合同约定的面积差虽超过3%，但某房地产公司在本案中只对超出合同约定面积的2.5%予以主张，对其余部分并未向买受人主张权利。（2）对涉案房屋合同约定面积与产权登记面积的差异，某房地产公司没有过错。某房地产公司所提供的证据证实，由于建筑规划中适用的《建筑工程建筑面积计算规范》与房产测绘中适用的《房产测量规范》对房屋面积的确认标准不同，最终导致涉案房屋总面积产生差异。（3）张某并未因涉案房屋面积差异遭受损失，某房地产公司也未因房屋面积差异从中获益。现某房地产公司只对超出合同约定建筑面积的2.5%要求张某补交房款，对其余3.96平方米已明确放弃权利主张；对涉案房屋因面积差异而增加的契税，县人民政府也以会议纪要的方式，要求对其应缴契税总额的25%由县财政局予以先征后返。基于此，二审法院作出了驳回上诉、维持原判的判决。

**【裁判解析】**

《合同法》第5条规定，当事人应当遵循公平原则确定各方的权利和义务。公平原则作为民事立法领域内的基本原则，其意义和作用在于该原则体现了社会公德与商业道德的结合。将该原则作为规范合同当事人的行为的准绳，可以有效防止当事人权利的滥用，维护与平衡当事人之间的利益。本案中，当事人双方在合同中虽然有“建筑面积、套内建筑面积误差比绝对值其中有一项超出3%时，买受人有权退房”的约定，然如上所述，某房地产公司在本案中并无过错，并采取了相应措施，保护了张某权益免受损害，在这种情况下，如仍解除涉案合同，不仅使得当事人签订涉案合同的目的得不到实现，也使得当事人之间的利益失衡，不利于维护交易的稳定，也有违公平、诚实信用民事活动原则。

《商品房买卖合同解释》有其现实背景，其中第 14 条关于买受人合同解除权之规定显然是出于对当时处于弱势地位的买房者予以更多保护的考量。但随着房地产调控政策的变化和房地产由卖方市场转为买方市场，“退房潮”出现了愈演愈烈的趋势，房地产市场呈现出了另一种混乱。依据市场经济的规律，一个完善的市场，并不允许参与者只享受利益，不承担风险。本案中买房人要求解除合同的根本缘由即是在于当地房价的下跌，寄希望通过对于法律规定的利用来转嫁风险，而这并非上述司法解释的意旨所在。二审法院在查明事实的基础之上深入领会立法本意，并不拘泥于对法律规定进行机械的理解与适用，在既维护交易稳定又兼顾公平原则的前提下综合评判，取得了较好的法律效果和社会效果。

## 规范索引

**《中华人民共和国合同法》**

**第八条**　依法成立的合同，对当事人具有法律约束力。当事人应当按照约定履行自己的义务，不得擅自变更或者解除合同。

依法成立的合同，受法律保护。

**第九十三条**　当事人协商一致，可以解除合同。

当事人可以约定一方解除合同的条件。解除合同的条件成就时，解除权人可以解除合同。

**第九十四条**　有下列情形之一的，当事人可以解除合同：

（一）因不可抗力致使不能实现合同目的；

（二）在履行期限届满之前，当事人一方明确表示或者以自己的行为表明不履行主要债务；

（三）当事人一方迟延履行主要债务，经催告后在合理期限内仍未履行；

（四）当事人一方迟延履行债务或者有其他违约行为致使不能实现合同目的；

（五）法律规定的其他情形。

**第九十五条** 法律规定或者当事人约定解除权行使期限，期限届满当事人不行使的，该权利消灭。

法律没有规定或者当事人没有约定解除权行使期限，经对方催告后在合理期限内不行使的，该权利消灭。

**第九十六条** 当事人一方依照本法第九十三条第二款、第九十四条的规定主张解除合同的，应当通知对方。合同自通知到达对方时解除。对方有异议的，可以请求人民法院或者仲裁机构确认解除合同的效力。

法律、行政法规规定解除合同应当办理批准、登记等手续的，依照其规定。

**第九十七条** 合同解除后，尚未履行的，终止履行；已经履行的，根据履行情况和合同性质，当事人可以要求恢复原状、采取其他补救措施，并有权要求赔偿损失。

**《最高人民法院关于适用〈中华人民共和国合同法〉若干问题的解释(二)》**

**第二十四条** 当事人对合同法第九十六条、第九十九条规定的合同解除或者债务抵销虽有异议，但在约定的异议期限届满后才提出异议并向人民法院起诉的，人民法院不予支持；当事人没有约定异议期间，在解除合同或者债务抵销通知到达之日起三个月以后才向人民法院起诉的，人民法院不予支持。

**第二十六条** 合同成立以后客观情况发生了当事人在订立合同时无法预见的、非不可抗力造成的不属于商业风险的重大变化，继续履行合同对于一方当事人明显不公平或者不能实现合同目的，当事人请求人民法院变更或者解除合同的，人民法院应当根据公平原则，并结合案件的实际情况确定是否变更或者解除。

**《最高人民法院关于审理商品房买卖合同纠纷案件适用法律若干问题的解释》**

**第十五条** 根据《合同法》第九十四条的规定，出卖人迟延交付房屋或者买受人迟延支付购房款，经催告后在三个月的合理期限内仍未履行，当事人一方请求解除合同的，应予支持，但当事人另有约定的除外。

法律没有规定或者当事人没有约定，经对方当事人催告后，解除权行使的合理期限为三个月。对方当事人没有催告的，解除权应当在解除权发生之日起一年内行使；逾期不行使的，解除权消灭。

**第十九条**　商品房买卖合同约定或者《城市房地产开发经营管理条例》第三十三条规定的办理房屋所有权登记的期限届满后超过一年，由于出卖人的原因，导致买受人无法办理房屋所有权登记，买受人请求解除合同和赔偿损失的，应予支持。

**第二十三条**　商品房买卖合同约定，买受人以担保贷款方式付款，因当事人一方原因未能订立商品房担保贷款合同并导致商品房买卖合同不能继续履行的，对方当事人可以请求解除合同和赔偿损失。因不可归责于当事人双方的事由未能订立商品房担保贷款合同并导致商品房买卖合同不能继续履行的，当事人可以请求解除合同，出卖人应当将收受的购房款本金及其利息或者定金返还买受人。

**第二十四条**　因商品房买卖合同被确认无效或者被撤销、解除，致使商品房担保贷款合同的目的无法实现，当事人请求解除商品房担保贷款合同的，应予支持。

**第二十五条**　以担保贷款为付款方式的商品房买卖合同的当事人一方请求确认商品房买卖合同无效或者撤销、解除合同的，如果担保权人作为有独立请求权第三人提出诉讼请求，应当与商品房担保贷款合同纠纷合并审理；未提出诉讼请求的，仅处理商品房买卖合同纠纷。担保权人就商品房担保贷款合同纠纷另行起诉的，可以与商品房买卖合同纠纷合并审理。

商品房买卖合同被确认无效或者被撤销、解除后，商品房担保贷款合同也被解除的，出卖人应当将收受的购房贷款和购房款的本金及利息分别返还担保权人和买受人。

# 第六章 商品房买卖合同违约责任纠纷

## 法理概览

### 一、违约责任概述

#### （一）违约责任的含义和特征

违约责任，是指合同当事人不履行合同义务或者履行合同义务不符合合同约定所应承担的民事责任。

违约责任具有以下六个特征：

第一，违约责任属于民事责任。法律责任包括刑事责任、行政责任和民事责任。刑事责任和行政责任都属于公法上的责任，是行为人因其违法或犯罪行为而依法向全社会或行政主体承担责任。而民事责任属于私法上的责任，产生于平等民事主体之间。

第二，违约责任属于财产责任。历史上，违约责任既包括人身的责任也包括财产责任。如债务人不履行债务时，债权人可将其拘禁、作为奴隶或出卖，就属于人身责任。但现代《合同法》已摒弃这一做法。合同责任限于财产责任，不得对他人身体加以强制。《合同法》第 110 条第 2 项规定，债权的标的不适于强制履行或履行费用过高的非金钱债务不能要求继续履行。在强制履行时，也不能对债务人的身体予以强制。如债务人依约定有为债权人授课的义务，如果债务人未履行义务，债权人不能强制债务人履行，只能要求赔偿损失或由第三人代为履行并要求债务人承担由此产生的费用。在现代民法上，人的生存权、居住权、人身权优先于债权等普通财产权。例如，《最高人民法院关于人民法院民事执行中查封、扣押、冻结财产的规定》第 6 条规定，对被执行人及其所扶养家属生活所必需的居住房屋，人民法院可以查封，但不得拍卖、变卖或者抵债。本条规定就体现了居住权优先于普通财产权的法治理念。

第三，违约责任产生于合同当事人之间。合同效力具有相对性，仅对合同当事人发生法律效力。即使当事人约定由第三人履行义务，如果第三人未依约履行义务，也应由合同债务人而非第三人承担违约责任。与违约责任不同，侵权责任原则上由侵权行为人承担，但也存在例外，如监护人责任、雇主责任等的责任人与侵权行为人就不一致。

第四，违约责任以存在违约行为为前提。违约行为是指合同当事人不履行合同义务或履行合同义务不符合合同约定的行为。无论合同义务人有无违约之故意，只要其存在不履行合同义务或履行合同义务不符合合同约定的行为就构成违约。而侵权责任以侵权行为的发生为前提。

第五，违约责任以填补损失为原则，以惩罚性赔偿为例外。《合同法》第 113 条第 1 款规定："当事人一方不履行合同义务或者履行合同义务不符合约定，给对方造成损失的，损失赔偿额应当相当于因违约所造成的损失，包括合同履行后可以获得的利益，但不得超过违反合同一方订立合同时预见到或者应当预见到的因违反合同可能造成的损失。"《合同法》第 114 条第 2 款规定："约定的违约金低于造成的损失的，当事人可以请求人民法院或者仲裁机构予以增加；约定的违约金过分高于造成的损失的，当事人可以请求人民法院或者仲裁机构予以适当减少。"上述规定都体现了违约责任填补损失的原则。但是，违约责任填补损失原则也存在例外。如根据《合同法》第 114 条第 2 款的规定，约定的违约金过分高于造成的损失的，当事人可以请求人民法院或者仲裁机构予以适当减少。因此，违约金适当高于违约行为造成的损失的，就未超出合理的违约责任的范围。《合同法》第 115 条规定："当事人可以依照《中华人民共和国担保法》约定一方向对方给付定金作为债权的担保。债务人履行债务后，定金应当抵作价款或者收回。给付定金的一方不履行约定的债务的，无权要求返还定金；收受定金的一方不履行约定的债务的，应当双倍返还定金。”本条规定了定金罚则，如果定金高于违约行为造成的损失，就属于惩罚性违约责任。此外，为保护消费者等弱势群体，相关法律也规定了惩罚性赔偿责任。对此，《合同法》第 113 条第 2 款规定：“经营者对消费者提供商品或者服务有欺诈行为的，依照《中华人民共和国消费者权益保护法》的规定承担损害赔偿责任。”

第六，违约责任具有较强的任意性。民法以意思自治为基本理念，当事人有权自由处分自己的权利。因此，民事责任产生后，当事人可自愿协商解决，只要不违反法律行政法规的禁止性规定，不损害国家、集体或第三人合法权益，就应得到尊重。与侵权责任等民事责任相比，违约责任的任意性更强。当事人不仅有权在事后就责任的承担进行协商，还可以在订立合同就对违约责任作出约定。

### （二）合同权利、义务与违约责任的关系

有人认为，民法本质上是权利保护法，强调权利本位。实践中，部分人特别强调自身的权利保护，却淡漠了义务的履行和责任的承担。例如，有的购房人在签订购房合同后，因房价下跌就要求出售方解除合同或退还约定价款与当前市场价之间的差价，如不同意就围堵出售人员或打砸售楼部。有的出售人在签订购房合同后，因房价上涨也想方设法解除合同，高价另售。上述情况反映出社会成员没有正确认识民事权利、义务和责任的关系。由于民事主体具有平等性和互换性，同一民事主体既可能成为债权人也可能成为债务人，既可能成为侵权人也可能成为被侵权人，某一民事主体的权利同时体现为其他民事主体的义务。因此单纯在私法范围内谈权利本位或义务本位并无意义。权利本位和个人主义体现了近代私法的理念和性格，是相对于封建法、教会法等特权法制而言的，将其作为时代精神来理解或许比作为民法的固有原则来理解更为准确。在合同法上，债权人所享有的债权即为债务人之债务。如果义务人不依法依约适当履行债务，债权人的债权就不可能圆满实现。合同当事人依法签订的合同生效后，合同条款就变成当事人之间的法律。债务人之义务就成为一种法律上之当为。如果债务人在合同约定或法律规定的履行期内未履行债务，当为而不为，就会产生法律上之强制，即违约

责任。因此，合同权利、义务和违约责任虽在形式上不同，但在内容上却是相对或相通的，在关系上是目标与手段的关系。合同义务之履行目的是确保合同权利之实现，违约责任之追究目的是确保合同义务之履行和合同权利之实现。

违约责任不同于合同法责任。一般而言，违约责任以存在有效的合同权利义务关系为前提。违约责任本质上是对合同权利因义务未履行而不能实现的救济。合同法上的责任除违约责任外，还有缔约过失责任。《合同法》第42条对缔约过失责任作了规定："当事人在订立合同过程中有下列情形之一，给对方造成损失的，应当承担损害赔偿责任：（一）假借订立合同，恶意进行磋商；（二）故意隐瞒与订立合同有关的重要事实或者提供虚假情况；（三）有其他违背诚实信用原则的行为。"

### （三）违约责任的构成要件

违约责任须具备四个构成要件：违约行为、损害事实、违约行为与损害事实之间存在因果关系和当事人主观状态。其中，违约行为、损害事实和因果关系是客观要件，主观状态是主观要件。

1. 违约行为

违约行为，是指合同当事人有不履行合同义务或者履行合同义务不符合约定的行为。民法以意思自治为基本原则。意思自治既包括自己意思，也包括自己责任。在合同法上，意思自治表现为合同自由和合同必须遵守两个原则。当事人有自愿缔约的自由，但合同一旦依法缔结，就成为当事人之间的法律，合同当事人必须遵守。如果当事人未遵守合同约定，未按合同约定履行义务，就要承担违约责任。基于合同相对性原则，合同仅在当事人之间发生效力，违约行为发生在特定的合同当事人之间。因此，违约行为以当事人之间存在有效的合同关系为前提。

违约行为主要包括不能履行、拒绝履行、迟延履行、不完全履行和迟延受领。不能履行是指合同债务人在客观上不具备履行能力。不能履行可分为事实上的不能履行和法律上的不能履行。事实上的不能履行是指依客观规律或社会一般经验，合同不可能履行，如大海捞针、上天揽月。法律上的不能履行是指合同虽在事实上可以履行，但履行行为违反法律的禁止性规定而陷入不能。不能履行可分为部分不能和全部不能。如果部分不能不影响其他部分履行效果的，当事人仅就不能的部分承担违约责任。不能履行还可分自始不能和嗣后不能、一时不能和永久不能。不能履行在何种情况下导致违约行为，要具体分析。拒绝履行是指合同债务人能够履行但明确表示或以其行为表明不履行的行为。迟延履行是指合同债务人在债务履行期限届满后能够履行而未履行的行为。不完全履行是指合同债务人履行债务不符合合同本旨的行为。既包括履行不符合合同的约定，也包括履行虽未违反合同约定，但不符合交易习惯或法律规定而使相对人合同目的不能实现的情形。迟延受领是指债务人依约提出履行或准备好履行后，债权人未接受债务人的履行或未对债务人的履行提供必要的协助，导致履行不能实现的行为。

2. 损害事实

民法上的损害，是指民事主体遭受的民事权益的损害，既包括未获得本应获得的利益，也包括已享有权益的减损，包括人身权益损害和财产权益损害两种类型。首先，违约行为所损害的主要是当事人的财产权益。一方面，《合同法》第 2 条规定："本法所称合同是平等主体的自然人、法人、其他组织之间设立、变更、终止民事权利义务关系的协议。婚姻、收养、监护等有关身份关系的协议，适用其他法律的规定。"可见身份关系不适用《合同法》的规定。违约责任不救济身份权益损害。另一方面，人格原则上不允许当事人任意处分，不可作为合同的标的。因此人格利益原则上也不是违约责任的救济对象。但随着商品社会的发展，一些名人的姓名、肖像等人格商品化，可以作为合同标的。如果一方当事人违反合同约定使用合同相对人的姓名、肖像，就可能会损害其人格利益。这种情况下，可能产生违约责任和侵权责任的竞合，受害人可选择救济方式。其次，违约行为所损害的利益是一种期待性利益。一方面，违约行为所损害的是合同相对人依约本应获得的利益，而非当事人已经实际取得的利益。而侵权行为所损害的通常是当事人已经实际享有的利益。另一方面，违约行为所损害利益的实现是可能的。最后，损害必须是确定的。一方面，损害事实的发生是确定的；另一方面，损害的范围是确定的。受损害一方当事人对此应承担举证责任。尤其在可得利益损害时，该损害应当是确定的。

3. 因果关系

因果关系，是指客观世界中两个因素之间引起与被引起的关系。因果关系具有客观性、普遍性、复杂性，对特定的两个因素而言其因果关系又具有特定性。现实生活中，某一损害可能是由多个原因造成，或者某一违约行为造成多个损害后果。既存在一因一果，也存在多因一果，一果多因，甚至多果多因。在判定违约行为和损害结果之间是否存在因果关系时，既要符合逻辑推理，也要符一般合生活经验法则，二者应当具备相当的因果关系。如果违约行为与损害事实之间不存在因果关系，违约当事人也无须对这些损害承担违约责任。

4. 主观要件

《合同法》第 107 条规定："当事人一方不履行合同义务或者履行合同义务不符合约定的，应当承担继续履行、采取补救措施或者赔偿损失等违约责任。"第 120 条规定："当事人双方都违反合同的，应当各自承担相应的责任。"违约责任原则上不以当事人的主观过错为要件。无论当事人违约是出于故意、过失还是迫于无奈，只要其不履行合同义务或者履行合同义务不符合约定，就应当承担违约责任。过失责任是近代民法的三大原则之一，但违约责任不以过失为要件。在民事活动中，人与人之间无时无刻不处于权益的冲突和交织中，对于他人合法权益，所有社会成员都应予以尊重，负担相应的注意义务。如果违反该注意义务，主观上就处于过失状态，因此而造成他人民事权益损害的，就应承担相应的民事责任。一般注意义务的要求，既可以使行为人免予无过错责任导致的动辄则得咎的尴尬处境，又可以使民事主体的民事权益免遭他人行为的随意侵害，是平衡行为自由和权利保护的重要制度。但是在合同关系中，双方当事人通过签订合同向对方当事人作出了承诺，就必须遵守该承诺。合同本质上是当事人在订立合同时对将来（现在）利益进行交换的承诺。承诺产生之后，任何一方当事人就产生一种信赖，并依据该信赖而对生活（经营）作出安排。此时，合同当事人之间产生了特定的信赖关系，而非普通社会成员之间的彼此权利尊重关系。如果一方当事人违背承诺，就损害了相对人的信赖，损害其利益，就必须承担责任，而无论其主观上是否存在故意或过失。因此，违约责任是无过错责任。这与民法的过错责任原则并不矛盾。

违约责任原则上采无过错责任原则，但存在例外。合同是否有偿、行业惯例、对标的物的实际控制等情况对违约责任的归责原则都会产生影响。一些合同虽是当事人的真实意思表示，当事人有遵守承诺的义务，但因是无偿合同，对当事人的拘束力较弱，《合同法》规定当事人承担过错违约责任。例如，《合同法》第189条规定："因赠与人故意或者重大过失致使赠与的财产毁损、灭失的，赠与人应当承担损害赔偿责任。"在一些合同关系中，根据行业惯例和当事人对标的物的实际控制等情况而采纳了过错责任原则。如《合同法》第303条第1款规定："在运输过程中旅客自带物品毁损、灭失，承运人有过错的，应当承担损害赔偿责任。"第320条规定："因托运人托运货物时的过错造成多式联运经营人损失的，即使托运人已经转让多式联运单据，托运人仍然应当承担损害赔偿责任。"此外，针对保管合同和委托合同，《合同法》第320条和第406条也规定了过错责任。

### （四）违约责任与侵权责任的竞合

责任竞合，是指由于某一法律事实的出现，导致产生两种或两种以上的民事责任，这些民事责任被不同的法律规范所调整，各责任之间相互冲突的情况。在民法上，责任竞合主要表现为违约责任和侵权责任的竞合。《合同法》第122条规定："因当事人一方的违约行为，侵害对方人身、财产权益的，受损害方有权选择依照本法要求其承担违约责任或者依照其他法律要求其承担侵权责任。"根据该规定，在违约责任与侵权责任竞合的场合，当事人有权选择其一。从维护诉讼秩序、保护相对人预期等角度考虑，当事人一旦选择其一，就不应再随意改变。

### （五）违约责任的抗辩

违约责任的抗辩，是指一方当事人对合同相对人要求其承担违约责任的主张予以反对和否定。违约责任的抗辩事由主要有两类：一是违约责任不成立，即合同债务人主张违约责任构成要件不具备。因违约责任不成立，债务人理应不必承担违约责任。二是违约责任虽然成立，但存在法定或约定的免责事由。法定免责事由包括不可抗力、合理损耗和债权人过错等。根据《合同法》第117条规定，不可抗力，是指不能预见、不能避免并不能克服的客观情况。根据该条规定，因不可抗力不能履行合同的，根据不可抗力的影响，部分或者全部免除责任，但法律另有规定的除外。但是，当事人迟延履行后发生不可抗力的，不能免除责任。合理损耗包括因标的物自然原因等因素造成的合理损耗。合理损耗应以标的物的自然属性相适应或与交易习惯相一致。债权人过错是导致损害事实的唯一原因的，债务人不承担违约责任。如果债权人过错和债务人的违约行为是造成损害事实的共同原因，则根据双方的过错程度和各自行为与损害事实之间因果关系的强弱程度确定各自的责任。除法定免责事由外，当事人还可以自愿约定免责事由。合同中的免责条款不仅要具备《合同法》规定的成立和生效条件，而且应符合法律规定的特殊条件。如《合同法》第40条规定："格式条款具有本法第五十二条和第五十三条规定情形的，或者提供格式条款一方免除其责任、加重对方责任、排除对方主要权利的，该条款无效。"第53条规定："合同中的下列免责条款无效：（一）造成对方人身伤害的；（二）因故意或者重大过失造成对方财产损失的。"

## 二、违约责任的承担方式

### （一）继续履行

继续履行，是指合同债务人违约后，债权人请求其继续依约履行合同，人民法院判令债务人继续履行合同义务。这种情况下，合同债务人必须继续依约履行合同义务，不能以支付违约金或者赔偿损失等责任方式替代。对于实际履行，不同国家和地区立法存在较大分歧。一般认为，大陆法系国家和地区多把实际履行作为主要救济方法，一方当事人违约，另一方当事人可要求其履行或请求法院判决其履行合同规定的特定义务，而不允许其以金钱或其他方法代替履行。英美法系国家和地区则把实际履行作为辅助救济方法，一般只有在损害赔偿不是一种充分的补救方法时才采用。[①] 这反映了两大法系在合同价值理念上的差异。我国强调诚实信用原则，要求契约必须遵守，如果当事人未履行合同义务或者履行合同义务不符合合同约定，相对人原则上都有权要求其继续履行合同。但是这一原则也存在例外。《合同法》第110条规定："当事人一方不履行非金钱债务或者履行非金钱债务不符合约定的，对方可以要求履行，但有下列情形之一的除外：（一）法律上或者事实上不能履行；（二）债务的标的不适于强制履行或者履行费用过高；（三）债权人在合理期限内未要求履行。"对于依法不能直接强制执行的债权，可采用代替履行或间接强制的方式实现。代替履行是指在债务人拒不履行债务的情况下，由债权人或第三人为债项下之特定给付，以实现债权，但由债务人负担实现债权的必要费用。代替执行多针对不适于直接强制履行的债务。间接强制是指通过罚金、拘留等方式对拒不履行债务之人以精神上的强迫，促使其履行债务。此外，债权人在不能请求债务人继续履行的情况下，也可以要求债务人承担赔偿损失、偿付违约金等金钱赔偿责任。金钱赔偿责任可以直接强制执行。

### （二）支付违约金

违约金，是指由当事人事先约定的，违约方向守约方支付的独立于履行行为之外的财产给付。当事人可以约定一方违约时应当根据违约情况向对方支付一定数额的违约金，也可以约定因违约产生的损失赔偿额的计算方法。违约金主要体现为金钱形式，但不限于金钱。违约金既具有担保债务履行的功能，又具有惩罚违约人和补偿守约人损失的功能，属于一种承担违约责任的方式。如果当事人约定的支付违约金的条件成就，守约方就可能主张违约金责任。一般而言，人民法院应当根据合同约定的条件、数额、方式判决违约金责任。但违约金条款属于当事人在订立合同时对将来对方当事人违约对自己可能造成损失数额的预判。而且如果双方当事人在订立合同时缔约地位不平等，违约金条款可能对弱势一方当事人不公平。实践中难免会出现合同约定的违约金数额与实际

---

① 王卫国主编：《合同法》，北京师范大学出版社2010年版，第215页。

损失不一致的情况。我国违约责任以填补损失为基本原则。因此，在违约金数额与实际损失不一致的情况下，通常需要对违约数额进行调整，以实现合同公平。《合同法》第 114 条第 2 款规定："约定的违约金低于造成的损失的，当事人可以请求人民法院或者仲裁机构予以增加；约定的违约金过分高于造成的损失的，当事人可以请求人民法院或者仲裁机构予以适当减少。"该款确定了两个调整违约金的基本原则：一是违约金不应低于违约行为造成的损失，如果低于损失，就应依据当事人的请求增加违约金，以填平损失。二是违约金不应过分高于违约行为造成的损失，过分高于损失的，应依据当事人的请求适当减少。可见，违约金调整规则了体现了违约金责任填平损失的功能，同时也体现出一定的惩罚功能。

在调整违约金责任时，何为"过分高于"损失，何为"适当减少"，即违约金能否调整、如何调整的问题是较难把握的司法难点问题。《合同法解释（二）》第 29 条规定："当事人主张约定的违约金过高请求予以适当减少的，人民法院应当以实际损失为基础，兼顾合同的履行情况、当事人的过错程度以及预期利益等综合因素，根据公平原则和诚实信用原则予以衡量，并作出裁决。当事人约定的违约金超过造成损失的百分之三十的，一般可以认定为合同法第一百一十四条第二款规定的'过分高于造成的损失'。"司法实践中，违约金的数额可依据合同约定确定，但合同当事人的因违约而遭受的损失数额在很多情况下较难确定。尤其是预期利益、机会成本等较难量化。因此，在确定是否调整以及如何调整违约金数额时，除了要考虑履行情况、当事人的过错程度以及预期利益等因素外，还要考虑违约金条款是否为格式条款、双方当事人缔约地位、交易习惯等因素，以尽量实现合同公平。

### （三）赔偿损失

赔偿损失，是指合同违约方向相对人赔偿因其违约行为而造成的损失。赔偿损失是适用较为广泛的违约责任形式，在合同没有约定其他违约责任、不适宜适用其他违约责任或者适用其违约责任不足以弥补损失的情况下，守约人都可以要求违约人承担赔偿损失责任。《合同法》第

112条规定："当事人一方不履行合同义务或者履行合同义务不符合约定的，在履行义务或者采取补救措施后，对方还有其他损失的，应当赔偿损失。"

1. 损失赔偿的基本原则

违约责任以填平损失为基本原则。因此，赔偿损失作为最终的违约救济手段，应以完全赔偿为原则。《合同法》第113条规定："当事人一方不履行合同义务或者履行合同义务不符合约定，给对方造成损失的，损失赔偿额应当相当于因违约所造成的损失，包括合同履行后可以获得的利益，但不得超过违反合同一方订立合同时预见到或者应当预见到的因违反合同可能造成的损失。"赔偿损失的范围既包括实际已造成的损失，也包括合同履行后本可获得的利益之损失。司法实践中，实际损失相对较容易确定，而合同履行后可以获得的利益则较难确定，需要予以适当限制。此外，合同主要是对将来利益交换的安排，合同的可履行性和合理性是以当事人缔约时对将来自身履行能力和可获得利益的预判为基础。因此，《合同法》对赔偿损失的范围予以了限制，限定在违反合同一方订立合同时预见到或者应当预见到的因违反合同可能造成损失的范围之内。

违约责任以补偿性为原则，填补守约一方当事人所遭受之损失为目的。赔偿损失亦然，但也存在例外。如《合同法》第113条第2款规定："经营者对消费者提供商品或者服务有欺诈行为的，依照《中华人民共和国消费者权益保护法》的规定承担损害赔偿责任。"而《消费者权益保护法》第55条规定："经营者提供商品或者服务有欺诈行为的，应当按照消费者的要求增加赔偿其受到的损失，增加赔偿的金额为消费者购买商品的价款或者接受服务的费用的三倍；增加赔偿的金额不足五百元的，为五百元。法律另有规定的，依照其规定。经营者明知商品或者服务存在缺陷，仍然向消费者提供，造成消费者或者其他受害人死亡或者健康严重损害的，受害人有权要求经营者依照本法第四十九条、第五十一条等法律规定赔偿损失，并有权要求所受损失二倍以下的惩罚性赔偿。"

因合同理念不同，两大法系在所采取的违约责任承担方式上也有所不同。英美法更强调违约责任的补偿性。英美法上除了一些特殊情况外，首要的违约救济是赔偿损失，而非实际履行。实际履行作为衡平法上的救济方式，是以公平正义原则为指导的，即以所谓衡平法院法官的良心为准，需要个案酌量。同时，它又作为一种补充救济方式，总以例外的方式存在，所以其适用的条件通常以其不适用的情况表达出来，法律经济分析学派对英美法系的以上做法提供了理论根据，他们认为，若他不履约而增加的收益超过对方因其履行而可获得的利益，那么他的违约行为就是一种有效益的行为，即所谓："有效益违约"（Eff1c1entBreach）。这对合同双方而言没有损害，对整个社会的资源配置也是有益的。[①] 但是，如何判断违约是有益的，在司法实践中面临较大的困难。合同当事人因不履行合同而带来的收益与履行合同所带来的收益很多时候难以定量计算。而且违约行为是对诚实信用原则的违背和法治秩序的破坏，本身是有损社会利益的行为。大陆法系国家相对而言更强调契约的遵守和履行。两法系合同理念的差异不仅体现在违约责任的承担方式上，也体现在合同效力的认定上。如英美法历史上就强调对价对合同效力的重要意义。而大陆法系则主要关注合同是否为当事人的真实意思表示，是否具有合理对价并非影响合同效力的因素。可以看出，合同法领域，大陆法系强调允诺必须遵守而英美法系则更看重合同背后的利益交换。因此，在违约责任的承担方式上，大陆法系强调合同的强制履行，而英美法系看重双方利益的增减是否公平合理，强调合理的赔偿。我国《合同法》第 107 条、第 109 条、第 110 条均规定了继续履行这一违约责任承担方式，如果守约人提出要求，违约人的金钱债务应实际履行，非金钱债务除法律另有规定外，也应当实际履行。我国《合同法》仍坚持了大陆法的传统。司法实践中，除非合同履行不能、履行成本过于高昂或者继续履行已无实际意义，人民法院判决违约人继续履行合同的情况较为普遍。但是，从意思自治的角度看，当事人签订合同后，虽然有履行义务的责任，但是否也享有"违约的自由"呢？如果合同中已经约定了违约责任，说明当事人已经对违约后的利益安排自愿协商达成了一致意见，对该约定也应尊重。如果合同未对违约责任作出约定，违约人在继续履行和依

① 徐杰：《合同法中的违约责任制度》，载《中国法学》1999 年第 3 期。

法承担赔偿损失责任之间愿意选择后者，而赔偿损失也足以弥补守约人的损失，赔偿损失似也是一种更好的选择。另外，实践中很多合同较为复杂，人民法院判决继续履行后，往往较难强制执行，尤其是双方当事人矛盾较深的情况下，往往相互掣肘，导致继续履行判决很难执行，矛盾依然未解决。继续履行与赔偿损失两种责任承担方式中谁应优先适用，值得反思。

2. 预期利益损失与违约金

《合同法》第113条和第114条分别规定了预期利益损失与违约金。《合同法》第114条第1款规定："当事人可以约定一方违约时应当根据违约情况向对方支付一定数额的违约金，也可以约定因违约产生的损失赔偿额的计算方法。"其中违约金是确定的，而预期利益损失通常是不确定的，但也可以通过约定损失的计算方法予以确定。两者作为违约责任的承担方式，存在一定的区别与联系：

（1）是否要求存在实际损失不一

预期利益损失是合同违约造成的实际损失，如果不存在实际损失，即便违约了，也不存在赔偿问题，其目的在于填补损失功能。而违约金赔偿不一定以造成实际损失为前提，即便没有造成实际损失，双方也可约定违约金条款，如双方约定如一方迟延履行合同，支付对方一定的违约金。违约金条款兼具赔偿与惩罚功能。其惩罚功能表现在当一方违约时，违约方除须支付违约金外，仍需履行其他债务。例如，《合同法》第114条第3款规定："当事人就迟延履行约定违约金的，违约方支付违约金后，还应当履行债务。"

（2）是否可以调整不同

预期利益损失作为合同的一项实际损失，不存在调整问题。而违约金可依当事人的请求进行调整。《合同法》第114条第2款规定："约定的违约金低于造成的损失的，当事人可以请求人民法院或者仲裁机构予以增加；约定的违约金过分高于造成的损失的，当事人可以请求人民法院或者仲裁机构予以适当减少。"

（3）预期利益损失是违约金调整的一个参考因素

《合同法解释（二）》第29条规定："当事人主张约定的违约金过高

请求予以适当减少的，人民法院应当以实际损失为基础，兼顾合同的履行情况、当事人的过错程度以及预期利益等综合因素，根据公平原则和诚实信用原则予以衡量，并作出裁决。”当事人约定的违约金超过造成损失的30%的，一般可以认定为《合同法》第114条第2款规定的“过分高于造成的损失”。

（4）二者不可同时主张

主张违约金赔偿本身就涵盖了实际损失，预期利益损失作为一项实际损失，二者不可同时重复主张，只能根据实际损失情况对违约金予以调整。《合同法解释（二）》第28条也规定，当事人依照合同法第114条第2款的规定，请求人民法院增加违约金的，增加后的违约金数额以不超过实际损失为限。增加违约金以后，当事人又请求对方赔偿损失的，人民法院不予支持。

此外，还需注意预期利益损失与信赖利益损失的区别。预期利益损失源于《合同法》第七章“违约责任”的第113条，而信赖利益损失源于合同法第二章“合同的订立”第42条，该条规定：“当事人在订立合同过程中有下列情形之一，给对方造成损失的，应当承担损害赔偿责任：（一）假借订立合同，恶意进行磋商；（二）故意隐瞒与订立合同有关的重要事实或者提供虚假情况；（三）有其他违背诚实信用原则的行为。”也即前者是基于违约责任，后者是基于缔约过失责任。所谓缔约过失责任，是指当事人在订立合同过程中，因过错违反依诚实信用原则负有的先合同义务，导致合同不成立，或者合同虽然成立，但不符合法定的生效条件而被确认无效、被变更或被撤销，给对方造成损失时所应承担的民事责任。二者的主要区别在于：

（1）发生的阶段不同

缔约过失责任与违约责任的基本区别在于，它发生在缔约过程中而不是发生在合同成立以后。只有在合同尚未成立，或者虽然成立，但因为不符合法定的生效要件而被确认为无效或被撤销时，缔约人才应承担缔约过失责任。而违约责任是在合同成立并生效后，当事人一方不履行合同义务或者履行合同义务不符合约定。

（2）过错的要求不同

缔约过失责任要求一方主观上存在过错，包括故意和过失。故意是指缔约人预见到自己的行为会产生合同无效、不成立或被撤销，能给相对人造成信赖利益损失的后果，而仍然进行这种民事行为，希望或者放任违法后果的发生。过失指虽然预见到了上述后果，但因疏忽大意没有尽到告知、照顾、协助等义务，或轻信其不会发生的主观心理状态。缔约过失责任本质上是一种过错责任。而合同的违约责任则不要求当事人主观上过错，只要客观上违反了合同的义务，即应承担责任，本质上是一种无过错责任。

（3）损失的范围不同

缔约过失责任赔偿的是信赖利益损失，所谓信赖利益的损失，是指一方实施某种行为后，足以使另一方对其产生信赖（如相信其会订立合同），并因此而支付了一定的费用，后因对方违反诚信原则使该费用不能得到补偿。包括直接损失和间接损失，直接损失如缔约费用、准备履行所支出费用、已给付金钱的利息等。间接损失包括因信赖合同有效成立而放弃与第三人另订合同获利机会的损失等。而因违约责任赔偿的预期利益损失，指缔约时违约方可以预见到的履行利益所产生的损失，仅是一种间接损失。对缔约过失责任与违约责任的准确把握，有助于受害人准确确定诉请基础与范围，避免因基础关系把握不当而导致败诉风险。如黑龙江省绥化农垦法院审理的原告王辉因与被告哈尔滨好博药业有限公司合同纠纷一案［（2015）绥商初字第 334 号］，经法院查明，原、被告签订的合作协议因原告不具有药品生产资质而无效，法院认为，原告诉请被告继续履行双方签订的品种合作协议，赔偿预期销售利润损失 1987420.50 元，支付违约金 1397248.46 元。此三项诉讼请求成立的共同前提条件是双方当事人订立的合同依法成立并生效，而本案所涉品种合作协议为无效合同，自始不具有法律约束力，原告基于无效合同之约定，请求被告履行相应义务，本院不予支持。

### （四）支付定金

定金，是指合同一方当事人为保证债务履行，在合同成立时或成立后未履行前，预先给付对方一定数额金钱的担保方式。《民法通则》第89条第3项规定：“当事人一方在法律规定的范围内可以向对方给付定金。债务人履行债务后，定金应当抵作价款或者收回。给付定金的一方不履行债务的，无权要求返还定金；接受定金的一方不履行债务的，应当双倍返还定金。”上述规定确定了定金罚则。定金罚则体现出它既是对债的担保，也是一种违约责任的承担方式。定金依其作用不同，可分为五种类型。一是证约定金，即用于证明主合同已经成立的定金。二是成约定金，即当事人约定将定金之交付作为主合同成立的要件。三是违约定金，即当事人违约时不予返还或应当双倍返还的定金，具有预付违约金的性质。四是解约定金，即当事人约定作为解除合同之对价的定金。五是立约定金，即当事人约定作为拒绝订立主合同对价的定金。

除需具备合同成立的一般条件外，定金合同的成立还须具备以下条件：存在有效的主债权债务关系；定金已经交付；定金数额不超过法定上限，即不得超过主合同标的额的20%，超出部分无效；原则上定金的给付标的应当是金钱，除非当事人有相反约定。定金具有以下三方面的作用：一是证约。定金具有证明合同关系成立和存在的作用。因为定金是在合同订立时或订立后履行前交付，定金的存在即能证明合同关系的存在。二是预先给付。定金应当在合同履行前交付，具有预先给付的特点。在履行主债务时，定金可以抵作价款或在履行完毕后予以返还。三是担保。定金罚则使其具有担保债务履行的效力。如果当事人不履行债务，就将失去定金或者双倍返还定金。如果定金数额不是过分高于损失，违约人不能要求减少；如果定金数额低于损失，守约人可以同时主张赔偿损失的违约责任。此外，根据《合同法》第116条的规定，如果当事人同时约定了违约金责任和定金责任的，只能选择其中之一，不能同时要求违约人同时承担违约金责任和定金责任。

（五）采取补救措施

根据《合同法》第107条的规定，采取补救措施也是一种独立的违约责任承担方式。采取补救措施主要针对不完全履行的违约情形，包括瑕疵给付和加害给付。在瑕疵给付的情况下，违约人采取补救措施的目的在于补正给付，使给付符合合同约定和交易习惯，从而使相对人实现合同目的。这些补救措施因违约的具体情况而定。如《合同法》第111条规定了修理、更换、重作、退货、减少价款或者报酬等形式。在加害给付的情况下，违约人还应就守约人固有利益，即合同债权之外的人身、财产权益所遭受的损害采取补救措施。此外，根据《合同法》第112条的规定，当事人一方不履行合同义务或者履行合同义务不符合约定的，在履行义务或者采取补救措施后，对方还有其他损失的，应当赔偿损失。

## 实务指南

### 一、违约金的调整

违约金条款是关于将来当事人违约后违约责任的预先约定，违约金的数额或计算方式以当事人对未来相对人违约对自己可能造成损失的预判为基础。这种预判可能符合客观实际，也可能不符合客观事际。因违约金责任具有补偿性，以填补守约人因违约行为造成的损失为主要目的，同时兼具一定的惩罚性，在当事人约定的违约金责任与实际损失不一致时，就需要对违约金进行调整。对此，《合同法》第114条第2款规定："约定的违约金低于造成的损失的，当事人可以请求人民法院或者仲裁机构予以增加；约定的违约金过分高于造成的损失的，当事人可以请求人民法院或者仲裁机构予以适当减少。"商品房买卖合同违约金责任纠纷中，争议最大的问题就是违约金是否需要调整和如何调整的问题。根据《合同法》第114条第2款的规定，调整违约金的情形有二：一是约定的违约金低于造成的损失，二是约定的违约金过分高于造成的损失。司法实践中争论最大的问题主要是守约方的实际损失如何确定和约定违约金过分高于违约造成损失的标准问题。

关于违约造成损失数额的计算问题。在商品房买卖合同中，买方的主要义务是依约支付购房款，买方最常见的违约行为是迟延付款或拒绝付款。因此，在买方违约的情况下，卖方的损失主要是购房款及其利息损失。如《商品房买卖合同解释》第17条规定："商品房买卖合同没有约定违约金数额或损失赔偿数额计算方法，违约金数额或者损失赔偿额可以参照以下标准确定：逾期付款的，按照未付购房款总额，参照中国人民银行规定的金融机构计收逾期贷款利息的标准计算。"《买卖合同解释》第24条第4款规定："买卖合同没有约定逾期付款违约金或者该违约金的计算方法，出卖人以买受人违约为由主张赔偿逾期付款损失的，人民法院可以中国人民银行同期同类人民币贷款基准利率为基础，参照逾期罚息利率标准计算。"依据上述规定精神，在延期支付购房款的情况下，卖房人的损失数额应不低于延期支付购房款的利息，同时可根据实际情况计算一定数额的罚息，并以之为标准衡量是否需要调整违约金以及调整的幅度。由于中国人民银行今后不再发布基准利率，在计算利息时可参照迟延付款期间的商业银行贷款利率。

在商品房买卖合同中，卖方的主要义务是依约交付房屋并转移房屋所有权。实践中，卖方违约最常见的形态迟延交房、所交房屋不合格或不符合约定、迟延办理房产证、国有土地使用权证等产权证书。在迟延交房的情况下，可参照当地同类房屋的租赁价格确定损失。在所交房屋不合格或不符合约定的情况下，损失应包括房屋不能居住期间同类房屋租金和采取补救措施所支出的合理费用。如果已经判决卖方采取补救措施，损失可参照房屋不能居住期间同类房屋的租赁价格确定。在迟延办理房产证、国有土地使用权证等产权证书的情况下，损失如何确定是实践中争议较大的问题。实践中，商品房买卖合同多会约定迟延办理房产证的违约金，但在产生争议后，卖房一方通常会以买房人未遭受实际损失为由请求减免违约金。由于购房人已经实际占有房屋，可以使用房屋，因此表面看购房人并没有遭受实际损失。但是，在未依约办理房产证等产权证书的情况下，购房人并未取得房屋所有权，没有实现合同目的，其要求卖房人转移房屋所有权之债权面临不能实现的风险，且该房屋也难以再转让。这些“损失”虽不易用金钱度量，但却是实际存在的。如果开发商等卖房人是因为将房屋或者所用土地整体抵押贷款而未依约办理房屋产权权属登记，在确定损失时还应考虑其因此所额外获得的利益，以及卖房人因此而承担的所购房屋被抵押权人强制执行的风险。因此，不能因损失不易用金钱度量就否认损失的存在，更不宜据此随意减免卖房人的违约金责任。

在决定是否调整违约金以及如何调整违约金责任时，还要考虑缔约时双方当事人的缔约能力、违约金条款是否为格式条款、由谁提供合同文本以及当地及行业交易习惯等因素。如果双方当事人在缔约时的地位不平等，弱势一方当事人缔约能力较弱，强势一方当事人在违约后要求减免违约金责任的，就应十分慎重。如果违约一方当事人是合同本文的提供者，且所提供的合同中违约金条款是格式条款，其违约金责任的减免也应慎重。在诉讼中，决定是否调整违约金责任既要考虑违约所造成的损失，也要综合考虑缔约时的情况、当事人的过错情况等，力争实现公平正义。此外，目前很多商品房买卖合同都是格式合同，违约金责任的约定也较为接近，这类条款通常是行业习惯的体现，如果合同条款本就由违约人提供，在诉讼过程中不宜轻易对违约金责任作出减免。

关于如何调整违约金的问题。根据《合同法》第 114 条第 2 款的规定，当事人约定的违约金低于造成的损失的，当事人可以请求人民法院或者仲裁机构予以增加，增加数额应以填平损失为标准。约定的违约金过分高于造成的损失的，当事人可以请求人民法院或者仲裁机构予以适当减少。何为过于高于损失呢？《合同法解释（二）》第 29 条规定：“当事人主张约定的违约金过高请求予以适当减少的，人民法院应当以实际损失为基础，兼顾合同的履行情况、当事人的过错程度以及预期利益等综合因素，根据公平原则和诚实信用原则予以衡量，并作出裁决。当事人约定的违约金超过造成损失的百分之三十的，一般可以认定为合同法第一百一十四条第二款规定的过分高于造成的损失。”该条确定了两项判断标准：一是“以实际损失为基础，兼顾合同的履行情况、当事人的过错程度以及预期利益等综合因素，根据公平原则和诚实信用原则予以衡量”；二是约定的违约金超过造成损失的30%的，一般可以认定为过分高于违约造成的损失。对此，《商品房买卖合同解释》第16条规定：“当事人以约定的违约金过高为由请求减少的，应当以违约金超过造成的损失30%为标准适当减少；当事人以约定的违约金低于造成的损失为由请求增加的，应当以违约造成的损失确定违约金数额。”该条规定减少违约金的标准是损失的30%，但减少的幅度并非“一刀切”地规定为超过损失及其30%的部分全部减免，而是“适当”减少。如何“适当”减少呢?可参考《合同法解释（二）》第29条的规定，以实际损失为基础，兼顾合同的履行情况、当事人的过错程度以及预期利益等综合因素，根据公平原则和诚实信用原则予以衡量。总之，在调整违约金时，首先要坚持违约金责任的补偿性原则，同时兼顾其惩罚性的特点，要充分考虑个案中的缔约情况、履约情况，根据公平和诚实信用原则予以衡量。

## 二、违约责任与缔约过失责任的适用

缔约过失责任是指在合同订立过程中，一方因违背其依据的诚实信用原则所产生的义务，导致另一方信赖利益损失，所应承担的损害赔偿责任。《合同法》第42条规定：“当事人在订立合同过程中有下列情形之一，给对方造成损失的，应当承担损害赔偿责任：（一）假借订立合同，恶意进行磋商；（二）故意隐瞒与订立合同有关的重要事实或者提供虚假情况；（三）有其他违背诚实信用原则的行为。”该条对缔约过失责任作出了规定。缔约过失责任本为侵权责任，不属于合同责任的范畴。德国学者耶林提出缔约过失责任理论，认为当事人因自己过失致使契约不成立的，对信其契约为有效成立的相对人，应赔偿基于此项信赖而生的损害。该责任并非涉及违反契约有效成立后的给付义务问题，当事人所违反的，是以缔约当事人为缔结契约而接触磋商之际，因相互信赖所形成之特别结合关系为基础之诚实、照顾、告知、解释、保护等附随义务或其他行为义务。之后，缔约过失责任成为大陆法系国家合同法上一项重要制度。与侵权责任不同，责任人并非违反了对普通对世权的一般注意义务，责任人违反的是其与受害人之间因缔约行为而形成的基于相互信赖所形成之特别结合关系之诚实、照顾、告知、解释、保护等附随义务或其他行为义务。与违约责任不同，责任人并未违反合同义务，缔约过失责任并不以存在有效的合同关系为前提。

缔约过失责任本质上是侵权责任。缔约过失行为所损害的是其他缔约人的信赖利益，该责任以赔偿实际损失为原则，目的是使受损害的当事人之利益恢复到未缔约时的状况。而违约责任不仅要赔偿实际损失，根据《合同法》第107条和第113条的规定，还要赔偿履行利益和期待利益。如果合同约定了违约金或订金责任，或者符合消费者权益保护法等法律规定的，违约人还可能承担惩罚性赔偿责任。因此，违约责任的赔偿范围远超过缔约过失责任。在合同已经依法成立并生效，但因一方当事人违约而被解除的情况下，违约人是承担缔约过失责任还是违约责任对当事人的利益影响巨大。这通常也是诉讼中争议的焦点问题。实践中主要有两种观点：一种观点认为，由于合同已经解除，已不存在合法有效的合同关系，原合同中约定的违约责任条款和订金条款都无效，违约责任已失去存在的基础。《合同法》第98条规定："合同的权利义务终止，不影响合同中结算和清理条款的效力。"合同中违约责任条款和订金条款不属于结算和清理条款，合同解除后，此类条款也无效。《合同法》第57条规定："合同无效、被撤销或终止，不影响合同中独立存在的有关解决争议方法的条款的效力。"此类条款应指仲裁条款、管辖条款、法律适用条款等，不包括违约责任条款。因此违约人不应承担违约责任，而应承担缔约过失责任。另一种观点认为，合同虽已解除，但这并不能否定合同依法成立生效，双方当事人曾存在合同关系的事实。合同解除是一方当事人违约的结果，承担违约责任也是该违约行为的结果。该问题争议较大，在《最高人民法院公报》上刊登的案例中，也存在不一致的认识。①

---

① 《最高人民法院公报》2010年第5期刊载的《广西桂冠电力股份有限公司与广西泳臣房地产开发有限公司房屋买卖合同纠纷案》和第6期刊载的《枣庄矿业（集团）有限公司柴里煤矿与华夏银行股份有限公司青岛分行、青岛保税区华东国际贸易有限公司联营合同纠纷案》。

比较法上，合同解除的效果主要有直接效果说、间接效果说与折中说。直接效果说认为，合同因解除而溯及既往地消灭，尚未履行的债务免于履行，已经履行的部分发生返还请求权。该说为法国、日本以及我国台湾地区“民法”所采纳。间接效果说认为，合同本身不因解除而归于消灭，只不过是使合同的作用受到阻止，其结果对于尚未履行的债务发生拒绝履行的抗辩权，对于已经履行的债务发生新的返还债务。折中说认为，合同解除后，对于尚未履行的债务自解除时归于消灭（与直接效果说相同），对于已经履行的债务并不消灭，而是发生新的返还债务（与间接效果说相同）。该说为德国民法等所采纳。[①] 我国理论上对于《合同法》第97条的解释，主流观点持直接效果说。[②] 依据该说，合同因违约解除后，恢复原状是有溯及力的解除合同所具有的直接效力，是双方当事人基于合同发生的债务全部免除的必然结果。由于我国法律未承认物权行为独立性和无因性理论，因此恢复原状的性质应为原物返还请求权；如果原物不存在或者债务的履行为提供劳务的，恢复原状请求权则为不当得利返还请求权。[③] 但是，也有人认为，合同的解除不具有溯及力，解除前已经为当事人受领的给付，有其法律上的原因，无从产生不当得利的返还问题，更不会产生原物返还请求权。相反，已履行的债务转化为一种以恢复原状为宗旨的法定债务关系，其性质为债权请求权，以实现权益的回复。[④]

基于合同法法理，就处理的实际效果看，合同因一方当事人违约而被解除的，由违约人承担违约责任更为合理。违约人的责任范围不以守约人的实际损失为限，应当赔偿其履行利益和预期利益。其目的也不仅是当事人权益的回复或回归，而是使因违约行为而失衡的利益重新取得平衡，维护合同正义。其具体理由如下：第一，合同解除的前提是当事人依法订立的合同已经成立，双方当事人之间已经形成合同关系。合同关系与缔约人之间因缔约行为而形成的基于相互信赖所形成的特别结合

① 孙森焱：《民法债编总论》（下），法律出版社2006年版，第631页。
② 王利明：《合同法研究》（第2卷），中国人民大学出版社2011年版，第324页。
③ 崔建远：《合同法》，法律出版社2010年版，第262页。
④ 韩世远：《合同法总论》，法律出版社2011年版，第527～528页。

关系并不相同。前者给当事人以合同应得到履行的预期，而后者因合同尚未订立，当事人之间并产生这样的预期。第二，合同解除是一方当事人违约的结果之一。合同解除并不排除其所应承担的其他违约责任，包括违约金、订金、赔偿损失的责任。赔偿的范围不仅包括直接损失，也包括履行利益和期待利益的损失。第三，合同由多个条款组成，既包括合同标的、数量、给付时间、地点、价款等主要合同条款，也包括结算和清理条款、解决争议方法的条款以及违约条款等附属条款。在合同因一方当事人违约而解除的情况下，主要合同条款效力终止，当事人无须履行，相对人因此而受到的损失应由违约责任填补，缔约过失责任通常不能填平守约人因违约行为而造成的损失。为便于主要合同条款终止后当事人及时了解双方的民事责任，对于结算和清理条款、解决争议方法的条款以及违约条款等附属条款的效力应予尊重。尊重此类条款的效力，不会造成当事人利益失衡，而且是对当事人意思自治的尊重，是对诚实信用原则的捍卫。第四，从实践的角度看，因合同解除是违约人的违约行为造成，如果违约人在这种情况下只需承担缔约过失责任，会使其承担较轻的赔偿责任，对守约人不公平。守约人如果选择解除合同，其所得的赔偿较少，不能填补其损失；如果选择要求继续履行合同，但违约行为通常已经导致其合同目的不达，或继续履行并不符合其利益最大化要求，会造成守约人陷入两难境地。

## 三、逾期交房违约责任

商品房买卖合同中，交付房屋是卖方的主要义务之一。卖方交付房屋既要符合合同约定，也应符合相关法律的规定，所交付的房屋应当满足买房人居住和使用的需要。实践中，卖方交房违约主要体现为逾期交房，包括在合同履行期限届满后交房和虽在合同履行期限届满前交房但所交房屋存在瑕疵、不符合约定或法律规定，在合同履行期限届满后才消除瑕疵的情况。

如果出卖人因自身的原因未在约定期限内交房，因违约责任是无过错责任，无论其主观上是否存在过错，都应承担违约责任。在违约金的认定上，应根据当事人有关违约金约定的不同情况加以区别处理。实践中，当事人所签《商品房买卖合同》的关于逾期交房违约金的条款中可以分为约定了违约金和没有约定违约金两种。约定了违约金的又可以分为两种：一种是约定了固定数额的违约金，如逾期交房的，出卖人买受人已付房价款总额的1%支付违约金；另一种是约定了按照违约时间和一定比例计算违约金，如出卖人按日向买受人支付已交付房价款万分之五支付违约金。在当事人没有约定违约金时，人民法院可以参照《商品房买卖合同解释》第17条“商品房买卖合同没有约定违约金数额或者损失赔偿额计算方法，违约金数额或者损失赔偿额可以参照以下标准确定：逾期付款的，按照未付购房款总额，参照中国人民银行规定的金融机构计收逾期贷款利息的标准计算。逾期交付使用房屋的，按照逾期交付使用房屋期间有关主管部门公布或者有资格的房地产评估机构评定的同地段同类房屋租金标准确定”的规定，按照逾期交付使用房屋期间有关主管部门公布或者有资格的房地产评估机构评定的同地段同类房屋租金标准确定违约金。出卖人逾期交付房屋，其实际效果就是买受人不能将房屋投入使用，考虑以房地产评估机构评定的同地段同类房屋租金标准确定违约金，正是为了对买受人的损失进行补偿。对于此类案件，需要注意以下几个问题：第一，租金标准是参照而不是绝对标准，即不能机械认为就是按租金标准计算。第二，注意区分有关主管部门公布的指导价的特殊性。例如，贵阳市住房与城乡建设局每半年会公布一次租金指导价，但其公布的指导价仅仅区分不同地段房屋的租金。因同一地段中不同房屋根据其地理位置、建筑面积、新旧程度、人流量等诸多因素影响，可能会出现较大差距，完全按照指导价确定违约金计算标准可能导致案件处理结果不公平，故审判时应注意按照生活常识进行判断，如发现指导价与实际租金可能存在较大差别时，应当由有资格的房地产评估机构评定租金标准。

当事人约定了逾期交房违约金时，如当事人对逾期交房违约金没有异议，应当尊重意思自治原则，按合同处理。如当事人以合同约定的对违约金过高或过低为由，请求人民法院对违约金计算标准进行调整的，则可参考前述问题的分析处理。

实践中，存在争议较大的一类情形是出卖人房人因政策调整、规划变化等原因而逾期交房，是否可视为不可抗力，是否可免责。《合同法》第117条第1款规定：“因不可抗力不能履行合同的，根据不可抗力的影响，部分或者全部免除责任，但法律另有规定的除外。当事人迟延履行后发生不可抗力的，不能免除责任。”第2款规定：“本法所称不可抗力，是指不能预见、不能避免并不能克服的客观情况。”不可抗力需具备两个条件：一是不可预见，即当事人在订立合同时依据当时的客观情况不可能预见到不可抗力的发生；二是不能避免并不能克服，即不可抗力超出了当事人的控制范围，非当事人力所能及，并非当事人尽到了注意义务或尽一己之力所能避免或克服。不可抗力主要可分为两类：一是自然之力，如地震、海啸等；二是社会群体之力，如战争、暴乱等。政策变更是国家机关行为，确属当事人不可预见之事，也非当事人所能克服或避免之事，但其与地震、海啸、战争、暴乱等不可抗力不同，其发生是社会正常发展的需要、是社会发展中的常态现象，与不可抗力所体现的突发性、非正常性和意外性等特征不符。将政策变更视为不可抗力缺乏法律和法理依据。

《合同法解释（二）》第26条规定：“合同成立以后客观情况发生了当事人在订立合同时无法预见的、非不可抗力造成的不属于商业风险的重大变化，继续履行合同对于一方当事人明显不公平或者不能实现合同目的，当事人请求人民法院变更或者解除合同的，人民法院应当根据公平原则，并结合案件的实际情况确定是否变更或者解除。”根据该条规定，一些合同成立后履约环境中不属于不可抗力的重大变化，也可以作为合同解除的原因。这类重大变化需要具备以下条件：一是发生于合同成立之后；二是当事人在订立合同时无法预见；三是非由不可抗力造成；四是不属于商业风险；五是履约环境发生重大变化，继续履行合同对于一方当事人明显不公平或者不能实现合同目的。政策是十分重要的履约环境，政策变更通常会导致当事人履行合同的障碍或者因严格依约履行合同会产生不公平的后果。因此，如果政策变更符合该条规定的“重大变化”的条件，合同当事人有权请求人民法院解除合同。由于本条所规定的“重大变化”非当事人在订立合同时所能预见，非当事人所能避免或克服，也不属于正常的商业风险，当事人不履行合同的行为不属于违约行为。因此，在该条所规定的“重大变化”造成合同被解除的范围内，当事人不应承担违约责任，因此而造成的损失应由双方当事人依据公平原则承担。但如果因一方当事人迟延履行之后，才出现政策变更，继续履行合同对于一方当事人明显不公平或者不能实现合同目，致使合同解除的，迟延履行一方当事人应承担违约责任。

如果当事人逾期交房，但不存在不可抗力、政策变化等抗辩事由的，就应承担违约责任。如果合同未约定违约金等违约责任，根据《商品房买卖合同解释》第17条关于“商品房买卖合同没有约定违约金数额或者损失赔偿额计算方法，违约金数额或者损失赔偿额可以参照以下标准确定：逾期付款的，按照未付购房款总额，参照中国人民银行规定的金融机构计收逾期贷款利息的标准计算。逾期交付使用房屋的，按照逾期交付使用房屋期间有关主管部门公布或者有资格的房地产评估机构评定的同地段同类房屋租金标准确定”的规定，应按照逾期交付使用房屋期间有关主管部门公布或者有资格的房地产评估机构评定的同地段同类房屋租金标准确定损失。如果合同约定了违约金责任，在当事人申请调整违约金时，也可以以该条规定标准为参照，决定是否增加或适当减少违约金。卖房人迟延交付房屋，经购房人催告后在合理期限或法律规定的期限内仍不能交付房屋，或者已交付的房屋因存在质量问题不能使用，经购房人催告后在合理期限或法律规定的期限内仍不能消除瑕疵的，购房人有权解除合同，并要求卖房人返还购房款及利息、赔偿损失。何为合理期限?《商品房买卖合同解释》第15条规定：“根据《中华人民共和国合同法》第九十四条的规定，出卖人迟延交付房屋或者买受人迟延支付购房款，经催告后在三个月的合理期限内仍未履行，当事人一方请求解除合同的，应予支持，但当事人另有约定的除外。法律没有规定或者当事人没有约定，经对方当事人催告后，解除权行使的合理期限为三个月。对方当事人没有催告的，解除权应当在解除权发生之日起一年内行使；逾期不行使的，解除权消灭。”

实践中，存在一种较为特殊的情形，即开发商因政府部门迟延办理备案而逾期交房，对此，开发商能否免责呢？笔者认为，开发商不应因此而免责。其主要理由如下：首先，政府部门逾期办理备案的行为并不存在于商品房买卖合同关系之中，而是处在行政管理部门与开发商之间的行政关系之中，《合同法》调整的是平等主体之间的民事关系，行政管理机关与开发商之间不属于平等的民事主体，他们之间的关系也不属于民事关系，因此不应由《合同法》来调整，行政管理部门逾期办证所造成的损失应由行政法来调整，开发商可通过行政复议或者行政诉讼等方式要求赔偿。若开发商因此而免责，相当于将行政管理部门原因所造成的损失转嫁给购房者承担，这与《合同法》的公平原则相违背。其次，行政管理部门在备案中的过失不属于不可抗力。根据《商品房买卖合同（示范文本）》第8条的规定，遭遇不可抗力，且出卖人在规定之日内告知买受人的，出卖人可予以延期。行政管理部门的备案过失是否属于不可抗力成为问题的关键。通常列入不可抗力的政府行为主要有发生战争、强制征收、强制征用等。而政府的具体行政行为不属于不可抗力。行政管理部门针对开发商的申请，核发《商品房竣工验收备案表》，属于政府针对特定人和事作出的具体行政行为，即便存在过失也不属于不可抗力的政府行为。最后，若行政管理部门的过失致开发商免责，无异于将由于开发商逾期交付行为给购房者造成的损失由购房者独自承担，与公平正义原则不符。在开发商按时将具备商品房交付条件的房屋予以交付的情况下，购房者于办理完收房手续后，即可对房屋加以使用、处分和收益。而在开发商不具备交房条件、购房者拒绝收房的情况下，购房者不能按期对商品房加以使用收益和处分。从合同的公平性来分析，由于开发商的违约行为给购房者造成的损失完全由购房者来承担，无异于加重购房者义务，减轻开发商责任，有悖于合同的公平性和平等性。

## 四、不具备交付条件交房的违约计算的止算点如何认定

对此问题，实践中存在不同观点：第一种观点认为，以开发商取得《商品房验收备案表》为准；第二种观点认为，以购房者实际办理交房手续日期为准。

笔者认为，实践中应区分以下具体情形分别处理。

参考《商品房买卖合同解释》以及《商品房买卖合同（示范文本）》关于逾期违约责任的相关规定，违约责任的承担截止到实际交付之日。因此，违约金的止算点也应以实际交付之日为准。笔者认为，购房者于交付日期截止之前接收不具备交房条件的房屋的。取得《商品房竣工验收备案表》的日期为有效的交付日期，违约金的止算点应以发“表”日期为准。购房者于约定交付期间拒绝收房的，房屋实际占有转移的时间为有效交付的时间，违约金的止算点应以占有转移时间为准。

如果开发商事先已取得《商品房竣工验收备案表》，而购房者之后才办理收房手续。法院审理认为造成购房者没有在开发商取得《商品房竣工验收备案表》后及时收房的原因是开发商没有及时发出交付通知，而开发商在取得《商品房竣工验收备案表》之前就已发出过《交房通知书》，但购房者拒绝收楼，在这种情况下，实际交付之日又如何确定呢？笔者认为，开发商第一次发出的《交房通知书》因购房者的拒绝收楼行为而无效，若开发商在取得《商品房竣工验收备案表》后没有及时通知购房者，则视为开发商没有发出《交房通知书》，开发商承担逾期交房的违约责任并不因此而终止。另外，在购房者无法得知开发商已具备交房条件的情况下，把收房义务强加给购房者与合同的公平原则不符。若开发商在取得《商品房竣工验收备案表》后已及时通知购房者收房，购房者仍拒绝收房，则逾期交房的违约金截止日期应是开发商再次通知购房者收房的最后日期。

在法院作出终审判决时，开发商仍不具备交房条件，违约金的计算是否也应是交付之日呢？我们认为，如果法院规定了开发商给付具备交付条件房屋的履行期限，开发商在该期限之前给付，则应以交付时间作为违约金的止算点。开发商在该期限之后给付的，应视为不履行法院生效裁判，则在法院规定的交付日期之前交付，以交付日期为止算点。在法院规定的交付日期之后交付，则应以法院规定日期截止日为止算点，其余时间应当承担惩罚性的迟延履行违约金。这样才能督促开发商及时办理收房手续，而不是一直拖延，给购房者造成更大的损失。

## 五、逾期办理商品房权属证书的违约责任

商品房买卖合同纠纷中，逾期办理商品房权属证书是实践中较为常见的违约行为。商品房买卖合同一般会约定交付房屋和办理权属证书的时间。《物权法》第6条规定："不动产物权的设立、变更、转让和消灭，应当依照法律规定登记。动产物权的设立和转让，应当依照法律规定交付。"商品房是不动产，房屋买受人要想取得房屋的所有权就必须办理权属登记。因此，办理权属登记对房屋买受人而言是重要权利，对出卖人而言是主要义务。但实践中，出卖人迟延办理商品房权属登记的情况十分常见。有的小区已经入住10多年，但房屋买受人仍未取得权属证明。造成迟延办理权属证明的原因很多，如开发商将商品房或国有土地使用权用于抵押，因未解除抵押而无法办理权属登记；开发商因迟延支付工程款，导致手续不全，无法办理权属登记；因开发商擅自变更设计、房屋质量不合格、消防设施不符合规定等原因无法办理权属登记。《商品房买卖合同解释》第18条规定："由于出卖人的原因，买受人在下列期限届满未能取得房屋权属证书的，除当事人有特殊约定外，出卖人应当承担违约责任：（一）商品房买卖合同约定的办理房屋所有权登记的期限；（二）商品房买卖合同的标的物为尚未建成房屋的，自房屋交付使用之日起90日；（三）商品房买卖合同的标的物为已竣工房屋的，自合同订立之日起90日。合同没有约定违约金或者损失数额难以确定的，可以按照已付购房款总额，参照中国人民银行规定的金融机构计收逾期贷款利息的标准计算。"司法实践中，争议较大的有两个问题：一是房屋买受人不能获得商品房权属证书是否出于出卖人的原因；二是不能为房屋买受人办理商品房权属证书对房屋买受人造成的损失如何计算。

关于因出卖人原因致使房屋买受人不能取得商品房权属证书的违约责任问题。违约责任原则上是无过错责任。协助房屋买受人获得商品房权属证书是出卖人的基本合同义务，如果房屋买受人未在合同约定期限内获得商品房权属证书，即表明出卖人未履行合同义务，除非其能证明非因自身原因致使房屋买受人未获得权属证书。除出卖人原因外，造成

房屋买受人不能按时获得权属证书的原因主要有二：一是行政机关不作为；二是房屋买受人怠于履行相应的协助义务。如果行政机关不作为，当事人可提起行政诉讼，要求相关行政机关依法及时履行行政职责，办理商品房权属登记、发放权属证书。如果房屋买受人怠于履行协助义务，导致不能及时获得商品房权属证书的，应自负其责，因此对出卖人造成损失，或增加办理权属证书成本的，应由房屋买受人承担。

关于房屋买受人未及时获得商品房权属证书的损失赔偿数额如何确定的问题。司法实践中，有人认为，在出卖人已经实际交付房屋、房屋买受人已能正常使用房屋的情况下，出卖人迟延办理房屋权属证书并未对房屋买受人造成实际损失，因此不应承担赔偿责任或者只需象征性赔偿少量金钱即可。这一观点存在片面性。出卖人支付购房款所换取的是特定商品房的所有权。所有权包括占有、使用、收益、处分等权能。出卖人在只交付房屋，未为房屋买受人办理权属证书的情况下，只是转移了合同标的物的占有和使用权益，收益权和处分权未全部转让。更重要的是，商品房作为不动产，所有权的转移以登记为条件，房屋买受人如未获得商品房权属证书，就未获得房屋所有权，不能实现合同目的。实践中，房屋买受人在虽已占有房屋但未取得房屋权属证明的情况下，面临一房二卖、所有权无法取得、无法转让、所购房屋被设定抵押等风险和损失。因此，由于出卖人的原因，买受人在合同约定期限届满时仍未能取得房屋权属证书的，应根据《商品房买卖合同解释》第 18 条规定确定出卖人的责任。如果商品房买卖合同约定了违约金，应根据合同约定要求卖房人承担违约金责任。如果房屋买受人请求对违约金进行调整，损失数额高于违约金数额的，应增加违约金。如果出卖人请求减少违约金，不宜仅仅以房屋已经交付，不影响房屋买受人使用为由随意减少违约金，要充分考虑房屋买受人因未及时获得权属证书所面临的风险和房屋无法转让、抵押等造成的损失。如果损失数额难以确定，可以按照已付购房款总额，参照中国人民银行规定的金融机构计收逾期贷款利息的标准计算。①

获得商品房权属证明是房屋买受人的主要合同权利，如果出卖人迟延履行义务，导致房屋买受人在较长时间内不能获得权属证明，买受人可能解除合同，并要求卖房承担赔偿损失的责任。《商品房买卖合同解释》第19条规定："商品房买卖合同约定或者《城市房地产开发经营管理条例》第三十三条规定的办理房屋所有权登记的期限届满后超过一年，由于出卖人的原因，导致买受人无法办理房屋所有权登记，买受人请求解除合同和赔偿损失的，应予支持。"需要注意的是，买受人请求解除合同后，要求出卖人承担的赔偿损失责任应是违约责任，而非缔约过失责任。出卖人的赔偿范围不仅限于信赖利益，还包括履行利益和期待利益。

## 六、逾期办证违约金诉讼时效应如何起算

实践中，房屋买受人请求出卖人支付逾期办证违约金的，诉讼时效应如何起算？在合同约定以日或月为单位累计计算违约金数额的情况下，买受人在逾期办证期限届满两年后主张违约金的，是否因罹于诉讼时效而不应支持？对此，一直存在不同理解。2016年12月11日，最高人民法院印发的《第八次全国法院民事商事审判工作会议（民事部分）纪要》第18条第1款规定："买受人请求出卖人支付逾期办证的违约金，从合同约定或者法定期限届满之次日起计算诉讼时效期间。"该条规定明确了逾期办证违约金诉讼时效起算的一般原则，即当事人有约定的，从其约定；无约定的，以法律规定的办理房屋所有权证期限届满之次日作为起算点。

---

① 但根据《中国人民银行关于人民币贷款利率有关问题的通知》（银发〔2003〕251号）第3条的规定，逾期贷款罚息利率由原来的按日万分之二点一计收利息，改为在借款合同载明的贷款利率水平上加收30%～50%。而由于商品房买卖合同并非借款合同，其也不会约定贷款利率，故依此确定违约金存在一定障碍。在商品房买卖解释未对此作进一步明确规定的情况下，根据《合同法》第174条确立的"没有规定的，参照买卖合同的有关规定"的原则，鉴于买卖双方合同义务的对等性，故可参照《买卖合同解释》第24条关于逾期付款违约金的计算标准的规定，以中国人民银行同期同类人民币贷款基准利率为基础，参照逾期罚息利率标准确定出卖人应当承担的违约责任。

对该条规定，应结合房屋买卖中当事人约定的违约金计算方式以及逾期办证违约行为的特点加以全面、正确理解。以当事人约定为例，如果当事人在合同中明确约定了违约金的具体数额，即一旦发生逾期办证的违约情形，出卖人应支付确定金额的违约金，则该种违约金给付，在性质上属于一时性债权，其内容在出卖人未按约定履行办证义务时就已确定，故诉讼时效应当从该一时性债权的清偿期限届满的次日起算。如果当事人在合同中约定以每日或每月为单位累计计算违约金数额，则违约金的数额随着违约行为的持续而不断增长，则该种违约金给付，在性质上属于继续性债权，即其内容和范围受到时间因素的影响，随着时间的推移不断发生变化，违约金应当以每个个别的债权分别使用诉讼时效。虽然此种继续性债权的诉讼时效也是两年，但在买受人于办证期限届满超过两年后起诉主张违约金时，由于逾期办证违约行为仍在继续，故对于自起诉之日倒推两年的违约金，一般仍应予以保护；自起诉之日回溯超过两年的部分，应认定为已超过诉讼时效期间。

## 七、小区配套设施不符合约定的违约责任

商品房买卖属于特定物买卖，商品房所在地段、周边环境、小区配套设施等对商品房的价值影响较大。实践中，商品房买卖合同签订之时或签订之前，开发商都会对小区所在地的规划、周边配套设施和小区配套设施等作出宣传。这种宣传通常是通过宣传海报、口头营销、平面广告等方式进行，但相关内容并不会写入商品房买卖合同。实践中，商品买卖合同双方当事人通常会因为购房时开发商的口头承诺，买房时的宣传画等宣传的配套设施产生争议。这种配套设施包括两类：一类是小区所在地域的配套设施，如小区周边所要建设的商场、超市、医院、学校、运动场所等商业、文体、医疗设施或公共设施。另一类是小区内部的与商品房配套的设施，如小区内的体育馆、幼儿园、停车场、绿地、道路等配套设施。在商品房买卖合同中，购房人支付购房款所获得的是对建筑物的区分所有权，包括专有部分和共有部分。《物权法》第 70 条规定：“业主对建筑物内的住宅、经营性用房等专有部分享有所有权，对专有部

分以外的共有部分享有共有和共同管理的权利。”小区内除房屋等专有部分外，绿地、道路等由全体业主共有，除非当事人另有约定。因此，如果有证据证明开发商在售房时通过广告、宣传画报或口头方式向购房者对小区内配套设施作出过承诺，该承诺虽未写入购房合同，但属于对合同标的作出的实质性承诺，对购房人决定是否签订合同以及允诺房价的高低会产生实质性影响，开发商在交房后未能兑现这些承诺的，也构成违约，应承担违约责任。司法实践也秉持这一理念，《商品房买卖合同解释》第 3 条规定：“商品房的销售广告和宣传资料为要约邀请，但是出卖人就商品房开发规划范围内的房屋及相关设施所作的说明和允诺具体确定，并对商品房买卖合同的订立以及房屋价格的确定有重大影响的，应当视为要约。该说明和允诺即使未载入商品房买卖合同，亦应当视为合同内容，当事人违反的，应当承担违约责任。”

对于小区之外的配套设施，虽不属于合同标的，但与商品房自身的价值紧密相连。尤其是学校等公共设施，直接关系到购房人子女入学等重要事宜，对商品房价格影响巨大。因此，如果有证据证明开发商在售房时通过广告、宣传画报或口头方式向购房者对小区外配套设施作出过承诺，该承诺虽未写入合同，但也会产生一定法律效果。如果开发商对小区外配套设施作虚假宣传，该虚假宣传对购房人决定是否购房以及决定购房价格会产生实质影响，购房人就应享有撤销合同的权利。小区外配套设施通常与城市规划紧密相连，如果开发商未作虚假宣传，但购房合同订立后规划部门变更规划导致小区外配套设施与开发商宣传不一致的，当事人无权撤销合同。但是，如果继续履行合同显失公正的，购房人可请求解除合同，因此造成的损失，可按公平原则处理。

## 八、交付的房屋质量不符合合同约定或法律规定的责任

在买卖合同中，标的物质量是合同主要条款。买卖标的物必须要符合合同约定。根据《合同法》第 61 条和第 62 条的规定，如果当事人就合同标的物质量约定不明确，应通过签订协议补充；如果不能达成补充协议的，应按照合同有关条款或者交易习惯确定；如果既不能达成补充

协议，又不能按照合同有关条款或者交易习惯确定，应按照国家标准、行业标准确定；如果没有国家标准、行业标准，就应按照通常标准或者符合合同目的的特定标准履行。在商品房买卖合同中，购房人的合同目的是获得房屋所有权，对房屋进行占有、使用、收益、处分。如果房屋质量不符合约定，或不符合相关法律规定，购房人对房屋的占有、使用、收益、处分权就会受到减损，甚至导致合同目的不能实现。因此，卖房人所交付房屋应当经验收合格，并符合商品房买卖合同的约定。

如果卖房人所交付的房屋质量不合格，购房人可要求卖房人承担违约责任，以填补自己的损失。《合同法》第 111 条规定：“质量不符合约定的，应当按照当事人的约定承担违约责任。对违约责任没有约定或者约定不明确，依照本法第六十一条的规定仍不能确定的，受损害方根据标的的性质以及损失的大小，可以合理选择要求对方承担修理、更换、重作、退货、减少价款或者报酬等违约责任。”可见，质量不合格或不符合约定的违约责任包括修理、更换、重作、退货、减少价款或者报酬等。如果质量不符合约定导致购房人合同目的不能实现，购房人可解除合同，退房并要求卖房人承担违约责任。如果合同约定了其他责任形式，依合同约定。

商品房作为较为特殊的商品，如果质量不合格，应通过修复、减少价款等方式解决，不适宜重作。如果双方当事人协商一致，也可补充约定由卖房人交付其他同类房屋。实践中，如果房屋质量不符合约定，但不妨害购房人居住的，主要通过卖房人修复的方式解决。《商品房买卖合同解释》第 13 条第 2 款规定：“交付使用的房屋存在质量问题，在保修期内，出卖人应当承担修复责任；出卖人拒绝修复或者在合理期限内拖延修复的，买受人可以自行或者委托他人修复。修复费用及修复期间造成的其他损失由出卖人承担。”如果房屋存在主体结构质量不合格等严重质量问题，严重影响正常居住使用的，购房人就可以解除合同，要求退房。《商品房买卖合同解释》第 12 条规定：“因房屋主体结构质量不合格不能交付使用，或者房屋交付使用后，房屋主体结构质量经核验确属不合格，买受人请求解除合同和赔偿损失的，应予支持。”第 13 条第 1 款规定：“因房屋质量问题严重影响正常居住使用，买受人请求解除合同和赔偿损失的，应予支持。”

司法实践中，需要注意的是房屋质量不合格的证明问题。房屋质量是否合格，通常的判断依据是建设行政主管部门是否出具验收合格的证明。但建设行政主管部门等行政机关的验收文件只是证明房屋质量合格的初步证据。如果建设行政主管部门验收文件以及建筑工程勘察、设计、施工、工程监理等单位签署的涉及房屋质量的文件证明房屋质量合格，但房屋客观存在裂缝、渗漏、墙面脱落等客观事实的，也应认定房屋存在质量缺陷。必要时，人民法院可委托专业的鉴定机构对房屋质量进行鉴定。

## 九、交房面积不符合约定的违约责任

商品买卖合同中，房屋面积是重要合同条款。对于普通购房人而言，房屋是价值很大的财产，在房屋单价确定的情况下，房屋面积的变化会导致房屋总价的变化，直接影响购房人的购买能力。在商品房市场行情产生较大波动的情况下，行情上涨时减少房屋面积，行情下跌时增加房屋面积，都会对购房人利益产生影响。因此，当事人约定购房面积后，任何一方当事人尤其是卖房人不能随意变更房屋面积。但实践中，商品房买卖合同多是预售合同，即卖房人出售房屋时，房屋并未全部建好，或未测量完各套房屋的面积，只能根据设计图测算，商品房预售合同约定面积与房屋实际面积难免存在差距。因此，在商品房买卖合同中，允许交房面积存在适当误差是合理的，不应认定为违约行为。关于交房面积误差，商品房买卖合同有约定的，从其约定。如果没有约定或约定不明，应由当事人协商解决。如果当事人不能协商一致，应根据法律规定确定。对此，《商品房买卖合同解释》第 14 条规定：“出卖人交付使用的房屋套内建筑面积或者建筑面积与商品房买卖合同约定面积不符，合同有约定的，按照约定处理；合同没有约定或者约定不明确的，按照以下原则处理：（一）面积误差比绝对值在 3%以内（含 3%），按照合同约定的价格据实结算，买受人请求解除合同的，不予支持；（二）面积误差比绝对值超出 3%，买受人请求解除合同、返还已付购房款及利息的，应予

人以不知道房贷政策变化为由请求解除合同的，也不应准许。最后，如果房贷政策调整发生在商品房买卖合同签订之后，购房人能够举证证明房贷政策变化严重影响其履约能力，无法继续履行合同，或者继续履行将对其造成沉重的债务负担，影响到其本人和家庭正常生活的，可准许其解除合同的请求。人民法院准许购房人以房贷政策变更为由解除合同的，应根据购房人家庭的经济能力、商品房价格变动情况、商品房买卖中介费用支出、双方当事人主观过错等实际情况，结合商品买卖合同约定的违约责任等内容，应判令购房人对卖房人因此造成的损失承担适当的赔偿责任。

## 十二、税收政策变更情况下新增税负负担和违约责任承担

税收政策是国家调控房地产市场的重要手段。为鼓励房地产发展、刺激经济，国家可能会减少商品房买卖的税负。这种情况下，当事人的交易成本降低，对双方利益没有不利影响，不影响合同的履行和违约责任的承担。如果房地产行业泡沫严重，出现非理性发展或不可持续增长，国家可能会增加商品房买卖的税负。如果当事人已经签订商品房买卖合同，在履行期限届满前国家税收政策变更导致税负增加的，当事人的交易成本相应增加，会对当事人利益产生不利影响，甚至可能阻碍交易继续，妨碍合同履行。当事人在这种情况下是否享有合同解除权，如何确定违约责任，需视具体情况而定。

第一，商品房买卖合同签订后，国家税收政策调整导致税负增加的，对于增加的税负由谁承担应由当事人协商解决。如果一方当事人愿意承担新增税负，相对人不能以税收政策变化为由拒绝履行合同。

第二，如果双方当事人不能就新增税负负担达成一致，而税负增加数额较大，继续履行合同对一方当事人显失公平或为当事人造成难以负担的沉重负担的，当事人原则上可以此为由请求解除合同。合同解除后，卖房人应向购房人返还已收取的购房款或定金及利息。因造成商品房买卖合同难以履行的原因是税收政策变更这一外在交易环境变化，无双方当事人均无过错，原则上不适用定金罚则，当事人不应承担违约责任。

因此造成的损失按公平原则处理。

第三，如果双方当事人不能就新增税负负担达成一致，但税负增加数额较小，继续履行合同不会导致当事人利益失衡，也不会给一方当事人造成过重的负担的，当事人不能单方要求解除合同。因税收政策变化增加的税负，依据国家税收法规规定的纳税义务人承担。

第四，如果双方当事人不能就新增税负负担达成一致，但一方当事人迟延履行，在迟延履行期间国家税收政策变更导致税负增加，或因可归责于一方当事人的其他原因，致使商品房买卖的税负增加，应由违约人或有过错的一方当事人负担新增税负。

当事人对于税收政策等交易环境负有一定的注意义务。如果商品房买卖合同签订在后，国家税收政策变更在前，签订商品房买卖合同后，一方当事人以不知道国家税收政策变更，税负增加为由要求解除合同的，不应支持。

## 十三、一房二卖中的违约责任

实践中，一房二卖是较为常见的违约行为。一房二卖中，因存在两个买受人，但只有一个标的物，不可能两位买受人都能取得房屋所有权。因此，在两份买卖合同都有效的情况下，卖房人必然要向其中一位买受人承担违约责任。广义的一房二卖，既包括将同一房屋出售给两个以上当事人的情形，即狭义的一房二卖；也包括将同一房屋分别出售和抵押给不同当事人，因抵押权行使导致购房人不能获得房屋所有权的情形。

关于卖房人对第一购房人的违约责任问题。一房二卖中，第一购房人主观上是善意的，对卖房人一房二卖的事实并不知情，其有权要求卖房人继续履行合同，在履行不能或其他合同目的不能实现的情况下，也可请求解除合同，并赔偿损失。《商品房买卖合同解释》第 8 条规定："具有下列情形之一的，导致商品房买卖合同目的不能实现的，无法取得房屋的买受人可以请求解除合同、返还已付购房款及利息、赔偿损失，并可以请求出卖人承担不超过已付购房款一倍的赔偿责任：（一）商品房买卖合同订立后，出卖人未告知买受人又将该房屋抵押给第三人；

（二）商品房买卖合同订立后，出卖人又将该房屋出卖给第三人。”在适用本条规定时应注意两个问题：

第一，卖房人承担违约责任的条件。一方面，卖房人存在商品房买卖合同订立后，未告知买受人又将该房屋抵押给第三人或者又将该房屋出卖给第三人的行为；另一方面，该行为导致购房人在商品房买卖合同项下的目的不能实现。所谓合同目的不能实现，对购房人而言，主要是指不能占有房屋并取得房屋所有权。一房二卖中，存在两份商品房买卖合同。如果两份合同都是当事人的真实意思表示，且不存在法律规定的合同无效的情形，则该两份合同均合法有效。这时就存在应履行哪一份合同，哪一位购房人能够取得商品房所有权的问题。债权具有平等性，债权的效力不因成立先后而有所区别。司法实践中，在判定哪一位购房人能够取得商品房所有权时主要会考虑合同的履行情况和订立情况。就履行情况而言，就要考虑是否已经办理房屋产权登记或预登记，是否交付房屋，是否支付全部或大部分购房款等。就合同订立情况而言，主要是指在其他因素都相同的情况下，两份合同订立的先后顺序，两位购房人在订立合同时是否尽到了应尽的注意义务等因素，根据诚实信用原则作出判断。如果人民法院判决卖房人向其中一位购房人履行合同或者其中一位购房人取得房屋所有权，对另一位购房人而言，其获得房屋所有权的合同目的将不能实现，有权请求解除合同，并要求卖房人承担违约责任。

第二，卖房人所应承担违约责任的方式和范围。根据本条规定，卖房人主要应承担以下违约责任：一是容忍购房人解除合同。二是返还已付购房款及利息，即合同解除后购房人的利益应“恢复原状”。三是赔偿损失，即购房人在购房款及利息的损失之外还存在其他损失的，卖房人也应赔偿。此时卖房人承担的是违约责任，赔偿的范围除实际损失外，还包括履行利益和期待利益的损失。一房二卖多发生在商品房价格上涨的背景下，购房人在不能获得房屋的情况下，需要另购房屋，而另购房屋时的行情与签订商品房买卖合同时可能已经发生了巨大变化。因此，需要考虑购房人另购同类房屋的差价补偿问题。有人认为，房屋差价损失是典型的机会成本损失，这种机会成本损失的赔偿，实际上是在无奈的情况下作出的强制交易。在审判实践中有填平法和收益法两种常见计算方式，在一房二卖的情况下可适用收益法，将出卖人转卖的价格减去涉案合同的交易价格，以此作为出卖人的违约收益，对买受人进行赔偿。其理论基础在于不能让出卖人在一房二卖的违约行为中获得非法利益。[①]该观点具有合理性，值得借鉴。四是可以请求出卖人承担不超过已付购房款一倍的赔偿责任。该赔偿责任性质上属于惩罚性赔偿责任，不以购房人所遭受的损失为限。在确定该责任时应注意两点：一是是否要求卖房人承担该项责任以及承担的范围，应考虑各方当事人主观过错大小等因素；二是不能超过已付购房款一倍的上限。

关于卖房人对第二购房人的违约责任问题。第二购房人与卖房人签订商品房买卖合同的时间在后，其对卖房已经出售房屋的事实可能不知情，也可能知情。如果第二购房人对一房二卖的事实不知情，其在主观上仍出于善意。人民法院应根据两份合同的签订和履行情况决定哪一位购房人可获得房屋所有权。如果第二购房人不能获得房屋所有权，其既可以卖房人存在欺诈行为为由请求撤销合同，也可以合同目的不达为由请求解除合同，并要求卖房人承担赔偿责任。《商品房买卖合同解释》第9条规定："出卖人订立商品房买卖合同时，具有下列情形之一，导致合同无效或者被撤销、解除的，买受人可以请求返还已付购房款及利息、赔偿损失，并可以请求出卖人承担不超过已付购房款一倍的赔偿责任：（一）故意隐瞒没有取得商品房预售许可证明的事实或者提供虚假商品房预售许可证明；（二）故意隐瞒所售房屋已经抵押的事实；（三）故意隐瞒所售房屋已经出卖给第三人或者为拆迁补偿安置房屋的事实。"卖房人将约定补偿给被拆迁人的特定的拆迁安置房转让给第三人的，本质上也属于一房二卖。《商品房买卖合同解释》第7条第1款规定："拆迁人与被拆迁人按照所有权调换形式订立拆迁补偿安置协议，明确约定拆迁人以位置、用途特定的房屋对被拆迁人予以补偿安置，如果拆迁人将该补偿安置房屋另行出卖给第三人，被拆迁人请求优先取得补偿安置房屋的，应予支持。"根据该规定，第三人不能获得拆迁安置房的所有权，只能撤

① 巫国平、李俊晔：《一房二卖的差价损失赔偿》，载《人民司法·案例》2014年第12期。

销或解除合同，并要求卖房人承担赔偿责任。

如果第二购房人明知卖房人已经与第三人签订商品房买卖合同，仍与卖房人串通，另行订立商品房买卖合同的，因其主观存在恶意，应优先保护第一购房人。《商品房买卖合同解释》第 10 条规定："买受人以出卖人与第三人恶意串通，另行订立商品房买卖合同并将房屋交付使用，导致其无法取得房屋为由，请求确认出卖人与第三人订立的商品房买卖合同无效的，应予支持。"第二购房人与卖房人签订的商品房买卖合同被认定无效后，双方应根据各自的过错承担损失。

实践中，卖房人既可能自己销售房屋也可能委托他人销售房屋。卖房人委托他人销售房屋的，应对被委托人的行为负责。根据合同相对性原则，卖房人是商品房买卖合同的当事人，其因被委托人原因而违约的应自己承担违约责任。如果卖房人因委托代理人未告知其特定房屋已经售出而导致一房二卖，应由自己承担选择和监督委托代理人的风险，不能以自身无一房二卖的故意为由主张免除《商品房买卖合同司法解释》第 8 条规定的违约责任，包括惩罚性赔偿责任。但在确定惩罚性赔偿责任的数额时，应考虑卖房人主观过错较小的事实。

此外，实践中，在处理其他的商品房买卖合同得不到履行、不能取得房屋所有权的买受人请求出卖人解除合同、赔偿损失的案件中，如何理解《合同法》第 113 条第 1 款之规定，即合同解除情形下的损害赔偿范围是否应包括可得利益损失，以及如何计算可得利益的数额，存在较大争议。对此，可参见本部分"十八、如何确定预期利益损失赔偿的范围与数额"。

另外值得注意的一个问题是，在一房二卖的违约情况下，减损规则与债权人行使继续履行救济权的冲突及协调。

减损规则，是指当违约事件发生时，倘受害一方将违约视为解除契约理由时，受害人应采取合理措施，以减轻因违约而发生之损失。倘被害人怠于避免预先可防止之损害或阻止其扩大者，法院可以减轻违约人的违约损害赔偿责任。即在实际违约的情况下，减损规则的存在要求受害方应及时采取具体的措施包括停止履行、进行填补性交易或转售等合理措施，减轻损失。但在一方违约的情况下，合同法又同时赋予受害方要求对方继续履行合同的救济选择权，那么一旦当事人选择继续履行合同，则适用于违约损害赔偿的减损规则即无用武之地。《合同法》第119条所确认的债权人应当采取的减少损失的义务的规则和受害方享有继续履行合同的救济权利的规定似乎相互矛盾。

违约方行使继续履行救济权和减损规则冲突在我国法律体系中的存在，主要原因为：减损规则是借鉴英美法的制度，在英美国家，与减损规则相适应的是在违约责任承担方式上是以损害赔偿为原则，以实际履行为例外。而我国关于违约责任的承担方式却与大陆法系国家相同，是继续履行和赔偿损失并列，且履行往往优先于赔偿损失。（1）英美法国家是从救济法的观念出发，认为合同当事人参加合同关系的出发点就在于获得某种利益和利润，因而违约责任主要是赔偿损失。只有在赔偿损失不充分或不公平的场合，才适用“实际履行”。（2）大陆法系认为违约责任只是债的关系的延伸，违约责任制度的作用在于使得债的关系的实现获得国家强制力的保障，实际履行是对不履行合同的一种主要的救济方法。在大陆法国家，订立合同的最终目的是在于履行，一个完备的合同，只有严格的履行才能达到当事人立约的目的。在当事人违约后，只要对方当事人请求，实际履行均被作为首选的救济手段。①（3）我国受大陆法国家影响，认为违约行为应受道德上的非难，因此强调合同的严格履行，在对违约救济手段的适用上也与大陆法国家接近，把继续履行作为一种主要的救济方法。继续履行（即实际履行）是债务人不履行合同或履行合同不符合约定时，债权人请求法院强制违约方按合同规定的标的继续履行合同义务，而不得以支付违约金或赔偿损失的方法代替。根据《合同法》第107条规定：“在当事人一方不履行合同义务时，另一方可以要求对方承担继续履行、采取补救措施或赔偿损失等违约责任。”只要履行仍然可能（即除《合同法》第110条规定之三种情形外），债权人就有权请求强制履行原定的给付。

减损规则以理性人的标准要求受害方在违约发生时，采取果断措施防止损失发生，能督促受害一方当事人理智地行事，按照经济效益的方

---

① 王利明：《违约责任论》，中国政法大学出版社1996年版，第368页。

式维护自己的利益的同时，维护债务人的利益，进而维护社会整体利益，避免社会财富的减少。减损规则因为其合理性，在世界各国适用越来越广泛。《欧洲合同法原则》《国际商事合同通则》和《国际货物销售合同公约》及各国买卖法均规定，在卖方不履行义务时，买方有权选择是否进行替代交易。但如果买方未进行时，其损害赔偿额一般应为标的物的市价或时价（以买方应当减轻损失为时点）与合同价之间的差额。有学者认为，对我国可以借鉴此规定解决减损规则与债权人行使继续履行救济权的冲突。在对方当事人拒绝履行或履约无望时，债权人既有权解除合同，也有权坚持合同的效力，要求继续履行合同。但是等待履约的时间不能毫无限制，如果超过了商业上的合理时间，则债权人可获得的赔偿额为合同价款与受侵害方“应当”作替代交易安排时的市场价格之差。通过在损害赔偿数额的计算上假定债权人进行了替代交易的规定，来否定债权人不理智地使用实际履行救济权的行为，从而达到避免与减损规则冲突的目的。

这种赔偿数额的计算规则，实际上承认了在解除合同时，受害人可以获得可得利益（预期利益）的损害赔偿。而在我国的具体案件当中，当事人之所以过分依赖继续履行救济权，除了受大陆法系强调履行思想的影响之外，更重要的原因是受害方在解除合同时，可得利益损失能否获得赔偿往往是不确定的。学术界仍对赔偿的范围争议很大，分为支持可得利益损害赔偿和反对可得利益损害赔偿两派，而这种争论也影响到司法审判。在审判实践中，法院做出支持可得利益赔偿的判决是相当谨慎的。这导致了在具体案件中，债权人对继续履行救济权的过分依赖。如果采纳上述损害赔偿数额的计算规则，当事人在解除合同时，也能够获得可得利益的赔偿。因为能够获得充分合理的赔偿，就不会坚持要求继续履行合同。债权人不行使或很少行使继续履行救济权，在司法实践中也可有效地避免与减损规则的激烈冲突。

## 十四、违反商品房买卖预约合同的责任

预约是约定将来订立契约的契约。对于本约而言，预约本身只是缔

约的一个步骤，属于缔约行为。预约签订后，双方当事人都应当依据诚实信用原则和预约的约定，积极进行磋商，促成本约的签订，但本约是否能够签订，则非预约效力所及。如果当事人依预约进行了诚信、务实的磋商，即使最终未签订本约，也不属于违约行为。

如果一方当事人违反该义务，导致本约未能订立的，就应承担违约责任。对此，《商品房买卖合同解释》第 4 条规定："出卖人通过认购、订购、预订等方式向买受人收受定金作为订立商品房买卖合同担保的，如果因当事人一方原因未能订立商品房买卖合同，应当按照法律关于定金的规定处理；因不可归责于当事人双方的事由，导致商品房买卖合同未能订立的，出卖人应当将定金返还买受人。"需要注意的是，如果当事人未支付定金，或者定金责任并不足以填补守约人的损失的，违反预约的当事人还应继续承担违约责任。由于预约当事人只有依据预约诚信缔约的义务，并无必须缔约的义务。因此，在一方当事人违反预约的情况下，不宜要求其继续履行。即使判决其继续履行，在实践中也较难操作。但违约人对于守约人因其违反预约行为而造成的损失，则应当赔偿。预约给当事人的预期与本约不同，其履行利益和预期利益较小也较难确定，违反商品房买卖预约的违约责任范围原则上应以合理的实际损失为限。如果订金责任不足以填补实际损失，守约人可还要求违约人承担赔偿损失的责任。

需注意的是，预约合同的违约责任不同于本约合同。违反预约合同，其结果是导致本约不成立，受害人仅是丧失一次订立合同的机会，其赔偿范围也仅限于本约合同的信赖利益损失，而不能是本约合同的履行利益损失，其中包括可得利益损失。因此，实践中，如果因违反预约合同却主张本约合同的可得利益损失，法院不予支持。如本书第二章"判解精要"中的程美菊与江西惠荣房地产投资开发有限公司商品房预约合同纠纷一案，法院就认为，双方签订的《认购书》为预约合同，合法有效。原告诉请解除认购书及返还定金合法，但本案不能以商品房买卖本约合同的违约责任来判断程美菊的损失和惠荣公司应承担的违约赔偿数额。《合同法》第 113 条规定了一方违约后，守约方可以主张的违约损失范围，包括合同履行后可以获得的利益。预约合同作为具有独立性的合同，该条款对其应当同样适用，但预约合同和本约合同履行后可以获得的利益并非同一概念。商品房预约合同是以签订商品房买卖合同为标的，其产生的是缔约请求权，与商品房买卖本约合同所产生的履行合同请求权并不一样，不能以未能履行商品房买卖合同作为其主张损失的依据。本案程美菊与惠荣公司签订《认购书》后，其获得是的与惠荣公司签订商品房买卖合同的请求权，并非直接履行商品房买卖合同请求权，惠荣公司违反《认购书》的约定导致的损失是程美菊丧失与惠荣公司缔结商品房买卖合同的机会，此种机会损失不能简单以商品房买卖合同单价差异确定。根据南昌市房地产市场的发展趋势和本案实际情况，酌情认定由惠荣公司赔偿程美菊利益损失 84843.5 元（程美菊主张的利益损失计人民币 169687 元÷2＝84843.5 元）。

## 十五、商品房买卖合同中的惩罚性赔偿责任

违约责任以补偿性赔偿为原则，以惩罚性赔偿为例外。在房地产市场发展平稳、波动较小的情况下，补偿性赔偿责任一般可维持正常的交易秩序，防范违约行为。但在房地产市场波动较大，尤其是房价在短时期内快速上涨的情况下，房地产开发企业恶意违约、一房数卖的情形较为常见。在这种情况下，一旦卖房人违约，购房人在证明自己实际损失和履行利益、可得利益的损失数额时，存在一定困难。实践中赔偿标准的把握也较难统一。而且市场房价处于整体上升阶段，房地产开发企业即使赔偿购房人全部损失，最终也会因违约而受益。为规范市场秩序、促进市场诚信，有必要在商品房交易中引入惩罚性赔偿机制。对此，《商品房买卖合同解释》第 8 条规定：“具有下列情形之一的，导致商品房买卖合同目的不能实现的，无法取得房屋的买受人可以请求解除合同、返还已付购房款及利息、赔偿损失，并可以请求出卖人承担不超过已付购房款一倍的赔偿责任：（一）商品房买卖合同订立后，出卖人未告知买受人又将该房屋抵押给第三人；（二）商品房买卖合同订立后，出卖人又将该房屋出卖给第三人。”第 9 条规定：“出卖人订立商品房买卖合同时，具有下列情形之一，导致合同无效或者被撤销、解除的，买受人可以请

求返还已付购房款及利息、赔偿损失，并可以请求出卖人承担不超过已付购房款一倍的赔偿责任：（一）故意隐瞒没有取得商品房预售许可证明的事实或者提供虚假商品房预售许可证明；（二）故意隐瞒所售房屋已经抵押的事实；（三）故意隐瞒所售房屋已经出卖给第三人或者为拆迁补偿安置房屋的事实。”

在适用上述规定时，应注意以下四个问题：第一，上述条文规定的是卖房人的违约责任。在商品房买卖合同中，相对于购房人，卖房人处于优势地位，需要对购房人利益以特别保护，因此专门对卖房人的特定违约行为规定了惩罚性赔偿责任。但购房人也应诚实守信、依法依约履行合同。房地产行情有涨有跌。在行情看涨时，卖房人为了获得更大利益，往往容易恶意违约，一房数卖。在行情看跌时，购房人为了减少损失，也会要求解除合同。实践中，不乏购房人在签订商品房买卖合同后，因房价下跌而要求解除合同、退还定金和购房款的情况。所有民事主体都应对自己的行为负责，任何交易主体都应自己承担正常的市场风险，因此购房人仅因房价下跌就要求解除合同、退还定金和购房款的，不应支持。购房人因房价下跌违约的，也应承担违约责任。第二，只有当卖房人存在规定的行为时，才应承担惩罚性赔偿责任。即商品房买卖合同订立后，出卖人未告知买受人又将该房屋抵押给第三人，或者出卖人又将该房屋出卖给第三人，并导致商品房买卖合同目的不能实现，以及卖房人故意隐瞒没有取得商品房预售许可证明的事实或者提供虚假商品房预售许可证明、所售房屋已经抵押的事实、所售房屋已经出卖给第三人或者为拆迁补偿安置房屋的事实，导致合同无效或者被撤销、解除。第三，卖房人主观上具有恶意。违约责任不以当事人主观过错为条件，但惩罚性赔偿责任通常需以当事人主观上存在恶意为条件。仅就违约行为而言，违约人填补其行为对对方当事人所造成的损失即可。所需“惩罚”者，实乃违约人故意违约之恶意。第四，惩罚性赔偿是指除返还购房款及利息、赔偿损失之外的责任。即作为违约人的卖房人在补偿守约一方的购房人实际损失、履行利益和可得利益损失之外，另行承担不超过购房人已付购房款一倍的惩罚性赔偿责任。

## 十六、商品房买卖合同解除后担保责任的承担

《合同法》第97条规定："合同解除后，尚未履行的，终止履行；已经履行的，根据履行情况和合同性质，当事人可以要求恢复原状、采取其他补救措施，并有权要求赔偿损失。"合同解除之后，合同之债转变为恢复原状、采取其他补救措施或者赔偿损失之债。债务形式发生了变化，但并不一定改变了债务的同一性。对合同债务的担保，不应仅因为债务形式的变化而失去效力。因此，理论上一般认为，原合同债权设有担保的，该担保关系不因合同的解除而消灭，依然担保解除后的赔偿义务。① 对于该问题，《担保法解释》第10条也作了明确规定："主合同解除后，担保人对债务人应当承担的民事责任仍应承担担保责任。但是，担保合同另有约定的除外。"

在理论上，担保人是否应对合同解除后恢复原状之债务承担担保责任，尚存在争议，有否定说、肯定说与折中说三种观点。否定说认为，恢复原状的义务是不当得利返还义务之特殊形态，此项义务与合同解除前之权利义务关系截然不同，因此为担保合同之履行而为保证人，就恢复原状义务不负保证责任；为原合同所生债务而提供之物的担保，亦不担保合同解除后之恢复原状义务。② 肯定说认为，合同解除系因债务人不履行所致，而恢复原状义务并未逾越债务不履行损害赔偿的范围，因此，应认为原债务上的保证人，对之仍应负保证责任，始较妥当。③ 有人认为，合同解除时产生的返还债务与原合同债务之间具有同一性，因此原合同债务上的担保存续于返还债务之上。④ 折中说认为，原合同债务与解除时的给付返还之间具有同一性的，担保权存续于给付返还之上。反之，担保权仅存续于损害赔偿请求权。⑤ 折中说更具合理性，如果担保合同仅

---

① 王跃龙：《解约可得利益赔偿之辨》，载《政治与法律》2006年第5期。
② 刘春堂：《契约解除与保证人责任》，载《法学丛刊》总第87期。
③ 邱聪智：《新订民法债编通则》，中国人民大学出版社2003年版，第363页。
④ 韩世远：《合同法学》，高等教育出版社2010年版，第277～278页。
⑤ 崔建远：《解除权问题的疑问与释答》（下篇），载《政治与法律》2005年第4期。

约定对合同债务承担担保责任，在合同解除的情况下，担保人仅应对该合同债务转化之债务承担担保责任，超出该范围的其他债务则不应由担保人承担担保责任。原则上，担保人承担的担保债务不应超出担保人在签订担保合同时的合理预期。

## 十七、当事人在《商品房买卖合同》中约定排除某种付款方式适用双倍返还已付购房款责任承担的，该约定的效力应如何认定

如果当事人以商品房买卖合同示范文本为基础，签订了《商品房买卖合同》，在“计价方式与价款”中通过在“出卖人与买受人约定按下述第____种方式计算该商品房价款”填写数字的方式选择了按套计价，在合同中当事人又通过手写的方式约定当事人选择采用按套计价的，出卖人不承担双倍返还已付购房款的责任。

对此，笔者认为，除非当事人能够证明有关该责任的约定构成欺诈、胁迫、乘人之危、重大误解或显失公平，并在法定期限内行使撤销权的，或者有证据证明该约定并非当事人真实意思表示的，或者具有《合同法》第 52 条规定的情形应当认定无效的，否则，该约定对于合同双方当事人具有拘束力，应当以该书面约定所反映的当事人的意思作为处理逾期交房违约责任承担的依据，而不应以其为格式条款而作对出卖人不利的解释。

## 十八、如何确定预期利益损失赔偿的范围与数额

预期利益损失也叫可得利益损失。可得利益是与现存利益相对的概念，它是指在合同履行前并不为当事人所拥有，而为当事人所期望在合同履行以后可以实现和取得的财产权利。可得利益损失是指违约行为的发生导致受害人所丧失的可得利益。可得利益损失的赔偿，是合同法完全赔偿原则的体现，可以使非违约方最大限度获得赔偿。

对于合同违约损害赔偿范围是否应包括可得利益损失，理论上与实

践中均有争议。有观点认为，可得利益是在合同完全履行的情况下才能产生的，只是在当事人一方不履行合同义务或者履行不符合约定，向对方请求人民法院强制违约方履行为前提的。在合同解除的情况下，表明守约当事人不愿履行合同，放弃了可得利益，故解除合同的损害赔偿不包括对可得利益损失的赔偿。但更多的观点则认为解除合同的损害赔偿应当包括对可得利益损失的赔偿。如王泽鉴先生即认为，“买卖标的物之涨价部分，系前买受人通常可期待之利益，应视为所失利益，列入赔偿范围之内”①。至于如何计算可得利益损失的数额，在实务中也存在争议，但较为普遍采用的方法是差价损害赔偿。② 我国台湾地区最高法院在台上字第352号判决认为，所谓“所失利益”，是指新财产之取得，因损害事实之发生而受妨害而言，出卖人签订买卖合同后房价看涨，遂以高于合同价款的一定金额将房屋出售给此买受人。前买约签订后房价看涨的部分，应当是前买人资产价值的增加，该项应当获得的利益因为二次买卖而无法获得，因此，后买约之价格高于前买约价格的差价即是前买受人失去的订立合同预期得到的利益。③ 而在美国，一半以上的州也适用差价损害赔偿规则，即于卖方履行不能时，买方有权请求卖方给付合同的价格和违约时标的物的公正的市场价格之间的差价。④ 上述两个案例虽然均采用了差价损害计算方法，但我国台湾地区的判例所指差价是两次买约之间的差价，美国法所指差价是买约的价格与违约时标的物公正的市场价格之间的差价。对此，有学者认为后者更具合理性。前买约订立之后，

---

① 王泽鉴：《民法学说与判例研究》(四)，中国政法大学出版社1998年版，第179页。

② 对于违约损害赔偿数额的计算，我国司法实践中，法院常常将赔偿额限制在合同价款的一定比例之内（如间接借鉴司法解释关于违约金数额管制的规定，限制为30%)，很少根据市场的变动给予完全充分的违约赔偿。例如，根据北京市高级人民法院京高法发（2010）第458号24条的规定，房屋买卖合同签订后，因一方当事人根本违约致使另一方订立合同的目的不能实现，对于守约方要求解除合同并要求违约方赔偿房屋差价损失、转售利益损失等可得利益损失的请求，只是“应酌情予以支持”，保留的态度相当明显。类似态度在其他省份的司法实践中亦普遍存在[典型案例有：西双版纳乾龙房地产开发有限公司与刀伟英等商品房销售合同纠纷上诉案，(2010)云高民一终字第110号]。

③ 王泽鉴：《民法学说与判例研究》(四)，中国政法大学出版社1998年版，第177页。

④ Beard v S/E Joint Venture, 321Md. 126, 581A. 2d1275 (1990). 转引自马新彦：《一物二卖的救济与防范》，载《法学研究》2005年第2期。

标的物售价上涨，但后买约价格的高低除受市场行情的影响外，还取决于出卖人签订合同的技巧等因素。出卖人技巧高超，或者次买受人基于某种原因（如报恩）自愿付出高价，后买约的价格将高出市场的公平价格；出卖人技巧低劣，则后买约的价格将低于市场价格。如果以两次买约价格的差价计算可得利益损失，在后买约价格高于市场价格时，意味着因出卖人技巧高超或者次买人恩惠而应由出卖人享受的利益由前买人取得；后买约价格低于市场价格时，则意味着将出卖人因技巧低劣而应承受的损失转嫁给了前买人。无论哪一种情况，对当事人都是不公平的。①

对于预期利益损失的范围，《最高人民法院关于当前形势下审理民商事合同纠纷案件若干问题的指导意见》第9条规定："在当前市场主体违约情形比较突出的情况下，违约行为通常导致可得利益损失。根据交易的性质、合同的目的等因素，可得利益损失主要分为生产利润损失、经营利润损失和转售利润损失等类型。生产设备和原材料等买卖合同违约中，因出卖人违约而造成买受人的可得利益损失通常属于生产利润损失。承包经营、租赁经营合同以及提供服务或劳务的合同中，因一方违约造成的可得利益损失通常属于经营利润损失。先后系列买卖合同中，因原合同出卖方违约而造成其后的转售合同出售方的可得利益损失通常属于转售利润损失。"因此，预期利益损失是一种纯利润损失。

预期利益损失的确定需要遵循一定的规则，主要有：

1. 可预见原则。根据《合同法》第113条的规定，预期利益损失的赔偿不得超过违约方订立合同时预见到或者应当预见到的因违反合同可能造成的损失。比如合同已约定了违约造成预期损失的计算方法，按此方法计算违约方是明确的，也是可预见的，则受害人主张预期利益损失不得超出该合同约定范围，超出部分的损失难以获赔。

2. 减损原则。《合同法》第119条规定："当事人一方违约后，对方应当采取适当措施防止损失的扩大；没有采取适当措施致使损失扩大的，不得就扩大的损失要求赔偿。"即受害人不得就其本可以采取合理措施予以避免的损失获得赔偿，也就是合同法的减损原则，其目的在于促使受

① 马新彦：《一物二卖的救济与防范》，载《法学研究》2005年第2期。

害人采取合理措施避免社会资源的浪费，同时，因受害人自己应减损而未减损，一定程度上中断了违约与损害的因果关系，受害人不可就该部分损失主张赔偿。

3. 损益相抵规则。受害人因违约行为所获益应从所受损中扣除。因为违约救济的功能主要在于填补损失，而不是从违约中获利。实践中，从损失中应予扣除的利益包括：标的物毁损后的残余价值、继续履行合同本应支付但因违约行为的发生而免予支付的费用等。

预期利益损失的确定既是受害人举证的难点所在，也是受害人获赔与否及获赔大小的风险所在。实践中主要确定方法有：（1）对比法。即确定参照对象进行对比，参照对象既可以是与受害人相同或相似的其他同类单位，也可以是受害人自身，如以受害人在损失发生前一段时间内的平均收益（如利润率）为参照标准。此种方法赋予受害人举证责任过大。（2）估算法。在预期利益损失确实存在又难以确定的情形下，可以根据案情的具体情况，大致估算赔偿数额。此种方法法官自由裁量权发挥的空间较大，也是受害方风险所在。（3）约定法。当事人约定赔偿损失赔偿额的计算方法。此种方法可以免去受害人因举证困难导致败诉的风险，对于受害人最为有利。

## 判解精要

### 一、当事人违反限购政策导致合同不能履行的要承担违约责任

**【案例索引】**

张翼如诉沈亮房屋买卖合同纠纷案[1]：一审：北京市朝阳区人民法院

[1] 石海朝：《明知不符购房条件仍签购房合同者需承担违约责任》，载《人民司法·案例》2014年第4期。

(2012) 朝民初字第 16299 号，二审：北京市第二中级人民法院 (2012) 二中民终字第 16191 号。

**【基本案情】**

2011 年 6 月 3 日，原告张翼如（乙方）和被告沈亮（甲方）签订北京市存量房屋买卖合同，约定张翼如购买北京市朝阳区雅成二里 19 号楼 1 单元 2303 号房屋，总价款 240 万元。买卖合同签订后，张翼如支付沈亮定金 5 万元。张翼如在签订买卖合同当日，一并签署了购房承诺书，明确其知晓《国务院办公厅关于进一步做好房地产市场调控工作有关问题的通知》（国办发〔2011〕1 号）、《北京市人民政府办公厅关于贯彻落实国务院办公厅文件精神进一步加强本市房地产市场调控工作的通知》（京政办发〔2011〕8 号）、《北京市住房和城乡建设委员会关于落实本市住房限购政策有关问题的通知》（京建发〔2011〕65 号）。现张翼如以其不符合购房资格为由起诉至法院，要求判令解除房屋买卖合同并返还 5 万元定金。

**【审判要览】**

北京市朝阳区人民法院经审理认为，张翼如与沈亮签订的北京市存量房屋买卖合同是双方真实意思表示，应严格遵守。根据张翼如签署购房承诺书的事实，可以认定其对国家和北京市限购政策是知晓的，可以且应该根据限购政策判断其本人是否符合在北京市购买房屋的条件。但由于张翼如故意隐瞒相关事实导致买卖合同无法继续履行，其无权要求被告返还定金。由于买卖合同因张翼如违约无法继续履行，应予以解除。朝阳法院依照《合同法》第 60 条、第 94 条、第 115 条之规定，判决：(一) 解除原告张翼如与被告沈亮 2011 年 6 月 3 日签订的北京市存量房屋买卖合同；(二) 驳回原告张翼如的其他诉讼请求。

宣判后，张翼如不服一审判决，提起上诉。北京市第二中级人民法院经审理，判决驳回上诉，维持原判。

**【裁判解析】**

限制购买商品房政策是政府调控房地产业和国民经济的重要宏观调控手段，具有较为明显的时间和地域性。从宏观方面来看，限购政策对有效遏制投资投机性购房，促进房地产市场平稳健康发展和保障民生具有重要作用；从微观方面来看，限购政策对每一位购房人的购房行为都会产生影响，对当事人之间签订的商品房买卖合同的履行也会产生巨大影响。如何正确处理限购政策导致的商品房买卖合同纠纷，正确认定合同效力、判定当事人的违约责任、衡平当事人利益，保障正常的商品房交易秩序，规范、引导交易主体行为，维护诚实信用原则，是人民法院面临的重要问题。

就违约责任而言，限购政策导致商品房买卖合同不能继续履行的，当事人有权解除合同。但是，如果当事人不能就解除商品房买卖合同达成一致意见，而限购政策并未实质性地阻碍合同目的实现的，当事人就不能单方解除合同，以维护交易秩序。本案中，原告为非京籍居民，也不能提供其连续满五年的缴税凭证或社保记录，不具有购房资格，无法获得房屋所有权，不能实现合同目的，因此原告有权请求解除房屋买卖合同。商品房因违反限购政策而被解除的，当事人是否需要承担违约责任应视具体情况而定，要根据双方当事人的过错确定损失的承担。如果根据当事人所处情况和限购政策宣传情况，能够确定一方当事人在应知或明知不符合购房条件的情况下，仍然签订买商品房卖合同导致合同目的无法实现的，属于违约行为，仍应承担违约责任。本案中，原告在应知或明知不符合购房条件的情况下，仍然与被告签订商品房买卖合同，导致合同目的不能实现，其行为构成违约，应当承担违约责任。如果双方当事人均无过错，当事人应依据公平原则分担损失。此外，如果因一方当事人迟延履行合同义务，导致商品房未在合同约定的时间内办理权属证书，且在履行迟延期间国家实施限购政策，导致合同不能继续履行的，迟延履行一方当事人应当承担违约责任。

## 二、当事人对格式条款的理解产生重大分歧时，应根据交易目的，综合运用解释方法，准确把握该条款的具体内涵，判定当事人履行合同是否符合约定

**【案例索引】**

何志刚与恒大公司商品房预售合同纠纷案①：一审：重庆市渝中区人民法院（2013）中区法民初字第04608号，二审：重庆市第五中级人民法院（2014）渝五中法民终字第00735号。

**【基本案情】**

被告恒大地产集团重庆有限公司（以下简称恒大公司）主要从事精装商品房的开发、预售活动。2009年，被告与原告何志刚签订《重庆市商品房买卖合同》，约定：恒大公司在2011年6月30日前交付房屋时，与该房屋正常使用直接关联的基础设施和配套设施，包括通电，须符合使用条件，否则视为被告延期交楼，构成违约。何志刚收房入住后发现，房屋接通的是临时用电而非城市生活用电，认为被告违约，应承担相应责任。

**【审判要览】**

重庆市渝中区人民法院经审理认为，涉案房屋在交付前通过竣工验收，且原告也认可已通电，应视为被告履行了合同义务。故判决驳回原告的诉讼请求。

原告不服一审判决，上诉至重庆市第五中级人民法院。重庆五中院认为，被告为涉案房屋接通的是临时用电，不能满足城市生活所需，不符合交易目的，应视为违约，遂改判被告承担违约责任。

**【裁判解析】**

本案的争议焦点是，合同约定的“通电”如何理解，被告在约定期限前为原告的房屋接通临时用电是否违约。

1. 预售合同条款的解释应兼顾合同正义。以合同自由为代表的意思

---

① 黄淳、肖飞：《商品房预售合同格式条款的解释》，载《人民法院报》2015年1月8日，第6版。

自治是整个私法的基石，而以诚实信用为代表的权利本位是私法的中心。通常，在当事人交易行为、意思表示完全自由且交易能力相当时，他们的合同自由和权利应得到充分尊重，外力不宜介入。但是，现代市场复杂，尤其是某些特定行业或领域，双方的交易能力往往明显不对称，一方滥用交易优势而导致交易结果不正义的情形时有发生，适当的外部干预平衡合同自由和正义实属必要。

本案属于预售商品房买卖合同纠纷，双方交易的是期房而非现房。首先，被告作为全国知名的大型地产企业，其占有的社会资源和信息量是作为相对方的原告所无法企及的，因此，在预售合同的整个缔约、履约过程中，被告一直处于主动和优势地位，掌控更多的关键信息，拥有更多的话语权；相反的，原告等购房者多处于被动地位，信息基本来源于对方，没有更多与对方讨价还价的机会。其次，关于房屋交易的专业知识，作为专业团队的被告，相对于一般购房者的原告而言，同样具有绝对的优势；而对于期房，被告还拥有对未来房屋质量、小区及周边环境等关键信息的绝对掌控，原告对此知之较少，缔约多是基于对被告的信赖，这种信赖甚至是盲目的。最后，售房者并不会及时、准确、完整地披露所有的交易信息，以便充分满足购房者的知情权，相反，他们通常总是充分利用自己的交易优势来实现自己的利益最大化。基于上述情况，法院对有争议的合同条款的解释，在尊重合同自由的同时，也应充分顾及交易的实质正义。

2. 合同的解释必须符合交易目的。合同是当事人的真实意思表示，是为了实现特定交易目的。因此，当合同内容似是而非或前后矛盾，或者事后双方在理解具体条款的准确含义发生分歧时，应先根据当事人的目的来寻求双方真实的或应有的意思表示。本案中，商品房是城市住房来源之一，必须满足城市居住生活所需，其中，稳定的生活供电是基础条件之一。既然合同约定“通电”必须符合“使用条件”，那么，此处的“通电”必定是指电力能够长期供应，且持续稳定，通常指接入城市生活供电网络。而临时用电通常并不能保证其供应是长期、持续和稳定的，所以并不符合《供电营业规则》的规定，不能将之视为合同约定的符合“使用条件”的“通电”。

3. 在双方对预售合同格式条款的理解产生重大分歧时，应作出有利于购房者的解释。合同法和消费者权益保护法规定，当合同当事人对格式条款的理解发生分歧时，应适用特殊解释方法，作出对格式条款拟订者不利的解释，以便限制权利滥用，维护正常交易秩序，保障消费者利益，体现正义精神。预售合同是格式合同，一份正规合同文本包含了大量的信息，但销售方对此早已了然于胸，而一般购房者则不同，只有在准备签署合同时，他们才能见到正式合同文本，并没有足够时间逐条逐款认真、仔细地阅读，对合同内容的把握往往顾此失彼，甚至稍有迟疑，就会丧失签约机会。因此，作为格式条款，本案中关于商品房"通电"的约定，因双方对其具体内涵理解不一致，法院对此应作出不利于被告的解释，认定"通电"并非接入临时用电，被告没有按约履行义务。

4. 对预售合同的格式条款还应按通常的理解予以解释。当对合同条款的理解发生歧义时，一般应根据交易规则、交易习惯或生活常识，按照大多数人的理解进行解释。本案中，双方对预售合同中关于"通电"条款的理解产生歧义，法院应根据大多数房屋交易者（尤其是一般购房者）通常的、合理的认知标准进行解释。一般认为，城市住房所接入的应是城市公共生活用电网络，持续、稳定、有保障，而临时用电不确定、不稳定，不能满足居住生活所需。因此，被告关于房屋接通临时用电符合约定的辩称，不足为信。

综上，被告为原告购置的房屋接通临时用电，不能满足交易目的，应视为违约，理应承担法律责任。

## 三、房地产开发企业因委托代理机构未告知其特定房屋已经售出而导致一房二卖的，系其选择和监督委托代理人存在过错，不能免除惩罚性赔偿责任

**【案例索引】**

湖北金华实业有限公司与苏金水等商品房买卖合同纠纷案[①]：一审：

① 载《最高人民法院公报》2014 年第 1 期。

湖北省武汉市中级人民法院（2008）武民初字第56号，二审：湖北省高级人民法院（2009）鄂民一终字第28号，再审：最高人民法院（2012）民抗字第24号。

**【基本案情】**

2005年3月12日，湖北金华实业有限公司（以下简称金华公司）公司与皓羽公司签订一份《“楚天星座”商品房保底包干销售合同》，同年6月，双方签订一份《销售代理补充协议》。2006年3月28日，双方签订一份《〈“楚天星座”商品房保底包干销售合同〉补充协议》。在《“楚天星座”商品房保底包干销售合同》中约定：皓羽公司代理销售由金华公司开发的“楚天星座”项目；金华公司委托皓羽公司代理销售的商品房建筑面积除住宅两层、商铺700平方米外，其余全部属代理范围，所有对外销售面积由金华公司签字盖章后，交由皓羽公司负责对外销售，具体房型面积作为本合同的附件；该项目的《商品房买卖合同》以及文件均需由金华公司加盖公章后方能生效，其他任何单位和个人签订均属无效。在《〈“楚天星座”商品房保底包干销售合同〉补充协议》中约定：2006年4月为宣传炒作本楼盘的策划月，此月份暂封盘1个月。

2006年4月，苏金水与金华公司就购买06号、07号商铺，签订了《〈楚天星座〉商品房认购合同》，载明甲方（出卖方）为金华公司，乙方（买受方）为苏金水，并均加盖有“湖北金华实业有限公司楚天星座销售合同专用章”，该两份认购合同亦载明售楼部地址是青年路与万松园横路交汇处以及认购房号分别是06号和07号商铺。同月，苏金水与金华公司的房屋销售代理商皓羽公司销售人员签署了两份《武汉市商品房买卖合同》。其中第一份合同约定：出卖人为金华公司，委托代理机构为皓羽公司，买受人为苏金水；买受人所购商品房为一层06号商铺；建筑面积为145.39平方米，价款为每平方米30476.72元，合计4431010元。在该合同的出卖人签章处盖有“湖北金华实业有限公司楚天星座销售合同专用章”，买受人签章处有苏金水的签字。该合同有多处涂改及所附图纸齐缝印不全的现象。第二份合同约定的当事人与上述合同一致，其约定的买受人所购商品房为一层07号商铺；建筑面积为64.40平方米，价款为每平方米33385.09元，合计2150000元。在该合同的委托代理机构签章处盖有“武汉皓羽地产顾问有限公司销售合同专用章”，买受人签章处有苏金水的签字，金华公司未在该合同的出卖人签章处签章。苏金水除20000元系现金支付外，于2006年4月11日和4月30日分五次通过皓羽公司报批安装在“楚天星座”的POS机向皓羽公司支付购房款4211010元，并于2006年5月17日通过银行转账支付了购房款1400000元。皓羽公司分别于2006年4月11日、4月30日和5月17日向苏金水开具2000000元、2231010元和1400000元3张收款收据，其金额共计5631010元，其中，皓羽公司开具的200万元收据载明为定金，与两份认购合同记载的定金合计金额相符。皓羽公司于2006年6月20日向金华公司发出《解除〈“楚天星座”商品房保底包干销售合同〉的通知》，表示因金华公司提供不具备合法销售资格的房产，不能按约支付装修款，导致合同目的不能实现，故通知解除合同。此后，皓羽公司销售人员退出售楼部并于2006年7月30日对安装在“楚天星座”的POS机办理了撤机手续，金华公司重新组织人员对该项目进行销售。皓羽公司向金华公司发出解除合同通知后，仍持有部分房屋销售合同等材料的原件，湖北省武汉市中级人民法院已于2006年8月29日组织双方办理了移交手续。2006年9月29日，金华公司将本案讼争的07号商铺出售给李晶，商品房买卖合同于2006年9月30日向武汉市房产管理局备案。2006年10月31日，苏金水到“楚天星座”售楼部要求办理交房手续时，金华公司以该公司并未与其签订合同，也未收到其购房款为由拒绝办理交房手续，从而引起本案纠纷。苏金水于2006年11月14日向武汉仲裁委员会申请仲裁。2007年1月16日，金华公司将本案讼争的06号商铺出售给李少伟，商品房买卖合同于2007年1月17日向武汉市房产管理局备案。2007年7月16日，武汉仲裁委员会作出（2006）武仲裁字第00858号裁决书。2007年9月20日，金华公司向湖北省武汉市中级人民法院申请撤销该裁决书。2008年1月11日，湖北省武汉市中级人民法院以（2007）武仲监字第369号民事裁定书撤销该裁决书。

2008年4月7日，苏金水提起本案诉讼，请求判令：（1）确认苏金水与金华公司就“楚天星座”06号、07号商铺签署的《武汉市商品房买卖合同》有效；（2）金华公司的行为导致合同目的无法实现，判决解除苏金水与金华公司就“楚天星座”06号、07号商铺签署的《武汉市商品房买卖合同》；（3）金华公司返还苏金水购房款5631010元，并赔偿利息损失689235元；（4）金华公司赔偿苏金水5631010元及仲裁费107240元；（5）皓羽公司就上述第3项请求承担连带责任；（6）由金华公司、皓羽公司承担本案全部诉讼费用及财产保全费用。

**【审判要览】**

一审法院认为：（1）关于对苏金水举证06号商铺《武汉市商品房买卖合同》（以下简称06号合同）的效力及其过错责任的认定。该合同虽是由皓羽公司与苏金水接洽签订，但鉴于该合同只有苏金水和金华公司的签章，而没有皓羽公司作为委托代理机构的签章，故该合同的主体只能确定为是苏金水和金华公司，所约定的内容仅对其双方有约束力，皓羽公司在该合同中不享有任何权利和义务。该合同虽然只有苏金水所持的一份原件，且合同原件中存在多处涂改及所附房屋平面图无齐缝印的不正常现象，均不足以证实该合同系他人伪造，因此，该合同所约定的内容应是双方真实意思的表示，合同形式和内容亦未违反法律规定，该合同应认定为有效合同。合同签订后，购房人应依购房合同的约定按时向房屋开发商交付购房款，但苏金水没有根据合同相对性原则向金华公司给付房款，而将购房款付给皓羽公司并由其出具收据，最终使得皓羽公司将该房款不当得利占有。可见，苏金水所付购房款不能依约交付给金华公司，致使该合同目的不能实现，应予解除，其过错系买受人苏金水自身造成。出卖人金华公司就此没有过错。（2）关于07号商铺《武汉市商品房买卖合同》（以下简称07号合同）的效力及其过错责任的认定。由于该合同的签章处仅有苏金水和委托代理机构皓羽公司的签章，没有金华公司的签章，根据《商品房销售管理办法》第16条第1款的规定，该合同不具有商品房买卖合同的效力。苏金水作为购房人在签订该合同中即使不了解有关法律法规之规定，但按常理亦应明白所签订的房屋买卖合同必须要有房屋开发商签章这一基本交易常识，更不应以合同为凭直接向皓羽公司给付其购房款。因此，苏金水与皓羽公司之间所发生的这一购房行为，与金华公司无关联，金华公司对此不存在过错。综上，苏金水向皓羽公司付购房款共计5631010元的行为，完全是因苏金水自身的过错而造成，其责任不在金华公司。由于皓羽公司是不当收取苏金水的购房款，依据《民法通则》第92条之规定，皓羽公司应将收取苏金水的购房款予以返还。此外，苏金水所签订的06号合同虽说是皓羽公司以被代理人的名义订立合同，但皓羽公司不是合同的相对方，苏金水没有理由向不是合同的相对方支付06号商铺的购房款；至于苏金水所签订的07号合同，皓羽公司并没有以被代理人的名义签订该合同，且苏金水也未向被代理人支付07号商铺的购房款。因此，本案中皓羽公司的行为均不构成表见代理。故苏金水以此理由要求金华公司承担返还购房款5631010元及赔偿相应损失的诉请，不予支持。据此，判决：（1）解除苏金水与金华公司签订的06号商铺《武汉市商品房买卖合同》；（2）皓羽公司于判决生效之日起10日内向苏金水返还购房款5631010元并赔偿其资金占用损失（以购房款为基数，自2006年5月1日起至2008年4月7日止，按中国人民银行规定的同期贷款利率计付）；（3）驳回苏金水的其他诉讼请求。案件受理费94151元，由苏金水负担45192.48元，皓羽公司负担48958.52元。诉前财产保全费5000元，由皓羽公司负担。

苏金水不服一审判决，提起上诉。

二审法院认为：（1）根据金华公司与皓羽公司签订的有关协议的约定，皓羽公司代理销售金华公司的“楚天星座”房屋，金华公司与皓羽公司间存在委托合同关系，金华公司系委托人，皓羽公司系受托人。皓羽公司将“楚天星座”一层06号、07号商铺出售给苏金水，苏金水与皓羽公司销售人员签署了两份《武汉市商品房买卖合同》，苏金水应为第三人。（2）关于06号合同的效力问题。因合同明确约定出卖人为金华公司，委托代理机构为皓羽公司，买受人为苏金水，虽然皓羽公司未在合同上盖章，但金华公司已在合同上加盖公章，苏金水亦在合同上签字，该合同应为有效。由于苏金水购买06号商铺一直与皓羽公司商谈，且06号合同中明确约定皓羽公司为委托代理机构，皓羽公司未在合同上盖章的行为并不影响皓羽公司的受托人身份。由于皓羽公司未向苏金水出具其与金华公司签订的《“楚天星座”商品房保底包干销售合同》，苏金水对于皓羽公司没有收取购房款的权限是不知情的，且在《武汉市商品房买卖合同》中对该事项未作出约定，金华公司亦未就此事项向苏金水宣示，故苏金水向皓羽公司支付购房款的行为并无不当。根据《民法通则》第 65 条第 3 款“委托书授权不明的，被代理人应当向第三人承担民事责任，代理人负连带责任”的规定，应视为苏金水向金华公司支付了购房款，一审法院认定苏金水所付购房款不能依约交付金华公司，致使该合同目的不能实现而应予解除缺乏事实和法律依据，予以纠正。（3）关于 07 号合同的效力问题。虽然金华公司未在合同上盖章，仅有皓羽公司的盖章，但是该合同中明确约定出卖人为金华公司，委托代理机构为皓羽公司，买受人为苏金水，且从 06 号合同签订过程看，苏金水对于皓羽公司作为受托人，有权代理金华公司销售“楚天星座”房屋的事实是清楚的，根据《合同法》第 402 条“受托人以自己的名义，在委托人的授权范围内与第三人订立的合同，第三人在订立合同时知道受托人与委托人之间的代理关系的，该合同直接约束委托人和第三人，但有确切证据证明该合同只约束受托人和第三人的除外”的规定，07 号合同直接约束金华公司和苏金水，该合同应为有效。一审法院认定苏金水与皓羽公司就 07 号商铺发生的购房行为，与金华公司无关联，缺乏事实和法律依据。由于苏金水对于皓羽公司没有收取购房款的权限是不知情的，苏金水向皓羽公司支付购房款的行为并无不当，应视为苏金水向金华公司支付了购房款。至于皓羽公司收取了苏金水两份《武汉市商品房买卖合同》约定的购房款 5631010 元未交给金华公司，属另一法律关系，金华公司可另行主张权利。（4）苏金水在两份商品房买卖合同交付后，依约向金华公司支付了购房款 5631010 元，已履行了合同约定的义务。而金华公司却擅自将出售给苏金水的 06 号、07 号商铺出售给他人，已构成违约，并导致合同已无继续履行的可能，苏金水要求解除两份《武汉市商品房买卖合同》的请求，符合《合同法》有关规定，予以支持。根据《商品房买卖合同解释》第 8 条第 2 款的规定，金华公司应将购房款 5631010 元返还给苏金水并赔偿资金占用期间的利息损失，但由于苏金水交付的款项全部由皓羽公司收取，金华公司未收取任何款项，且在一审法院判决皓羽公司向苏金水返还购房款并赔偿其资金占用损失后，皓羽公司对一审判决并未提出上诉，应视为认可，故对此不作变更，金华公司对于皓羽公司不能偿还的部分承担补充赔偿责任。依据上条司法解释的规定，苏金水有权要求金华公司承担不超过已付购房款一倍的赔偿责任，但考虑到苏金水所持合同原件中存在多处涂改及所附房屋平面图无齐缝印的不正常现象，07 号合同仅有皓羽公司的印章而无金华公司的印章，由于苏金水疏于审查，对于本案纠纷的发生存在过失，酌情判决金华公司向苏金水承担购房款金额 50%的赔偿责任 2815505 元，其余责任由苏金水自行承担。综上，判决：(1) 维持一审判决主文第 2 项；(2) 撤销一审判决主文第 1、3 项；(3) 解除苏金水与湖北金华实业有限公司签订的 06 号、07 号商铺《武汉市商品房买卖合同》；(4) 湖北金华实业有限公司对武汉皓羽地产顾问有限公司的给付义务承担补充赔偿责任；(5) 湖北金华实业有限公司于本判决生效之日起 10 日内赔偿苏金水 2815505 元；(6) 驳回苏金水的其他诉讼请求。

金华公司不服上述二审判决，向检察机关提出申诉。

最高人民检察院向最高人民法院提出抗诉。最高人民法院再审认为：第一，关于皓羽公司向苏金水销售 06 号、07 号商铺行为的法律后果是否应归属于金华公司的问题。根据《民法通则》第 63 条的规定，被代理人对代理人在代理权限内以被代理人名义实施的代理行为，承担民事责任。因此，本案皓羽公司销售行为的法律后果归属于金华公司取决于皓羽公司的销售行为是否构成有权代理。最高人民法院认为，皓羽公司的销售行为已构成有权代理，理由是：其一，在销售案涉楼盘时，金华公司已授予皓羽公司独家全程的代理权限。金华公司与皓羽公司签订的《"楚天星座"商品房保底包干销售合同》第二条约定，"甲方（指金华公司）授权乙方（指皓羽公司）为该项目独家全程销售代理，代理范围包括项目营销策划、销售代理、广告宣传等。非因本合同到期或解除及甲方前期界定之外，甲方不得自行销售，或委托其他公司、个人进行销售"，该条约定已明确授予皓羽公司销售案涉楼盘的代理权限，相关报纸广告等宣传材料上亦标明皓羽公司作为该楼盘"全程营销"的代理人的法律地位。其二，皓羽公司系以金华公司的名义而非以皓羽公司自身名义销售案涉商铺。06 号合同和 07 号合同首部均载明出卖人为金华公司，并明确皓羽公司的身份为金华公司的委托代理机构。其三，06 号合同和 07 号合同尾部均有苏金水签字，06 号合同尾部加盖有出卖人金华公司的销售合同专用章，07 号合同尾部亦有皓羽公司以金华公司委托代理人身份加盖的销售合同专用章。其四，苏金水购买商铺的过程中还取得了 06 号、07 号商铺的《〈楚天星座〉商品房认购合同》，该两份认购合同均加盖有金华公司的销售合同专用章。其五，苏金水系在楼盘售楼处现场签订 06 号合同与 07 号合同并通过现场 POS 机支付主要购房款。可见，皓羽公司以金华公司名义向苏金水销售案涉商铺的行为，足以认定构成有权代理，且苏金水作为普通购房者亦有较为充分理由相信皓羽公司具有销售案涉商铺的代理权限。另外，部分楼盘宣传材料上虽有 2006 年 5 月 1 日倾情推出的表述，但此种表述并未包含对外宣示禁止皓羽公司于 2006 年 5 月 1 日之前销售案涉商铺的意思；同时，金华公司与皓羽公司就封盘期间、收款权限、签章权限等事项作出的若干约定均系金华公司与皓羽公司之间的内部约定，并未对外公示，不能对抗善意的购房者；而金华公司再审中主张 06 号、07 号商铺不在皓羽公司授权销售的范围之内但皓羽公司予以否认，且金华公司未能举证予以证实，故就金华公司关于皓羽公司销售案涉商铺系越权行为对金华公司无约束力的主张，最高人民法院不予支持。至于金华公司提出因存在苏金水未注意案涉楼盘广告宣传系 2006 年 5 月 1 日“倾情推出”、苏金水未对合同的版本、涂改和签章及收据出具主体等进行必要审查、苏金水部分款项系通过皓羽公司财务人员中转等情形而应认定苏金水在购房中存在严重过错从而不构成表见代理的主张，在论证前提上即与本案中皓羽公司销售行为应系有权代理的性质不符，且结合本案代理销售、广告营销、合同签订与款项支付的前述具体过程与情形，金华公司关于合同相对方过错标准的主张亦超出了苏金水作为普通购房者的合理注意义务，最高人民法院不予支持。综上，皓羽公司基于有效的委托代理关系所实施的代理行为不违反法律法规禁止性规定，应认定为有效，其代理行为的法律后果应直接约束被代理人，所产生的民事责任直接由被代理人承担。皓羽公司作为委托代理人签订的 06 号、07 号合同应直接约束被代理人金华公司，皓羽公司作为委托代理人收取款项的法律后果亦应归属于被代理人金华公司，皓羽公司所为产生的相应民事责任应由金华公司承担。另，皓羽公司向苏金水销售案涉商铺系以被代理人金华公司的名义而并非以其自身名义，而成立隐名代理的必要前提之一系受托人以自己的名义与第三人订立合同，故二审判决适用《合同法》第402条认为皓羽公司销售07号商铺的行为构成隐名代理，对合同效力的最终认定虽无影响，但属于适用法律不当，最高人民法院予以纠正。

第二，关于金华公司是否因另售06号、07号商铺而对苏金水负担相应赔偿责任的问题。根据《商品房买卖合同解释》第8条的规定，只要出卖人在商品房买卖合同订立后事实上存在将该房屋出卖给第三人的行为，无法取得房屋的买受人即可请求出卖人承担不超过已付购房款一倍的赔偿责任，且上述规定中并不存在此种赔偿责任的适用以出卖人具有恶意违约故意为前提的规定。2006年4月皓羽公司作为委托代理人与苏金水订立06号合同与07号合同，法律后果上即为被代理人金华公司已与苏金水订立06号合同与07号合同，此后金华公司向苏金水之外的第三人出卖房屋并导致苏金水无法取得06号、07号商铺，苏金水即有权依据《商品房买卖合同解释》第8条第2项规定请求金华公司承担不超过其已付购房款一倍的赔偿责任。而金华公司的相关申诉请求实质上系将其选择及监督委托代理人的经营风险不当转嫁于购房者，最高人民法院不予支持。在金华公司另售商铺导致06号、07号合同已无继续履行可能的情况下，二审法院依据苏金水的诉讼请求而判令解除06号、07号合同并无不当。同时，二审酌情判决金华公司向苏金水承担购房款金额50%的赔偿责任，作为相关权利的有权处分人苏金水在再审中表示尊重二审该判决结果，故最高人民法院对该赔偿比例不予调整。

综上，判决维持二审判决。

**【裁判解析】**

合同的效力具有相对性，原则上其效力只及于合同当事人，不能约束第三人，一方当事人因第三人原因违约的，也应由当事人本人承担违约责任。合同当事人承担违约责任后，第三人依法应当承担民事责任的，可要求第三人承担相应的民事责任。《合同法》第121条规定：“当事人一方因第三人的原因造成违约的，应当向对方承担违约责任。当事人一方和第三人之间的纠纷，依照法律规定或者按照约定解决。”

在房地产开发企业委托代理机构销售房屋的情况下，房地产开发企业与购房人是商品房买卖合同的当事人，房地产开发企业因委托代理机构原因违约的，应当向购房人承担违约责任。本案中，房地产开发企业因委托代理机构未告知其特定房屋已经售出而导致一房二卖，应当自行承担违约责任。违约责任属于无过错责任，无论房地产开发企业在签订商品房买卖合同时是否明知所卖房屋之前已经由委托代理人出售，均不影响其承担违约责任。此外，委托代理人由房地产开发企业选择，并为房地产开发企业利益销售房屋，房地产开发企业应当承担选择和监督委托代理人的经营风险，该风险不得转嫁于购房者。房地产开发企业以系委托代理人原因导致一房二卖为由，请求免除《商品房买卖合同解释》第 8 条规定的惩罚性赔偿的，人民法院不应支持。

## 四、一方当事人违反预约合同约定，不与对方签订本约合同或无法按照预约的内容与对方签订本约合同的，应当承担违约责任

**【案例索引】**

张励与徐州市同力创展房地产有限公司商品房预售合同纠纷案[①]：徐州市泉山区人民法院（2010）泉民初字第 2427 号。

**【基本案情】**

1999 年 6 月，徐州市泉山区奎山办事处（原奎山乡）奎西村旧村改造工程经徐州市有关部门批准分期实施。2003 年 10 月，旧村改造工程二期启动，被告徐州市同力创展地产有限公司（以下简称同力创展公司）开始参与该工程，并将该工程定名为橙黄时代小区。建设的房屋部分用于安置原奎西村拆迁居民，其他部分作为商品房对外出售。

被告同力创展公司参与上述旧村改造工程后即对其拟开发建设的部分楼盘对外进行出售。2004 年 2 月 16 日，被告与原告张励签订《橙黄时代小区彩园组团商品房预订单》一份，该预订单约定：原告预订被告开发的橙黄时代小区彩园组团 8 号楼 1 单元 102 室商品房，该房屋建筑面积预计为 123 平方米，双方约定房屋单价为 2568 元/平方米，签订合同时

① 载《最高人民法院公报》2012 年第 11 期。

单价不变；原告向被告预缴购房款 50000 元，合同签订时再缴付剩余房款 258484 元。同日，原告按上述约定向被告交纳房款 50000 元。

其后，因拆迁受阻，该工程进度拖延，被告同力创展公司未通知原告张励签订商品房买卖合同。2006 年，国务院发文要求自 2006 年 6 月 1 日起对新审批、开工建设的商品房项目中套型面积在 90 平方米以下的住房必须达到开发建设总面积的 70%以上；2007 年徐州市政府发文规定自 2007 年 10 月起徐州市所有的各类居住工程必须采用现交框架等结构体系。因此，被告此后建设的橙黄时代小区的商品房套型面积发生了变化。

拆迁安置过程中，根据拆迁情况和建设进度，被告同力创展公司将橙黄时代彩园小区 8 号楼作为拆迁安置房对拆迁户进行了安置，并于 2008 年 3 月 19 日将其与原告张励签订的预订单中约定的橙黄时代小区彩园组团 8 号楼 1 单元 102 室（89 平方米）安置给拆迁户徐西成。

2010 年 1 月 21 日，被告同力创展公司取得橙黄时代小区彩园组团 5 号、6 号、7 号、8 号楼的商品房预售许可证。2010 年 3 月，原告张励起诉要求被告继续履行合同（预订单），后因故撤回起诉，并于 2010 年 11 月 16 日再次诉讼，要求被告按原合同（预订单）价格赔偿不低于 90 平方米的房屋一套并赔偿其他损失 100000 元。

审理过程中，原告张励表示，如被告同力创展公司确实无房可交，原告要求被告一次性给付 33 万元。

此外，法院受理本案后，依原告张励的申请，依法查封了尚在被告同力创展公司名下的本市橙黄时代彩园 6 号楼 1 单元 502 室的房屋一套，被告主张该房为拆迁安置房，已安置给李兴云。

**【审判要览】**

一审法院认为：原、被告在签订《橙黄时代小区彩园组团商品房预订单》时意思表示真实，且内容比较具体，因此该预订单在双方间产生了相应的权利义务关系，其所确定的内容在双方间产生拘束力。但因该预购单签订时所涉及的标的物尚处在规划之中且被告同力创展公司当时并未取得商品房预售许可，故首先需要确定该预订单的性质。

第一，关于原、被告双方签订的《橙黄时代小区彩园组团商品房预订单》的性质问题。判断商品房买卖中的认购书究竟为预约合同还是本约合同，最主要的是看此类认购书是否具备了《商品房销售管理办法》第16条规定的商品房买卖合同的主要内容即是否具备当事人名称或者姓名和住所，商品房基本状况，商品房的销售方式，商品房价款的确定方式及总价款、付款方式、付款时间，交付使用条件及日期，装饰、设备标准承诺，水电气讯配套等承诺和有关权益、责任，公共配套建筑的产权归属等条款。但一般来说，商品房认购书中不可能完全明确上述内容，否则就与商品房买卖合同本身无异，因此在实践操作过程中，这类认购书只要具备了双方当事人的姓名或名称，商品房的基本情况（包括房号、建筑面积）、总价或单价、付款时间、方式、交付条件及日期，就可以认定认购书已经基本具备了商品房买卖合同本约的条件。反之，则应认定为预约合同。

本案中，原、被告双方签订的《橙黄时代小区彩园组团商品房预订单》对于双方当事人的姓名或名称，商品房的基本情况（包括房号、建筑面积）、单价、付款时间进行了明确的约定，但因双方在签订该预订单时作为买卖标的物的商品房尚处在规划之中而没有进行施工，被告同力创展公司也没有取得商品房预售许可，所以双方对商品房的交付时间、办证时间、违约责任等等诸多直接影响双方权利义务的重要条款在预订单中没有明确约定，属于未决条款，需在签订买卖合同时协商一致达成；事实上，双方在该预订单中通篇所用的词语表达为“预订”“预计”“预缴（购房款）”，其第5条更是明确约定“在甲方（被告）通知签定（订）《商品房销售合同》之前，乙方（原告）可随时提出退房……在乙方按照本条约定签定（订）《商品房销售合同》前，甲方不得将该房另售他人”，说明双方在签订该认购单时对于该行为的性质为预约合同的认识是明确而不存在疑义的。因此，法院确认双方于2004年2月16日签订的《橙黄时代小区彩园组团商品房预订单》是以将来签订商品房销售（买卖）合同为目的的预约合同，原告张励要求被告以该商品房预订单为依据履行商品房交付义务的主张不能成立。

第二，关于违反预约合同应承担的法律后果问题。具有相应行为能力的人在意思表示真实的情况下签订的预约合同在双方当事人之间也产生拘束力，非经当事人协商一致不得更改，否则构成对预约合同的违约。

预约权利人可以请求对方履行订立本约的义务或者赔偿损失。本案中，原、被告双方签订商品房预订单后，因建设商品房用地拆迁安置问题致使商品房开工建设日期拖延，在此过程中，国务院及徐州市政府相继出台的有关行政法规对于新建商品房的建筑面积、施工工艺及材料进行了强制性规定，加上新的拆迁安置情况出现，致使商品房建设规划变更、面积变化及建筑成本增加，应属于不可预料的情形，不应视为被告同力创展公司故意违反预约合同。但被告在未取得商品房预售许可时即对尚未开工建设的商品房进行出售违反了有关的法律法规，其行为具有违法性；同时在与原告张励签订商品房认购单时对于上述情况估计不足，其后又将认购书中列明的房号安置给他人，致使双方失去了进一步协商并签订本约合同可能性，双方签订的商品房预订单终止履行，对此结果被告应承担相应责任。因此，被告应将原来收取原告的50000元予以退还，并应对原告承担违约责任即被告应对原告因此而造成的损失承担赔偿责任。

第三，关于原告损失的确定问题。在违约责任中，承担责任的一方应给对方造成的利益损失进行赔偿。本案中，原告张励在与被告同力创展公司签订预订单后，有理由相信被告会按约定履行订立本约合同的义务，从而丧失了按照预订单约定的房屋价格与他人另订购房合同的机会，因此被告因违约给原告造成的损失应根据订立预订单时商品房的市场行情和现行商品房价格予以确定，但因被告所开发建设的房屋无论是结构还是建筑成本都与双方签订预订单时发生了重大的变化，因此原告以被告开发建设房屋的现行销售价格作为赔偿标准亦显失公平，法院不予采纳。综合考量商品房市场的价格变动过程以及原告向被告交纳房款的数额，对于被告因违约给原告造成的损失确定为150000元。

综上所述，判决：（1）被告同力创展公司于本判决生效后10日内退还原告张励预交的房款50000元；（2）被告同力创展公司于本判决生效后10日内赔偿原告张励损失150000元；（3）驳回原告张励的其他诉讼请求。

一审宣判后，双方当事人均未在法定期限内提出上诉，一审判决已经发生法律效力。

**【裁判解析】**

预约是约定将来订立契约的契约。预约的特点在于，它本身是一个合同，因此，当事人一方违反预约，拒绝与对方当事人签订本约、违反预约或诚实信用原则不当地为本约的签订制造障碍的，应当向对方当事人承担违约责任。预约签订后，双方当事人都应当依据诚实信用原则和预约的约定，积极进行磋商，促成本约的签订，但预约的履行，既可能带来本约的签订，也可能不会导致本约的签订。只要当事人依预约进行了诚信、务实的磋商，即使最终未签订本约，也不属于违约行为。

商品房买卖过程中，当事人通常会签订认购书或订购书等合同。此类合同属于预约还是本约，主要应根据合同的内容来判断。如果当事人签订的合同已经具备《商品房销售管理办法》第16条规定的商品房买卖合同的主要内容，即合同载明了双方当事人的姓名或名称，商品房的基本情况（包括房号、建筑面积）、总价或单价、付款时间、方式、交付条件及日期，就可认定是商品房买卖合同。相反，如果当事人只约定将来签订商品房买卖合同，对房屋位置、面积、价款等主要内容未作约定的，就不能视为本约，而是预约。如果当事人签订的合同对商品房买卖的主要内容作了约定，同时又约定双方需另行签订正式商品房买卖合同，也应认定为预约。但此类合同签订后，当事人已经履行了合同主要义务，如出卖人已经按照约定收受购房款的，就应认定为本约。

对于违反预约合同的违约责任承担问题参见本章“实务指南”部分的分析，此处不赘述。

## 五、建设行政主管部门的审批文件以及建筑工程勘察、设计、施工、工程监理等单位分别签署的质量合格文件并非认定房屋建筑工程质量的唯一证据，人民法院还应结合房屋现场勘察情况、鉴定结论等认定房屋质量是否合格

**【案例索引】**

杨珺诉东台市东盛房地产开发有限公司商品房销售合同纠纷案[①]：江苏省东台市人民法院（2008）东民一初字第28号。

① 载《最高人民法院公报》2010年第11期。

**【基本案情】**

2006年3月25日，原告杨珺与被告东台市东盛房地产开发有限公司（以下简称东盛房地产公司）签订商品房买卖合同一份，该合同载明，原告购买被告开发的坐落于东台市原新东南路（现海陵南路）水景湾10号楼A室房屋一套，房屋用途为居住，房屋总价款为441430元，《住宅质量保证书》作为合同的附件；出卖人自房屋交付使用之日起，按照《住宅质量保证书》承诺的内容承担相应的保修责任，在房屋保修范围和保修期限内发生质量问题，出卖人应当履行保修义务，因不可抗力或者非出卖人原因造成的损坏，出卖人不承担责任，但可协助维修，维修费用由购买人承担。水景湾10号楼为叠加别墅，除去顶楼阁楼层后有4个结构层，为砖混结构，屋面未设置保温层，对此，被告向原告出售房屋时未予告知。该楼的设计单位为通州市建筑设计院，施工单位为通州市华建建筑安装工程公司，监理单位为通州市天元建设监理咨询有限公司。该楼于2005年4月1日开工，2006年1月20日竣工。

2006年6月21日，原告杨珺领取了涉案房屋的房屋所有权证。在装修、居住过程中，原告发现存在墙体多处裂缝、窗户渗漏等问题，多次报修，被告东盛房地产公司多次派员维修，但均未能根本修复。

2007年9月3日，原告杨珺将被告东盛房地产公司诉至法院要求其修复房屋的裂缝。审理中，原告申请对墙体裂缝渗漏的原因及维修方案进行鉴定。2007年12月11日，南京东南建设工程安全鉴定有限公司作出《鉴定报告》，意见为：水景湾10号楼A室产生墙体裂缝的主要原因是温度变化时结构材料的不均匀收缩所致，屋面未做保温屋和墙体砌筑质量较差导致顶部楼层温度裂缝明显，上述裂缝对主体结构安全没有影响，但严重影响观瞻和使用功能。其整改修复方案为：（1）现有裂缝的修复方案：对内外贯通的裂缝可采用结构胶进行灌缝，对墙面粉刷层的裂缝，可铲除原粉刷层，进行重新粉刷。（2）防止裂缝继续发展的处理方案：由于水景湾10号楼A室的裂缝基本上都属于温度缝，当温差较大时，房屋的裂缝发展会比较明显，虽然温度裂缝不影响主体结构的安全性能，但是会影响建筑的观瞻和使用，因此，应该采取措施，降低温度变化带给建筑的损伤，考虑到10号楼A室的屋面未设置保温屋，建议拆除原屋面瓦，参照图集苏 J9801－1/8 新做保温屋面。

2007 年 12 月 19 日，原告杨珺向法院提出撤诉申请，同日法院作出（2007）东民一初字第 1895 号民事裁定书，裁定准许原告撤诉，同年 12 月 21 日，原告另诉要求被告东盛房地产公司承担根治修复房屋裂缝渗漏及相关费用的民事责任，赔偿因裂缝渗漏造成的损失 7100 元。

2008 年 1 月 7 日，原告杨珺申请对东台市水景湾 10 号楼 A 室房屋整改修复工程造价进行评估。2008 年 7 月 9 日，中国建设银行股份有限公司江苏省分行作出建苏宁价〔2008〕213 号《关于东台市水景湾 10 号楼 A 室房屋整改修复工程造价的鉴定意见》，结论为：原告位于东台市水景湾 10 号楼 A 室房屋整改修复工程造价为 35481.36 元。

**【审判要览】**

一审法院认为：第一，被告东盛房地产公司出售给原告杨珺的房屋存在质量缺陷。（1）根据《建筑法》第 60 条、第 62 条的规定，竣工验收的建筑工程的屋顶、墙面不得有渗漏、开裂等质量缺陷，且建筑工程实行质量保修制度。该法及国务院《建筑工程质量管理条例》（以下简称《质量管理条例》）未对“质量缺陷”作出进一步的解释或规定。建设部《房屋建筑工程质量保修办法》第 3 条规定：“本办法所称房屋建筑工程质量保修，是指对房屋建筑工程竣工验收后在保修期限内出现的质量缺陷，予以修复。本办法所称质量缺陷，是指房屋建筑工程的质量不符合工程建设强制性标准以及合同的约定。”参照该条规定，只要房屋建筑工程质量不符合法定标准以及合同目的，则可以认定存在质量缺陷。（2）根据《建筑法》第 52 条的规定，建筑工程勘察、设计、施工的质量必须符合国家有关建筑工程安全标准的要求，具体管理办法由国务院规定。根据《质量管理条例》第 3 条、第 16 条的规定，建设单位、勘察单位、设计单位、施工单位、工程监理单位依法对建筑工程质量负责，建设单位在收到建设工程竣工报告后，应当组织对建筑工程质量负责的有关单位进行竣工验收，由勘察、设计、施工、工程监理等单位分别签署质量合格文件后，方可交付使用。在当事人对房屋建筑工程质量提起的诉讼中，建设单位提供的有关行政管理部门的批准文件，以及勘察、设计、施工、工程监理等单位的质量合格文件，只能作为证据使用，对人民法院认定事实不具有当然的确定力和拘束力。(3)本案中，原告购买的房屋存在裂缝、渗漏等问题，这是一个客观事实，并且该客观事实经司法鉴定结论证实系温度变化时结构材料不均匀收缩所致，屋面设计瑕疵和墙体砌筑质量较差导致顶部楼层温度裂缝明显。综合以上三点，足以认定本案被告出售给原告的房屋存在质量缺陷，被告认为房屋的施工设计文件经有关行政部门审核批准、房屋竣工后经有关单位验收合格，因此应当认定房屋质量合格的理由，不予采纳。

第二，被告东盛房地产公司应当对本案的房屋质量缺陷承担相应的民事责任。(1)如上所述，我国实行建筑工程质量保修制度。根据《质量管理条例》第40条的规定，在正常使用条件下，房屋主体结构工程的保修期限为设计文件规定的该工程的合理使用年限，房间和外墙面的防渗漏工程的保修期限为5年，保修期自竣工验收合格之日起计算。根据司法鉴定结论，本案讼争房屋的主体结构虽然不存在安全问题，但存在裂缝的质量缺陷，且出现了渗漏。原告杨珺在保修期内主张权利，应当予以支持。(2)根据《产品质量法》第2条的规定，建设工程不适用该法，因此，原告主张的房屋质量缺陷责任应当适用建筑法律法规的规定以及民事法律的一般性规定。《建筑法》第58条、第60条确定了由施工单位对建筑工程施工质量负责的一般原则。《质量管理条例》第41条规定："建设工程在保修范围内和保修期限内发生质量问题的，施工单位应当履行保修义务，并对造成的损失承担赔偿责任。"以上建筑法律法规的规定，旨在明确建筑工程质量的最终责任承担者为施工单位。根据《合同法》第155条的规定，出卖人交付的标的物不符合质量要求的，买受人可以要求其承担相应的违约责任。所以，原告向被告主张权利有法律规定上的依据。(3)本案中，被告交付给原告的房屋存在的质量缺陷比较隐蔽，经鉴定，质量缺陷的产生原因在房屋交付时即已存在，只是在交付后才被发现。在原、被告双方签订的《住宅质量保证书》中，也约定了在房屋保修范围和保修期限内发生质量问题，出卖人应当履行保修义务。综合以上三点，原告有权主张被告承担相应的民事责任。

第三，被告东盛房地产公司应当对房屋质量缺陷承担修复责任。根据《合同法》第111条的规定，对于质量不符合约定的，买受人可以合理选择要求对方承担修理、更换、重作、退货、减少价款或者报酬等违约责任。《商品房买卖合同解释》第 13 条规定："因房屋质量问题严重影响正常居住使用，买受人请求解除合同或赔偿损失的，应予支持。交付使用的房屋存在质量问题，在保修期内，出卖人应当承担修复责任；出卖人拒绝修复或者在合理期限内拖延修复的，买受人可以自行或者委托他人修复。修复费用及修复期间造成的其他损失由出卖人承担。"本案中，被告交付给原告杨珺的房屋因出现裂缝渗漏质量问题严重影响居住使用，原告选择要求被告承担根治修复房屋裂缝渗漏的民事责任，依法应予支持，被告应当按照鉴定报告中所明确的整改修复方案履行修复义务。关于原告要求被告承担根治修复房屋裂缝渗漏的相关费用的诉讼请求，因该费用尚未实际发生，不予支持。关于原告要求被告赔偿因裂缝渗漏造成的损失 7100 元，证据不足，不予支持。

据此，判决：（1）被告东盛房地产公司于本判决生效之日起 3 个月内对属于原告杨珺所有的坐落于东台市原新东南路（现海陵南路）水景湾 10 号楼 A 室按南京东南建设工程安全鉴定有限公司作出的第 SF207078－1 号《东台市水景湾 10 号楼 A 室裂缝原因及维修方案鉴定报告》中所明确的整改修复方案进行整改修复；（2）驳回原告杨珺的其他诉讼请求。

东盛房地产公司不服一审判决，提起上诉。

盐城市中级人民法院二审认为：上诉人东盛房地产公司与被上诉人杨珺签订房屋买卖合同，其应当保证出卖的房屋符合法律规定或者合同约定的质量，现上诉人交付给被上诉人的房屋出现墙体裂缝及渗漏问题，经专业部门鉴定，其主要原因系温度变化时结构材料不均匀收缩所致，而屋面未设置保温层且墙体砌筑质量较差，导致顶部楼层温度裂缝明显。对此，上诉人作为房屋的出卖人，对其出售房屋存在的质量缺陷，依法应当承担相应的修复义务，一审判决并无不当。

关于上诉人东盛房地产公司以交付的房屋通过了有关行政管理部门的强制性标准审查且通过了竣工验收为由拒绝承担相应责任的主张，法院认为，虽然上诉人交付的房屋从设计施工至竣工均经有关行政管理部门审核批准，未设置保温层符合当时的建筑标准和规范，但是上诉人交付给被上诉人杨珺的房屋存在明显有质量缺陷，且已严重影响被上诉人对房屋的正常居住使用，其原因亦经相关专业部门鉴定。上诉人提出的房屋通过标准审查仅是有关行政管理部门认定的事实，并不能据此否定房屋存在质量缺陷的客观事实。故对上诉人的该上诉理由，不予采纳。

此外，房屋的图纸资料属于专业技术材料，没有上诉人的相关告知，被上诉人仅凭常识，不可能得知房屋未设置保温层，即使被上诉人知道未设置保温层的事实，在上诉人交付房屋时，被上诉人也不可能知道未设置保温层会产生裂缝渗漏等问题。且本案中的房屋质量缺陷具有隐蔽性，被上诉人在使用过程中才得以发现。上诉人不能以订立合同时所拥有的信息优势来免除保证房屋质量的法定责任。

据此，判决：驳回上诉，维持原判。

**【裁判解析】**

根据《合同法》第61条和第62条的规定，如果当事人就合同标的物质量约定不明确，应通过签订协议补充；如果不能达成补充协议的，应按照合同有关条款或者交易习惯确定；如果按照合同有关条款或者交易习惯不能确定，应按照国家标准、行业标准确定；如果没有国家标准、行业标准，就应按照通常标准或者符合合同目的的特定标准履行。在商品房买卖合同中，如果房屋质量不符合约定，或不符合相关法律规定，购房人对房屋的占有、使用、收益、处分权就会受到减损，甚至导致合同目的不能实现。因此，卖房人所交付房屋应当经验收合格，并符合商品房买卖合同的约定。如果房屋存在质量缺陷，房屋买受人以此为由向出卖人主张修复等民事责任的，人民法院应当予以支持。

实践中，需要注意的是房屋质量不合格的证明问题。房屋质量是否合格，通常由建设行政主管部门进行验收。建设行政主管部门的审批文件以及建筑工程勘察、设计、施工、工程监理等单位分别签署的质量合格文件，在关于房屋建筑工程质量的诉讼中仅属于诉讼证据一种，或者说是证明房屋质量合格的初步证据，对人民法院认定事实不具有当然的确定力和拘束力，如果存在房屋裂缝、渗漏等客观事实，并且该客观事实确系建筑施工所致，或者经委托具有鉴定资质的机构鉴定房屋存在质量问题的，人民法院应当依法认定房屋存在质量缺陷。

## 六、《商品房买卖合同解释》第8条规定的"损失"不包括对可得利益损失的赔偿，一般不应与《合同法》第113条第1款规定的可得利益赔偿同时适用

**【案例索引】**

郑国安与青海万通物业发展有限公司商品房买卖合同纠纷案[①]：一审：青海省高级人民法院（2013）青民一初字第4号，二审：最高人民法院（2014）民一终字第198号。

**【基本案情】**

2004年1月16日，原告郑国安与被告青海万通物业发展有限公司（以下简称万通公司）签订《商铺认购书》，约定万通公司将位于西宁市五四大街与交通巷交汇处的万通中心上铺一层1231、1232号商铺251.77平方米，单价20000元/平方米，总价5035400元售与郑国安。并约定了定金交付、银行按揭付款的比例等条款。

2004年3月13日，双方签订《商品房买卖合同》，约定万通公司将位于西宁市五四大街45号一层1235号商业用房，框架剪力墙结构，面积251.77平方米，单价20000元/平方米，总价5035400元售予郑国安。合同还约定了交房日期、双方违约责任等条款。至2004年3月16日郑国安付清首付款2014400元，余款3021000元由郑国安办理了银行按揭贷款。该商铺于2005年6月由万通公司向郑国安交付，之后由郑国安对外出租。在郑国安使用期间，该房屋未办理房屋产权过户手续。

2004年3月13日，郑国安与西宁市商业银行签订了《个人住房按揭合同》，就上述房产购房余款3021000元办理了按揭贷款手续。贷款期限为2004年7月1日至2014年6月30日。月利率为4.8‰。并以上述房产作了抵押。

2012年1月16日，万通公司与青海新华百货商业有限公司（以下简称新华百货公司）签订《商品房买卖合同》，万通公司将郑国安已购商铺

① 载《民事审判指导与参考》总第61辑。

在内的一层46～67号商铺2089.09平方米，以单价9000元/平方米，总价18801810元售予新华百货公司。2012年1月20日双方办理了房屋产权过户手续。

万通公司向新华百货公司交接上述房产期间，万通公司与郑国安就郑国安所购商铺的回购问题进行过协商，双方由于付款等问题最终未达成一致意见。

根据郑国安的申请，一审法院委托青海思创房地产评估司法鉴定所对案涉商铺以委托日为基准日的市场价格进行了评估。经评估，案涉商铺的市场价格为：单价71230元/平方米，总价为71230元×251.77平方米＝1793.36万元。在审理过程中，一审法院委托上述鉴定机构以2012年1月20日作为基准日的市场价格予以了补充评估。经评估，案涉商铺此时的市场价格为：单价65731元/平方米，总价为65731元×251.77平方米＝1654.91万元。

郑国安提起诉讼，请求判令：（1）解除《商品房买卖合同》；（2）万通公司返还郑国安已付购房款5035400元及利息2593280.03元，赔偿房屋涨价损失7553100元（最终以评估鉴定为准）、查档费100元，并请求万通公司承担已付购房款一倍的赔偿5035400元，以上合计20217280.03元；（3）本案诉讼费、保全费、鉴定费由万通公司承担。2013年7月31日，郑国安依鉴定意见，将第2项诉求变更为：判令万通公司返还郑国安已付购房款5035400元及至2013年7月21日按揭贷款利息1070474.58元，赔偿房屋涨价损失12898177.10元，查档费550元，并请求万通公司承担已付购房款一倍的赔偿5035400元，合计24040001.68元。

**【审判要览】**

一审法院认为，第一，关于双方签订的《商品房买卖合同》应否解除的问题。双方签订的《商品房买卖合同》是双方当事人真实意思表示，不违反法律法规的强制性规定，合法有效。一审庭审中，双方当事人均认可并同意合同解除，鉴于万通公司与新华百货公司已经办理了案涉商铺的产权过户手续，新华百货公司已支付购房款，郑国安与万通公司之间的合同已无法继续履行。因此，郑国安与万通公司之间的《商品房买卖合同》应予解除。

第二，关于万通公司应否返还郑国安购房款5035400元，赔偿郑国安按揭贷款利息1070474.58元、房屋涨价损失12898177.10元、查档查询费550元和已付房款一倍的赔偿5035400元的问题。一审法院认为，由于双方当事人之间合同予以解除，万通公司因合同收取的购房款5035400元应向郑国安返还。双方当事人签订《商品房买卖合同》后，郑国安依约支付了首付款，并办理了按揭贷款手续，万通公司依约将案涉商铺于2005年6月交付郑国安，案涉商铺交付郑国安后，由郑国安对外出租收益。由于其他原因万通公司一直未向郑国安办理商铺产权过户手续，双方当事人履行了合同约定的主要内容。2012年1月16日，万通公司向新华百货公司出售了包括郑国安所购商铺在内的商铺，2012年1月20日办理了商铺产权过户手续。万通公司的行为违反了其与郑国安的合同约定，应承担相应的违约损害赔偿责任。根据《商品房买卖合同解释》第8条规定："具有下列情形之一，导致商品房买卖合同目的不能实现的，无法取得房屋的买受人可以请求解除合同、返还已付购房款及利息、赔偿损失，并可以请求出卖人承担不超过已付购房款一倍的赔偿责任：（一）商品房买卖合同订立后，出卖人未告知买受人又将该房屋抵押给第三人；（二）商品房买卖合同订立后，出卖人又将该房屋出卖给第三人。"《合同法》第113条规定："当事人一方不履行合同义务或者履行合同义务不符合约定，给对方造成损失的，损失赔偿额应当相当于因违约所造成的损失，包括合同履行后可以获得的利益，但不得超过违反合同一方订立合同时预见到或者应当预见到的因违反合同可能造成的损失。"本案中，虽然万通公司的行为给郑国安造成了损失，但该损失应当以合同正常履行后郑国安可以获得的利益为限，万通公司于2012年1月20日向新华百货公司办理了案涉商铺的过户手续，此时万通公司已构成违约，导致郑国安与万通公司之间的合同已无法继续履行，应以此时的案涉商铺市场价与购买价之间的差价11513700元，由万通公司向郑国安赔偿，郑国安对差价损失的主张予以支持。郑国安主张的按揭贷款利息为合同正常履行后郑国安为获得利益所支出的必要成本，其应获得的利益在差价部分已得到补偿，对郑国安就该部分的主张不予支持。关于郑国安主张的已付房款一倍的赔偿5035400元，虽然万通公司存在违约行为，郑国安的主张有法律依据，但万通公司向新华百货公司过户商铺产权时，就案涉商铺的回购问题与郑国安进行过洽谈，并且万通公司以同样的方式回购了其他商铺。万通公司的行为有别于上述司法解释规定的一房二卖中出卖人存在欺诈或恶意的情形，对郑国安的此项诉求不予支持。关于查档查询费550元，该部分费用为万通公司向新华百货公司出售案涉商铺后，郑国安为落实案涉商铺的产权登记和按揭贷款利息的支付情况而产生的合理支出，应由万通公司向郑国安赔付。

综上，一审法院认为，郑国安与万通公司签订的《商品房买卖合同》是双方当事人真实意思表示，不违反法律法规的强制性规定，合法有效。鉴于万通公司与新华百货公司已经办理了案涉商铺的产权过户手续，郑国安与万通公司之间的《商品房买卖合同》应予解除，因合同收取的购房款5035400元万通公司应向郑国安返还。由于万通公司存在违约行为，应向郑国安赔偿差价损失11513700元和查档查询费550元。郑国安的其他诉讼主张不予支持。故判决：（1）解除郑国安与万通公司签订的《商品房买卖合同》；（2）万通公司于判决生效后60日内向郑国安返还已付购房款5035400元，赔偿商铺差价损失11513700元和查档查询费550元；（3）驳回郑国安的其他诉讼请求。案件受理费162000元、财产保全费5000元、鉴定费39000元，由郑国安负担51500元，万通公司负担154500元。

郑国安、万通公司均不服一审判决，向最高人民法院提起上诉。

最高人民法院认为，关于万通公司是否应赔偿郑国安已付购房款一倍的损失5035400元的问题。

首先，《商品房买卖合同解释》第8条规定："具有下列情形之一，导致商品房买卖合同目的不能实现的，无法取得房屋的买受人可以请求解除合同、返还已付购房款及利息、赔偿损失，并可以请求出卖人承担不超过已付购房款一倍的赔偿责任：……（二）商品房买卖合同订立后，出卖人又将该房屋出卖给第三人。"该条规定明确赋予买受人请求出卖人承担解除合同、返还已付购房款及利息、赔偿损失等合同解除后的民事责任，并承担不超过已付购房款一倍的惩罚性赔偿责任的权利，万通公司认为该条规定明确出卖人承担的损害赔偿责任不应超过已付购房款一倍系理解错误，不能成立。

其次，赔偿损失，是指违约方以支付金钱的方式弥补受损害方因违约行为所减少的财产或者所丧失的利益，包括所受损失和可得利益。根据《合同法》第113条第1款的规定，合同履行后的可得利益应当由违约方予以赔偿，因此，万通公司应当赔偿郑国安的所受损失和可得利益。而考察《商品房买卖合同解释》第8条的制定背景及目的，该条规定的“损失”并不包括对可得利益损失的赔偿，而对于在房价涨速过快、涨幅较大的情形下，房地产开发商在较短时间内一房数卖的行为，仅支持返还已付购房款及利息，赔偿所受损失将会导致出卖人违约成本过低、从而在客观上鼓励违约行为的后果，故该条进一步规定了惩罚性赔偿制度。因此，应当综合考虑上述情形，对万通公司应当承担的违约责任加以认定。对于郑国安主张的已付房款一倍即5035400元赔偿，虽然万通公司存在违约行为，但郑国安已经占有案涉商铺6年多并用于出租，万通公司向新华百货公司过户商铺产权时，就案涉商铺的回购问题与郑国安进行过洽谈，并且万通公司以同样的方式回购了其他商铺，因此，万通公司的行为有别于《商品房买卖合同解释》第8条规定的情形，一审判决对郑国安请求赔偿已付购房款一倍的损失5035400元的主张不予支持并无不当，最高人民法院予以维持。

关于一审判决万通公司赔偿郑国安商铺差价损失11513700元是否正确的问题。郑国安一审起诉所主张的房屋涨价损失，实际上指的就是可得利益损失。《合同法》第113条第1款规定，违约方应当赔偿守约方的可得利益损失，但不得超过其订立合同时预见到或者应当预见到的因违反合同可能造成的损失。本案中，万通公司与郑国安签订《商品房买卖合同》时，《商品房买卖合同解释》已经实施，因此，万通公司应当预见到，如其违反合同约定，根据该解释第8条的规定，其可能承担的违约责任，除对方当事人所受直接损失外，还可能包括已付购房款一倍的赔偿。综合本案中郑国安已经实际占有案涉房产并出租获益6年多，以及万通公司将案涉房产转售他人的背景、原因、交易价格等因素，一审判决以合同无法继续履行时点的市场价与郑国安购买价之间的差额作为可得利益损失，判令万通公司赔偿郑国安 11513700 元，导致双方当事人之间利益的显失平衡，超出了当事人对违反合同可能造成损失的预期，根据《合同法》第 113 条第 1 款规定精神，为了更好地平衡双方当事人的利益，最高人民法院酌定万通公司赔偿郑国安可得利益损失 5035400 元。

此外，关于郑国安主张一审判决以 2012 年 1 月 20 日作为评估基准日缺乏事实和法律依据，从而少判商铺差价损失 1384500 元的问题，最高人民法院认为，鉴定意见仅系法院最终确认的参考，以何时点作为评估基准日进行鉴定，系一审法院行使自由裁量权的范畴，故其该理由不能成立。关于当事人重新鉴定的申请，是否予以采纳属于人民法院在审理案件中的审判职权行使问题，《民事诉讼法》《民事诉讼证据规定》并未规定必须要通过裁定等方式对当事人予以回复，故万通公司认为一审法院对其申请既没有驳回，也没有采信违法的理由没有法律依据。

关于万通公司是否应赔偿郑国安购房按揭贷款利息 1070474.58 元的问题。由上所述，郑国安的可得利益损失应当得到赔偿，而郑国安主张的按揭贷款利息，系合同正常履行后郑国安为获得利益所支出的必要成本，故一审判决对郑国安请求赔偿购房按揭贷款利息 1070474.58 元的主张不予支持并无不当，最高人民法院予以维持。

综上，判决：（1）维持一审判决第 1 项、第 3 项；（2）变更一审判决第 2 项为：青海万通物业发展有限公司于本判决生效后 30 日内向郑国安返还已付购房款 5035400 元，赔偿可得利益损失 5035400 元和查档查询费 550 元。

**【裁判解析】**

本案的核心问题在于如何理解《商品房买卖合同解释》第 8 条规定的出卖人应承担的违约责任。

《商品房买卖合同解释》第 8 条规定："具有下列情形之一，导致商品房买卖合同目的不能实现的，无法取得房屋的买受人可以请求解除合同、返还已付购房款及利息、赔偿损失，并可以请求出卖人承担不超过已付购房款一倍的赔偿责任：……（二）商品房买卖合同订立后，出卖人又将该房屋出卖给第三人。"本案中，万通公司在将案涉房屋出卖给郑国安后，又将其出售给新华百货公司并办理了产权过户手续，符合《商品房买卖合同解释》第 8 条规定的情形。

一方面，根据制定该司法解释时的合同法理论，解除合同、返还已付购房款及利息、赔偿损失系合同解除后出卖人应承担的责任（不同于违约责任），不超过已付购房款一倍的赔偿责任系出卖人因其恶意违约行为而应承担的惩罚性赔偿责任。从文义理解，上述两种责任是并行不悖的，无法取得房屋的买受人可以请求出卖人同时承担上述两种责任，该条并未将出卖人此种情形下应承担的民事责任限定为不超过已付购房款一倍，故万通公司认为不应赔偿超过已付购房款一倍的上诉理由不能成立。

另一方面，郑国安请求万通公司赔偿购房按揭贷款利息及已付购房款一倍的损失，对此应否支持，应当在正确理解《商品房买卖合同解释》第 8 条规定的背景、含义的基础上，并结合本案的实际情况加以认定。这其中的关键问题是对《商品房买卖合同解释》第 8 条中所称的“损失”的理解，对此，应当以该司法解释制定时的考虑及理论研究背景加以理解。损害赔偿，又称为赔偿损失，是指违约方以支付金钱的方式弥补受损害方因违约行为所减少的财产或者所丧失的利益，包括所受损失和可得利益。对合同解除的损害赔偿的范围分歧较大。有观点认为，合同解除的损害赔偿是对全部损失的赔偿，包括所受损失和可得利益；也有观点认为，损害赔偿仅仅是对恢复原状而发生的。笔者认为，根据《民法通则》和《合同法》有关规定和损害赔偿理论，合同解除后的损害赔偿首先应包括因恢复原状而发生的损害，因合同解除的法律效果就是要将当事人之间的权利义务关系恢复到合同订立前的状态，恢复原状作为合同解除的首要责任，其目的就在于通过当事人之间相互返还已履行的财产，恢复到当事人的财产原始状况。如通过返还财产的办法仍不足以使当事人的财产关系恢复到原来状态，还有因订立、履行合同或返还财产等实际支出的费用，就需借助损害赔偿予以补救。这些费用主要为因返还财产支出的必要费用、为订立合同或履行合同而造成的财产实际损失等，也即所受损失。但解除合同的损害赔偿不包括对可得利益损失的赔偿。根据《合同法》第 113 条的规定，可得利益是在合同完全履行的情况下才能产生，只是在当事人一方不履行合同义务或者履行不符合约定，相对方请求人民法院强制违约方履行时应承担的赔偿责任，可得利益的取得是以合同双方继续履行为前提的。在合同解除的情况下，表明守约当事人不愿继续履行合同，放弃了可得利益，因此，赔偿损失范围内不应包括可得利益的损失。① 而仅仅赔偿所受损失，在房价快速大幅上涨的情形下，往往会导致出卖人违约成本过低，为了平衡买卖双方的利益，该条司法解释因此还对出卖人刻以赔偿相应的购房款利息以及不超过已付购房款一倍的惩罚性赔偿。因此，如按此理解，万通公司应承担的返还已付购房款及利息、赔偿损失、不超过已付购房款一倍的赔偿责任总计金额应当不超过 1200 万元。而本案一审判决已经根据《合同法》第 113 条之规定支持了郑国安的可得利益损失 11513700 元，万通公司承担的民事责任总计金额已经达到了 1600 余万元。而且，本案确实存在案涉房屋已经交付给郑国安 6 年多、万通公司在当地政府的主导下与郑国安进行了房屋回购的洽谈等有别于《商品房买卖合同解释》第 8 条的情形。因此，在此种情况下，一审判决对郑国安主张的按揭贷款利息及已付购房款一倍的赔偿未予支持并无不当，符合《合同法》第 113 条、《商品房买卖合同解释》第 8 条的精神以及本案的实际情况。

当然，对于可得利益损失的计算有其特定的法律规则。《合同法》第 113 条明确规定损失赔偿额应当相当于因违约所造成的损失，包括合同履行后可以获得的利益，但不得超过违反合同一方订立合同时预见到或者应当预见到的因违反合同可能造成的损失。《最高人民法院关于当前形势下审理民商事合同纠纷案件若干问题的指导意见》第 10 条规定："人民法院在计算和认定可得利益损失时，应当综合运用可预见规则、减损规则、损益相抵规则以及过失相抵规则等，从非违约方主张的可得利益赔偿总额中扣除违约方不可预见的损失、非违约方不当扩大的损失、非违约方因违约获得的利益、非违约方亦有过失所造成的损失以及必要的交易成本。"因此，根据可预见规则，2004 年双方订约卖房，考虑到无论哪

① 最高人民法院民事审判第一庭编著：《最高人民法院关于审理商品房买卖合同纠纷案件司法解释的理解与适用》，人民法院出版社 2003 年版，第 107～109 页。当然，需要特别指出的是，根据现在的合同法理论研究成果，《合同法》第 113 条规定的可得利益损失亦适用于合同解除的情形，而非以合同继续履行为前提了。

一方当事人都难以预期2012年的房价，故仅仅以合同无法继续履行时点的市场价与郑国安购买价之间的差额计算可得利益损失，难免失之于简，再加上万通公司并非明显为了牟利而恶意违约、郑国安于占有房屋期间所获的租金收入等情况，一审判决万通公司承担1100多万元的可得利益损失则在法律和事实上均有不当。那么，在本案中，笔者认为，参考《商品房买卖合同解释》第8条关于惩罚性赔偿的规定确定可得利益损失较为恰当。因为《商品房买卖合同解释》在2004年时已经生效实施，万通公司应当预见到如果违反合同约定，则其对自身的损失除去应承担的对方所受损失外，显然还包括惩罚性赔偿，也就是买方已支付购房款一倍的赔偿。因此，虽然如上所述，本案不应支持惩罚性赔偿，但以此为参照标准确定应赔偿的可得利益损失有事实及法律依据，故最高人民法院最终确定万通公司赔偿郑国安的可得利益损失金额为5035400元。

## 七、买房人未及时请求卖房人承担违约责任，因卖房人违约解除合同后房屋增值部分损失不应由卖房人承担

**【案例索引】**

陈连竹与被申请人大连海川建设集团有限公司、大连寰宇房地产开发有限公司房屋买卖合同纠纷案：[①] 最高人民法院（2014）民申字第644号。

**【基本案情】**

2003年5月5日，大连海川建设集团有限公司（以下简称海川公司）与大连寰宇房地产开发有限公司（以下简称寰宇公司）签订《建筑施工协议》，该协议约定寰宇公司将其开发的大连铁道学院大学生公寓工程发包给海川公司施工，付款方式为：2号、3号、4号楼的工程款，寰宇公司用1号楼建筑面积和3号楼公建部分抵顶（公建按每平方米4300元，住宅按2500元每平方米抵顶）。寰宇公司必须保证所抵顶房屋商品房销售手续合法。

① 载《民事审判指导与参考》2014年第3辑。

2004年2月22日，陈连竹与海川公司签订《房屋销售合同》，约定陈连竹购买寰宇公司抵给海川公司的位于辽宁省大连市沙河口区西南路大连铁道学院大学生公寓3号楼南端地上一层、二层约600平方米的公建一处，单价为每平方米5000米，总价款300万元，合同签订之日起3日内交付首付款150万元，余款通过银行按揭的方式，在2004年9月1日房屋交付使用前支付。公建房销售依据，寰宇公司将其开发的大连铁道学院大学生公寓发包给海川公司施工，按照寰宇公司与海川公司2003年5月5日签订的建筑施工协议约定，海川公司投资施工，寰宇公司将该项目1号楼及3号楼公建抵顶工程款，并同意海川公司对外销售，房屋的销售许可证、银行按揭、产权办理等手续均由寰宇公司负责办理。合同签订当日，陈连竹即向海川公司交付首付款150万元，后海川公司与寰宇公司因建设工程施工合同产生纠纷，寰宇公司没有与陈连竹签订正式的商品房销售合同，致使其无法办理按揭贷款。寰宇公司于2004年9月2日取得案涉房屋在内的开发项目的商品房预售许可证，并于2005年7月将案涉房屋出售给案外人。

一审诉讼中，陈连竹申请对案涉房屋现值进行鉴定，大连恒源房地产土地评估有限公司接受法院委托，作出恒源估字C120805号评估报告，确定案涉房屋在估价时点2012年8月16日的市场价格为1186.98万元，单价为19783元/平方米。

海川公司诉寰宇公司建设工程施工合同纠纷一案，辽宁省高级人民法院作出（2009）辽民一终字第231号终审民事判决，已进入执行程序。该判决认定“关于3号楼公建部分虽然双方协议中约定抵顶海川公司的工程款，但由于寰宇公司已将部分公建出售，海川公司也出售一部分。该部分的处理及案外人的利益，本案不予处理”。该判决及最高人民法院（2010）民申字第1754号民事裁定书中均确认了寰宇公司与海川公司于2003年5月5日签订的《建筑施工协议》有效。海川公司诉寰宇公司建设工程施工合同纠纷一案，辽宁省高级人民法院于2010年10月25日作出终审判决。

陈连竹一审起诉请求：（1）解除陈连竹与海川公司间签订的《房屋销售合同》；（2）判令海川公司返还陈连竹购房款150万元及利息（2004

年2月22日起至最终给付日止，按中国人民银行同期贷款利率计算）；(3) 判令海川公司与寰宇公司连带赔偿陈连竹房屋增值损失886.98万元。

**【审判要览】**

一审法院认为，海川公司与寰宇公司于2003年5月5日签订的《建筑施工协议》已经生效判决认定为合法有效，该协议约定寰宇公司用1号楼45%建筑面积和3号楼公建抵顶海川公司2～4号楼的工程款，海川公司依据该协议与1号168户业主签订了购房合同，处分了1号楼房屋，该行为已经最高人民法院（2010）民申字第1754号民事裁定书确认为具有合同依据的有效民事行为。根据生效法律文书所确认的事实及寰宇公司与海川公司对上述协议的具体履行情况看，可以认定海川公司有权销售寰宇公司抵顶的房屋。根据《买卖合同解释》第3条第1款的规定，“当事人一方以出卖人在缔约时对标的物没有所有权或者处分权为由主张合同无效的，人民法院不予支持。”因此，寰宇公司以上述协议在履行过程中已经变更及海川公司未经其同意无权销售抵债房屋的抗辩主张无事实依据，大连市中级人民法院不予采纳，可以确认海川公司基于上述协议将寰宇公司抵顶的房屋销售给陈连竹并与陈连竹签订的《房屋销售合同》应为有效合同。寰宇公司提出双方在签订合同时寰宇公司尚未取得商品房预售许可证，该《房屋销售合同》无效一节，大连市中级人民法院认为，根据《商品房买卖合同解释》第2条的规定：“出卖人未取得商品房预售许可证明，与买受人订立的商品房预售合同，应当认定无效，但是在起诉前取得商品房预售许可证明的，可以认定有效。”寰宇公司于2004年9月2日取得了商品房预售许可证，故寰宇公司该抗辩意见与上述司法解释规定相悖，大连市中级人民法院不予采纳。

陈连竹与海川公司间签订的《房屋销售合同》合法有效，双方均应依约履行，但因寰宇公司不履行《建筑施工协议》所约定的以3号楼公建抵顶海川公司工程款的义务，将案涉房屋出售他人，导致陈连竹与海川公司间签订的《房屋销售合同》无法继续履行，根据《合同法》第94条的规定，合同在履行期限届满之前，当事人一方明确表示或者以自己的行为表明不履行主要债务，守约方可以要求解除合同，故陈连竹要求与海川公司解除合同的诉讼请求，予以支持。《房屋销售合同》约定，海川公司应于2004年9月1日前协助陈连竹与寰宇公司签订正式的商品房买卖合同，诉讼中海川公司明确表示此时寰宇公司已经拒绝与陈连竹签订正式商品房买卖合同，并知晓寰宇公司将案涉房屋出售他人的事实，则其自此就应当知道与陈连竹间的合同无法继续履行，应当及时将收取陈连竹的150万元购房款退还，其占用至今未予退还，应当承担自占用时起相应的利息损失，故陈连竹要求海川公司退还购房款150万元并按照人民银行同期贷款利率标准计算利息损失，符合法律规定，予以支持。

关于寰宇公司是否应就陈连竹与海川公司的合同无法继续履行承担民事责任的问题。虽然寰宇公司不履行《建筑施工协议》所约定的以3号楼公建抵顶海川公司工程款的义务，是导致陈连竹与海川公司签订的《房屋销售合同》无法继续履行的根本原因，但陈连竹未能提供其与海川公司签订《房屋销售合同》时寰宇公司知情的证据，从合同相对性的角度讲，陈连竹与寰宇公司无直接的法律关系，寰宇公司承担的是与海川公司建筑工程施工合同履行过程中应当承担的民事责任，海川公司应当就房屋销售合同无法履行承担相应责任，陈连竹要求寰宇公司与海川公司承担连带责任，无事实与法律依据，不予支持。

关于陈连竹主张案涉房屋升值利益损失的问题，根据《合同法》第113条的规定，当事人一方不履行合同，给对方造成损失的，损失赔偿额应当相当于因违约所造成的损失，包括合同履行后可以获得的利益，但不得超过违反合同一方订立合同时预见到或者应当预见到的因违反合同可能造成的损失，陈连竹与海川公司签订房屋销售合同时，均应对案涉房屋的来源和归属知情，应当预见到将来可能产生因寰宇公司不履行建筑施工协议的约定，导致房屋无法交付的后果，并且，在得知案涉房屋无法交付时，陈连竹应当采取积极的措施避免损失扩大，因此，陈连竹主张可得利益损失，不予支持。

综上，判决：（1）解除陈连竹与海川公司于2004年2月22日签订的《房屋销售合同》；（2）海川公司于判决生效之日起10日内返还陈连竹房款150万元并承担该款项的利息损失（利息自2004年2月22日始至判决确定的给付之日止按照中国人民银行同期同类银行贷款利率标准计算）；

(3) 驳回陈连竹其他诉讼请求。案件受理费 88734 元、诉讼保全费 5000 元、评估费 110000 元，共计 203734 元，由陈连竹负担 96527 元，海川公司负担 107207 元。

陈连竹不服，提起上诉。

二审法院认为，海川公司与寰宇公司于 2003 年 5 月 5 日签订的《建筑施工协议》已经生效判决认定为合法有效，该协议约定寰宇公司用 1 号楼 45%建筑面积和 3 号楼公建抵顶海川公司 2～4 号楼的工程款，海川公司基于上述协议将寰宇公司抵顶的房屋销售给陈连竹并与陈连竹签订了《房屋销售合同》，一审判决认定该合同有效正确。

本案争议的焦点问题为海川公司与寰宇公司应否连带赔偿陈连竹因房屋升值利益损失的问题。虽然本案中导致《房屋销售合同》无法继续履行是由于寰宇公司将涉案房屋出售他人，但寰宇公司该行为是违背了其与海川公司之间《建筑施工协议》的约定。寰宇公司与陈连竹并无合同关系，陈连竹与海川公司之间的《房屋销售合同》，寰宇公司并不知情，因此该合同对寰宇公司没有约束力。因此陈连竹要求寰宇公司与海川公司承担连带责任，无事实和法律依据，一审法院未予支持是正确的。

关于陈连竹主张的案涉房屋升值利益损失问题，陈连竹作为房屋买受人，在与海川公司签订房屋买卖合同时，对案涉房屋的来源和归属知情，但对该房屋交付风险认知不够，未尽到足够的谨慎注意义务，且陈连竹对该房屋未实际占有或已更名过户、备案到自己名下。因此，大连中院对陈连竹主张房屋升值利益损失的主张不予支持并无不妥。

基于合同无法履行的事实，海川公司与陈连竹在原审中达成合同解除的合意，故双方的合同关系予以解除。海川公司在知晓寰宇公司已经将案涉房屋出售给他人、其与陈连竹之间《房屋销售合同》无法履行时未及时通知陈连竹并退还陈连竹已付购房款 150 万元，一审判决认定海川公司应当承担自占用陈连竹购房款时起相应的利息损失也是正确的。

第一，关于海川公司应否赔偿陈连竹房屋增值损失的问题。首先，案涉《房屋销售合同》的标的物系寰宇公司用以抵顶海川公司工程款的房屋，因寰宇公司亦非该合同的义务主体，陈连竹对案涉房屋交易可能发生的风险应有清醒的预判。其次，海川公司按约应在 2004 年 9 月 1 日前向陈连竹交付案涉房屋，寰宇公司业于 2004 年 9 月 2 日取得包括案涉房屋在内的开发项目的商品房预售许可证。此后，海川公司依约履行交付房屋并协助陈连竹与寰宇公司签订正式商品房销售合同等合同义务的期限均已届满。在海川公司已经构成违约的情况下，陈连竹已可依法行使要求海川公司承担继续履行、赔偿损失等违约责任或者解除案涉《房屋销售合同》的权利。陈连竹主张在交房期限届满后，海川公司一再承诺能够协调寰宇公司与陈连竹签订商品房买卖合同并交付房屋，但并未提供相关证据。再次，按照陈连竹所述，其在 2010 年海川公司与寰宇公司诉讼后才知道案涉房屋已经被寰宇公司另行出售，即便截至当时，海川公司迟延履行合同义务也已将近 6 年。而陈连竹通过诉讼方式主张权利的时间，则为 2012 年。现陈连竹要求海川公司按照案涉房屋在 2012 年 8 月 16 日的市场价格赔偿房屋增值损失，但若其能够及时行使权利则该损失并非必然发生。也就是说，尽管海川公司存在违约行为，但该违约行为并不必然造成陈连竹所诉该项损失。陈连竹此项主张不符合《合同法》第 113 条规定精神。复次，根据《合同法》第 119 条第 1 款的规定，在对方当事人违约甚至根本违约的情况下，当事人仍负有基于诚实信用原则的合同义务，即应采取适当措施防止损失的扩大，如果其没有采取适当措施致使损失扩大的，不得就扩大的损失要求赔偿。最后，按照案涉《房屋销售合同》第 9 条，海川公司非因不可抗力原因造成未能按时交房，陈连竹有权按已付房款的日万分之一向海川公司追究逾期期间的违约金。根据二审判决，海川公司需承担陈连竹已付购房款 150 万元自 2004 年 2 月 22 日起至判决确定的给付之日止，按照中国人民银行同期同类银行贷款利率标准计算的利息，该民事责任已经高于海川公司按照合同约定所应承担的违约责任。综上，二审判决驳回了陈连竹要求赔偿其房屋增值损失 886.98 万元的诉讼请求，在认定事实和适用法律方面并无不当。

第二，关于寰宇公司应否承担连带赔偿责任的问题。基于前述，因陈连竹有关房屋增值损失的赔偿请求理据不足，故其请求寰宇公司就该损失承担连带责任的基础已不存在。此外，案涉《房屋销售合同》的当事人是陈连竹和海川公司，寰宇公司并非该合同的当事人。寰宇公司未按《建筑施工协议》约定，将案涉房屋抵顶给海川公司，对海川公司构成违约。陈连竹要求寰宇公司与海川公司承担连带责任缺乏合同依据。此外，陈连竹也没有举证证明本案中存在寰宇公司与海川公司有侵害其合法权益的共同过错等应当承担连带责任的其他法定情形，其要求寰宇公司与海川公司承担连带责任亦无事实和法律依据。

综上，裁定驳回陈连竹的再审申请。

**【裁判解析】**

本案存在两个争议焦点：一是寰宇公司是否应当向陈连竹承担连带赔偿责任；二是海川公司是否应当按照案涉房屋在2012年8月16日的市场价格赔偿房屋增值损失。这两个问题都涉及赔偿损失违约责任的构成要件问题。一般情况下，违约责任是无过错责任，无需责任人存在主观过错为条件。赔偿损失违约责任的构成要件包括：双方当事人之间存在有效的合同关系；一方当事人存在违约行为；违约人的相对方当事人存在损失；违约人的违约行为与合同相对方当事人的损失之间存在法律上的因果关系。

关于寰宇公司是否应当向陈连竹承担连带赔偿责任的问题。寰宇公司与陈连竹之间不存在有效合同关系，因此不能请求寰宇公司承担违约赔偿责任。同时，陈连竹对案涉房屋不享有排他性权利，也不能要求寰宇公司承担侵权责任。

关于案涉房屋增值损失的赔偿责任问题。在海川公司已经构成违约的情况下，陈连竹就应依法请求海川公司承担包括赔偿损失在内的违约责任。如果陈连竹怠于行使该权利，导致房屋重置损失产生或扩大的，就不能要求违约方承担赔偿房屋增值而导致的损失。此外，《合同法》第119条规定，“当事人一方违约后，对方应当采取适当措施防止损失的扩大；没有采取适当措施致使损失扩大的，不得就扩大的损失要求赔偿”。即在合同相对人已经违约的情况下，守约方当事人负有采取适当措施防止损失的扩大的义务。如果守约方当事人没有采取适当措施致使损失扩大的，不得就扩大的损失要求赔偿。因此，对于陈连竹未及时依法请求海川公司承担违约责任而产生的案涉房屋增值带来的损失，不应请求海川公司赔偿。

## 八、一方当事人经催告在合理期限内仍未依约定办理商品房按揭贷款手续的，应承担违约责任

**【案例索引】**

宁波镇海维科房地产开发有限公司诉孙丽丽、王磊商品房预售合同纠纷案[①]：浙江省宁波市镇海区人民法院（2012）甬镇民初字第406号。

**【基本案情】**

原告宁波镇海维科房地产开发有限公司诉称：2011年9月5日，两被告与原告签订了原告开发建设的拉菲庄园190幢503号住宅房屋的《商品房买卖合同》。《商品房买卖合同》药定：该商品房按建筑面积计算为86.47平方米，单价每平方11207.7元，总价款969130元。两被告选择的付款方式为签约时支付349130元，余款62万元由两被告在签订本合同前向符合条件的银行申请按揭贷款。两被告应向指定银行提供完整有效的申请资料，办妥按揭贷款所需的相关手续，逾期视为两被告违约。签订《商品房买卖合同》当日，两被告向原告支付了349130元的购房款。两被告应最迟在签订《商品房买卖合同》当日向银行提供完整有效的申请资料，办妥按揭贷款所需手续。但是两被告并未如约向银行提供完整有效的申请资料，没有按时办妥按揭贷款所需手续。为了催促两被告尽快履约，2012年1月7日原告向两被告发送告知函，后原告又分别于2012年2月16日、24日向两被告发送律师函，要求两被告履约。但两被告仍置若罔闻。故原告诉至法院，请求判令：（1）两被告立即向原告支付购房余款62万元，并支付违约金至实际全额支付应付款之日止（截至2012年3月21日，两被告应向原告支付的违约金为122760元）；（2）本案的诉讼费用由两被告负担。庭审中，原告自愿变更诉讼请求为：判令两被告支付自2012年1月16日起至5月9日止（共计113天）以62万元为基数按日利率万分之十计算的违约金70060元。

被告孙丽丽、王磊共同辩称：（1）合同的付款条件是首付加按揭贷

---

① 载《人民法院案例选》2013年第1期。

款，如原告要求变更合同的付款条件，双方必须要订立书面协议，要求立即付款的请求应当得到被告的同意，如原告认为被告对按揭贷款已经违反合同约定，那只能解除合同，也不是立即支付购房款。（2）关于违约金的问题。原告要求被告支付违约金的起算时间是合同订立当天，依据是合同第 7 条约定："……买受人在签订本合同前向符合条件的银行申请按揭贷款，买受人应向指定银行提供完整有效的申请资料，办妥按揭贷款所需的相关手续，逾期视为买受人违约"，这一条款客观上不能履行，购房合同没有签订，首付款未付，无法提供办理按揭的相关资料。被告方在合同签订的同时就已经向银行提出按揭贷款的申请，并且签订了按揭贷款的合同，被告是符合合同第 7 条的约定的。原告必须提供被告存在过错的证据，这样才能要求被告承担违约责任。原告于 2012 年 1 月 7 日发送告知函，告知被告办按揭贷款的条件具备了，可以向银行办理按揭贷款，这说明 2012 年 1 月 7 日之前不具备办理按揭贷款的条件。而原告发送告知函后，应给予被告合理的履行期，原告应该向银行询问，被告的按揭贷款资料是否符合要求。商品房买卖合同的违约金是一种补充，日利率万分之十的违约金显然高于原告的损失，被告如应承担违约责任的话，那应该按照同期银行贷款利率计算。本案两被告已经履行了相关的义务，没有违约，原告的诉请与事实、法律不符，请求法院驳回原告的诉讼请求。

**【审判要览】**

浙江省宁波市镇海区人民法院认为，根据法律规定，当事人应当按照约定全面履行自己的义务，就履行期限约定不明确的，依照《合同法》第 61 条的规定仍不能确定的，债务人可以随时履行，债权人可以随时要求履行，但应当给对方必要的准备时间，本案中，原、被告签订的《商品房买卖合同》约定：由买受人在签订本合同前向符合条件的银行申请按揭贷款，买受人应向指定银行提供完整有效的申请资料，办妥按揭贷款所需的相关手续材料，逾期视为买受人违约。且原告已经告知被告办理按揭所需要的手续，可见，就被告需办妥按揭贷款手续这一义务，双方已经作出约定，被告应当履行。即使被告在签订《商品房买卖合同》前客观上无法办妥按揭贷款手续，那么也只能视为是双方对履行合同义务的时间约定不明确。后涉诉房屋封顶后，原告就此事于2012年1月7日发出告知函，告知被告于7日内按约办妥按揭贷款所需的相关手续，已经给予被告必要的准备时间，但两被告在2012年1月8日接到原告的告知函后在上述期限内仍然怠于行使这一义务，后原告又发出律师函催告被告履行义务，继而又向本院起诉，但被告直到2012年4月12日才补齐贷款所缺资料，故应当视为被告存在违约情形。

关于违约金的起算时间，因原告寄出的告知函已经于2012年1月8日妥投至被告处，而且原告在告知函中写明："现再次函告，并希望您于7日内办结按揭手续或补足剩余房款"，已经给予被告必要的准备时间，两被告亦未向原告提出异议，故违约期间应当自两被告收到该函7日后即2012年1月16日起算。关于违约金计算的截止时间，因为合同约定的是两被告有办妥按揭贷款所需的相关手续的义务，故违约金计算的截止日期应当是两被告向银行办妥按揭贷款所需的相关手续的日期即2012年4月12日。关于违约金计算的利率问题，原、被告签订的《商品房买卖合同》载明："买受人如未按合同规定的时间付款，……逾期不超过90日，自本合同规定的应付款期限之第二天起至实际全额支付应付款之日止，买受人按日向出卖人支付逾期应付款万分之五的违约金"，因两被告的逾期付款时间未超过90日，故应当依照合同的约定按日利率万分之五进行计算。综上，两被告应向原告支付自2012年1月16日起至4月12日止以应付款62万元为基数按日利率万分之五计算的违约金27280元(88天×5×62)。原告要求自2012年1月16日起至5月9日止按日利率万分之十计算违约金的理由不足，法院不予支持。

宁波市镇海区人民法院于2012年8月15日作出（2012）甬镇民初字第406号民事判决：(1) 被告孙丽丽、王磊支付原告宁波镇海维科房地产开发有限公司自2012年1月16日起至4月12日止以应付款62万元为基数按日利率万分之五计算的违约金人民币27280元；(2) 驳回原告宁波镇海维科房地产开发有限公司的其他诉讼请求。宣判后，双方当事人均未提起上诉，判决已发生法律效力。

**【裁判解析】**

合同签订后，双方当事人均有依法依约诚实履行合同的义务。如果当事人在商品房买卖合同中约定的履行义务期限或条件不适当，可通过协商等方式另行确定履行期限。如果双方当事人未对此协商一致，义务人在知道履约条件成就后的合理期限内履行义务。本案中，双方当事人签订的《商品房买卖合同》约定，由买受人在签订商品房买卖合同前向指定银行提供完整有效的申请资料，办妥按揭贷款所需的相关手续材料。但买受人办理按揭贷款需要提交哪些资料，需由提供贷款的银行决定。由于办理按揭贷款需向银行提交商品房买卖合同和首付款发票，客观上买受人不可能在商品房买卖合同签订前完成向银行提交商品房买卖合同和首付款发票的义务。买受人到银行办理按揭贷款手续时，因材料不齐，未能履行完毕该义务。此外，根据《中国人民银行、中国银行业监督管理委员会关于加强商业性房地产信贷管理的通知》的规定，银行只能对购买主体结构已封顶住房的个人发放住房贷款。因此，买受人到银行后，银行告知被告暂时无法办妥按揭贷款手续，待房屋封顶后可以再补齐相关资料。虽然案涉《商品房买卖合同》关于买受人办理按揭贷款手续期限的约定存在瑕疵，但并不能因此而免除其办理按揭贷款手续的义务。《合同法》第 6 条规定："当事人行使权利、履行义务应当遵循诚实信用原则。"第 60 条规定："当事人应当按照约定全面履行自己的义务。当事人应当遵循诚实信用原则，根据合同的性质、目的和交易习惯履行通知、协助、保密等义务。"根据诚实信用原则和全面履行合同义务原则，买受人在知道或应当知道办理按揭贷款手续的条件成就时，应当依约及时办理。案涉房屋于 2011 年 11 月封顶，买受人办理按揭贷款的条件已经成就。原告于 2012 年 1 月 7 日向被告发出告知函，通知被告于 7 日内办妥按揭手续。被告在收到告知函之日起就已经知道办理按揭贷款的条件成就，应当及时办理。原告在《告知函》中通知被告于 7 日内办妥按揭手续，7 日对于办理完按揭贷款手续属于合理期间。被告应当在收到该函之日起 7 日内办理完相关手续。但被告收到告知函后既未提出异议，亦未及时到银行办理按揭手续。此后，原告先后两次向被告发出律师函，告知相关事宜。被告收到函件后仍无回复也无积极履约行为。原告起诉后，被告才于 2012 年 4 月 12 日到银行补齐了按揭贷款资料，迟延履行近 3 个月。因此，被告的行为属于违约行为。

由于案涉《商品房买卖合同》约定的被告办理按揭贷款手续的期限不合理，双方对被告从何时起构成履行迟延存在争议。原告最初认为被告应当自2011年9月5日《商品房买卖合同》签订时起承担违约责任。但是，在《商品房买卖合同》签订时，被告办理按揭贷款的条件并未成就，无法办理。双方当事人对于《商品房买卖合同》中的不合理约定均存在过错，应各自承担因此而造成的损失，被告不应对自《商品房买卖合同》签订时起无法办妥按揭贷款承担违约责任。案涉房屋封顶后，被告办理按揭贷款的条件成就，但被告在接到原告通知之前，并不了解案涉房屋的建设进度，不知道房屋封顶时间，何时可办理按揭贷款手续。被告在收到原告寄发的告知函时，应当知道办理按揭贷款手续的条件成就，其未按被告在告知函中提出的自收到该函之日起7日内办理手续，构成履行迟延，应承担违约责任。原告在庭审中变更诉讼请求，要求被告自收到告知函之日起7日后开始承担违约责任，应予支持。此外，原告主张被告承担的违约金责任应计算至2012年5月9日银行发放款之日。但双方当事人在《商品房买卖合同》中约定的被告的义务是，办妥按揭贷款所需的相关手续。银行成功发放贷款只是办妥按揭贷款手续导致的结果，而非义务本身。被告于2012年4月12日办妥按揭贷款手续，违约金计算的截止日期应当是2012年4月12日。

## 九、开发商交付未经验收合格的房屋的，应承担违约责任

**【案例索引】**

李志林、周东妮与被告渝港房地产开发有限公司签订商品房买卖合同纠纷案[①]：一审：重庆市大渡口区人民法院（2011）渡法民初字第01561号，二审：重庆市第五中级人民法院（2011）渝五中法民终字第04261号。

① 谭红：《商品房未竣工验收能否认定开发商承担逾期办证违约责任——重庆五中院判决李志林等诉渝港公司商品房预售合同纠纷案》，载《人民法院报》2012年1月12日，第6版。

**【基本案情】**

2007年10月18日，原告李志林、周东妮与被告渝港房地产开发有限公司（以下简称渝港公司）签订商品房买卖合同，约定：李志林、周东妮购买渝港公司开发预售的渝港花园住宅房1套，总价款为236944元；渝港公司应当在2008年9月30日前将已进行竣工验收备案登记的商品房交付使用，若因渝港公司的原因致未按合同约定期限将商品房交付使用且逾期超过30日，买房人要求继续履行合同的，渝港公司从合同约定的交付期限的第2天起至实际交付日止，按日支付买房人已交付房价款万分之一的违约金；在商品房交付使用之日起60日内，由渝港公司到房地产管理部门办理房地产权证，如因渝港公司责任，致使买房人不能在规定时间内取得房地产权证，从逾期之日起，渝港公司应按已付房价款总额依人民银行同期贷款利率支付违约金。

合同签订后，原告支付了房款，但是渝港公司在未进行房屋竣工验收的情况下于2009年7月8日将房屋交付原告使用，同时至今也未办理房屋权属的初始登记。原告起诉请求判决被告全面履行合同，立即为原告办理房地产权证，并支付迟延办理房产证的违约金19439元。

**【审判要览】**

重庆市大渡口区人民法院在审理过程中向原告进行了释明：工程竣工验收合格是商品房交付强制性的法定条件，未经竣工验收的房屋不符合交付条件。原告可以继续就逾期交房的事实向被告主张逾期交房违约金，并就此征询原告是否变更诉讼请求，但原告坚持要求被告支付逾期办证的违约金。法院以在房屋未合法交付的情况下，原告要求被告依合同办理房地产权证尚不具备条件为由，判决：被告渝港公司于渝港花园竣工验收合格后60日内协助原告办理房屋所有权变更登记手续；驳回原告的其他诉讼请求。

原告以渝港公司至今仍未为其办理房屋产权证书，应当承担赔偿损失的责任为由，提起上诉，请求对原判第2项予以改判。

重庆市第五中级人民法院经审理认为，在房屋未经竣工验收情况下，被告就将房屋交付原告使用，由于该房屋至今仍未竣工验收，被告至今未给原告办理房地产权证书，已构成违约，应承担逾期办证的违约责任。

二审法院认为，原判认定事实清楚，但适用法律有误，于2011年11月19日作出二审判决：维持一审判决第1项；变更一审判决第2项为被告以已付房款236944元为本金，按人民银行同期贷款利率，向原告支付逾期办证的违约金。

**【裁判解析】**

交付房屋和为购房人办理房屋产权证是卖房人在商品房买卖合同项下的主要义务。卖房人交付的商品房既要符合商品房买卖合同的约定，也必须符合法律规定，应当是经验收合格的房屋。如果卖房人交付的是未经竣工验收合格的房屋，不属于完成了交付房屋的义务，属于违约行为。由于卖方交付的房屋未经竣工验收合格，无法办理房屋产权证，既构成逾期交房，也构成逾期办理房屋产权证。这种情况下，买方可以选择请求卖方承担逾期交房的违约责任或者逾期办理房屋产权证的违约责任。

本案中，双方当事人签订的商品房买卖合同约定，被告应在房屋交付使用后60日内办理房屋产权证书，如果违约，就应当承担按已付房价款总额依人民银行同期贷款利率向原告支付违约金的责任。被告在未经竣工验收的情形下，将房屋交付原告使用，属不合法交付。被告未在合同约定期限内办理竣工验收手续，构成逾期交房违约。此外，因房屋未经竣工验收，被告在房屋交付使用后60日内不能为原告办理房屋产权证书，构成逾期办证违约。原告有权选择不要求被告承担逾期交房的违约责任，只请求被告承担逾期办证违约责任。二审判决判令被告承担逾期办证的违约责任，于法有据。

## 十、房地产公司在预售商品房时未告知购房人所购房屋内铺设公共管道，应承担相应的民事赔偿责任

**【案例索引】**

李某与某房地产公司商品房预售合同纠纷案①

**【基本案情】**

1999 年 8 月 19 日，李某与房地产公司签订了《北京市内销商品房预售契约》，约定：李某购买房地产公司位于某小区 11 号楼 1306 号住房一套，房价款合计为 1836230 元，房地产公司交付房屋的日期为 2001 年 5 月 31 日，但双方未就该房屋内的管道铺设问题做出明确约定。合同签订后，李某按约向房地产公司履行了支付房款的义务。房屋交付前，房地产公司于 2001 年 1 月 25 日向李某发出书面通知，称："由于您的房屋中有管道通过（暖气管等），故在装修时进行了局部处理，局部吊顶较低，但不会影响您居室的使用和美观。"李某于 2001 年 3 月 9 日致函房地产公司，表示"本户内不得有任何非本户管道通过，如公司已进行公共通过管道安装，请立即予以拆除"。后房地产公司于 2001 年 4 月 30 日向李某交付了涉诉房屋，房屋内有管道通过，房内局部进行了金属扣顶吊顶。2002 年 3 月，李某曾起诉要求拆除涉诉房屋内的管道。因该管道系由多家业主共用，拆除该管道将损害其他业主的利益，故法院判决驳回了李某的诉讼请求。

2002 年 11 月，李某诉至法院请求房地产公司承担违约责任，给付违约金 86000 元；如不能认定李某违约，要求房地产公司对因房屋中添设管道致使房屋价值贬损的部分进行补偿。

案件审理中，法院委托价格认证中心对涉诉房屋内铺设管道是否影响房屋价格进行评估，该中心建议铺设管道房屋价格应在原房屋价格基

---

① 《房地产公司在预售商品房时未告知购房人所购房屋内铺设公共管道，应承担相应的民事赔偿责任》，载最高人民法院民事审判第一庭编著：《民事典型案例精选》，人民法院出版社 2014 年版。

础上扣减2%。

**【审判要览】**

一审法院经审理认为，订约双方当事人应当以诚实信用为原则订立合同。对于李某房屋内是否铺设管道问题，双方虽在合同中未作约定，但因涉及李某切身利益，房地产公司应在售房前如实告知。现房地产公司未履行如实告知义务，应承担过失赔偿责任。至于赔偿数额的具体计算方法，可参考价格认证中心出具的意见酌定。据此，一审法院判决：房地产公司赔偿给李某人民币34500元。

一审判决后双方当事人均未上诉。

**【裁判解析】**

本案在审理中形成两种不同观点：

第一种观点认为，因双方当事人在合同中没有约定管道铺设内容，因此，李某起诉请求追究房地产公司的违约责任没有合同依据，而且双方当事人所签订的房屋买卖合同有效，房地产公司对房屋中的管道亦进行了局部装修，不影响房屋居室的使用和美观。对此，本案应驳回李某的诉讼请求。

第二种观点认为，虽然双方当事人订立的房屋买卖合同中未约定管道铺设内容，但是根据《合同法》第42条第2项的规定，在订立合同过程中一方故意隐瞒与订立合同有关的这一事实或者有提供虚假情况的，给对方造成损失的，应当承担赔偿责任的规定，房地产公司应承担相应的赔偿责任。关于赔偿数额的确定，可以考虑因房地产公司应告知而未告知，致使李某多支出的交易成本或者给李某造成的损失部分。

最高人民法院民一庭同意第二种观点。其理由是：（1）在本案中，房地产公司告知李某所购房屋中铺设有公共管道设施是应尽的义务。房地产公司与李某签订的是预售商品房买卖合同，房屋买卖时房屋尚未建成。对此，房地产公司在预售房屋时应如实告知李某所购房屋的翔实情况。关于房屋中铺设公共管道，房地产公司应否告知李某问题。通常情况下铺设公共管道的房屋，就是被人们所称作为管道间或者管道层的房屋，一般情况下该类房屋层高比其他楼层高，或者是在房屋内部有明显的掩盖凸起的部分。笔者认为，不管房屋中的管道是否进行过装修，是否影响房屋居室的使用和美观，房地产公司在出售该类房屋时，均应履行告知义务。该问题绝不能以房地产公司所说的房屋中的管道亦进行了局部装修，不影响房屋居室的使用和美观为标准，认定是否应履行告知义务，而应以通常人们对此问题的普遍认识及案件的实际情况进行认定。尚且房屋中铺设公共管道不仅在视觉上会有影响，可能还会有噪音及使用过程中对管道维修等给房主造成一些影响。另外，从房地产公司在交付房屋之前，通知购房人所购房屋铺设有公共管道的行为来看，房地产公司亦认为铺设管道一事应告知购房人。（2）不能以房屋买卖合同中没有管道内容约定为由，免除房地产公司的赔偿责任。《合同法》第 6 条、第 42 条均规定了从事民事经济商业活动应当遵循诚实信用原则。诚实信用意味着善意诚信的交易道德。在民事活动中，讲求真诚，恪守信用，不得有虚假和欺诈行为是人们在商业活动中应当遵循的法律义务。在合同的订立、履行、变更、解除的各个阶段，当事人都应当依据诚实信用的原则行使权利和履行义务。在双方当事人发生纠纷时，亦应依照诚实信用原则妥善处理争议，避免给当事人造成不必要的损失。本案中双方当事人在订立合同时，因房地产公司没有行使告知义务，致使购房人所购房屋价值贬损，对其造成损失。一审法院根据《合同法》第 42 条第 2 项的规定，在订立合同过程中一方故意隐瞒与订立合同有关的这一事实或者有提供虚假情况的，给对方造成损失的，应当承担赔偿责任的规定，并委托评估部门进行了评估，最终确认铺设管道房屋价格应在原房屋价格基础上扣减 2%，确定购房人买卖房屋所造成的损失，判决房地产公司承担赔偿责任是正确的。关于赔偿数额如何确定问题。笔者认为，赔偿数额应包括房地产公司应告知而未告知，致使李某多支出的交易成本或者因此而造成的损失。本案采用的是对铺设管道房屋价格与未铺设管道的房屋价格进行比对，确定房地产公司赔偿数额的。

综上，虽然双方当事人订立的房屋买卖合同中未约定管道铺设内容，但根据《合同法》第 42 条第 2 项的规定，在订立合同过程中一方故意隐瞒与订立合同有关的事实或者有提供虚假情况的，给对方造成损失的，应当承担赔偿责任的规定，房地产公司应承担相应的赔偿责任。关于赔偿数额的确定，可以考虑因房地产公司应告知而未告知，致使李某多支出的交易成本或者给李某造成的损失部分。

## 十一、逾期办证违约金，应当在弥补购房者损失及通过判决督促开发商办证的基础上确定。逾期交房的诉讼时效应当自当事人知道或应当知道之日起即合同约定的交房时间届满之日起计算

**【案例索引】**

陈琴、吕思颉与昆明高原明珠房地产开发有限公司商品房买卖合同纠纷案：一审：云南省昆明市官渡区人民法院（2013）官民二初字第394号，二审：云南省昆明市中级人民法院（2014）昆民一终字第9号。

**【基本案情】**

2009年7月6日，原告陈琴、吕思颉与被告昆明高原明珠房地产开发有限公司签订《经营权投资协议》，约定昆明高原明珠房地产开发有限公司将位于昆明市昌宏路边（KC2008－17号地块）高原明珠国际五金机电商城E10－6号商铺出售给陈琴、吕思颉，总价款为964220元，一次性取得该商铺40年的五金机电经营权及房屋所有权，并约定昆明高原明珠房地产开发有限公司交付商铺的时间为2010年5月以内。交付商铺时，由昆明高原明珠房地产开发有限公司在本地报纸以公告的方式通知。昆明高原明珠房地产开发有限公司取得该商铺所在幢号的竣工验收备案表，即具备向陈琴、吕思颉交房的条件，未按期交付，超过两个月内昆明高原明珠房地产开发有限公司承担陈琴、吕思颉已付款项同期银行贷款利息，超期两个月以上，如陈琴、吕思颉选择继续履行合同，由昆明高原明珠房地产开发有限公司承担陈琴、吕思颉已付款项部分的同期银行贷款利息，在实际交付商铺后半年内昆明高原明珠房地产开发有限公司为陈琴、吕思颉办理房屋所有权证。《经营权投资协议》第6条第6款约定："经营场所（商铺）的房屋所有权证书由甲方（昆明高原明珠房地产开发有限公司）代为办理，乙方（陈琴、吕思颉）协助（提供相关证照）。办证期限为实际交付商铺后半年内。办理商铺产权时，可能需要另行签订政府统一印制的《商品房购销合同》，但甲、乙双方权利义务关系

以本协议为准。”2010年6月22日，陈琴、吕思颉与昆明高原明珠房地产开发有限公司签订了《商品房购销合同》及补充协议，约定昆明高原明珠房地产开发有限公司应于2010年8月31日前，将经建设单位组织验收合格，并符合本合同约定的该商品房交付给陈琴、吕思颉，且昆明高原明珠房地产开发有限公司以报纸公告方式履行通知义务的，陈琴、吕思颉未在通知确定的期限内办理交接手续的，视为陈琴、吕思颉同意该商品房符合交付条件，并已实际交付；陈琴、吕思颉委托昆明高原明珠房地产开发有限公司办理产权登记手续，昆明高原明珠房地产开发有限公司房屋交付后在180个工作日内为陈琴、吕思颉办妥产权登记（逾期一天处以100元罚款）。合同签订后，陈琴、吕思颉先后以现金及银行按揭贷款的方式，将房款964220元支付给了昆明高原明珠房地产开发有限公司。2010年12月23日，昆明高原明珠房地产开发有限公司建设的房屋进行了竣工验收并报送备案，且昆明高原明珠房地产开发有限公司在昆明日报上刊登交房公告，通知各业主在2010年12月31日前到项目现场招商中心办理接房手续。陈琴、吕思颉于2011年12月8日接房，并按合同约定向昆明高原明珠房地产开发有限公司缴纳了配套费、契税、房屋维修基金及办证工本费。另外，2009年昆明市《城乡规划委员会会议纪要（四）》会议原则同意《挂拍出让地块KC2007－17号（高原明珠机电交易中心）规划设计方案》，要求不涉及机场限高的功能区及其建筑，在2010年10月前建成，办理规划许可前，应满足国家和地方消防、交通等强制性规范和规定。

陈琴、吕思颉认为昆明高原明珠房地产开发有限公司未按合同约定时间交房及未按照合同规定时间为陈琴、吕思颉办理房产证，因此诉至一审法院，请求判令：（1）昆明高原明珠房地产开发有限公司支付逾期交房已付房款部分的同期银行贷款利息183844元及支付房款总金额自起诉之日至全面履行交房之日止的银行同期贷款利息；（2）昆明高原明珠房地产开发有限公司支付逾期办理所有权证至起诉日的违约金33500元，并按每日100元计至昆明高原明珠房地产开发有限公司办理完毕房屋产权证时止，立即为陈琴、吕思颉办理房屋所有权证；（3）诉讼费用由昆明高原明珠房地产开发有限公司承担。

本案在审理过程中，一审法院向昆明市规划局发函核实有关昆明市昌宏路边高原明珠国际五金机电商城的规划是否影响房屋产权证的办理问题，昆明市规划局回函称：（1）由昆明高原明珠房地产开发有限公司建设的高原明珠五金机电商城工程项目，于2010年2月取得《建设工程规划许可证》（编号：530101200900276），许可面积387708.40平方米（其中地上310625.40平方米，地下77083平方米），共39栋，地上5～16层，地下2层。（2）经核实，建设单位至今未向我局申请该项目的规划核实工作。据了解，尚未申报规划核实的主要原因是机场净高限高导致工期延误，且该项目绿地率不符合规划许可要求，需整改满足或取得园林部门异地补绿意见后，才能按正常程序办理规划核实工作。（3）按照工作程序，《建设工程规划核实意见书》是住建部门办理房屋产权登记的前置要件之一。目前，建设单位尚未取得该项目《建设工程规划核实意见书》，暂不具备办理产权登记的条件。但建设单位正在积极做好前期准备工作，预计今年11月可按正常程序申请规划核实。二审中，昆明市中级人民法院再次向昆明市规划局发函询问高原明珠五金机电城项目规划核实工作的进展情况，昆明市规划局于2014年9月19日复函我称："一、昆明高原明珠房地产开发有限公司目前尚未向我局申请KC2008-17号地块（即高原明珠五金机电城）项目的规划核实工作。二、规划核实属我局服务事项，需建设单位向我局书面申请并提交竣工测量成果报告方可受理。"

**【审判要览】**

一审法院认为：本案中，双方对交房方式、日期及交房条件等均做出了明确约定，陈琴、吕思颉未在通知确定的期限内办理房屋交接手续，视为陈琴、吕思颉同意该商品房符合交付条件，并已实际交付。根据合同约定昆明高原明珠房地产开发有限公司以报纸公告形式通知陈琴、吕思颉办理交接手续，昆明高原明珠房地产开发有限公司登报公告后，陈琴、吕思颉应及时接房。本案中合同约定的交房时间为2010年8月31日前，昆明高原明珠房地产开发有限公司建设的房屋于2010年12月23日才进行了竣工验收并报送备案，且公告确定的交房截止期限为2010年12月31日前，故昆明高原明珠房地产开发有限公司确实存在违约交房情况，理应承担相应的民事赔偿责任。对昆明高原明珠房地产开发有限公司辩称本案的诉讼时效已过的主张，因本案争议发生后，陈琴、吕思颉与昆明高原明珠房地产开发有限公司双方为交、接房事宜一直在协商，属诉讼时效中止或中断事由，故本案未超过法律规定的诉讼时效，但因陈琴、吕思颉在昆明高原明珠房地产开发有限公司公告交房期间未接收房屋，按照双方合同约定视为陈琴、吕思颉同意该商品房符合交付条件，并已实际交付，对陈琴、吕思颉的逾期交房违约金的诉请，一审法院依照陈琴、吕思颉与昆明高原明珠房地产开发有限公司签订并经昆明市官渡区房屋产权交易中心备案的商品房销售合同的约定，由昆明高原明珠房地产开发有限公司承担陈琴、吕思颉已付款项部分的同期银行贷款利息，从2010年9月1日起支持至昆明高原明珠房地产开发有限公司房屋竣工验收且刊登交房公告的次日，即至2010年12月24日止，合计115天。陈琴、吕思颉诉请按年利息6%计算，未超出同期银行贷款最高利息，一审法院予以采纳，支持的逾期交房违金合计为：6%÷365天×115天×964220元=18227.72元。关于陈琴、吕思颉主张的逾期办理产权证的违约金，从昆明市规划局给一审法院回函的内容看，“高原明珠国际五金机电商城”项目存在机场净空限高导致工期延误及不符合规划许可的建设行为尚未整改完成，至今未取得该项目《建设工程规划核实意见书》，并不具备办理产权证的条件。陈琴、吕思颉在不具备办证条件的前提下要求昆明高原明珠房地产开发有限公司支付逾期办证违约损失无法律依据，一审法院不予支持。据此判决：（1）被告昆明高原明珠房地产开发有限公司于判决生效后10日内支付原告陈琴、吕思颉逾期交房违约金18227.72元；（2）驳回原告的其他诉讼请求。

双方当事人均不服一审判决，向昆明市中级人民法院提出上诉。

二审法院认为：本案的争议焦点是：（1）昆明高原明珠房地产开发有限公司是否应当向陈琴、吕思颉承担逾期交房的违约责任？（2）昆明高原明珠房地产开发有限公司是否应当向陈琴、吕思颉承担逾期办证的违约责任？

针对第一个争议焦点，首先，本案中，虽然双方签订的《经营权投资协议》与《商品房购销合同》约定的交房时间不一致，但根据《经营权投资协议》第6条第6款关于“……办理商铺产权时，可能需要另行签订政府统一印制的《商品房购销合同》，但甲、乙双方权利义务关系以本协议为准”的约定，房屋的交付时间应当以《经营权投资协议》约定的时间为准，即昆明高原明珠房地产开发有限公司应当在2010年5月31日前向陈琴、吕思颉交付房屋，因昆明高原明珠房地产开发有限公司于2010年11月23日才在《昆明日报》刊登交房公告，该公告时间已晚于约定的交房时间，故昆明高原明珠房地产开发有限公司已经构成违约。其次，逾期交房诉讼时效的起算，《经营权投资协议》对交房时间作出过约定，陈琴、吕思颉在合同约定的交房时间届满之日时即应当知晓昆明高原明珠房地产开发有限公司逾期交房，本案的诉讼时效至迟应当在昆明高原明珠房地产开发有限公司公告交房时间届满之日即2010年12月31日起算至2012年12月31日届满，因陈琴、吕思颉未提交证据证实其在此期间曾经向昆明高原明珠房地产开发有限公司主张过逾期交房的违约请求，而其于2013年7月才提起诉讼主张权利，已经超过2年的诉讼时效期间，本院对其该诉请不予支持。最后，对陈琴、吕思颉认为房屋质量不合格，昆明高原明珠房地产开发有限公司实际并未履行交付合格房屋的义务主张，根据《经营权投资协议》第6条第2款约定：“甲方（昆明高原明珠房地产开发有限公司）取得该商铺所在幢号的《竣工验收备案表》，即具备向乙方（陈琴、吕思颉）交房的条件”，以及《补充协议》第4条约定：“……自甲方以报纸公告方式履行通知义务的，乙方未在通知确定的期限内办理交接手续的，视为乙方已同意该商品房符合交付条件，并已实际交付；同时，乙方应承担相关的费用（房屋管理费等）。”因上述约定并不违反法律、行政法规的强制性规定，是合法有效的，涉案房屋于公告交房的截止时间之前已取得了合同约定的竣工验收备案表，符合合同约定的交房条件，陈琴、吕思颉也未提交证据证实房屋确实存在质量问题并已使用房屋多年，故陈琴、吕思颉对昆明高原明珠房地产开发有限公司没有交付房屋的理由不成立，不予支持。综上，对陈琴、吕思颉要求昆明高原明珠房地产开发有限公司承担逾期交房违约金的诉讼请求不予支持。针对第二个争议焦点，首先，根据昆明市规划局的复函的内容可知，房屋产权无法办理的原因为机场净空限高导致工期延误以及项目绿地率不符合规划许可的要求。审理中查明，工期延误虽然有高原明珠五金机电城项目中商务酒店的开发只能在机场搬迁后进行，而机场搬迁时间推迟导致了该项目的开发推迟的因素存在，该原因确不能以昆明高原明珠房地产开发有限公司意志决定，但在巫家坝机场于2012年6月28日搬迁后，昆明高原明珠房地产开发有限公司此时即应当积极进行酒店的开发建设而不能以机场搬迁迟延为由仍拖延竣工，不履行合同义务。其次，绿地率不符合规划要求导致房产证无法办理也是由于昆明高原明珠房地产开发有限公司的原因所致，至本案二审开庭审理期间昆明高原明珠房地产开发有限公司都未向规划部门申报规划核实手续，故房产证无法办理属于昆明高原明珠房地产开发有限公司不作为所致，其主张不承担逾期办证违约责任的理由不成立，不予支持，至于昆明高原明珠房地产开发有限公司申请对商务酒店施工工期进行鉴定，因属自身不作为，不积极履行合同义务，本院对其请求不予准许。此外，对于违约金的计算，根据《补充协议》第5条的约定，昆明高原明珠房地产开发有限公司应当自房屋交付后180个工作日内为陈琴、吕思颉办妥产权登记，如逾期，则每天处以100元罚款，昆明高原明珠房地产开发有限公司认为该违约金过高请求法院予以减少，合同约定的违约金并未过分高于造成的损失，对昆明高原明珠房地产开发有限公司请求降低违约金的请求不予支持。考虑到巫家坝机场确实存在迟延搬迁的情形，故在巫家坝机场搬迁后，酌情给予昆明高原明珠房地产开发有限公司6个月的合理时间进行施工建设并办理产权证，昆明高原明珠房地产开发有限公司应向陈琴、吕思颉支付自2013年1月1日起至房屋所有权证办理完毕之日止（按100元/天的标准计算）的逾期办证违约金。最后，对于陈琴、吕思颉要求昆明高原明珠房地产开发有限公司为其办理产权证的诉讼请求，因昆明高原明珠房地产开发有限公司对办理产权证仅负有协助义务且涉案房屋现在不具备办理产权证的条件，故该请求不予支持。据此，判决：（1）维持一审判决第2项，即“驳回原告的其他诉讼请求”；（2）撤销一审判决第1项，即“被告昆明高原明珠房地产开发有限公司于判决生效后10日内支付原告陈琴、吕思颉逾期交房违约金18227.72元”；（3）由上诉人高原明珠公司于判决生效后10日内支付上诉人陈琴、吕思颉自2013年1月1日起至房屋所有权证办理完毕之日止按100元/天的标准计算的逾期办证违约金。

**【裁判解析】**

（一）逾期办证违约责任承担的认定

根据《商品房买卖合同解释》第18条第1款关于“由于出卖人的原因，买受人在下列期限届满未能取得房屋权属证书的，除当事人有特殊约定外，出卖人应当承担违约责任：（一）商品房买卖合同约定的办理房屋所有权登记的期限；（二）商品房买卖合同的标的物为尚未建成房屋的，自房屋交付使用之日起90日；（三）商品房买卖合同的标的物为已竣工房屋的，自合同订立之日起90日”的规定，开发商承担逾期办证违约责的前提是“由于出卖人的原因”导致买受人未按约定期限取得房屋权属证书，但该条法律规定对于“由于出卖人的原因”的界定并不清晰，在司法实践中极易引起不同的理解。本案中，房屋产权证不能办理并非单一的因素所致，而是有两个原因：（1）房屋绿地率不符合规划要求；（2）该小区有一幢房屋处于机场净空限高范围内，需待机场搬迁后才能进行建设，而昆明机场的搬迁存在迟延。具体分析这两个原因，房屋绿地率的问题应当归责于开发商；对于机场迟延搬迁的问题，虽然涉案的房屋并不在限高范围内，但其属于高原明珠五金机电城项目中的一部分，该项目是统一报规，故高原明珠五金机电城项目中出现的商务酒店的开发因机场搬迁而迟延的情况必然会对涉案房屋产权证的办理产生影响，此情形确实不能由开发商控制，基于上述考虑，合议庭认定机场迟延搬迁导致房产证办理迟延并非开发商的原因所致。通过上述分析可知，本案中，房屋产权证的迟延办理既有开发商的原因所致，也有不可归责于开发商的原因存在。在两种原因同时存在的情况下，对于开发商逾期办证违约责任的认定确实存在一定的困难。合议庭在充分考虑两种因素对房屋开发建设的影响的情况下，认为：（1）机场搬迁确实对施工造成一定影响，在此情形出现的期间，不能适用上述司法解释的规定追究开发商逾期办证的责任，但待此情形消除后，开发商即应当积极进行开发建设，而不能以此为由拖延办证；（2）房屋绿地率不符合规划要求是开发商自身原因所致，其不能以机场迟延搬迁来否定此违约行为。在此基础上，合议庭认为开发商逾期办证的行为构成违约，但是对于逾期办证违约金的起算点，合议庭并未按照双方合同约定的办证期限届满之日起计算，而是给予了开发商半年合理的免责期间。对于违约金的计算标准，双方约定的违约金为100元/天，按此标准，开发商承担的违约金低于购房者已付款的同期存款利息损失，故合议庭并未对违约金进行调整。本案合议庭对逾期办证违约责任的认定及处理，平衡了双方当事人的利益，也督促了开发商积极履行办证义务，保护了购房者的利益。

（二）逾期交房违约责任诉讼时效的认定

对于逾期交房诉讼时效的认定，《最高人民法院关于审理民事案件适用诉讼时效制度若干问题的规定》第6条规定："可以确定履行期限的，诉讼时效期间从履行期限届满之日起计算。"本案中，双方在签订合同时即以约定了交房时间，即合同的履行期限是确定的，按照上述法律规定，诉讼时效应当自合同约定的交房期限届满之日起计算。并且，逾期交房行为是一种违约行为，不应参照侵权行为诉讼时效的计算方式，从行为终了之日起计算。

## 规范索引

**《中华人民共和国民法通则》**

**第八十九条**　依照法律的规定或者按照当事人的约定，可以采用下列方式担保债务的履行：

（一）保证人向债权人保证债务人履行债务，债务人不履行债务的，按照约定由保证人履行或者承担连带责任；保证人履行债务后，有权向债务人追偿。

（二）债务人或者第三人可以提供一定的财产作为抵押物。债务人不履行债务的，债权人有权依照法律的规定以抵押物折价或者以变卖抵押物的价款优先得到偿还。

（三）当事人一方在法律规定的范围内可以向对方给付定金。债务人履行债务后，定金应当抵作价款或者收回。给付定金的一方不履行债务的，无权要求返还定金；接受定金的一方不履行债务的，应当双倍返还定金。

（四）按照合同约定一方占有对方的财产，对方不按照合同给付应付款项超过约定期限的，占有人有权留置该财产，依照法律的规定以留置财产折价或者以变卖该财产的价款优先得到偿还。

**《中华人民共和国合同法》**

**第二条** 本法所称合同是平等主体的自然人、法人、其他组织之间设立、变更、终止民事权利义务关系的协议。

婚姻、收养、监护等有关身份关系的协议，适用其他法律的规定。

**第四十条** 格式条款具有本法第五十二条和第五十三条规定情形的，或者提供格式条款一方免除其责任、加重对方责任、排除对方主要权利的，该条款无效。

**第四十二条** 当事人在订立合同过程中有下列情形之一，给对方造成损失的，应当承担损害赔偿责任：

（一）假借订立合同，恶意进行磋商；

（二）故意隐瞒与订立合同有关的重要事实或者提供虚假情况；

（三）有其他违背诚实信用原则的行为。

**第四十九条** 行为人没有代理权、超越代理权或者代理权终止后以被代理人名义订立合同，相对人有理由相信行为人有代理权的，该代理行为有效。

**第五十三条** 合同中的下列免责条款无效：

（一）造成对方人身伤害的；

（二）因故意或者重大过失造成对方财产损失的。

**第六十一条** 合同生效后，当事人就质量、价款或者报酬、履行地点等内容没有约定或者约定不明确的，可以协议补充；不能达成补充协议的，按照合同有关条款或者交易习惯确定。

**第六十二条** 当事人就有关合同内容约定不明确，依照本法第六十一条的规定仍不能确定的，适用下列规定：

（一）质量要求不明确的，按照国家标准、行业标准履行；没有国家标准、行业标准的，按照通常标准或者符合合同目的的特定标准履行。

（二）价款或者报酬不明确的，按照订立合同时履行地的市场价格履行；依法应当执行政府定价或者政府指导价的，按照规定履行。

（三）履行地点不明确，给付货币的，在接受货币一方所在地履行；交付不动产的，在不动产所在地履行；其他标的，在履行义务一方所在地履行。

（四）履行期限不明确的，债务人可以随时履行，债权人也可以随时要求履行，但应当给对方必要的准备时间。

（五）履行方式不明确的，按照有利于实现合同目的的方式履行。

（六）履行费用的负担不明确的，由履行义务一方负担。

**第九十七条**　合同解除后，尚未履行的，终止履行；已经履行的，根据履行情况和合同性质，当事人可以要求恢复原状、采取其他补救措施，并有权要求赔偿损失。

**第一百零七条**　当事人一方不履行合同义务或者履行合同义务不符合约定的，应当承担继续履行、采取补救措施或者赔偿损失等违约责任。

**第一百零九条**　当事人一方未支付价款或者报酬的，对方可以要求其支付价款或者报酬。

**第一百一十条**　当事人一方不履行非金钱债务或者履行非金钱债务不符合约定的，对方可以要求履行，但有下列情形之一的除外：

（一）法律上或者事实上不能履行；

（二）债务的标的不适于强制履行或者履行费用过高；

（三）债权人在合理期限内未要求履行。

**第一百一十二条**　当事人一方不履行合同义务或者履行合同义务不符合约定的，在履行义务或者采取补救措施后，对方还有其他损失的，应当赔偿损失。

**第一百一十三条**　当事人一方不履行合同义务或者履行合同义务不符合约定，给对方造成损失的，损失赔偿额应当相当于因违约所造成的损失，包括合同履行后可以获得的利益，但不得超过违反合同一方订立合同时预见到或者应当预见到的因违反合同可能造成的损失。

经营者对消费者提供商品或者服务有欺诈行为的，依照《中华人民共和国消费者权益保护法》的规定承担损害赔偿责任。

**第一百一十四条** 当事人可以约定一方违约时应当根据违约情况向对方支付一定数额的违约金，也可以约定因违约产生的损失赔偿额的计算方法。

约定的违约金低于造成的损失的，当事人可以请求人民法院或者仲裁机构予以增加；约定的违约金过分高于造成的损失的，当事人可以请求人民法院或者仲裁机构予以适当减少。

当事人就迟延履行约定违约金的，违约方支付违约金后，还应当履行债务。

**第一百一十五条** 当事人可以依照《中华人民共和国担保法》约定一方向对方给付定金作为债权的担保。债务人履行债务后，定金应当抵作价款或者收回。给付定金的一方不履行约定的债务的，无权要求返还定金；收受定金的一方不履行约定的债务的，应当双倍返还定金。

**第一百一十六条** 当事人既约定违约金，又约定定金的，一方违约时，对方可以选择适用违约金或者定金条款。

**第一百一十七条** 因不可抗力不能履行合同的，根据不可抗力的影响，部分或者全部免除责任，但法律另有规定的除外。当事人迟延履行后发生不可抗力的，不能免除责任。

本法所称不可抗力，是指不能预见、不能避免并不能克服的客观情况。

**第一百二十二条** 因当事人一方的违约行为，侵害对方人身、财产权益的，受损害方有权选择依照本法要求其承担违约责任或者依照其他法律要求其承担侵权责任。

**《最高人民法院关于适用〈中华人民共和国合同法〉若干问题的解释(二)》**

**第二十六条** 合同成立以后客观情况发生了当事人在订立合同时无法预见的、非不可抗力造成的不属于商业风险的重大变化，继续履行合同对于一方当事人明显不公平或者不能实现合同目的，当事人请求人民法院变更或者解除合同的，人民法院应当根据公平原则，并结合案件的实际情况确定是否变更或者解除。

**第二十九条**　当事人主张约定的违约金过高请求予以适当减少的，人民法院应当以实际损失为基础，兼顾合同的履行情况、当事人的过错程度以及预期利益等综合因素，根据公平原则和诚实信用原则予以衡量，并作出裁决。

**《最高人民法院关于适用〈中华人民共和国担保法〉若干问题的解释》**

**第十条**　主合同解除后，担保人对债务人应当承担的民事责任仍应承担担保责任。但是，担保合同另有约定的除外。

**《最高人民法院关于人民法院民事执行中查封、扣押、冻结财产的规定》**

**第六条**　对被执行人及其所扶养家属生活所必需的居住房屋，人民法院可以查封，但不得拍卖、变卖或者抵债。

**《最高人民法院关于审理商品房买卖合同纠纷案件适用法律若干问题的解释》**

**第三条**　商品房的销售广告和宣传资料为要约邀请，但是出卖人就商品房开发规划范围内的房屋及相关设施所作的说明和允诺具体确定，并对商品房买卖合同的订立以及房屋价格的确定有重大影响的，应当视为要约。该说明和允诺即使未载入商品房买卖合同，亦应当视为合同内容，当事人违反的，应当承担违约责任。

**第四条**　出卖人通过认购、订购、预订等方式向买受人收受定金作为订立商品房买卖合同担保的，如果因当事人一方原因未能订立商品房买卖合同，应当按照法律关于定金的规定处理；因不可归责于当事人双方的事由，导致商品房买卖合同未能订立的，出卖人应当将定金返还买受人。

**第八条**　具有下列情形之一，导致商品房买卖合同目的不能实现的，无法取得房屋的买受人可以请求解除合同、返还已付购房款及利息、赔偿损失，并可以请求出卖人承担不超过已付购房款一倍的赔偿责任：

（一）商品房买卖合同订立后，出卖人未告知买受人又将该房屋抵押给第三人；

（二）商品房买卖合同订立后，出卖人又将该房屋出卖给第三人。

**第九条** 出卖人订立商品房买卖合同时，具有下列情形之一，导致合同无效或者被撤销、解除的，买受人可以请求返还已付购房款及利息、赔偿损失，并可以请求出卖人承担不超过已付购房款一倍的赔偿责任：

（一）故意隐瞒没有取得商品房预售许可证明的事实或者提供虚假商品房预售许可证明；

（二）故意隐瞒所售房屋已经抵押的事实；

（三）故意隐瞒所售房屋已经出卖给第三人或者为拆迁补偿安置房屋的事实。

**第十二条** 因房屋主体结构质量不合格不能交付使用，或者房屋交付使用后，房屋主体结构质量经核验确属不合格，买受人请求解除合同和赔偿损失的，应予支持。

**第十三条** 因房屋质量问题严重影响正常居住使用，买受人请求解除合同和赔偿损失的，应予支持。

交付使用的房屋存在质量问题，在保修期内，出卖人应当承担修复责任；出卖人拒绝修复或者在合理期限内拖延修复的，买受人可以自行或者委托他人修复。修复费用及修复期间造成的其他损失由出卖人承担。

**第十四条** 出卖人交付使用的房屋套内建筑面积或者建筑面积与商品房买卖合同约定面积不符，合同有约定的，按照约定处理；合同没有约定或者约定不明确的，按照以下原则处理：

（一）面积误差比绝对值在3%以内（含3%），按照合同约定的价格据实结算，买受人请求解除合同的，不予支持；

（二）面积误差比绝对值超出3%，买受人请求解除合同、返还已付购房款及利息的，应予支持。买受人同意继续履行合同，房屋实际面积大于合同约定面积的，面积误差比在3%以内（含3%）部分的房价款由买受人按照约定的价格补足，面积误差比超出3%部分的房价款由出卖人承担，所有权归买受人；房屋实际面积小于合同约定面积的，面积误差比在3%以内（含3%）部分的房价款及利息由出卖人返还买受人，面积误差比超过3%部分的房价款由出卖人双倍返还买受人。

**第十六条** 当事人以约定的违约金过高为由请求减少的，应当以违约金超过造成的损失30%为标准适当减少；当事人以约定的违约金低于造成的损失为由请求增加的，应当以违约造成的损失确定违约金数额。

**第十七条** 商品房买卖合同没有约定违约金数额或者损失赔偿额计算方法，违约金数额或者损失赔偿额可以参照以下标准确定：

逾期付款的，按照未付购房款总额，参照中国人民银行规定的金融机构计收逾期贷款利息的标准计算。

逾期交付使用房屋的，按照逾期交付使用房屋期间有关主管部门公布或者有资格的房地产评估机构评定的同地段同类房屋租金标准确定。

**第十八条** 由于出卖人的原因，买受人在下列期限届满未能取得房屋权属证书的，除当事人有特殊约定外，出卖人应当承担违约责任：

（一）商品房买卖合同约定的办理房屋所有权登记的期限；

（二）商品房买卖合同的标的物为尚未建成房屋的，自房屋交付使用之日起90日；

（三）商品房买卖合同的标的物为已竣工房屋的，自合同订立之日起90日。

合同没有约定违约金或者损失数额难以确定的，可以按照已付购房款总额，参照中国人民银行规定的金融机构计收逾期贷款利息的标准计算。

**第十九条** 商品房买卖合同约定或者《城市房地产开发经营管理条例》第三十三条规定的办理房屋所有权登记的期限届满后超过一年，由于出卖人的原因，导致买受人无法办理房屋所有权登记，买受人请求解除合同和赔偿损失的，应予支持。

**第二十三条** 商品房买卖合同约定，买受人以担保贷款方式付款、因当事人一方原因未能订立商品房担保贷款合同并导致商品房买卖合同不能继续履行的，对方当事人可以请求解除合同和赔偿损失。因不可归责于当事人双方的事由未能订立商品房担保贷款合同并导致商品房买卖合同不能继续履行的，当事人可以请求解除合同，出卖人应当将收受的购房款本金及其利息或者定金返还买受人。

# 第七章　商品房包销合同纠纷

商品房包销是盛行于我国香港和台湾地区的一种商品房销售方式，在房地产开发经营中，开发商为了尽快筹集资金，收回投资利润，借鉴了香港和台湾地区的经验，将商品房包销这种新型的促销方式引入我国内地。

一种新的经济行为的出现，在发挥其有利作用的同时，也必然会产生行为规范问题，同样，商品房包销在我国房地产市场中的运用，在促进房地产市场发展的同时也产生出了诸多法律问题。在广东、上海、北京等一些经济发达地区或城市，很早就已出现因商品房包销引发的诉讼，最高人民法院也已审结多件此类案件。本章力图在正确界定商品房包销的概念、法律性质，理清商品房包销法律关系中各方主体的的权利和义务的基础上，分析、探讨实践中商品房包销纠纷中的常见问题。

## 法理概览

### 一、商品房包销方式产生的市场背景

商品房包销作为一种新型销售方式，其产生有市场规律的必然性。开发商从事商品房开发的目的是获取利润，而利润的获得必须是将商品房这一商品通过各种有效渠道在尽可能短的时间内销售出去。商品房最常见最直接的销售方式就是开发商自己进行销售，自己根据市场行情变化定价销售，以便获取最多的利润，但此种方式销售成本高，且往往销售周期长，回笼资金慢。

为了降低销售成本，开发商开始选择由中介公司代其销售房屋，中介公司在开发商授权范围内进行商品房的代理销售，此种销售方式，商品房的销售价格、中介公司的佣金收入及代理期限等均系经双方协商确定的，中介公司不得擅自变更。此种由中介公司代理销售的方式，虽然能一定程度上将开发商从销售环节中解放出来，但在房屋销售周期及资金回笼速度方面并无明显优势。

商品房包销作为一种更为高效的代销方式应运而生，商品房包销中一般由开发商与包销人约定，在一定时期内由包销人独家销售开发商一定数量的房屋，且包销人可以自主定价并以售价和包销基价之间的差额作为包销人的佣金收入，差额越大、销售数量越多则包销人佣金收入越高，如期限届满未售出的房屋包销人必须按照包销基价全部买入。通俗地讲，商品房包销可以称之为“买断式销售”。这种新型的销售方式中，开发商通过约定包销基价将本应由其承担的房屋销售风险转嫁给了包销人，不论市场行情好坏，开发商均能确保资金顺利回笼；但是通过独家销售并自主定价的约定，包销人也可能获得更多的销售利润作为佣金收入，虽然开发商让出了部分利润空间，但极大地提高了包销人的销售积极性，加之包销合同中有关包销期届满未售完房屋需由包销人购入的相关约定，房屋销售周期会大幅缩短，开发商也能够实现资金的快速回笼。因此，商品房包销的销售方式是开发商通过让渡一部分利润从而缩短房屋销售及资金回笼周期，并转移销售市场风险的较优销售模式，故其产生和广泛应用均符合市场规律的必然性。

## 二、商品房包销的概念和性质

根据实践中的一般做法，商品房包销是出卖人（开发商）与包销人签订商品房包销合同，约定在包销期内，出卖人将已竣工或者尚未建成但符合预售条件的房屋，确定包销基价交由包销人以出卖人的名义与买受人签订商品房买卖合同，包销期限届满，包销人以约定的包销价格买入未出售的剩余商品房的行为。

关于商品房包销的法律性质，目前我国法律、司法解释对此均没有规定，理论界和实务界也存在较大争议。主要有以下几种观点：

一是一般委托代理性质说。根据《民法通则》的有关规定，代理是代理人在代理权范围内，以被代理人的名义独立于第三人为法律行为，由此产生的法律效果直接归属于被代理人。在商品房包销中，包销人以出卖人的名义销售商品房，在包销合同约定的授权范围内销售房屋，虽然包销商拥有自主定价权利，但该权利也是开发商在包销合同中授权的，所以包销人与开发商之间应当是委托代理关系。

二是特殊代理性质说。该说认为商品房包销行为应当是一种特殊的代理行为的主要理由是：实质上，包销人订立包销合同的目的在于通过第一阶段的工作，完成全部包销范围内商品房的销售工作，从而取得销售差价作为报酬。第二阶段的买卖关系并不是双方签订包销合同时所期待的合同目的，买卖关系也并非必然发生，其发生必须有两项前提条件：其一为包销期限届满；其二为包销范围内还有剩余商品房未完成销售。买卖关系是对于包销人未能完成包销任务的一种违约责任，也是对于出卖人的一种风险转移的保障。这种违约责任或者说是保障的约定不应影响包销行为的性质认定。如同抵押行为，在债务人不能履行债务时，抵押权人可拍卖、折价受偿抵押物，但并不因此而将抵押行为认定为抵押与买卖的两合行为。又如同买卖行为，在有些买卖合同中会约定当一方违约时，另一方有权解除合同，已收取货物（或款项）不予退还，但也并不因此而将此类买卖行为认定为买卖与赠与的两合行为。因此商品房包销行为的实质还是出卖人与包销人之间的一种代理行为，是随着房地产市场发展而产生的一种特殊的代理行为，其特殊性在于，代理人根据代理结果提取代理报酬或承担责任（补足差价、购入未销售房屋）。

三是买卖关系性质说。该说认为根据包销合同的约定，包销人在包销期届满后需按照包销基价购买未售出的商品房，虽然包销人在包销期内以开发商的名义销售商品房，但实质上包销人是在为自身利益销售商品房。包销基价的确定，实际上已在出卖人和包销人之间成立了买卖关系，只是未生效而已。

四是两合行为性质说。该说认为商品房包销是一种兼具委托代理和买卖双重属性的法律行为，在包销期内，包销人在包销合同授权范围内以开发商的名义销售房屋，具有一种委托代理关系属性，包销期届满后，包销人以包销合同约定的包销基价购入所包销而未售完的房屋，具有一种买卖关系属性。

五是性质不确定说，或称无名合同说。该说认为以上观点均有不当之处，商品房包销性质不确定，包销合同归无名合同。理由是没有必要一定要将包销合同归属于哪一类。无名合同是随着社会经济生活发展的需要而形成的合同，如劳务合同、搬迁合同，包销合同也是如此。对于无名合同应当参照当事人的意思自治原则和合同目的，适用与该合同相近似的有名合同的法律规定处理，没有近似的有名合同的，则根据《合同法》第 8 条的规定，适用《合同法》的原则和民法原理处理。

对此，我们较为倾向于两合行为说。前三种观点不能成立的根源在于其认识局限于一个法律行为只能成立一个法律关系的窠臼，故试图套用一个法律关系在解释商品房包销关系。但实际上，在现实生活中，当事人通过订立一份合同的法律行为，在其间形成一个或一个以上法律关系的情形并不鲜见。对于一般委托代理说，笔者认为，一般民事代理行为，或以代理事项完成时代理行为结束，或者以代理期限届满时代理行为结束，代理行为结束时未代销完毕的商品应当返还被代理人。包销人在包销期届满后必须按照包销基价全部购入未售出的房屋的约定，与一般民事委托代理行为不符，所以商品房包销行为虽然具有委托代理关系一些属性，但不是单纯的一般委托代理关系。对于买卖关系说，笔者认为，根据《合同法》的相关规定，“买卖是出卖人转移标的物的所有权与买受人，买受人支付价款的行为”，然而，开发商通过商品房包销合同在包销期内转移给包销人的权利是独家销售权，而不是房屋所有权，且就在包销期内出售完毕的房屋而言，购房者是从开发商处直接取得的房屋所有权，该些房屋的所有权从未转移至包销人名下，所以就该些房屋而言，包销人与开发商之间从未成立房屋所有权的买卖关系，因此不能够仅以商品房包销合同中有关包销期届满包销人必须购入剩余房屋的约定而认定商品房包销性质是单纯的买卖关系。同样，对于特殊代理行为说，把包销中存在的买卖解释为是对于包销人未能完成包销任务的一种违约责任，其实并不符合当事人在包销合同中的意思表示，而解释为是对于出卖人的一种风险转移的保障，则并未从法律上真正触及此类行为的性质层面，因此，将其解释为单一的特殊代理行为也较为牵强。而对于性质不确定说或称无名合同说，我们认为，包销行为虽然是一种新型的经营方式，但我们不能因此而不对该行为加以定性。当事人有合同约定的自然根据约定处理，即使是有名合同也是以当事人意思自治为主的，在当事人没有约定或约定不明时，根据其意思表示也并非不能对其在法律上加以定性，因此，该说看似一切以实务处理为导向，其实却容易导致案件处理时法律适用的无所适从。

笔者认为，商品房包销合同的当事人实际上就商品房包销事宜先后设立了委托代理和商品房买卖两个法律关系。

一方面，商品房包销在包销期内符合代理的主要特征。代理是代理人以被代理人的名义，在代理人授权的权限范围内，从事民事法律行为。代理的主要特征：（1）代理人以被代理人的名义实施民事法律行为。商品房包销行为与之相符，包销人是以开发商的名义从事商品房销售。包销人与购房人签订商品房买卖合同时，均是以开发商为出卖人。（2）代理人在代理权限范围内从事民事法律行为。所谓代理权限，就是被代理人赋予代理人的职权范围，权限范围可大可小。商品房开发商为了调动包销人的积极性，赋予包销商只要交付开发商一个约定的商品房基价，包销人可以自由定价，超过部分归包销人，不足基价部分由包销人补足这一权限，则包销人的自由定价应当认定是在代理人授权的范围内进行，与代理的性质特征不相违。（3）有人认为，代理人赚取的是代理佣金，而包销人赚取的是商品房的销售差价，因而与代理特征不符。这实际上是对佣金的理解不同而已，佣金可以是一个确定值，由代理人支付，也可以以销售差价作为佣金。只要双方认可的任何佣金数额或支付方式均不影响代理的性质。（4）代理所产生的法律后果由被代理人承担。虽然开发商将商品房包销给包销人销售，但商品房买卖合同的当事人仍是开发商与买受人，商品房买卖合同的后果仍是由开发商承担。这与代理的特征一致。

另一方面，包销期届满后，包销人以包销合同约定的包销价格购入所包销而未售完的房屋，在本质上就是一种附条件的买卖，故双方之间成立商品房买卖关系。

## 三、商品房包销合同的法律特征

商品房包销合同是商品房包销法律关系成立的必要条件，是双方之间权利义务的直接载体。对双方当事人之间订立的合同类型予以准确定性，判断是否属于商品房包销合同，是正确有效处理商品房包销法律关系的前提。目前，我国《合同法》并没有对商品房包销合同直接作出规定，与商品房包销相关的直接规定仅见于《商品房买卖合同解释》，故根据《合同法》第124条的规定，应将商品房包销合同定性为无名合同。

《商品房买卖合同解释》根据商品房包销的实践做法，总结概括商品房包销的典型特征，在第20条、第21条及第22条中对商品房包销作出了规定，并保留了当事人意思自治的空间。根据《商品房买卖合同解释》的相关规定，一般的商品房包销合同存在以下几个外在特征：（1）合同标的是出卖人（开发商）开发建设的房屋（商品房）；（2）销售过程中，包销人是以开发商的名义出售房屋，而不是以包销人自己的名义出售；（3）合同涉及的商品房必须由包销人独家销售（独家销售权），开发商不得自行销售或者再委托他人销售；（4）包销期限届满后，未售出的房屋由包销人按照合同约定的包销基价全部购买。除此之外，实践中商品房包销还有一个常见特征就是包销人的自主定价权，包销人在包销期内对所包销房屋的出售价格自主定价，并获得实际出售价格与包销基价之间的价差（全部或者部分）作为包销的佣金收入。

《商品房买卖合同解释》对商品房包销的相关规定虽然比较简单，但仍然为司法实践中解决商品房包销纠纷提供了法律依据，填补了立法层面的空白。

# 实务指南

## 一、商品房包销合同的认定

我国现行《合同法》通过总则和分则的编排方式，将合同区分为有名合同和无名合同，由于分则有名合同中没有明确规定商品房包销合同，所以在司法实践中，经常出现双方之间实为商品房包销关系，但所订立合同的名称各异的情形。由于商品房包销本质属性中含有委托代理的成分，所以最常见的混淆关系就是委托代理合同关系。认定双方当事人究竟属于何种法律关系，应当从合同约定的实质内容进行分析，结合相关法律规定予以判断，而不是仅看双方订立合同之名称。

例如，海南中宇行房地产投资顾问有限公司（以下简称中宇行公司）与三亚天长实业有限公司（以下简称天长公司）商品房委托代理销售合同纠纷一案①，该案件经一、二审后，天长公司不服判决，向最高人民法院申请再审，理由之一：生效判决将双方之间订立的《天长椰风水韵项目（首期）独家代理销售合同》（以下简称《代理销售合同》）认定为包销合同，并认为不适用《合同法》有关委托合同规定，属于适用法律确有错误。《代理销售合同》名称表明双方系代理销售关系，即委托合同法律关系；从合同签约主体来看，天长公司为“委托人”，中宇行公司为“受托人”；中宇行公司受天长公司委托销售商品房，由天长公司与购房者直接签订商品房买卖合同，并未允许中宇行公司以其自身名义对外签订买卖合同；《代理销售合同》主要条款及双方的权利义务围绕代理销售房屋展开，包销剩余部分房屋的内容不能改变双方建立委托销售关系的真实意思；《合同法》将委托合同作为有名合同予以规定，本案双方之间的委托代理销售合同关系，符合委托合同的基本特征，应当按照《合同

---

① 海南中宇行房地产投资顾问有限公司与三亚天长实业有限公司商品房委托代理销售合同纠纷民事裁定书，最高人民法院（2013）民申字第1413号。

法》的相关规定处理本案。在《合同法》中并无关于包销合同的规定，最高人民法院颁布的《民事案件案由规定》中也没有“包销合同纠纷”这一案由，可见并不存在独立包销合同法律关系。即使将《代理销售合同》认定为包销合同，在包销合同的代理销售阶段完全符合委托合同的性质，仍应当适用合同法关于委托合同的规定。

针对上述理由，最高人民法院认为，生效判决将《代理销售合同》定性为商品房包销合同符合法律规定。《合同法》通过总则和分则的编排将合同区分为有名合同和无名合同，现实交易中存在大量未在《合同法》分则作专门规定的无名合同。本案《代理销售合同》尽管有诸多条款符合委托合同性质，但其第6条第6项明确约定：“本合同到期如有剩余房屋未售，乙方（中宇行公司）应在十日内按即时销售价格九五折一次性收购。否则甲方（天长公司）有权不再结算乙方尚未结算的佣金，并且乙方所交保证金不退。”这一约定符合最高人民法院《商品房买卖司法解释》第20条有关商品房包销合同的相关规定。该合同既有天长公司委托中宇行公司对外销售房屋的内容，也有中宇行公司在约定条件成就时购买天长公司房屋的内容，将其定性为单纯的委托合同，并由此排除《合同法》总则相关规定的适用，既不符合当事人真实意思表示，也与法律规定不符。当事人诉争的法律关系性质决定案由，《民事案件案由规定》编排了四个层级的案由体系，但该体系具有开放性，人民法院可以根据具体案件性质来确定具体案由。《民事案件案由规定》没有商品房包销合同这一名称，并不意味着人民法院不能就具体案件认定这一案由，更不能就此认为不存在包销这一民事法律关系。

## 二、商品房包销合同的效力认定

对双方之间的合同关系进行准确定性之后，能否依据合同内容来确定双方之间权利义务关系的另一重要前提就是合同效力问题。有效的合同才有对双方进行约束的效力，无效的合同或者被撤销的合同自始没有法律约束力。

对合同效力的认定，根据我国《民法通则》第55条、《民法总则》

第 143 条之规定，首先，应当确定合同当事人是否具有相应的民事行为能力；其次，应当确定合同内容是否是当事人的真实意思表示；最后，应当确定合同是否违反法律、行政法规的强制性规定和公序良俗。《合同法》总则第三章合同效力的相关规定，更是对合同的效力问题进行了细化规定。上述法律规定，是当前司法实践中处理合同纠纷案件认定合同效力的基本依据。根据《合同法》第 124 条之规定，商品房包销合同作为合同的一种，适用《合同法》总则中合同效力的相关规定。实践中，如下几个问题是商品房包销合同效力常见的影响因素：

1. 包销人的主体资格问题。在商品房包销合同中，包销人类型无外乎两种：一是自然人，二是企业。对于自然人包销商品房，应该审查自然人是否具有相应的民事行为能力，对企业包销商品房，应当审查该企业是否经工商行政管理部门核准登记，并持有相应的营业执照。

有观点认为，根据建设部颁布的《商品房销售管理办法》第 25 条规定："房地产开发企业委托中介服务机构销售商品房的，受托机构应当是依法设立并取得工商营业执照的房地产中介服务机构。"据此认为包销人须有房地产中介资质。笔者认为，现行法律或行政法规对于包销人的主体资格并无强制性规定，虽然建设部颁布的《商品房销售管理办法》规定了受托销售房屋的中介机构需具有房地产中介资质，但该规定本身属于部门规章，并非法律或行政法规。根据《合同法解释（一）》第 4 条的规定："合同法实施后，人民法院确认合同无效，应当以全国人大及其常委会制定的法律和国务院制定的行政法规为依据，不得依地方性法规、行政规章为依据。"因此，未取得房地产中介资质的企业可以成为商品房包销合同的主体。例如，厦门东方设计装修工程有限公司与福建省实华房地产开发有限公司商品房包销合同纠纷一案[①]，厦门东方公司与福建实华公司在履行双方签订的《房产包销合同》过程中，福州市房地产管理局于 2004 年 3 月 30 日分别致函厦门东方公司与福建实华公司，函称：根据购房者的投诉，双方签订了商品房包销合同，经查厦门东方公司未在

① 厦门东方设计装修工程有限公司与福建省实华房地产开发有限公司商品房包销合同纠纷上诉案，最高人民法院（2005）民一终字第 51 号。

该局进行房地产中介企业资质登记备案，根据建设部《城市房地产中介服务管理规定》和《福建省房地产经纪人管理办法》的有关规定，凡没有取得房地产中介企业资格的企业不得从事房地产中介业务，请两公司终止双方签订的商品房包销合同。厦门东方公司收到通知后即申请行政复议，福州市房地产管理局于2004年7月29日再次致函两公司，撤销了其于2004年3月30日向上述两公司的致函。虽然厦门东方公司不具备房地产中介资质，但福建省高级人民法院的一审判决及最高人民法院的二审判决均确认了两公司之间的商品房包销合同属于合法有效的合同。

自然人作为商品房包销合同主体也在司法实践中得到认可。例如，朱定仁与锦和公司商品房包销合同纠纷一案[①]，终审判决确认朱定仁与锦和公司签订的《销售承包合同》属于商品房包销合同，并确认该合同为有效合同。

2. 包销款项支付对合同效力认定的影响。典型商品房包销关系中，包销款项应该是与销售情况挂钩的，即房屋售出后包销人再向开发商结算并按照包销基价支付相应的款项，超出包销基价的溢价部分作为包销人的佣金收入。但实践中，开发商为了快速回笼资金，包销款项的支付与销售情况往往是脱钩的，即不论销售情况如何，由包销人按照包销合同约定的期限（通常是按照约定的分期销售进度）支付包销款项。此种情况下，笔者认为，只要包销款项支付时间依然在商品房预售许可证取得之后，则不会导致包销关系的本质发生变化。但是，也有个别商品房包销合同规定包销款项在预售许可证取得前就开始支付，这种情形下，款项的来源明显不是包销出售房屋所得价款，包销人与开发商实际上先进行了本质上的房屋买卖行为，然后再由包销人将从开发商处购买来的房屋再次转卖他人，双方之间法律关系的本质属性已经发生了变化，可以定性为一种名为包销实为房地产转让的行为，此种情形不应再以包销合同效力要件来认定双方之间合同效力。

---

① 朱定仁与锦和公司商品房包销合同纠纷再审案，湖南省高级人民法院（2014）湘高法民再终字第21号。

3. 预售许可证对包销商发售行为效力的影响。在商品房包销合同签订后，在预售许可证取得前，包销人便开始对外发售，向购房客户收取预订款的行为，该预定行为是否有效？该行为是否影响包销合同的效力？根据《商品房买卖合同解释》第2条的规定，“出卖人未取得商品房预售许可证明，与买受人订立的商品房预售合同，应当认定无效，但是在起诉前取得商品房预售许可证明的，可以认定有效”，笔者认为，在包销期限届满前取得了预售许可证，包销人与购房客户预定房屋的相关约定就可以认定为有效。同时，根据合同的相对性，包销人与购房客户之间的预定行为并不能影响包销人与开发商之间签订的商品房包销合同的效力。

## 三、包销业绩的确认及溢价佣金的核算

包销业绩确认就是如何确认包销人对某套房屋的销售行为是否已经完成，并可计入核算溢价收入范围内。首先，合同遵循当事人意思自治原则，当事人之间对于包销业绩确认有约定，从其约定。如果双方没有具体的约定，笔者认为，一般情况下应当考虑如下因素予以确定更为合理：(1) 房屋买卖合同签订完毕即可确认包销业绩。在包销关系中，包销人是以开发商名义进行房屋销售行为，因此包销人只要促成购房者与开发商签订正式的房屋买卖合同，包销人的房屋出售行为即可确认完成。对于购房款实际给付程度属于房屋买卖合同的履行范畴，直接的合同相对人是开发商，不宜用来评价包销人的包销行为完成情况。同样，已签订完毕的房屋买卖合同非因包销人原因的而解除的，也不应成为扣减包销人包销业绩的因素。(2) 包销期届满前仅交纳购房定金，包销期届满后才签订正式房屋买卖合同的，应当确认包销业绩。(3) 包销期届满前，开发商单方解除合同的，解除通知到达包销人，包销人再行出售房屋不应确认包销业绩，即使出售成功也不得主张溢价佣金。通常情况下，包销合同会约定溢价佣金的具体计算方法及支付期限，如果开发商未按照包销合同约定结算并支付溢价佣金，则包销人可以就该部分佣金款项向

开发主张自应支付之日起的利息损失。[①]

## 四、商品房包销相关纠纷的诉讼主体

商品房包销合同是开发商与包销人之间就房屋包销事宜订立的合同，根据合同的相对性原理，如果仅就商品房包销合同本身产生的纠纷，诉讼主体即为合同双方当事人。但是，在包销期内，包销房屋行为必然导致开发商、包销人与房屋买受人三者之间产生关系，对于房屋买受人而言，包销人在商品房包销期限内以开发商的名义向其销售房屋，如果产生纠纷，如何进行诉讼，诉讼主体如何确定及责任如何承担，理清三者之间的关系是妥善处理相关纠纷的前提。

1. 开发商与包销人的包销关系。即本章阐述的商品房包销关系，这种关系是三者之间产生其他法律关系的基础。这种法律关系从其性质上分析可以分为两个层次，在包销期内的代理销售关系，即包销人基于商品房包销合同的约定取得房屋的独家出售权并以开发商的名义对外销售房屋；在包销期满后的买卖关系，即包销期届满后包销人基于商品房包销合同的约定以包销基价买入未销售完毕的全部房屋。

2. 开发商与房屋买受人之间的买卖关系。在商品房包销期内，虽然实际交易过程在包销人与房屋买受人之间发生的，售房的宣传、定价、收款等事宜也是包销人直接参与完成，但实际上包销人是基于商品房包销合同的约定从开发商处取得的授权，房屋的所有人为开发商，取得房屋预售许可主体资格者亦为开发商，最终有效的房屋买卖合同的出卖方只能是开发商，因此开发商与房屋买受人之间才是法律意义上的买卖关系双方当事人。

3. 包销人与房屋买受人之间的关系。基于商品房包销合同的相关约定，包销人以开发商代理人身份与房屋买受人发生房屋交易行为，虽然

---

① 上海刚泰房地产发展有限公司与上海百马房地产顾问有限公司商品房委托代理销售合同纠纷案，上海市第一中级人民法院（2010）沪一中民二（民）终字第1922号，上海市高级人民法院（2012）沪高民一（民）再提字第7号。

最终买卖关系主体是开发商与房屋买受人，但包销人作为具体为宣传、定价、收款等房屋交易行为的主体，与涉及房屋交易的纠纷存在直接的利害关系，故包销方式下形成的房屋买卖合同关系产生的纠纷中，不能不考虑包销人的诉讼主体问题。

商品房包销方式出售房屋产生纠纷时，房屋买受人往往因为其房款直接支付给了包销人，故在诉讼中仅起诉包销人，或者基于其与开发商签订的商品房买卖合同而仅起诉开发商。笔者认为，基于前文所述开发商、包销人及购房人之间的相互关系，在此类纠纷诉讼中尤其诉讼请求涉及购房款支付或返还、虚假宣传及损失赔偿等内容时，应考虑开发商与包销人共同参与诉讼的必要性。对此，《商品房买卖合同解释》第22条规定："对于买受人因商品房买卖合同与出卖人发生的纠纷，人民法院应当通知包销人参加诉讼；出卖人、包销人和买受人对各自的权利义务有明确约定的，按照约定的内容确定各方的诉讼地位。"据此，因商品房买卖合同发生的纠纷，诉讼主体为开发商和房屋买受人，但由于包销人在买卖合同中所起到的作用，有些行为甚至是开发商和包销人共同完成的，故在房屋买受人与开发商的商品房买卖纠纷中，包销人作为合同的重要参与人，应当参加到诉讼中来，在房屋买受人并未直接起诉包销人时，人民法院也应当通知包销人参加诉讼。根据民事诉讼的一般理论，此时包销人的诉讼地位应当是无独立请求权的第三人。但是，如果开发商、房屋买受人、包销人三方在商品房买卖合同中约定包销人与开发商共同承担履行合同义务的，房屋买受人请求的权利有针对包销人应负担的合同义务内容的，则包销人此时的诉讼地位应当是共同被告。

## 五、包销人虚假销售广告和宣传材料的责任承担

在商品房包销过程中，楼盘的销售广告和宣传材料通常都由包销人实际策划和制作，有的经过开发商认可，也有的未经过开发商许可，开发商甚至不知情。产生纠纷后，开发商业经常会以不知情，销售广告和宣传材料系包销人擅自所为为由不予认可。此种情形下，虚假销售广告和宣传材料相关的责任如何认定、如何承担？根据《商品房买卖合同解

释》第3条的规定："商品房的销售广告和宣传资料为要约邀请，但是出卖人就商品房开发规划范围内的房屋及相关设施所作的说明和允诺具体确定，并对商品房买卖合同的订立以及房屋价格的确定有重大影响的，应当视为要约。该说明和允诺即使未载入商品房买卖合同，亦应当视为合同内容，当事人违反的，应当承担违约责任。"据此，笔者认为，如果包销人作出的虚假销售广告和宣传材料的内容，符合本条规定可以视为合同内容之情形的，根据合同相对性，应当由开发商在买卖合同范围内对买受人承担违约责任。开发商与包销人之间的问题，由二者通过商品房包销合同关系进行解决。

## 六、开发商另行委托销售及包销商转委托销售的问题

在商品房包销法律关系中，开发商通过包销方式确保自己能够以包销基价而不受市场风险影响回笼资金并获得收益，包销人只能通过销售价与包销基价之间的差价利润作为佣金收入，市场风险由此全部转移给了包销人，基于公平而言，开发商转让给了包销人的特定房屋的销售权应该属于独家销售权，包销人对包销范围内的房屋具有排他性的销售代理权，开发商不能另行委托包销人以外的主体代为销售包销房屋，否则将构成违约，应承担相应的违约责任。如果开发商确已另行委托他人销售包销房屋，则所获得高于包销基价的利润应当返还给包销人。

在包销期内，包销人以开发商名义出售房屋的行为具有委托代理关系的属性，根据《合同法》第124条规定可以参照适用委托代理的相关法律规定。因此，包销人虽然从开发商处取得了对包销房屋的独家销售权，但其仍然没有权利擅自转委托他人进行销售，包销人应当忠实履行"受托人亲自处理委托事务"的法定义务。如果包销人未经开发商同意，擅自转委托他人进行销售活动，应当承担违约责任，因转委托造成损失的，应当进行赔偿。

## 七、开发商擅自出售包销房屋的，应当承担何种责任？包销人能否解除合同

如前所述，开发商将全部市场风险转移给包销人的情况下，基于公平原则，包销人取得的房屋销售权应属于独家的、垄断性的销售权，具有排他性。排他性的表现除了开发商不能转委托他人再行销售包销范围内的房屋，是否也排除开发商自行销售的房屋的权利。

首先，包销人的独家销售权如果是在合同中明确约定排除开发商自行销售房屋的权利，则包销人的合同权利应当依法受到合同效力的约束和我国法律的保护，对开发商具有合同约束力。开发商当然应当按照合同约定尊重包销人的独家销售权，否则应当构成违约。

其次，如果包销合同中并无明确约定排除开发商自行销售房屋的行为，开发商如果擅自销售了包销范围内的房屋，是否构成违约，是否应当承担违约责任。根据《商品房买卖合同解释》第 21 条的规定："出卖人自行销售已经约定由包销人包销的房屋，包销人请求出卖人赔偿损失的，应予支持，但当事人另有约定的除外。"从该条文义可以看出，立法对包销法律关系中开发商的自行销售行为原则上持否定态度。因此，在确认双方属于包销法律关系的情形下，如无合同约定，则开发商自行销售行为给包销人造成损失的情形下，亦应属于违约行为。但如果开发商自行销售行为没有给包销人造成损失呢？更甚者该行为客观上扩大了包销人的销售网络，促进了包销人的房屋销量，给包销人带来了实实在在的收益，则该条司法解释也就无从适用，此种情形下开发商的自行销售行为是否应认定为违约行为，有待商酌。综上所述，在包销合同没有对开发商自行销售行为作出明确约定的情形下，开发商自行销售房屋是否能够直接定性为违约行为，是否应当承担赔偿损失的违约责任，最根本的就是要看该行为是否影响了包销人的合同利益，产生了何种影响，是否给包销人造成了损失。

对于开发商自行销售行为如果构成违约，应当承担何种违约责任。笔者认为，与前述情况相应的，如果双方在包销合同中对违约责任承担

方式有明确约定，则应尊重当事人的意思自治。如果双方没有约定，则根据《商品房买卖合同解释》的解释，开发商应当赔偿给包销人造成的损失，但对于损失具体包括什么，该条文并未明确规定。笔者认为，根据《合同法》113条的规定，包销人请求开发商赔偿的损失可以包括实际损失，也可以包括可得利益损失。实际损失包括包销人的先期投入如广告宣传、房屋装修等，也包括其已先期支付的相应的包销款。可得利益则为包销范围内房屋的销售溢价款，直接的表现即为开发商自行销售的包销房屋相对包销基价的溢价收益，另外从理论上讲，开发商自行售出房屋价格低于包销人销售的同种房屋平均价格的价差也应当属于包销人销售房屋的可得利益损失，如果在实践中可以确定的话，也应当一并予以赔偿。

开发商自行销售房屋的行为如构成违约的情形下，包销人是否可以解除合同。笔者认为，根据《合同法》第93条和第94条的相关规定，合同解除权包括约定解除权和法定解除权。因此，如果包销合同中明确约定了开发商自行销售房屋或者自行销售房屋达到某种条件的情况下，包销人有权解除合同的，包销人可以行使约定解除权。如果包销合同中没有相关约定的，包销人只能依据《合同法》第94条的规定，行使法定解除权。根据此条规定，开发商的违约行为构成根本违约是包销人行使法定解除权的条件。笔者认为，包销人订立包销合同的目的就是获得溢价收益，开发商自行销售包销房屋的是否构成根本违约应当从数量和质量两个方面予以考虑，首先，开发商自行销售的房屋数量，是售出了个别房屋，还是将大部分房屋已经售出；其次，开发商即使仅销售了个别房屋，但其销售行为产生的影响（如售价等）是否对包销人后期销售及销售利润产生的影响。总之，实践中应综合评价开发商的自售行为是否对包销合同之目的产生根本性的影响来判断包销人可否行使法定解除权解除合同。

### 八、包销人不按包销合同约定价格销售商品房的，应否承担违约责任

在包销合同中，双方对于销售房屋价格可以自行约定，如果明确约定了包销人销售房屋的价格或价格范围，包销人超出价格范围销售房屋属于违约行为，应根据包销合同违约责任约定承担的责任。如果包销合同中没有约定，根据一般意义上包销合同的性质，笔者认为，包销人应当享有更宽泛的自主定价权，只要不违反合同约定，包销人有权根据市场需求和预测，自动调整销售价格，自负亏损风险。即使其将房屋以低于包销基价的价格出售，其只需要按照约定的包销基价向开发商支付包销款，而不构成违约，亦无须承担违约责任。

理论上当如上述，但实践中存在这样的问题。开发商开发楼盘的体量一般较大，而包销人无力包销整个楼盘，开发商出于利益考虑，一般也仅将楼盘的部分房屋交给包销人负责包销，此种情况下包销人低于包销基价出售房屋客观上会对整个楼盘的房屋销售价格产生影响。因此，应从包销人下调售房价格是否存在主观恶意以及客观上是否确实给开发商销售其他房屋的价格造成不良影响等方面，综合分析认定包销人应否对开发商进行赔偿。

## 判解精要

### 一、商品房包销合同因双方当事人以外的原因不能实际履行的，包销人主张溢价款和损失赔偿的范围应当限定在商品房包销合同已经履行和已经部分履行的范围内，并参酌当事人双方的过错程度及包销人的实际损失程度来确定赔偿范围

**【案例索引】**

厦门东方设计装修工程有限公司与福建省实华房地产开发有限公司

商品房包销合同纠纷案[①]：一审：福建省高级人民法院（2004）闽民初字第59号，二审：最高人民法院（2005）民一终字第51号。

**【基本案情】**

2003年8月，厦门东方设计装修工程有限公司（以下简称厦门东方公司）与福建省实华房地产开发有限公司（以下简称福建实华公司）签订了一份《房产包销合同》，双方约定：（1）福建实华公司将其开发建设的“实华公寓”楼盘全部交由厦门东方公司包销，该楼盘建筑面积93602.7平方米，其中店面5174.4平方米。（2）包销权限：厦门东方公司作为该物业的包销商，全权负责该楼盘的销售及销售过程中的广告实施及整个楼盘园林景观、绿化的设计施工。（3）包销期限：自《商品房预售许可证》签发之日起30个月内，车位包销期限为42个月。（4）包销保证金：厦门东方公司应向福建实华公司支付200万元人民币的包销保证金。在本合同签订之日起5个工作日内，支付第一期保证金100万元，余下100万元待《商品房预售许可证》颁发之日起一个月内付清。逾期3个工作日未交足第二笔保证金，福建实华公司有权没收第一笔保证金并终止合同。上述保证金在房屋销售和交房后退还。合同还就包销底价及利润分配、包销进度及期限、违约责任等问题进行了约定。

合同签订后，厦门东方公司于2003年7月23日向福建实华公司支付了第一笔包销保证金100万元，并委托他人进行景观设计、绿化施工和广告发布，投入费用达603100元。福建实华公司分别于2004年2月12日、3月18日、5月11日分三批取得该楼盘19幢楼体的《商品房预售许可证》。厦门东方公司于2004年2月19日接到福建实华公司关于第一批《商品房预售许可证》已经办妥的通知后，当日即向福建实华公司提出书面异议，明确指出：“该《商品房预售许可证》仅为，实华·蓝湾雅境，楼盘的部分许可证，而非全部。”2004年2月23日，福建实华公司与厦门东方公司召开“实华·蓝湾雅境”楼盘包销等相关事宜协调会，并形成福建省实华房地产开发有限公司“关于‘实华·蓝湾雅境’楼盘包销等相关事宜协调会会议纪要”。该纪要第1条载明：福建实华公司分批向

① 载《最高人民法院公报》2006年第4期。

厦门东方公司提供《商品房预售许可证》。福建实华公司根据“实华·蓝湾雅境”项目建设进展情况，分批申办《商品房预售许可证》，并将分批所取得的《商品房预售许可证》提供给厦门东方公司；福建实华公司以实际所取得预售楼盘幢数考核厦门东方公司销售业绩。但是双方对于福建实华公司“分批提供”的时间和厦门东方公司支付第二笔保证金的时间未明确约定。在此期间，厦门东方公司与部分购房者签订了《商品房预售合同》，并收取了部分购房者的定金。此外，福建实华公司与厦门东方公司还对部分房产的售价、购房款的银行按揭贷款及销售业绩的确认等问题产生争议，双方以函件形式进行过协商。

2004年3月30日，福州市房地产管理局分别致函福建实华公司与厦门东方公司，函称：根据购房者的投诉，福建实华公司与厦门东方公司签订了商品房包销合同。经查明，厦门东方公司未在该局进行房地产中介企业资质登记备案，根据建设部《城市房地产中介服务管理规定》和《福建省房地产经纪人管理办法》的有关规定，凡没有取得房地产中介企业资格的企业不得从事房地产中介业务，请两公司终止双方签订的商品房包销合同。同日，福建实华公司函告厦门东方公司，除依照福州市房地产管理局通知必须终止《房产包销合同》外，厦门东方公司未按合同约定支付第二笔保证金，福建实华公司可以终止合同。厦门东方公司收到福建实华公司解除合同的通知后直至起诉前未提出异议。2004年7月29日，福州市房地产管理局致函厦门东方公司和福建实华公司，撤销了其2004年3月30日向上述两公司的致函。

截至2005年8月5日，福建实华公司承认由厦门东方公司实际销售的住宅189套、店面42户，按照《房产包销合同》中双方约定计算房屋销售溢价的标准和方法，厦门东方公司共计实现销售溢价为3896074元。此外，双方还一致确认：由厦门东方公司收取定金但福建实华公司没有出具合同签收单而合同实际履行的有住宅65套、店面2户；由厦门东方公司收取定金但福建实华公司没有出具合同签收单并由实华公司转售他人的有住宅58套、店面7户。

厦门东方公司于2004年10月27日以福建实华公司严重违约、应承担全部违约责任为由，诉至法院要求判令福建实华公司承担违约责任赔偿厦门东方公司经济损失 5000 万元、退还包销保证金 100 万元，并承担本案全部诉讼费用。

福建实华公司提起反诉，请求判决双方签订的《房产包销合同》已经依约终止；第一笔包销保证金 100 万元不予返还；并要求厦门东方公司承担本案的全部诉讼费用。

**【审判要览】**

一审法院认为，厦门东方公司应当自第一份预售许可证颁发后即支付第二笔包销保证金，厦门东方公司在接到福建实华公司通知后，未在第一次《商品房预售许可证》颁发之日起约定的时间内支付第二笔包销保证金，福建实华公司依合同约定可以行使解除合同的权利。依据《房产包销合同》第 4 条的约定，厦门东方公司未如期支付包销保证金，福建实华公司可以终止合同并没收厦门东方公司已交的第一笔包销保证金 100 万元。《房产包销合同》终止前，厦门东方公司已经与他人签订商品房预售合同并收取定金的部分房产，可依照合同的约定，予以计算包销溢价。合同终止后，原合同约定的内容均不发生法律效力，即不依原合同约定计算包销溢价。厦门东方公司主张福建实华公司违约应承担违约责任，应退还包销保证金，并赔偿合同解除时未包销部分房产溢价损失的请求，缺乏事实和法律依据，不予支持。福建实华公司反诉厦门东方公司未按约支付第二笔包销保证金，致双方签订的合同终止，其已支付的第一笔包销保证金不予返还的请求有理，应予支持。综上，一审判决：确认双方签订的《房产包销合同》从 2004 年 3 月 30 日起就已解除，第一笔包销保证金 100 万元不予返还；福建实华公司支付厦门东方公司在《房产包销合同》解除前，已签订《商品房预售合同》、交纳定金，并在《房产包销合同》解除后实际支付首期款的部分房产的溢价 3776604.8 元。

二审法院认为，本案第二笔保证金给付时间属于约定不明的情形，不能认定厦门东方公司支付第二笔保证金的条件已经成就，因此福建实华公司单方终止合同的条件并未成就，且福建实华公司未在合同约定最后期限即 2013 年 11 月 30 日之前办妥该楼盘《预售许可证》构成了违约，故福建实华公司应当对其办理预售许可证的违约行为以及单方宣布终止合同给厦门东方公司造成的损失承担赔偿责任。对于第一笔保证金100万元，根据《房产包销合同》的约定，厦门东方公司未按照约定支付第二笔保证金是福建实华公司没收第一笔保证金必要的前提条件，由于第二笔保证金支付条件未成就，福建实华公司也就无权没收第一笔保证金；《房产包销合同》已经被单方终止的情形下，第一笔保证金作为履约保证已经失去意义，应当返还。福建实华公司单方终止合同的另一个理由是福州市房地产管理局于2004年3月30日发出的要求福建实华公司与厦门东方公司终止包销合同的通知函，具体行政行为导致合同不能履行的后果，不能完全由福建实华公司承担，且考虑在福建实华公司单方宣布终止合同前，厦门东方公司在广告投入、景观绿化等方面的履行瑕疵，厦门东方公司主张溢价款和损失赔偿的范围应当限定在包销合同已经履行和部分履行的范围内，并参酌当事人双方的过错程度以及厦门东方公司实际损失的程度来确定实华公司的赔偿范围。综上，判决：撤销福建省高级人民法院（2004）闽民初字第59号民事判决；终止双方在本案中的房产包销合同关系；福建实华公司返还厦门东方公司包销保证金100万元，并支付包销溢价款和其他损失费共计6510061元。

**【裁判解析】**

本案是因福建实华公司单方终止包销合同产生的纠纷，单方终止的理由是厦门东方公司未按约定期限支付第二笔包销保证金，所以处理本次纠纷首先应当探究该理由是否成立。双方关于第二笔包销保证金给付的约定仅见于《房产包销合同》第4条，该条约定：“……余下100万元人民币待《商品房预售许可证》颁发之日起一个月内付清。逾期3个工作日内未交足第二笔保证金，甲方（福建实华公司）有权没收第一笔保证金，并终止本合同。”而事实上，福建实华公司分别于2004年2月12日、3月18日、5月11日分三批取得的《商品房预售许可证》，因此双方对“《商品房预售许可证》颁发之日”产生了不同的理解。厦门东方公司认为系“整个楼盘的《商品房预售许可证》颁发之日”，福建实华公司认为系“单个楼体的《商品房预售许可证》颁发之日”。因此，如何理解“颁发之日”的真实意思表示，成为判断福建实华公司终止合同的条件是否已经成就的重要标准。

二审法院认为，合同中“《商品房预售许可证》颁发之日”的真实意思表示，应当结合该合同的全文、尊重当事人在订立合同时的意思表示以及诚实信用的原则予以解释。笔者对此予以赞同，一审法院有关“包销保证金支付时间理解为全部预售许可证颁发之后与约定保证金的目的和保证金的属性相悖”的论述，稍显主观、欠缺说服力。综观《房产包销合同》的全文，双方当事人曾多次使用“签发”“颁发”“下达”和“办妥”来表述《商品房预售许可证》的办理情况，双方除对“办妥”是指“整个楼盘”的《商品房预售许可证》不存异议外，对其他“签发”“颁发”和“下达”因约定不明而存在分歧。从《房产包销合同》关于“包销进度”和“违约事项”的约定来看，合同约定本身存在一定的矛盾。如何判断当事人订立合同时的意思表示呢？在未进入诉讼程序前，双方当事人的行为表现更能够体现其真实的意思表示。厦门东方公司在2004年2月19日接到福建实华公司关于第一批《商品房预售许可证》已经办妥的通知后，当日即以书面回函形式提出了异议，明确表示了该《商品房预售许可证》仅为部分而非全部，该异议的提出可以反映出厦门东方公司在订立合同时以及订立合同后均认为福建实华公司应向其提供的是“整个楼盘”的《商品房预售许可证》，未曾意料到会存在分批向其提供《商品房预售许可证》的情形。在异议提出后，双方以协调会方式就《商品房预售许可证》相关事宜达成了一些共识，双方确认福建实华公司可以分批向厦门东方公司提供《商品房预售许可证》，但是双方对分批提供的具体时间、最后期限以及第二笔包销保证金的给付条件未予以明确。协调会方式的补充洽商过程，也再次说明双方之间在原合同项下对于《商品房预售许可证》相关事宜约定是不明确，存在争议的。在原合同项下约定的“条件”本身不明确的前提下，对双方存有争议的“条件”探究其是否成就，没有什么实际意义。从另一角度而言，由于原合同项下约定福建实华公司应在2003年11月30日之前办妥整个楼盘的《商品房预售许可证》，但实际上该公司不仅未能按期办妥“整个楼盘”的《商品房预售许可证》，而且在此之前也未能办妥该楼盘中“任何一份”单个楼体的《商品房预售许可证》，直到2004年2月12日才办理完毕第一批《商品房预售许可证》，故福建实华公司率先违约已成为本案中不争的事实，在此基础上探究原合同项下“《商品房预售许可证》颁发之日”作为第二笔包销保证金支付期限已经没有什么实际意义。由于双方对厦门东方公司支付第二笔包销保证金的条件约定不明，福建实华公司在双方对支付第二笔包销保证金的条件存在分歧且争议未解决的前提下，即以厦门东方公司未支付第二笔包销保证金为由单方宣布终止合同，显属不当。

同样的，第二笔包销保证金是否按期支付也是第一笔保证金是否能够予以没收的前提条件，在异议未解决之前，双方之间不存在有关“第二笔保证金支付期限”的明确约定，必然导致以此为参照约定的“没收第一笔保证金的条件”成为不明确约定，所以本案实际无法成就福建实华公司没收第一笔保证金的充分条件。进一步而言，双方之间的包销合同因福建实华公司的单方终止行为而无法继续履行，包销保证金作为对厦门东方公司的一种履约保证已失去意义，“没收”条件不成就的情形下，福建实华公司已经失去了合法占有第一笔保证金的依据，理应返还第一笔包销保证金。

福建实华公司不当的单方终止合同后，如何确定厦门东方公司主张溢价款和赔偿损失合理范围。虽然合同约定的福建实华公司单方终止合同的条件因约定不明确而不宜对其作出成就与否的认定，但二审法院考虑到福建实华公司单方终止《房产包销合同》另一原因即福州市房地产管理局的通知函。福州市房地产管理局作为房地产业的行政主管部门于2004年3月30日以书面通知的形式要求福建实华公司终止与厦门东方公司的包销合同，其具体行政行为导致合同不能实际履行的后果，该原因属于不可归咎于双方当事人的客观因素。事实上，笔者认为这才是福建实华公司终止合同的真正原因，所以基于公平原则考虑，包销合同不能履行的责任不应当完全由福建实华公司承担。虽系福建实华公司的单方行为终止了合同，但该合同确实存在不可归因于双方当事人的客观履行不能的因素及具体行政行为的干预。另经查实，在福建实华公司单方宣布终止合同之前，厦门东方公司在广告投入、景观绿化等方面也未能完全按照《房产包销合同》的约定履行自己的义务。综合考虑本案存在的以上因素，二审法院认为，对厦门东方公司主张溢价款和赔偿损失的范围应当限定在《房产包销合同》已经履行和已经部分履行的范围之内，并参酌当事人双方的过错程度以及厦门东方公司实际损失的程度来确定福建实华公司的赔偿范围。笔者认为，二审法院裁判方式符合合同法之公平原则。

## 二、不能仅以合同中没有关于包销期届满后由包销人购入剩余房屋的风险性约定为由，否定其商品房包销合同的性质

**【案例索引】**

上海豪胜行经济发展有限公司与上海博锦房地产开发中心有限公司商品房委托代理销售合同纠纷案：一审：上海市第一中级人民法院（2007）沪一中民二（民）初字第29号，二审：上海市高级人民法院（2008）沪高民一（民）终字第101号。

**【基本案情】**

2003年12月16日，上海豪胜行经济发展有限公司（以下简称豪胜行公司）与上海博锦房地产开发中心有限公司（以下简称博锦公司）签订一份《代理销售合同书》，约定博锦公司委托豪胜行公司独家代理销售其开发的西郊世纪华城第一期商品房（项目建筑面积93860平方米）事宜，双方按协议价格由豪胜行公司包销，销售溢价由豪胜行公司享有；代理销售价格为4500元/平方米，超过该价格部分全部作为豪胜行公司代理佣金，实际销售价格由豪胜行公司确定；住宅建筑面积约79940平方米（具体以竣工实测面积为准），总代理销售金额35973万元，代理期限为2004年1月8日至2005年1月7日，如约定代理服务提前完成，则合同提前终止。豪胜行公司制定详细的市场营销方案经博锦公司确认后由前者实施，豪胜行公司为本次包销向博锦公司支付300万元保证金，豪胜行公司如有“任何违约”，博锦公司“有权将该笔保证金作为违约赔偿金予以没收”。合同还对佣金支付、销售指标与合同解除等问题进行了约定。

2004年2月10日，豪胜行公司向博锦公司支付了300万元保证金。其后豪胜行公司按约履行了代理销售业务，并分别于2004年3月7日、

3月31日、4月30日、5月31日、6月30日、7月13日向博锦公司出具《对账确认函》(附代理费结算清单),表示豪胜行公司已分别完成相应数量的房屋代销任务,博锦公司对此予以确认。

2004年11月18日,豪胜行公司与博锦公司就西郊世纪华城第二期商品房签订《代理销售合同书》,由博锦公司委托豪胜行公司按照上述合同约定的条件独家代理销售其开发的项目第二期商品房,双方按协议价格由豪胜行公司包销(销售溢价由其享有),代理销售价格为6500元/平方米,销售建筑面积约142821.89平方米(具体以竣工实测面积为准),总代理销售金额928342285元,代理期限为2005年1月1日至2006年12月31日(期限起算为博锦公司取得销售许可证并具备上海房地产上网销售资格之日)。双方还就其他权利、义务作了与上述合同相同的约定。

同年11月29日,博锦公司向豪胜行公司出具了上述一期销售保证金转为二期保证金的收据。2005年3月2日、4月2日,豪胜行公司向博锦公司出具《对账确认函》(附代理费结算清单),称其分别销售二期房屋242套、代理费36938227元,66套、代理费15431132元,博锦公司进行了确认。同年7月8日、10月20日,上海市闵行区土地管理局分别向博锦公司颁发了二期房屋后续36套(98、99、100号楼)、120套房屋的预售许可证。同年11月24日,豪胜行公司致函博锦公司,称“金色西郊城”二期项目中98、99、100号楼(36套,3098.77平方米)虽于同年7月7日经批准可以上市、上网预售,但博锦公司一直未能确定房产交付日期,致其实际无法销售,希望博锦公司书面确认房屋交付日期。

上述两份合同履行中,博锦公司共计向豪胜行公司给付代理费107528218.4元。

自2005年4月2日后,豪胜行公司未有销售记录。2006年1月28日,博锦公司与案外人上海荒岛房产工作室有限公司(以下简称荒岛公司)签订《商品房营销策划及代理销售合同》,由博锦公司委托荒岛公司“独家代理销售”上述金色西郊城二期房屋,可销售面积为10600平方米(20栋),博锦公司按实际销售金额2%为代理费支付后者等。当年春节假期后,豪胜行公司退出了房屋销售工作,荒岛公司即进入该项目现场销售地开展销售。后豪胜行公司提起本案诉讼,要求判令解除双方所签第二期商品房《代理销售合同书》；博锦公司支付尚未支付的第一期全部已销商品房、第二期部分已销商品房的销售溢价款合计44874249.61元，支付提前完成第一期销售任务奖励金31778741.84元，承担第一、第二期销售溢价款、第一期销售奖励金逾期付款违约责任，返还第二期销售保证金300万元并赔偿第二期未销售部分可得利益损失149308043.30元。博锦公司遂提起反诉，要求判令没收豪胜行公司销售保证金300万元，豪胜行支付未销售面积相应的违约金6872806.20元、返还多支付的代理费11198600.06元及垫付费用1528691.10元。

**【审判要览】**

一审法院认为，案涉《代理销售合同书》系双方真实意思表示，并未违反法律强制性规定，合法、有效。查上述两份代理销售合同除标的房屋及销售限价外的权利、义务皆为相同，合同约定由博锦公司委托豪胜行公司以前者名义代理销售其开发的标的房产，合同中约定了豪胜行公司对外销售的合同限价，但并未约定如至期未完成销售，应由豪胜行公司按限价购买，依照《商品房买卖合同解释》第20条之规定，豪胜行公司主张本案合同性质属商品房包销合同，缺乏法律依据，本案双方之法律关系当属委托合同关系。

二审法院认为，即使在没有包销风险的情况下，包销商仍然是以包销价格得到包销房屋的销售权，仍然可以自主决定对外销售的价格，以最大限度赚取包销基价与销售价格之间的差额，应认定为包销合同。根据查明的事实，系争第一、二期代理销售合同均约定，超过代理销售价格（指豪胜行公司在房屋销售后应支付给博锦公司的价格）的全部作为豪胜行公司的代理佣金，实际市场销售价格由豪胜行公司决定，销售溢价全额由豪胜行公司享有。上述约定符合包销合同的法律特征。因此，豪胜行公司与博锦公司就系争项目所签第一、二期代理销售合同应认定为包销合同，一审法院认定为委托合同，应予纠正。

**【裁判解析】**

商品房包销合同是开发商与包销人签订的，约定在包销期内，开发商将其开发建设的竣工或者尚未建成但符合预售条件的房屋，确定包销基价交由包销人以开发商名义进行销售，包销期满后，包销人以包销基价买入未售出的剩余房屋的合同。

委托合同是委托人与受托人约定，由受托人处理委托人事务的合同。委托人应当预付处理委托事务的费用。受托人为处理委托事务垫付的必要费用，委托人应当偿还该费用及其利息。受托人应当按照委托人的指示处理委托事务。受托人完成委托事务的，委托人应当向其支付报酬；因不可归责于受托人的事由，委托合同解除或者委托事务不能完成的，委托人应当向受托人支付相应的报酬。当委托合同约定处理的事务为商品房代理销售事宜时，才存在与商品房包销合同法律关系混淆的问题，故以下探讨的委托合同限于约定处理事务为商品房代理销售的委托合同，简称委托销售商品房合同。

商品房包销合同与委托销售商品房合同的相似之处在于：（1）合同一方当事人均系开发商。（2）对方当事人均以开发商的名义对外销售房屋。但是，二者存在以下几个方面的明显区别：（1）自主定价权。商品房包销中包销人对房屋实际销售价格具有自主定价的权利；委托销售中的受托人一般只能按照开发商所定价格标准销售房屋。（2）佣金收入。商品房包销中包销人的佣金收入体现为房屋实际销售价格与包销基价之间的价差，商品房售出后与包销基价对应的房款归开发商，超出包销基价的溢价部分无论多少均属于包销人；委托销售中房屋出售的全部房款均属于委托人开发商的收入，开发商按照事先约定的固定数额或者固定比例向受托人支付报酬（佣金）。（3）费用负担。商品房包销中包销人自行承担销售过程中产生的相关费用；委托销售中受托人处理销售事务产生的费用一般应由开发商负担。（4）风险大小。商品房包销合同存在风险性，首先，在包销期内，房屋的实际售价是市场规律决定的，不受包销人控制的，但包销基价是固定的，包销人以二者的价差为佣金收入，极端的情况无价差则无收入，但销售费用还是依旧发生的，所以房屋售价波动产生风险是由包销人承受的；其次，包销期满后，包销人应当按照包销基价购入未能在包销期内出售的全部剩余房屋，如此兜底式约定则房屋销售市场的波动风险彻底的转移给了包销人；委托销售商品房合同中，受托人只需按照开发商事先确定的价格出售房屋，无论销售情况好坏，受托人都是可以获得事先约定的报酬，卖不出去的房屋也无需受托人出资购买，房市的风险承受房为开发商。（5）独家销售权。商品房包销中，双方当事人通过包销基价的约定，在房屋没有实际销售之前就将房屋销售的利润分配和市场风险进行了固定，通俗地讲，开发商旱涝保收，包销人则需要拼命卖房，楼盘宣传、营销等全方位布局投入，以便最大限度赚取差价，与之相应的，商品房包销一般都是由包销人进行独家销售。

综上所述，商品房包销与一般的委托销售商品房虽有相似之处，但区别也是比较明显的。但是，本案的关键问题在于豪胜行公司与博锦公司签订的《代理销售合同书》中没有约定销售期限届满后，应由豪胜行公司按约定的合同价格购买剩余的房屋。笔者认为，原则上商品房包销合同应包含“包销期限届满时，按照包销基价兜底式购入剩余房屋”的相关约定，但是没有此项约定的代销商品房合同必然不属于包销合同呢？根据《商品房买卖合同解释》第 20 条的规定，“出卖人与包销人订立商品房包销合同，约定出卖人将其开发建设的房屋交由包销人以出卖人的名义销售的，包销期满未销售的房屋，由包销人按照合同约定的包销价格购买，但当事人另有约定的除外”。该条对于“包销价格购买未销售房屋的约定”存在“但书”性规定，尊重当事人意思自治，并未将此列为包销合同必备的强制性规定，允许包销合同对此有另行约定。从另一角度而言，当事人在包销合同中不约定包销期满后的购买行为也是双方当事人意思表示一致的结果，符合但书规定。本案中，除了没有包销期届满时包销人购入房屋的风险性约定外，豪胜行公司与博锦公司签订的《代理销售合同书》具备商品房包销合同的其他基本特征，所以笔者认同二审法院最终的认定：即使在没有包销风险的情况下，包销商仍然是以包销价格得到包销房屋的销售权，仍然可以自主决定对外销售的价格，以最大限度赚取包销基价与销售价格之间的差额，应认定为包销合同。

## 三、商品房预售许可证是否已经实际取得、土地及房屋是否已变更至开发商名下，不影响商品房包销合同的有效性

**【案例索引】**

南京昌厦置业有限公司与南京岩欣房地产经纪有限公司、江西昌厦

建设工程集团公司商品房委托代理销售合同纠纷案[①]：一审：江苏省南京市中级人民法院（2013）宁民初字第32号，二审：江苏省高级人民法院（2014）苏民终字第0266号。

**【基本案情】**

2011年12月19日，南昌市人民政府驻南京办事处（甲方）、江西昌厦建设工程集团公司（乙方，以下简称江西昌厦公司）、南京昌厦置业有限公司（丙方，以下简称南京昌厦公司）就南昌大厦项目合作建房事宜签订《补充协议书》（以下简称三方《补充协议书》），约定：甲方与乙方于2006年6月签订《合作建房协议书》，现将《合作建房协议书》的协议主体进行变更，增加丙方为协议主体。由乙丙方共同完成乙方在《合作建房协议书》中的权利义务。按2006年6月《合作建房协议书》的约定，工程竣工验收合格后，分配比例为34∶66，即甲方得34%的房屋，乙丙得66%的房屋（包括相应的土地）。甲方应得房屋在具备前述条件之前的全部建设投资、投入等都由乙方和丙方承担。乙方和丙方的分配比例为25%和75%，即乙方为25%和丙方为75%。乙方委托丙方将乙方所得的房屋与丙方捆绑销售，但销售价格需征得乙方同意。同日，三方又签订《主体变更协议书》，约定：三方一致同意《合作建房协议书》的主体由乙方变更为丙方；乙方在《合作建设协议书》中的权利和义务一并转让给丙方。为具体落实、体现协议书主体变更，甲乙丙一致同意在《合作建房协议书》中增加丙方，由丙方作为乙方在《合作建房协议书》中的权利和义务的受让人。

2012年3月28日，南京昌厦公司（甲方）与南京岩欣房地产经纪有限公司（乙方，以下简称岩欣公司）就南昌大厦项目签订《商品房包销合同》，约定甲方委托乙方为南昌大厦项目独家全程策划、销售代理。委托期限为8个月，自五证齐全后开始计算。代理方式为底价包销（本项目代理均价），酒店式公寓均价为12000元/平方米，商业设定均价为25000元/平方米。超出销售底价的全部款项作为乙方策划、推广、代理

---

① 无讼案例：http：//www.itslaw.com/detail? searchMode=judgements&judgementId=5c62c5a7-b693-4eaa-83d0-09566b6acac2.。

销售佣金。乙方在合同签订时支付甲方1000万元作为营销保证金，项目销售回款过半时，甲方返还500万元，委托到期之日返还500万元。甲方无故单方解除本合同的，应支付乙方违约金4000万元，并返还乙方未退保证金。

合同签订后，岩欣公司对售楼处进行了装修，并进行了企划推广等销售前期准备工作。在岩欣公司尚未进行正式销售的情况下，2012年9月26日，南京昌厦公司向岩欣公司发出《解除合同通知书》，载明：南昌大厦项目被南昌市人民政府整体收回，我们已经无法继续履行合同。因此2012年9月26日我们解除双方于2012年3月18日签订的《商品房包销合同》及《补充协议书》。双方如有争议可通过法律程序解决。

合同签订后，岩欣公司陆续支付南京昌厦公司保证金1000万元并借款500万元。南京昌厦公司于2012年9月7日、10日分别返还岩欣公司1300万元、200万元。本案诉讼前，南京昌厦公司另陆续支付岩欣公司265万元。

岩欣公司认为，南京昌厦公司未履行《商品房包销合同》及《补充协议书》，构成违约，遂诉至一审法院请求判令南京昌厦公司支付违约金4000万元。案件审理期间，岩欣公司申请追加江西昌厦公司为本案被告，并变更诉讼请求为：南京昌厦公司支付岩欣公司违约金3000万元；江西昌厦公司支付岩欣公司违约金1000万元，南京昌厦公司对此承担连带责任。

**【审判要览】**

一审法院认为，江西昌厦公司不是本案所涉《商品房包销合同》的相对方，不应承担合同责任。岩欣公司与南京昌厦公司签订的《商品房包销合同》是双方真实意思表示，其内容不违反法律法规的禁止性规定，合法有效，双方当事人均应按合同约定履行。南京昌厦公司单方通知岩欣公司解除合同，构成违约，依法应承担违约责任。合同约定的违约金过高，应予调整。合同解除后，守约方有权要求违约方支付违约金，违约金以补偿性为主，兼具惩罚性。人民法院认定违约金是否过高时，应以违约造成的损失为基础，兼顾合同履行情况、当事人过错、合同的预期利益、社会经济状况等因素，根据公平、诚实信用原则进行衡平。本案中，岩欣公司对售楼处进行了装修，及企划推广等销售前期准备工作，尚未进入正式销售阶段，包销合同的主要内容尚未履行，故结合本案案情，原审法院确认合同约定的4000万元违约金过高。综合考虑岩欣公司对售楼处装修等实际投入，以及相对应的预期利益等因素，原审法院酌定南京昌厦公司应按合同约定的违约金数额的40%即1600万元支付违约金，较为公平合理。由于岩欣公司确认其已先行收取了南京昌厦公司265万元，故该款项应在南京昌厦公司支付岩欣公司的违约金中扣除。一审法院判决南京昌厦公司支付岩欣公司违约金1335万元。

南京昌厦公司不服一审判决，提起上诉。二审法院认为：第一，双方签订的《商品房包销合同》已经生效，南京昌厦公司应当承担违约责任。涉案南昌大厦项目由南昌市人民政府驻南京办事处、江西昌厦公司和南京昌厦公司联合开发。南京昌厦公司与岩欣公司签订《商品房包销合同》约定南京昌厦公司委托岩欣公司为南昌大厦项目独家全程策划、销售代理，该约定确立了南京昌厦公司与岩欣公司之间的委托合同关系，为当事人真实意思表示，不违反法律、行政法规的强制性规定，依法应认定为有效，对双方当事人具有约束力。南京昌厦公司以涉案项目的立项、规划、土地尚未变更至其名下，故其不享有销售的权利，主张《商品房包销合同》的效力尚不能确定，没有事实和法律依据。双方虽然在《商品房包销合同》中约定委托期限为8个月，自五证齐全后开始计算，但此仅为双方对委托销售期限的约定，而非对《商品房包销合同》生效期限的约定，双方在《商品房包销合同》中已约定签字盖章后生效，故南京昌厦公司以解除合同时《商品房包销合同》所附期限条件未成就而主张《商品房包销合同》未生效，没有事实依据。本案中，南京昌厦公司单方发出《解除合同通知书》，应受《商品房包销合同》中“甲方无故单方解除本合同的，应支付乙方违约金4000万元”违约条款的约束，承担相应的违约责任。南京昌厦公司主张，岩欣公司与南京昌厦公司签订的《补充协议书》中约定如出现法律认定的不可抗力、国家政策、政府行为等原因使《商品房包销合同》无法继续履行的，双方各自承担责任，本案系由于南昌市人民政府的原因导致合同解除，因此符合双方约定的免责事由。对于该项主张，首先，南京昌厦公司未提供证据证明。其次，南昌市人民政府驻南京办事处系代表南昌市人民政府作为平等的民事主体与江西昌厦公司、南京昌厦公司签订的《合作建房协议书》和三方《补充协议书》，因此南昌市人民政府在相关协议履行过程中的行为系作为民事主体从事的民事行为，而非行政行为，不属于双方在《补充协议书》中约定的“法律认定的政府行为导致《商品房包销协议》无法继续履行”的免责事由范围，故南京昌厦公司要求免责的上诉主张不能成立。

第二，违约金数额如何确定？南京昌厦公司单方解除《商品房包销合同》前，岩欣公司对售楼处进行了装修，并进行了企划推广等销售前期准备工作，结合岩欣公司已按照约定支付了1000万元营销保证金和500万元借款的事实，可以认定岩欣公司为履行《商品房包销合同》投入了一定的人力和物力，由于南京昌厦公司单方解除合同造成岩欣公司的损失客观存在。虽然双方在《商品房包销合同》中约定委托期限自五证齐全后开始计算，但岩欣公司从事前期装修、企划推广工作，也是为了保证将来委托代理销售工作能够顺利进行，其行为是正当且合理的，南京昌厦公司主张岩欣公司明知南京昌厦公司尚未取得销售权及未到委托销售的期限即投入装修，存在过错，并据此要求减轻责任，没有法律依据。南京昌厦公司单方解除合同虽应承担相应的民事责任，但基于双方所签合同系委托合同性质，这种责任的性质、程度和后果不能等同于当事人一般解除情形下应承担的违约责任，对损失范围应当限于直接损失，而不应包括预期利益损失。岩欣公司直接损失主要是实际投入和利息损失，双方在《商品房包销合同》中约定的4000万元违约金数额明显过高，现南京昌厦公司要求予以调整，符合法律规定。综合考虑当事人的实际损失、合同的履行情况、当事人的过错程度等因素，根据公平和诚实信用原则，二审法院酌定南京昌厦公司应支付岩欣公司违约金800万元。岩欣公司已先行收取的265万元，应从南京昌厦公司应支付的款项中扣除。二审法院亦认定江西昌厦公司非《商品房包销合同》主体，无须承担合同责任，且认为一审判决南京昌厦公司支付的违约金数额在岩欣公司诉讼请求是要求南京昌厦公司支付违约金3000万元范围内，不存在超出诉讼请求判决的问题。二审法院最终判决南京昌厦公司支付岩欣公司违约金535万元。

**【裁判解析】**

本案涉及的首要问题是《商品房包销合同》的效力问题。对于南京昌厦公司以涉案项目的立项、规划、土地尚未变更至其名下，故其不享有销售的权利，主张《商品房包销合同》的效力尚不能确定是否能够成立？笔者认为，对合同效力予以认定的依据为《民法通则》第55条以及《合同法》总则第三章合同效力的相关规定。本案中岩欣公司与南京昌厦公司均系合法民事主体，具有相应的民事行为能力，二者签订的《商品房包销合同》是双方真实意思表示，且内容不违反法律法规的禁止性规定，因此该合同依法成立；除法律、行政法规规定应当办理批准、登记等手续才生效的合同外，依法成立的合同自成立时生效。一、二审法院也均确认岩欣公司与南京昌厦公司签订的《商品房包销合同》合法有效。笔者认为，南京昌厦公司主张的涉案项目的立项、规划、土地变更问题，并不能影响到《商品房包销合同》的效力，理由如下：南京昌厦公司是《商品房包销合同》标的“南昌大厦项目”的开发主体，依据其与南昌市人民政府驻南京办事处、江西昌厦公司之间的协议约定，其对南昌大厦50%左右房屋的拥有可期待所有权，因此，南京昌厦公司有权预先订立相关合同委托他人出售该些房屋。虽然存在土地等尚存未变更至南京昌厦公司名下的问题，但在南京昌厦公司与岩欣公司订立包销合同时，南京昌厦公司对包销合同标的房屋的所有权是可期的，如果南昌市人民政府驻南京办事处按照合作建房协议约定配合南京昌厦公司办理立项、规划、土地变更，该《商品房包销合同》当然是可以履行的合同；如果南昌市人民政府驻南京办事处拒不不配合办理变更手续则属于合作建房协议的履行范畴，构成对合作建房协议的根本违约，当然这样会连锁导致《商品房包销合同》履行不能，但是另外一个合同的违约行为不能成为否定《商品房包销合同》有效性的依据。

# 规范索引

**《中华人民共和国民法通则》**

**第五十五条**　民事法律行为应当具备下列条件：

（一）行为人具有相应的民事行为能力；

（二）意思表示真实；

（三）不违反法律或者社会公共利益。

**《中华人民共和国民法总则》**

**第一百四十三条**　具备下列条件的民事法律行为有效：

（一）行为人具有相应的民事行为能力；

（二）意思表示真实；

（三）不违反法律、行政法规的强制性规定，不违背公序良俗。

**《中华人民共和国合同法》**

**第一百二十四条**　本法分则或者其他法律没有明文规定的合同，适用本法总则的规定，并可以参照本法分则或者其他法律最相类似的规定。

**《最高人民法院关于适用〈中华人民共和国合同法〉若干问题的解释（一）》**

**第四条**　合同法实施以后，人民法院确认合同无效，应当以全国人大及其常委会制定的法律和国务院制定的行政法规为依据，不得以地方性法规、行政规章为依据。

**《最高人民法院关于审理商品房买卖合同纠纷案件适用法律若干问题的解释》**

**第二条**　出卖人未取得商品房预售许可证明，与买受人订立的商品房预售合同，应当认定无效，但是在起诉前取得商品房预售许可证明的，可以认定有效。

**第三条**　商品房的销售广告和宣传资料为要约邀请，但是出卖人就商品房开发规划范围内的房屋及相关设施所作的说明和允诺具体确定，并对商品房买卖合同的订立以及房屋价格的确定有重大影响的，应当视为要约。该说明和允诺即使未载入商品房买卖合同，亦应当视为合同内容，当事人违反的，应当承担违约责任。

**第二十条** 出卖人与包销人订立商品房包销合同，约定出卖人将其开发建设的房屋交由包销人以出卖人的名义销售的，包销期满未销售的房屋，由包销人按照合同约定的包销价格购买，但当事人另有约定的除外。

**第二十一条** 出卖人自行销售已经约定由包销人包销的房屋，包销人请求出卖人赔偿损失的，应予支持，但当事人另有约定的除外。

**第二十二条** 对于买受人因商品房买卖合同与出卖人发生的纠纷，人民法院应当通知包销人参加诉讼；出卖人、包销人和买受人对各自的权利义务有明确约定的，按照约定的内容确定各方的诉讼地位。

**《商品房销售管理办法》**

**第二十五条** 房地产开发企业委托中介服务机构销售商品房的，受托机构应当是依法设立并取得工商营业执照的房地产中介服务机构。

# 第八章　二手房买卖合同纠纷

## 法理概览

二手房买卖合同，是指出卖人将向商品房权利人购买的商品房再次转让给买受人，买受人支付价款的合同。二手房买卖合同与商品房买卖合同均属于房屋买卖合同，两者的区别主要在于合同的出卖人及标的物。通常我们所称的商品房买卖合同，其出卖人是房地产开发企业，而二手房买卖合同的出卖人则并非开发该商品房的房地产开发企业，一般为除其以外的民事主体，包括企业法人、非法人单位以及自热人；作为商品房买卖合同标的物的房屋是只经过了房地产开发企业到不动产登记机构处进行了房屋所有权首次登记（初始登记）的商品房，而我们通常所称的二手房买卖合同标的物是至少经过了一次房屋所有权转移登记的房屋。二手房买卖因此而具有了一些与商品房买卖不同的特点，这使得二手房买卖合同纠纷除了面临与商品房买卖合同纠纷相同的诸如合同成立与效力、交付、解除、违约责任等问题外，还存在与上述特点相应的特殊问题。对于合同成立与效力、交付、解除、违约责任等问题的基本法理，由于在前述章节已经述及，本部分不再赘述，仅就二手房买卖合同纠纷中主要问题所涉及的基本法理加以阐述。

### 一、无权处分及相关制度概述

在二手房买卖中，出卖人对所售房屋没有处分权或者处分权受到限制的情形并不鲜见，由此引发的纠纷应如何处理，特别是应如何认定房屋所有权的归属，与物权法上的无权处分、善意取得等制度密切相关，而这些问题跨越物权法、合同法两大重要民法领域，涉及物权归属、合同效力等诸多重大疑难问题，如无对相关法理精神的精准把握，将难以正确处理这类纠纷，故本章对此问题加以简要阐述。

### （一）无权处分的内涵与构成要件

《合同法》第51条规定："无处分权的人处分他人财产，经权利人追认或者无处分权的人订立合同后取得处分权的，该合同有效。"从现行民事立法来看，对"处分"含义的界定并没有作出明确，学术上对此众说纷纭。存在以下几种主要观点：第一种观点认为，《合同法》第51条所涉"处分"是一种相对负担行为而言的处分行为，是直接让与标的物的法律行为。在出卖他人之物并依让与合意移转所有权的行为中，仅处分行为效力未定，买卖合同属负担行为而有效。对于效力未定的处分行为，经权利人追认或者无权处分人取得权利的，该处分行为自始有效。[①] 这种观点主要借鉴德国与我国台湾地区的相关法律规定。第二种观点认为，《合同法》第51条的"处分"，是指法律上的处分，包括财产的出让、赠与、在财产上设定抵押等行为。[②] 第三种观点认为，物权行为不存在独立性，无权处分应为效力待定状态，但同时认为，在符合善意取得条件的情况下，或者虽然不符合善意取得的条件但相对人在订约时为善意且支付了合理的代价，无权处分合同依然有效。[③] 第四种观点认为，无权处分行为有效，但是这种有效是在不承认物权行为独立性的前提下产生的，即在交易相对人为善意时，无权处分行为应为生效行为；在交易相对人为恶意时，即其明知或因重大过失而不知处分行为人并无处分权的情形下，只要双方当事人之间不存在影响合同效力的其他因素，合同也可以

---

① 李开国：《对〈合同法征求意见稿〉若干问题看法和修改意见》，载《现代法学》1998年第6期。

② 王利明、崔建远：《合同法新论·总则》，中国政法大学出版社1997年版，第301页。

③ 王利明：《合同法研究》（第1卷），中国人民大学出版社2002年版，第614～619页。

成为生效合同。[①]

笔者赞成第二种观点，《合同法》第51条所规定的“处分他人财产”应属法律上的处分，而不包括事实上的处分。这种对“处分”的理解与现代民法理念和合同法立法思想相契合。物权变动模式决定着无权处分的内涵，德国是物权形式主义的典范，物权变动时，除有债权契约外，仍需物权变动的意思表示一致以及登记、交付的法定形式，这与我国现行制度下债权形式主义变动模式的规范是不一致的。因此在“处分”意义上的界定也不同于德国，应是一种广泛意义上的法律处分。因此，无权处分是指行为人对他人的财产并无处分权，却以自己的名义实施法律上处分的行为。同时，对于无权处分，只要双方当事人之间不存在影响合同效力的其他因素，也可以成为生效合同。

客观而言，我国《合同法》立法时，立法思想不采纳负担行为与处分行为相区分的情况下，对负担行为与处分行为是一体把握的，第51条规定的“处分”的立法本意是既包括负担行为又包括处分行为，是一体把握的。但随着理论研究的深入以及立法理念的发展，我们开始逐渐检讨《合同法》立法时的这种观念。2007年10月1日起施行的《物权法》第15条规定“当事人之间订立有关设立、变更、转让和消灭不动产物权的合同，除法律另有规定或者合同另有约定外，自合同成立时生效；未办理物权登记的，不影响合同效力”。这是关于物权变动与原因行为相区分原则的规定。据此，2012年7月1日起施行的《买卖合同解释》第3条规定：“当事人一方以出卖人在缔约时对标的物没有所有权或者处分权为由主张合同无效的，人民法院不予支持。出卖人因未取得所有权或者处分权致使标的物所有权不能转移，买受人要求出卖人承担违约责任或者要求解除合同并主张损害赔偿的，人民法院应予支持。”因此，对无权处分行为进一步明确采纳区分原则，在出卖他人之物场合，所签订的买卖合同是负担行为，在当事人之间产生债权；标的物的交付或过户是处分行为，交付或过户的结果是产生物权的变动。再明确地说，交付或过户已不仅仅是履行合同的事实行为，而且是含有当事人的意思表示的处

① 王轶：《物权变动论》，中国人民大学出版社2001年版，第213～216页。

分行为，当事人的意思表示即是移转标的物的所有权。买卖合同是确定有效的，并不受有无处分权的影响；而处分行为的生效则要受到处分人事后是否得到权利人的追认或取得处分权的制约。

至于《物权法》第106条规定的不动产善意取得制度中的无权处分，则是更为狭义的无权处分，即法律意义上的以自己名义实施的处分行为。

针对无权处分的构成要件，存在两种不同的观点。第一种观点认为无权处分为四个要件，即行为人实施了处分行为；行为人以自己的名义实施处分行为；行为人没有处分权；行为人实施处分行为时与他人订立了合同。第二种观点认为无权处分为三个要件，即无权处分包括处分人必须具有处分权外观；处分人的行为应受非难；处分人以自己的名义处分财产。笔者认为，四要件说中行为人不与他人订立合同的情形并非是无权处分的必要条件，而三要件说中处分人不应受非难的情况下构成无权处分的情况也会发生。因此，根据无权处分制度的内涵，其构成要件应当包括以下几个方面：

1. 行为人实施了处分他人财产的行为

财产只能由具有处分权的人进行处分，无权处分人对他人的财产进行法律上的处分，包括对财产进行转让、赠与，或在财产上设定抵押权等行为，是对他人财产的侵害。即使是物权法规定的共有财产共有人，也必须按照法律的规定，对其应属的部分进行处分，而不能擅自侵犯其他共有人的利益。

2. 行为人以自己的名义实施了处分行为

以自己名义还是他人名义所为之处分行为，是区分该行为究竟是无权处分还是无权代理的重要区别。倘若行为人以他人名义进行财产处分而又没有被授权的话，则构成无权代理，不属于无权处分。

3. 处分人无处分权

处分权反映的是处分人与被处分标的物之间的关系。如果行使处分权的主体本身没有法定正当的权利来进行财产处分，那么对被处分标的所实施行为的后果也不一定能够获得法律上的保护。无处分权有两种情况：一是标的物为他人所有，无权处分人完全没有处分权；二是标的物为无权处分人所有，但处分权受到限制。

无权处分行为设立的价值在于既保护财产实际权利人的静态安全，又兼顾相对人在交易过程中的动态安全。当两者因为无权处分人的无权处分而发生冲突时，相对人可依据善意取得制度获得标的物的物权，侧重于保护后者；但当相对人在交易过程中明知财产权利的实际归属时，则应当承担交易带来的风险，此时法律则侧重保护实际权利人的利益。

### （二）无权处分与善意取得

善意取得，亦称为即时取得，是指无处分权人转让标的物给善意第三人时，善意第三人一般可以取得标的物的所有权，所有权人不得请求善意第三人返还原物。[①] 善意取得作为一项重要的民事法律制度，主流观点认为其来源于日耳曼法“以手护手”原则。在日耳曼法上，根据动产是否基于所有权人的意思而交由他人占有，分别采用不同的法律规则，产生不同的法律效果，即在遗失、被盗等非因所有权人意思而占有他人动产的情况下，即使该动产已经被转归他人，原所有权人仍然有权追回；而如果该动产系因出租、寄托等所有权人的意思而交由他人占有时，所有权人仅对其契约相对人享有返还原物或赔偿损失的请求权，而不能向从该相对人处取得物的占有的人请求返还原物。[②]

按照罗马法的传来取得原则，“后手的权利不得优于前手”（nemo plus juris transferre potest quam ipse habet），任何人都不能将大于其所有权的权利转让给他人。[③] 近代民法制度之所以汲取日耳曼法的“以手护手”原则，确立善意取得制度，其主要推动力是商品交易的日益发达和日趋频繁。在现代社会，物、权分离状态时有发生，转让人对物的登记权利或占有状态所表彰的权利应受保护，从而确保交易之便捷和安全。反之，如果在频繁的商品交易中，固守对财产归属静的安全的保护，要求受让人在每一次交易时均需对转让人是否具有相应处分权进行详尽调

---

① 魏振瀛主编：《民法》（第 4 版），北京大学出版社、高等教育出版社 2010 年版，第 261 页。

② 杨晶：《善意取得的起源——“以手护手”原则解读及困惑》，载《科技与法律》2012 年第 1 期。

③ 周枏：《罗马法原论》（上册），商务印书馆 2014 年版，第 356 页。

查，则会大大增加交易成本。而如果继续奉行罗马法上“发现我物之处，我取回之”的所有权无限制度，则会使交易参与者人人自危，恐遭不测损害。这种法律规则对于交易安全的保障不力，将直接阻碍市场交易的发展。正由于此，立法政策在财产静的安全与动的保障之间，不得不进行法律上的利益衡量与价值判断，从而作出艰难的抉择，最终以牺牲真权利人的利益为代价，寻求交易安全之维护。有学者指出，当财产的利用较之财产的归属越来越居于优势地位时，物权法不能不溢出其调整财产之所谓“静态归属”的边界，将其触角伸入财产之所谓“动态流转”的领域，对专司交易规则的契约法产生重大影响，而物权法上的善意取得制度就是其典型代表。[①] 可见，近代民法善意取得制度，是近代各国民事立法政策为保护市场交易安全、便捷而建立的制度。

善意取得制度的理论依据学理上存在一定争议，主要可以归纳为时效取得说、法律特别规定说、占有效力说、法律赋权说和权利外观说等。时效取得说认为，善意取得是根据即时时效或者瞬间时效取得物权，并为《法国民法典》第2279条所采纳。法律特别规定说认为善意取得制度的依据在于法律规定本身，是根据法律的强行性规定取得物权。占有效力说认为善意取得是受让人受让占有后，占有效力的当然结果，为《日本民法典》第192条所采纳。法律赋权说认为善意取得是法律赋予占有人处分他人动产之权能的结果。权利外观说尽管内部亦有不同意见，有人认为依公示原则，占有人被推定为所有权人者，也有人认为占有为权利之外观，善意取得是受让人信赖该外观而应予以保护的结果，但一致接受的是因占有所产生的公信力导致善意受让人应得到保护。[②] 从大陆法系各国对善意取得制度的规定看，德国、瑞士、我国台湾地区等均采纳了权利外形说，主要是从善意受让人对转让人占有动产的信赖利益保护角度，规定善意取得制度。

在立法体例上看，《德国民法典》将动产所有权善意取得制度的一般

---

① 尹田：《物权法理论评析与思考》，中国人民大学出版社2004年版，第305页。

② 吴光荣：《论善意取得制度的适用范围——兼评〈中华人民共和国物权法（草案）〉相关规定》，载《法律科学》2006年第4期。

规则规定在物权编第3章“所有权”、第3节“动产所有权的取得和丧失”里，明确了动产善意取得制度系属动产所有权取得的一种特殊方式。《德国民法典》第932条第1款第1句规定，即使物不属于让与人，取得人也因依第929条所为的让与而成为所有人，但取得人在依该条的规定将会取得所有权时非为善意的除外。《日本民法典》第192条规定，通过交易行为平稳而公然地开始占有动产者，如系善意且无过失，则即时取得行使于该动产上的权利。《法国民法典》第2279条第1款规定，对于动产，占有即等于所有权证书。《意大利民法典》第1153条规定，从非所有权人处取得物品转让的人可以通过占有取得所有权，但是，以实行占有之时具有善意并且持有适当的所有权转移证书为限。在权利证书未表明所有权上附有其他人的权利并且取得方具有善意的情况下，占有人无任何负担的取得所有权。可以以同样的方式取得用益权、使用权和质权。《瑞士民法典》第714条第2款规定，以所有权转移为目的善意取得动产的，依照占有的规定，其占有受保护的，即使该动产的让与人无此转让权，该善意占有人仍取得该动产的所有权。第933条规定，凡以善意受让动产所有权或有限物权的人，即使转让人未被授予让与权，亦应保护受让人取得该动产的事实。我国台湾地区“民法”第801条规定，动产之受让人占有动产，而受关于占有规定之保护者，纵让与人无移转所有权之权利，受让人仍取得其所有权。第948条规定，以动产所有权，或其他物权之移转或设定为目的，而善意受让该动产之占有者，纵其让与人无让与之权利，其占有仍受法律之保护。可见，在大陆法系的主要国家和地区，善意取得制度仅适用于动产所有权、质权等物权取得，而并不适用于不动产物权。在这些国家中，不动产的交易安全主要依靠登记公信力制度予以保护。比如《德国民法典》第892条、《瑞士民法典》第973条、我国台湾地区“土地法”第43条的规定等。信赖不动产登记所昭示权利状态的交易相对人，即使在登记记载的权利状态与真实权利状态不相一致的情况下，仍然承认其具有与真实权利人交易之法律效果。[①] 而我国《物权法》第106条就物权取得所作的善意取得特别规定，

---

① 崔建远：《物权：规范与学说》（上册），清华大学出版社2011年版，第173～174页。

则不仅适用于动产，而且适用于不动产。这是我国与其他主要大陆法国家和地区善意取得制度的不同之处。

按照《物权法》第106条的规定，我国的善意取得制度适用条件主要有：一是受让人受让该不动产或者动产时是善意的；二是以合理的价格转让；三是转让的不动产或者动产依照法律规定应当登记的已经登记，不需要登记的已经交付给受让人。从该制度的含义看，善意取得适用的前提条件就是无权处分。因此，就房屋买卖而言，只有在出卖人对出卖房屋无处分权时，才可能适用善意取得制度来确定房屋所有权的归属。房屋买卖中常见的无权处分情形，见本章“实务指南”部分。

### （三）无权处分与无权代理

《合同法》第48条第1款规定，行为人没有代理权、超越代理权或者代理权终止后以被代理人名义订立的合同，未经被代理人追认，对被代理人不发生效力，由行为人承认责任。代理人签订的合同属于广义的无权处分行为，亦适用《合同法》第51条。

无权代理与无权处分的区别主要表现在：一方面，无权代理是以本人的名义实施民事行为，而无权处分则是指无权处分人以自己的名义实施民事行为。因此无权代理人、无权处分人与相对人所订立的合同中的主体是不同的。另一方面，相对人的善意对行为后果所造成的影响是不完全相同的。在无权代理的情况下，如果相对人是善意的，则要进一步考虑是否符合表见代理的构成要件。如果确已构成表见代理，则此种无权代理行为将直接对本人发生效力。在无权处分人处分他人财产时，如果相对人善意，则可能直接依据善意取得制度取得该财产。

## 二、居间合同概述

### （一）居间合同的内涵

根据《合同法》第424条之规定，居间合同是居间人向委托人报告订立合同的机会或者提供订立合同的媒介服务，委托人支付报酬的合同。居间是一种中介形式，旨在把同一商品的买卖双方联系起来，促成交易后取得合理佣金。在居间合同中，居间人为接受委托报告订立合同机会或者提供交易媒介的一方，只能是经过有关国家机关登记核准的从事居间营业的法人或公民；委托人为给付报酬的一方，可以是任何公民、法人。无论何种居间，居间人都不是委托人的代理人，而只是居于交易双方当事人之间起介绍、协助作用的中间人。

居间业务根据居间人所接受委托内容的不同，既可以是为委托人提供订约机会的报告居间，也可以是为促成委托人与第三人订立合同进行介绍或提供机会的媒介居间，还可以是报告居间与媒介居间兼而有之的居间活动。其中，报告订约机会是指居间人接受一方委托人的委托，寻觅、搜索信息报告委托人，从而提供订立合同的机会。提供订立合同的媒介服务，是指介绍双方当事人订立合同，居间人不但要向委托人报告订约的机会，而且还要进一步周旋于委托人与第三人之间，努力促成其合同成立。

有观点认为，居间合同是信息不对称的产物，居间人利用自身的信息优势为委托人创造缔约机会，进而取得居间报酬请求权。同时，委托人如何处置缔约信息不易为外人所知，另加上委托人具有给付义务的附条件性，因此，在合同履行过程中，委托人被推到信息优势者的地位。如此一来，信息不对称像“跷跷板”一样在居间合同当事人中不停摇摆，这便产生出了双边道德风险问题。如果自己的行动不被对方察觉，委托人与居间人均有可能利用自身的信息优势获取不正当利益，纠纷由此产生。当前我国《合同法》关于居间合同的立法架构只考虑到了如何防止居间人的道德风险问题，却忽视了委托人的机会主义倾向，现实中频繁出现的“跳单”现象正说明了这一问题。

### （二）居间合同的法律特征

1. 居间合同以促成委托人与第三人订立合同为目的

居间合同的标的是居间人进行居间活动的结果，其目的在于通过居间活动获取报酬。居间人的活动只有促成委托人与第三人之间建立起有效的合同关系才有意义。

2. 居间人在合同关系中处于介绍人的地位

居间合同的客体是居间人依照合同的约定实施中介服务的行为。无论何种居间，居间人都不是委托人的代理人或当事人一方，居间人只是按照委托人的指示，为委托人报告有关可以与委托人订立合同的第三人，给委托人提供订立合同的机会，或者在当事人之间充当“牵线搭桥”的媒介作用，并不参加委托人与第三人之间具体的订立合同的过程，他的角色只是一个中介服务人。只是在交易双方当事人之间起介绍、协助作用。

3. 委托人给付义务的附条件性

关于居间合同的法律构造，传统的债法理论认为其是一种劳务性契约之债。乍一看，居间合同作为一种双务、有偿、不要式的诺成性合同，似乎并没有显著区别于其他劳务性契约的实质特征。① 但是，如果深入观察就会发现，居间合同规则的法律构造有特殊性——委托人给付义务的附条件性。

《合同法》第 426 条规定：“居间人促成合同成立的，委托人应当按照约定支付报酬。对居间人的报酬没有约定或者约定不明确，依照本法第六十一条的规定仍不能确定的，根据居间人的劳务合理确定。因居间人提供订立合同的媒介服务而促成合同成立的，由该合同的当事人平均负担居间人的报酬。”在以提供服务或劳务为内容的各类合同中，都规定了当事人的报酬请求权。居间人报酬请求权与前述清求权一样，都是在完成一定事项后才能行使权利。然而，居间合同的特殊性在于，居间合同虽然为双务合同，但居间人的报告义务是无条件的，而委托人的给付义务则是附条件的。② 而给付具有双重意义，有时是针对给付行为而言，有时是针对给付效果而言。③ 在居间合同的法律关系结构中，居间人给付义务的内容是给付效果（促成缔约），委托人给付义务的内容主要是居间

---

① 在居间合同的性质上，与各国民法将居间合同定性为双务契约的通常做法不同，我国台湾地区“民法”将居间合同看作一种单务契约。“盖雇佣为对于劳务之给付支付报酬，而居间则对劳务之结果支付报酬也。自其于劳务之结果只有权利不负义务之点言之，与承揽契约有异。”参见黄立主编：《民法债编各论》（下册），中国政法大学出版社 2003 年版，第 561 页。

② 税兵：《居间合同中的双边道德风险——以“跳单”现象为例》，载《法学》2011 年第 11 期。

③ 王泽鉴：《债之关系的结构分析》，载《民法学说与判例研究》（第 4 册），中国政法大学出版社 2000 年版，第 96 页。

报酬，该义务的生效以居间人促成缔约为前提，是附条件的法律行为。

委托人给付义务所附条件的性质，目前世界上存在两种立法例。其一，以德国为例，委托人给付义务所附条件为停止条件。[①] 其二，以意大利为例，委托人给付义务所附条件既包括停止条件，又包括解除条件。[②] 我国《合同法》没有直接规定委托人给付义务所附条件的法律性质。有学者认为，《合同法》第427条将委托人给付义务所附条件限定为停止条件。换言之，居间人报酬请求权效力的发生，须以特定条件的成就为前提。关于委托人与第三人所签合同为附解除条件的合同，居间人可否主张报酬请求权的问题，学术界有不同看法。肯定说认为委托人的给付义务不受影响；[③] 否定说认为"契约虽已订立，但未生效者，居间人仍须待契约生效，始得请求报酬"。[④]

4. 居间人报酬请求权的不确定性

实践中，居间合同纠纷的焦点往往围绕着居间人的报酬请求权展开。由于委托人给付义务具有附条件性，居间人报酬请求权的生效需要两个法律事实的结合，即"居间人报告缔约机会"加上"委托人与第三人缔约"从居间人的角度来观察，前者取决于居间人自身的行为，是内在要素；后者取决于委托人的缔约意愿，是外在要素。

对劳务性契约而言，他们之间的共同特征是报酬请求权的生效都只需具备内在要素，无须考虑外在要素。然而，在居间合同中，外在因素的介入使得居间人的合同利益被置于一种不确定的状态，因此，居间合同与射幸合同有类似之处。射幸合同是当事人之间签订的、包含不确定给付内容的风险性协议，该不确定的给付内容仅取决于约定的偶然事件是否发生但是，两者之间仍有本质的不同。对于居间合同，虽然委托人的给付义务具有不确定性，但是当事人缔约的目的不是追求一个机会或概率，居间合同的法律效果不具有偶然性。在委托人实现缔约机会后，居间人可主张报酬请求权，这并非是刻意制造给付内容的不确定性，其

① 《德国民法典》，陈卫佐译，法律出版社2006年版，第258页。
② 《意大利民法典》，费安玲、丁玫译，中国政法大学出版社1997年版，第451页。
③ 郑玉波：《民法债编各论》，台北，三民书局1992年版，第496页。
④ 邱聪智：《新订债法各论》（中册），中国人民大学出版社2006年版，第4页。

法律意义在于由居间人承担不能实现给付效果的合同风险。

5. 居间合同具有有偿性

居间人以收取报酬为业，居间人促成合同成立后，委托人须向居间人支付报酬，作为对居间人活动的报偿。不要报酬促进他人订立合同的行为，不是居间合同，而是一种服务性活动，行为人不承担居间合同中的权利义务。

### （三）居间合同与委任合同、行纪合同

1. 居间合同与委任合同

居间貌似委任，两种法律行为易被混淆，以至于有学者认为居间就是一种受托行为。依传统民法理论，居间合同与委任合同有显著区别，例如，有学者认为："居间之内容，会为目的，以实现居间人报酬请求权为效果。"[①]

事实上，居间合同与委任合同的不同，并不仅限于史尚宽先生所归纳的合同内容与合同有偿两个方面。委托合同是委托人和受托人约定，由受托人处理委托人事务的合同。由此，居间人以自己的名义抑或以委托人的名义从事服务活动是判断居间合同性质的外在尺度。

总之，居间合同与委托合同虽然都归属于劳务性契约，但二者在约定内容、合同目的、履行效果以及对外名义等方面多有差异。不过，由于居间与委任的相似性，在居间合同规则缺乏明文规定时，一些立法例允许准用委任之规定。[②]

2. 居间合同与行纪合同

服务合同包括保管、行纪、居间、委托等很多种类的合同，它们之间有着一个共同的特征，其标的是提供劳务，而不是物的交付。但它们相互之间又有其各自的特征。居间合同与行纪合同的相同点都是属于提供劳务性质的合同。它们的不同点在于：

第一，居间人的居间活动内容是为委托人报告订约机会或提供订约

---

① 史尚宽：《债法各论》，中国政法大学出版社 2000 年版，第 465 页。

② 例如，在日本商法上，居间被视为准委任契约，完全适用委任规定。

媒介服务，其并不参与委托人与第三人的合同关系；行纪合同的行纪人以自己的名字为委托人办理交易事宜，与第三人直接发生权利义务关系。

第二，居间人从事居间活动达到目的的，居间活动的费用，由居间人负担；行纪合同的行纪人处理委托事务支出的费用，除合同另有约定外，由行纪人负担。

第三，居间人为委托人报告订约机会或提供订约媒介服务的事务本身并不具有法律意义；行纪合同的行纪人受托的事务只能是法律行为。

第四，居间合同为有偿合同，但居间人只有在居间活动达到目的时才能请求支付报酬，并且在为媒介居间时，居间人可从委托人和其相对人双方取得报酬；行纪合同为有偿合同，但行纪人只能请求委托人支付报酬。

第五，居间合同中，居间人没有将处理事务的后果移交给委托人和报告的义务；而在行纪合同中，存在受托人或行纪人移交处理事务后果和报告的义务。

# 实务指南

## 一、房屋买卖中常见的无权处分情形

转让人无处分权是善意取得制度的适用前提，因为有处分权人对于不动产或动产的转让，不存在适用善意取得的问题。因此，正确理解和认定《物权法》第106条规定的“无处分权”，是正确理解和适用该条法律规定，发挥善意取得制度应有作用的前提。实践中，可适用《物权法》第106条之规定的房屋买卖中的无权处分主要有以下情形：

1. 房屋权利人依据《物权法》第28条至第30条规定取得房屋所有权，但未办理宣示登记，房屋登记在他人名下，登记人擅自以自己名义处分房屋的。

《物权法》第28条至第30条规定的情形是非基于法律行为发生的物权变动。所谓的非基于法律行为的物权变动，是指基于法律行为之外的事实因素而导致物权变动，不经登记或交付即可直接生效。非基于法律行为的物权变动并非基于权利人的意思表示，而是基于法律直接规定的原因，例如，征收、继承和法院判决等事实而产生，只要发生法律规定的情况，就会发生物权变动，不取决于当事人的意思表示。不动产登记作为一种物权变动的公示方式，可以使人们通过外部察知的方式了解物权的变动状况，从而保护了交易的安全。根据我国《物权法》的规定，在大部分基于法律行为发生的物权变动中，不动产登记同时又是不动产物权变动的生效要件。这就使得本来基于法律行为发生的物权变动，已经通过登记的方式产生了物权变动的效力，登记权利人就是不动产的真实权利人。但若在此后该不动产又发生了非基于法律行为发生的物权变动，在真实权利人依据《物权法》第 31 条的规定办理宣示登记之前，将出现真实权利人与登记权利人不一致的现象。此时，登记权利人已非该不动产的真实权利人，其再处分该不动产的，构成无权处分。

2. 因不动产登记机构登记错误，致使不动产登记簿上记载的房屋所有权人并非真实所有权人，登记权利人擅自以自己名义转让房屋的。

理论上一般认为，登记错误是转让人无权处分不动产的一种典型情形。从不动产所有权善意取得的角度，由于其适用的前提条件是无处分权人转让该不动产，因而善意取得中的登记错误，主要是权利人记载出现错误的情况。

3. 出卖人转让房屋并办理了所有权转移登记，其后买卖合同被确认无效或被撤销，尚未办理所有权回复登记，登记人（买受人）擅自以自己名义处分房屋的。

出卖人转让房屋并办理了所有权转移登记后，如果房屋买卖合同事后被确认无效或被撤销的，根据《合同法》第 56 条的规定，“无效的合同或者被撤销的合同自始没有法律约束力”，意即合同自始不发生法律效力。而房屋所有权的变动，应以有效的房屋买卖法律关系和不动产登记两个条件作为生效要件。在上述情形下，房屋所有权的变动因欠缺有效的房屋买卖法律关系这一要件而自始不发生物权变动的效力。此时，即使尚未相应的回复登记，登记名义人也并非该房屋的真实所有权人，其擅自转让房屋的，构成无权处分。

4. 夫妻共同共有及其他法定共有房屋仅登记在其中部分共有人名下，登记权利人未经占份额 2/3 以上的按份共有人或全体共同共有人同意，擅自以自己名义转让房屋的。

共有不动产登记在部分共有人名下的情形实践中十分常见，典型代表就是夫妻共有房屋登记在一方名下。这种情形下登记权利人擅自以自己名义转让房屋的，是否属于《物权法》第 106 条规定的“无处分权”，现行司法解释已经给出了明确肯定意见。《最高人民法院关于适用〈中华人民共和国婚姻法〉若干问题的解释（三）》第 11 条第 1 款规定，一方未经另一方同意出售夫妻共同共有的房屋，第三人善意购买、支付合理对价并办理产权登记手续，另一方主张追回该房屋的，人民法院不予支持。也就是说，如果夫妻共有的房屋登记在一方名下，该方擅自出售该房屋时，交易第三人在符合《物权法》第 106 条规定的善意购买、支付合理对价并办理产权登记手续三个条件的前提下，可以实现对所购房屋所有权的善意取得。

分析登记权利人系部分共有人时，其擅自处分共有财产的情形是否属于《物权法》第 106 条规定的“无权处分”，实际上还需要解决的是不动产共有关系的认定问题。换言之，是否未经登记公示，“共有人”即不能取得对共有不动产的相应权利。对于共有人的登记问题，《物权法》没有作出明确规定。《不动产登记暂行条例》第 8 条规定了不动产登记簿应当记载不动产权利的主体、类型、内容、来源、期限、权利变化等权属状况。因此应当认为，共有人作为不动产的权利主体，应当被记载登记于不动产登记簿中。但基于各种原因，共有人没有被实际登记于登记簿上的情况并不少见。笔者认为，《物权法》第 9 条规定，不动产物权的设立、变更、转让和消灭，经依法登记，发生效力；未经登记，不发生效力，但法律另有规定的除外。第 14 条规定不动产物权的设立、变更、转让和消灭，依照法律规定应当登记的，自记载于不动产登记簿时发生效力。因而，对于没有登记记载于登记簿的房屋共有关系，依法并未发生相应的物权效力，进而登记权利人擅自以自己的名义转让房屋所有权的，不构成无权处分。

## 二、无权处分情形下房屋买卖合同效力的认定

现实生活中，房屋出卖人在无处分权的情形下出售房屋，导致他人权益受损的行为屡见不鲜，如何认定在这种情况下房屋买卖合同的效力，是在理论和实践上都必须予以回应的重大问题。

对无权处分的效力，主要有三种代表性的观点：

一是无效说。该学说认为，《合同法》第 51 条本身并不是有关无权处分行为效力的一般规定，而是无权处分行为无效行为的例外。无效说在我国《合同法》出台之前，是我国司法实践的通常做法。1984 年 8 月 30 日公布的《最高人民法院〈关于贯彻执行民事政策法律若干问题的意见〉》第 55 条规定："非所有权人出卖他人房屋的，应废除其买卖关系。部分共有人未取得其他共有人同意，擅自出卖共有房屋的，应宣布买卖关系无效。买方如不知情，买卖关系是否有效应根据实际情况处理。其他共有人当时明知而不反对，事后又提出异议的，应承认买卖关系有效。"1988 年 4 月 2 日发布的《民法通则意见（试行）》第 89 条规定："共同共有人对共有的财产享有共同的权利，承担共同的义务。在共同共有关系存续期间，部分共有人擅自处分共有财产的，一般应认定为无效。但第三人善意、有偿取得该项财产的，应当维护第三人的合法权益；对其他共有人的损失，由擅自处分共有财产的人赔偿。"

这种观点在市场经济成立早期或者恢复时期，为保护原权利人的财产权利，发挥着重要的作用。但随着市场交易下相对人的交易安全利益的重要化，社会交互行为频率日益增长，市场性日趋加强的发展而言，这种主张的问题也愈发凸显。

二是有效说。该学说认为，在债权形式主义的物权变动模式之下，无论交易相对人为善意或恶意，无权处分行为均为有生效行为。它注重保护相对人的交易安全，相对人可以通过权利瑕疵担保的制度来维护自己的利益，而且依照违约责任比缔约过失责任更有利于自身权益的维护。同时，它还认为将无权出卖他人之物的交易状态归结为一种有效的合同，更有益于对市场信用的培养。

三是效力待定说。该学说认为："依《合同法》第51条规定，出卖他人之物，权利人追认或者处分人事后取得处分权的，合同有效；反之，权利人不追认并且处分人事后也未取得处分权的，合同无效。这里所说的无效，不是处分行为无效，而是无权处分的合同无效，即买卖合同无效。不能解释为买卖合同有效，仅处分行为无效。有的学者作这样的解释，实际上是以债权合同与物权行为，负担行为与处分行为的区分为根据的，与《合同法》立法思想不符。"① 该说明确区分了处分行为与负担行为，同时认为买卖合同虽属债权行为，但债权的行使或债务的履行结果，将导致物权的转移变更，因此既包含负担行为也包含处分行为。无权处分人未经权利人同意出卖他人之物时，他与相对人订立的买卖合同效力未定，如果权利人追认或处分人事后取得处分权，则买卖合同自始有效；反之，则自始无效。尽管效力待定说表面上看似协调了三方的权利义务，但仍旧未能妥善地权衡"静的安全"与"动的安全"两种法律价值。就我国现行合同法制度的设计和解释而言，无疑应当兼顾"所有权的安全"和"交易的安全"；甚至在某种场合下，必须牺牲真正权利人的利益，保护善意交易人的利益，借以保护交易安全。根据效力待定说，合同的效力完全取决于权利人是否追认或者无权处分人是否取得处分权，实质上仍属于单纯保护所有权的安全，而忽视了交易安全的保护。此外，效力待定说对善意相对人的合同履行利益保护不足。在出卖他人之物而导致合同无效的场合下，法律只能保护善意相对人的信赖利益，却难以保护其履行利益而使处分人承担违约责任。此时出卖人所承担的并非违约责任，而是缔约过失责任，其所赔偿的损失也只是信赖利益损失，对履行利益是无法要求赔偿的。② 且在合同未履行或不能履行的场合，相对人难以取得对标的物的占有，通过善意取得来保护善意相对人的履行利益和期待利益的制度便如同虚设。

综上所述，笔者赞同有效说的观点，将《合同法》第51条中的"处

① 梁慧星：《为中国民法典而斗争》，法律出版社2002年版，第252页。

② 孙鹏：《论无权处分行为》，载《现代法学》2000年第4期；孔祥俊：《合同法教程》，中国人民公安大学出版社1999年版，第211页；韩世远：《无权处分与合同效力》，载《人民法院报》1999年11月23日，第3版。

分”定位为处分行为，而不包括负担行为，有助于我们更正确地认识债权与物权的区别，妥当地理顺出卖他人之物与无权处分之间的关系。根据行为是产生债权债务法律关系，还是产生物权变动的法律后果，将民事主体实施的行为分为负担行为和处分行为。负担行为就是债权行为，而处分行为是权利人通过法律行为使自己的权利直接发生变更、设定负担、或者归于消灭的行为，实质上是债权合同与交付或登记行为的结合体。根据《物权法》第15条的区分原则，负担行为的成立生效，不以标的物的成就为必要，不以对标的物的处分权为必要，而处分行为的成立生效，以标的物的成就为必要，以当事人具有处分权未必要；处分行为的生效与否不影响负担行为的效力。区分原则改变了《合同法》同一原则的立法指导思想，明确了在未发生物权变动的情况下，不管物权未发生变动的原因是不能变动或者没有必要变动，都不能以此否认有效成立的合同的效力。合同仍然是有效的合同，违约方要承担违约责任，守约方可以请求损害赔偿。

因此只要不符合《合同法》第52条关于无效情形的规定，双方达成的合同均认定为有效。因为合同本质是双方达成的合意，只要双方具备行为能力，意思表示真实，不违反法律行政法规的强制性规定，其应当被认定为有效，包括无权代理行为以及处分查封房产的负担行为有效，合同有效不必然得到履行，其能否履行亦不影响合同的效力。一旦一方违反其曾与对方达成的合意，即应当承担违约责任，而非合同无效后的返还与赔偿责任，这也是意思自治原则的体现。

但无权处分行为在某些情况下极有可能对权利人的利益造成损害，妨碍所有权人正常的享有和行使所有权，尤其是相对人可能对此情况也事先有所了解，甚至可能会与处分人恶意通谋，因此在无权处分情况下，尽管需要强调对相对人利益的保护，但也要根据其是善意还是恶意来决定应否对其予以保护。我国《合同法》第151条规定：“买受人订立合同时知道或者应当知道第三人对买卖标的物享有权利的，出卖人不承担本法第一百五十条规定的义务。”可见，如果买受人在订约时知道第三人对买卖标的物享有权利的，出卖人不承担权利瑕疵担保义务。所谓买受人应当知道，是指买受人尽到合理的注意义务就可以知道第三人对买卖标的物享有权利，但因为疏忽大意或者过于自信而没有知道的，则应当推定买受人知道标的物权利瑕疵的存在。因此相对人善意与否应为判断无权处分合同效力的因素之一。只有在相对人善意的情况下，无权处分的债权合同为有效。

相对人善意的判断标准是，第三人不知道或有理由相信无权处分人有权处分不动产。第三人不知道，是指无权处分人未告知第三人其无处分权，第三人也无法查询或依公示得知无权处分人无处分权，同时第三人不存在与权利人、无权处分人存在亲属关系、共同居住等按照日常生活经验可以推知第三人知道的情形，第三人有理由相信无权处分人有权处分不动产，是指无权处分人需要存在符合法律规定的权利表彰状态，主要是房屋所有权证书和房屋在其占有、使用的状态，且无法律规定的其他共有人情形。在房屋买卖合同案件中，因为双方缔约目的在于转移房屋所有权，因此首先房屋需登记在无处分权人名下，如房屋登记在处分人名下，处分人以其自己名义处分房屋，第三人不知房屋存在其他共有权人。同时，双方订立房屋买卖合同还存在交付使用的目的，因此处分人需具备占有或控制房屋的状态，相对人需现场看房排除他人占有房屋的情形，若房屋处于他人占有状态，处分人需证明房屋在自己控制下，出示诉争房屋的租赁合同或借用合同以排除合理怀疑，否则不应视为相对人尽了合理的注意义务。

### 三、房屋权利人依据《物权法》第28条至第30条规定取得房屋所有权，尚未办理宣示登记即转让房屋的，房屋买卖合同的效力如何认定？买受人有关办理房屋所有权转移登记的请求应否支持

《物权法》第28条至第30条规定的非基于法律行为发生的物权变动主要有以下情形：

1. 因人民法院、仲裁委员会的法律文书而产生的物权变动。《物权法》第28条规定：“因人民法院、仲裁委员会的法律文书或者人民政府的征收决定等，导致物权设立、变更、转让或者消灭的，自法律文书或

者人民政府的征收决定等生效时发生效力。”法律文书代表着法院的判决或者仲裁委员会作出的裁决，是法院或者仲裁委员会依照事实和法律对自己受理的案件做所出的权威性裁判结果。因法院或者仲裁委员会的法律文书导致物权变动的，自法院的判决或者仲裁委员会的裁决生效时发生物权变动的效力。

2. 因政府的征收决定而产生的物权变动。征收，是指国家为了公共利益的需要，利用国家公权力强制将集体或者私人所有的财产归为国家所有，并予以补偿的制度。我国《宪法》第 13 条第 3 款规定：“国家为了公共利益的需要，可以依照法律规定对公民的私有财产实行征收或者征用并给予补偿。”《物权法》第 42 条也规定：“为了公共利益的需要，依照法律规定的权限和程序可以征收集体所有的土地和单位、个人的房屋及其他不动产。”征收是物权变动中一种比较特殊的情形，是政府借助公权力以行政命令的方式取得自然人和法人的财产权。

3. 因继承或者受遗赠取得物权。《物权法》第 29 条规定：“因继承或者受遗赠取得物权的，自继承或者受遗赠开始时发生效力。”继承是将死者生前所有的于死亡时遗留的合法财产依法转移给继承人所有的制度。遗赠是死者生前以遗嘱的方式将自己所有的财产于死后赠与其法定继承人以外的人的制度。自然人死亡后，其民事主体资格消灭，但其生前所有的财产却并不随之消灭，通过继承和遗赠发生所有权变动，由继承人和受遗赠人取得所有权。因继承取得物权的，自法定继承开始后或者遗嘱生效时发生物权变动的效力。因遗赠取得物权的，自受遗赠人接受遗赠时发生物权变动的效力。

4. 因合法建造、拆除房屋等事实行为而产生的物权变动。《物权法》第 30 条规定：“因合法建造、拆除房屋等事实行为设立或者消灭物权的，自事实行为成就时发生效力。”该条是对因事实行为而发生的物权变动所做的规定。“法律上所谓事实行为是指不以人的意思作为生效的要素或者必要条件的行为。”事实行为发生法律上的后果直接来源于法律的规定，与人的意思表示要素无关。因为这种物权变动的效力直接来源于法律的规定，所以物权变动的效果并不取决于登记和交付，以事实行为成就时产生物权变动的效力。例如，房屋所有人将属于自己的房屋拆除，因为标的物归于灭失，所以物权也随之消灭。

《物权法》第31条规定："依照本法第二十八条至第三十条规定享有不动产物权的，处分该物权时，依照法律规定需要办理登记的，未经登记，不发生物权效力。"从《物权法》第31条要求登记的法律性质上看，此种登记并非设权登记，而是宣示登记。所谓宣示登记，是指登记不作为权利得丧变更的依据，其作用仅在于向外宣示标的物的权利状态。因此，上述非基于法律行为所发生的不动产物权变动，其生效虽不取决于以登记进行公示，但是如果依法需要办理登记而没有办理登记的，权利人不得再行处分该物权，即使在实际进行了处分也不能发生物权变动的效力。因为非基于法律行为所发生的物权变动无须公示，物权状态难为社会公众察知，如果允许权利人在需要登记而未登记的情况下任意处分物权，则可能对物权相对人的利益造成危险，故有必要对其处分权作必要限制。但是否进行了宣示登记，所影响的仅是该处分行为所导致的物权变动的效力，根据《物权法》第15条规定的处分行为与负担行为的区分原则，并不因此影响相应的负担行为的效力。据此，房屋权利人依据《物权法》第28条至第30条规定取得房屋所有权，尚未办理宣示登记即转让房屋的，不影响房屋买卖合同的效力。同时，根据《物权法》第31条之规定，非基于法律行为而取得房屋所有权的权利人，应当先行办理宣示登记，否则，其再行处分，不发生物权变动的效力。故在买受人要求办理房屋所有权转移登记时，即使符合当事人之间的房屋买卖合同的约定，也不宜直接判决支持该请求，而是应当判决房屋权利人将房屋登记到自己名下后，再为买受人协助办理所有权转移登记。

## 四、借名买房纠纷中，应如何认定房屋所有权？当事人请求对方协助办理房屋所有权转移登记的请求应否支持

所谓的借名买房，就是指当事人约定一方以他人名义购买房屋，并将房屋登记在他人名下，借名人实际享有房屋权益。由于我国房地产的一些调控政策对房屋购买资格和能力的影响，导致现实中借名买房的行为不在少数，由此引发的纠纷亦不鲜见。实践中，借名人往往提起诉讼

主张确认其为房屋所有权人，并要被借名人协助办理房屋所有权转移登记手续，对此，应如何认定处理?

对于借名购买的房屋，在是否存在房屋所有权的真实权利状态与登记状态不一致，是否借名人实际上应为该房屋的真实权利人，从而应当据此确认借名人为房屋所有权人的问题上，实践中主要存在两种观点。

一种观点认为，如根据当事人提供的购房款支付、房贷的偿还、双方之间关于借名买房及所有权归属的约定等证据，能够证明在双方之间形成了借名买房关系，则当事人之间的真实意思是借名人购买房屋并取得所有权，被借名人虽然根据相应的房屋买卖合同等文件被登记为房屋所有权人，但这并非当事人的真实意思表示，据此作出的权属登记因此而不具有原因行为的基础，从而导致最终形成的登记权利状态与真实权利状态不一致，此时，不动产登记簿的权利推定力将因有证据证明权属的真实状态而遭到否定，从而应回归真实权利状态，故当事人请求确认物权的，应予支持。[①] 这种观点可称为“物权说”。

有观点在基本认同“物权说”结论的基础上，对于“物权说”的论证过程提出了不同看法。该观点认为，当事人之间通过借名的方式购买房屋，其本质是当事人之间通谋，不表示内心真意的假装实施法律行为的意思表示的形式，当事人之间借名购买房屋构成虚伪表示，其签订房屋买卖合同并将房屋所有权登记在被借名人名下的行为则构成隐藏行为。而虚伪行为在此种情况下应被认定为无效，故据此作出的权属登记因此而丧失了不动产物权变动的基础关系，从而不发生相应的物权效力，至于被隐藏的行为实为借名人买房，其是否有效，则应根据法律、行政法规的强制性规定加以认定，如不存在无效情形，则借名人确认物权的请求应当被支持。

另一种观点则认为，在借名买房中，登记权利人与第三人之间的房屋买卖合同是真实有效的，并且已经基于这一基础法律关系完成了房屋所有权登记，故是唯一合法的房屋所有权人，借名人与登记权利人之间

① 持此观点的裁判，亦可参见林志与 Wansu Liao（廖皖苏）房屋所有权确认纠纷案，万发文:《隐名购房协议的效力认定及所有权的确认》，载《上海房地》2014 年第 5 期。

关于房屋所有权归属的约定只能约束合同双方当事人，没有直接设立房屋所有权的法律效力，借名人不能根据借名买房协议的约定直接取得房屋所有权。[①] 这一观点可称为“债权说”。如北京市高级人民法院在《关于审理房屋买卖合同纠纷案件若干疑难问题的会议纪要》（京高法发〔2014〕489号）第10条中即规定：“借名人以出名人（登记人）为被告提起诉讼，要求确认房屋归其所有的，法院应当向其释明，告知其可以提起合同之诉，要求出名人为其办理房屋过户登记手续。”

笔者赞同后一种观点。究其根本，对于此种类型的权属争议，应作何种处理，实取决于对于物权关系与债权关系之区分以及不动产登记在此类法律行为中作用的正确认识。

在借名买房关系中，实际上主要存在两个合意：一个是存在于借名人与被借名人之间的关于房屋所有权归属的合意；另一个是借名人（或被借名人）与第三人之间达成的买卖房屋，并据此向登记机构表达的关于房屋所有权登记的合意。这两个合意在一般情况下应当是一致的，但在借名买房的情形下则出现了分离。对于这两个合意以及由此形成的法律关系和权利的性质，应作区分理解。

对于前者，应当承认的是在当事人之间形成了合同关系[②]，这点并无异议，当事人的合同约定在法律规定的框架下直接发生法律效力。但对于当事人该约定的意思仍需根据合法性解释原则加以理解。由于房屋买卖关系中，法律赋予不动产登记物权移转的效力，未经登记，不发生物权效力，故房屋权属不能仅仅依据当事人约定而发生变动，还需登记这一生效要件相结合才能产生物权变动的效果。因此，当事人虽然约定了房屋所有权归属于借名人，但该约定并不发生物权效力，房屋所有权因此并未转移由借名人享有，只是在借名人与被借名人之间产生了以在符

---

① 周峰、李兴：《隐名购房行为的法律性质认定与执法对策研究》，载《法律适用》2012年第8期。

② 至于两者之间形成了何种性质的合同关系，在认识上存在争议，限于本文主题，不再展开，相关观点可参见周峰、李兴：《隐名购房行为的法律性质认定与执法对策研究》，载《法律适用》2012年第8期；马一德：《借名买房之法律适用》，载《法学家》2014年第6期；马强：《借名购房案件所涉问题之研究——以法院裁判的案件为中心》，载《政治与法律》2014年第7期。

合法律规定和合同约定的条件时完成物权变动为主要内容的债权债务关系，即该约定仅具有债权效力，被借名人因此对借名人负有相应的协助办理房屋所有权转移登记的义务，借名人因此而成为这一关系下的债权人。

对于后者，不论房屋出卖人是否知道借名人和登记权利人之间的借名买房关系，房屋出卖人与登记权利人之间已经达成了房屋买卖的合意，房屋买卖合同依法成立，在该合同不因违法而无效的情形下，登记权利人据此完成了房屋所有权登记，就当然合法取得了房屋所有权。至于“物权说”中有人提出的当事人之间通过借名的方式购买房屋，系虚伪表示，在性质上属隐藏行为，从而应否定登记权利人取得物权的论断。笔者认为不能成立。虚伪表示指表意人与相对人通谋，不表示内心真意的假装实施法律行为的意思表示。在虚伪表示中，表意人没有作出意思表示的真意，相对人对此明知并达成合意，因此该意思表示在当事人之间无效。而在借名买房关系中，借名人与被借名人以及被借名人与房屋出卖人之间的法律行为均不构成虚伪表示。在借名人与被借名人之间，借名人确有通过被借名人购买房屋，并将房屋登记于被借名人名下的法律拘束意思，被借名人也在这个意义上为允诺；在被借名人与房屋出卖人之间，基于借名人与被借名人的前述合意，被借名人与房屋出卖人签订了房屋买卖合同，在这一合同关系中，被借名人从房屋出卖人处购买房屋的意思表示是真实的，对于房屋出卖人而言，无论其是否知晓借名人与被借名人之间是否就借名购买房屋达成的合意，也均不对房屋出卖人将房屋出卖给被借名人的意思构成影响。因此，借名买房关系中的相关合同并不构成虚伪表示。

“物权说”的支持者认为，在借名买房的情形下，借名人已经享有了事实物权，故确认其物权自是当然之义。笔者认为，理论上所谓的“事实物权”，是与“法律物权”相对的概念。所谓法律物权，是指权利正确性通过法定公示方式予以推定的物权；而事实物权则是与法律物权分离的真正物权，它是指“在不存在交易第三人的情况下能够对抗法律物权的物权”。借名人对房屋享有的所有权就属于事实物权中的“符合当事人本意的事实物权”。在这种情况下，本应取得法律物权的权利人以保留物权的意思表示，委托或者指令他人就同一标的物享有法律物权，则该权利人享有事实物权。[①] 该学说提出是在《物权法》实施之前的2001年，如果说在当时尚有实践中的适用空间的话，那么，在《物权法》已经确立物权法定原则以及债权形式主义为主的物权变动模式的今天，所谓的“事实物权”至少在以登记生效为要件的基于法律行为发生的不动产物权变动情形下，已经不再有具有法律上的依据或者是合法性基础了。在借名买房情形下，根据《物权法》的规定，要取得房屋所有权，则不仅需要有效的原因行为作为要件，而且需要具备登记作为生效要件之一，两者缺一不可，因此，所谓的“事实物权”因欠缺法律规定的设立或变更一个物权所应具备的生效要件而不能称其为物权，既如此，又何来确认借名人享有房屋所有权呢？

“物权说”在认为借名买房情形下应当确认借名人的房屋所有权的基础上，还主张应当区分对内和对外关系。在不涉及第三人利益的情况下，物的支配秩序即物权的静态利益，相对于物的交易秩序即物权的动态利益，更具有重要性，故法律以保护事实物权为基本出发点。但在涉及借名人与登记权利人以外的第三人也就是对外关系时，立法和司法保护的基本出发点是法律物权，原则上保护登记权利人的法律物权。保护法律物权的目的，是以此保证交易第三人取得物权的可能性，维持交易秩序的畅通与安全。维持法律物权的正确性，对保护第三人利益和维护交易安全意义重大。其法理基础在于，因借名登记而产生的法律物权与事实物权的分离，归因于借名当事人双方，该双方之间的法律关系相对于第三人来说，是一种内部关系，这种内部关系很难抗衡代表社会交易秩序的外部关系。因而，法律物权与事实物权分离所产生的权属冲突，对第三人来说，仅是借名双方的内部冲突，而与其无关。进一步说，第三人作为该内部关系的局外人，没办法也无义务了解其中的内容，只能且只需根据物权公示的形式即登记作出判断，推定登记权利人享有正确、合法的物权。因此，一旦法律物权与事实物权分离涉及第三人利益，就必

---

① 孙宪忠、常鹏翱：《论法律物权和事实物权的区分》，载《法学研究》2001年第5期。

须采用能够保护第三人利益的标准，即物权公示原则。[①] 实践中的第三人主要可分为两类：一类是登记权利人的一般债权人，其已经获得生效法律文书对其债权的认可，并据此申请强制执行借名登记的房屋。另一类与登记权利人发生以该不动产物权转移为目的的交易的人，该第三人依是否已经办理房屋所有权转移登记为标准，又可分为针对借名登记房屋享有请求权的合同债权人和已经办理完毕登记而取得物权的人。

对于第一种情况，依据“物权说”，显然应当保护登记权利人的一般债权人的强制执行债权。在“债权说”下，由于借名人对登记权利人亦只是一般债权人，故一般情况下也不能够阻止其他债权人强制执行借名房屋以实现债权。在结论上，两者是一致的。

对于第二种情况，按照“物权说”，登记权利人并非真实权利人，则其处分房屋的行为当属无权处分，究竟应保护真实权利人还是第三人的权利，应看第三人能否善意取得房屋所有权。如此，则在未完成登记的情况下，因不符合善意取得的构成要件，故不能取得房屋所有权；在完成登记的情况下，则看是否符合善意取得的其他构成要件。在“债权说”下，由于登记权利人就是真实物权人，其享有的是合法的房屋所有权，故登记权利人将房屋出卖给第三人，虽然违背了其与借名人的约定，但这仅仅是对借名人的违约行为，并不能否认其对外的处分行为系有权处分。因此，不论第三人是否已经进行了不动产登记，认定被借名人与第三人之间的合同效力及第三人取得房屋所有权是否有效，并不需要审查是否符合善意取得的构成要件。在结论上，“物权说”与“债权说”截然不同。

笔者认为，“物权说”在这一问题上存在重大缺陷。第一，其区分内外部关系的初衷与效果虽然不错，但在仅涉及内部关系时，认为应确认借名人的房屋所有权，即裁判只是对借名人本来就享有的所有权这一事实的确认，而在涉及外部关系时，又对借名人确认物权的请求不予支持，从而在实际上否认了借名人享有物权；而且，如果当事人单独通过内部

① 孙宪忠、常鹏翱：《论法律物权和事实物权的区分》，载《法学研究》2001 年第 5 期；马一德：《借名买房之法律适用》，载《法学家》2014 年第 6 期。

关系诉讼完成了确权，则在法律上登记权利人就不是真实物权人，则如何解释在此后又有第三人提起针对登记权利人的债权债务诉讼后，又将该不动产确认为其对第三人承担债务的责任财产。可见，“物权说”在这里出现了逻辑混乱。第二，其支持登记权利人的强制执行债权人可针对借名登记的房屋实现债权，但在第三人与登记权利人发生以该不动产物权转移为目的的交易时，却以能否构成善意取得来区分是否保护第三人的权利，实际上导致了针对该借名不动产享有债权或者通过合同取得登记的人想要获得保护所需要的条件，远高于债权并不直接针对该借名不动产的第三人的债权获得保护所需的条件，“物权说”在这里出现了权利保护的失衡。相反，笔者认为，“债权说”则保持了逻辑上的一致，在对外关系上仍然基于借名人是债权人的基本点，处理与相关权利的冲突问题。上述第一种情况无须多言，第二种情况下认定属于有权处分，也并不会造成价值追求方面的短板。在此情况下，因属有权处分，故即使第三人主观上明知或应知登记权利人与借名人之间的借名关系，在已经完成登记的情况下仍可取得房屋所有权，在未完成登记的情况下则可参考一房数卖时的处理规则对由谁取得房屋所有权作出裁判。有观点认为，在第三人已经取得房屋所有权后，借名人无权向第三人主张权利，仅得向登记权利人请求违约损害或根据不当得利请求获利之返还，借名人借他人名义进行登记虽存在一定的可非难性，但因此承担如此巨大的风险，则有悖比例原则。笔者认为，此观点不能成立，相反，借名人借名买房往往是为了规避政策而追求自身的某种利益，其就应当承担由此带来的房屋所有权得不到法律认可所带来的相应风险，与比例原则并不背离。

从实践中的借名买房纠纷案件看，当事人借名买房往往是出于规避限购政策、信贷政策的目的。虽然这些政策性文件均非法律、行政法规，但如保障性住房限购政策，是为了保障城市中的低收入群体和住房困难群体的住房需求，普通商品房限购政策、信贷政策，是为了实现国家对房地产市场的宏观调控目的，当事人之间通过借名买房行为，实际上是对这些政策的架空，故在法律上具有一定的可非难性。如持“物权说”，以为规避普通商品房限购政策而借名买房为例，则此时可确认借名人的房屋所有权，但这将导致限购政策所要实现的目的的落空，无疑有违

“民事活动必须遵守法律，法律没有规定的，应当遵守国家政策”的原则。“物权说”在借名购买保障性住房的问题上，则试图通过否定借名买房合同效力的途径来最终回避其确认权属在结论上的不恰当。但在“债权说”下，则可较为圆满地得到解决。无论是借名购买限购的普通商品房还是政策保障性住房，借名人只享有对登记权利人的债权，并不对这些房屋享有所有权，故其确认所有权的请求不能得到支持，其对登记权利人提出的协助过户登记的请求，则应区分不同情况：在借名人于诉讼时仍不具备购房资格或该房屋不具备再行转让交易的条件的情形下，其请求因法律上的履行不能而不应得到支持；但当借名人于诉讼时符合了购房条件或者该房屋具备了再行转让交易的条件时，因并不存在继续履行合同的障碍，故可支持借名人主张登记权利人协助办理过户登记的请求。可见，正确认识了借名人对房屋权利的性质，相应问题将迎刃而解。而且，笔者认为，这样的处理结果，使借名人在不具备购房条件时始终只能对登记权利人享有债权，而不能取得对房屋的所有权，借名人通过借名买房所要达成的目的将不能实现，其在此期间亦将不得不面对登记权利人将房屋转卖他人、登记权利人的债权人执行该房屋以实现债权等危及其最终实现房屋所有权目的的风险，而这正是这种行为应当受到法律非难的体现。可见，“债权说”在处理这类房屋的借名买房问题上较好地实现了法律效果与社会效果的统一。

综上所述，对于借名买房纠纷中房屋权属确认的正确处理，离不开对“真实权利状态”含义的正确理解，从根本上应建诸于对不动产登记的法律效力以及物权与债权区分的准确把握。借名人与被借名人之间关于房屋所有权归属的约定，显然与物权法规定的不动产物权生效要件不符，该约定不具有物权法上的效力。若支持借名人依据借名买房协议确认对其房屋享有法律上的所有权，则违背了物权变动的法定原则，混淆了债权关系与物权关系。借名人在这种情形下的法律“身份”是真实“债权人”，而非真实“物权人”，既然如此，其提起物权确认的请求就因依据不足而不应得到支持。

据此，当事人约定一方以他人名义购买房屋，并将房屋登记在他人名下，借名人实际享有房屋权益，借名人请求确认房屋所有权为其享有的，因当事人之间的约定并未产生物权效力，故借名人并非此时的法律认可的房屋所有权人，其请求法律确认其享有房屋所有权的，显然于法无据，法院对此不应支持。但借名人依据合同约定要求登记人（出名人）办理房屋所有权转移登记的，则应根据合同法的有关规定进行审查。如果不存在该房屋因登记人的债权人查封或其他原因（如《合同法》第110条规定的合同不能履行的情形）依法不能办理房屋所有权转移登记的，或者涉及善意交易第三人利益的并能依法成立相应物权的，则应判令被借名人为借名人协助办理房屋所有权转移登记。当然，如果当事人一方提供证据证明其对房屋的购买确实存在出资关系，但不足以证明双方之间存在借名登记的约定，其主张确认房屋归其所有或要求登记人办理房屋所有权转移登记的，则不应予以支持；其向登记人另行主张出资债权的，应当根据出资的性质按照相关法律规定处理。

此外，如前所述，登记人将登记在其名下的房屋擅自转让给他人的，已不构成无权处分，对该他人能否取得房屋所有权的认定，亦无须适用《物权法》第106条关于善意取得的规定。除非借名人能够证明买受人知道或应当知道房屋存在借名登记，登记人与买受人之间存在恶意串通的情形，否则，其要求确认买卖合同无效的，不应支持。

## 五、一房二卖案件中各房屋买受人的诉讼地位应如何确定

出卖人违反合同约定就同一标的物与多位买受人签订数份房屋买卖合同，其他买受人的法律地位及权利保护亦是审判环节不能忽视的问题。司法实践中，如相关纠纷进入诉讼，其中一手买受人一般作为原告将出卖人列为被告，起诉要求出卖人继续履行合同。而案件的审理结果关系到其他买受人的合法权益，此时他们的诉讼地位亟须明确。

民事诉讼中的第三人，是指对于已经开始的诉讼，以该诉讼的原被告为被告提出独立的诉讼请求，或者由该诉讼中的原告或者被告引进后主张独立的利益，或者为了自己的利益，辅助该诉讼一方当事人进行诉讼的参加人，分为有独立请求权的第三人与无独立请求权第三人。前者是指对他人之间的诉讼标的，主张独立的请求权，而参加到原、被告之

间正在进行的诉讼的人。后者指因正在进行的诉讼的裁判结果与他具有法律上的利害关系，而参加诉讼的人。从实现法律效果与社会效果统一以及纠纷一次性解决的司法理念考量，在处理此类案件中，人民法院在将其他买受人列为第三人的同时，应向其释明是否就争议标的提出自己独立的诉讼请求，并释明提出独立请求的程序，以便在同一案件中查明事实，使相关纠纷一次性解决。

## 六、一房二卖纠纷中，交易在后的买受人明知存在前合同，是否应对前买受人承担侵权责任

一房二卖中，如果后买受人明知出卖人已与前买受人就特定房屋订立买卖合同，但仍与出卖人就该房屋订立买卖合同的情况，是否需承担一定责任，承担何种责任？

对此，笔者认为，首先，判断后买受人是否承担合同无效的责任，应就后买受人的行为是否属《民法通则》第 58 条第 4 项规定的恶意串通，损害国家、集体或者第三人利益的民事行为无效的情形予以审查。一旦认定该种行为属于恶意串通，则依据《合同法》第 52 条第 2 项的规定，合同无效。恶意串通，是指行为人双方为牟取不正当利益，互相勾结串通而实施的有损于国家、集体或第三人利益的民事行为。后买受人在明知出卖人已将标的物出卖于他人，但仍与出卖人就该标的物成立买卖合同，一般而言其目的只为取得标的物，在没有证据证明其有其他恶意的情况下，后一合同在债的履行上与前一合同构成竞争关系，前一合同尚有履行的可能，即使不能履行，前一合同的损失亦可因违约责任的承担得以弥补。故一般情况下，不适用恶意串通，损害第三人利益而导致合同无效的规定。其次，判断后买受人是否承担侵权责任。在房屋所有权没有办理转移登记的前提下，前买受人仅仅享有对房屋的债权。而按照民法原理，债权无对世效力，不能对抗第三人，从而不能成为侵权的对象。因此，后买受人虽然明知，但也不存在侵犯他人合法权利的行为，不应承担侵权责任。因此，后买受人与出卖人签订的合同依然有效，应得到同等保护。

## 七、未依法进行房屋所有权登记的房屋买卖合同效力如何认定

《城市房地产管理法》第38条规定："下列房地产，不得转让，……（六）未依法登记领取权属证书的……"该条真实的立法意图不在于禁止预售商品房的再转让，而在于方便行政管理，属于管理性的强制性规定，而不是效力性的强制性规定。该法第46条规定："商品房预售的，商品房预购人将购买的未竣工的预售商品房再行转让的问题，由国务院规定。"从该条可以看出，该法并不禁止预售商品房再转让。2004年《城市商品房预售管理办法》第10条规定："商品房预售，开发企业应当与承购人签订商品房预售合同。开发企业应当自签约之日起30日内，向房地产管理部门或市、县人民政府土地管理部门办理商品房预售合同登记备案手续。"预售商品房的买受人与开发企业签订商品房预售合同后，开发企业负有将预售商品房的所有权移转买受人的义务，买受人享有取得预售商品房所有权的期待权。实践中，当事人往往会在合同中约定待出卖人完成权属登记后，再办理房屋所有权转移登记手续，因而该合同不会侵害其他相关权利人的权利，也不会损害国家和社会公共利益。而且，如前所述，《物权法》第15条确立了负担行为与处分行为的区分原则，《买卖合同解释》第3条也规定，当事人以无权处分为由主张合同无效的，不予支持。因此，当事人仅以买卖房屋所有权尚未登记在出卖人名下，或者出卖人尚未领取权属证书为由，请求确认合同无效的，应不予支持。

## 八、二手房买卖过程中，双方出于规避税收征管、申请贷款等原因，签订多份买卖合同的情况时有发生，各合同条款关于房屋总价、履行方式等的约定都不一致，发生纠纷后应如何处理

二手房买卖中，当事人为了追求利益最大化，出卖人和买受人往往约定较低的房价到房产交易中心备案，双方再另行签订并履行一个能体

现真实交易价格的合同，递交给房地产权登记机关，即所谓的“阴阳合同”。阳合同中约定的交易价格一般是双方用于办理房屋过户登记的价格，低于双方真实交易价，以逃避交易税费，阳合同的目的是用于备案过户，其内容不体现双方真实意思，也非双方实际履行的合同。阴合同中的价格条款才是双方真实的交易价格。笔者认为，阴合同中有关逃避税收的价格条款系双方恶意串通，损害国家利益的约定，属于《合同法》第52条第2项规定情形，该约定应为无效。但该价格条款无效并不必然导致整个合同无效。阴阳两份合同就款项支付方式、期限、房屋交付时间等约定存在不一致的，应认定符合当事人真实意思表示的约定条款有效，非真实意思表示的条款对当事人没有约束力。

当事人在阴合同中有逃避税收的约定，即双方确认将来签订用于办理备案过户手续的阳合同时填写虚假的较低的交易价格，其后一方又要求在阳合同中填写真实的交易价格，而双方又不能就谁来承担原先约定逃避那部分税费问题达成一致意见时，往往会导致最终双方未能签订阳合同，交易不能完成。当事人要求在阳合同中填写真实的交易价格，是对其原先违法逃避税收的意图的纠正，应当得到支持。但对于双方均不愿意承担该部分税费导致交易未能完成的责任如何认定，存在不同看法。有意见认为，该部分税费的承担主体虽然约定不明，但根据税法的有关规定，应由纳税义务人承担税赋，不同意承担的，构成违约。但也有意见认为，根据阴合同中的有关条款和二手房市场的交易习惯，房屋交易各种税费的承担都是由双方协商约定的，而非直接按照法律规定承担。双方在阴合同约定逃避的税费，在需要交纳时，也仍应由双方协商确认承担主体，方为合理。因该部分税费数额较高，对双方权利义务的影响较大，在双方协商不成导致合同不能履行时，应视为双方未能就买卖合同的主要条款达成一致意见，原阴合同对双方不具有约束力，双方均无权依据阴合同追究对方的违约责任。

## 九、出卖人未按合同约定将户口从合同标的房屋上迁出，买受人能否请求出卖人将户口迁出

当前，户口仍然是影响入学、就业、社会保障等方面的重要因素。例如，部分购房人高价购买学区房的主要目的就是子女就学，因此户口能否如愿迁入对于购房人影响重大，部分房屋买卖过程中会对于户口的迁移问题作出详细约定。但根据《户口登记条例》第 3 条的规定："户口登记工作，由各级公安机关主管。"第 10 条规定："公民迁出本户口管辖区，由本人或者户主在迁出前向户口登记机关申报迁出登记，领取迁移证件，注销户口。"可见，户籍管理则由公安部门负责，而房屋权属登记则由不动产登记机构负责，现有的户籍管理规定并未对因房屋转让而产生的户口迁移问题进行针对性规定，导致了制度性漏洞，法律上的真空；同时户口迁移问题属于行政管理问题，不属于民事案件的受理范围，法院无权直接对户口迁移做出民事判决，更无权进行强制执行；根据《户口登记条例》第 10 条的规定，户口迁移采取自愿原则，购房者甚至是公安机关也无权要求出卖人将户口迁出房屋。故对于买受人起诉要求出卖人迁出户口的，无论当事人在买卖合同中就户口迁移事宜是否作出了约定，法院均不会受理，已经受理的，亦应裁定驳回起诉。

户口迁移问题虽然不属于民事案件的受理范围，但迁移户口确系一项合同义务，当事人一方不履行合同义务或者履行合同义务不符合约定的，一方面，出卖人应当承担继续履行、采取补救措施或者赔偿损失等违约责任。故对于违反户口迁移约定时，买受人依照合同约定主张出卖人支付违约金或赔偿损失的，应属于民事案件的受理范围，此种情况下对于买受人的诉讼请求应予支持。对于违约金的数额，应根据《合同法》第 114 条的规定，以当事人的实际损失为基础，在兼顾合同的履行情况、当事人的过错程度以及预期利益等综合因素后，确定违约金的具体数额。

另一方面，如果出卖人不迁出户口的违约行为致使买受人不能实现合同目的的，买受人可请求解除合同。《合同法》第 94 条规定，有下列

情形之一的，当事人可以解除合同，其中包括当事人一方延迟履行债务或有其他违约行为致使不能实现合同目的的情况。例如，若依据当事人关于合同目的的约定，可以认定买受人购买房屋是以办理孩子学籍等首要目的，双方交易的是学区房，学区房的主要功能就是取得办理学籍的资格。而取得学籍资格的前提是将买受人孩子的户口及时迁入交易房屋。这种情况，符合当地具体教育政策和一般社会认知，同时也是符合我国现阶段社会生活实践和教育环境的。出卖人的违约行为致使买受人孩子的户口不能及时迁入，从而导致合同目的无法实现的，买受人有权解除合同，并请求出卖人承担违约责任。

此外，对于出卖人拒绝迁出户口的情形，买受人一般可向当地的公安户籍部门申请协调解决。不少地方公安户籍部门可以采取措施将卖方原登记在被转让住房上的户口强制迁出。例如，南京市公安局《关于加强房屋买卖户口管理工作的实施意见（试行）》（宁公人〔2011〕52 号）规定："房屋买卖双方已经合法完成房屋产权交易，买房人已经取得《房屋所有权证》、《土地使用权证》或《南京市公有住房租赁契约》，并实际居住。卖房人未将户口迁出原住房，导致买房人户口无法迁入的（买卖双方有其他户口迁移约定的除外）。经买房人申请，户口所在地公安派出所履行告知后，卖房人仍拒绝办理户口迁出的，经县级公安机关审核批准，将卖房人户口整户迁移至现户口所在地的社区（村）托管户临时管理。"深圳市公安局《深圳市居民市内移居和户的管理工作规范（试行）》也规定："7.6。实际居住条件消失后（即房产被拆迁、查封、扣押、收回、转让或搬离的等情形），原户口在该址的人员应当主动向辖区派出所户籍民警申报办理迁出手续，无迁入（自立）家庭户、集体户条件的，迁入本所代管户。""7.17，移入时因居住在自有合法房产内，要求在该址落户的，而该址内已落有他人户口的（指房产转让等情形），应当给予办理，使用同样的住址、门牌，同时在两次动员（15 天后）可将原户迁入本所代管户；如无法通知，可当场迁入代管户。在通知期间或迁入代管户后，要求在底册'备注'栏及系统人口信息'记事'栏中注明录入相关情况。"

## 十、二手房买卖中，出卖人是否负有向买受人披露与房屋交易有关的重要信息的义务？出卖人未向买受人披露所涉房屋存在非正常死亡事件是否构成对信息披露义务的违反

现代民法认为，在合同订立阶段，买卖双方为了订立合同进行磋商之际，双方当事人负有保护信赖关系的附随义务即先合同义务，违反此义务的当事人应承担缔约过失责任。先合同义务中的一项重要内容是告知义务，即信息提供义务。本质上，先合同义务是对当事人之间信用的确认和保护，是对民法最高原则诚实信用原则的遵守。诚信原则是整个民法体系的基本原则，是现代合同法理论的最高原则。我国《合同法》对订立合同时出卖人是否具有告知义务以及告知义务的范围如何并无明确规定，但《合同法》第 42 条规定："当事人在订立合同过程中有下列情形之一，给对方造成损失的，应当承担损害赔偿责任：……（二）故意隐瞒与订立合同有关的重要事实或提供虚假情况……"该条规定的是缔约过失责任。按照合同法原理，缔约过失责任是一种先合同义务，即当事人在缔约过程当中，产生了超出一般关系而进入特殊的磋商关系，故而，在合同订立之前即负有告知等附随义务。按照举重以明轻的原理，在缔约准备阶段即负有告知义务，那么在合同订立时更应善尽告知义务。国外以及我国台湾地区的相关规定均明确出卖人在交易时应披露标的物的相关信息。在缔结合同时，由于买卖双方的信息不对称，必将造成双方谈判地位的不平等。因此在市场交易时，如因信息不对称而导致当事人利益不平衡时，诚信原则要求当事人进行信息披露，改变信息的不对称状态，从而使得利益平衡得以恢复，确保真正的合同自由，确保市场交易的安全性和效益性。

关于披露的范围，参照上述规定，其标准应当是对合同订立与否或者对合同订立的条件产生重大影响的信息。具体可从两个维度进行判断，即价值判断和事实判断。所谓价值判断，是客体对主体的有用性判断，故而因人而异；所谓事实判断，是对客观存在的法律原则、规则、制度的客观分析，不涉及人的主观性。交易所涉房屋内发生过非正常死亡事

件，也就是通常所称的凶宅。对于何为凶宅，我国法律、法规并无规定。按照我国传统的民俗习惯，如出售房屋内曾经发生过非正常死亡的事件，此类房屋通常被称为凶宅。对于凶宅的信息是否属于在合同订立过程中卖方应告知买方的重要事实，法律没有进一步规定，但是被确定或冠以凶宅的房屋通常都难以出售，或出现价值贬损。作为追求利益最大化的卖方，当然不愿意在订立合同过程中主动告知或披露可能影响合同签订或买卖价格的不利信息，但该项信息却会对房屋价值产生重大影响，甚至影响买受人的购买决策。可见，是否披露“凶宅”信息实际上对交易能否达成以及交易价格都会产生重要影响，直接影响到缔约基础，故而出卖人对此负有信息披露义务，其未向买受人披露所涉房屋存在非正常死亡事件构成对信息披露义务的违反。

当然，“凶宅”并不是一个法律上的概念，就其概念的外延，包含但不限于发生过非正常死亡、凶杀等事件案件，还包括传闻房屋“闹鬼”，或者房屋风水不好等。基于造成“凶宅”的原因不同，其法律上的意义也不相同，出卖人是否有披露义务、未披露是否承担法律责任以及承担何种法律责任亦不相同，如传闻房屋“闹鬼”，则纯属子虚乌有的封建迷信，出卖人并不负有对此信息的披露义务，因此，也无法律上之责任可言；再如居住在房屋中的人会莫名生病，如果是因为房屋本身材质问题（如建材中含有放射性物质），则无论出卖人是否披露，均需承担瑕疵担保责任。

## 十一、买受人以所涉房屋存在非正常死亡事件为由主张撤销合同的请求权基础是什么

请求权基础，谓之一方当事人向他方当事人有所主张的法律规范。在处理案例中应依循法律处理具体案例中当事人间的权利义务，为发现可适用于案例事实的法律，一方面，须依案例事实去探寻法律规范；另一方面，须将法律规范适用于案例事实，因此，产生事实认定与其法律定性之间的互相渗透。

对于以所涉房屋存在非正常死亡事件为由主张撤销合同的请求权基

础，实践中存在不同观点：

第一种观点认为，购买的房屋如果曾经发生过“非正常死亡”等非质量性瑕疵，购房后得知情况，要求撤销合同是合乎情理的。根据我国法律规定，民事活动应当尊重社会公德，不得有悖公序良俗。如果购房者事后得知购买的房屋有非质量瑕疵，可以根据上述法律规定提起诉讼，或依据合同法中关于合同撤销的规定，主张对方隐瞒真实情况构成欺诈，要求撤销双方签订的合同。这种诉讼请求是有可能获得法院支持的。

第二种观点认为，就房屋交易市场通常交易观念而言，屋内是否发生过非正常死亡事件，属于房屋交易的重要信息，如果购房者获悉“凶宅”的有关情况，往往会心生畏惧而无购买意愿，这对于房屋的交易价值影响是很大的。从物的“交易价值”受影响出发，所谓的物的瑕疵，应当包含存在于物上的所有缺点，自然也应当包括物的交易价值的贬损，出卖人应当承担物的瑕疵担保责任。

客观而言，两种观点均有一定道理。而且，相较而言，第二种观点对保护买受人的权利更为有利。所谓物的瑕疵，是指出卖人所交付的标的物在品质上不符合合同约定或者法律规定的标准，抑或是不符合交易上的习惯，致使该标的物的用途和价值降低或丧失。在房屋买卖合同中，作为标的物的房屋如果发生过非自然死亡的情事，对于房屋用途上不会产生影响，但在成交价格上却是明显降低的。如我国台湾地区“民法”即明确了物的瑕疵的类型，第354条规定，物的出卖人对于买受人应担保其物“无灭失或减少其价值之瑕疵，亦无灭失或减少其通常效用或契约预定效用之瑕疵”“但减少之程度，无关重要者，不得视为瑕疵”“出卖人并应担保其物于危险移转时，具有其所保证之品质”。这一规定为物的瑕疵确立了三种类型：价值瑕疵、效用瑕疵、品质瑕疵。效用瑕疵和品质瑕疵不难理解，价值瑕疵，是指对于标的物的交换价值，出卖人应当保证没有灭失或减少其价值的瑕疵，换句话说，对于可能使受让人降低交易价格的物的某些特殊情况属于价值瑕疵，出让人出售时应当向受让人说明这些情况，否则将承担瑕疵担保责任。例如，出售的食物腐化变质，即属于丧失价值的情形，而出售的食物仅仅是外包装出现破损，则存在的只是减少价值的情形，但这两种情形都属于存在物的价值瑕疵。

当然，无论是食物变质还是食物包装破损，也都属于物的质量瑕疵。房屋买卖合同的标的物如果是“凶宅”，无疑它的交易价值会大为降低，成交的可能性也会降低，房屋中发生的“非正常死亡”的事实当然会构成物的价值瑕疵。瑕疵担保责任是一种无过错责任，其构成不以出卖人主观上有过错为条件，只要出卖人交付的标的物存在瑕疵，出卖人即应依法承担瑕疵担保责任。

一方当事人故意告知对方虚假情况，或者故意隐瞒真实情况，诱使对方当事人做出错误的意思表示的，可以认定为欺诈。通说认为，欺诈的构成须以欺诈人有欺诈之故意为前提。所谓的欺诈故意，可以理解为有使对方限于错误认识的故意和使对方因此做出错误意思表示的故意。买房人若想证明卖房人构成欺诈，需证明如下问题：其一，被告有故意隐瞒的行为，其目的是获取更为高额的价款；其二，由于被告的隐瞒行为，造成原告误认为房屋无瑕疵而买入。换言之，原告需要证明被告在缔约过程中存在过错，并且是违反法律以及诚实信用原则的过错，这种过错足以违反交易上要求的诚信。可见，买受人若以构成欺诈为由主张撤销合同，则需承担更重的证明责任。

但是，就我国《合同法》的规定看，《合同法》第155条规定：“出卖人交付的标的物不符合质量要求的，买受人可以依照本法第一百一十一条的规定要求承担违约责任。”因我国《合同法》中没有如台湾地区“民法”有关瑕疵担保责任的“价值”的实定法规定，而存在非正常死亡事件的房屋并不影响实际居住使用，故若适用《合同法》第155条之规定，则需将“质量瑕疵”解释为包含价值瑕疵，是否妥当，存有疑异。因此，结合我国目前法律的规定，我们认为，当事人以所涉房屋存在非正常死亡事件为由主张撤销合同的请求权基础以《合同法》第54条“下列合同，当事人一方有权请求人民法院或者仲裁机构变更或者撤销：……一方以欺诈、胁迫的手段或者乘人之危，使对方在违背真实意思的情况下订立的合同，受损害方有权请求人民法院或者仲裁机构变更或者撤销”更为妥当。

## 十二、应如何界定房产中介机构在二手房买卖中的法律地位

一般而言，房产中介机构在二手房买卖中的主要义务有：第一，房产中介机构对于房屋权属状况等订约相关事项及当事人的订约能力负有积极调查并据实报告的义务。第二，房产中介机构违反忠实居间义务，严重损害委托人利益的，不得要求委托人支付中介服务费用及从事居间活动的必要费用。委托人有损失的，房屋中介机构应当承担相应的损害赔偿责任。第三，房产中介主要提供的是订立合同的机会或提供订立合同的媒介服务，尽管房产中介作为非买卖合同当事人，无须对合同承担法律责任，但房产中介应就其提供的订立合同机会或媒介服务负责，若房产中介未适当履行其义务，对存在重大权属瑕疵或其他瑕疵的房屋，本应或能够发现其瑕疵，而仅因其不积极调查等消极行为未发现或未告知合同当事人，那么房屋中介机构不仅可能承担退还居间费的损失，而且还可能会承担其他赔偿责任。

结合房地产中介服务合同的内容可知，房地产中介服务合同具有明显的居间性质，但又不能简单的视同为居间合同。我国《合同法》第 424 条规定，居间合同是居间人向委托人报告订立合同的机会或者提供订立合同的媒介服务委托人支付报酬的合同。居间合同中，居间人对委托人与第三人间的合同没有介入权。居间人只负责向委托人报告缔约的机会或为委托人与第三人缔约居中斡旋、传达双方意思、起搭桥牵线的作用，不参与委托人与第三人订约的具体商洽。但是，在房地产经纪实务中，房地产经纪机构和房地产经纪人员通常会参与房地产买卖合同的具体商洽，承担合同签订过程中的许多具体工作，对交易达成起到实质性的主导作用。同时，房地产经纪机构作为买方或卖方的代理人代理合同的签订、办理贷款、房地产转移登记及户口迁移等工作也屡见不鲜。《房地产经纪管理办法》第 3 条规定："本办法所称房地产经纪，是指房地产经纪机构和房地产经纪人员为促成房地产交易，向委托人提供房地产居间、代理等服务并收取佣金的行为。"从这一规定的表述中也可以看出，房地产经纪机构和人员提供的服务除房地产居间外，还包含房地产代理及其

他服务内容，如代办劳务部分。以居间合同中常见的，如产权过户、代办贷款、入住手续等代办劳务为考察对象。代办劳务是委托劳务性的独立给付义务，而不是根据诚实信用原则推导出的附随义务，代办劳务具有独立的对价性，多数情况下有独立的中介经纪服务的收费标价，可以由委托人自由选择。

实践中，房地产经纪机构在房屋交易过程中的工作虽然主要是围绕着为买卖双方提供交易磋商机会、促成双方达成合意为主要内容，同时为双方提供交易中政策问题的咨询、协助帮助买方办理贷款、提供交易流程、协助双方在建委办理过户手续等也是房地产中介公司工作的重要任务，这也符合买卖双方对于中介公司在交易过程中扮演角色的预期。故从二手房屋交易市场的惯例可得出结论，房地产中介公司的合同中义务绝非仅仅限于促成买卖双方达成房屋买卖合同的简单的居间而已，而应当是以合同达成、购房款支付完毕、房屋过户为目标，最终使得买方“买成”房屋、卖方“卖掉”房屋。当然上述结论也必须尊重当事人双方的合同约定。因此，从房地产中介服务合同的内容出发，课题组认为房地产经纪服务合同的性质是包含居间关系、委托代理关系、信息咨询服务买卖合同关系等在内的混合契约，其各个组成部分混合成为单一而不可拆分的给付，而非多个契约联立。

《城市房地产中介服务管理规定》曾将房产中介服务定义为，房地产咨询、房地产价格评估、房地产经纪等活动的总称。房地产中介提供的上述三类服务中，房地产咨询、房地产价格评估可单独提供；提供房地产经纪服务应一并提供前两项服务的内容。故买方或卖方与房产中介签订的委托售（买）房合同，不单纯是居间合同，而应是确定房产中介负有居间义务、附带提供房地产咨询、估价服务义务和享有收取相应报酬权利的合同。这些义务中有些是合同中明确约定的，有些是虽未明确约定但是依据双方当事人的真实意思表示可推知的，有些则是买卖双方可以选择购买的服务项目。

综上，笔者认为，房产中介机构在二手房交易中的法律地位，应根据房产中介机构与买卖双方之间签订的合同来确定。如果三方的合同仅约定房产中介机构只是负责报告订约机会，在买卖双方之间充当媒介，促成交易，则此时房产中介机构显然只是居间人。如果交易中的一方只是委托房产中介机构与另一方谈判，代为办理贷款手续，办理房屋交接等与房屋入住有关手续，代办或协助办理过户、迁移户口等，则房产中介机构显然是代理人。如果交易中，房产中介机构根据合同约定提供的是提供房屋买卖市场行情咨询，提供房屋买卖、贷款、过户等相关政策法规的咨询，办理或协助房地产价值评估等服务，则应认定为房产中介与相关当事人之间形成的是无名合同关系，应依据合同法总则以及与之最相类似的分则部分的规定处理当事人之间的权利义务纠纷。

## 十三、房产中介机构在房屋买卖合同纠纷诉讼中的诉讼地位应如何确定

在房屋买卖合同纠纷的诉讼发生后，一是因为当事人对中介公司在交易中的义务和责任认识不足，怠于将中介公司列为被告；二是因为民事诉讼中的司法是被动的司法，法官的视野常常被局限在原告的诉求中，很多房屋买卖合同案件中，房产中介机构未能被列为诉讼当事人。但有时，中介公司如果不作为诉讼当事人，又怠于作为证人出现，案件基本事实很难查清。因此，如要解决在买卖双方的房屋买卖合同纠纷案件中，作为第三方的房产中介机构在何种情况下可以追加为诉讼当事人?

第一种情形是将房产中介机构列为被告的情况。民事诉讼中，司法审查应当以当事人的诉求为核心的，民事诉讼的整个过程，都是围绕着诉讼标的而展开的。因此将房产中介机构列为被告只能是依当事人的诉状和请求达成，没有法律的明文规定，法院不应当过分积极的将其追加为共同被告，因为这并不符合“被动的司法”之原则。但如果房屋买卖一方在起诉时就将房产中介机构列为共同被告，那么法院则应当审查房产中介机构作为共同被告是否适格，如果不适格，则应裁定驳回起诉。判断房产中介机构作为共同被告是否适格的方式与其他合同纠纷相比并无特殊之处，不再累述。

第二种情形是将房产中介机构列为无独立请求权的第三人。《民事诉讼法》第 56 条规定：“对当事人双方的诉讼标的，第三人虽然没有独立

请求权，但案件处理结果同他有法律上的利害关系的，可以申请参加诉讼，或者由人民法院通知他参加诉讼。人民法院判决承担民事责任的第三人，有当事人的诉讼权利义务。”在房屋买卖合同纠纷中，一般而言在交易过程中已经收到居间费的中介公司是怠于参加诉讼的，也不可能主动申请参加诉讼，故将中介公司列为当事人一方以确定其在合同履行中是否存在过错，仅能通过人民法院主动通知参加这一唯一途径。

因为案件处理结果的不确定性和受决定性，成为无独立请求权的第三人必须具备这样两个条件：一是对原告和被告双方所争议的诉讼标的没有独立请求权，房屋买卖合同纠纷中中介公司并没有独立的请求权，它往往是义务与责任的承担者，当然如果中介公司提出要求依三方协议支付居间费的诉求也可能成为有独立请求权的第三人；二是案件处理结果同他有法律上的利害关系。所谓利害关系是第三人与当事人一方的法律关系直接影响了当事人双方的法律关系，尤其是前者的履行及其适当与否直接影响了后者的履行及其适当与否。在这种情况下，在本诉当事人争议的法律关系当中，一方当事人不履行或不适当履行义务，从而给对方造成损失的，直接责任固然由不履行或不适当履行义务的一方当事人承担，但造成这种后果的原因，则是由于第三人对于他与该方当事人之间法律关系的不履行或不适当履行。这也正是第三人同本诉当事人之间案件的处理结果有法律上利害关系的前提。显然，在房屋买卖合同未能履行或者瑕疵履行的情况下，房产中介机构作为合同义务的履行人或买卖双方义务的协助履行人，其对合同履行的不完满当然存在利害关系，一方面，可能是中介公司的原因导致了买卖合同的履行瑕疵；另一方面，法院可能在买卖合同纠纷中直接判定中介公司的过错程度和责任，因此将中介公司作为无独立请求权的第三人追加进诉讼是符合法律规定的，在某些情况下也是必要的。在房屋买卖协议中如果中介公司作为合同当事人签章的，无论合同中是否包括了居间费条款，中介公司都能够追加为第三人。但是否应当追加为第三人，应由法院对买卖合同签订情况、中介公司是否可能存在过错等基本情况的判断予以确定。

只要法官发现中介公司在合同履行过程中可能存在履行瑕疵，或者如果不在诉讼中出现无法查清案件基本事实的，都有必要将中介公司追加为第三人。当然，如果存在居间合同的，房屋买卖合同中的合同当事人并无中介公司的，追加第三人亦不符合法律规定的，可以向当事人释明应另案在居间合同纠纷中解决中介公司责任问题。

综上，法院在处理涉及中介公司的房屋买卖合同纠纷案件时，尤其是审理涉及房屋买卖合同无效、撤销、解除的案件中，视情况主动将中介公司列为第三人，有利于查清事实、厘清责任。

## 十四、房屋出卖人、买受人与房产中介公司签订了买卖房屋三方协议，如出卖人违约，买受人请求房屋差价损失赔偿的，应否支持

二手房买卖中，房屋出卖人、买受人与房产中介公司签订的买卖房屋三方协议，法律性质较为复杂。通常而言，这类协议中既会包含房屋买卖的有关内容，又会包含有房屋买卖居间服务的有关条款，因此，这类合同在性质上一般属于“买卖＋居间”的混合合同。

就房屋买卖而言，判断出卖人应承担何种违约责任，应以该三方协议在房屋出卖人与买受人之间形成了房屋买卖预约还是本约关系为基础。如果在三方协议中仅仅约定了当事人之间在将来订立房屋买卖合同的意思，并且约定合同的主要内容尚需进一步磋商确定，则该协议应属预约。如果三方协议中明确约定了合同的标的物、标的物的价款、履行期限、履行方式等内容，也就是说已经具备了房屋买卖合同的主要内容，则仍需通过当事人意思表示解释乃至合同的具体履行情况进一步分析。因为，判断当事人之间成立预约还是本约，仅根据当事人合意内容上是否全面，并不足以界分。判断当事人之间订立的合同系本约还是预约的根本标准，应当是当事人的意思表示。具体来说，房屋买卖本约的标的是房屋买卖关系，房屋买卖预约的标的则是的订立本约以在当事人之间成立房屋买卖关系。因此，区别房屋买卖预约与本约，应当看当事人是否意图在将来通过订立一个新的合同，才最终明确在双方之间形成房屋买卖法律关系的具体内容。也就是说，如果当事人存在明确的将来通过订立本约才成立房屋买卖关系的意思，那么，即使预约与本约在合同主要内容上非

常近似，也不应当认定其为本约。而如果当事人虽然约定在将来某一日期签订房屋买卖合同，但从协议约定的上下文以及当事人履行协议的情况看，当事人之间在三方协议中的约定具备了房屋买卖的主要内容，且其关于在将来签订房屋买卖合同的约定的主要目的就是根据行政主管部门的规定完善房屋买卖的流程，则该约定在性质上就不宜认定为是为订立本约以在当事人之间成立房屋买卖关系，而是在已经成立了房屋买卖法律关系的基础上，当事人对履行房屋买卖法律关系所确立的权利义务之一（即再签订一份书面的房屋买卖合同）的约定，也就是说，另行签订房屋买卖合同仅为履行房屋买卖法律关系下的权利义务的一个环节，此时，三方协议即应认定为本约。例如，房屋出卖人、买受人与房产中介在三方协议中约定："买受人当日支付定金10万元，8月10日前支付首付款200万元（含10万元定金），10月1日前签房屋买卖合同，签合同当日再支付房款100万元，在签买卖合同后60日内办理房屋所有权转移登记手续，办理房屋所有权转移登记手续当日交付房屋，剩余房款由买受人通过银行贷款支付。"则该约定即应理解为在当事人之间形成了房屋买卖本约。

在解决了当事人之间形成了房屋买卖预约还是本约的问题之后，出卖人违约的责任承担问题就较为明确了。如果当事人之间仅成立了房屋买卖预约，由于预约合同具有相对独立性，则违约方亦应承担预约合同违约责任，其违约责任应当适用合同法有关违约责任的基本原则。如果在协议中约定了定金，则应适用定金罚则；如果适用定金罚则不足以弥补违约造成的损失，守约方可以要求违约方补足超出定金罚则部分的损失，但根据《买卖合同解释》第2条的规定，该损失应在预约合同违约责任范围内确定，由于预约合同是以签订房屋买卖本约为标的，产生的是缔约请求权，与本约所产生的履行合同请求权不能等同，故不能直接以未履行房屋买卖合同作为计算损失的依据。人民法院在确定买受人的损失时，应当考虑买受人自身有无过错、是否及时采取措施减少风险和损失、买受人交纳的购房款数额是否可能限制其经济能力导致其无法另行购买其他房屋等因素综合判断。而如果当事人之间成立了房屋买卖本约，则根据《合同法》第113条的规定"当事人一方不履行合同义务或者履行合同义务不符合约定，给对方造成损失的，损失赔偿额应当相当于因违约所造成的损失，包括合同履行后可以获得的利益，但不得超过违反合同一方订立合同时预见到或者应当预见到的因违反合同可能造成的损失”。在出卖人违约时，其应赔偿买受人损失的范围既包括实际已造成的损失，也包括合同履行后本可获得的利益之损失。此时，买受人请求的房屋差价损失大致上可相当于可得利益损失，只不过在具体确定可得利益损失数额时，还要根据可预见原则、减损原则、损益相抵规则等加以调整。

## 十五、因限购、禁购等房地产调控政策引发的纠纷能否适用情势变更原则？当事人可否解除合同

《合同法解释（二）》第 26 条规定：“合同成立以后客观情况发生了当事人在订立合同时无法预见的、非不可抗力造成的不属于商业风险的重大变化，继续履行合同对于一方当事人明显不公平或者不能实现合同目的．当事人请求人民法院变更或者解除合同的，人民法院应当根据公平原则，并结合案件的实际情况确定是否变更或者解除。”该规定被普遍认为确立了我国合同法上的情势变更原则。一般认为，适用情势变更原则必须具备以下几项条件：（1）作为情势变更的事实，必须是作为缔约基础的环境发生客观异常变化。（2）客观情况发生变化须为当事人所不能预见。（3）变更的发生系不可归责于当事人的原因，即双方当事人对客观情事的变化均无过错。（4）情势变更发生后，如继续履行合同维持合同效力，会对当事人一方显失公平。

司法实践中，因房地产调控政策导致限购、禁购等问题引发的房屋买卖合同纠纷不在少数。大多表现为买受人因此无法进行房屋所有权转移登记，故诉至法院要求解除房屋买卖合同、赔偿损失等。对于此类纠纷能否直接适用情势变更原则加以解决，观点不一。

一种观点认为，由于新政的限购、禁购政策使得买房者的主体资格不适格，对其造成的影响不是履约困难而是根本无法实现合同的目的，亦无法通过协商改变支付方式等变更合同的方式使其顺利履行原合同。

故限购、禁购措施应理解为重大情势变更，可以适用情势变更原则，当事人可以主张解除合同。[①]

另一种观点认为，不能适用情势变更原则。理由主要有：第一，引入情势变更原则，与以往审判实践做法不一致。审判实务中对于援引情势变更原则一直持极其谨慎态度，不应轻易打破该局面。第二，援引情势变更原则容易产生法官自由裁量权的过度使用，造成肆意扩大“情势”的范围，不利于规范法官的审判行为。第三，限购、禁购政策本身不应当认定为情势变更。总的来说，情势变更原则主要针对经济形势、经济政策的巨大变化，与国家对经济生活干预有直接关系，如突遇物价飞涨、合同基础丧失、经济危机、汇率大幅度变化、国家经济贸易政策变化等，显然，限购、禁购政策并不宜认定为系“情势变更”。第四，现阶段国家对房地产市场进行宏观调控期间，可以将限购、禁购政策，比照《商品房买卖合同解释》的有关规定，将其作为“不可归责于双方当事人的事由”，从而对双方当事人的利益进行平衡处理。

笔者基本赞同后一种观点。虽然限购、禁购等房地产调控政策是一种较为明确、强制性的规定，一旦被纳入属于限购、禁购对象，对于当事人而言，是无法回避和解决的。但是，对直接援引情势变更原则作为判决依据的做法，还是应持慎重态度。情势变更原则的意义在于，通过司法权力的介入，强行改变合同已确定的条款或者撤销合同。在合同双方当事人订约意志之外，重新分配交易双方在交易中应当获得的利益和风险。在目前尚没有进一步明确、具体规定的境况下，法官的自由裁量权很容易造成对合同自由的干涉。而且，由于房地产调控政策自2010年年初以来一直延续，当事人对调控政策的发展方向应当有所判断。双方在合同中对房地产调控政策的后果予以安排的，应当予以承认。如果双方在合同中对此没有条款安排，一般情况下，应当推定当事人能够预见，从而不构成情势变更。因此，除非当事人确有证据证明对房地产调控政策的出台或变化无法预见，从而导致交易基础丧失的，才能够适用情势变更的以外，一般不宜以情势变更为由解除合同。

---

① 《李某与黄晓玲房屋买卖合同纠纷案》，载《人民法院案例选》2012年第3期。

但是，由于当事人之间的订立合同的目的因此而无法实现，故允许当事人解除合同亦是一种符合实际的做法。相较而言，前述以“不可归责于双方当事人的事由”处理这一问题，较有参考借鉴意义。处理涉及限购、禁购等房地产调控政策引发的房屋买卖合同纠纷案件时，可按照以下情形分别对待：

1. 双方当事人签订房屋买卖合同在先，签订合同时双方主体均符合当时政策要求，限购、禁购等房地产调控政策出台在后，按照新的政策规定买受人属于限购、禁购范围，导致合同无法继续履行的。由于购房资格是顺利履行房屋买卖合同必须具备的前提性条件，一旦丧失购房资格将导致整个合同无法继续履行。此时，双方当事人对导致合同无法继续履行均无过错的，属于可以按照“不可归责于双方当事人的事由”处理，任何一方合同当事人都可以诉请解除合同，买受人可以请求返还支付购房款及定金。

2. 双方签订房屋买卖合同时，买受人具备购房主体资格条件，但由于履行过程中当事人未按约履行合同，遭遇房地产调控政策，买受人被限购、禁购而丧失购房资格的，不能适用前述“不可归责于双方当事人的事由”规定。由于合同无法继续履行，当事人就后续事宜发生纠纷，需要区分违约情形承担责任。如双方均按照合同约定内容履行合同义务，买受人就能够顺利取得买卖标的物所有权的，因出卖人不配合办理相关手续等原因，导致买受人未能实现合同目的的，应当根据合同约定承担相应的违约责任，出卖人以对方无购房资格为由诉请解除合同并主张自己无责任的，人民法院应当仅支持其解除合同的诉请。如果因买受人付款迟延等原因，导致合同目的最终落空，则其需要自行承担相应不利后果。

当然，就这一问题的处理原则，在新房买卖中亦可适用。

## 十六、房产中介提供房屋信息错误是否构成违反如实报告义务

根据《合同法》第 425 条之规定，居间人在居间合同中承担的主要义务为如实报告义务，应就订立合同有关的事项向委托人如实报告，不

得隐瞒和订立合同有关的重要事项或者提供虚假情况。

对于居间人履行如实告知义务的范围与内容，实践中形成了两种不同观点：

第一种观点认为，居间人就其所掌握的信息资料向当事人如实陈述即可视为履行了如实告知义务，无须对该信息进行详细的核实和审查。

第二种观点认为，居间人是一个专业性的机构，当事人基于对居间人的信赖，而根据居间人的居间介绍才与对方达成协议，因此居间人应对其所提供的信息承担充分的、谨慎的审查及核实义务。

笔者同意第二种观点，房屋中介公司作为专业性的机构，拥有专业的人员、专门设备和特殊房源网络，并根据其服务收取佣金，对其提供的信息理应承担充分的、谨慎的审查及核实义务。在居间促成房屋买卖过程中，如果房产中介未尽到审慎核查义务，在调查系争房屋的权属状况时，既没有调取系争房屋的房产信息，也没有在得知系争房屋可能存在隐形限制的情况下，作进一步充分的审查、核实，将隐形限制情况向委托人如实报告，应认定其严重违反了其应尽的法定义务。

## 十七、房产中介违反报告义务应承担何种民事责任

《合同法》第425条规定：“居间人故意隐瞒与订立合同有关的重要事实或者提供虚假情况，损害委托人利益的，不得要求支付报酬并应当承担损害赔偿责任。”该条规定明确了居间人故意隐瞒或者虚假陈述与订立合同有重要关系的情况，需要承担相应的违约责任。

而按照《侵权责任法》第2条之规定，“侵害民事权益，应当依照本法承担侵权责任”，分别列举了多项民事权益，并以兜底条款形式提出了概括性的“等人身、财产权益”。日常商业活动中，合同一方违反合同约定或者法律规定，致使对方做出错误判断，造成财产权益损失，经常都是违约行为与侵权行为并行，学界称之为“违约性侵权”或者“侵权性违约”。

一般情况下，似乎都认为对于违反约定义务自然由合同法调整，承担违约责任；侵权责任法调整的违反义务行为，通常是违反法定义务的

行为，如生命权、健康权、物权等绝对权，不包括相对权如合同权利。但这是一个误区，现实中的民事活动本来就是若干法律行为和事实行为组成，绝大部分合同案件本身同样包含了多种民事关系，存在多种法律权利，不可能简单地一刀切出合同行为和侵权行为。中介机构主观上存在重大过错，行为上违反了法定的披露义务，致使买受人产生重大经济损失，该违反信息披露义务的行为不仅是典型的违约行为，也是侵权行为，且具备侵权责任客观要件之构成。因此，房产中介的行为构成违约责任与侵权责任的竞合。对此，我们认为，法官应依法释明当事人进行选择，如果释明后当事人也没有在违约和侵权两者中作出明确选择，法院可既从违约的构成要件也从侵权的构成要件对被告的行为进行审理，然后按照有利于权利人的原则酌情处理，以体现对当事人权益的保护。上海市高级人民法院在 2013 年集中出版的《合同案件审判精要》中即采用了此种做法。

就侵权责任而言，购房者的损失主要是因房屋买卖合同未履行造成的，作为合同相对方房屋出售者，故意隐瞒标的物的权属状况以出售房屋获利，是造成购房者房款损失的直接侵权责任人。而中介公司与房产中心均是在房屋出售者与房屋购买人之间预订立或者签订房屋买卖合同时，才会与房屋购买人发生联系，他们与购房人之间的法律关系中亦不涉及购房款，只是因未履行法定的义务，间接造成了购房者房款损失，其明显属于间接责任人。因此，受害人在请求损害赔偿时，出于公平原则，也应先由直接侵权人房屋出售方先行赔偿房屋价款损失，中介公司只有在房屋出售方无法承担或无法全部承担赔偿责任时，承担补充的赔偿责任。同时需注意的是，对于补充责任人的赔偿责任范围，并不是直接责任人不能赔偿的部分，而是“相应”部分，应该与补充责任人的过错程度和行为的原因力“相应”。

## 十八、“跳单”行为的认定标准及责任承担

“跳单”行为亦称为“跳中介”，是指购房人或卖房人已经与房产中介（公司）签署看房确认书、委托购房或卖房协议，房产中介公司已经

按照协议履行了提供独家房源信息并带领看房、促使房屋买卖双方见面洽谈等促进交易的义务，房屋买卖一方或双方为了规避或减少按照协议约定履行向房产中介交付中介费的义务，跳过房产中介而私自签订房屋买卖合同的行为。居间人促成合同成立的，委托人应当按照约定支付报酬；居间人未促成合同成立的，不得要求支付报酬。但是如果任由委托人看房后跳开中介，则对居间人是不公平的。法律否定不断出现的各种“跳中介”行为，保护居间方的合理收益权利，实际上也就是确认“促成缔约”的特殊形态，突破常态下的委托人在居间方主持下缔约的模式，将“促成缔约”的法律标准扩展至委托人实际利用居间服务获取缔约性利益。

二手房产交易中判断购房人或卖房人是否构成“跳单”，需要综合考虑房产中介服务的全过程及看房确认书、委托购房协议整体条款的约定，还有委托人有无规避支付中介费的主观恶意和跳过已签署看房确认书、委托购房协议的房产中介完成交易的客观事实等因素。一般来说，可以通过以下几个方面进行审查[①]：

1. 是否签署独家委托卖房或购房协议。有的委托人与居间人签订独家委托出卖或独家委托购买合同，在这种情况下，如果委托人通过其他中介公司成交，或者利用从独家委托的房产中介处获取的信息直接与对方交易，都违反了独家委托的约定，应对此承担违约责任。

2. 房产中介是否积极提供中介服务。在分析委托人与其他中介公司签订居间合同的主观意图时，应当注意原房产中介是否积极提供了相应的中介服务。

3. 委托人是否利用了房产中介公司提供的信息。由于目前市场上普遍存在房产中介公司之间共享房源以及出卖人同时在多家房产中介公司挂牌销售的情况，因此委托人常常可以在不同的房产中介公司找到同一房源。此时应根据提供房源的业主是多出挂牌还是独家委托出卖以及其与其他中介公司间的居间合同等因素来综合认定。

4. 委托人实际有无支出居间费用。委托人实际支付居间费用的情况

① 邵文龙：《房地产买卖中“跳单”行为的司法认定及责任承担》，载《人民司法》2012年第2期。

是判断是否构成“跳单”的依据之一。

“跳单”方对于“跳单”行为的法律责任，一方面，如果卖房人的行为违反了其与房产中介公司的协议构成“跳单”的，应该按照协议的约定承担相应的违约责任。另一方面，如果卖房人（或买房人）在签署了委托卖房协议（或委托购房协议）后，房地产中介公司按照协议已经履行了提供房源信息、带领看房、促成买卖双方见而洽谈等义务，卖房人或买房人基于自身原因不再出卖房屋或购买房屋，卖房人或购房人应按照其与房地产中介公司的协议支付合理的劳务费。协议没有约定的，房地产中介公司可以向委托方主张。①

## 十九、如何认定“反跳单”条款的效力

房产中介机构为了维护自身的利益，防止委托人“跳单”的行为，通常在订立的房屋买卖中介服务合同中约定“跳单”者要承担违约责任的合同条款，即“反跳单”条款。在目前的房产中介市场中，“反跳单”条款通常以中介机构单方提供的格式条款的形式出现。就如何认定“反跳单”条款的效力，实践中存在不同观点。

一种观点认为，“反跳单”条款的效力无效。“反跳单”条款系中介机构在未促成合同成立的情况下要求报酬及违约金的条款，是中介机构为了重复使用而预先拟定的格式条款，中介机构未与买房人或出卖人对该条款进行协商，买房人或出卖人如不同意该条款则该条款对买房人没有约束力。同时当事人享有自主选择中介机构的权利。“反跳单”条款事实上限制了当事人的这一权利。

另一种观点认为，“反跳单”条款有效。“反跳单”条款属双方当事人的真实意思表示，内容不违反法律、行政法规的强制性规定，应为合法有效。合同双方当事人均应依约履行合同义务。

笔者赞同后一种观点。“反跳单”条款的存在有其合理性．不应仅以

---

① 邵文龙：《房地产买卖中“跳单”行为的司法认定及责任承担》，载《人民司法》2012 年第 2 期。

其属于格式条款为由否认其效力。房屋交易市场中最有价值的资源在于意向房屋的地理位置、户型以及房主联系方式等各种信息。一般情况下买房人在签署“反跳单”条款之前或者之后，已经享受到一定的居间服务，通常获得了有关意向房屋的基本信息。如果允许买房人利用中介机构提供的信息购买房屋而不支付相应费用，对中介机构来说并不公平。虽然买房人有权利自主选择中介机构，但并不能排除其在享受到居间服务后应承担的给付相应报酬的义务。在买房人享受到中介机构的服务后，按照享有利益即应承担义务的基本原则，理应向中介机构支付一定的报酬。故“反跳单”条款的存在具有一定的合理性，可以有效地防止买房人利用取得的信息逃避自己支付报酬的义务。而且，法律并不当然禁止格式条款的效力。格式条款是当事人为了重复使用而预先拟定，并在订立合同时未与对方协商的条款。格式条款的存在具有合理性。一个条款是否属于格式条款并非其无效的当然原因。除非存在《合同法》第 40 条规定的情形，否则该条款均应当有效。“反跳单”条款虽然属于由中介机构单方提供的格式条款，就具体内容当事人双方不存在协商的情形，但就是否签署该条款买房人具有选择权。一旦买房人基于真实意思表示签署了该条款，即应受其约束。

## 判解精要

### 一、房屋买卖双方尚未签订书面购房合同，但已办理了“网签”手续，且已明确了合同价款、房屋信息的，应当认定双方的房屋买卖合同已经成立

**【案例索引】**

沈海星与安香云房屋买卖合同纠纷案①：一审：北京市朝阳区人民法

① 载《人民法院案例选》2013 年第 4 辑。

院（2009）朝民初字第 24866 号，二审：北京市第二中级人民法院（2010）二中民终字第 05439 号。

**【基本案情】**

2009 年 2 月，原告沈海星和被告安香云协商关于原告名下北京市朝阳区和平街十区 21 楼 4 层 3 门 402 号房屋的买卖事宜。2009 年 3 月 16 日，原告和被告的委托人刘强（被告之子）一同到北京市朝阳区房屋权属登记中心填写了《存量房自行成交网上签约申请表》并签字。2009 年 3 月 17 日，原告和刘强在北京市朝阳区房屋权属登记中心再次签字确认了《存量房买卖合同信息表（自行成交）》。该信息表为房屋管理部门根据双方申请表的内容，将相关信息进行了网上登记后，向双方出具的打印版信息表。该表中包括如下信息：出卖人沈海星的个人身份信息、买受人安香云的个人身份信息、交易房屋的相关信息（包括所有权证号、户型、房屋性质等）、房屋成交价款为 399900 元（其中包括定金 1 万元及定金支付的日期 2009 年 3 月 17 日，剩余款项的支付方式为非贷款）。在申请表和信息表中，还包括原被告双方关于注销网上信息的约定："网上信息填写完成后，在申请转移登记之前，需要注销网上信息的，10 日内买卖双方共同申请，超过上述时间的，可由买方申请。"此后，被告用信用卡支付了房屋的遗产税 11366.70 元及契税 3999 元，原告将本案房屋的电卡及供暖协议交于被告。此后，原告认为房屋的出售价格过低，拒绝与被告进行书面合同的签订，并欲注销在北京市朝阳区房屋权属登记中心登记的网上信息。但根据双方网签的约定，只能由买方进行网上信息的注销，原告无法单方进行网上信息的注销，故原告诉至法院，要求被告协助原告办理注销网签信息表的手续。

**【审判要览】**

一审法院认为，当事人对合同是否成立存在争议，人民法院能够确定当事人名称或者姓名、标的和数量的，一般应当认定合同成立。对合同欠缺的上述内容以外的其他内容，当事人达不成协议的，人民法院根据法律有关规定予以确定。根据本案查明的事实，在申请表和信息表中，房屋买卖合同的主要条款（包括买卖双方、买卖标的、价款、价款支付方式等）均已由原告与被告进行了确认。双方向税务部门交纳了房屋的相关税费，原告还履行了部分附随义务，向被告交付了房屋电卡及供暖合同。原告虽然提供了双方往来的电话信息，用于证明双方之间协商房款的过程，但该协商过程是在双方已经明确了房款数额后，原告就已经明确的房款数额反悔而再次协商的过程。双方在往来信息中并未就新的房款达成一致意见。根据以上查明的事实，认定双方合同已经成立。而依法成立的合同，自成立时生效。双方当事人均应当按照约定全面履行自己的义务。原告以双方约定的房屋价款过低为由，拒绝与被告签署书面合同，原告的相关主张没有证据佐证。原告要求被告履行注销网签信息的诉讼请求，不予支持。现被告要求按照网签确定的房款数额履行协议，法院予以确认。被告反诉要求继续履行合同，予以支持。关于被告反诉的其他损失一节，法院认为，由于被告支出的费用均是在房屋过户尚未确定前发生，对于该部分损失应当由被告自行承担。被告称双方协商确认由被告交付遗产税来抵定金，但被告亦未能提供证据证明双方就此事协商一致，故无法认定被告向原告支付了定金1万元。综上，判决：(1) 沈海星与安香云继续履行双方之间的房屋买卖合同。(2) 安香云于判决生效后5日内给付沈海星房价款399900元。(3) 沈海星于判决生效后十日内配合安香云办理房屋过户手续，并向安香云交付房屋。(4) 驳回沈海星的诉讼请求。(5) 驳回安香云的其他诉讼请求。

沈海星不服，提出上诉。

二审中，经法院主持调解，双方当事人自愿达成了调解协议。

**【裁判解析】**

对于能否根据原、被告在北京市朝阳区房屋权属登记中心签字确认的《存量房自行成交网上签约申请表》《存量房买卖合同信息表（自行成交）》（俗称“网签”）认定双方的买卖合同已经成立，有两种不同的意见：

第一种意见认为，法律规定房地产交易应当采用书面形式，原、被告虽然在网上递交了《签约申请书》，并确认了《买卖合同信息表》，但仍然没有签订正式的书面购房合同，所以双方的房屋买卖合同不成立，沈海星的诉讼请求应当支持。

第二种意见则认为，虽然房屋买卖双方尚未签订书面的购房合同，但是双方已经进行了两签，而且明确了合同的价款、房屋信息，所以应当认定双方的买卖合同已经生效。

我们同意第二种意见，主要理由如下：

### （一）网签形式符合合同的成立要件

首先，网签是合同订立的合法形式之一。《合同法》规定“当事人订立合同，有书面形式、口头形式和其他形式。”而其中的书面形式既包括传统的有形的合同书、信件，也包括无形的数据电文，例如，电报、电传、传真、电子数据交换和电子邮件，只要其可以明确地表现合同的内容即可。本案中，沈海星与安香云虽然没有签订书面合同，但是已经填写了《存量房买卖合同信息表（自行成交）》，并签字确认了《合同信息表》的内容，并经建委审核后在网上进行公示。因此，双方已经就房屋买卖的主要意向形成数据电文，这种合同的订立形式虽与传统的合同书形式有所区别，但其只是将合同的内容登记在政府机关确定的网络上进行公示，是合同订立有效形式之一。

其次，网签的程序确定了双方的合意。在《北京市建设委员会关于全面推行存量房买卖合同网上签约有关问题的通知》（京建交〔2008〕628号，以下简称《存量房网签通知》）中，规定了网签的程序，包括：（1）买卖双方达成交易意向后，填写《存量房买卖合同信息表（自行成交）》；（2）向服务窗口提交当事人已签字或盖章的《存量房买卖合同信息表（自行成交）》等材料；（3）服务窗口的工作人员核对当事人提供的材料，并通过存量房网上签约系统录入存量房买卖合同第1条至第4条的相关信息，打印后交当事人确认；（4）当事人确认合同网上信息无误后，由工作人员将存量房买卖合同文本一式四份交当事人。合同双方具体一致的意思表示是合同成立和生效的核心内容，而从网签的流程来看，房屋买卖只有在达成交易意向后，才会签订《存量房买卖合同信息表》，同时在合同上网前还需经过买卖双方的确认，因此，可以认定本案中房屋买卖双方沈海星与安香云确实对房屋买卖达成了合意。

最后，合同订立的条款完备。《合同法解释（二）》第1条规定：“当事人对合同是否成立存在争议，人民法院能够确定当事人名称或者姓名、标的和数量的，一般应当认定合同成立。”而本案诉争双方所签订的《存量房买卖合同信息表》中，明确标注出卖人信息、买受人信息、房屋及交易信息（包括房屋的基本状况，即房屋所有权证号、户型楼层、房屋性质、抵押情况、土地使用状况、成交价款以及签约密码等），完全满足上述司法解释中对合同成立条款的要求。此时，合同的主要权利义务已经确定，合同的条款是明确的。在这种情况下，应当认定诉争合同已经成立。

### （二）房屋买卖合同网签的法律性质

网上签约，是将普通的房屋买卖合同进行了一种公示。公示是物权转移中的一种必经程序，但是并非合同成立、生效的必要条件。进行网签是房地产主管部门为维护房屋买卖市场的秩序，要求将双方（或者包括中介在内的三方）签订的房屋买卖合同进行公示。而公示的内容是房屋买卖合同本身，如果合同本身尚未成立，仍在探讨过程中，那么就无须也不可能进行公示。所以，反过来印证了网签合同本身应是一种成立和有效的房屋买卖合同。所以，房屋买卖进行了网签，也就确定了这份房屋买卖合同的成立。网签合伺虽然形式特殊，也具有一定的政策性因素，却具备合同属性应具有的必要条件，体现了买卖双方的意思表示。进一步说，网签的合同本身被行政部门通过网络向全社会公示，应是一个非常规的、更加具有效力的合同。

虽然《存量房网签通知》规定了存量房屋买卖合同双方如果申请转移登记前没有经过网上签约，将无法顺利办理房屋过户手续，但是网签的“公示”性质，也决定了其无法影响购房合同的效力。也就是说，网签合同是一种有效的合同形式，也是房屋登记转移的必要条件，但是，只要购房者与存量房卖家签订了书面的购房协议，就应当认定购房合同成立，只要房屋没有重大产权瑕疵，那么，合同签订之日，就已生效，网签与否不影响合同效力。

### （三）网签合同的价款确定

网签是一种有效的，并经过公示的合同，但是在现实经济生活中，当事人为了避税、骗取贷款等原因，往往会就同一房屋签署数份价款不同的“阴阳合同”，用于办理网签等相关手续。

所以，网签虽然是有效的合同，但是网签合同确定的房价款，并不一定就是双方当事人的真实意思表示，双方当事人的本意原则上应该根据后合同优先于前合同的原则，以后订立的合同为准，同时，结合前后合同约定的成交价与市场价格的差距大小、合同登记备案情况等综合判断。

## 二、出卖人将房屋出售后又转卖他人，后买受人是否尽到必要的审查义务，是否支付了合理对价，以及其与出卖人是否存在特殊关系等，均是判断后买受人与出卖人是否构成恶意串通的依据

**【案例索引】**

孔祥文、刘彦诉邹叔芳等房屋买卖合同纠纷案[①]：一审：云南省昆明市五华区人民法院（2011）五法民二初字第584号，二审：云南省昆明市中级人民法院（2012）昆民一终字第35号。

**【基本案情】**

孔祥文、刘彦系夫妻关系，邹叔芳、吴燕芬系夫妻关系。2009年11月1日，邹叔芳与孔祥文签订了一份《商品房认购权转让协议》，约定邹叔芳有位于昆明市北京路延长线与烟草一号路交叉道口北面某小区C区七幢1单元501号房屋一套，邹叔芳同意将该商品房的认购权转让给孔祥文，购买价格按照省政府办公厅规定的集体购买价格为准，但需另付该房屋的认购权转让费39万元给邹叔芳，邹叔芳在拿到房屋的土地使用证、产权证后应立即交由孔祥文保管，到房屋产权可以更名过户时，双方应按有关规定及时办理，更名过户所发生的费用由孔祥文负担。孔祥文将部分房款24万元分别于2007年3月21日至2009年10月21日之间分三次支付给邹叔芳，尾款22303192元于2009年10月31日付清给邹叔

---

① 载《人民法院案例选》2013年第4辑。

芳。转让费其中10万元孔祥文也于2007年3月22日支付给邹叔芳，剩余29万元，邹叔芳于2009年10月31日将房屋钥匙交付给孔祥文时，孔祥文全额付清给邹叔芳。

2011年3月14日，孔祥文、刘彦向昆明市盘龙区人民法院起诉，要求邹叔芳、吴燕芬继续履行合同，将诉争房屋的《房屋所有权证》及《土地使用权证》交由孔祥文、刘彦保管，并配合办理诉争房屋的过户手续。2011年6月3日，昆明市盘龙区人民法院作出（2011）盘法民二初字第137号民事判决书，判决孔祥文、刘彦与邹叔芳、吴燕芬继续履行于2009年11月1日签订的《商品房认购权转让协议》，邹叔芳、吴燕芬在判决生效后30日内协助孔祥文、刘彦办理《房屋所有权证》变更登记手续并交付房屋。判决后邹叔芳、吴燕芬不服，于2011年6月17日向昆明市中级人民法院提起上诉。

另外，在该案二审期间的2011年7月11日，邹叔芳、吴燕芬与陈凤琴签订了一份《房屋买卖合同》，约定陈凤琴购买邹叔芳、吴燕芬所有的位于昆明市某小区C区七幢1单元501室的房屋，成交价格为125万元。昆明市明信公证处对该合同进行了公证。

此外，昆明市住房和城乡建设局发放的某小区C区七幢1单元501室的《房屋所有权证》载明的房屋所有权人为陈凤琴。

现孔祥文、刘彦提起本案诉讼，请求撤销邹叔芳、吴燕芬与陈凤琴签订的《房屋买卖合同》。

**【审判要览】**

一、二审法院认为，（2011）盘法民初字第137号民事判决确认邹叔芳有继续履行合同义务，但因该判决未生效，孔祥文与邹叔芳之间尚未形成到期的确定的债权债务关系，故本案不适用《合同法》第74条关于撤销权的规定。对合同效力认定，属法院应主动审查范围，无须当事人明确提出要求确认合同效力的主张，且孔祥文亦提出过邹叔芳与陈凤琴转让诉争房屋行为无效的意思表示，故依据《合同法》第52条的规定，法院对邹叔芳与陈凤琴之间房屋买卖合同效力进行认定。结合邹叔芳与陈凤琴交易时间涉案房屋所处区位，成交单价明显低于市场价格；从购房款支付情况看，除转账50万元外，对于剩余75万元付款方式，陈凤琴陈述为现金，但并不能提供该现金系通过取款或其他人借款的来源凭据，故对陈凤琴主张其支付合理对价的主张不予确认。另外，邹叔芳称2009年即交钥匙给陈凤琴，陈凤琴在签购房协议前不对该房状况进行了解，交易后亦未按双方合同关于在全部房款付清当日交房的约定，要求邹叔芳交房，这些情况与一般正常房屋买卖市场交易行为惯例不符。陈凤琴各项客观表现均不能证明其系一个支付合理对价的善意受让人，其与邹叔芳之间的房屋买卖行为，属于《合同法》第52条第2项规定的恶意串通，故判决确认无效。

**【裁判解析】**

根据《合同法》第52条第2项的规定，恶意串通，损害国家、集体或者第三人利益的合同无效。那么何为“恶意串通”，其构成要件又为何呢？我国现行法律法规及司法解释尚未对此作出明确界定，但学理上一般认为恶意串通是指当事人双方具有共同的目的，希望通过订立合同损害国家、集体或第三人的利益。从这一概念出发，我们认为，恶意串通包含两个层面：一是双方均有损害国家、集体或第三人利益的意图，即“恶意”；二是就此意图，双方存在“通谋”，这种通谋既可以表现为双方事先达成协议，也可以表现为一方作出某一意思表示，对方明知其目的非法，仍予以接受。

通过对恶意串通含义的分析可以看出。恶意串通是当事人的主观心理状态。直接判断行为人的主观心理状态是很困难的，当行为人可以隐瞒其真实心理时，难度则更大。诉讼中，当事人为了自身利益，故意歪曲事实，隐瞒自己真实意图的现象屡见不鲜，法官需要依据当事人表现在外的行为等客观情况，结合交易习惯、日常生活经验等对其主观心理进行推定。一般情况下，出卖人在将房屋出售后又二卖给他人的行为本身就具有恶意，因此，关键在于对后一买受人主观心理的判断。通过对类型化案件的反复推理和归纳总结，我们认为，就“一房二卖”的情况而言，判断双方是否存在恶意串通，应综合考虑以下两个方面：

1. “后买受人”是否尽到了必要的注意义务，即合同签订前是否对房屋及其权属状况等进行了合理审查。房屋买卖属于生活中的重大事项，一般来说，购房前，尤其是购买二手房前，买受人通常会对所欲购买的房屋的位置、格局、权属状况、装修、是否存在承租人等情况进行详细了解。因此，判断交易是否真实，可以从考察“后买受人”是否实地看房、是否核实了房屋权属状况、房屋现居住使用状况等角度人手。

2.“后买受人”是否实际支付了合理对价。首先应考察合同约定价格与市场价格间是否存在显著差异，若明显低于市场价格，则可能存在恶意串通。若无显著差异，仍应进一步考察“后买受人”是否涉及履行了付款义务。需要指出的是，与一般合同纠纷不同，此类纠纷中，由于双方之间可能存在串通，因而仅凭出卖人出具的收条不足以证明付款情况，应结合银行转账凭证或取款证明等其他证据和交易习惯综合进行判断。

此外，还要注意“后买受人”与出卖人之间是否存在特殊关系。恶意串通多发生在相互熟识的人之间。因此当“后买受人”与出卖人之间具有亲属、朋友、同事、同学等特殊关系或有其他生意往来时，恶意串通发生的可能性就相对较大。需要注意的是，这种特殊关系通常是很难被察知的，除非必要，当事人大多也不会主动承认这种特殊关系的存在。因此，需要审判员在庭审中时刻注意，不放过蛛丝马迹。

本案中，邹叔芳、吴燕芬在一审判决其继续履行与孔祥文、刘彦之间的合同后，在上诉期间与陈凤琴就涉案房屋又签订了《房屋买卖合同》并办理了过户手续，其行为明显存在恶意。陈凤琴未实际看房，也未对诉争房屋的实际使用状况进行了解，未尽到必要的注意义务；从约定的房屋价格来看，双方交易的房屋价款为125万元，该价格与涉案房屋同时期同区位同户型的市场报价及成交价格相比差距甚远，不能认定支付了合理对价；从房款支付来看，双方转账50万元及出具收条的时间与《房屋买卖合同》中约定的房款支付时间不符，且陈凤琴对于其中75万元房款的付款方式陈述为现金支付，但并不能提供该款项的取款凭证或其他来源凭据，明显与常理不符。结合以上几点，可以认定陈凤琴与邹叔芳、吴燕芬之间存在恶意串通，双方就涉案房屋所签《房屋买卖合同》应属无效。

## 三、出卖人对其明知且实际会对房屋买卖合同产生足以动摇缔约意思或者缔约条件的房屋信息负有披露义务

**【案例索引】**

肖某、潘某与杜海某房屋买卖合同纠纷案[①]：上海市浦东新区人民法院（2015）浦民一（民）初字第3599号。

**【基本案情】**

原告诉称，原告肖某、潘某，被告杜海某于2014年12月10日通过上海太平洋服务有限公司居间介绍签订了一份上海市房地产买卖合同，约定原告向被告购买位于上海市浦东新区环林东路742弄×号××室房屋。签约后，原告共支付房款22万元。后经原告了解，系争房屋曾发生租客非正常死亡事件。被告未能尽到完全真实的告知义务，隐瞒合同标的重大瑕疵，导致原告购房结婚的目的落空。故原告诉至法院，要求判令：（1）撤销原、被告之间订立，的房屋买卖合同；（2）被告返还购房款22万元；（3）被告赔偿原告中介费损失1万元；（4）被告以23万元为本金，按中国人民银行同期贷款利率赔偿自2014年12月16日起至实际支付之日止的利息；（5）诉讼费由被告承担。

法院审理查明，2009年7月21日，梁某从系争房屋阳台上跳下，当场死亡。之后，被告以95万元的价格购入系争房屋。2009年8月26日，系争房屋登记于被告名下。目前系争房屋存在两个抵押权，分别为抵押权人为中国农业银行股份有限公司上海五角场支行、上海市住房置业担保有限公司，债权数额为64万元，其中商业贷款34万元，期限从2009年7月20日至2037年7月19日；公积金贷款30万元，期限从2009年7月20日至2024年7月19日。抵押权人上海市住房置业担保有限公司，债权数额为86000元，期限从2010年6月12日至2025年6月12日。

2014年12月10日，原告作为买受人（乙方），被告作为出卖人（甲方），签订一份上海市房地产买卖合同，约定原告以235万元的转让价款

① 载《人民法院案例选》2013年第4辑。

购买被告拥有的系争房屋。合同还对房屋过户手续的办理、房款的支付、税费负担等进行了约定。

合同签订后，原告当日支付被告购房款 2 万元，并支付中介上海太平洋房屋服务有限公司佣金 1 万元。同年 12 月 14 日，原告又支付购房款 20 万元。之后，原告得知系争房屋曾发生跳楼死亡事件，通过电话多次就解约一事与被告进行联系，但均未能达成一致意见。其中，被告在电话中曾表示："它什么时间我没有关注过，但是这个事情呢，我听说过，但是我不相信这个事情的""它存在这个不存在这个呢……我是……就是说，从房子角度上我是不关心这个事情的""我父母知道，但是他们没跟我说呀，但是就算有这情况，我也不在乎的。"

**【审判要览】**

上海市浦东新区人民法院认为，本案的争议焦点在于原、被告签订的上海市房地产买卖合同及补充协议能否撤销。《合同法》第 54 条规定："一方以欺诈、胁迫的手段或者乘人之危，使对方在违背真实意思的情况下订立的合同，受损害方有权请求人民法院或者仲裁机构变更或者撤销。"结合本案情况及双方陈述，判断涉案房屋买卖合同能否撤销的关键在于被告是否存在欺诈行为。

首先，被告在出售系争房屋前是否知晓该房屋曾发生过有人跳楼一事？虽系争房屋于 2009 年 7 月 21 日发生了跳楼自杀事件，属客观事实，但若被告出售房屋前并不知晓，即使被告未告知原告，也不存在隐瞒一说，更不存在欺诈。被告以不知晓进行辩称，但从其与原告之间的电话录音来看，其承认曾听说过跳楼事件，只是自己并不在意这个事情，与被告的辩称相互矛盾，故应推定被告在出卖房屋前知晓该起跳楼自杀事件。

其次，该起跳楼自杀事件是否属于被告应当披露的信息？当事人在订立合同过程中，应遵循诚实信用原则，不得故意隐瞒与订立合同有关的重要事实或提供虚假情况，否则构成欺诈。按日常生活经验及民间习俗，房屋内若发生自杀等非正常死亡事件，往往会使房屋的价值下降，对于房屋的出售价格将产生实质性影响，从而影响买受人的缔约基础，应属于出卖人需要披露的信息。系争房屋于 2009 年 7 月发生跳楼死亡事件，被告在将房屋出售给原告时未予披露，并以正常的市场价格出售给原告，违反了诚实信用原则。

最后，原告是否基于被告未披露该信息作出了错误的意思表示？被告在出售系争房屋时未主动披露房屋内曾发生过非正常死亡事件的信息，致使原告陷于错误，并基于该错误进行了法律行为，即以正常的市场价格向被告购买了系争房屋，并准备作为结婚用房。而原告在通过其他途径得知该信息后，第一时间向被告提出交涉，明确表示不再履约，并就该事多次与被告进行电话沟通，尽管最后双方未能达成一致，但从侧面更能印证原告是基于错误信息所为的法律行为。

综上，被告负有告知原告系争房屋曾发生过非正常死亡事件的披露义务，但未予及时告知，致使原告陷于错误，在不知情的情况下与其签订了上海市房地产买卖合同及补充协议，被告的行为构成欺诈。原告据此要求撤销双方签订的上海市房地产买卖合同及补充协议，于法有据。合同被撤销后，因该合同取得的财产应当予以返还；不能返还或者没有必要返还的，应当折价补偿。有过错的一方应当赔偿对方因此所受到的损失，双方都有过错的，应当各自承担相应的责任。原告要求返还已支付的房款 22 万元，可予支持。被告未尽到披露义务，系导致合同撤销的过错方，原告据此要求其赔偿中介费 1 万元及已付款与中介费自 2014 年 12 月 16 日起至实际支付之日止的中国人民银行同期贷款利率利息，也具有法律依据。

一审判决后，原、被告均未提起上诉，该判决已经生效。

**【裁判解析】**

判断涉案房屋买卖合同能否撤销的关键在于被告是否存在欺诈行为。分析本案，被告确实没有向原告披露过系争房屋曾经发生非正常死亡事件的信息，但被告是否对过户至其名下之前发生的房屋内非正常死亡事件已知？如果是已知的，那么签订合同时，被告沉默的行为是否构成故意隐瞒房屋的真实信息？被告故意隐瞒系争房屋是凶宅的信息，是否希望或放任原告因此陷入错误认识而与其签订房屋买卖合同？系争房屋曾经发生非正常死亡事件的信息是否属于房屋的重大信息？该项信息的隐瞒是否会影响房屋买卖合同的签订或合同的实质性内容？该项信息的隐瞒导致房屋买卖合同的签订，是否会导致原告利益受损，而被告获得不正当利益？

前已述及，是否披露“凶宅”信息实际上对交易能否达成以及交易价格都会产生重要影响，直接影响到缔约基础，故而出卖人对此负有信息披露义务，其未向买受人披露所涉房屋存在非正常死亡事件构成对信息披露义务的违反。

《合同法》第42条是关于缔约过失责任的条文，根据该条规定，有缔约欺诈行为的，应承担缔约过失责任。该条并未正面说明合同一方具有信息披露义务或告知义务，但从该条文可以看出缔约欺诈分为两种情况：第一种是沉默性欺诈，第二种是误导性欺诈。构成沉默性欺诈的逻辑前提是与订立合同有关的重要事实不能隐瞒，应予披露。如前所述，所涉房屋存在非正常死亡事件的，应当认定为应当披露的重要事实。

判断欺诈的前提是出卖人已知务必披露的信息而沉默或作出虚假陈述，因此先必须判断出卖人已知房屋是凶宅，出卖人对于已知的信息负有披露义务，但是卖方无须花费额外的金钱和时间去获取信息。因为该案的特殊之处在于，系争房屋内发生非正常死亡事件是被告购买系争房屋后、房屋过户到被告名下之前，所以在本案审理过程中，从证据证明力角度分析双方当事人证据，推断阐明出卖人在出售房屋时对凶宅信息是已知的，有利于查明案件事实，较好地维护了当事人的合法权益。对此该案通过分析关键证据——录音资料、出警记录，被告杜海某承认曾听说过跳楼事件，只是自己并不在意这个事情，这与被告的辩称相互矛盾，阐明推断出卖人在出卖房屋时就对房屋内租客非正常死亡事件是已知的。

关于沉默欺诈导致合同被撤销的构成要件。《合同法》第54条规定：“下列合同，当事人一方有权请求人民法院或者仲裁机构变更或者撤销：……一方以欺诈、胁迫的手段或者乘人之危，使对方在违背真实意思的情况下订立的合同，受损害方有权请求人民法院或者仲裁机构变更或者撤销。”出卖人如果在房屋交易过程中以欺诈的手段使对方在违背真实意愿的情况下订立合同，买受人当然有权请求法院变更或撤销。问题是，沉默是否构成欺诈，换言之，保持沉默的行为人认识到自己的行为可能导致对方陷于错误，并基于该错误作出意思表示，而主观上追求这种意思表示的发生，是谓沉默型欺诈。沉默型欺诈的构成要件：（1）出卖人负有披露义务；（2）出卖人未履行该披露义务使买受人陷于错误，并基于该错误进行法律行为；（3）出卖人认识到其沉默的行为后果。

从上述三个要件分析本案，可以发现：（1）被告杜海某负有信息披露义务，该点已如上述。（2）肖某、潘某因被告杜海某的沉默陷于错误，并基于该错误进行了法律行为。基于上述第一点，可以判断，肖某、潘某与杜海某签订合同时，双方的合意基础并不相同，而肖某、潘某之所以签订该合同，是由于杜海某的沉默所致。（3）杜海某认识到其行为的后果，并因此使肖某、潘某受有损失，自己获有利益。从上述分析可知，杜海某沉默后果是使肖某、潘某本来可能获得的减少价金或者与其他人缔约的机会利益受到损失，其中市场价格与该房屋因负载自杀案价格之间的价差被杜海某享有。故而，杜海某抗辩称原告的撤销事由不成立，合同合法有效，原告应按约履行并支付相应房价款均不足采信。综上，杜海某负有告知肖某、潘某系争房屋曾发生过非正常死亡事件的披露义务，其未予告知，主观上具有欺诈故意，使肖某、潘某陷于错误，并基于该错误进行法律行为，构成欺诈。依照《合同法》第 54 条的规定，肖某、潘某请求法院撤销合同，应予支持。

## 四、无权处分人与买受人签订的房屋买卖合同并不因其没有处分权而无效

**【案例索引】**

夏颖与常颖等房屋买卖合同纠纷案：一审：北京市昌平区人民法院（2013）昌民初字第 04722 号，二审：北京市第一中级人民法院（2013）一中民终字第 11256 号。

**【基本案情】**

2002 年 11 月 8 日，原告常颖与案外人北京顺天通房地产开发有限责任公司签订《商品房买卖合同》，约定常颖购买北京顺天通房地产开发有限责任公司开发建设的北京市昌平区北七家镇天通东苑三区 53 号楼 2 单

元6/7层1号房屋。常颖在购买该房屋时向中国银行申请购房贷款，现贷款尚未还清。2006年11月22日，常颖取得上述房屋的所有权证，登记地址为昌平区北七家镇天通东苑三区53号楼2单元6/7层1号房屋，登记房屋性质为经济适用住房。房屋交付后，常颖将上述房屋借给被告常伟居住。2009年，常伟与被告夏颖达成口头协议，约定常伟将诉争房屋卖给夏颖，现该房屋由夏颖居住使用。庭审中，常颖与夏颖均向法院提交两份《收条》，用于证明夏颖于2009年11月28日给付常伟购房款38万元，于2009年12月12日给付常伟购房款77万元。庭审中，夏颖表示常颖对常伟卖房给他是知情的，常颖表示其不知情，也从未表示过同意。

**【审判要览】**

一审法院判决：（1）夏颖与常伟买卖昌平区北七家镇天通东苑三区53号楼2单元6/7层1号房屋的行为无效；（2）夏颖于判决书生效之日起60日内搬离昌平区北七家镇天通东苑三区53号楼2单元6/7层1号房屋，并将其交还常颖。

二审法院判决：（1）维持北京市昌平区人民法院（2013）昌民初字第04722号民事判决第2项；（2）撤销北京市昌平区人民法院（2013）昌民初字第04722号民事判决第1项；（3）驳回常颖的其他诉讼请求。

法院生效裁判认为：

行为人没有代理权、超越代理权或者代理权终止后以被代理人名义订立合同，相对人有理由相信行为人有代理权的，该代理行为有效。构成表见代理应当满足三个条件：第一，行为人与第三人签订合同没有获得本人的授权。第二，合同的相对人在主观上必须是善意的、无过失的。第三，合同的相对人有理由相信行为人具有代理权。买卖房屋是人们生活中的重大事项，买卖双方应当对该行为尽审慎的注意，夏颖在常伟未出具常颖的委托书、亦未签订买卖合同的情况下，仅以口头约定的形式购买涉诉房屋，欠缺应有的注意，夏颖在该买卖行为中存在过失。故夏颖主张该买卖行为构成表见代理，不能成立。

关于夏颖所述常颖对于常伟出卖房屋一事知情一节，因夏颖在常伟未能出示常颖授权其出卖房屋的委托书的情况下，仅以一份事后的录音不足以证明常伟对涉案房屋享有代理权，故对于夏颖所述常颖对出卖房屋一事知情，不予采信。

依据相关规定，当事人一方以出卖人在缔约时对标的物没有所有权或者处分权为由主张合同无效的，人民法院不予支持。本案中，常颖以常伟在未经其同意的情况下擅自处分其财产为由，请求法院判决常伟的擅自处分行为无效，缺乏法律依据。一审判决有误，二审法院予以纠正。

所有权人对自己的不动产，依法享有占有、使用、收益和处分的权利。涉诉房屋产权人为常颖，现常颖要求夏颖腾退涉诉房屋有事实及法律依据，对其请求应予支持。夏颖因与常伟房屋买卖口头协议产生的纠纷，可另行解决。

**【裁判解析】**

无权处分的效力，历来是法学理论界和司法实务界争议的问题。出卖人出卖自己无所有权或处分权的标的物，对于买卖合同及物权变动效力的认定，对出卖人、买受人和标的物所有人的权利义务关系均有较大的影响。根据民法理论，法律行为可分为负担行为和处分行为，其中负担行为是指直接发生财产权移转或消灭效果的行为，典型的负担行为为债权行为；处分行为是发生债法上给付义务效果的财产行为，典型的处分行为为物权行为和准物权行为。负担行为和处分行为分别为物权变动的原因与结果，负担行为所产生的法律效果的债权的产生和变更，即赋予行为人一方得请求另一方给付的权利和使另一方应为给付行为的义务；处分行为的法律效果是财产权利的产生和变更，即取得对标的物的支配权。无权处分所“处分”的是处分行为，即无权处分人从事了使他人财产权利产生或变更的法律行为，而非仅产生请求给付的法律效果。

代理是代理人在代理权限内以被代理人名义实施的民事法律行为。如果代理人没有代理权、超越代理权或代理权终止后仍以被代理人名义从事处分行为，则构成无权处分。但如果行为的相对方有理由相信行为人有代理权，则视为行为人有处分权，不构成无权处分。判断相对人是否有理由相信，需要结合行为的性质、相对人的注意义务等综合考虑。在房屋日益成为巨额资产的情况下，买卖房屋属于重大处分事项，买卖双方均应负担较高的注意义务，买受人在不对出卖人是否具有房屋处分权、是否具有合法代理权的情况下，通过口头方式约定房屋的买卖，属于疏于注意的过失行为，不能以自己相信出卖人具有代理权对抗标的物的所有权人。

在出卖人无权处分的情况下，其与买受人签订的房屋买卖合同的效力并不受该处分行为的影响，应认定为有效，但房屋能否发生所有权的转移，处于效力未定状态，需要房屋所有权人的事后追认。如果房屋所有权人未对处分行为予以追认，或要求确认该处分行为无效，则应认定处分行为无效。买受人如已实际居住该房屋，在确认处分行为无效后，买受人的占有将缺乏法律依据，处于无权占有的状态，房屋所有权人有权要求其腾退房屋。至于买受人因买卖合同无法履行所产生的损失，可通过要求无权处分人承担违约责任的方式予以救济。

### 五、一房二卖纠纷中，应综合考虑各买受人是否办理了房屋所有权转移登记、是否实际合法占有房屋、实际付款数额的多少及先后、是否办理了网签、合同成立的先后等因素，公平合理地确定合同的履行顺序

**【案例索引】**

刘加与朴顺德、陈亮房屋买卖合同纠纷案：一审：北京市海淀区人民法院（2013）海民初字第5256号，二审：北京市第一中级人民法院（2013）一中民终字第12272号。

**【基本案情】**

2006年3月6日，被告朴顺德（买方）与北京泰跃房地产开发有限责任公司（卖方）签订《北京市商品房预售合同》，约定朴顺德购买北京市海淀区褐石园×号楼×单元101号房屋（建筑面积265.32平方米），总价款为2505959元。朴顺德在与原告刘加就购买101号房屋签订买卖合同时未取得该房屋所有权证，但已经支付完购房款；至一审法庭辩论终结前，朴顺德已可以办理房屋所有权证，因刘加在诉讼中提出财产保全冻结101号房屋的交易手续，故朴顺德尚未持有房屋所有权证。

2011年12月19日，刘加与北京我爱我家房地产经纪有限公司签订购房意向书，约定刘加购买101号房屋，房屋总价款为900万元。当日，

刘加向北京我爱我家房地产经纪有限公司交纳购房意向金 5 万元。

2011 年 12 月 25 日，经北京我爱我家房地产经纪有限公司居间，朴顺德（卖方）与刘加（买方）签订了《北京市存量房屋买卖合同》，其中约定：刘加购买 101 号房屋，房屋成交价格为 900 万元。同日，朴顺德（甲方）、刘加（乙方）与金永植（担保方）又签订《买卖合同补充协议》，约定：(1) 乙方第一笔房款支付给甲方 600 万元，房屋所有证下来后乙方以资金监管的方式支付甲方剩余房款 300 万元；(2) 甲方有担保人，在甲方担保人和乙方办理完抵押担保手续后的 3 日内支付甲方房款 600 万元（甲方担保人对乙方的担保，如能做正规抵押担保登记，则甲乙双方按照正规抵押担保程序进行，如不能做正规抵押担保登记，则按本协议第 3 条执行)；(3) 金永植承诺作为甲方朴顺德的担保人，并用自己的房产和车辆作为担保物，金永植需提供本人名下房产和车辆证件的复印件。庭审中，金永植出庭为朴顺德作证称，其向刘加提供车辆证件、未向刘加提供房产证件。对此，刘加表示金永植未向其提供房屋及车辆的证件。朴顺德对此未能继续举证证明。在刘加与朴顺德签订的上述《北京市存量房屋买卖合同》及补充协议中，双方就 101 号房屋的交付时间未作明确约定。刘加至今亦未实际占有、使用该房屋。

2012 年 2 月 19 日，朴顺德向刘加发出告知函，称因朴顺德现在只能提供正式购房发票，不能按照补充协议约定提供房屋商品房预售合同，且刘加未向朴顺德支付购房定金，导致房屋买卖合同无法生效；为不影响刘加再次购房，请刘加于 2012 年 2 月 23 日前与朴顺德办理合同无效的相关手续，如到期不与朴顺德联系，双方所签全部合同资料自行无效。

2012 年 4 月 25 日，朴顺德与第三人陈亮签订《北京市存量房屋买卖合同》，约定陈亮购买 101 号房屋，房屋成交价格为 880 万元。至一审法庭辩论终结前，陈亮已通过银行向朴顺德支付购房款 500 万元。现该房屋已由陈亮装修并已实际入住。

此外，朴顺德与刘加、朴顺德与陈亮就 101 号房屋均未签订网签合同。在案件审理过程中，刘加、陈亮均表示，各自剩余购房款的给付能力不存在问题。

刘加提起本案诉讼，请求法院判决朴顺德继续履行双方所签的《北京市存量房屋买卖合同》，即朴顺德将101号房屋交付予刘加，办理过户手续；刘加向朴顺德支付房款，并承担本案一切诉讼费用。

**【审判要览】**

一审法院判决：（1）刘加、朴顺德（Park Sun Duk）继续履行双方于2011年12月25日签订的《北京市存量房屋买卖合同》；（2）刘加于判决生效后30日内向朴顺德（Park Sun Duk）支付购房款900万元；（3）朴顺德（Park Sun Duk）于判决生效后30日内将101号房屋交付给刘加，并协助刘加办理该房屋的过户手续；（4）驳回朴顺德（Park Sun Duk）全部反诉请求。

二审法院判决：（1）撤销一审判决第1、2、3项；（2）维持一审判决第4项；（3）驳回刘加的全部诉讼请求。

法院生效裁判认为：本案的争议焦点是：第一，朴顺德作为出卖人就101号房屋分别与刘加、陈亮签订买卖合同，刘加、陈亮均要求继续履行合同，应如何确定合同的履行顺序。第二，朴顺德是否有权解除其与刘加签订的《北京市存量房屋买卖合同》。

关于争议焦点一，法院认为，出卖人就同一房屋分别签订数份买卖合同，在合同均为有效的前提下，买受人均要求继续履行合同的，不能仅考虑合同的签订时间，也应当综合比较两份合同的履行程度。根据现行司法实践可确定如下履行顺序：（1）已经办理房屋所有权转移登记的；（2）均未办理房屋所有权转移登记，已经实际合法占有房屋的；（3）均未办理房屋所有权转移登记，又未合法占有房屋，应综合考虑各买受人实际付款数额的多少及先后、是否办理了网签、合同成立的先后等因素，公平合理的予以确定。具体到本案，朴顺德与刘加、陈亮先后分别签订房屋买卖合同，均系各方当事人真实意思表示，且内容不违反法律、行政法规的强制性规定，应均为有效合同。刘加、陈亮均未办理房屋所有权转移登记，而陈亮依据有效合同已实际合法占有、使用101号房屋并对房屋进行了装修，同时考虑陈亮已经实际支付500万元购房款的事实，法院认为按照上述原则，应当优先履行朴顺德与陈亮之间达成的房屋买卖合同。而陈亮在购买101号房屋时是否知晓朴顺德与刘加之间的买卖一节并不影响其合同的依法履行。因此，原审法院判决继续履行刘加、朴顺德之间签订的《北京市存量房屋买卖合同》，违背了上述确认优先履行顺序之原则，侵害了陈亮的合法权益，对此予以纠正。本案中，陈亮明确表示要求继续履行其与朴顺德签订的合同，故对刘加主张的要求继续履行合同的相关诉请，不予支持。刘加因朴顺德一房二卖造成的损失，可依法另行追偿。

关于争议焦点之二，结合本案现有证据及基本事实，法院认为，朴顺德以刘加未依约履行付款义务为由要求解除合同，依据双方签订的《买卖合同补充协议》的约定，刘加向朴顺德支付购房首付款的条件是朴顺德的担保人金永植与刘加办理完毕正规担保手续或向刘加提供其名下房产和车辆证件的复印件。但是，在合同履行过程中，因担保人金永植房屋已经办理抵押且尚未到期，不能再次办理担保手续；朴顺德亦未举证证明金永植已向刘加提供相应房产及车辆证件的复印件。据此，依约刘加支付购房款的条件尚未成就，故朴顺德以刘佳未支付房款为由要求解除其与刘加签订的《北京市存量房屋买卖合同》之诉求，不予支持。

**【裁判解析】**

本案例中，朴顺德作为出卖人就101号房屋分别与刘加、陈亮签订了买卖合同，在两份合同均合法有效，且刘加、陈亮均要求继续履行合同的情况下，哪一份合同应当得到优先履行，是本案的核心问题。

合同履行指债务人依据法律和合同的规定作出给付的行为。可以说，合同履行是其他一切法律制度的归宿或延伸，是债权得以实现的前提，也是建立信用经济的基础。但在房地产交易过程中，房屋属于特定物，在“一房二卖”“一房数卖”的情况下，通常不可能实现两个合同都得到全面履行。纠纷发生时，哪份合同应该得到优先履行，谁更应该取得房屋所有权，是摆在法官面前不可回避的问题。

首先，明确处理此类案件的基本原则。一要坚持合同自由与鼓励交易的原则。在认定合同效力时要尊重当事人的意愿，以合同有效为原则，在认定合同的内容及如何履行存在争议时，应采取当事人约定优先的原则，尽量促成合同的继续履行，实现当事人签订合同的目的。二要坚持合同信守与诚实信用原则。依法成立生效的合同，当事人应当严格依约履行，原则上不允许擅自变更和解除合同，违反合同的当事人应当承担相应的违约责任，使其不能从违约行为中获利，以维护和引导房屋交易市场的诚信有序发展。三要坚持原则性与灵活性相结合的原则，正视现阶段房屋交易市场不完善和部分当事人法律意识不高的现实，既强调法院在处理同类纠纷时的统一性和规范性，给当事人以合理的预期，也赋予法官以自由裁量权，在处理个案时具备一定的灵活性，在保护双方利益的前提下向相对弱势方适度倾斜。

其次，“一房二卖”情况下合同履行顺序的处理原则。一要确认合同效力。对于“一房二卖”合同效力，一直存在两种误区：一是认为就同一标的，签订在先的房屋买卖合同有效，签订在后的房屋买卖合同无效；二是认为同一房屋只有第一个买卖合同是有效的，出卖人在与第一买受人签订合同之后，即丧失了对房屋再行处分的权利，其与第二买受人签订的买卖合同属于无权处分情形下的无效合同。本案的一审法院就是在这样两种误区的固定思维模式下，作出了判决。合同效力的确定，必须以《合同法》第 52 条的规定为依据，不具有法律规定情形的，各房屋买卖合同均应为有效。二要确定合同如何履行。在合同均为有效的前提下，要确定哪份合同优先履行。这里明确两个原则，一是物权优于债权原则，二是债权平等原则。所谓物权优于债权，指的是物权的优先性，主要表现在同一标的物之上同时存在物权和债权时，物权优先。即如果其中一个买受人已经办理了转移登记，取得了房屋所有权，而其他买受人享有是要求办理房屋转移登记的合同债权，依据上述物权优先于债权的原则，已经取得房屋所有权的买受人应当优先得到保护。所谓债权平等原则，是指债权人之间的债权除具有优先受偿权（如担保物权或法定优先权）者外，不考虑其发生时间之先后，金额之多寡，债权发生之原因，债权人都应当平等的接受清偿。对于各买受人均未办理转移登记的，由于各个买受人享有的均是合同债权，依据债权平等性的原则，到底由谁取得房屋的所有权以及履行哪个合同，可以由出卖人自主选择决定。但特别需要指出的是，在纠纷未进入诉讼的情况下，应充分尊重当事人的意思自治，出卖人有权根据自己的意愿选择合同履行的相对方，而一旦其中有的买受人已经提起诉讼的情况下，出卖人的选择权应当受到限制，合同如何履行应由人民法院依据公平合理的原则予以判断。本案中，朴顺德与刘加、陈亮分别签订了房屋买卖合同，到诉讼之时没有任何一方买受人依合同取得了房屋所有权，因此，刘加与陈亮享有的合同债权在法律上是平等的，均应予以保护。但是，由于两份合同的标的指向同一特定物，仅能确认一份合同履行。在此情况下，刘加提起了要求继续履行合同的诉讼，陈亮在抗辩中亦主张要求继续履行合同，出卖人朴顺德的选择权因诉讼而受限，人民法院需要根据案件实际情况，依照一定的规则确定合同履行的顺序。

现行司法实践中，通常以下列顺序确定合同的履行：(1) 已经办理房屋所有权转移登记的；(2) 均未办理房屋所有权转移登记，已经实际合法占有房屋的；(3) 均未办理房屋所有权转移登记，又未合法占有房屋，应综合考虑各买受人实际付款数额的多少及先后、是否办理了网签、合同成立的先后等因素，公平合理的予以确定。第一项规则正是前述的物权优于债权原则的体现，第二项规则的依据除了占有保护制度的延伸外，主要出于维护居住现状、稳定社会关系等司法效率原则的考虑，第三项规则的依据则是在债权平等原则的基础上依据合同履行的程度结合公平原则予以确定。最高人民法院于 2016 年 11 月 21 日印发的《第八次全国法院民事商事审判工作会议（民事部分）纪要》第 15 条对此方作出了与上述原则相同的规定。(具体内容本书第四章已有述及，此处不赘。) 本案中，刘加与陈亮均未完成网签，双方均表示就剩余购房款的给付能力不存在问题。至诉讼时，陈亮已占有使用房屋并进行了装修，且其已经实际给付了 600 万元购房款，而刘加仅给付了购房意向金 5 万元，并未支付房屋首付款，亦未实际占有房屋。因此，从合同履行的程度看，陈亮的履行程度更深，从房屋使用现状考虑，亦应当保护已经相对稳定的实际居住状况。因此，二审法院从本案的实际情况出发，依据确定合同履行顺序的规则保护了陈亮的合法权益，驳回了刘加的诉讼请求。

## 六、房屋买卖合同不因房屋附有违法建筑并结构相连而无法过户而无效。出卖人负有将房屋恢复至原登记的权利状态并消除行政限制的义务

**【案例索引】**

丁福如与石磊房屋买卖合同纠纷案。[①]

**【基本案情】**

2008年10月7日，被告石磊与原告丁福如签订买卖合同，约定丁福如向石磊购买其名下的上海市长宁区某某路189号某幢房屋及该房屋占用范围内的土地使用权，房屋建筑面积661.96平方米，该房屋占用范围内的土地使用权2052.9平方米，转让价款5600万元；石磊应于2008年12月18日前腾出该房屋并通知丁福如进行验收交接；双方于2008年11月8日前共同向房地产交易中心申请办理转让过户手续；石磊如未按约定的期限将上述房屋交付（包括房地产交接及房地产权利转移）给丁福如，应当按丁福如已付款的日万分之五，向丁福如支付自合同约定的交付日起至实际交付日止的违约金；双方应于签订合同并申请办理公证手续之当日，通过上海中原物业顾问有限公司支付首期房价款100万元，于2008年10月10日支付剩余首付款2000万元（该款项由中原公司代为保管至双方进入交易中心后转付石磊），尾款100万元由中原公司暂为保管；丁福如以贷款方式支付剩余3500万元。

上述买卖合同签订当日，上海市某公证处向上海市房地产登记机构查询，确认上述房屋无抵押及其他权利受限制的登记记录。丁福如按约支付房款。

11月18日，上海市长宁区房屋土地管理局向上海市长宁区房地产交易中心发出通知单，认定上述房屋附有违法建筑并结构相连，根据《上海市住宅物业管理规定》第42条第3款的规定，不予办理房地产转移以及抵押登记手续。

---

① 载《最高人民法院公报》2012年第11期。

丁福如认为应继续履行买卖合同，石磊可按目前现状交付房屋，由其自行恢复至房地产权证登记状态，石磊应于房屋恢复原状后协助办理产权变更手续。因石磊未按约交付房屋，应承担违约责任。而石磊则认为其前妻的妹妹于2006年已将上述房屋拆除并重建，因原建筑已灭失，目前存在的是违法建筑，双方所签买卖合同应归无效。

**【审判要览】**

上海市长宁区人民法院经审理认为，不动产登记簿记载的内容具有公示、公信效力，丁福如因信赖不动产登记而与权利人石磊签订买卖合同，石磊也未将上述房屋现状与登记信息不符的事实如实告知丁福如，丁福如的信赖利益应受保护。根据物权区分原则，双方的买卖合同虽因行政机关限制交易而存在履行障碍，但并不当然无效，除法律另有规定或合同另有约定外，该合同自成立时生效。且该合同不具备我国《合同法》第52条规定的无效情形，应属有效。虽然行政机关认定上述房屋附有违法建筑并限制其交易，但不动产物权未灭失，继续履行买卖合同在法律上或事实上均系可能。石磊明知房屋附有违法建筑仍予出售，应依诚实信用原则自行采取措施消除违法状态后将房屋交付给丁福如。丁福如自愿按现状接受房屋并替代石磊承担恢复原状的义务，于法不悖，可予准许。石磊应于房屋恢复原状并通过行政机关审查认可、撤销交易限制后，协助丁福如办理过户手续。石磊应承担迟延交付房屋的违约责任，但房屋权利交付取决于能够撤销行政机关的交易限制，此系丁福如自愿承担的交易风险，因此石磊的违约责任应计算至实际交付房屋时止；又因丁福如已支付给中原公司的购房款2000万元，尚不具备转交给石磊的条件，违约金的计算基数应以石磊实际收到的数额为准。据此，判决：被告石磊将上述房屋交付原告丁福如；被告石磊支付原告丁福如逾期交房违约金，以100万元为本金，从2008年11月9日至实际交付房屋时止，按每日万分之五计算；被告石磊应于原告丁福如将上述房屋恢复至产权登记状态且行政机关撤销上述房屋房地产转移登记限制后，协助原告丁福如办理上述房屋的房地产权变更登记手续；原告丁福如支付被告石磊剩余购房款3500万元；驳回被告石磊的反诉请求。

宣判后，石磊不服一审判决，提起上诉。

上海市第一中级人民法院经审理认为：双方交易上述房屋的意思表示及交易价格系属真实，结合不动产登记的公示、公信效力，买卖合同当属有效。在石磊未能将房屋恢复原状的情况下，丁福如同意按现状交付房屋，并自愿承担恢复原状的义务，因此在行政机关撤销交易限制后，双方完成权利交付是可行的，买卖合同能够继续履行。综上，判决：驳回上诉，维持原判。

**【裁判解析】**[①]

关于违法建筑买卖合同的效力问题，主要有三种观点：

1. 合同无效说。该说认为违法建筑违反行政性法律法规的规定，具有先天的违法性。订立的违法建筑买卖合同违反法律、行政法规的强制性规定，应为无效合同。

2. 合同效力待定说。该说认为应以违法建筑是否可以经过补办手续转变为合法建筑为标准确定合同的效力。即只要在合同订立之后，违法建筑人依法补办了有关土地管理和城市规划方面的手续，违法建筑也就从违法转为合法，合同的效力得以补正而有效；相反如果不能补办相关手续的，合同就归于无效。

3. 合同有效说。该说认为当事人订立的违法建筑买卖合同是有效的，其理由在于买卖合同的债权效力取决于订立该买卖合同的负担行为的效力，与出卖人的物权处分行为的效力无关。违法建筑的违法性不能阻却买卖合同的有效成立。违法建筑无法初始登记导致无法办理产权过户登记，亦不能影响买卖合同的效力。

我们同意最后一种观点，主要理由如下：

首先，根据合同法及其司法解释的规定，只有那些违反法律、行政法规的强制性规定中的效力性规范，才导致合同无效。违法建筑虽然违反的是国家法律的强制性规定，但从法条以及实际操作来看，违法建筑的买卖违反的并非效力性规定，而只是取缔性规定，因此违法建筑的违法性并不能导致其买卖合同的必然无效。

---

① 朱爱东：《附有违法建筑的房屋买卖合同的有效性》，载《人民司法·案例》2013 年第 12 期。

其次，违法建筑下的负担行为效力不受处分行为效力的影响。房屋买卖合同的过程实质上存在两个法律事实：一是作为物权变动原因的买卖合同；二是作为订立合同目的的所有权转移。订立房屋买卖合同的行为，即在当事人之间设立了债权债务关系，此种行为是双方当事人设定的负担行为，是物权变动的原因行为。转移所有权的行为是当事人的处分行为，是物权变动的结果行为。《物权法》第15条中已明确规定了物权设立、变更、转移、消灭的负担行为与处分行为的效力相区分的原则。根据物权区分原则，作为原因行为的负担行为与作为结果行为的处分行为分别依不同的法律规范来调整，违法建筑买卖的合同效力与违法建筑物权的设立或变动依据不同的法律规范来确定。因此，违法建筑买卖合同的效力之取决于合同本身的效力。违法建筑买卖合同不同于一般买卖合同的特殊之处就在于其标的物的违法性，但标的物的违法性不能等同于法律行为的违法性，标的物的违法不能决定法律行为的违法。标的物违法是指标的物的产生不符合法定的程序或法定的方式或其他法律禁止性规定，而法律行为被宣布无效或被撤销是由于该行为有损他人的利益或社会公共利益。因此，影响法律行为的效力并非取决于标的物，而应由法律行为本身是否有损他人或社会公共利益来决定的。对于违法建筑买卖而言，买卖合同的标的具有违法性，但这并不能否定买卖合同的效力。

不论是违法建筑无法进行初始登记还是签订买卖合同后无法完成过户登记，均不影响买卖合同的效力。物权法上登记的作用在于公示，并产生相应的公信力，不登记仅影响公示，不能产生公信的效果而已。在物权变动中，登记发生物权移转的效力。登记行为从性质上来说具有公法性质，是行政机关对私有财产的管理行为，是一种行政确认行为。买受人在与违法建筑出卖人签订合同时要尽到购买者的当心义务，即买受人要实地查看房屋以及查阅房屋登记簿。在违法建筑被确定为违法后，行政机关应采取相应的行政行为，而不能断然地否定当事人间的意思表示的合意，进而认定买卖合同无效，否则必然会影响交易安全和市场秩序，是公权力对私权利的干涉，不利于私有财产的保护，也违背《物权法》的基本宗旨。

一些建筑物整体上是合法建筑，但在合法建筑存续期，业主或所有人的逐利行为或因其他种种原因，合法建筑被私自改建、搭建或扩建，且已远远超出原有的合法建筑的四至高度等。行政机关往往将此类建筑称为附有违法建筑并结构相连的房屋。在实践中，房屋出卖人出卖的房屋往往是这些附有违法建筑并结构相连的房屋。附有违法建筑并结构相连的房屋，是指建造人未取得建设工程许可或者未按照建设工程规划许可证的规定，在合法房屋上搭建、改建、扩建相应建筑物或构筑物而形成的房屋，此时的房屋由合法部分和违法部分共同构成，并且合法部分与违法部分是结构相连的。在法律性质上，此时的房屋具有双重性，其原有房屋的性质是合法的，而未取得建设工程许可或者未按照建设工程规划许可证的规定在合法房屋上搭建、改建、扩建的相应建筑物或构筑物不具有合法性，属于违法建筑或违法构筑物。建筑人对于违法部分的建筑物或构筑物也享有所有权，理由如前文所述，但是在处分时应有所区别。实践中，当事人要完成过户登记必须要恢复原状，将违法的部分予以拆除，方可完成过户。在认定附有违法建筑房屋的买卖合同的效力时，一定要将负担行为与处分行为区分开来。在当事人订立附有违法建筑房屋的买卖合同前，买受人应尽买主当心义务，必然会查看登记簿，并实地查看。由于在登记簿上仅体现合法建筑部分的权利状况，对于违法建筑的部分无法体现，在实地查看时往往也无法察知。当事人签订买卖合同是基于合法建筑部分的登记状况，买受人善意信赖登记的公示公信力，即使物权登记状况与房屋的实际状况不一致，也推定物权登记的正确性，当事人信赖登记而订立的合同，法律应该予以保护，对于合同的效力也应给予肯定。

至于买卖合同的履行，虽然行政机关对附有违法建筑房屋的权利转移作出限制，但物权未灭失，不能就此认定买卖合同法律上或事实上履行不能。行政机关限制交易的目的在于督促违法行为人纠正违法行为，履行法律手续；出卖人即使未出售房屋，也应按照行政机关的要求进行整改，使房屋恢复至合法状态，恢复原状系出卖人应尽的行政法上的义务。出卖人明知房屋附有违法建筑仍予出售，应依诚实信用原则全面履行合同义务；对于房屋存在的违法状态，应自行采取相应措施予以消除后交付买受人。买受人在本案中同意出卖人按现状交付房屋，并自愿替代出卖人承担恢复原状的义务，买受人的意思表示不违反法律、行政法规的禁止性规定，亦符合行政机关的执法目的，但买受人在恢复原状时，房屋的四至、外观形状、层高等应与登记内容一致，质量应符合国家规定的建筑标准。出卖人应于买受人恢复原状、通过行政机关审查认可并撤销交易限制后，再协助买受人办理产权手续。

## 七、出卖人一房二卖既应赔偿实际损失，还应赔偿履行利益损失

**【案例索引】**

刘国胜与北京中鸿天房地产有限公司等一房二卖纠纷案：[①] 一审：北京市朝阳区法院（2011）朝民初字第09683号，二审：北京市第二中级人民法院（2013）二中民终字第06171。

**【基本案情】**

2000年8月3日，被告刘国胜与北京中鸿天房地产有限公司签订北京市外销商品房预售契约，刘国胜购买了涉案房屋，总价款为1372838元。2005年8月1日，刘国胜取得涉案房屋所有权证。2005年9月17日，刘国胜取得涉案房屋土地使用证。2007年7月15日，刘国胜与原告徐芬签有收条一张，内容为：本人刘国胜现已将涉案房屋出售给徐芬，本人应收到的房屋总款为138万元，实收100万元，尾款待房产证过户后付清，同时将涉案房屋项下北京市外销商品房预售契约（盖有北京鸿天房地产有限公司红章）、国有土地使用证复印件、房屋所有权证复印件、中国建设银行北京市分行个人住房贷款借款合同正本、契税发票、北京中鸿天房地产有限公司发票等材料转交给徐芬。当日，刘国胜向徐芬交付了房屋。

2011年1月23日，被告刘国胜（甲方）与被告姜宝琴（乙方）签订存量房屋买卖合同及补充协议，约定：刘国胜将涉案房屋出售给姜宝琴，

① 巫国平、李俊晔：《一房二卖的差价损失赔偿》，载《人民司法·案例》2014年第12期。

成交价格为100万元，装修折价款为252万元，甲方净得价为352万元；交易所产生的税费由乙方承担；乙方于合同签订后，甲乙双方共同前往公证处办理房屋买卖委托公证，乙方支付给甲方定金70万元用于甲方银行还款；甲方从银行取得房屋所有权证书后，去房屋管理部门补办契税完税发票，甲乙双方到银行办理资金托管业务，乙方于取得房屋所有权证当日支付甲方房款242万元，由银行通过托管账户直接支付到甲方账户；乙方于甲方交付房屋当日支付甲方尾款40万元；甲方于2011年3月31日前将房屋交付乙方，解除房屋租约，结清有关费用；交付日之后产生的费用由乙方承担，产权转移当日至房屋交付日期间的租金归乙方所有，租金以每月12000元为标准，若甲方未能在2011年3月31日前按约定条件交付房屋，则乙方不予支付剩余尾款40万元，乙方与租户解除租约所产生的费用若超出尾款金额，超出部分乙方有权向甲方追讨，乙方应积极配合甲方解除租约。

合同签订后，姜宝琴于2011年1月25日向刘国胜转账70万元，于2011年2月17日向刘国胜汇款242万元。2011年1月30日，姜宝琴取得涉案房屋所有权证。

徐芬起诉至法院，要求：(1)确认徐芬与刘国胜于2007年7月15日签订的针对涉案房屋的买卖合同有效；(2)刘国胜返还购房款138万元及利息，并赔偿装修费用20万元、差价款214万元和房租损失14.4万元；(3)姜宝琴对上述债务承担连带给付责任。一审审理中，刘国胜及姜宝琴表示涉案房屋现已交付给姜宝琴。徐芬提交收据2张，以证明其对涉案房屋进行了装修，花费了装修费20万元；徐芬还提交了公寓写字楼租赁合同，以证明其主张的租金损失。

**【审判要览】**

一审法院认为，刘国胜与徐芬签有收条，承诺将涉案房屋出售给徐芬，并将涉案房屋交付徐芬使用，双方确已形成买卖合同关系。后刘国胜将涉案房屋另行出售，导致其与徐芬的买卖合同履行不能，刘国胜存在根本违约行为，应承担相应的违约责任；刘国胜收取徐芬的购房款100万元应予退还，同时考虑到刘国胜违约行为的恶劣性质及主观过错，法院判令其将涉案房屋另行出售所得的差价款214万元全部赔偿给徐芬。

对徐芬关于利息及装修损失和房租损失的请求，考虑到上述赔偿已足以弥补其损失，法院对其该部分请求不予支持。徐芬要求姜宝琴对上述债务承担连带责任，缺乏事实及法律依据，法院不予支持。判决：（1）确认徐芬与刘国胜于2007年7月15日签订的针对北京市朝阳区建国路88号（7－10）7号楼808室房屋的买卖合同有效；（2）刘国胜于判决生效后10日内返还徐芬购房款100万元；（3）刘国胜于判决生效后10日内赔偿徐芬差价损失214万元；（4）驳回徐芬其他诉讼请求。

刘国胜不服一审判决，提起上诉，请求改判驳回徐芬的全部诉讼请求。

二审法院判决驳回上诉，维持原判。

**【裁判解析】**

一房二房卖是商品房买卖中较为常见的违约行为。一房二卖涉及应履行哪一个合同，卖房人是否应当承担违约责任、承担哪些赔偿责任和第二买受人是否应当承担赔偿责任等问题。本案中，对同一房屋，刘国胜先后与徐芬和姜宝琴签订两个房屋买卖合同。其中徐芬支付购房款，但未办理房屋过户手续，未取得房屋所有权。姜宝琴不仅支付了全部购房款，而且办理了房屋过户手续，取得了房屋所有权。没有证据证明姜宝琴在购房过程中存在过错，其取得案涉房屋构成善意取得，应予保护。由于刘国胜不可能再向徐芬履行交房和办理案涉房屋产权证的义务，应当承担违约责任。但如何计算徐芬的损失是实践中需要注意的问题。首先，刘国胜应返还徐芬已支付的购房款及利息。其次，对于徐芬不能实现合同目的所遭受的损失应予赔偿，赔偿范围应包括履行利益，即如果合同得到适当、全面履行情况下，徐芬所能获得的利益。该利益应结合市场行情变化等因素综合判定。本案中，刘国胜一房二卖，第二次卖房的价格高于第一次卖房价格。两次卖房的差价体现了市场行情的变化，人民法院判决刘国胜以两次卖房的差价为标准承担赔偿责任，保护了徐芬所应获得的履行利益，并宣扬了不诚信的当事人不能因违约行为而获利的理念，有利于树立诚实守信的社会风尚和维护平稳有序的市场秩序。

**八、房屋买卖居间合同中关于禁止“跳单”的约定合法有效。但当卖方将同一房屋通过多个中介公司挂牌出售时，买方通过其他公众可以获知的正当途径获得相同房源信息的，买方有权选择报价低、服务好的中介公司促成房屋买卖合同成立，其行为不构成“跳单”**

**【案例索引】**

上海中原物业顾问有限公司诉陶德华居间合同纠纷案①：一审：上海市虹口区人民法院（2009）虹民三（民）初字第912号，二审：上海市第二中级人民法院（2009）沪二中民二（民）终字第1508号。

**【基本案情】**

2008年下半年，原产权人李某某到多家房屋中介公司挂牌销售涉案房屋。2008年10月22日，上海某房地产经纪有限公司带陶德华看了该房屋；11月23日，上海某房地产顾问有限公司（以下简称某房地产顾问公司）带陶德华之妻曹某某看了该房屋；11月27日，原告上海中原物业顾问有限公司（以下简称中原公司）带陶德华看了该房屋，并于同日与陶德华签订了《房地产求购确认书》。该《确认书》第2.4条约定，陶德华在验看过该房地产后6个月内，陶德华或其委托人、代理人、代表人、承办人等与陶德华有关联的人，利用中原公司提供的信息、机会等条件但未通过中原公司而与第三方达成买卖交易的，陶德华应按照与出卖方就该房地产买卖达成的实际成交价的1%，向中原公司支付违约金。当时中原公司对该房屋报价165万元，而某房地产顾问公司报价145万元，并积极与卖方协商价格。11月30日，在某房地产顾问公司居间下，陶德华与卖方签订了房屋买卖合同，成交价138万元。后买卖双方办理了过户手续，陶德华向某房地产顾问公司支付佣金1.38万元。

中原公司诉称：被告陶德华利用中原公司提供的上海市虹口区株洲路某号房屋销售信息，故意跳过中介，私自与卖方直接签订购房合同，

① 指导案例1号，最高人民法院审判委员会讨论通过，2011年12月20日发布。

违反了《房地产求购确认书》的约定，属于恶意“跳单”行为，请求法院判令陶德华按约支付中原公司违约金1.65万元。

**【审判要览】**

一审法院判决：被告陶德华应于判决生效之日起10日内向原告中原公司支付违约金1.38万元。宣判后，陶德华提出上诉。二审法院判决：(1) 撤销上海市虹口区人民法院（2009）虹民三（民）初字第912号民事判决；(2) 中原公司要求陶德华支付违约金1.65万元的诉讼请求，不予支持。

法院生效裁判认为：中原公司与陶德华签订的《房地产求购确认书》属于居间合同性质，其中第2.4条的约定，属于房屋买卖居间合同中常有的禁止“跳单”格式条款，其本意是为防止买方利用中介公司提供的房源信息却“跳”过中介公司购买房屋，从而使中介公司无法得到应得的佣金，该约定并不存在免除一方责任、加重对方责任、排除对方主要权利的情形，应认定有效。根据该条约定，衡量买方是否“跳单”违约的关键，是看买方是否利用了该中介公司提供的房源信息、机会等条件。如果买方并未利用该中介公司提供的信息、机会等条件，而是通过其他公众可以获知的正当途径获得同一房源信息，则买方有权选择报价低、服务好的中介公司促成房屋买卖合同成立，而不构成“跳单”违约。本案中，原产权人通过多家中介公司挂牌出售同一房屋，陶德华及其家人分别通过不同的中介公司了解到同一房源信息，并通过其他中介公司促成了房屋买卖合同成立。因此，陶德华并没有利用中原公司的信息、机会，故不构成违约，对中原公司的诉讼请求不予支持。

**【裁判解析】**[①]

本案是最高人民法院发布的首批指导性案例之一。本案涉及二手房买卖居间纠纷中时有发生的“跳单”问题，具体有如下一些问题值得注意。

关于禁止跳单条款的法律效力问题。

1. 关于房地产求购确认书的法律性质。本案中，中介公司带领买方看房时，让买方签署了房地产求购确认书，其中明确了由买方委托中介

① 最高人民法院案例指导工作办公室：《指导案例1号〈上海中原物业顾问有限公司诉陶德华居间合同纠纷案〉的理解与参照》，载《人民司法·应用》2012年第7期。

公司求购房屋，并约定了报酬和违约条款。该确认书系中介公司向买方报告订立房屋买卖合同的机会、提供相关媒介服务，并由买方支付报酬的合同，符合《合同法》第 424 条对于居间合同的定义，其法律性质属于居间合同。实践中，中介公司与买方签订的合同名称多样，有的称为二手房买卖服务合同，有的称为委托看房书，有的称为看房协议书。不论其名称如何，其核心内容都是由中介公司向委托人提供二手房买卖的信息和媒介服务，都属于居间合同，应按照合同法中关于居间合同的相关法律规定认定和处理。

2. 关于禁止跳单条款的法律效力。中介公司为了保障自己的利益，通常在居间合同中载明禁止委托人跳单的条款，约定跳单行为是违约行为。对于禁止跳单条款的法律效力问题，司法实践中存在不同的认识，有的认为这是中介公司利用自己的优势地位而设立的霸王条款，限制了买方的选择权，应属无效；有的则认为买方在签订合同时，对该条款的内容和法律后果应当明知，且不违反法律规定，应属有效。我们认为，应根据约定的具体内容来认定其效力，不可一概而论，只要当事人主体身份适格，意思表示真实，约定内容没有违反法律或行政法规强制性规定的，就是合法有效的。具体来说，应考察以下两个方面：

一是看禁止跳单条款是否有《合同法》第 52 条、第 53 条规定的合同无效的情形。由于禁止跳单的约定通常并不涉及损害国家、集体、第三人利益或者社会公共利益的内容，其主旨在于防止买方的不诚信行为，而非具有“非法目的”，法律、行政法规亦未强行规定当事人不得签订禁止跳单的条款，且并非免责条款，故不属于《合同法》第 52 条、第 53 条规定的情形。

二是看禁止跳单条款提供方是否具有免除其责任、加重对方责任、排除对方主要权利的情形。实践中，禁止跳单条款通常都是中介公司事先在合同中拟好，而后在居间活动中直接交给委托人签字确认的，这种为了重复使用而预先拟定且在订立合同时未与对方协商的条款，其性质属于格式条款。《合同法》第 40 条对格式条款的效力作了特别限制，规定“提供格式条款一方免除其责任、加重对方责任、排除对方主要权利的，该条款无效”。免除责任，是指免除格式条款提供者按照通常情形应当承担的主要义务。加重责任，是指格式条款中含有通常情形下对方当事人不应当承担的义务。排除主要权利，是指排除对方当事人按照通常情形应当享有的主要权利。是否属于“通常情形下”的责任或权利，不能仅仅看当事人约定的合同内容，而应当根据具体合同的性质作出判断。根据二手房买卖居间合同的性质，中介公司的主要责任是根据委托人的要求，向委托人如实报告订立合同的机会、提供订立合同的媒介服务，其权利是在促成合同成立后获得报酬；委托人的主要权利是获得信息和服务，其主要义务是在中介公司促成合同成立时支付报酬。从本案例来看，当事人约定在一定期间内委托人利用了中原公司的信息、机会等条件却不通过中原公司而达成买卖交易的行为构成违约，该约定目的在于防止买方一方面利用自己的信息和服务，另一方面又绕开自己（中介公司），从而使自己得不到应得的报酬，不属于免除其责任、加重对方责任、排除对方主要权利的情形。再者，利用了中介公司的信息和服务却绕开中介公司的跳单行为，违反了诚实信用原则，当事人将该行为约定为违约行为并应当支付违约金，是对中介公司合法利益的正当保护，有利于促进中介公司的正常经营发展，有利于鼓励诚信交易。故案例中关于禁止买方利用中介公司提供的房源信息、机会等条件，却绕开该中介公司与卖方签订房屋买卖合同的约定，应认定为合法有效。

买方未利用中介公司提供的信息、机会等条件时，不构成违约。

本案例中，当事人约定买方在一定期间内利用了中原公司的信息、机会等条件却不通过中原公司而达成买卖交易的行为构成违约。因此，如果没有利用中原公司的信息和机会，则不构成违约。

从本案例来看，显然不能认定陶德华利用了中原公司的信息、机会。首先，房源信息并非中原公司独家掌握。法律或行政法规并无禁止房主委托多家中介公司出售房屋的规定，实践中房主为了增加交易机会，往往通过多家中介公司挂牌出售同一房屋，而不是委托某中介公司独家代理出售，因此有多家中介公司掌握同一房源信息。中介公司接受委托后通过多种渠道公布房源信息，比如在店面、网络、报刊发布或自己印制小广告发布等，这些都是公众可以获知房源信息的正当途径。由于买方可以通过多种正当途径了解到同一房源信息，也可以联系多家中介公司以选择最低的房屋报价、居间报酬报价和最优质的服务，如果最终通过某家中介公司促成了交易，很难认定买方是利用了其他中介公司的信息和服务。其次，从时间先后上看，中原公司并非第一个提供房源信息的中介公司。本案中先后有三家中介公司带买方看过房，中原公司是最后一家，且中原公司仅带买方看过一次房。从时间上看，买方最终选择了第二家中介公司与房主达成交易，不可能是利用了中原公司提供的信息和机会才达成房屋买卖交易。需要注意的是，裁判要点中并未将时间先后作为是否构成利用的要素之一，理由是，尽管时间先后可以成为考察是否构成利用的一个逻辑上的原因，但即使中原公司是第一家带买方看房的中介公司，也不能充分证明买方一定是利用了中原公司的信息，不能简单地理解为只要中介公司提供了信息，买方就构成了“利用”。最后，中原公司未能举证证明陶德华利用了中原公司的房源信息。根据“谁主张，谁举证”的原则，中原公司作为原告，对于陶德华利用了中原公司的房源信息这一主张负有举证责任，但中原公司没有提供充分证据证明陶德华利用了中原公司的房源信息。

但是，司法实践中也要注意防止买方恶意跳单的情况，比如通过某一中介公司的中介服务，房屋买卖合同已经基本达成，买方仅仅因其他中介公司的居间报酬更低，就转而寻求其他中介公司与房主签约，则有违诚实信用原则。在这种情况下，可以认定买方利用了前一中介公司的信息和服务，构成违约。

1. 关于禁止跳单条款的可撤销问题。本案例中的禁止跳单条款属于合法有效的情形，但实践中有的禁止跳单条款则可能存在显失公平的情况。比如有的条款约定中介公司带买方看房后，买方不得私下或通过其他中介公司与该房房主交易，否则需支付相当于居间报酬的违约金，该约定意味着中介公司带领买方看房后就能旱涝保收，不论该中介公司报价是否偏高、服务质量如何，买方如果打算购买该套房屋，只能选择该中介公司进行交易，否则就构成跳单违约，要支付相当于居间报酬的违约金。对此，我们认为，从中介公司的付出来看，其获得售房信息往往是卖方的主动委托，带领买方看房也只是简单劳动，其付出是有限的；在多家中介公司掌握同一房源信息的情况下，各家中介公司的报价和服务可能存在较大差异，如果某中介公司以有限的付出来永久限制买方的选择权，双方的利益是明显失衡的。在这种情况下，买方如果认为显失公平，可以根据《合同法》第54条的规定申请变更或撤销该条款。

2. 关于居间人如实报告义务问题。《合同法》第425条规定：“居间人应当就有关订立合同的事项向委托人如实报告。居间人故意隐瞒与订立合同有关的重要事实或者提供虚假情况，损害委托人利益的，不得要求支付报酬并应当承担损害赔偿责任。”本案中，中原公司报出的房价为165万元，明显高于另一家中介公司145万元的报价，案中当事人并未就此提出异议，但是如果中介公司故意超出房主报价虚报房屋价格，损害买方利益的，不得要求买方支付报酬并应承担损害赔偿责任。

3. 关于居间费用问题。《合同法》第427条规定，居间人未促成合同成立的，不得要求支付报酬，但可以要求委托人支付从事居间活动支出的必要费用。据此，中介公司即使没能促成房屋买卖合同成立，也有权要求买方支付必要的居间费用，因为中介公司毕竟付出了劳动，支出了必要的费用，而买方也得到了中介公司的服务，根据权利义务相对等的原则，买方应当支付中介公司为居间活动付出的必要居间费用。

## 规范索引

**《中华人民共和国合同法》**

**第四十条**　格式条款具有本法第五十二条和第五十三条规定情形的，或者提供格式条款一方免除其责任、加重对方责任、排除对方主要权利的，该条款无效。

**第五十一条**　无处分权的人处分他人财产，经权利人追认或者无处分权的人订立合同后取得处分权的，该合同有效。

**第五十二条**　有下列情形之一的，合同无效：

（一）一方以欺诈、胁迫的手段订立合同，损害国家利益；

（二）恶意串通，损害国家、集体或者第三人利益；

（三）以合法形式掩盖非法目的；

（四）损害社会公共利益；

（五）违反法律、行政法规的强制性规定。

**第五十四条** 下列合同，当事人一方有权请求人民法院或者仲裁机构变更或者撤销：

（一）因重大误解订立的；

（二）在订立合同时显失公平的。

一方以欺诈、胁迫的手段或者乘人之危，使对方在违背真实意思的情况下订立的合同，受损害方有权请求人民法院或者仲裁机构变更或者撤销。

当事人请求变更的，人民法院或者仲裁机构不得撤销。

**第五十五条** 有下列情形之一的，撤销权消灭：

（一）具有撤销权的当事人自知道或者应当知道撤销事由之日起一年内没有行使撤销权；

（二）具有撤销权的当事人知道撤销事由后明确表示或者以自己的行为放弃撤销权。

**第五十六条** 无效的合同或者被撤销的合同自始没有法律约束力。合同部分无效，不影响其他部分效力的，其他部分仍然有效。

**第一百一十三条** 当事人一方不履行合同义务或者履行合同义务不符合约定，给对方造成损失的，损失赔偿额应当相当于因违约所造成的损失，包括合同履行后可以获得的利益，但不得超过违反合同一方订立合同时预见到或者应当预见到的因违反合同可能造成的损失。

经营者对消费者提供商品或者服务有欺诈行为的，依照《中华人民共和国消费者权益保护法》的规定承担损害赔偿责任。

**第三百九十六条** 委托合同是委托人和受托人约定，由受托人处理委托人事务的合同。

**第三百九十七条** 委托人可以特别委托受托人处理一项或者数项事务，也可以概括委托受托人处理一切事务。

**第四百二十四条** 居间合同是居间人向委托人报告订立合同的机会或者提供订立合同的媒介服务，委托人支付报酬的合同。

**第四百二十五条**　居间人应当就有关订立合同的事项向委托人如实报告。

居间人故意隐瞒与订立合同有关的重要事实或者提供虚假情况，损害委托人利益的，不得要求支付报酬并应当承担损害赔偿责任。

**第四百二十六条**　居间人促成合同成立的，委托人应当按照约定支付报酬。对居间人的报酬没有约定或者约定不明确，依照本法第六十一条的规定仍不能确定的，根据居间人的劳务合理确定。因居间人提供订立合同的媒介服务而促成合同成立的，由该合同的当事人平均负担居间人的报酬。

居间人促成合同成立的，居间活动的费用，由居间人负担。

**第四百二十七条**　居间人未促成合同成立的，不得要求支付报酬，但可以要求委托人支付从事居间活动支出的必要费用。

**《中华人民共和国物权法》**

**第十五条**　当事人之间订立有关设立、变更、转让和消灭不动产物权的合同，除法律另有规定或者合同另有约定外，自合同成立时生效；未办理物权登记的，不影响合同效力。

**第二十八条**　因人民法院、仲裁委员会的法律文书或者人民政府的征收决定等，导致物权设立、变更、转让或者消灭的，自法律文书或者人民政府的征收决定等生效时发生效力。

**第二十九条**　因继承或者受遗赠取得物权的，自继承或者受遗赠开始时发生效力。

**第三十条**　因合法建造、拆除房屋等事实行为设立或者消灭物权的，自事实行为成就时发生效力。

**第三十一条**　依照本法第二十八条至第三十条规定享有不动产物权的，处分该物权时，依照法律规定需要办理登记的，未经登记，不发生物权效力。

**第九十四条**　按份共有人对共有的不动产或者动产按照其份额享有所有权。

**第九十五条**　共同共有人对共有的不动产或者动产共同享有所有权。

**第九十六条**　共有人按照约定管理共有的不动产或者动产；没有约定或者约定不明确的，各共有人都有管理的权利和义务。

**第九十七条** 处分共有的不动产或者动产以及对共有的不动产或者动产作重大修缮的，应当经占份额三分之二以上的按份共有人或者全体共同共有人同意，但共有人之间另有约定的除外。

**第一百零六条** 无处分权人将不动产或者动产转让给受让人的，所有权人有权追回；除法律另有规定外，符合下列情形的，受让人取得该不动产或者动产的所有权：

（一）受让人受让该不动产或者动产时是善意的；

（二）以合理的价格转让；

（三）转让的不动产或者动产依照法律规定应当登记的已经登记，不需要登记的已经交付给受让人。

受让人依照前款规定取得不动产或者动产的所有权的，原所有权人有权向无处分权人请求赔偿损失。

当事人善意取得其他物权的，参照前两款规定。

**《中华人民共和国城市房地产管理法》**

**第三十八条** 下列房地产，不得转让：

（一）以出让方式取得土地使用权的，不符合本法第三十九条规定的条件的；

（二）司法机关和行政机关依法裁定、决定查封或者以其他形式限制房地产权利的；

（三）依法收回土地使用权的；

（四）共有房地产，未经其他共有人书面同意的；

（五）权属有争议的；

（六）未依法登记领取权属证书的；

（七）法律、行政法规规定禁止转让的其他情形。

**《最高人民法院关于审理买卖合同纠纷案件适用法律问题的解释》**

**第三条** 当事人一方以出卖人在缔约时对标的物没有所有权或者处分权为由主张合同无效的，人民法院不予支持。

出卖人因未取得所有权或者处分权致使标的物所有权不能转移，买受人要求出卖人承担违约责任或者要求解除合同并主张损害赔偿的，人民法院应予支持。

# 第九章　特殊类型房屋买卖纠纷

## 法理概览

### 一、农村房屋买卖

就广义而言，所谓农村房屋，是建造于集体所有的土地上的房屋，系相对于在城镇区域开发的建造于国有土地上的房屋而言的，主要包括宅基地房屋与“小产权房”两类。

宅基地房屋系村民在审批的宅基地上自建的用于居住的房屋，是典型的传统意义上的农村房屋。《物权法》第153条规定：“宅基地使用权的取得、行使和转让，适用土地管理法等法律和国家有关规定。”《土地管理法》第62条第1款规定：“农村村民一户只能拥有一处宅基地，其宅基地的面积不得超过省、自治区、直辖市规定的标准。”第3款规定：“农村村民住宅用地经乡（镇）人民政府审核，由县级人民政府批准；其中，涉及占用农用地的，依照本法第四十四条的规定办理审批手续。”上述法律确立了“一户一处宅基地”原则，农村村民主要通过申请并获得批准的方式取得宅基地使用权，由于法律、行政法规及部门规章未对宅基地使用权及宅基地房屋所有权登记发证进行明确规定，现实中大部分宅基地及地上房屋并未进行权属登记，近几年这项工作正在推进，从目前有关法律、行政法规及政策的规定及精神看，农村村民享有宅基地使用权及宅基地房屋所有权，并不需要登记作为生效要件，故未进行权属登记并不影响农村村民对于该两项权利的取得。

对于宅基地房屋的买卖，主要涉及《合同法》、《物权法》、《土地管理法》的规定。宅基地房屋买卖合同是一种民商事合同关系，当然受合同法的调整，故在认定其合同效力时，应适用《合同法》中关于合同效力的一般规定，这主要是指《合同法》第52条的规定，即“有下列情形之一的，合同无效：(一)一方以欺诈、胁迫的手段订立合同，损害国家利益；(二)恶意串通，损害国家、集体或者第三人利益；(三)以合法形式掩盖非法目的；(四)损害社会公共利益；(五)违反法律、行政法规的强制性规定。”这其中，对所有宅基地房屋买卖合同效力认定具有普遍适用意义的是第四项和第五项。同时，由于农村房屋买卖所涉标的物的特殊性，故除了《合同法》的一般规定之外，对宅基地房屋买卖合同的效力认定还需结合其他法律的规定，并参考国家政策，涉及的法律主要有《物权法》第153条的规定：“宅基地使用权的取得、行使和转让，适用土地管理法等法律和国家有关规定。”《土地管理法》第2条第3款的规定：“任何单位和个人不得侵占、买卖或者以其他形式非法转让土地。土地使用权可以依法转让。”第62条第1款的规定：“农村村民一户只能拥有一处宅基地，其宅基地的面积不得超过省、自治区、直辖市规定的标准。”第4款的规定：“农村村民出卖、出租住房后，再申请宅基地的，不予批准。”第63条的规定：“农民集体所有的土地的使用权不得出让、转让或者出租用于非农业建设；但是，符合土地利用总体规划并依法取得建设用地的企业，因破产、兼并等情形致使土地使用权依法发生转移的除外。”涉及的国家政策主要有：国务院办公厅1999年5月6日发布的《关于加强土地转让管理严禁炒卖土地的通知》第2条第2款规定：“农村的住宅不得向城市居民出售。”2004年12月2日，国务院《关于深化改革严格土地管理的决定》强调：“加强农村宅基地管理，禁止城镇居民在农村购置宅基地”。2007年《国务院办公厅关于严格执行有关农村集体建设用地法律和政策的通知》又强调：“农村住宅用地只能分配给本村村民，城镇居民不得到农村购买宅基地、农民住宅或‘小产权房’。单位和个人不得非法租用、占用农民集体所有上地搞房地产开发。”此外，历年中央一号文件中亦多次强调城镇居民不得到农村购买宅基地、农民住宅或“小产权房”。

根据购买主体的不同，宅基地房屋买卖可分为三种类型：第一类是本集体经济组织的成员购买宅基地房屋，第二类是其他集体经济组织的成员购买宅基地房屋，第三类是城镇居民购买宅基地房屋，后两者可统称为非本集体经济组织成员购买宅基地房屋，基于房地一体原则，其与第一类宅基地房屋买卖最重要的区别就在于，第一类宅基地房屋买卖合同主体均系本集体经济组织成员，合同履行并不会导致宅基地使用权流转到本集体经济组织之外，对本集体经济组织享有的集体土地所有权不构成影响，而后两类合同的履行与法律规定的这一原则相悖。故对本集体经济组织成员购买宅基地房屋与非本集体经济组织成员购买宅基地房屋所涉买卖合同的效力，不宜等同视之。

而“小产权房”并非法律概念，一般是指未经法定征地和审批等程序，由村集体或镇政府独立或与房地产开发企业联合在集体所有的土地上开发建设的房屋。根据《物权法》的规定，建于农村集体建设用地、甚至于农业用地上的农村房屋权属，往往取决于建造者是否获得行政部门有关土地规划、建设审批。未履行合法审批程序，因违反土地管理法规，建造者无法取得房屋所有权，此类房屋在性质上应归属于违法建筑，无法获得国家法律认可，自然也无法办理权属登记。由于作为合同标的“小产权法”是违法建筑，故该合同的效力显然不应为法律所认可，应为无效。

## 二、“指标房”买卖

所谓“指标房”，是与一般性商品房相区别，并非所有人均能购买，一般而言，“指标房”具有一定优惠性，买受人需要具有特殊身份才有资格购买。如经济适用房、安置房、集资房和团购房等。在现实生活中，普遍存在一种特殊的房屋交易模式，就是具有“指标房”购买资格人与售房单位签订了具有预售性质的房屋买卖合同后，因各种原因把尚未取得所有权的“房屋”又转让给第三方即受让人，转让方收取一定数额的差价，由受让方直接以转让方名义交付房款、税费并接房，在转让方取得房屋产权证后办理房屋所有权转移登记手续，实际上这不是以房屋所有权为标的物而是以“购房指标”为标的物的交易。这种交易因其模式的特殊以及交易标的价值较大的特点，极易产生纠纷。

对“购房指标”如何定性，存在两种不同的理解：一种观点认为“购房指标”是指购买房屋的资格，具有一定的人身专属。理由有：第一，根据《城市房地产管理法》第38条第6项的规定，未依法登记领取权属证书的房产不得转让。因为双方在签订“购房指标”时，房屋尚未建成，出卖人未取得房屋的权属证书，该转让行为无效。第二，根据《合同法》第79条的规定，合同的权利可以全部或部分转让给第三人，但根据合同性质及法律规定不得转让的除外。“购房指标”是基于特定身份享有的福利，具有人身属性的权利或资格，内部一般规定不得转让，且“购房指标”转让违犯了国家政策及法律规定。第三，根据《合同法》第52条第4项规定，损害社会公共利益的合同无效，“购房指标”转让合同损害了其他要解决住房困难的低收入家庭的利益，从而损害了社会公共利益，合同应属无效。另一种观点认为“购房指标”是指对房屋的购买权，指标转让的是资格而非房屋所有权，是一种民事的可期待权利，可以依法转让。虽然“购房指标”的对象范围是确定的，带有福利性。但指标享有者的权利已经确定下来，是一种民事的可期待物权。因为是一种民事权利，所以依法可以转让。这种转让也是权利义务的概括性转让，转让行为不违反法律、行政法规的强制性规定，也不损害社会公共利益，所以转让合同有效。

这两种不同的理解会导致对该类案件处理上的差异。如理解为前者，则因其具有人身专属性而无法随意转让；如理解为后者，作为一种财产权利，只要本身不存在转让限制，就可以自由转让。当然，“购房指标”多体现出“资格”的一面，但绝不可一概而论。从尽力维护合同效力的原则出发，宜将“购房指标”界定为一种财产权利，至于此种财产权利是否能转让，则应视不同类型的“购房指标”而定。

按照“指标房”的类型，“指标房”买卖主要可分为：经济适用房买卖、安置房买卖、单位集资房买卖和团购商品房买卖合同转让四类。

## 三、房改房买卖

所谓房改房，是指根据国家现行房改政策的有关规定，单位将原公房通过优惠的形式出卖给已经承租或使用该公房的职工，职工对其享有部分或者全部产权的居住用房。在城镇住房体制改革之前，城镇居民的住房基本由国家提供并统一分配，实行以低租金为主要特征的福利性实物供给制。20 世纪 90 年代初，国家推行城镇住房体制改革，向居民个人出售新旧公房是推行住房改革的基本措施。根据国务院 1994 年 7 月 18 日颁布的《关于深化城镇住房制度改革的决定》中的规定："职工按成本价或标准价购买公有住房，每个家庭只能享受一次，购房的数量必须严格按照国家和各级人民政府规定的分配住房的控制标准执行，超过标准部分一律执行市场价。"据此，房改房可分为三种方式，第一种是以低于成本价的标准价购买，产权由个人和单位共有，个人享有部分产权，取得住房的占有权、使用权和有限的收益权和处分权；第二种是以市场价购买，产权完全归个人；第三种是以成本价购买，产权也归个人。

从法律性质上讲，部分产权的房改房实际上是代表国家行使国有资产管理权的住房单位和购房职工间的特殊共有关系。该"共有"表现在：（1）购房者所购住房的价值构成上包含有售房单位的出资部分，并且各自占有一定比例。详言之，部分产权的房改房的标准价是已扣除土地占用等成本因素，并采取付款方式含工龄折扣等方法后的优惠价格，故其低于成本价，更低于市场价，不再是房屋商品价值的完整体现。实际上，标准价低于成本价的部分，是作为对职工的优惠补贴而由售房单位负担的，由此就形成了售房单位和购房人对住房的不同产权比例。（2）购房者将住房转让、出租所得收益在补交了土地使用权出让金、交纳有关税费后，由售房单位和购房者按各自产权比例分配。（3）购房者将该房进入市场交易时，售房单位享有优先购买权和承租权。但部分产权所体现的共有又不同于民法中的一般共有，而呈现出"特殊性"：首先，部分产权中的售房单位在该房屋进入市场交易前不能占有、使用和支配已出售的房屋。其次，部分产权的购房者依约定，如住满 5 年、付清房款等，无须经售房单位共有人的同意即可处分该房屋。最后，部分产权中的售房单位只有在购房者将该房屋进行交易时才有权就该收益依产权比例进行分割，否则，购房者享有永久使用权和继承权，售房单位不能就其享有的产权比例进行分割。

第二、三种则指职工以成本价购买住房，拥有房屋的全部产权。房改房产权与普通商品房产权同属物权中的不动产产权，在这个法律属性和本质层面上，两者并无二致。但由于房改房毕竟是在特定历史条件下的产物，具有历史阶段性，其产权与普通商品房产权确实存在诸多的不同，主要表现在：（1）主体不同。普通商品房产权主体非特定，任何个人和单位都可以在房地产交易市场上购买商品房，成为所有权人；而房改房产权主体则限于原公有住房产权单位的具有行政隶属关系的职工，并且每个职工家庭只享受一次按成本价或标准价购买房改房的机会。（2）客体来源不同。普通商品房产权客体来源于一般房地产交易市场；房改房产权客体的来源则是原产权单位通过财政拨款和公有企业单位筹集资金的方式建成的自管公房或房管部门的直管公房。（3）价格不同。购买普通商品房的价格完全由市场的供需关系确定；房改房的价格由国家房改政策决定，通常有成本价和标准价两种，价格都大大低于房屋的实际价值。（4）权利范围不同。普通商品房的产权人享有绝对的对特定房屋进行管领、支配并享受物之利益的排他性权利；以成本价和标准价购买的房改房，购房人并不享有完全的物权，其权利范围受到政策限制。因此，第二、三种房改房虽然也可以上市出售，但其在行使所有权时也要受到一定的限制。1999年建设部出台的《已购公有住房和经济适用住房上市出售管理暂行办法》，规定已取得合法产权证书的房改房可以上市出售，但有八种情形之一的不得上市出售，另外还规定，个人拥有部分产权的住房（指标准价房），还应当提供原产权单位在同等条件下保留或者放弃优先购买权的书面意见；在出卖时应当补交国有土地使用权出让金或土地收益，以及交纳其他税费等。

随着国家房改政策的逐步深化，各地出售公有住房工作早已落下帷幕，但由房改引起的纠纷却屡见不鲜。由于房改房产权在形成上有鲜明的政策性且涉及购房职工家庭其他成员的利益，从而成为实践中各种纠纷和争议的焦点，也是理论上难以释明的难点；如何对房改房的转让、出售行为进行法律上的认定成为实践中应该统一的迫切问题。房改房纠纷案件具有诉讼主体特殊，实体问题复杂和依据不明确等特点，在某些具体形式和特定情节的个案中完成产权界定和法律适用，并非易事。其中最为突出的争议是职工签订公有住房买卖合同或取得房屋产权证后调离、辞职、被辞退或除名，单位是否有权要求收回房屋或补交购房款。

## 四、公有住房使用权转让

### （一）公有住房使用权的概念和主要形式

我国的法律法规并未对公有住房使用权这一概念进行界定。长期以来，“公房使用权”的提法，是审判实践或公有住房管理实践中的一种俗称。所谓公房使用权，是指权利人以名义上租赁，实质上是福利分配所取得的对国家或国有企事业单位所有的房屋低于市场价租赁的权利。

公有住房使用权，是我国传统福利住房分配政策和计划经济体制的产物，是政府对劳动者广泛实行的变相工资分配方式。在住房制度改革以前，取得公有住房使用权的承租人，必须是在国家机关或者国有企事业单位工作，其工作达到一定年限，组织上就会根据其工龄长短、职务高低、工作业绩大小，家庭人口等诸多因素，确定分配给其家庭一定面积的房屋，并建立起职工与国家或单位之间的房屋租赁关系。公有住房的使用权实际上隐含了价值，是职工多年工资中住房消费的补偿，也是劳动力价值的组成部分。住房制度改革以后，符合一定条件的公有住房使用权被允许上市交易，并且限制条件呈逐步减少的趋势。对于进入市场的公有住房使用权，已经体现了市场交易价值。由于公有住房使用权进入流通领域且价格飙升，历史遗留问题凸显，与公有住房使用权（承租权）有关的纠纷不断，大量诉讼案件涌入人民法院。但是，由于法律对公有住房使用权的性质界定不清，纠纷的解决缺乏统一的法律规范和裁判标准，加之住房政策带有浓厚的地方特色，不同法院对此类案件的处理方式差异很大，当事人的合法权益不能得到及时有效保护。

公有住房使用权主要形成于以下三种方式：（1）低保福利住房。主要是政府部门对低收入家庭、享受国家最低保障的城市居民所给予的一种社会福利性住房。承租人只需给付象征性房租即可使用该房屋，由此也称之为“廉租房”。(2）单位福利性分房。企事业单位或国家机关根据职工的工龄、职务级别等诸多因素分配给职工一定面积的住房，职工与单位或国家房管部门之间建立房屋租赁关系，房屋所有权归单位所有，职工享有承租使用权。单位福利性分配的房屋包括自管公房，也包括直管公房。自管公房的产权属于单位，而单位有权分配的直管公房包括单位交由房管部门进行管理以及房屋调换后交由单位分配给职工的住房。(3）因房屋拆迁取得的房屋使用权。在实行货币化拆迁之前，产生了大量的公有住房，主要有两种：一种是原所住房屋为公有住房，拆迁后所分房屋仍是公有住房；另一种是原所住房屋是私有住房，产权人放弃产权，调换分得公有住房。

### （二）公有住房使用权的特点

从公房使用权的产生来源来看，公房使用权是公房租赁制度的产物，实际上可以说是一种特殊的租赁权（对使用人来说是承租权），但这种公房租赁权与传统民法上的私人所有权基础上的租赁权又有很大的不同，它不是一般意义上的租赁权。

第一，公房使用权具有一定的“他物性”。从现实情况来看，虽然公房使用权出现了物权化、所有权化的倾向，但是在现有的法律政策框架下，无论从历史还是现实的角度来说，都不可能否定国家或单位作为产权人的事实。无论所有权化的程度有多深，就形式而言，国家或单位依旧是所有权人；就实质而言，在公房价值的股权结构中国家或单位始终占有一定的比例。所以说，公房使用权是在国家或单位所有之物上享有的占有、使用、收益等权利。这点与土地使用权、农村土地承包经营权相同，都是在他人所有之物上设立的一种权利，符合用益物权的基本特征。

第二，公房使用权具有限制性。限制性物权主要是相对所有权而言的。正是由于公房自产生之初就有浓厚的社会主义色彩，其所有权在公而使用权在私的属性与众不同，决定了即便是使用权也不同于完整的民法意义上的使用权，其必定受制于各方因素。公房使用权的限制性表现在两个方面：一是其本身权能范围是有限制的。公房使用权在市场准入制度放开之前，其权能范围主要是占有、使用。建设部《城市公有住房管理规定》严禁通过转租等形式进行收益，这种精神后来被地方吸纳。市场准入制度放开之后，公房使用权人不仅可以占有、使用，而且可以将公房以市场行为出租，还可以进行转让，直接获得收益，享有相当广泛的权能。但是同完全物权意义上的所有权比较，按照现行的政策规定，公房使用权人不能在公房上设定抵押等他项权，不能对公房实行彻底的决定其最终命运的处分，在买卖产权时，受到所有权人即国家或单位的限制，所有权人对其支配力有一定的约束力。二是公房使用权对所有权有相当程度的限制。公房使用权虽然以所有权为权源，但事实上在其产生之后，所有权权能的绝大部分由使用权人行使。例如，按现行政策规定，公房使用权人可以按照自己的意志享有对公房占有、使用、收益的权利，并对公房使用权享有处分权，而不受所有权人干涉。由于无期限等原因，形成实质上的控制权与支配权，而所有权反倒被虚化了。所以说公房使用权对所有权构成了相当程度的限制。

第三，公房使用权反映了利用物的使用价值的目的性。用益物权与担保物权最大的区别就在于，前者是利用物的使用价值，后者是利用物的交换价值。“使用”是按物的自然属性、法定用途或约定方式，对物进行实际上的利用。公房使用权产生的初衷和主要目的，是为了解决本人和其他家庭成员的居住需要。至于后来市场准入制度放开之后，公房使用权上市交易，对于买卖行为的买受人而言，其获得公房使用权的主要目的仍然是满足居住的需要。

第四，公房使用权人实现了对标的物即公房的实际占有性。公房使用权人这种占有与一般意义上用益物权的占有相比，其控制力更强，这主要表现在使用权的无期限性特征上。土地承包经营权、建设用地使用权等用益物权都有年限的限制，但是公房使用权没有。

### （三）公有住房的法律性质

公有住房使用权的法律性质，是理论和实务上争议颇多的一个问题。

目前理论界对此大致存在三种观点：

1. 债权说

该观点认为，公有住房使用权系因房屋承租人与公房管理部门签订公房租赁合同而产生，故该使用权属于合同债权。目前现有的部门规章和地方性规章等文件也都将这种公房使用权纳入租赁关系之中。对现行的制度中公房的使用权存在一些基本符合物权法律特征的事实，债权说认为这些事实，仅是使公房使用权具备了一些物权化的保护，并未根本改变公房使用权为租赁权亦即债权的本质。

2. 用益物权说

该观点认为，公有住房使用权人对房屋享有占有、使用、收益、（有限制的）处分等各项权能，且该权利具有永续性和经济价值，故应当将其认定为用益物权。

3. 特殊债权说

该观点认为，公有住房使用权实质上具有用益物权的性质，但由于我国物权法没有将其规定为法定的物权种类之一，受物权法定原则的制约，在现阶段只能认为公有住房使用权是一种高度物权化的债权，或者也可以将其视为一种属性模糊的财产权。这种观点实际是“用益物权说”的一种变通。

笔者倾向于第三种观点。公有住房使用权虽然需要同房管部门签订公房租赁合同之后方能取得，但其与一般的因房屋租赁合同而取得的房屋使用权存在重大区别：

第一，公有住房使用权的主体具有特殊性。能够成为公房使用权的主体只能是城镇居民中机关、企事业等单位的劳动者，其他居民无法获得这种使用权，而一般房屋租赁合同的主体则无此限。

第二，公有住房使用权的存续具有永续性。公有住房使用权不受期限限制，租期届满后自然续期，非因特定事由，房管部门不得终止公房租赁合同。承租人死亡的，其配偶、子女、父母等还可以申请继续承租公房。这样，承租人对公有住房就获得了永久性的占有和使用权。这与一般的私有房屋租赁明显不同。

第三，公有住房使用权“租金”的非市场性。公有住房的租金由政府统一规定，一般只相当于同地段同档次私有住房租金的5%～10%，承租人缴纳的公房租金基本只用于房屋维修的成本费用支出，房管部门并不从公房租金中经营获利。由于公房承租人只需支付很低的租金即可获得远高于租金价值的房屋使用收益，其对房屋所取得的使用收益与其支付的租金明显不构成对价关系，这与一般的私有住房租赁存在本质不同。

第四，公有住房使用权的取得需要支付对价，遇拆迁时可以获得补偿。公有住房虽然租金低，但其最初取得使用权却需要支付其他对价，初始投入成本巨大。对于私有住房承租权的取得，承租人只需按期支付租金即可，在签订租赁合同时无须支付其他对价。但公房承租权的取得或是因计划经济时代作为实物工资的一部分分配给承租人，或是公房政策改革后，由承租人通过市场置换（使用权有偿转让）等途径从前手承租人处出资购得。可见，公有住房虽名义上属于公有，但其绝大部分价值构成，却应归“承租人”享有。

第五，公有住房使用权可转化为完全所有权。按照现行公房政策，直管公房的使用权人只需支付很小的价款，即可购得公房所有权。该购房资格只有承租人才具有，非承租人不能以如此低廉的价格购得公有住房的所有权。承租人购得公有住房的所有权后，公有住房即转化为私有房屋，完全受物权法的规制。

第六，公有住房使用权具有实质上的可处分性。由于公房租金远低于市场租金水平，使得公房使用权具有高昂的经济价值。按照现行的公房政策，承租人在向房管部门备案后不仅可以将公房以市场价格对外转租，而且承租人还可以通过置换的方式以市场价格将公房使用权转让。而对于私有住房而言，由于私有住房按照市场价格确定租金，支付市场化的租金，随时可以租到相同的私有住房，使得私有房屋承租权不具有在市场上进行有偿转让的现实需要。

上述区别说明，公有住房使用权具有迥异于一般私有房屋租赁使用权的性质，其所具有的永续性、支配性、可转让性等特征，使其在性质上更接近于物权而非债权。将其界定为普通的合同债权，无法准确、全面地反映其法律特质。虽然公房使用权实质上具有用益物权的特征，但由于我国物权法没有将其规定为法定的用益物权种类，受物权法定原则的制约，将公房使用权界定为用益物权，在目前的法律框架下难以获得法理上的有力支撑。

如果将公房使用权界定为高度物权化的特殊债权，则将能够较好的解释实践中的许多问题。比如既然公房使用权是物权，自然可以作为遗产继承，在原承租人死亡后，所有继承人都有权要求实际取得公房使用权的继承人给予相应的补偿，在房屋遇到拆迁时，也可以获得与继承份额相当的拆迁安置补偿权益；在离婚的时候，也可以比照私有住房的规则进行分割，由实际继续承租的一方给予另一方补偿；而对于强占公房的案件，则无论经过多久，公房使用权人都可基于物上请求权要求无权占有人返还房屋。但如果认为公房使用权就是普通的基于房屋租赁合同而产生的债权，则很多问题要么将陷入解释论上的困境，要么将会得出极不合理乃至荒谬的结论。

综上，将公房使用权界定为一种高度物权化的特殊债权，较为可行。

## 五、划拨土地上的私有房屋买卖

根据《城市房地产管理法》第 23 条的规定，划拨土地使用权，是指县级以上人民政府依法批准，在土地使用者缴纳补偿、安置等费用后将该幅土地交付其使用，或者将土地使用权无偿交付给土地用者使用的行为。设立划拨土地使用权的目的主要是基于国家利益或公共利益的需要。划拨土地使用权这种取得的无偿性及目的的公益性决定了其为民法上的限制流通物，国家对其转让有进行规制的必要，以免随意转让致使国家利益或公共利益受到损害，因此，《城市房地产管理法》第 40 条第 1 款规定："以划拨方式取得土地使用权的，转让房地产时，应当按照国务院规定，报有批准权的人民政府审批。有批准权的人民政府准予转让的，应当由受让方办理土地使用权出让手续，并依照国家有关规定缴纳土地使用权出让金。"《国有土地使用权合同解释》第 11 条规定："土地使用权人未经有批准权的人民政府批准，与受让方订立合同转让划拨土地使用权，应当认定合同无效。但起诉前经有批准权的人民政府批准，办理土地使用权出让手续的，应当认定合同有效。"上述法律、司法解释对划拨土地使用权转让作出了限制性规定。

房地一体原则，是指土地使用权和土地上的房屋等建筑物和附着物的所有权归属于同一主体，在房地产转让或抵押时，房屋所有权和土地使用权必须同时转让、抵押。房地一体原则也被称为“房随地走”原则或“地随房走”原则，其源于房产与地产不可分离的自然属性。《城镇国有土地使用权出让和转让暂行条例》第 23 条、第 24 条、第 33 条，《城市房地产管理法》第 32 条均肯定了这一原则。《物权法》又以第 146 条、第 147 条、第 182 条、第 183 条四个条文，再次以立法的形式肯定了这一原则，其立法目的是规范土地使用权的主体与地上建筑物及其他构筑物所有权的主体保持一致。

房地一体原则主要体现在以下几个方面：

第一，房产转让时，房屋的所有权和该房屋占用范围内的土地使用权必同时转让。房屋总是建筑在一定范围的土地之上，只有坚持房地一体才能避免土地权利和房屋权利的冲突。

第二，土地使用权转让时，该幅土地范围内的房屋必须同时转让。土地使用权的转让应当区分情况：如果在该幅土地范围内还没有进行房屋建设的情况下，那么其转让仅仅涉及土地的使用权；如果该幅土地范围内已经建造了房屋，则要求房屋的所有权随土地同时移转。

第三，房地产抵押时，房屋的所有权和该房屋占用范围内的土地使用权同时抵押。抵押权主要是由抵押权人通过拍卖抵押物取得价款来实现，房地产抵押可能涉及房产或土地使用权的转让问题。因此，房地产抵押也应当遵循房地一体原则。值得注意的是，抵押合同签订以后，土地上新增的房屋不属于抵押物。不过，新增物虽然不属于抵押物，但为了便于抵押权的实现，需要拍卖该抵押的房地产时，可以依法将该土地上新增的房屋与抵押物一同拍卖，但对拍卖新增房屋的所得，抵押权人无权优先受偿。

当然，房地一体原则也存在一些例外情形，如土地租赁中的房地分离、《物权法》第 142 条但书中所称的房地分离等，因并非本书研究范围，故不赘述。

基于房地一体原则，划拨土地上的房屋买卖，将导致该房屋占用范围内的土地使用权必同时转让的法律后果，而划拨土地使用权转让又存在法律规定的限制，因此，房屋买卖合同的效力问题就成为实践中此类纠纷的焦点问题。

## 六、权属瑕疵房屋买卖

权属瑕疵，即所有人对标的物的所有权不完整或存在争议。实践中，当事人就存在权属瑕疵的房屋签订买卖合同的情形大量存在，此类问题集中体现为就已经被抵押或查封的房屋签订房屋买卖合同，该类房屋买卖合同的效力应如何认定是解决此类纠纷的首要问题。

对于权属存在瑕疵的房屋买卖合同，理论上存在很大争议，主要有以下几种观点：

第一种观点认为，该类房屋买卖合同应当认定为无效合同。主要理由是：《城市房地产管理法》第 38 条规定："下列房地产，不得转让：（一）以出让方式取得土地使用权的，不符合本法第三十九条规定的条件的；（二）司法机关和行政机关依法裁定、决定查封或者以其他形式限制房地产权利的；（三）依法收回土地使用权的；（四）共有房地产，未经其他共有人书面同意的；（五）权属有争议的；（六）未依法登记领取权属证书的；（七）法律、行政法规规定禁止转让的其他情形。"《城市房地产管理法》第 38 条明确规定，被抵押、查封或者未取得权属证书的房地产不得转让，这属于法律的强制性规定，符合《合同法》第 52 条第 5 项"违反法律、行政法规的强制性规定"的认定合同无效的条件。《物权法》第 15 条规定："当事人之间订立有关设立、变更、转让和消灭不动产物权的合同，除法律另有规定或者合同另有约定外，自合同成立时生效；未办理物权登记的，不影响合同效力。"该条虽然明确了未办理物权登记不影响合同效力，但对合同生效仍然设定了"除法律另有规定或者合同另有约定外"的除外情形，而《城市房地产管理法》第 38 条就属于法律另有规定的除外情形，故上述情形下的房屋买卖合同应当认定为无效。坚持此种观点的一部分人对于具体处理还进一步提出：如果在庭审辩论终结前出卖方已经涂销抵押、解除查封或者取得权属证书的，应认定合同有效；如果在庭审辩论终结前出卖方未能消除上述房屋权属瑕疵的，应认定合同无效。

第二种观点认为，该类合同应当认定为有效合同。主要理由是：应当将物权变动与其原因行为，即买卖双方就物权变动事宜达成的意思表示（合同）区分开来，房屋未取得权属证书、被抵押或查封只能影响物权的变动，而不影响房屋买卖合同的效力。《城市房地产管理法》第38条规定“下列房地产不得转让”应理解为对存在该条所列情形的房地产的物权不得发生变动，更明确来说，就是不得进行房屋所有权变更登记，而不是否定当事人就房屋买卖事宜达成一致的意思自治的效力。

第三种观点认为，对于该类房屋买卖合同的效力应当区别情况对待。如果买受方在签订合同时，已明知房屋被抵押、查封或者未取得权属证书等情形的，应当认定为合同有效。如果买受方在签订合同时并不明知上述情形的，买受人主张合同无效的，应予支持。主要理由是：如果在签订合同时，买受人已明知房屋权属有瑕疵，而仍然愿意与出卖人签订买卖合同，属于对此种瑕疵的认可，并愿意承担因该瑕疵带来的物权可能无法变动的风险。实践中，双方往往在合同中明确约定出卖方涂销抵押、解除查封、取得权属证书的义务、时限要求及违约责任。此时，涂销抵押、解除查封、取得权属证书已经成为合同履行的一部分，如果出卖方未能按照合同约定的时间和要求消除房屋权属瑕疵的，可以通过解除合同并由出卖方按照合同约定承担违约责任来救济，这样处理比认定合同无效更能体现意思自治的原则。如果在签订合同时，买受人并不明知房屋权属存在瑕疵情形的，此时买受人可以以违反房地产管理法第37条为由主张合同无效，或者以出卖方欺诈为由申请撤销合同。

对于权属瑕疵房屋买卖合同的效力认定，实践中经历了一定的流变：

1. 设有抵押的房屋买卖。在抵押物转移制度问题上，我国立法从《民法通则》到《担保法》及其司法解释，再到《物权法》，经历了一个从严格限制到逐渐宽松的演变过程。

在《担保法》实施之前，《民法通则意见（试行）》第115条[①]通过限

① 注：该条现已被废止。

制抵押物的转让来保障抵押权人的利益，该条规定："抵押物如由抵押人自己占有并负责保管，在抵押期间，非经债权人同意，抵押人将同一抵押物转让他人，或者就抵押物价值已设置抵押部分再作抵押的，其行为无效。"《担保法》对此作了一定的改变，其第 49 条规定："抵押期间，抵押人转让已办理登记的抵押物的，应当通知抵押权人并告知受让人转让物已经抵押的情况；抵押人未通知抵押权人或者未告知受让人的，转让行为无效。""转让抵押物的价款明显低于其价值的，抵押权人可以要求抵押人提供相应的担保；抵押人不提供的，不得转让抵押物。""抵押人转让抵押物所得的价款，应当向抵押权人提前清偿所担保的债权或者向与抵押权人约定的第三人提存。超过债权数额的部分，归抵押人所有，不足部分由债务人清偿。"从条文文义来看，《担保法》第 49 条虽然对抵押人行使处分权有一定的限制，但从根本上说，是允许抵押人在抵押设定以后，将抵押物所有权让与第三人的。在该条规定中，对抵押人行使处分权的限制主要有三：一是有将抵押物转让的情况告知抵押权人的义务；二是有将转让物上存在抵押负担的事实告知受让人的义务；三是抵押人转让抵押物所得的价款，应当向抵押权人提前清偿所担保的债权或者向与抵押权人约定的第三人提存。《担保法解释》对此又有所突破，其第 67 条第 1 款规定："抵押权存续期间，抵押人转让抵押物未通知抵押权人或者未告知受让人的，如果抵押物已经登记的，抵押权人仍可以行使抵押权；取得抵押物所有权的受让人，可以代替债务人清偿其全部债务，使抵押权消灭。受让人清偿债务后可以向抵押人追偿。"也就是说，《担保法解释》第 67 条第 1 款既承认抵押权具有追及效力，同时规定受让人享有涤除权，可以代替债务人清偿其全部债务，使抵押权消灭。《物权法》第 191 条第 2 款规定："抵押期间，抵押人未经抵押权人同意，不得转让抵押财产，但受让人代为清偿债务消灭抵押权的除外。"

《物权法》第 191 条第 2 款规定除买受人代为清偿消灭抵押权外，抵押人未经同意，不得转让抵押物，这种不得转让是否会导致转让合同无效，存在争论。理论和实务上普遍将该条款认定为强行性的禁止性规范，即出现上述行为的，应认定为行为无效。

事实上，禁止性规定表现为，法律将法律行为的实施和惩罚联系起来，通过制裁手段来阻止法律行为的实施。在民法中，只有在有足够充分且正当理由的情况下，才能够去限制民事主体的自由，而这个足够充分且正当的理由就是公共利益。公共利益具体包括四类：一是不特定第三人的利益；二是如生命利益、健康利益、人身自由、人格尊严等与基本法律价值密切联系的私人利益；三是弱势群体的利益；四是以违背最低限度道德要求的方式损害他人的私人利益。因此，在抵押期间，抵押人未经抵押权人同意而转让抵押财产，利益所受影响的有三方当事人，而这三方当事人都属于具体交易关系中的特定民事主体，影响的都是特定民事主体的利益，与社会公共利益没有关系，因而国家没有足够充分且正当的理由进行干涉的必要。故该规范应当属于授权第三人规范。

所谓授权第三人的法律规范，是指授予合同关系以外某个特定第三人针对合同行为享有特定权利，尤其是享有对影响自身利益的合同行为请求确认无效或撤销权利的法律规范。抵押人与受让人双方就抵押物进行交易，虽是对自身利益关系所作的安排，但因抵押物具有的特殊属性而使其必然涉及抵押权人利益。若抵押物被转让，抵押人未将转让款项提存或先行偿还，就会使抵押权人的债权有丧失偿还物质基础的可能。所以，虽然抵押权人是交易关系之外的第三人，但基于权利义务关系的平衡以及维护物权法赋予抵押权最高受偿效力的设立目的，故应赋予抵押权人以决定影响其利益的交易行为的效力的权利，其可以请求确认该交易行为无效、撤销或同意该交易。由抵押权人根据自己的利益需求予以决定，而非必然导致合同行为的无效。只有抵押权人行使此项权利，启动了授权第三人的法律规范，才会出现合同行为不发生效力的法律效果。

2. 被查封的房屋买卖。对此，在审判实务中，以《物权法》于 2007 年 10 月 1 日施行之日为时间点，存在不同的认识和判法。在《物权法》实施之前，一般判定被查封房屋买卖合同无效。主要依据在于：

其一，法院在查封笔录或清单中已向被告或被查封人告知其在房屋被查封期间未经法院许可禁止转让、抵押等。否则，依照 2007 年《城市房地产管理法》第 38 条第 2 项“司法机关和行政机关依法裁定、决定查封或者以其他形式限制房地产权利的”“房地产不得转让”的规定，应当认定为处分被查封房屋而签订的房屋买卖合同无效。

其二，依照《最高人民法院、国土资源部、建设部关于依法规范人民法院执行和国土资源房地产管理部门协助执行若干问题的通知》第21条“已被人民法院查封、预查封并在国土资源、房地产管理部门办理了查封、预查封登记手续的土地使用权、房屋，被执行人隐瞒真实情况，到国土资源、房地产管理部门办理抵押、转让等手续的，人民法院应当依法确认其行为无效，并可视情节轻重，依法追究有关人员的法律责任。国土资源、房地产管理部门应当按照人民法院的生效法律文书撤销不合法的抵押、转让等登记，并注销所颁发的证照及《最高人民法院关于人民法院民事执行中查封、扣押、冻结财产的规定》第26条第1款“被执行人就已经查封、扣押、冻结的财产所作的移转、设定权利负担或者其他有碍执行的行为，不得对抗申请执行人”的规定，被执行人转让被查封房屋并办理房屋所有权转移登记手续的行为无效，当然也就不得对抗申请执行人。

在《物权法》实施之后，一般判定被查封房屋买卖合同有效。主要依据在于：

其一，依照《物权法》第15条“当事人之间订立有关设立、变更、转让和消灭不动产物权的合同，除法律另有规定或者合同另有约定外，自合同成立时生效；未办理物权登记的，不影响合同效力”的规定，将不动产物权变动的原因与结果区分开来，完全符合合同效力的确认理论。换言之，认定合同的效力应当坚持物权行为与债权行为相区分的原则。合同效力的判断只能依据该合同生效要件进行，而不能以随后的物权变动是否成就作为判断标准。据此，被查封房屋买卖合同是否有效应当依据《合同法》的规定来判定，履行该房屋所有权转移登记手续属于合同履行行为，未办理房屋所有权转移登记手续费则不产生物权，但不因此影响该房屋买卖合同的效力。可见，《物权法》的出台，澄清或理顺了以前将债权行为与物权行为相混淆的理念和裁判方法。

其二，法院查封房屋，只是使该房屋被禁止在查封期间办理房屋所有权转移登记手续。也就是说，在房屋被查封期间即使被查封人与他人签订该房屋的买卖合同，也不能在此期间办理房屋所有权转移登记手续，相应地就不能产生物权变动的法律效果。但不能因此禁止或影响被查封人在房屋查封期间与他人签订该房屋的买卖合同，更不能据此作为认定买卖该房屋合同无效的判定依据。从另一角度来看，确认被查封房屋买卖合同有效比认定无效更有利于保护买受人的合法利益。详言之，买受人为使自己的利益最大化，依据合法有效的被查封房屋买卖合同，选择解除合同要求出卖人承担违约责任，还是选择要求出卖人继续履行合同办理房屋所有权转移登记手续。同时也防止出卖人以买卖的房屋被查封而禁止转让为由要求确认房屋买卖合同无效，从中获取非法利益，进而损害买受人的合法利益。

其三，依照《合同法解释（二）》第 14 条“合同法第五十二条第（五）项规定的‘强制性规定’，是指效力性强制性规定”的规定，从法律条文的内容看，只有禁止某一类合同行为的强制性规定才属于效力性规定，违反此类规定的合同才导致无效，而仅针对合同某一方面如主体、标的物、履行时间或地点所作出的强制性规定则不属于效力性规定。2007 年《城市房地产管理法》第 38 条第 2 项虽规定司法机关依法查封的房地产不得转让，但该规定属于行政管理性的强制性规定，不属效力性规定，不能作为确认被查封房屋买卖合同效力的效力性强制性规定。至于《关于依法规范人民法院执行和国土资源房地产管理部门协助执行若干问题的通知》第 21 条的规定，从发布机关最高人民法院与国土资源部、建设部便知，该规定是从行政管理角度明确被查封的房地产办理房屋所有权转移登记手续的行为属于无效行为，实际上禁止的是被查封的房地产在查封期间办理物权变动登记手续的行为，并未规定房地产转让合同行为无效。而《最高人民法院关于人民法院民事执行中查封、扣押、冻结财产的规定》第 26 条第 1 款规定被执行人转让查封财产的行为不得对抗申请执行人，是以被查封财产的转让合同合法有效为前提或基础的。换言之，被执行人转让被查封的财产给他人所签订的转让或买卖合同虽也合法有效，但不得以此对抗申请执行人。

# 实务指南

## 一、同一集体经济组织成员之间宅基地房屋买卖合同的效力认定

基于双方交易主体均系本集体经济组织成员，其住宅买卖行为不会导致本集体经济组织有限宅基地资源的流失。因此，对村民之间基于自主意思表示所缔结的宅基地房屋买卖合同应认定为有效。具言之，主要理由如下：

第一，公民对自己的合法房屋享有所有权，这在我国的宪法和法律都有明确的规定，公民有权利对房屋进行任何的处分或者将其转卖给他人。《物权法》第 64 条规定，私人对其合法的不动产享有所有权，所以农民对自己合法建造的房屋理所应当可以进行处分。买卖就是一种处分的形式。

第二，有关宅基地房屋买卖的问题，在我国现行法律中并没有禁止规定，反而在一些法律法规中可以找到有关农民能够出卖自己合法房屋的法律依据。如《土地管理法》第 62 条就规定了农村村民出卖、出租住房后，再申请宅基地的，不予批准。第 63 条规定农民集体所有的土地的使用权不得出让、转让或者出租用于非农业建设；但是，符合土地利用总体规划并依法取得建设用地的企业，因破产、兼并等情形致使土地使用权依法发生转移的除外。《土地管理法》并没有对同一村的村民进行宅基地房屋买卖作出禁止性规定，其效力应当得到肯定。

第三，同一集体经济组织的成员之间买卖宅基地房屋并不违反“一户一宅”原则。“一户一宅”原则是我国《土地管理法》所确定的农村村民申请宅基地的一项基本原则。该法第 62 条规定：“农村村民一户只能拥有一处宅基地，其宅基地的面积不得超过省、自治区、直辖市规定的标准……农村村民出卖、出租住房后，再申请宅基地的，不予批准。”由于房屋和土地有着天然的关联性，并且在我国仍然采取的是“房地合一”

的原则，农村私有房屋的买卖不单纯是房屋所有权的转移，同时还涉及房屋所占土地的宅基地使用权的转移。由此带来的问题是：农村村民在已有宅基地的情况下通过购买同一集体经济组织成员的房屋而获得其他宅基地的使用权，该房屋买卖合同是否因为违反“一户一宅”原则而无效？我国《宪法》第13条明确规定：“公民的合法的私有财产不受侵犯。国家依照法律规定保护公民的私有财产权和继承权。国家为了公共利益的需要，可以依照法律规定对公民的私有财产实行征收或者征用并给予补偿。”可见，国家通过宪法这一根本大法的形式，对于公民的私有财产权给予充分的肯定。因此，村民的私有房屋所有权也是不受侵犯的，村民可以对房屋行使完全的占有、使用、收益、处分等所有权权能。村民对于房屋的自由转让从保护私有财产权角度而言是不应当受到干预的。但是由于我国的农村土地所有权归农村集体经济组织所有，农民对土地只有使用权，对于宅基地来说，它是无偿分配给农民使用的，带有一种福利的性质。宅基地的福利性质决定了宅基地使用权的主体资格、流转范围要受到极大的限制。但是再多的限制也要在保护公民合法私有财产权的前提之下，“一户一宅”原则也是有适用范围的，不是绝对的。对“一户一宅”原则的正确理解应当是，限制重复申请宅基地、多占宅基地的行为，并非限制通过取得房屋所有权而另外获得宅基地。依据我国目前的土地法律和政策，在司法实践中处理此类纠纷通常掌握的标准是：农村私有房屋买卖合同的效力应以认定无效为原则，以认定有效为例外。只有房屋买卖的双方均是同一集体经济组织的成员的，可以认定合同有效，禁止将房屋卖给城市居民和外村村民。

## 二、非本集体经济组织成员购买宅基地房屋合同的效力认定

对于买受人为非本集体经济组织成员的宅基地房屋买卖合同的效力，主要存在有效说和无效说两种观点。有效说认为，公民个人对其房屋享有受法律保护的财产所有权，有权依法对自己的财产以出卖、互易、赠与等方式进行处分。现行有效的法律、行政法规，并无禁止农民处分其房屋的规定。《土地管理法》第62条第4款、第63条的规定并非禁止农

村房屋的出卖。按照“法不禁止即属自由”的私法原则，农民原则上可以出卖自己的房屋，买受人是否为本集体经济组织成员在所不问。而且，从社会效果方面看，认定此类合同无效会破坏交易秩序的安全和稳定，损害农民和农村的利益。反之，如果认定合同有效，不仅有利于制约农民随意处分自己的房屋和宅基地，有利于稳定现有的房屋占有关系；而且对出卖人事后主张合同无效进行必要的限制，还有利于维护买受人的善意信赖和诚实信用原则的要求。[①] 无效说则认为，第一，宅基地使用权是集体经济组织成员享有的权利，与特定的身份关系相联系，不允许转让。目前农村私房买卖中买房人名义上是买房，实际上是买地，在房地一体的格局下，处分房屋的同时也处分了宅基地，损害了集体经济组织的权益，是法律法规明确禁止的。第二，目前农村房屋买卖无法办理产权证书变更登记，故买卖虽完成但买受人无法获得所有权人的保护。第三，宅基地使用权的流转必然带来宅基地需求的加大，造成住宅用地向耕地延伸，显然不符合土地管理法等相关法律关于保护耕地的立法意图。[②]

实践中，认定合同无效的依据和理由又存在不同。归纳起来，主要有：

1. 因违反法律、行政法规的强制性规定而无效

主张买受人为非本集体经济组织成员的宅基地房屋买卖合同为无效的观点，最主要的理由就是该合同违反了法律、行政法规的强制性规定，故应依《合同法》第 52 条第 5 项的规定认定合同无效。但具体到该类合同违反的为何具体的法律、行政法规的强制性规定，则又有不同观点。

一种观点认为，违反了《土地管理法》第 63 条的规定。《土地管理法》第 63 条规定：“农民集体所有的土地的使用权不得出让、转让或者出租用于非农业建设；但是，符合土地利用总体规划并依法取得建设用地的企业，因破产、兼并等情形致使土地使用权依法发生转移的除外。”

① 参见韩世远：《居民买卖农村纠纷的裁判之道》，载《人民法院报》2007 年 12 月 6 日。

② 参见《北京市高级人民法院关于农村私有房屋买卖纠纷合同效力认定及处理原则研讨会会议纪要》（京高法发〔2004〕391 号）；《山东省高级人民法院 2008 年民事审判工作会议纪要》（鲁高法〔2008〕243 号）。

其基本逻辑为：《土地管理法》第 63 条规定农民集体所有的土地的使用权不得出让、转让或者出租用于非农业建设。在房地一体原则下，房屋买卖必然涉及宅基地买卖，农村村民在处分自己房屋的同时也处分了宅基地，而其作为集体经济组织成员只享有对集体所有土地的使用权，擅自转让房屋给非本集体经济组织成员将导致宅基地用于非农业建设，违反了《土地管理法》第 63 条之规定，故合同应认定为无效。①

另一种观点认为，违反了《土地管理法》第 62 条的规定。《土地管理法》第 62 条第 1 款规定："农村村民一户只能拥有一处宅基地，其宅基地的面积不得超过省、自治区、直辖市规定的标准。"其基本逻辑为：宅基地是农民的重要财产权利，严禁宅基地进入市场进行交易。由于宅基地关系到农民的基本居住条件，所以获得农村宅基地要受农业人口身份上的限制，只有具有农村户口的人才能在本集体所有的土地范围内申请宅基地。由于农村房屋的转让必然导致宅基地使用权的转移，故该类合同违反了《土地管理法》第 62 条之规定，应认定为无效。②

2. 因违反国家政策而无效

该观点认为，《民法通则》第 6 条规定："民事活动必须遵守法律，法律没有规定的，应当遵守国家政策。"据此可知，法院审理的民事案件如果法律没有规定而国家政策有规定的，应当适用国家政策进行裁判。对于集体土地上的宅基地使用权的买卖问题，包括《物权法》在内的现行法律均没有明确规定，故应适用国家有关政策的规定进行裁判。由于国家现行政策明确禁止非本集体经济组织成员购买宅基地或者地上建筑物，因此法院应当认定买受人为非本集体经济组织成员的宅基地房屋买卖合同为无效。

3. 因损害社会公共利益而无效

该观点认为，宅基地使用权是集体经济组织成员享有的权利，与特定的身份关系相联系，不允许转让。目前农村私房买卖中买房人名义上

① 厦门市同安区人民法院课题组：《关于农村房屋买卖合同纠纷司法认定与处理的调研报告》，载《东南司法评论》（2013 年卷），厦门大学出版社 2013 年版，第 43 页。

② 参见《山东省高级人民法院全省民事审判工作座谈会纪要》（鲁高法〔2005〕201 号）。

是买房，实际上是买地，在房地一体的格局下，处分房屋的同时也处分了宅基地，损害了集体经济组织的权益，是法律法规明确禁止的。故买受人为非本集体经济组织成员的宅基地房屋买卖合同应认定为无效。①

笔者认为，《物权法》《土地管理法》等法律以及行政法规对于非本集体经济组织成员能否通过购买农村房屋取得宅基地使用权均没有明确规定，这导致了在认定宅基地房屋买卖合同效力时法律适用的困惑。对此，唯有综合法律、行政法规的规定，并考虑国家政策的精神综合加以考虑。

首先，《土地管理法》第63条的立法目的是加强土地用途管制，限制农用地转为建设用地。但宅基地的性质为建设用地，使用权主体的变更并不会改变宅基地的性质，故第63条显然不能用来调整宅基地使用权的流转问题。② 而且，《土地管理法》第63条禁止的是将集体土地的使用权以出让、转让或者出租的形式用于非农业建设，并未禁止已在集体土地上合法建造的房屋及其土地使用权的转让，也未禁止农村村民出卖其房屋，当然更谈不上禁止非本集体经济组织成员购买农村房屋的问题。③因此，《土地管理法》第63条不属于《合同法》第52条第5项中所称的“法律、行政法规的强制性规定”，不能作为认定宅基地房屋买卖合同无效的法律依据。

其次，根据《土地管理法》第59条的规定可知，农村村民建住宅需要使用集体土地的，应当依照第62条的规定办理审批手续。而第62条第1款规范农村村民拥有宅基地的数量和面积，第2款规范农村村民建住宅的基本要求，第3款规定农村村民申请宅基地的审批程序，第4款禁止农村村民出卖、出租住房后再申请宅基地。据此可知，《土地管理法》第62条乃是对农村村民通过“申请—审批”程序初始取得宅基地使用权的规定，其中既未禁止农村村民出卖住房，也未禁止非本集体经济

① 参见《北京市高级人民法院农村私有房屋买卖纠纷合同效力认定及处理原则研讨会会议纪要》(京高法发〔2004〕391号)。

② 刘英全：《农村私有房屋转让中涉及的相关法律问题》，载《法律适用》2008年第11期。

③ 戴孟勇：《城镇居民购买农村房屋纠纷的司法规制》，载《清华法学》2009年第5期。

组织成员购买农村房屋，[1] 故不宜将其作为认定合同无效的法律根据。

再次，从《合同法》第7条与《民法通则》第6条的关系来看，前者要求“当事人订立、履行合同，应当……尊重社会公德，不得扰乱社会经济秩序，损害社会公共利益”，并未沿袭后者有关民事活动应当遵守国家政策的规定。并且，《合同法》第52条规定的合同无效的五种事由中，也不包括违反国家政策一项。据此可以断定，《合同法》第7条实际上已在合同领域中废止了《民法通则》第6条关于遵守国家政策的规定。[2]《最高人民法院关于适用〈中华人民共和国合同法〉若干问题的解释（一）》第4条规定：“合同法实施以后，人民法院确认合同无效，应当以全国人大及其常委会制定的法律和国务院制定的行政法规为依据，不得以地方性法规、行政规章为依据。”即认定合同效力的依据只能是法律和行政法规。从有关政策文件的发文机构及名称看，国务院文件居多，名称均为“通知”“决定”或“若干意见”，不属于法律和行政法规的范畴，自不得作为认定合同无效的根据；另有一部分则是中共中央发布的党的政策，党的政策在转化为到具体的法律规定之前，虽然有相当强的指引意义，但毕竟不属于法律和行政法规的范畴，因此，亦不应作为认定宅基地房屋买卖合同效力的依据。

最后，基于“房地一体”主义，农村房屋的流转必然会导致宅基地随之流转，故对于此类合同的效力之认定，无法离开对有关宅基地使用权流转的法律乃至政策的综合考量。而审理涉农案件，必须坚持公有制性质不能改变、耕地红线不能突破、农民权益不能受损“三条底线”。在当前，土地承包经营权、宅基地使用权仍负有农民基本生存生活保障的主要功能。就宅基地使用权而言，其通常是与本集体经济组织的成员权联系在一起的，集体经济组织的成员虽然只享有宅基地的使用权，但这种使用权也是农民的一项重要财产。《物权法》肯定了农民宅基地及其房屋的财产利益，规定在国家征收宅基地时，应当给予农民适当的经济补助。因此，宅基地使用权具有福利和社会保障功能，能够使农村居民享

---

① 戴孟勇：《城镇居民购买农村房屋纠纷的司法规制》，载《清华法学》2009年第5期。

② 戴孟勇：《城镇居民购买农村房屋纠纷的司法规制》，载《清华法学》2009年第5期。

有基本的居住条件，从而维护了农村的稳定。《土地管理法》第 4 条明确规定“国家实行土地用途管制制度”，并将集体土地主要限定在农业使用和特定范围的建设使用上。这种管制体现了浓厚的双重保障色彩：就包括基本农田在内的耕地而言，它一方面是农民的生产资料和生活来源，另一方面又是整个国家公民的基本生活来源，任何时候都是保护以及管制的重中之重；就宅基地和乡村公共设施、公益事业而言，它们也是一方面保证农民的基本居住及参与社会生活需要，另一方面也是为实现耕地功能服务的。[①] 因此，虽然就客观而言，农村房屋作为农民的私有财产，其自由流转受法律保护，故主张非集体经济组织成员购买农村房屋的合同为有效的观点，不无一定道理。但倘若如此，将难以避免宅基地使用权流转到本集体经济组织以外，而丧失了宅基地使用权的村民依法将无法再申请宅基地，并最终导致出现流离失所的情况。而且，根据现行法律的规定，宅基地归农民集体所有，宅基地使用权人对宅基地仅享有占有和使用的权利，原则上只能由宅基地使用权人利用宅基地建造住宅及附属设施供其居住和使用，如果允许非本集体经济组织成员通过购买宅基地房屋的方式取得宅基地使用权，将在实质上构成对集体在该宅基地上行使所有权的障碍，导致集体所有权的落空。此外，宅基地的流转必然带来宅基地需求的加大，造成住宅用地向耕地扩张，这也与我国保护耕地的基本国策相违背。有关法律、行政法规对宅基地使用权流转的规定，以及中共中央、国务院对非本集体经济组织成员购买宅基地房屋的政策，均系基于保护农民利益，保持农村稳定，保障经济社会可持续发展，这些应属于社会公共利益的范畴。故笔者倾向于认为，因非本集体经济组织成员购买宅基地房屋的合同，损害法律、行政法规以及国家政策所维护的社会公共利益，属于《合同法》第 52 条第 4 项规定的情形，应认定无效。《第八次全国法院民事商事审判工作会议（民事部分）纪要》对此明确规定，在非试点地区，对于农民将其宅基地上的房屋出售给非本集体经济组织成员的，应该依法认定合同无效。

---

① 钱明星、唐勇：《农村房屋自由流转的法律障碍及出路——从“城里人买农村房首次获判有效”案谈起》，载《清华法学》2009 年第 5 期。

但同时，从发展趋势看，宅基地使用权系农民应该享有的集体福利，完全禁止宅基地的流转不利于农村土地资源的合理利用，应允许农民在法律允许的框架内秉承物尽其用的原则从中获取合法利益，而且随着城镇化进程的加快，农民对土地的依赖程度也逐渐降低，宅基地使用权的流转逐步放宽已经是大势所趋。党的十八届三中全会关于农村土地改革方案中明确提出“保障农户宅基地用益物权，改革完善农村宅基地制度，选择若干试点，慎重稳妥推进农村住房抵押、担保、转让，探索农民增加财产性收入渠道”。2015 年 2 月 27 日，全国人大常委会决定授权国务院在北京市大兴区等 33 个试点县（市、区）行政区域，暂时调整实施土地管理法、城市房地产管理法关于农村土地征收、集体经营性建设用地入市、宅基地管理制度的有关规定。国务院 2015 年 8 月 24 日发布了《国务院关于开展农村承包土地的经营权和农民住房财产权抵押贷款试点的指导意见》（国发〔2015〕45 号），开始农村承包土地的经营权和农民住房财产权抵押贷款试点工作。农村土地制度的改革是全面深化改革的重要内容，对于培育发展新动力，优化土地要素配置，促进创新发展具有重要意义。涉农民事审判就是要依法保护好农民的土地承包经营权和宅基地使用权。要在坚持确保土地集体所有制不改变、耕地红线不突破、农民利益不受损的前提下，按照稳定农户承包权、放活土地经营权的要求，因此，本着依法鼓励创新土地流转形式，为稳步推进土地经营权抵押、担保试点提供有力司法保障的精神，应认定无效。《第八次全国法院民事商事审判工作会议（民事部分）纪要》明确规定，在国家确定的宅基地制度改革试点地区，可以按照国家政策及相关指导意见处理宅基地使用权因抵押担保、转让而产生的纠纷，依法认定有关合同有效，但同时，对合同具体履行问题，也要注意不能突破“三条红线”，尤其是耕地红线不突破，要积极运用司法手段防止流转农田“非粮化”“非农化”，切实保护当事人权益，保障农业基础地位。

## 三、宅基地房屋买卖合同无效后如何处理

《合同法》第 58 条规定：“合同无效或者被撤销后，因该合同取得的

财产，应当予以返还；不能返还或者没有必要返还的，应当折价补偿。有过错的一方应当赔偿对方因此造成的损失，双方都有过错的，应当各自承担相应的责任。”在裁判农村房屋买卖纠纷案件时，确认合同无效后，就应当遵循等价有偿和诚实信用原则，公平地处理无效转让行为，合理地认定当事人的民事责任，均衡保护各方民事主体的利益诉求，避免因简单返还而造成利益失衡。

1. 关于财产还返及折价补偿的问题

根据《合同法》第58条的规定，宅基地房屋买卖合同被确认无效后，在房屋存在的情况下，出卖人应当返还买受人购房款，买受人应当向出卖人返还宅基地房屋。严格而言，合同无效后双方当事人返还财产的范围，应当包括原物及孳息，故买受人除须返还房屋外，还应将其占有房屋期间获得的使用利益折价补偿给出卖人；而出卖人除须返还购房款之外，还应向买受人返还占有购房款期间的利息。

买受人购房后，通常会对其所购房屋进行装修、改建、翻建或者扩建。一般来说，出卖人对房屋所做的装修或改建，并未改变原有房屋的性质，此时构成动产对不动产的附合，故应按照添附中有关附合的规则处理，在该添附物附于出卖人的房屋之上而难以剥离的情形下，买受人将添附物随原物一起返还出卖人，出卖人将添附物的价值补偿给买受人。添附物价值的确定，一般由双方当事人协商确定，协商不成的，可由法院委托有资质的机构进行评估。而与装修或改建不同，在翻建或扩建的场合，买受人已将原房屋拆毁重建，或者是在原宅基地的空闲处另建新房，与原有房屋并未构成附合关系。在原房屋被拆除而翻建新房的情况下，原房屋的所有权即因拆除的事实而归于消灭，此时，因原房屋已无法返还，故应当折价补偿。在原房屋未被拆除而扩建新房的情况下，原房屋应当返还自不待言，新房如已经过合法审批批准而建造，因我国奉行房地一体主义，则该房屋可视为附合于宅基地之上，故出卖人得基于宅基地使用权的返还请求权，要求买受人在返还宅基地的同时一并返还房屋，但因该房屋并非出卖人出资建造，基于公平原则，应由出卖人向买受人进行折价补偿。该新房如未经合法审批手续而建造，则该房屋在实质上属于违法建筑，如已经有关行政主管部门确认为违法建筑，则买受人建造新房的行为实际上构成对出卖人宅基地使用权的侵害，应当根据出卖人与买受人各自的过错负相应的损害赔偿责任。如未经有关行政主管部门确认是否为违法建筑的，则根据应认定无效。《第八次全国法院民事商事审判工作会议（民事部分）纪要》第21条的规定，该部分不属于民事案件的受案范围，民事案件对此不予处理。当然，出卖人与买受人也可自行协商该部分新建房屋应如何处理，如买受人无须拆除该房屋，由出卖人接收并给予一定补偿，法院对此自无须干涉，但不宜通过调解书对此进行确认。

2. 关于赔偿损失的问题

根据《合同法》第58条的规定，因合同无效造成损失的，有过错的一方应当赔偿对方损失，双方都有过错的，应当各自承担相应的责任。所谓“双方都有过错的，应当各自承担相应的责任”，是指双方当事人都有向对方请求赔偿损失的权利，而非双方各自承受自己的损失，互不赔偿。在双方互负赔偿责任的情况下，于其赔偿数额相同的范围内，可以适用债的抵消规则，结果是由承担赔偿责任较多的一方向对方赔偿相应的差额。在农村宅基地房屋买卖中，由于买卖双方均应知道法律及国家政策对农村房屋交易的限制性规定，故双方对于合同无效均有过错。由于此类纠纷的诱因大多在于土地增值亦或土地及房屋征用与拆迁将获得补偿安置，出卖人受利益驱动等因素，法官在裁判时应视买卖的具体情况适用不同责任比例，不宜采取固定的责任区分标准。

按照《合同法》第58条第2句的规定，买卖双方应各自向对方承担缔约过失责任。理论上认为，缔约过失责任的赔偿范围大多为信赖利益的损失，包括直接损失和间接损失。对于出卖人而言，其直接损失主要是买受人居住使用期间的占有使用费用，该部分损失较为容易确定，主要可参照同类房屋出租的租赁费用进行确定。就间接损失的认定而言，由于出卖人拥有的农村房屋通常只允许向符合条件的同村村民转让，而这类交易机会在实践中极为稀少，加之即便其他村民愿意购买，其价格也会较低，所以在城镇居民购买农村房屋的合同被认定无效后，出卖人通常很难举证证明自己因丧失了与第三人另订合同的机会而遭受了间接损失。也就是说，房屋买卖合同被认定无效，对出卖人通常不会造成间接损失，或者仅造成很少的间接损失。非但如此，在房价不断上涨或者房屋面临拆迁的情况下，出卖人主张合同无效后，如能收回房屋，还可获得较多的利益。[①] 对于买受人而言，其直接损失主要包括缔约费用、准备履行所支出的费用。其间接损失则主要是丧失与其他人另订合同的机会而因房屋价格上涨而带来的另行购房的损失。不过，就出卖人承担的赔偿买受人间接损失的责任而言，应当注意两个事项：第一，因买受人实际购买的是农村房屋而非城市中的商品房，且其价格通常大大低于同类型商品房，故买受人不得主张完全按照城市中同类商品房的增值数额来赔偿间接损失。《北京市法院民事审判实务疑难问题研讨会会议纪要》（2006 年 9 月 14 日）指出："在合同无效的处理上，应全面考虑出卖人因土地升值或拆迁、补偿所获利益，以及买受人因房屋现值和原买卖价格的差异造成损失两方面因素，平衡买卖双方的利益，避免认定合同无效给当事人造成利益失衡"。此种观点可资赞同。第二，由于买受人自身对合同的无效往往也存在过错，故其要求出卖人赔偿间接损失时，应当适用与有过失规则，以便减轻出卖人的赔偿责任。[②]

此外，还需注意的是，相当大部分农村房屋买卖纠纷是因征地拆迁补偿利益分配而引发的，这就涉及拆迁补偿利益的分配问题。农村房屋被征收后，一般有两种补偿方式，即调产安置与货币补偿，由于各地具体补偿标准不同，农村房屋的产权人常因补偿方式不同而获利差别明显。基于房地一体的原则，农村房屋拆迁安置时，一般有三种补偿模式：一是仅对房屋进行补偿；二是对房屋和土地分别补偿；三是不区分房屋和土地，确定一定的方案进行补偿，其中第二种模式涉及了农村宅基地的补偿，与特定身份有密切关系。而第一、三项则无须考虑特定身份的问题。故对第一、三项模式下，对双方损失标准参照房屋征收部门规定的各项补偿标准确定，对于第二种情况，由于拆迁补偿是针对占用土地的补偿，与原农村集体土地使用权人的身份相关联，建议该部分补偿费用应由出卖人享有。在货币补偿形态，出卖人在取得安置补偿款后，应将

---

① 戴孟勇：《城镇居民购买农村房屋纠纷的司法规制》，载《清华法学》2009 年第 5 期。

② 戴孟勇：《城镇居民购买农村房屋纠纷的司法规制》，载《清华法学》2009 年第 5 期。

其中的大部分直接赔偿给买受人；在调产安置形态，可以按安置房市场价格由双方合理分配，并确定安置房归一方所有，取得安置房的一方按前述的损害赔偿模式原则由法院确定分配比例向另一方找付差价。关于部分特定补偿款项的分配，比如临时过渡补贴损失、搬家补贴损失、搬迁误工费、提前搬迁奖等，该部分费用的产生是与房屋使用人的使用行为密切相关的，是对拆迁前房屋实际居住人的补偿，与房屋及宅基地的权属关系不大，故应当归拆迁前房屋的实际居住人通常为买受人所有。①

## 四、“指标房”转让合同的效力认定

从司法实践的情况看，“指标房”买卖合同纠纷产生的主要原因是在巨大的经济利益引诱下，房屋出卖人对自己的行为反悔，欲通过各种理由来达到毁约以“保留”其对拟出卖房屋的产权的目的，而这无疑将导致买受人利益的受损。笔者认为，从维护交易安全、生活稳定以及保护善意第三人利益的角度出发，尽可能地维护合同的有效性，是处理该类纠纷案件的一大原则将购房指标视为对购买权的转让，合同未违反法律、行政法规的强制性规定，应属有效。如果在“指标房”转让中涉及经济适用房指等问题，转让时即明知其所转让的房屋依法律规定等不能转让、转让后因为房产溢价又以出售房屋违法为由主张转让协议无效的恶意转让方，应对协议无效承担主要责任。恶意转让方除了返还房屋转让费等费用外，还应对善意受让方的信赖利益损失进行赔偿，此部分赔偿应当在全面考虑转让方因房产升值所获溢价和受让方因前后房产价格差异造成的损失的基础上予以认定。对于非恶意诉讼的情况，协议无效后各负相互返还责任，视具体情况承担缔约过失责任。

对“指标房”转让合同的效力认定，具体分述如下：

### （一）经济适用房买卖合同的效力

根据《经济适用住房管理办法》的规定，经济适用房，是指政府提

① 戴孟勇：《城镇居民购买农村房屋纠纷的司法规制》，载《清华法学》2009年第5期。

供政策优惠，限定套型面积和销售价格，按照合理标准建设，面向城市低收入住房困难家庭供应，具有保障性质的政策性住房。经济适用房的最大特征是价格便宜。价格便宜是由于经济适用住房建设用地以划拨方式供应，建设项目免收城市基础设施配套费等各种行政事业性收费和政府性基金，还有其他的一些税费优惠政策。

鉴于经济适用住房特有的政策性、保障性，国务院于 2007 年 8 月 7 日发布的《国务院关于解决城市低收入家庭住房困难的若干意见》第 11 项规定："经济适用住房属于政策性住房，购房人拥有有限产权。购买经济适用住房不满 5 年，不得直接上市交易，购房人因各种原因确需转让经济适用住房的，由政府按照原价格并考虑折旧和物价水平等因素进行回购。购买经济适用住房满 5 年，购房人可转让经济适用住房，但应按照届时同地段普通商品住房与经济适用住房差价的一定比例向政府交纳土地收益等价款，具体交纳比例由城市人民政府确定，政府可优先回购；购房人向政府交纳土地收益等价款后，也可以取得完全产权。"建设部等七部委于 2007 年联合发布的《经济适用住房管理办法》第 30 条，对经济适用房的交易限制进行了重复规定。

经济适用房的买卖行为是否损害了国家和社会公众的利益，不满 5 年时，是否属于《合同法》第 52 条第 5 项规定的情形，违反了法律、行政法规的强制性规定？这是在审理经济适用房买卖合同纠纷时不能回避的关键问题。而就该类合同的效力判断，有的法院认定有效，有的法院认定无效，而认定无效的理由又不完全一样，裁判标准并不统一。

认为这类合同无效的主要有两种理由：一是当事人签订的售房合同规避国家经济适用房管理制度，破坏经济适用房管理秩序，进而损害了国家和社会公共利益，应当认定无效。条文依据是《合同法》第 52 条第 4 项，规定了损害社会公共利益的合同无效。二是当事人之间订立的经济适用住房买卖协议，违反了国家关于购买经济适用房不满 5 年不得上市交易的规定而无效。条文依据是《合同法》第 52 条第 5 项，违反法律、行政法规的强制性规定。

对此，笔者认为，对于理由一，《合同法》第 52 条第 4 项规定的社会公共利益是一个极不确定的法律概念，若要适用该条认定合同无效，需要论证经济适用房买卖合同侵犯了何种社会公共利益，还应对这种公共利益与合同自由之间进行价值衡量。对此，应从经济适用房与普通商品房的差异入手，还原事务之本原。在经济适用房购房人交纳土地收益等价款后，可以取得完全产权，这时购房人就可以自由处分房屋。也就是经济适用房与普通商品房的差别只在于土地收益等价款。既然如此，政府完全可以通过收取土地收益等价款的方式，挽回相关损失，轻易认定合同无效并非最优选择。合同是立约双方的彼此承诺，合同双方理应完全遵照合同履行，但在房价上涨时，卖方试图通过否定合同效力的方式，获取更大的收益。这种行为明显违背诚信，不应得到支持。

对于理由二，首先，如果援引《合同法》第 52 条第 5 项认定合同无效，则需论证合同违反的规定在效力位阶上属于法律或行政法规；其次，根据《合同法解释（二）》第 14 条的规定，合同内容还必须违反效力性强制性规定。对经济适用房作出规定的主要有国务院制定的《若干意见》、建设部等七部委共同制定的《经济适用住房管理办法》以及一些地方性规章如山东省政府制定的《山东省经济适用住房管理办法》。部委规章、地方政府规章显而易见地应当排除，那么，《国务院关于解决城市中低收入家庭住房困难的若干意见》是否属于行政法规？根据《宪法》关于国务院职能的授权条款第 89 条的规定，国务院可以“根据宪法和法律，规定行政措施，制定行政法规，发布决定和命令”。由此可知，制定行政法规只是国务院行使行政职权的方式之一。也就是说，行政法规肯定由国务院作出，但国务院作出的，不一定都是行政法规。在其他的法律中，也是严格地将国务院制定的行政法规与国务院制定的其他决定、命令相区分。比如《行政许可法》第 14 条规定：“本法第十二条所列事项，法律可以设定行政许可。尚未制定法律的，行政法规可以设定行政许可”。“必要时，国务院可以采用发布决定的方式设定行政许可。实施后，除临时性行政许可事项外，国务院应当及时提请全国人民代表大会及其常务委员会制定法律，或者自行制定行政法规。”综上，行政法规并不能简单地以出自国务院作为判断依据。对于行政法规的判断，很难从内容上区分，还是要考虑发布形式。《立法法》第 70 条规定：“行政法规由总理签署国务院令公布。”据此可知，行政法规的标准之一是由国务院以国务院令的形式发布。而国务院《若干意见》不是以“国令字”发布，而是以“国发字”发布。根据《行政法规制定程序条例》第4条和第5条的规定，行政法规在名称上一般称为“条例”，也可以称“规定”“办法”等；内容也是以章、节、条、款、项、目划分。国务院2007年发布的《若干意见》，与这一形式不符。综上，笔者认为该意见并不属于行政法规的范畴，不应作为认定合同无效的依据。综上，笔者倾向于认为，不满5年的经济适用房的买卖行为，并不违反法律、行政法规的强制性规定，不应因此而影响转让合同的效力。当然，根据负担行为与处分行为的区分行为，合同效力不受影响，并不意味着合同履行一定没有障碍，在不满5年的经济适用房买卖中，由于对于不满5年的经济适用房，不动产登记机构不予办理房屋所有权转移登记，故房屋所有权无法依合同约定发生变动，此时，合同存在履行障碍，买受人请求转移房屋所有权的，不应支持。

（二）安置房买卖合同的效力

安置房，是政府进行城市道路建设和其他公共设施建设项目或国家因水利建设、改善民生等移民需要，对被拆迁住户或移民进行安置所建的房屋。即因城市规划、土地开发、政策移民等原因进行拆迁和搬迁，而安置给被拆迁人或移民居住使用的房屋。安置房一般分为三类：第一类是因重大市政工程动迁居民而建造的配套商品房或配购的中低价商品房。按照有关方面的规定，被安置人获得这种配套商品房的，房屋产权属于个人所有，但在取得所有权的5年之内不能上市交易，这在转让的效力上与经济适用房的转让效力类似。第二类是因房产开发等因素而动迁，动迁公司通过其他途径安置或代为安置人购买的中低价位商品房（与市场价比较而言）。该类商品房和一般的商品房相比没有什么区别，属于被安置人的私有财产，没有转让期限的限制，可以自由上市交易。第三类是国家为了改善民生对于库区、山区等村民进行移民而补贴建设的安置房。此类安置房包含国家福利，享受移民安置房的主体必须是需要安置的移民。由于移民安置房享有主体的特定性和建设成本的福利性，移民以外的人员无权享有，对于倒卖或转让移民安置房指标侵害了国家利益，当然无效；移民取得安置房后转让的，也应受到移民安置房相关政策的规制，未满足转让条件的，不得转让。

另外，如果是对农村房屋的拆迁，拆迁后对农民施行了农转非，村民成为居民，这时的安置房转让在身份上应没有过多的限制。但如并没有使农村土地变为城镇土地，则此类拆迁安置房转让涉及农村集体经济组织内宅基地建房转让的问题，根据我国法律规定，此类房屋转让是被禁止的，当然，如还建房为经济适用房性质，则转让之效力可参照经济适用房指标转让的效力来判断。

在实际的安置房指标转让中，受让人往往以被安置人的名义购买安置房，对于安置方而言，在实际安置方面，仍是以被安置人为对象进行安置，在安置效果上与被安置人在取得安置房之后再转让的效果并没有差异，只要安置房本身不存在上述转让的限制，就不应否认被安置人与受让人签订安置房指标转让合同的效力。经此分析，即使将安置房指标视为资格，在此也不应影响转让合同的效力。因被安置人对转让安置房购买权的行为反悔，而要求法院确认该转让协议无效的请求，不应得到支持。

### （三）单位集资房买卖合同的效力

所谓集资房，是政策性住房，是企事业单位为了解决内部职工的住房问题，以拥有的划拨土地建设、按成本价出售给内部职工的房屋。单位集资房对于单位职工而言一般具有一定福利性，能否转让存在一定争议。反对转让者认为，集资房指标具有人身专属性，转让必须先取得单位的同意，否则转让无效。需要说明的是，如果是对集资房现房的转让，认定转让合同无效后将产生双方当事人各自承担返还责任的后果，受让人要将使用或准备使用的房屋返还给出让人，出让人又要将房价款和房屋装修费返还给受让人。但对于这期间的房屋使用费和出让时的房价和现时的房价差额又怎么处理为妥成为非常棘手的问题。因此，宜将转让认定为有效为妥。实际中对该类指标及现房的转让有特殊性，因为作为单位的职工，单位本身就会给予一定的福利待遇，这与经济适用房有所不同，后者更多地体现出为低收入家庭提供的基本生活需要。职工转让集资房所获得的差价就是单位福利的一种体现，应有权转让。但如果单位与职工约定职工须在本单位工作一定年限后才能转让房屋，该约定属附条件的法律行为，在未违反法律、行政法规强制性规定的情况下应属有效，职工在约定年限内不得随意转让房屋。在实际集资房指标转让过程中，转让人与受让人之间大多是直接以转让人的名义购买，在集资房出售方面，仍是以转让人为对象进行出售，在出售效果上与转让人在取得集资房之后再转让的效果并没有差异，不应否认转让人与受让人之间签订集资房指标转让合同的效力。因转让人对转让集资房购买权的行为反悔，而要求法院确认该转让协议无效的请求，不应得到支持。

（四）团购房购买卖合同的效力

自从单位集资建房被禁止后，各单位为解决职工住房问题，通常利用其作为一个组织或集体本身所具有的各种资源性优势和地位，与房地产开发商进行“利益博弈”，从而达成拟团购“优惠”价格的商品房的协议。其具体的过程是，单位受职工的委托与开发商就团购商品房达成协议，约定将来取得预售证之后，双方依约定履行签订商品房买卖合同的义务。团购职工对开发商所享有的这种权利就是团购商品房购房指标。笔者认为，对于团购商品房购房指标及现房的转让协议，应当认定有效。理由主要是：第一，对于团购商品房购房指标及现房的转让，法律、行政法规未明确禁止。第二，团购房不带有人身属性，不受《合同法》第79条第1项“根据合同性质不得转让”的限制。第三，参加团购的职工将购房指标及现房转让给他人，并不损害开发商和单位的利益。

## 五、房改房买卖合同纠纷案件的法律适用原则

实践中，审理房改房买卖合同纠纷案件，在适用法律时应当注意把握一些基本原则。

第一，认识房改房与普通商品房买卖的区别，公平确定双方当事人的权利义务。

普通商品房买卖是平等商事主体依据民法、合同法及市场价值规律，

通过平等协商、签订合同，实现各自权利的行为；而房改房买卖则是根据国家房改政策，按照所在单位公房出售方案，职工以成本价或标准价购买公有住房以实现享受国家的福利待遇的行为，受益人不仅仅是职工个人，还包括职工的全体家庭成员。商品房和房改房买卖的不同性质，决定了两种房屋买卖关系的当事人之间权利义务的差异。法院审理公房买卖纠纷案件时，须在法律适用过程中依据立法原则既探究法律条文的真义，又能考量当事人权利义务关系，在个案中实现实质上的公平。法官应抓住纠纷的主要矛盾，公平地确定职工个人与单位之间的权利义务甚至职工个人与家庭成员之间的权利义务，妥善解决纠纷，维护社会稳定和家庭稳定。

第二，对房改房买卖合同双方当事人的权益给予平等保护。

在房改前，国有公房的产权具有单一性和不可分割性，公有住房的权利主体是国家，而产权实际上是通过代理关系由全民所有制单位享有。因为公有住房从源头上说是国有资产，由国家授权单位经营管理，单位不是公有住房的最终产权人，只具有国家所授予的形式上的产权人资格，所以单位在出售公有住房时都必须按照国家房改政策制订方案并实施。同时，我国公有住房的产权关系并不清晰。房改前国家在住房领域扮演着双重角色：国家制定住房政策，同时也通过单位投资住房建设，中央政府是城市住房的唯一供给者。可见单位的权益不可忽视。另外，在长期的计划经济时代，中国内地实行的是低工资制度，作为对职工劳动的补偿，同时实行了低租金的住房制度和公费医疗制度。但这些补偿是不充分的，低工资加上低租金的住房和公费医疗福利待遇，与职工的劳动付出之间仍存在差距。所以说，在国家与全民所有制单位投资建设的公有住房中，凝结有全体职工巨额住房消费价值的公有住房产权，在房改中不能简单地排除全体职工的房产权利，应合理地根据国家、单位与全体职工在住房中的出资比例划分各自对公有住房的产权比例。

第三，民法原则和房改政策优先适用。

法律规范最为典型的两种形态是法律规则与法律原则。在不完备的法律体系中，很可能存在适用于某个个案的规则暂时缺位的情形，即“关于某一个法律问题，法律依其内在目的及规范计划，应有所规定，而未设规定”。当这种情形出现时，规则理论主张法官可行使自由裁量权，而原则理论主张通过适用法律原则来衡平个案正义。房改房作为住房制度改革中处于过渡阶段的权利类型，其不动产的法律属性和本质与其他不动产产权类型并无不同，所以国家没有专门立法也无须专门立法来对房改房予以调整，也没有在物权法中予以特别规定。正是由于这个原因，在因购房职工离职而导致的房改房买卖合同纠纷中，法律适用成为争议的核心。从房改房案件所反映的法律事实可知，公房出售既不适用城市房地产管理法，也不能完全适用合同法，更不能适用商品房销售管理办法和城市商品房预售管理办法及相关司法解释。房改政策作为房改房产权产生的依据，在司法审判中不应被排除于优先适用之外。法官在具体案件中必须依据各种事实关系与法律规范的内容进行对照，以衡平的伦理性理念为指导，作出价值判断。

## 六、房改房买卖合同的效力认定

司法实践中，房改房买卖合同纠纷主要有两大类：第一类是购房职工与售房单位之间的房产纠纷；第二类纠纷是购房职工将房产卖于第三人后，以种种理由毁约要求认定原房改房买卖合同无效。

其中第一类纠纷主要集中在职工购房后被单位开除或因其他原因离职后，单位能否收回所售房产。在这些纠纷中，售房单位常常依据双方售房时签订的购房约定书而主张权利。售房单位认为房改房是针对单位职工这一特定身份的福利，职工如果购房后离开单位，即已经丧失取得此福利的资格，为防止单位资产流失，必须收回所售公房，退回职工购房款。而且购房约定书是一种附条件的合同，既然条件成就，就应按照约定履行。购房职工则认为，房改房是单位对其以前贡献的承认和补偿，既然已经交付房款又实际使用房屋，就是房屋的合法所有人了。所有权应该受法律保护，单位没有权利收回房屋。司法实践中，产生了两种不同的观点：一种观点认为，房改房是房屋所有的单位为职工基于劳动关系而给予的特定福利，具有强烈的身份属性，如果职工购房后离开单位，即已经丧失了取得此福利的资格，单位没有权利提出解除购房合同，收回房屋。

另一种观点认为，房改房确实属于单位基于劳动关系而给予其职工的福利，但也是职工在单位劳动取得的相应报酬和补偿。此项福利待遇已经通过房改政策，双方签订买卖合同，并实际履行，职工已经成为房改房的合法所有人，在不存在约定或法定的解除条件下，单位无权解除合同，收回房屋。

由于按照房改政策出售房屋是一种特殊的房屋交易形式，对于双方售房时所签订的购房约定书的效力，审判实践中应当区别情况，分别对待。关键是把握和界定以下两种情况：

1. 购房约定书的内容是否违背房改政策和法律、行政法规的规定。根据房改政策，每个家庭可以享受一次购买公有住房的福利待遇。因此，用人单位将自建公房按房改政策出售给职工仅仅是一种劳动福利，符合条件的职工完全可以享受。如果未享受额外的优惠，购房职工不需要承担额外的义务。

在房改过程中，职工购买的价格区别决定着产权归属的区别。两者的法律性质和法律地位不同，职工享有的权利也不同。职工按标准价购买的有限产权房，其与用人单位在房屋上构成的是共有关系。对于此种类型的房屋，其在买卖、转让、互换上均受一定的限制，应对照共有的关系来处理。职工按成本价购买的完全产权房，职工作为物权所有人，享有完全的使用、收益、支配、处分权利，其他任何人不得干涉。

实践中，由于单位公房数量有限，因此，单位常常通过另行制定分房条件来缓解压力。双方签订的附服务期限的购房约定书，也是一种附条件的行为，即职工系附条件地享受购房福利。职工按房改政策购房从法律上分析类似于单位赠予职工购房福利，在福利支付过后，一般不得撤销赠与。由于房屋买卖涉及物权的变动，物权行为是一种要式行为，职工和单位就房改房的买卖达成一致意见后还应当办理相应的产权变动登记手续。如果双方签订的购房约定书合法有效，在职工服务期满前，房屋买卖合同尚未履行完毕，单位就不应支持职工办理产权手续的要求。如果单位同意办理产权登记手续，也就意味着单位用行为改变了购房约定，也就是说所附条件已经由单位放弃。在此种情形下，单位再要求收回房屋于法无据。

2. 购房约定书是否违反合同法中关于合同效力的规定。房改房买卖双方签订的购房约定书是平等主体间的民事合同，虽然涉及房改政策，但不能改变合同为房屋买卖的性质。对于民事合同的效力，应当根据合同法的规定，从签订合同时双方当事人意思表示是否真实、自愿，合同内容是否违反法律和行政法规强制性规定等方面进行审查。

司法实践中，单位与职工签订的购房约定书常常以约定服务期限的形式体现。用人单位为劳动者提供了不同于其他劳动者的特殊待遇后，可以与劳动者约定服务期。但服务期的约定并非没有限制，应当遵循合法、公平、平等自愿、协商一致、诚实信用的原则。无固定期限劳动合同的稳定性较强，一般意义上讲，劳动者享有单方解除权，对于维护劳动者合法权益极为有利。而购房服务期的约定，是对劳动者劳动自由的限制。因此，对于服务期限的审查应着重于判断权利与义务是否一致，即劳动者享受的额外待遇与其承担的服务义务是否显著失衡。

第二类纠纷毁约理由主要有如下几种：

1. 以房改房为夫妻共有，签订合同时夫妻一方未到场签名，夫妻另一方无权独自处分夫妻共同财产为理由主张无效的。事实上，如果房产证上明确写明了夫妻两个人的名字，则一方单独对外所签订的合同是效力待定的合同，除非有另一方的授权委托书。因为买方此时应当知道此房系夫妻共有财产，应当征得另一方的同意，此时买方不构成善意取得，没有两人的签名也无法办理产权过户手续。如果有了授权委托书，买方则有理由相信是夫妻共同的决定，卖方构成表见代理，买方构成善意取得，合同是有效的。如果另一方事后对配偶的行为进行了追认，也应当认定合同有效。如果另一方在事后不予认可，则买卖合同是无效的。而当房产证上只有一个人的名字时，此时夫妻一方对外所签买卖合同为有效合同，除非另一方能证明自己的配偶和买方有恶意串通损害自己的行为。因为，买房人为善意第三人，符合善意取得的条件时，法律为了维护市场交易秩序，应当认定合同有效。

2. 以房改房是以标准价购买的房屋，约定单位有优先购买权的，在出卖时未征得单位同意为理由主张无效的。这类纠纷在房改时是以市场价或成本价购买的公房不存在此问题，买房者拥有全部产权，取得房产证后公房即变成私房，此时可以自由买卖，不必征得单位同意。但当房改房是以标准价购买时，单位和个人对于房屋是共有关系，原房主对于房屋只享有部分产权，房产证上也肯定标明了共有权人或优先权人。此时，买房人应当知道此房的权利人并非只有原房主，应当知道还有单位的产权或优先购买权。买房人不构成善意取得，买卖合同应当认定为效力待定。如果事后单位予以了追认，则应当认定合同有效。如果单位作为共有人，在知道或应当知道自己的合法权益受到侵害之日起一年内申请撤销合同的，应当予以撤销。但原房主无申请撤销的权利。

3. 原房主在签订买卖合同时房产证尚在办理之中，还没有取得房产证，无权卖房，认为根据《城市房地产管理法》和《物权法》的相关规定，只有取得房产证和房产登记以后，原房主才有房产所有权，才能将房产转让。因此，在未取得房产证前，原房主还不是法律上认可的所有权人，对房屋就进行出卖的行为当然无效。

上述观点与司法解释的规定不符，首先，《城市房地产管理法》第38条第6项规定的“未依法登记领取权属证书的”房屋不得转让，该规定为管理性规范，而非效力性规范，不得据此认定合同无效。此外，虽然在房产证办理下来之前，有全部产权的原房主尚未取得法律上的所有权，但其在向单位出资购买所住房屋后，已经构成了事实上的房主，且房产证也正在申办之中，应当认定原房主具有处分该房产的权利。即使有全部产权的原房主没有房产证就出卖房产，依据《合同法》第51条的规定，是一种效力待定的合同，也不是无效的合同。当房产证办理下来之后，房产证写的是原房主的名字且拥有全部产权时，此时效力待定的合同就转化为有效的合同。

4. 以根据相关法律法规规定，对城市房地产、私有房屋进行转让、买卖时，均需到房地产管理部门办理变更登记手续，当初买卖时没有进行登记违法为理由主张合同无效的。实际上，《城市房地产管理法》和相关法规规定中要求买卖双方对房屋进行所有权转移登记的规定是行政管理法规，不是法律的强制性规定。未对房屋进行所有权转移登记并不必然导致合同无效。合同的订立有效性和房产变更登记是两种不同的法律关系，合同有没有效力在订立时已经确定，至于进行房屋所有权转权登记则是属于合同履行的内容，与合同的效力无关。《合同法解释（一）》第9条规定："法律、行政法规规定合同应当办理登记手续，但未规定登记后生效的，当事人未办理登记手续不影响合同的效力，合同标的物所有权及其他物权不能转移。"《物权法》第15条规定："当事人之间订立有关设立、变更、转让和消灭不动产物权的合同，除法律另有规定或者合同另有约定外，自合同成立时生效；未办理物权登记的，不影响合同效力。"《最高人民法院关于贯彻执行民事政策法律若干问题的意见》第56条规定："买卖双方自愿，并立有契约、买方已交付了房款，并实际使用和管理了房屋，又没有其他违法行为，只是买卖手续不完善的，应认为买卖关系有效，但应着其补办房屋买卖手续。"

## 七、公房使用权买卖合同的效力认定

公有住房使用权制度是一个具有高度中国特色的产物，按照传统的民法理论，无论是将其界定为用益物权还是一般合同债权，恐怕都有难以自圆其说的地方。因此，在公房使用权买卖合同纠纷案件审理中，应当注意从实用主义角度出发，着眼于解决实际问题，更多地将注意力置于规则设计的实用性和妥当性上。同时，公有住房使用权纠纷又是一个地方特色十分鲜明的问题，全国各地的公房管理政策不尽一致，面临的问题也不尽相同，因此在确定裁判规则的时候，必须立足地方的实际情况，以解决审判实践中最亟须解决的问题为出发点，探寻符合本地区实际的问题解决方案。

司法实践中，公房使用权买卖合同纠纷中最为核心和关键的问题就是合同的效力应如何认定。公房使用权能否进入市场流转以及如何交易问题，是随着城镇住房改革不断深化和展开产生的一个现实问题。《城市公有房屋管理规定》明确禁止自由转租和买卖公房使用权，如允许公有住房公开有偿转让必然和该规定相冲突。因此，有观点认为，未经产权人同意转让公房使用权的行为无效。笔者认为，这种观点有待商榷。第一，公房使用权允许转让，并不会对公房所有权的权利造成侵害。第二，按照《合同法》规定，当事人之间订立的合同，只要不属于《合同法》第52条规定的法定无效情形，不违反法律、行政法规的禁止性规定，就应为有效合同。第三，从房地产市场的客观情况来看，允许公房使用权自由交易已是一种发展趋势。各地早已开展有关探索或试点工作。如2002年12月15日北京市国土资源和房屋管理局作出的《关于开展直管公房使用权交易试点工作的通知》已明确指出了公有住房使用权可以作为独立财产进行转让，并要求“直管公房经营管理单位应在规定的时限内办结各种手续，不得以任何理由予以拒绝”。1999年4月19日《沈阳市关于进一步深化住房制度改革的通知》也指出：“允许公有住房使用权有偿转让。”可见，公有住房使用权进入市场，并逐步被法律法规所认可，将是不可逆转的趋势。因此，未经产权人同意转让公房使用权的应属有效合同，如果因产权人拒绝办理更名过户手续，应由出卖人承担违约责任。

## 八、划拨土地上私有房屋买卖合同的效力认定

划拨土地上私有房屋买卖，实践中主要包括两种情形：一种情形是房屋转让时，对划拨土地使用权转让已依法报请有批准权的人民政府审批同意；另一种情形是房屋转让时，划拨土地使用权未报请有批准权的人民政府审批。对于前者，只要不存在其他导致合同无效的情形，按照《城市房地产管理法》的规定，当属有效无疑，在此不赘。对于后者，房屋买卖合同是否有效，实践中存在不同观点：第一种观点认为，根据《城市房地产管理法》第40条以及《国有土地使用权合同解释》第11条规定之精神，未经审批的划拨上地上房屋买卖合同应当认定为未生效。第二种观点认为，设立划拨土地使用权主要是基于国家利益或公共利益的需要，若承认划拨土地上房屋买卖合同的效力，将损害国家利益与社会利益，因此，根据《合同法》第52条的规定，划拨土地上房屋买卖合同应当认定为无效。第三种观点认为，虽然划拨土地使用权转让存在一定的限制，但国有划拨土地上房屋买卖合同并不违反法律、行政法规的效力性强制性规定，不应因土地性质为划拨土地而导致该房屋买卖合同

无效。

我们赞同第三种观点。主要理由是：

第一，此类合同不违反效力性强制性规定。强制性规定区分为效力性强制型规定和管理性强制性规定。所谓效力性强制性规定，是指法律、行政法规明确规定违反了这些禁止性规定后将导致合同无效或者不成立，但是违反了这些禁止性规定后如果使合同继续有效将损害国家利益和社会公共利益的规定。所谓管理性强制性规定，是指法律、行政法规没有明确规定违反此类规定将导致合同无效或者不成立，而且违反此类规定后如果使合同继续有效也并不损害国家或者社会公共利益，而只是损害当事人利益的规范。《合同法》第 52 条规定，违反法律、行政法规强制性规定的合同应当认定为无效。《合同法解释（二）》第 14 条规定："合同法第五十二条第（五）项规定的'强制性规定'，是指效力性强制性规定。"因此，只有违反效力性强制规定的合同才无效。那么《城市房地产管理法》第 38 条、第 40 条的性质是否为效力性强制性规定呢？我们认为答案是否定的。首先，从调整范围上看，根据《城市房地产管理法》第 2 条规定，该法是规范"在中国城市规划区国有土地范围内取得房地产开发用地的土地使用权，从事房地产开发、房地产交易，实施房地产管理"，所以该法调整的是城市规划区国有土地范围内对房地产开发、交易实施管理的行为，也即该法是房地产企业的行为规范，针对的对象并非房地产买卖双方的行为。其次，从条款设置上看，《城市房地产管理法》第 38 条、第 40 条并未直接规定违反后的行为无效。再次，从具体适用上看，应判断违反《城市房地产管理法》第 38 条、第 40 条的规定继续履行合同是否会损害国家利益及社会公共利益，若是，则为效力性强制性规定。然而，在此类纠纷中，认定双方的房屋买卖合同有效，继续履行合同，并不侵害国家利益及社会公共利益。相反，国家会应收到补交的土地出让金而受益，对社会而言，一定程度上增加房产的供应量，起到抑制房价的过快增长的作用。最后，从立法宗旨上看，《城市房地产管理法》第 1 条规定，该法的立法宗旨是"为了加强对城市房地产的管理，维护房地产市场秩序，保障房地产权利人的合法权益，促进房地产业的健康发展"。就目前来看，由于划拨土地房屋存量小，允许其转让不但不会扰乱房地产市场，而且可以作为商品房买卖的有效补充。故不能得出该行为违反该法立法宗旨的结论。因此，《城市房地产管理法》第 38 条、第 40 条的规定属于管理性强制性规定，对其违反并不产生合同无效的法律后果。

第二，是否已经审批同意并不影响此类合同的效力。既然《城市房地产管理法》第 40 条属于管理性强制性规定，那么该条所称“以划拨方式取得土地使用权，转让房地产时，按国务院规定，报有批准权的人民政府审批”又该如何理？有观点认为，根据该条规定的精神，划拨土地上房屋买卖合同需经政府有关部门批准后才生效，而未经审批的划拨土地上房屋买卖合同为未生效合同或效力待定的合同。我们认为，这种观点犯了对负担行为与处分行为的区分认识不清的错误。《物权法》第 15 条规定：“当事人之间订立有关设立、变更、转让和消灭不动产物权的合同，除法律另有规定或者合同另外有约定外，自合同成立时生效；未办理物权登记的，不影响合同效力。”处分行为直接涉及物权的变动，故其成立生效应以标的物之客观存在为前提；负担行为仅产生债权请求权，并不直接涉及物权的变动，故其成立生效无须以标的物客观存在为前提。买卖双方签订以划拨土地上房屋转让为内容的买卖合同，从法律性质上看应属负担行为，应当自合同成立时生效。《城市房地产管理法》第 40 条规定的审批行为，虽然本身不能使得物权发生变动，但却是物权变动的必要条件，其影响的是处分行为的效力，也就是说，可以理解为是未经审批，将无法办理房产的登记，房屋的所有权亦不发生转移，但这并不妨碍负担行为的效力。对此，《合同法解释（一）》第 9 条亦规定：“法律、行政法规规定合同应当办理登记手续，但未规定登记后生效的，当事人未办理登记手续不影响合同的效力，合同标的物所有权及其他物权不能转移。”

第三，认定此类合同的效力不应适用《国有土地使用权合同解释》第 11 条的规定。该解释是关于国有土地使用权合同纠纷的司法解释，该条规定规范的是直接以国有土地使用权为合同标的的买卖行为，而非房屋买卖，故不应适用该条规定认定划拨土地上房屋买卖合同的效力。

第四，此类合同并未损害社会公共利益。由于划拨土地的设立目的在于国家利益及社会公共利益的需要，所以有观点认为根据《合同法》第52条第4项关于损害社会公共利益的规定，划拨土地上房屋买卖合同应认定为无效合同。我们认为，这一观点值得商榷，因为《合同法》第52条第4项所规定的"社会公共利益"与划拨土地性质上所具有社会公益性并不能作同一理解，两者是两个完全不同的概念。《合同法》第52条第4项的"社会公共利益"应当理解为民法中所称的"公序良俗"，即公共秩序与善良风俗。因为公序良俗对于维护国家、社会一般利益及社会道德具有重大意义，违反公序良俗的合同实质上是违反了社会主义的公共道德，破坏了社会经济秩序和生活秩序，因此应认定为无效合同。根据学者的归纳，损害公共利益的行为，大致可以分为十种：一是危害国家公共秩序的行为，如将从事犯罪或者帮助犯罪的行为作为内容的合同，以及规避课税的合同。二是危害家庭关系的行为，如约定断绝亲子关系的合同、婚姻关系中的违约金的约定等。三是违反性道德的行为，如对婚外同居人所作出的赠与和遗赠的合同等。四是非法射幸，如赌博合同。五是违反人格或者人格尊严的行为，如以债务人的人身为抵押的约定、规定企业有权对顾客或雇员搜身检查的标准合同条款。六是限制经济自由的行为，如限制职业自由的条款。七是违反公平竞争的行为，如拍卖或招标中的串通行为、以贿赂方法诱使对方的雇员或代理人与自己订立合同等。八是违反消费者保护的行为，如利用欺诈性的交易方法致消费者重大损害等。九是违反劳动者保护的行为，如规定"工伤概不负责"的合同，以及规定女雇员一旦结婚立即辞退的合同。十是暴利行为。[①] 显而易见，划拨土地上所建房屋的买卖合同无法归类为上述十种的任何一类。事实上，法律是否禁止划拨土地上房屋的买卖更多的是出于政策因素的考量，并不涉及社会道德伦理和风俗习惯，因此，若以损害社会公共利益为由而认定合同无效，难免会得出牵强附会的结论。

① 梁慧星：《合同编（全两册）——中国民法典草案建议稿附理由》，法律出版社2013年版，第352页。

## 九、存在被抵押、查封等权属瑕疵的房屋买卖合同的效力认定

笔者认为，房屋存在被抵押、查封等权属瑕疵情形的，并不影响房屋买卖合同的效力。如果最终因为出卖方未能消除房屋权属瑕疵，而未能办理房屋所有权转移登记手续的，应当按照解除合同，由出卖方按照合同约定承担相应的违约责任的方式来处理。其主要理由如下：

第一，《物权法》第 15 条规定：“当事人之间订立有关设立、变更、转让和消灭不动产物权的合同，除法律另有规定或者合同另有约定外，自合同成立时生效；未办理物权登记的，不影响合同效力。”这确立了物权变动与其基础关系或者说原因关系的区分原则。房屋买卖合同是买卖双方就房屋买卖事宜达成的合意，是一种要约和承诺，属于债权行为，即双方达成买卖合同，只是在双方之间形成了相互的债权债务关系，形成了一种债的负担。但签订合同，并不代表房屋所有权的转移。房屋所有权的转移是一种物权转移行为。因此，应当将债权行为与物权行为区分开来，二者是相对独立的阶段。同样，房屋买卖合同的效力与房屋所有权是否有效转让也是独立的问题，我们不能因为房屋所有权不能转移，而否定房屋买卖合同的效力。本章“法理概览”中所列观点一显然与《物权法》确立的上述原则相悖。

第二，根据现代民法和合同法的精神，尊重当事人意思自治是一个主要原则，故在司法实践中采取尽量认定合同有效，避免随意认定合同无效的做法。因为一旦确认合同无效，将意味着双方的合意全部被否定。正是基于这一精神，《合同法》第 52 条关于合同无效的规定是“有下列情形之一的，合同无效：（一）一方以欺诈、胁迫手段订立合同，损害国家利益；（二）恶意串通，损害国家、集体或者第三人利益；（三）以合法形式掩盖非法目的；（四）损害社会公共利益；（五）违反法律、行政法规的强制性规定。”从该条规定来看，除第 5 项外，前 4 项所共同体现的一个立法精神应该是，只有在合同损害了国家、社会公共利益或第三人利益时，即双方的合意已经侵犯了合同外的主体利益时，合同才应被认定为无效，在合同并未对合同外的主体产生影响时，应当尽量尊重当

事人的意思自治，按照双方的合意来确定双方的权利义务关系。该精神一样应适用于第5项。由此，我们理解合同法关于合同效力的精神应该是：（1）尊重合同当事人的合意，原则上认定合同有效；（2）只有在合同侵犯了合同外主体利益或社会公益利益时，合同一般才应被确认为无效。在房屋被抵押、查封的情形下，双方签订买卖合同，在未违反法律规定或社会公共利益的情形下，合同应当认定为有效。

第三，我国采取的不动产登记公示原则，房屋被抵押、查封，以及是否取得权属证书，均可直接通过房管部门查询而明知。作为房屋的买受人有义务查知房屋的权属状况，未尽该义务，责任应当由买受人自己承担。因此，本章“法理概览”中所列观点三区别的基础就不存在，在认定房屋买卖合同效力时，双方均明知房屋权属状况，是一个当然的前提。因此，当事人以买卖的房屋存在抵押、查封情况主张合同无效的，原则上不应予以支持。如果买受人认为出卖人未告知存在抵押和查封，有显示公平、重大误解、欺诈、胁迫或乘人之危等情形的，买受人可以主张撤销合同。

总之，认定权属具有瑕疵的房屋买卖合同的效力，在实践中能够更好地保证合同相对人的权利，也与《物权法》第15条所确立的区分原则相吻合。

对于存在抵押的房屋买卖合同的效力问题，最高人民法院2016年11月21日印发的《第八次全国法院民事商事审判工作会议（民事部分）纪要》第14条即明确指出：“物权法第一百九十一条第二款并非针对抵押财产转让合同的效力性强制性规定，当事人仅以转让抵押房地产未经抵押权人同意为由，请求确认合同无效的，不予支持。受让人在抵押登记未注销时要求办理过户登记的，不予支持。”

## 十、买卖纠纷所涉房屋已被另案查封，是否可以判决出卖人协助办理房屋所有权转移登记

在房屋买卖纠纷中，涉及房屋所有权转移登记诉请的，人民法院应尽量查清房屋是否存在已查封等事实。因为买受人请求协助办理房屋所

有权转移登记的请求，属于合同履行，是债的给付之诉。给付之诉能否得到支持，不仅审查请求人有无合法的权利基础，还要审查标的是否存在履行障碍，即法律上、事实上不能履行，或不适于强制履行或者履行费用过高等。

若所涉房屋因另案被执行部门查封的，则由于司法查封是当事人借助公权力对债权的一种保全手段，具有法定的公示和对抗效力，并构成涉讼房屋所有权转移登记的履行障碍。当事人请求所有权转移登记，实际上处于暂时不可以履行的情况，因此，法院在处理中应结合房屋查封的处理情况进行区分：

1. 系争房屋已被执行部门通过拍卖、变卖等方式处置，房屋产权将由第三方买受人所取得，合同履行已无可能的，人民法院应进行释明，引导当事人变更诉请为赔偿，若当事人坚持不变更的，则应驳回其诉请。

2. 系争房屋尚未被拍卖、变卖的，民事审判部门应与执行部门协调处理，若当事人愿意以涤除债务、提出执行异议等途径解除查封的，可在执行部门解除查封后，判决支持其协助办理房屋所有权转移登记的诉请。

3. 系争房屋在解封之前，因房屋尚处于被强制拍卖、产权转移他人的不确定状态，人民法院一般不应判令出卖人协助办理房屋所有权转移登记。

## 判解精要

### 一、非本村村民购买集体土地上的房屋，因违反《土地管理法》的规定，侵害了村集体其他成员宅基地使用权，合同应属无效

**【案例索引】**

杜沥泉诉吴家庆等农村房屋买卖合同纠纷案[①]：湖北省秭归县人民法

① 载《人民法院案例选》2013年第4辑。

院（2012）鄂秭归民初字第00780号。

**【基本案情】**

杜沥泉是屈原镇天龙村村民。2012年2月15日，原告杜沥泉与被告吴家庆、吴学强签订《房卖买卖协议》，合同约定的主要内容为：吴家庆、吴学强吴家庆、吴学强自愿将坐落于秭归县茅坪镇杨贵店村一组自建房屋的第三层毛坯套房出售给杜沥泉吴家庆、吴学强，面积约为148平方米。（注：经查，房屋是在原有宅基地基础上翻修扩建，建房占有的土地属茅坪镇杨贵店村集体所有制土地。）杜沥泉对吴家庆、吴学强所要出售的该套房屋作了充分了解，愿意购买；房屋总价款为184800元，签订协议时付8万元，2012年7月30日以前支付5万元，杜沥泉装修时付4万元，余款待吴家庆、吴学强的土地使用证办下来后付清；该协议签字生效，杜沥泉房款交清，吴家庆、吴学强房屋交付后，杜沥泉即永久拥有该套房屋的所有权。如遇国家或有关单位征用，该套房屋的有关补偿由杜沥泉享用，吴家庆、吴学强不得提出任何争议。本楼占地面积148平方米，土地永久性由吴家庆、吴学强所有，一切费用与楼上买方无关；吴家庆、吴学强现持有整栋房屋的建房许可证，但吴家庆、吴学强不负责办理该套房屋的产权证件，房屋买卖成交后按政策如果不能办理产权过户手续，杜沥泉不得追究吴家庆、吴学强责任。如杜沥泉需要办证，吴家庆、吴学强协助，所需办证费用由杜沥泉承担。如果今后按政策能够办理产权过户手续，杜沥泉亦需要办理产权手续，一切手续费及税费均由杜沥泉负责，吴家庆、吴学强协助提供相关证件；任何一方违约，赔付由此给守约方带来的全部损失。签订协议的当日，杜沥泉给吴家庆、吴学强付款8万元，吴家庆、吴学强吴家庆给杜沥泉出具了收条一份，该收条的主要内容：今收到杜沥泉购房订金8万元。嗣后，杜沥泉未按约定的时间支付房款，亦不接受房屋，并以该房屋属小产权房、双方签订的协议违背了国家法律的相关规定为由，而要求吴家庆、吴学强返还交付的购房款。双方为此未达成一致意见。2012年8月，杜沥泉提起诉讼，请求法院确认双方签订的《房屋买卖协议》无效；判令吴家庆、吴学强向杜沥泉返还购房款8万元，并承担从2012年2月15日起至还清之日止按银行同期贷款利率的利息；由吴家庆、吴学强承担本案的诉讼费。

**【审判要览】**

法院生效判决认为：所有人对自己的不动产或动产，依法享有占有、使用、收益和处分的权利，但其对自己财产的处分不得违反法律、行政法规的强制性规定。原、被告签订《房屋出售协议》虽属自愿，在协议中约定土地不转让，但根据“地随房走”的原则，农村房屋买卖必然涉及宅基地转让。《合同法》第132条规定：“出卖的标的物，应当属于出卖人所有或者出卖人有权处分。”“法律、行政法规禁止或者限制转让的标的物，依照其规定。”被告人自建的房屋，虽属其所有，但所建房屋的土地是属村集体所有，村集体所有的土地由本村村民集体所有。《物权法》第153条规定：“宅基地使用权的取得、行使和转让，适用土地管理法等法律和国家有关规定。”根据土地管理法的相关规定，宅基地使用权是农村集体经济组织成员享有的权利，与享有者特定的身份相联系，非本集体经济组织成员无权取得或变相取得。当今社会宅基地分配仍具有社会保障性质，宅基地若大量交易将导致强势群体对宅基地的兼并，大量失地农民将生活无着，会对社会秩序造成巨大冲击。我国人多地少的国情决定国家对土地使用采取严格的限制政策，其目的是让农民保住自己的住宅，是维护和谐稳定的社会秩序的需要，也是为农民负责、保障其基本生存权的需要。原、被告所签订的房屋买卖协议的买卖标的物不仅是房屋，还包含相应的宅基地使用权，该买卖合同非同正常的可以在市场上流通交易的商品房屋买卖合同，原告不是茅坪镇杨贵店村村民，不具备该区域内购房权利。被告将在村集体所有的土地上建设的房屋出售给不属本村村民的原告，双方签订的《房屋买卖协议》违反了土地管理法的强制性规定，该合同应认定为无效。《合同法》第58条规定：“合同无效或被撤销后，因该合同取得的财产，应当予以返还。”故二被告基于合同而收取的原告购房款8万元应予返还。导致协议无效，原、被告双方均有过错，故对双方提出的损失问题由各自承担。法院遂判决：（1）杜沥泉与吴家庆、吴学强签订的《房屋买卖协议》无效；（2）吴家庆、吴学强返还杜沥泉购房款8万元，于判决生效后20日内付清；（3）驳回杜沥泉的其他诉讼请求。宣判后，双方均未上诉，判决已发生法律效力。

【裁判解析】

从案件中涉及的农村房买卖合同的内容看，虽然交易的标的物一般是地上建筑物，但在我国强调房地一体的法律背景下，实际上双方交易的标的物也包括了相应的宅基地，这与我国目前严格限制宅基地流转的政策是相违背的。农村宅基地使用权有以下特点：第一，农村宅基地的所有权归集体经济组织；第二，农村宅基地使用权的主体是特定的农村居民，即属于本集体经济组织特定的成员，农村集体组织以外的人员不能申请并取得宅基地使用权；第三，农村宅基地使用权具有有限性，即宅基地原则上只能由宅基地使用权人利用宅基地建造住宅及附属设施，供其居住和使用，不能将宅基地使用权转卖；第四，农村宅基地使用权具有福利性，即农村村民取得宅基地使用权基本上是无偿的，或者只交纳很少的费用。

可见，宅基地使用权是集体经济组织成员享有的权利，与特定的身份相联系。国务院办公厅 1999 年 5 月 6 日发布的《关于加强土地转让管理严禁炒卖土地的通知》第 2 条第 2 款规定："农村的住宅不得向城市居民出售"；2004 年 10 月 21 日国务院《关于深化改革严格土地管理的决定》再次强调："加强农村宅基地管理，禁止城镇居民在农村购置宅基地。"因此，根据国家政策，非本集体经济组织成员因购买农村宅基地或者房屋而与农民所订立的买卖合同应当认定无效。

## 二、"一户一宅"原则系为限制重复申请宅基地、多占宅基地的行为，并非限制通过取得房屋所有权而另外获得宅基地

【案例索引】

刘淑兰与翟克常等农村房屋买卖纠纷案①：一审：北京市昌平区人民法院（2005）昌民初字第 8921 号，二审：北京市第一中级人民法院（2006）一中民终字第 1329 号。

① 北大法宝——司法案例。

**【基本案情】**

原告刘淑兰与被告翟克发系夫妻关系，翟克发与被告翟克常系亲兄弟关系。1995年，翟克发与翟克常签订了房契，内容为："翟克发与家人协商，愿将北房三间、西房两间卖与克常所有，范围是东到克常走道，西到翟书合家，北到克常地，南邻大街。恐无凭证，立字为证。"此房契由翟克仁代笔，翟克发和翟克常在此房契上签字。房契中的"北房三间和西房两间"在1995年即为刘淑兰与翟克发婚后在常兴庄村昌集建（96宅地）字第16－14－0154号宅基地上所建房屋，系刘淑兰与翟克发婚后共同财产。常兴庄村昌集建（96宅地）字第16－14－0154号宅基地使用权人为刘淑兰，翟克常1995年购买该宅基地上房屋后，至今未办理宅基地变更登记审批手续，昌集建（96宅地）字第16－14－0154号宅基地的使用权人一直为刘淑兰。翟克常于1995年购买常兴庄村昌集建（96宅地）字第16－14－0154号宅基地上房屋时，在常兴庄村已拥有昌集建（96宅地）字第16－14－0024号宅基地使用权。此房契签订后，翟克发即将昌集建（96宅地）字第16－14－0154号宅基地上房屋交付翟克常。

此外，经法院查明，在翟克发与翟克常签订房屋买卖协议过程中，有中间证人齐利贵在场。其到庭作证时表示，在上诉人前往被上诉人家中送交房款5000元时，被上诉人刘淑兰在场明知。

原告刘淑兰诉称，其与翟克发系夫妻关系，翟克发与翟克常系亲兄弟关系。2005年4月27日，其与翟克发因家庭琐事争吵时，从翟克发处得知，1995年翟克发在其不知情的情况下与翟克常签订了房屋买卖协议，将其与翟克发夫妻共同所有的北房三间、西房两间卖与翟克常。翟克发与翟克常之行为严重侵害了原告的合法权益，请求判令翟克发与翟克常于1995年签订的房屋买卖协议书无效，并要求翟克发与翟克常承担本案的诉讼费用。

**【审判要览】**

北京市昌平区人民法院认为，农村私有房屋买卖必须履行严格的程序。首先，买卖双方必须是同一集体经济组织成员；其次，必须履行变更登记审批手续，同时必须遵守一户一宅的原则。翟克发与翟克常在1995年签订买卖房屋契约时，虽然二人系同一集体经济组织成员，但是翟克常当时已是常兴庄村昌集建（96宅地）字第16-14-0024号宅基地使用权人，不能再对昌集建（96宅地）字第16-14-0154号宅基地行使使用权，翟克常当时购买昌集建（96宅地）字第16-14-0154号宅基地房屋的行为违背了一户一宅原则。最后，翟克常在1995年开始购买翟克发常兴庄村昌集建（96宅地）字第16-14-0154号宅基地上房屋后，一直未办理变更登记审批手续，时至今日常兴庄村昌集建（96宅地）字第16-14-0154号宅基地的使用权人一直为翟克发之妻刘淑兰，基于此点，翟克常购买房屋行为也不符合农村私有房屋买卖的生效要件。翟克发与翟克常二人于1995年签订的房屋买卖协议无效。翟克发于1995年出卖翟克常的房屋系常兴庄村昌集建（96宅地）字第16-14-0154号宅基地上房屋，而常兴庄村昌集建（96宅地）字第16-14-0154号宅基地使用权人为刘淑兰，该出卖行为侵害了刘淑兰的合法权益，故刘淑兰有权主张翟克发与翟克常签订的房屋买卖协议无效。

翟克常不服，提出上诉。北京市第一中级人民法院认为：翟克发与翟克常达成的房屋买卖协议是双方的真实意思表示，内容不违反法律规定，该协议合法有效，应受到法律保护。刘淑兰在该房屋买卖过程中在场明知，其所述自己在不知情的情况下其夫擅自处分了夫妻共同财产的陈述与事实不符，本院不予采信。上诉人与被上诉人是亲属关系，又均系本村村民，有权对自己在本村的私有房屋进行处分。所谓“一户一宅”原则是指村民在出售自己宅基地上的房屋后无权再次申请宅基地，并非村民不得买卖本集体经济组织成员的私有房屋。一审判决认定本案当事人买卖房屋的行为违反“一户一宅”原则，缺乏法律依据。此外，房屋产权变更登记手续的履行与否，是所有权转移的必要要件，具有公示效力，但并非房屋买卖合同的生效要件。本案中，双方当事人自愿达成房屋买卖协议，并已实际履行，该合同成立并生效。一审判决确认翟克发与翟克常于1995年签订的房契无效，属适用法律不当，本院予以改判。上诉人要求判令双方补办房屋过户手续的上诉请求，因在一审中未主张此项权利，双方在二审中又不能达成协议，可另案解决，本案不予处理。综上，判决：（1）撤销一审判决。（2）驳回刘淑兰要求确认翟克发与翟克常于1995年签订的房契无效的诉讼请求。

【裁判解析】

由于我国农村土地归集体所有，村民作为集体经济组织的成员只拥有宅基地使用权，并且一户只能拥有一处宅基地，宅基地是农民的重要财产权利，严禁宅基地进入市场进行交易。农村私有房屋的买卖，不单纯是房屋所有权的转移，同时还涉及房屋所占土地的宅基地使用权的转移，上述案例就是一个典型的例子。这里就产生农村私有房屋的买卖是否会导致与“一户一宅”原则相冲突，订立买卖合同买卖双方是否应当符合特定的资格，是否需要办理过户手续，过户手续是否对合同效力产生影响等一系列的问题。

《土地管理法》第 62 条规定：“农村村民一户只能拥有一处宅基地，其宅基地的面积不得超过省、自治区、直辖市规定的标准。”“农村村民出卖、出租住房后，再申请宅基地的，不予批准。”从上述法律条文理解，所谓“一户一宅”原则，是指农村村民一户只能申请一处宅基地，如果将原有宅基地上住宅房屋出卖或者出租后，不能再行申请另处宅基地。由于客观上房屋与土地有着空间的依附性，因此在村民获得房屋所有权的同时也就取得了房屋面积之内宅基地的使用权，这就是长期以来形成的“宅基地使用权随房转移”的原则，但也与“一户一宅”发生了表象上的冲突，因此导致对村民之间私有房屋买卖合同的效力极大质疑。宅基地的福利性质决定了宅基地使用权的主体资格、流转范围要受到极大的限制，但是再多的限制也要在保护公民合法私有财产权的前提之下，“一户一宅”原则也是有适用范围的，不是绝对的。“一户一宅”原则的正确理解应当是，限制重复申请宅基地、多占宅基地的行为，并非限制通过取得房屋所有权而另外获得宅基地，相反上述法律条文中也间接肯定了村民出卖住房的行为，只是禁止卖房后再次申请宅基地。依据当前我国的土地法律和政策，在司法实践中处理此类纠纷通常掌握的标准是，农村私有房屋买卖合同的效力应以认定无效为原则，以认定有效为例外，只有房屋买卖的双方均是同一集体经济组织的成员的，可以认定合同有效，禁止将房屋卖给城市居民和外村村民。因此本案一审法院认为翟克常当时已是常兴庄村昌集建（96 宅地）字第 16－14－0024 号宅基地使用权人，其购买昌集建（96 宅地）字第 16－14－0154 号宅基地房屋的行为违背了“一户一宅”原则，是对于“一户一宅”原则的误解，二审认定不违反“一户一宅”原则是正确的。

## 三、因征收而发生的农村房屋买卖合同纠纷，应结合地方政策确定征收补偿的范围，明确买方的信赖利益损失，根据农村房屋买卖的特殊性界分买卖双方过错责任的大小认定所受损失

**【案例索引】**

牟雪文与郑善国农村房屋买卖合同纠纷案[①]：一审：浙江省宁波市江北区人民法院（2013）甬北慈商初字第217号，二审：浙江省宁波市中级人民法院（2013）浙甬民二终字第594号。

**【基本案情】**

被告郑善国系宁波市江北区慈城镇民丰村村民，原告牟雪文系宁波市江北区慈城镇龚冯村村民。1996年3月1日，牟雪文与郑善国订立房屋绝卖文书一份，约定郑善国将名下位于慈城镇民丰村141.25平方米的房屋以6000元的价格出售于原告，并言明房屋四至，后牟雪文在房屋绝卖文书原件上加盖了宁波市江北区慈城镇民丰村村委会公章。牟雪文依约向郑善国支付了购房款6000元，被告将上述房屋集体土地建设用地使用证交于牟雪文保管，牟雪文实际居住该房屋至今。牟雪文入住后，对该房屋进行了必要的装修。

2011年2月郑善国向法院提起诉讼，以牟雪文与郑善国非同一集体经济组织村民为由，要求判定房屋买卖合同无效，牟雪文将房屋归还郑善国，浙江省宁波市江北区人民法院以（2011）甬北慈民初字第182号民事判决书判决双方房屋买卖合同无效，牟雪文将北慈土集建（1995）字第2902号集体土地建设用地使用证项下的坐落于宁波市江北区慈城镇民丰村方家的房屋归还给郑善国，郑善国返还牟雪文购房款6000元。牟雪文不服提出了上诉，宁波市中级人民法院终审判决驳回上诉，维持原判。目前慈城镇民丰村已经列入征收计划，根据征收实施方案的规定，

① 载《人民法院案例选》2014年第1辑。

目前本案涉案房屋同类地块评估价格是每平方米4538元。

牟雪文提起本案诉讼称：其与郑善国系宁波市慈城镇辖区不同村的村民，因无房居住，1996年3月1日，以6000元的价格向当时急需用钱的郑善国购买了面积141.25平方米的农村房屋。购买时，该房屋破烂不堪、杂草丛生且无水无电。因所购房屋目前已列入征收范围，受利益驱使，郑善国向江北区人民法院起诉先前的房屋买卖合同无效。法院同意了牟雪文的诉请，并判决房屋买卖合同无效，要求其腾退房屋。其同意腾退房屋，但要求郑善国赔偿其因此产生的经济损失，故诉至法院，请求法院判决：（1）郑善国返还牟雪文购房款6000元、附属设施200元及利息6200元，共计12400元；（2）郑善国赔偿牟雪文损失693600元，包括房屋拆迁补偿款640992.5元（4538元×141.25平方米），水电安装开户整网、水泥地坪、围墙、灶台、水斗以及室内装潢共20000元，安置费25425元，搬家费2000元，规定期限拆迁奖励5000元，电话空调移机费250元。

**【审判要览】**

宁波市江北区人民法院认为，因无效合同取得的财产应当予以返还；不能返还则应当折价补偿；有过错的一方应当赔偿对方因此所受到的损失，双方都有过错的，应当各自承担相应损失，该损失应包括因该合同产生的信赖利益损失。本案中，原告在购买房屋当时依循农村购买房屋的习俗，与被告签订了绝卖契约，邀请民丰村村干部作为中人，并取得该村的同意，按当时的市场价支付了相应的对价，居住使用该房屋已有16年之久，已经融入该村的生活，本可在该房屋居住终老。现原、被告间于1996年3月1日签订的农村房屋买卖合同因违反法律、行政法规的强制性禁止规定而被生效判决认定无效，原告承担返还该房屋的义务，失去了该房屋的使用权，但其所取回的6000元购房款，因物价上涨等因素，已不足以购买同类房屋的2平方米的住房，更无法购买同类地段的商品房。而按目前同类地段的征收价格计算，该房屋价值为64万余元，原告因合同无效而产生了巨大的信赖利益损失，被告也因此而获得巨额利益。同时，根据诚信原则，被告也不能从其先过错行为中获得巨额的利益，因此，其对原告所产生的巨额信赖利益损失应承担主要责任，结合原告目前的居住情况、当地房价的实际水平等综合因素，故酌情考虑被告应赔偿原告的损失为55万元。此外，原告要求被告支付附属设施费用200元及利息6200元的诉讼请求，没有事实与法律依据，不予支持；原告要求被告支付安置费、搬家费、规定期限征收奖励的诉讼请求，因上述费用系征收过程中征收方支付给房屋所有人的款项，现征收行为尚未发生，且原告并非房屋所有人，因此无权要求被告支付上述费用，对该诉讼请求不予支持；原告要求被告赔偿水电安装开户整网、水泥地坪、围墙、灶台、水斗及室内装潢共20000元及电话空调移机费250元的诉讼请求，上述设施如系原告购买被告房屋后添附的，其所有权应属于原告，但原告对上述赔偿数额未提供相应依据与相关证据，不予支持，原告可待评估后另行起诉。

宁波市江北区人民法院于2013年7月19日作出判决：(1) 郑善国赔偿牟雪文经济损失55万元，于判决生效之日起30日内付清；(2) 驳回牟雪文其他诉讼请求。

宣判后，郑善国不服一审判决，向宁波市中级人民法院提起上诉。宁波市中级人民法院判决：驳回上诉，维持原判。

**【裁判解析】**

本案是一则典型的在征收背景下发生的农村房屋买卖纠纷案，这类案件的审理目前一般采取兼顾维护禁止农村房屋买卖法律和违约方不得利基本原则进行，不过采用这种模式审理的难点在于：(1) 征收补偿的范围因各地政策不一，标准不一，难以确定；(2) 因征收补偿的复杂性，导致信赖利益损失的不明确性；(3) 农村房屋买卖双方的具体责任的分配缺乏明晰的法律依据，造成同类案件的判决反差较大。

根据现有的征收补偿相关法律规定，农村房屋被征收后，一般有两种补偿方式：一是调产安置；二是货币补偿。每种补偿方式农村房屋所有者最后获利可能有很大差别，而且各地具体补偿标准各不相同，这种差别可能还会无限制拉大。在农村房屋征收补偿中，补偿的范围大概包括：(1) 房屋的补偿；(2) 土地的补偿；(3) 住宅安置过程中的其他费用，具体如临时过渡补贴费、搬家补贴费、附属设施补偿费、房屋装饰补贴费。房屋的补偿，是指房屋重置价格，主要是根据房屋结构和成新率进行计算。土地的补偿，是指土地的区位价值，一般是根据房地产开发企业向社会销售的各级地段钢混二等普通住宅平均价格进行确定。另外，有些地方在征收农村房屋时实施扩户政策，以照顾困难家庭，减少征收过程中纠纷的出现，保障征收顺利实施。

审理已经被征收或者列入征收范围内的农村房屋买卖纠纷案件，上述各项征收补偿数额的确定，先是参照房屋征收部门规定的各项补偿标准。无论卖方选择调产安置或者货币补偿，征收部门对涉及的房屋重置价、住宅基本造价和商品住宅平均价格等均有详细规定，法院只需按照征收标准进行判定即可。需要提及的是房屋增值利益的计算。在货币补偿形态，卖方在取得安置补偿款后，应将其中的一部分直接赔偿给买方。在调产安置形态，可以按安置房市场价与优惠价之间的差价而不是商品房平均价扣减房屋重置价确定房屋增值利益，然后由双方合理分配。

本案中，由于被告出卖的农村房屋当时仅处于一种征收计划中，并没有详细的征收实施方案，没有调产安置选择的余地，因此，房屋、土地等补偿可以直接依据法律和地方政策，通过货币形式精确表现。本案涉案房屋的面积是141.25平方米，区位价值每平方米4538元，土地补偿总额具体为64万余元。

所谓信赖利益，是指民事主体固有利益在具有信赖关系的特定当事人间存在的特定形式。在农村房屋买卖合同纠纷案件中，并非是所有的征收补偿等损失都可以列入信赖利益损失范围，与买卖一方当事人人身关系密切的征收补偿或者其他利益，应单独进行处理。

在农村房屋买卖合同中，由于合同无效给卖方造成的损失比较少，也容易确定。一般来说，卖方的损失就是买方购买居住使用期间使用费用，这已经达成了共识。至于该损失的计算标准，主要是参照同样房屋出租的租赁费用进行确认。当然，卖方的房屋使用损失在目前司法实践中很少得到支持，不少判例采取与买方的银行利息损失相抵进行处理。本案也是采用如此方法进行处理，因此原告请求被告支付利息6200元的诉讼请求未得到法院的支持。

而关于买方的损失，主要体现在如下几个方面：（1）土地的补偿。在农村房屋买卖合同中，买方因合同无效造成的损失范围如何认定，一直是一个争议较大的问题。这类纠纷初发时期，因为不涉及征收或者说房屋的增值较小，司法实践中审理此类案件并不需要特别关注买方的损失，同时，法律上也没有对此作出相应规范。但是，最近十几年的时间地价上涨太快，不考虑买方的损失显然有失公平的原则，因此，有学者提出信赖利益的损失可包括间接损失的主张，具体到农村房屋买卖合同中，则指购买农村房屋的合同无效必然导致买受人丧失与其他人另订合同的机会，结果是买受人无法享有因房屋价格上涨而带来的增值利益。现在，这一主张基本被司法实务所肯定，本案同样也不例外，法院认为被告的违约给原告造成了巨大的信赖利益损失，该损失即该涉案房屋高额的地价征收补偿。（2）房屋的补偿。农村房屋的征收补偿是征收方补偿给被征收方的因房屋建造导致的损失，通常有一个固定的标准。早期建造的农村房屋的造价不高，因此在征收时的补偿不多。买方虽然因交易无效丧失了房屋重建的征收补偿利益，但其并无主张权，因为这部分补偿针对的是房屋所有人。（3）住宅安置过程中的其他费用。有关房屋装修、改建、翻建或者扩建的费用的处理。这类费用的处理可以参照一般商品房交易中类似问题的处理单独进行，基本原则是谁出资，补偿谁。因此，本案中，法院判决房屋设施如系原告购买被告房屋后添附的，其所有权应属于原告。

另外，各地为保障征收顺利进行，会规定不同种类的补贴或者奖励。规定了诸如搬迁费、临时过渡费和搬迁奖励费等费用。这些费用的处理也应单独进行，不应列入信赖利益损失范围。处理的基本原则是：对于基于身份产生的收益只能归身份所有者所有，如针对困难户主的扩户收益，对于基于征收政策产生的收益，又可以具体情况具体分析，如搬迁费、临时过渡费是补助给需要搬迁的人；而搬迁奖励费等费用，由于买卖双方的积极配合才能获得，因此可以均分，以平衡双方利益。本案中，因为征收的具体行为尚未发生，原告对该部分费用的诉讼请求，法院不能支持。

由于农村房屋买卖纠纷案件的违约方主要是卖方，因此一般认为卖方负主要责任，买方负次要责任。但仅仅抽象考虑主次责任之分，而不作进一步的明确，对这类案件的审理非常不利，因为这类案件审理过程中涉及的标的均较大，一个点的偏差动辄相差十几万。在这种情况下，对买卖双方的具体责任的认定作进一步的明晰十分必要。笔者认为，在认定双方主次责任的同时，还应结合以下因素对双方的责任进行具体分配。（1）时间因素。购买的时间越早，买方的责任越小；相反，最近几年购买的房屋，卖方的责任较小。（2）身份因素。不同村的村民之间进行的房屋交易，买方的责任较小；居民与村民之间进行的房屋交易，买方的责任较大。（3）购房目的。对于自住型购房，买方的责任较小；对于投资型购房，买方的责任较大。（4）政策因素。符合政策需要进行的购房，买方的责任较小，相反，责任较大。在划分责任时，上述几个界定因素均可以单独考虑，但是在相互冲突时，如城镇居民购房自住，则需要综合衡量，着力考察购房时的具体原因。

本案在责任的分配上，因为对购房的背景进行了详尽的考虑，因此显得特别合理：一是考虑了购房的时间，判决时刻意提到房屋交易已达16年之久；二是考虑到了交易的主体，是在不同村民之间进行。所以，法院判决被告承担了近九成的主要责任，由被告赔偿原告信赖利益损失55万元。

## 四、农村居民因土地征用而成为非农业人口，仍生活在农村的，其在农村的购房行为不应视为城镇居民购买农村住宅，买卖合同有效

**【案例索引】**

李明国与李德元房屋买卖合同纠纷案①：一审：宁波市鄞州区人民法院（2007）甬鄞民一初字第2113号，二审：宁波市中级人民法院（2007）甬民终字第983号。

**【基本案情】**

原告李明国系宁波市鄞州区瞻岐镇合一村村民，被告李德元系宁波市鄞州区钟公庙街道铜盆闸村人，因土地征用原因，于2003年1月14日

① 载《人民法院案例选》2009年第3辑。

由农业户口转为居民户口。2003年10月13日，原、被告签订卖屋契约，由原告将其坐落于宁波市鄞州区瞻岐镇合一村的二层楼房一间（使用权面积62.4平方米），以22280元的价格出卖给被告。原、被告签订卖屋契约后，被告已付清该款，原告亦将土地证交给被告，但未办理过户手续。另外，被告在铜盆闸村有宅基地一间（用地面积53.1平方米，其中建筑面积38.5平方米）。

李明国诉称，被告系居民户口，故案涉房屋买卖违反法律、行政法规的强制性规定，现要求被告立即返还坐落于宁波市鄞州区瞻岐镇合一村的二层楼房一间，原告愿将卖房价款全额返还并赔偿被告合理损失。审理中，原告变更诉讼请求为要求确认原、被告双方签订的《卖屋契约》无效；被告立即返还坐落于宁波市鄞州区瞻岐镇合一村的二层楼房一间，原告愿返还价款22280元，并赔偿被告双倍利息损失11229.12元。

被告李德元辩称：被告系因土地征用原因由农业户口改为居民户口，在购买宅基地问题上可以享受农民待遇。故原、被告之间的房屋买卖协议合法有效，并未违反法律、行政法规的强制性规定，且原告所在村委会当时也同意双方的买卖行为，按政策可以办理过户手续，未过户系原告怠于履行协助过户义务所致，故请求驳回原告的诉讼请求。

**【审判要览】**

宁波市鄞州区人民法院认为，原告属农业户口，但因土地征用而由农业户口转为居民户口，全村农民集体转为非农业户口，若需购房，应按农业户口处理，故被告李德元可按农业户口享受购房条件。李德元虽原有宅基地，但购入讼争房屋后，其面积并未超过《宁波市宅基地管理办法》确定的高限标准，故原、被告签订的卖屋契约有效，被告亦已履行付款义务，原告主张无效系属理解偏颇，亦有违诚信。故原告的诉讼请求本院不予支持。综上，一审判决：驳回原告李明国的诉讼请求。

一审宣判后，李明国不服，提出上诉。

宁波市中级人民法院认为，当事人行使权利，履行义务应当遵循诚实信用原则，依法订立的合同，对当事人具有法律约束力。当事人应当按照约定履行自己的义务，不得擅自变更或者解除合同。本案双方当事人签订的《卖屋契约》系双方当事人真实意思表示。李德元系农村居民，后虽因土地征用而成为非农业人口，但其仍生活在农村，故对其在农村的购房行为不能视为城镇居民购买农村住宅。而《土地管理法》第62条规定的“农村居民一户只能拥有一处宅基地”是对农村居民申请宅基地的限制性规定，但并不限制农村居民通过买受、承租方式取得住房。因此，讼争《卖屋契约》并不违反法律、行政法规的强制性规定，属于有效合同。李明国主张《卖屋契约》违法，缺乏法律依据，理由不能成立。双方当事人在契约签订后，房屋已实际交付，现李明国起诉主张合同无效，要求返还房屋，显然有违诚实信用原则，不予支持。综上，判决驳回上诉，维持原判。

**【裁判解析】**

本案的争议焦点是：因土地征用关系而村改居，全村农民集体转为非农业户口的，若需购买农村房屋，是否可以仍然按农业户口处理，其买卖合同是否有效。

事实上，对于城镇居民购买农村房屋的合同效力不能一概而论，还是应该根据不同的情况，具体加以分析。原则上城镇居民购买农村房屋的合同效力应认定无效。那么，在此基础上，如果原农村居民因土地征用而成为非农业人口，其购买农村房屋的效力是否也仍与其他城镇居民一概而论呢？这里还是要了解宅基地的其本身的特殊性，农村的宅基地使用权是集体经济组织成员应有的权利，与特定的身份相连，即其使用权是特定的农村居民，即本村以外的人员不能申请并取得宅基的，最重要的是农村宅基地的使用权具有福利性，即农村村民取得宅基地使用权基本上是无偿的，或者说只交纳很少的费用。所以，法律法规之所以对宅基地的买卖以特别的规定，其根本的原因，就是对农民的一个居住权利的保障。但现在问题是，有这样的一个群体，他们原先是农民，但在城镇化建设中，他们失去了土地，他们成了“居民”，而这群“居民”中的大多数又仍生活在农村，对于他们购买宅基地的行为还是以城镇居民为标准一刀切吗？很显然，应对这群居民区别对待。因为这些“居民”事实上就是“失地农民”，是国家为了对失地农民的利益予以更好的保障，将其纳入城镇居民范畴，以便他们能够在失去赖以生存的土地后，享受到城镇居民同等的社会保障。但是这并不等于他们完全失去了农民所享有的权利，他们本质上还是“农民”，且多数的失地农民也是继续生活在农村的，所以在失地以前农民所享有的权利，他们也应该继续享有，这样才是对这些失地农民的利益真正的保障。所以在这种情况下，合同可以认定有效。

## 五、未取得房屋所有权而转让单位集资房的买卖行为合法有效

**【案例索引】**

李娟利等与张波集资房买卖合同纠纷案①：一审：陕西省西安市长安区人民法院（2008）长民初字第 1518 号，二审：陕西省西安市中级人民法院（2008）西民二终字第 1372 号。

**【基本案情】**

原告李娟利系西安市长安区子午信用社黄良分社职工，1998 年长安县信用联社职工集资建房，该社职工李娟利亦参与集资建房，分得长安信合小区 5 号楼一单元 6 楼东户单元房一套，在其丈夫、本案另一原告赵峰会知情的情况下，李娟利于 2000 年 1 月 10 日向单位交纳购房款 3 万元整。2001 年 5 月，李娟利与被告张波签订了购房协议，约定：李娟利在单位集资购房款，全部由张波自行交给李娟利，张波所购李娟利单位集资房所有权归张波所有，但房产证暂以李娟利之名登记。协议签订后，张波在将 3 万元首付款交与李娟利后，又将其余房款直接交与李娟利所在单位，共计交纳房款 9.45 万元。房子建成后，张波即入住，直至 2007 年李娟利所在单位开始为上述房屋办理房产证，李娟利在缴纳相关费用后向张波提出腾房要求，双方因此发生纠纷。原告赵峰会、李娟利遂提起诉讼称：1998 年西安市长安县信用合作社联合社（现为西安市长安区信用合作社联合社）建房时，李娟利用家庭共同财产 3 万元缴纳了房款，在未征得其丈夫赵峰会同意的情况下与张波签订《购房协议》，将未建成的房屋转让于张波，该协议违反了国家法律的有关规定，又未征得家属

① 北大法宝——司法案例。

财产共有人同意。故请求确认购房协议无效，并要求张波立即腾房。

**【审判要览】**

一审法院经审理认为，民事活动应当遵循诚实信用原则，李娟利与张波是在双方协商基础上本着双方自愿的原则签订的购房协议，该购房协议系双方真实意思表示；该房屋虽未办理权属登记，但并不影响购房协议的效力，故李娟利与张波签订的购房协议合法有效。关于李娟利称签订购房协议未经赵峰会同意一节，在赵峰会知道交纳 3 万元首付款一事，而房产乃夫妻共同财产的重要组成部分，事实上张波亦已实际占有使用该房多年，作为夫妻的李娟利、赵峰会对于家庭的重大事项多年毫不涉及，与常理相悖，故对李娟利、赵峰会所称赵峰会不知李娟利与张波签订协议的理由不予支持。综上，判决：驳回赵峰会、李娟利的诉讼请求。

赵峰会、李娟利不服一审判决，提出上诉。

二审法院认为，民事法律行为以意思表示为要素。1998 年西安市长安县信用合作社联合社（现为西安市长安区信用合作社联合社）职工集资建房，李娟利分得长安信合小区 5 号楼一单元 6 楼东户单元房一套。李娟利作为集资人于 2000 年 1 月 10 日向单位交纳部分购房款 3 万元整后，于 2001 年 5 月与张波（非该单位人员）协商达成《购房协议》，对房屋转让价款、房屋产权证登记等做出明确约定。张波依约分别向李娟利和西安市长安区信用合作社联合社交纳房款，实际接收房屋。依据上述事实，李娟利与张波之间转让房屋的意思表示真实，且李娟利单位当时对该转让行为亦认可。我国实行不动产登记制度，不动产登记只是物权变动的成立要求，而非买卖合同成立要件。《城市房地产管理法》第 38 条规定未依法登记领取权属证书的房地产不得转让，根据立法本意，其设置的目的是对在房屋所有权尚不明确的情况下，对房地产权属转让行为的一种限制。本案中，李娟利所购单位集资房系我国体制改革过渡期间的一种特殊产物，且该房屋产权证书正在办理，已具备合法交易要件，并非权属不明确之房屋。李娟利与张波之间《购房协议》签订后，张波对该房屋长期占有、使用。该买卖行为并未损害国家、集体、他人利益和违反社会公共利益，故李娟利与张波之间所签订之购房协议应为合法有效协议。李娟利、赵峰会诉称《购房协议》违反我国《合同法》及《城市房地产管理法》应属无效之主张，依据不足，不予支持。依法成立的合同受法律保护，当事人行使权利、履行义务应当遵循诚实信用原则。李娟利与张波签订买卖协议后实际收取张波3万元集资款，张波自2002年6月入住至今，已实际占有、使用该房屋6年多。李娟利、赵峰会系夫妻关系，对李娟利未实际购买该集资房，赵峰会称不知情，有违常理。李娟利、赵峰会以赵峰会不知情，所签订之《购房协议》因未征得共同所有人同意应属无效之主张，理由不能成立，亦不予支持。综上，判决：驳回上诉，维持原判。

**【裁判解析】**

首先集资房是通过单位、社会团体组织、住宅合作社来组织建设的，主要是为了解决单位和社会团体组织既定范围的中低收入家庭的住宅问题，采用的是先集资后建房的形式，是一种非市场行为，不存在买卖与经营关系。而一般商品房消费群体广泛、没有特别限制，是房地产开发商独特开发的一种产品，再通过市场买卖关系来实现其价值和使用价值，属完全的市场经营行为。其次，集资房的土地主要是通过政府划拨，并减免了相关税费，其建设在申办手续的过程中，各种手续的办理相应简单，上市交易、出租、抵押和继承时，应该向政府有关部门补交土地出让金。而商品房的开发土地一般是出让用地，取得的方式主要是以招投标、拍卖、挂牌以及市场转让的方式，必须“五证俱全”，即要同时具备《规划用地许可证》《建设规划许可证》《开工许可证》《土地使用证》《房屋销售许可证》。基于以上原因，各地政府一般规定集资房不能在房地产一级市场上流通，但实际上各地都不同程度地存在着不少已购集资房地下交易的现象，这不仅使当事人双方缺乏应有的法律的保护，使国家有关的税费流失，而且容易出现纷争，留下隐患。本案就源于房地产市场涨价的情况下，卖方反悔，起诉至人民法院请求确认买卖合同无效的典型案例。归纳原告李娟利、赵峰会主张房屋买卖协议无效的理由：（1）李娟利将单位集资房卖给了非本单位人员张波，张波没有李娟利单位职工购房资格，不能买受该集资房；（2）买卖房屋必须要有房产证，李娟利在房产证未办理下来之前就卖了集资房，无证买卖行为无效；（3）李娟利买卖集资房未经其夫、共有人赵峰会同意，未经共同共有人同意买卖无效。

本案中，李娟利作为西安市长安县信用合作社联合社（现为西安市长安区信用合作社联合社）职工，在履行向单位交纳集资建房款等义务后，即享有取得集资房屋的请求权。她在获得集资建房资格并交纳了3万元集资款后，与张波签订了《房屋转让协议》。因当时本案所涉集资房屋并未竣工，且房屋的具体楼层、位置、面积等均未确定，亦未办理房屋权属登记证书，故李娟利签订《房屋转让协议》时并未取得该集资房屋的所有权，其对集资房的权利属于资格权利，在法理上属于一种期待利益，属债权范畴，可依法转让。《合同法》第79条规定："债权人可以将合同的权利全部或部分转让给第三人，但有下列情形之一的除外：（一）根据合同性质不得转让；（二）按照当事人约定不得转让；（三）依照法律规定不得转让。"根据李娟利与张波之间《房屋转让协议》的内容，张波所购李娟利单位集资房所有权归张波所有，但房产证暂以李娟利之名登记。嗣后，李娟利从张波处收回了3万元集资款，张波实际接收房屋，且仍以李娟利名义参与西安市长安县信用合作社联社集资建房，承担剩余集资建房款等相关费用。西安市长安区信用合作社联合社对李娟利与张波上述事实知情，且实际接受张波交来的后续房款。故鉴于李娟利取得该集资房尚有集资款等债务有待履行，其与张波达成协议后将其与西安市长安县信用合作社联合社之间签订集资合同后享有的取得集资房的请求权转让给了张波，其集资权的转让可定性为权利义务的概括转让，李娟利与张波之间的协议书虽然名为房屋转让协议，实际上是集资建房的请求权转让。

民事法律行为以意思表示为要素。本案中，李娟利与张波在平等、自愿、协商的基础上订立《房屋转让协议》，是双方真实的意思表示，买房人张波构成善意第三人，西安市长安县信用合作社联合社当时对该转让行为亦认可。《城市房地产管理法》第38条第6项虽规定未依法登记领取权属证书的房地产不得转让，但根据立法本意，其设置的目的是对在房屋所有权尚不明确的情况下，对房地产权属转让行为的一种限制。该规范属管理型规范，而非效力性规范，不能据此条认定合同无效。且该规定适用于房地产转让，而非本案所涉及的是集资建房的资格转让。本案中，李娟利所购单位集资房系我国体制改革过渡期间的一种特殊产物，李娟利将房屋卖给不符合购买集资房外单位人员张波，虽然不符合经济适用房相关的政策，但这些政策只是部门规章，不是法律或行政法规，不是人民法院判决合同是否具有有效性的依据。现房屋产权证书正在办理，房屋管理部门会予以办理过户登记，已具备合法交易要件，并非权属不明确之房屋，该买卖行为亦并未损害国家、集体、他人利益和违反社会公共利益，故李娟利与张波之间所签订之购房协议应为合法有效协议。

依法成立的合同受法律保护，当事人行使权利、履行义务应当遵循诚实信用原则。《婚姻法》第 17 条第 3 款规定，夫妻对共同所有的财产，有平等的处理权；《最高人民法院关于适用〈中华人民共和国婚姻法〉若干问题解释（一）》第 17 条规定："婚姻法第十七条关于'夫或妻对夫妻共同所有的财产有平等的处理权'的规定，应当理解为：……（二）夫或妻非因日常生活需要对夫妻共同财产做重要处理决定，夫妻双方应当平等协商，取得一致意见。他人有理由相信其为夫妻双方共同意思表示的，另一方不得以不同意或不知道为由对抗善意第三人。"本案中，李娟利、赵峰会系夫妻关系。李娟利与张波签订买卖协议后实际收取张波 3 万元集资款，张波自 2002 年 6 月入住至今，已实际占有、使用该房屋 6 年多。赵峰会称对李娟利未实际购买该集资房不知情，有违常理。故李娟利与张波之间所签订之购房协议不能因赵峰会称其不知情而无效。

## 六、拆迁安置房购置权是被拆迁人的一项财产权利，在无法律或行政法规禁止转让的情况下，拆迁安置房购置权的转让具有法律效力

**【案例索引】**

王启宗与胡亮亮拆迁安置房购置权转让协议纠纷案[①]：一审：宿迁市

① 载《江苏省高级人民法院公报》2014 年第 2 辑。

宿豫区人民法院（2013）宿豫民初字第0038号，二审：宿迁市中级人民法院（2013）宿中民终字第0383号。

**【基本案情】**

原告王启宗系宿豫区晓店镇王沟居委会小墩八组居民，其所居住的房屋于2010年9月5日被政府依法征收，并领取了相应的征收补偿款。另根据当地政府有关政策，王启宗还享受政府规定的安置房购房资格及购房优惠条件（购房单价每平方米优惠150元等）。因王启宗已经购买了商品房，应被告胡亮亮要求，王启宗将其获得的安置房购房资格出售给胡亮亮，并收取胡亮亮转让费用17500元。2011年9月18日，双方签订书面“拆迁面积安置权转让协议”。协议签订后，胡亮亮以王启宗名义向政府指定单位购买了安置房，并享受安置政策规定的优惠条件，付清全部购房款并取得房屋使用权，已将房屋装修使用。

现王启宗起诉称，双方的转让行为违反了法律规定应属无效，被告将原告原享有的权利占为己有不当，故请求法院判决确认双方签订的合同无效。

**【审判要览】**

一审法院认为，当事人在不违反法律及行政法规禁止性规定的前提下，依法享有自愿订立合同的权利。本案中所涉及的安置房购买资格是有关部门对房屋征收对象在获得征收补偿款后所给予的政策性优惠，本案所涉的买卖行为，并不为国家法律或行政法规所禁止。据此，驳回原告王启宗的诉讼请求。

王启宗不服一审判决，提起上诉。

二审法院认为，王启宗的房屋被拆迁，其享有被安置的权利，该权利系王启宗房屋被拆迁而享有的一项财产性权利。因王启宗已经购买了商品房，故其与胡亮亮达成协议，将其房屋被拆迁后享有的房屋安置权利转让给胡亮亮，其本质上是一种财产权利的转移，该协议系双方当事人的真实意思表示，且不违反法律法规的强制性规定，协议有效。一审判决认定事实清楚、适用法律正确，审理程序合法，实体处理并无不当，应予维持。据此，驳回上诉，维持原判。

**【裁判解析】**

根据《合同法》第52条第5项的规定，违反法律、行政法规的强制性规定的合同无效。所谓强制性规定，是指规定人们必须履行一定行为或禁止人们从事某种行为的规范。因目前并没有任何法律或行政法规禁止人们转让安置房资格的购买权，因此，原告王启宗与被告胡亮亮之间履行的合同没有违反法律或行政法规的强制性规定，且合同的内容由双方自愿协商确定，不存在欺诈、胁迫等情形，应当认定合同是双方的真实意思表示。基于上述原因，可以认定双方就安置房购买权转让而订立的合同是有效合同。

## 七、转让购房指标协议并非本身亦非有悖法律、行政法规的禁止性规定，在其内容不存在《合同法》第52条规定的情形时，应认定合同合法有效

**【案例索引】**

张益华与熊群先商品房买卖合同纠纷案[①]：一审：湖南省长沙市芙蓉区人民法院（2008）芙民初字第397号，二审：湖南省长沙市中级人民法院（2008）长中民一终字第1888号，再审：湖南省高级人民法院（2011）湘高法民再终字第204号，申请再审审查：最高人民法院（2012）民再申字第321号。

**【基本案情】**

原告张益华和被告熊群先均是政府系统单位的工作人员。2003年，二人均获得了所在单位委托开发商开发的"芙蓉公寓"小区定向购买商品房的认购权。4月，二人达成协议，熊群先将认购该小区B12栋306号房屋的指标转让给张益华，转让价格为1万元。熊群先收取张1万元后，出具收条并在收条上签注："全部购房款由张益华以熊群先的名义直接交纳。"之后张益华便以熊群先的名义分别交纳了购房定金7万元。2005年1月，熊群先和张益华共同到场选定了以熊群先名义定购的房屋。张益华

① 载《人民法院案例选》2012年第4辑。

以熊群先的名义与开发商签订《商品房买卖合同》《补充协议》，合同原件由张益华持有。此外，双方还达成了购房指标转让费增加 1.5 万元的协议，但未即时结清。2006 年下半年，根据当时的有关规定，允许购房户交纳一定费用后办理购房合同的更名手续。因熊群先认为张益华未支付剩余的 1.5 万元指标转让费，拒绝履行更名手续。此后双方的更名手续一直未办妥，B12 栋 306 号房屋一直未交付给张益华。张益华遂起诉熊群先，请求确认其与熊群先之间的购房指标转让合同有效，并判令熊群先将“芙蓉公寓”小区 B12 栋 306 号房屋交付给张益华。

**【审判要览】**

一审法院认为，本案系房屋定购指标转让纠纷，诉争定购指标指向的房屋是区政府单位统一委托开发定向销售的房屋。房屋定购指标转让是什么法律性质的转让，转让是否有效，成为本案争议焦点。熊群先基于政府系统单位职工的特定身份，有权取得购买本单位定向销售房屋的资格。此时，她与张益华之间的购房指标转让实质是对其预期定购房屋资格的转让，是一种权利的转让。事后，购房户与开发商签订了《商品房买卖合同》，实际取得了购买商品房的资格。张益华和熊群先约定有偿转让指标，张益华也实际支付了转让费，并以熊群先的名义向开发商交纳了购房款，双方的指标转让合同已实际履行。对于基于特定身份取得的房屋定购资格是否能够进行转让，我国现行法律、行政法规未作强制性规定。本案中，张益华与熊群先关于房屋定购资格转让的意思表示真实，开发商也以允许交纳过户费用办理房屋更名手续的方式，对此种转让予以认可。因此，张益华和熊群先之间的定向购买商品房指标转让合同有效，张益华和熊群先均应按合同履行义务。综上，判决：（1）确认张益华和熊群先之间关于转让房屋认购指标的协议有效；（2）熊群先在判决生效后 10 日内，配合张益华办理房屋的更名过户手续，相关费用由张益华负担；（3）张益华在判决生效后 10 日内，支付给熊群先购房指标转让费 1.5 万元；（4）驳回张益华的其他诉讼请求。

熊群先不服，提起上诉，请求依法改判。

二审法院认为，双方当事人争议的焦点在于涉案合同的效力。本案中，熊群先基于区政府系统单位职工的特定身份，有权取得购买单位委托开发定向销售房屋的资格，其将购买资格转让给张益华，实质上是一种权利的转让。该转让行为系双方真实意思表示，没有《合同法》第52条规定的合同无效情形，应认定为有效合同。故对熊群先的上诉理由不予支持。判决：驳回上诉，维持原判。

湖南省高级人民法院再审认为：（1）本案系双方当事人之间定购房屋指标转让协议纠纷且协议有效。本案中，熊群先基于芙蓉区政府公务员的特定身份，有权取得购买芙蓉区政府定向开发的内部销售房屋的资格，虽然集资的对象范围是由区政府确定的，带有福利性，但区政府通过分房将职工基于其工龄、职称以及各方面的条件所确定的房价及其有相关附属因素确定各职工名下，所以在分房方案确定后，熊群先所享有的权利已经确定下来，其将所享有的定购房屋资格转让给张益华，实质上是一种权利的转让，张益华买得的是一种期待利益，属于债权范畴中的受益权，本案实质上就是定购房屋指标转让协议纠纷，非房屋所有权转让纠纷。本案双方的口头转让协议系双方真实意思表示，我国现行法律没有禁止购房指标资格转让的明确规定，该协议没有《合同法》第52条规定的无效情形，芙蓉区政府内部规定集资房不得转让仅仅是单位内部规定，不能对抗第三人。该协议也不存在损害国家、集体、他人利益和违反社会公共利益的情形，因此，双方之间的购房资格转让协议合法有效。熊群先提出协议无效的理由无事实和法律依据，不能成立。（2）熊群先不享有合同解除权。本案中，熊群先于2003年4月15日向张益华出具的收条属即时清结的协议，张益华已按协议中的给付义务即支付转让费1万元履行完毕。之后，张益华口头同意增加转让费1.5万元，该行为是双方对原协议的变更，由于双方对支付期限约定不明，而熊群先又没有提交证据证明给予了张益华合理支付期限，且本案中双方互负债务，即张益华应支付转让费1.5万元，熊群先应协助办理更名手续，在双方没有约定先后履行顺序情况下，应同时履行，故张益华在熊群先未协助办理好更名手续时未支付增加的转让费1.5万元未构成违约，熊群先不享有《合同法》第94条所规定的法定解除权。原审判决双方协议有效并继续履行并无不当，应予维持。（3）张益华在再审中书面承诺在原一、二审判决的基础上再增加补偿熊群先2万元，该院予以准许。综上，判决：（1）维持长沙市中级人民法院（2008）长中民一终字第1888号民事判决；（2）张益华自愿再行补偿熊群先2万元，予以准许，此款限在本判决生效后10日内支付。

最高人民法院审查认为：（1）案涉房屋系湖南省长沙市芙蓉区人民政府委托长沙市芙蓉区城市建设投资有限责任公司依据当地各政府机关职工认购情况，由认购人缴纳购房款所建设的住宅。熊群先经过原所在单位依据职工工龄、职级等因素获得购房资格后，于2003年4月与张益华达成口头转让购房指标协议，熊群先将该购房指标转让给张益华，转让费1万元。张益华当即支付1万元，熊群先打收条并注明“全部购房款由张益华以熊群先的名义直接向政府交纳”。该口头转让协议的内容不违反国家法律、行政法规的禁止性规定，不存在《合同法》第52条所规定的合同无效的情形，原再审判决认定该转让协议合法有效并无不当。案涉房屋并非经济适用房，建设部等七部委于2007年联合发布的《经济适用住房管理办法》以及熊群先原单位作出的《“芙蓉公寓”购房方案》并非法律或者行政法规，不能作为认定合同效力的依据。案涉口头协议并非合同法规定的具有人身依附性质不得转让的合同，案涉房屋是否取得房屋所有权证书属于物权取得范畴，亦不影响转让协议的效力。（2）熊群先在一审中仅抗辩合同无效，并未提出要求解除合同，也未提出任何反诉，其有关合同应当解除的再审主张不属于本案审查的范围。（3）一审判决判令熊群先配合张益华办理好房屋更名过户手续，同时负担相关费用属于确认合同有效之后当事人必须实施的行为；一审判决第3、4项判令张益华支付1.5万元并补偿5000元给熊群先，既出于张益华自愿，有利于转让人，亦不违反民事诉讼法的规定，本案不存在超越当事人诉请的情形。本案业经人民法院多次审理，张益华因受让该房屋指标已陆续实际支付了转让对价共计7万元，本案并不存在显失公平的情形。综上，驳回熊群先的再审申请。

**【裁判解析】**

对于定向购买商品房指标转让合同是否有效，实践中存在不同观点。一种观点认为，定向购买商品房指标转让合同无效，主要理由是：（1）未依法登记领取权属证书的房屋不得转让。《城市房地产管理法》第38条第6项规定了“未依法登记领取权属证书的房地产不得转让”。(2)转让房屋定购指标违反了《合同法》第79条第1款第1项和七部委于2004年通过的《经济适用住房管理办法》第29条、第32条等规定。(3)定购特定房屋的资格是与单位职工身份密切相连的，转让房屋定购指标将使不具备职工身份的人享有了作为职工才能享受的福利，不仅会使指标拥有人所在单位利益受到损害，而且还违反了国家相关税法规定。另一种观点则认为，房屋定购指标转让合同有效，主要理由是：(1)双方签订房屋定购指标转让合同，是彼此真实意思表示。(2)房屋定购指标转让行为并未违反法律、行政法规的强制性规定，没有《合同法》第52条规定的合同无效情形。(3)房屋定购指标转让行为并没有损害第三人的利益，也没有损害国家和社会公共利益。

笔者认为，定向购买商品房指标转让合同应属有效。目前司法实践中也越来越多地采纳了这一观点。主要理由有：第一，从法律规定看，对于基于特定身份取得的定购资格的转让，我国法律、行政法规并未作强制性规定。此外，因定向购买商品房指标转让合同的标的是房屋定购指标而不是房屋本身，所以，并不适用《城市房地产管理法》第38条第6项“未依法登记领取权属证书的房地产不得转让”的规定。第二，从理论上讲，在民法上，奉行“法无禁止即自由”的原则。“法无禁止即自由”强调私人的权利和自由不受随意干预，强调私法主体之间的契约自由。作为一种法的理念，其最重要的表现是私法自治。“私法自治给个人提供一种受法律保护的自由，使个人获得自主决定的可能性。”私法自治是私法主体按照自己的自由意思，在不违反法律的前提下，对自身利益的得失变更做出安排；是平等主体通过自由、平等地协商，决定他们之间的权利义务关系。在法律没有明确禁止的情况下，私权主体当事人之间通过平等协商确立的利益关系应当得到尊重，而不应受到干预和限制。因而在不违反法律强制性规范和公序良俗的前提下转让房屋定购指标，也是有着法理基础的自由。第三，从社会价值取向来看，本案中熊群先与张益华皆为完全民事行为能力人，意思表示真实，也不存在欺诈、胁迫等情形，更没有任何事实、证据证明该协议侵害了他人和社会的利益。若冒然认定该协议无效，势必会助长一种随意毁约、违背诚实信用原则的不良社会风气，更有悖于我国《合同法》维护交易稳定和维护经济秩序的立法目的。

## 八、用人单位按照房改政策将公房出售给劳动者，并与职工签订了购房者服务期限的约定。对于该约定的效力，应审查约定的内容是否违反房改政策和法律规定。对于服务期限的确定，应当遵循合法、公平、平等自愿、协商一致、诚实信用的原则

**【案例索引】**

曙光光电仪器厂与王平房屋买卖合同纠纷案①：一审：扬州市广陵区人民法院（2005）扬广民一初字第0688号，二审：扬州市中级人民法院（2007）扬民一终字第0089号

**【基本案情】**

被告王平于1985年调入原告曙光光电仪器厂（曙光光电仪器厂2001年底改制后成立江苏曙光光电有限责任公司）工作。1995年王平与曙光光电仪器厂签订了无固定期限的劳动合同。1997年11月15日，曙光光电仪器厂三届职代会第十六次会议审议通过了关于3～19住宅楼分配方案的决议。决议第1条规定3～19住宅楼的分配对象是："以尚未住中户以上成套住房的从事新产品开发的优秀工程技术骨干为主，并要求该职工思想稳定，安心本厂工作。凡分配3～19住房者，应有自愿长期为本厂服务的思想，经与工厂签订了五年以上长期合同。"决议第5条规定了购房约定：工厂3～19住宅楼的营造与分配主要目的是保留产品开发骨干人员及其他骨干人员，为加强住房管理，除按工厂职房管理条例等规定管理外，凡分配到3～19住宅楼购房的职工，须与工厂签订购房约定。通过购房约定来制约购到住房后的人员，避免个别人员离厂导致工厂住房资金损失，保持骨干队伍的稳定。

1998年6月10日，曙光光电仪器厂与王平签订了职工购房约定书一份。该约定书载明："1. 甲方（曙光厂）将3～19住宅楼301室住房一套

① 王刚：《附服务期限购买房改房的司法调整》，载《人民司法·应用》2007年第22期。

按扬州市1997年售房政策规定出售给乙方（王平）。2. 乙方购买甲方住房以后，须为甲方服务23年以上。3. 乙方购买甲方住房后，如因个人原因，不论以什么方式离厂另就，须将所购住房退还甲方，甲方按乙方购买房时所支付的购房款（不计息）退给乙方。4. 如乙方不将房屋退还甲方，甲方按每平方月租不少于15元加收房租及管理费。乙方在三个月内仍不退还，甲方将采取断乙方水、电，直至封门等措施，促使乙方退房。……6. 本约定也是甲方1997年11月7日三届职代会第16次联席会议审议通过的分配方案的附件之一。”该份职工购房约定书除房号、服务年限两处为订约时人工填写外，其余合同内容条款均事先由曙光厂拟制好并打印成文，故该约定书为格式合同。关于约定书中的“乙方购买甲方住房以后，须为甲方服务23年以上”，曙光光电公司解释称约定书中的服务年限是根据每名职工购房时的年龄与退休年龄的差额分别填写。

同年经过房改，曙光光电仪器厂将江阳中路38号3～19幢某室房屋出售给王平，王平给付购房款33464元，王平妻子的单位也补贴给曙光厂6000元。根据1998年10月22日公有住房出售评估表记录，王平所购房屋属房改售房，系按成本价购房。2001年1月3日，扬州市房管局颁发了房屋所有权证，房屋所有权人为王平，产权性质为私有。

2001年12月3日，王平因向曙光光电公司申请解除劳动合同未果，向扬州市劳动仲裁委员会申请仲裁。扬州市仲裁委裁决双方继续履行合同，但王平自行离职。2002年10月10日，曙光光电公司作出对王平予以除名的决定，后于2003年4月撤销了该决定。2003年7月24日，曙光光电公司再次作出了对王平的除名决定。

2004年3月30日，曙光光电公司向扬州市广陵区法院起诉，请求法院判令解除双方的售房关系，曙光光电公司退还王平购房款，王平退还房屋。

**【审判要览】**

扬州市广陵区人民法院经审理认为：根据国务院有关推进和深化城镇住房制度改革的相关文件精神，对于城镇的成套住房，职工愿意购买的，应当根据住房的成本价、房屋状况、职工工龄等因素出售给职工。王平在原告单位已工作10年以上，分配的住房符合房改条件，实际购买也是按照被告已有工龄进行的折扣，而原告与其签订的购房约定书对其购买房屋增加了其他条件，违反国家房改政策，违反了民法的公平原则。且该约定书的有关条款限制了劳动者的劳动自由权，违反了我国宪法和劳动法的基本精神，原告据此要求解除与被告的房屋买卖关系，缺乏法律依据，依法不予支持。法院依照《民事诉讼法》第 64 条第 1 款之规定判决如下：驳回原告曙光光电有限责任公司的诉讼请求。

宣判后，曙光光电有限责任公司不服一审判决，向扬州市中级人民法院提起上诉。

扬州市中级人民法院审理后认为，职工购房约定书作为格式合同，其中“乙方购买甲方住房后，须为甲方服务 23 年以上，如果职工离厂须退还住房”等约定违背了法律和政策的精神，应当认定为无效。本案中，被上诉人王平是以成本价购买的房屋，且已领取了房屋所有权证，对照有关房改政策规定，被上诉人对该房屋具有完全产权，原售房方不再享有任何权利。从国家房改政策分析，每个家庭可以享受一次按照成本价购买公有住房的福利待遇。因此，用人单位将自建公房出售给职工仅是一种劳动福利，符合条件的职工完全可以享受。从讼争房屋分配、出售过程分析，被上诉人符合上诉人职代会确定的分配条件，而且按照房改政策足额交纳了购房款，被上诉人妻子单位还补贴了 6000 元。在此过程中，被上诉人购房除按房政政策享受了福利待遇外并未额外享受任何优惠待遇。因此，被上诉人已按房改政策履行了全部购房义务，不应再承担任何额外义务。此外，本案中双方签订的职工购房约定书是上诉人事先拟就的格式合同，其内容和主要条款均由上诉人预先拟定，未与被上诉人充分协商。根据法律规定，采用格式条款订立合同的，提供格式条款的一方应当遵循公平原则确定当事人之间的权利和义务；提供格式条款一方免除其责任、加重对方责任、排除对方主要权利的，该条款无效。本案中职工购房约定书的主要内容是上诉人出售房屋给被上诉人，但要求被上诉人为上诉人服务 23 年以上，如果离职则须退回房屋。而这一内容加重了被上诉人一方的责任，排除了被上诉人一方的主要权利，该条款应为无效。综上，上诉人的上诉请求无法律依据，故不予采信。原审判决认定事实清楚，适用法律正确，依法应予维持。故判决：驳回上诉，维持原判。

**【裁判解析】**

本案中，双方讼争的房屋是被告以成本价购买，对照有关房改政策规定，被告对该房屋具有完全产权，原售房单位不再享有任何权利。而且，被告购房除按房改政策享受了福利待遇外并未额外享受任何优惠待遇，被告也已按房改政策履行了全部购房义务，其不应再承担任何额外义务。此外，原告在明知双方存在购房约定的情况下为被告办理并领取了房屋所有权证，房屋产权已变更到被告名下，原告要求解除买卖合同，不能得到支持。本案中讼争的职工购房约定书系双方当事人采用格式条款订立。所谓格式条款，是指当事人为了重复使用而预先拟定，并在订立合同时未与对方协商的条款。格式条款多是由缔约时处于强势地位的一方当事人起草，产生不公平条款的可能性较大。为了保护缔约弱势一方的权利，对于格式条款，合同法有专门规定。根据《合同法》规定，采用格式条款订立合同的，提供格式条款的一方应当遵循公平原则确定当事人之间的权利和义务；提供格式条款一方免除其责任、加重对方责任、排除对方主要权利的，该条款无效。本案所涉职工购房约定书中的格式条款主要内容是原告出售房屋给被告，但要求被告继续为原告服务23年以上，如果离职则须退回房屋。显然此条款加重了被告方购房应承担的责任，排除了被告方的主要权利，该条款应属无效。由于本案双方在购房时存在劳动隶属关系，作为劳动者的被告对订约条款的确定并不存在平等磋商的机会，原告在制定合同条款时理应合理公平地确定双方权利义务，但原告却在房改政策之外另行增加了服务期限的规定，加重了被告一方义务，该条款的制定有违公平原则。职工购房约定书中约定了被告须为原告继续服务23年以上，这一条款明显限制了劳动者的择业自由，侵犯了劳动者平等就业和选择职业的权利。故此种购房约定应认定为无效条款。因此，本案一、二审法院未支持原告解除房屋买卖合同、退还房屋的请求是正确的，亦充分保护了劳动者的合法权益。

## 九、法律应支持已经成立并生效的合同，保护善意第三人的合法权益，维护合同的稳定和交易的安全，保护“诚实信用”这一民法的“帝王”原则

**【案例索引】**

郭军宁与张素华、杨克俭房屋买卖合同纠纷案[①]：一审：西安市新城区人民法院（2011）新民一初字第 71 号，二审：西安市中级人民法院（2011）西民二终字第 01908 号。

**【基本案情】**

2003 年 12 月，郭某通过中介租赁了位于西安市联志东村邮电局家属院 3 号楼 1 单元 6 层的房屋居住。2004 年度，郭某向房东陈某交纳次年房费时，陈某及其丈夫杨某某明确表示该房屋要出售，不再租赁。郭某考虑到搬家的不便且自己也有购房的打算，随即表示自己愿意购买。因该房屋没有房产证，杨某某向郭某出示了 1993 年 6 月西安市邮政局发给杨某某母亲张某的《居住购买公有住房须知》及张某交纳房款及防盗门的收据、张某的授权委托书、户口本、身份证等资料。经双方多次协商，于 2004 年 12 月 6 日双方签订了二手房买卖合同，郭某购买了杨某某母亲张某所购单位的公房。2008 年 12 月 9 日，张某因西安市邮政局房改，向单位补缴了 10047.93 元房款，并于 2009 年 7 月办理了西安市房权证新城区字第 1125112001－40－2－10601 房屋权属证书。但在郭某要求张某按照合同约定办理过户手续时，张某及其丈夫杨某却以原授权委托书是其儿子杨某某骗取的，其并不知道房屋买卖一事，拒绝办理房屋过户手续。2010 年 10 月，郭某无奈将张某及杨某起诉至法院，要求其办理过户手续，承担违约责任。

**【审判要览】**

西安市新城区人民法院经审理认为：该房屋属于张某与杨某的夫妻

---

① 中国裁判文书网：http：//wenshu. court. gov. cn/content/content? DocID＝435971aa－987a－4e64－ab6d－77c5b448d184&KeyWord＝（2011）西民二终字第 01908 号。

共同财产，张某向其子杨某某授权出租或者出售，杨某以其不知情为由主张买卖协议无效。根据《婚姻法》及其解释的规定，夫妻对共同所有的财产，有平等的处理权。“夫或者妻非因日常生活需要对夫妻共同财产做重要处理决定，夫妻双方应当平等协商，取得一致意见。他人有理由相信其为夫妻双方共同意思表示的，另一方不得以不同意或者不知道为由对抗善意第三人。”且依据查明事实，张某与杨某婚姻关系稳定，平时由张某对家庭经济做主，故其对杨某某的授权应代表夫妻的授权，由此认为杨某某依据张某的授权而与郭某签订的房屋买卖协议主体适格。至于张某提供的2003年12月18日其单位下发的通知一份，上称该房屋不能私自出售或者出租，否则单位有权收回房屋。其明显与郭某购房时拿到的，张某也认可的1993年6月其单位在售房时所发《居住及购买公有住房须知》中第2条规定：“张某以标准价购买的住房，拥有部分产权，享有全部占有权、使用权和受到限制收益权、处分权，可以继承但不能赠与。付清全部房款并住用五年后允许出售……”的规定及单位2009年7月为其办理房屋权属证书的事实相矛盾，不予采信。而张某在取得房屋权属证书后，已取得对该房屋的处分权，故该合同的主体、内容及形式均合法，当事人意思表示真实，应为有效协议。为此，新城区人民法院判令：张某、杨某在判决生效后30日内协助郭某办理张某名下的位于西安市新城区联志村1～3号楼院内，建筑面积61.61平方米的住宅房屋一套的产权转移登记手续。郭某在产权过户登记日向张某、杨某支付剩余房款10747.93元。

张某、杨某不服一审判决，提起上诉。

西安市中级人民法院审理认为：张某声称其为其子杨某某处置房屋的授权为骗取，未提供证据。张某与杨某系夫妻关系，两人一直共同生活，杨某现称其并不知道房屋已于2004年12月被卖掉，显然与客观事实不符。而张某向其子杨某某出具授权委托书对房屋进行处分，作为合同相对人郭某依据授权委托书有理由相信授权中处分房屋的授权为夫妻双方的共同意思表示。况且郭某在起诉时张某已经取得房屋权属证书，具备了房屋过户条件。据此判决：驳回上诉，维持原判。

**【裁判解析】**

房改房在交易方面确实与商品房有所区别。一般来说，职工个人取得房改房产权时支付的价款都不是房屋的市场价，而是标准价或者成本价。职工以标准价取得的产权只有部分产权，与出售单位构成共有关系，以成本价取得的产权是完全产权，房屋归职工个人所有。但两种产权类型下，房屋所占土地一般还都是划拨土地，即实际上职工个人在从单位购房时并没有交纳土地出让金。已购上市交易，应缴纳土地出让金或相当于土地出让金的价款，由土地管理部门负责办理土地使用权转移登记。

根据相关法律的规定，对于合同效力的认定，应从合同双方当事人行为能力，对标的物的处分权利，合同内容及是否违反法律规定和损害公序良俗等方面来考量。原、被告双方在签约时均具有完全民事行为能力，原告清楚知晓其是对所约定买卖的房屋进行处分，双方亦清楚知晓所签订协议的各项约定，故该协议是原、被告双方的真实意思表示。根据合同法，出卖人协助办理房屋产权过户手续是其合同义务，而非认定合同是否有效的条件。本案中张某在取得房屋权属证书后，已取得对该房屋的处分权，故该合同的主体、内容及形式均合法，当事人意思表示真实，应为有效协议。张某以未经单位同意为由否定交易的效力，是没有根据的。那么郭某与张某、杨某之间的交易有无缺陷呢？当然是有的，那就是没有依法交纳土地出让金，没有办理土地使用权变更登记。但是土地使用权变更登记与房屋所有权变更登记可以是分别进行的，没有变更土地使用权只能说明郭某没有取得土地权利，并不因此否定房屋所有权变更的效力。

## 十、公房买卖中，双方买卖的是公有住房承租使用权，并未改变房屋所有权的归属，目前亦无法律、行政法规禁止公有住房使用权的房屋进行交易，故转让协议有效

**【案例索引】**

李慎敏与辛祖刚房屋买卖合同纠纷案[①]：一审：湖北省武汉市江岸区人民法院（2015）鄂江岸民商初字第00486号，二审：湖北省武汉市中级人民法院（2015）鄂武汉中民终字第01403号。

**【基本案情】**

2002年年初，李慎敏经人介绍与辛祖刚协商买房之事，辛祖刚同意将其承租的尚德里502房（实有面积33.38平方米，武汉市公有住房）转让给李慎敏。2002年3月22日，李慎敏委托其妹夫卢镇平办理房屋转让事宜，卢镇平向辛祖刚交付转让款48000元，辛祖刚将房屋住宅租约交给卢镇平，并出具收条一份，表明系卖房款，如办理房屋过户手续，随叫随到。2002年3月开始，李慎敏接收该房屋并入住房屋至今。其间，李慎敏多次要求辛祖刚协助办理房屋使用权转让手续，但辛祖刚置之不理。

李慎敏遂诉至法院，请求判令：（1）确认尚德里502房使用权归其享有；（2）辛祖刚协助办理房屋使用权转让手续，并由辛祖刚承担相应过户费用；（3）诉讼费用由辛祖刚承担。

**【审判要览】**

一审法院认为，2002年3月李慎敏委托卢镇平办理房屋转让事宜，李慎敏为受让人，李慎敏作为原告的主体适格。辛祖刚将其承租的尚德

---

① 无讼案例：http：//www.itslaw.com/detail？judgementId＝526d4269－9549－4c53－8cd5－2189bf36888d&area＝1&index＝1&sortType＝1&count＝3&conditions＝searchWord%2B%EF%BC%882015%EF%BC%89%E9%84%82%E6%B1%9F%E5%B2%B8%E6%B0%91%E5%95%86%E5%88%9D%E5%AD%97%E7%AC%AC00486%E5%8F%B7%2B1%2B%EF%BC%882015%EF%BC%89%E9%84%82%E6%B1%9F%E5%B2%B8%E6%B0%91%E5%95%86%E5%88%9D%E5%AD%97%E7%AC%AC00486%E5%8F%B7。

里502房有偿转让给李慎敏，李慎敏支付相应价款后入住房屋至今，该转让行为不违反法律禁止性规定，合法有效，辛祖刚应当协助李慎敏办理房屋使用权转让手续。对李慎敏的诉讼请求，法院予以支持。据此判决位于武汉市江岸区尚德A1-5-2号公有房屋使用权归李慎敏享有；辛祖刚于判决生效之日起十日内协助李慎敏办理房屋使用权转让手续。

辛祖刚不服一审判决，提起上诉。

二审法院认为，诉争房屋系海川房产公司所属公房。2002年3月，李慎敏委托其妹夫卢镇平办理该诉争房屋转让事宜，卢镇平受李慎敏委托向辛祖刚交付转让款48000元，辛祖刚将房屋住宅租约交给卢镇平，李慎敏随后即入住诉争房屋至今。李慎敏和辛祖刚之间诉争房屋使用权转让行为未违反法律禁止性规定，且海川房产公司对该转让行为亦不持异议，故双方转让行为合法有效。辛祖刚应当协助李慎敏办理房屋使用权转让手续。故辛祖刚的上诉理由和上诉请求均不能成立。故判决驳回上诉，维持原判。

**【裁判解析】**

本案系公房使用权转让合同效力确认纠纷，争议的主要焦点是：（1）公房承租人将房屋使用权转让给第三人的行为是否有效。对于此类问题，应当依照相应的法律规定，从维护交易安全，保护善意行为人出发，在正确认定事实的基础上，确认民事行为的效力。第三人是善意的、有偿的应当认定有效。如果处分人的处分行为侵犯了共同承租人的利益，应向共同承租人承担民事责任。在李慎敏与辛祖刚的房屋使用权转让合同中，李慎敏的取得是善意的，另外，从证据中也可以看出，有关费用也是交纳的，可认定是有偿的取得了房屋使用权，再者，李慎敏房屋使用权的取得，实际上房屋所有权人也是同意的。（2）公房使用权是否允许转让。公房使用权转让纠纷，是随着房改政策的实施和房产交易市场的发展出现的问题。是否允许转让尽管有争议，但已趋向统一，即在所有权人无异议、不侵害所有权人权益的前提下允许转让，对此法律法规亦没有禁止性规定。即使侵害了共同承租人的利益，如无双方恶串通，也不能认定无效，而只能由无权处分人向被侵害人承担责任。因此，李慎敏与辛祖刚的公房使用权转让合同是合法有效的，对双方当事人均具有法律约束力。

## 十一、承租房屋房改后，约定承租人与单位或房管所产权比例的，承租人转让房屋未经2/3以上按份共有人同意，转让行为无效

**【案例索引】**

钱月芳与李韦华房屋买卖合同纠纷案[①]，江苏省常州市金坛市人民法院（2011）坛民初字第1120号。

**【基本案情】**

2009年11月10日，原告钱月芳与被告李韦华签订《房屋买卖协议》一份，约定由钱月芳将位于金坛市金城镇春风新村10幢502室面积为91.35平方米的房屋出卖给李韦华，价格为19万元。房屋共有权保持证载明春风新春10幢502室房屋，“建筑面积91.35平方米，系房管所与钱月芳共有，钱月芳占有份额为60.829平方米”。

原告钱月芳诉称，双方签订案涉房屋买卖协议签订前，曾一道走访了有关部门，说是有关房改的文件马上要下来了，原告所有的房屋可以参加房改的，所以才签订了该协议。但是，公房房改的文件至今未能下发。故请求判令确认原、被告所签《房屋买卖协议》无效。

2011年5月24日，法院向金坛市房地产管理处（以下简称房管处）市场科科长吴金华询问：“钱月芳将春风新村10幢502室转让，你们对她这一行为如何看待?”，吴金华回答：“该房共91.35平方米，其中30.53平方米为国有资产，我们不认可她这一行为，是无效的。”

**【审判要览】**

法院认为，处分共有的不动产，应当经占份额2/3以上的按份共有

① 无讼案例：http：//www.itslaw.com/detail? judgementId=4b7ee88c-34cf-4eb7-bf76-8e3fafaf3e5d&area=1&index=1&sortType=1&count=1&conditions=searchWord%2B(2011)%E5%9D%9B%E6%B0%91%E5%88%9D%E5%AD%97%E7%AC%AC1120%E5%8F%B7%2B1%2B（2011)%E5%9D%9B%E6%B0%91%E5%88%9D%E5%AD%97%E7%AC%AC1120%E5%8F%B7。

人同意，但共有人之间另有约定的除外。根据“房屋共有权保持证”，春风新村10幢502室房屋为房管处与钱月芳按份共有。钱月芳将该房出卖，涉及房管处的部分，为无权处分。该无权处分行为未得到权利人房管处的追认，为无效的。钱月芳占有的份额为66.59%，不足2/3。因此，涉案房屋的转让并未经占2/3以上的按份共有人的同意，原、被告也未举证证明共有人之间另有约定，该转让行为是无效的。据此，判决原告钱月芳与被告李韦华于2009年11月10日签订的《房屋买卖协议》为无效合同。

**【裁判解析】**

《物权法》第97条规定：“处分共有的不动产或者动产以及对共有的不动产或者动产作重大修缮的，应当经占份额三分之二以上的按份共有人或者全体共同共有人同意，但共有人之间另有约定的除外。”按《物权法》的规定，如果出售共有房产，未经按份共有的2/3以上共有人同意，或者未经全部共同共有人同意，买卖合同应是无效的。除非共有人另有约定。本案中，作为承租人的李韦华在房改后虽然拥有了部分产权，但其买卖房屋未经共有人房管处同意，私自将房屋卖给钱月芳的行为，侵犯了房管处的财产共有权，依照《城市房地产管理法》《合同法》的有关规定，属无效合同。

## 十二、土地的划拨性质并不影响合同的履行，当事人以此主张合同无效的，不应支持

**【案例索引】**

曹平等与崔利斌等房屋买卖合同纠纷案①：一审：江苏省南通市通州区人民法院（2012）通民初字第0132号，二审：江苏省南通市中级人民法院（2013）通中民终字第0897号。

---

① 张建平、金永南：《划拨土地上房屋买卖合同效力的认定——江苏南通中院判决曹平等诉崔利斌等房屋买卖纠纷案》，载《人民法院报》2013年11月21日，第6版。

**【基本案情】**

原告曹平、季花（乙方）与被告崔利斌、徐善琴（甲方）于2011年5月11日在江苏省南通市通州区金沙镇天诚房产中介所签订了《房地产买卖合同》一份，合同约定甲方将其所有的位于金沙镇花行桥新村20号楼202室（67.93平方米）出售给乙方，总售价为41.8万元。中介成交费由甲、乙双方各负担4000元。付款方式：签订合同时乙方预付定金人民币2元，余款39.8万元，甲方2011年8月份交钥匙时，乙方款清后，双方即办理过户（交房前所产生的电费、水费等相关费用由甲方结清）。房产证过户费、契税由乙方承担，个人所得税由甲方承担。双方不得违约，如有违约，违约方的赔偿金为总房价的20%。原告曹平于当日汇款2万元定金给被告，被告崔利斌于次日向原告出具了收条。

徐善琴未出面签订合同，合同上徐善琴的签字系由其丈夫崔利斌代签；出售房屋的土地性质为划拨土地。天诚中介负责人钱某证明，在原、被告签订合同时，约定由原告负担将划拨土地转为出让土地的土地出让金。

曹平、季花认为，划拨土地不应进入市场流通，案涉合同应为无效。同时，本案徐善琴未在合同上签字，房屋买卖合同未成立。遂起诉至南通市通州区人民法院，要求两被告返还房屋定金2万元。两被告在审理中不同意返还房屋定金，并要求两原告继续履行合同。

**【审判要览】**

南通市通州区人民法院经审理认为，依法成立的合同，自成立时生效。两原告与两被告签订的房地产买卖合同不违反法律强制性规定，应为有效。讼争房屋的土地性质为划拨土地，并不影响合同的履行，仅是在办理过户前需要将划拨土地转为出让土地，当事人缴纳相应的争议土地出让金后即可办理过户手续，故对原告诉称合同无效的主张，法院不予支持。现两被告始终愿意出售房屋，并无违约之情形。故两原告要求被告双倍返还定金的请求法院不予支持。故判决：驳回两原告的诉讼请求。

判决后，两原告不服，向南通市中级人民法院提起上诉。

南通市中级人民法院经审理认为，案涉房屋买卖合同，系双方当事人真实意思表示，未违反法律、行政法规的强制性规定，合法有效。曹平、季花称划拨土地上房屋不应进入市场流通，案涉合同应为无效，但从《城市房地产管理法》第 40 条第 1 款“以划拨方式取得土地使用权的，转让房地产时，应当按照国务院规定，报有批准权的人民政府审批。有批准权的人民政府准予转让的，应当由受让方办理土地使用权出让手续，并依照国家有关规定缴纳土地使用权出让金”之规定来看，划拨土地上的房屋并非绝对禁止转让，只要办理土地出让手续、缴纳土地出让金后即可转让。且曹平、季花在订立合同时明知案涉土地为划拨土地，此后也未积极办理相应土地出让手续，故法院对曹平、季花该主张不予支持。崔利斌、徐善琴在原审审理中明确表示愿意继续履行合同，应视为徐善琴对案涉合同予以追认，故法院对曹平、季花该主张亦不予支持。综上，故判决：驳回上诉，维护原判。

**【裁判解析】**

本案的争议焦点为夫妻一方签订售房协议及划拨土地上房屋买卖合同的效力问题。

关于夫妻一方签订协议出售共有住房的效力问题。本案中，被告夫妻一方为代表与两原告签订了售房协议，该协议是成立还是不成立，其效力如何确定?《物权法》第 106 条规定，受让人受让该不动产或者动产时是善意的，且以合理的价格转让，受让人取得该不动产或者动产的所有权。本案中，原、被告经中介签订售房协议，原告支付对价，符合善意取得的规定，故即使售房一方徐善琴不同意转让房屋，也不影响合同的效力，原告依法可取得房屋所有权。况且，本案中，被告徐善琴并未主张转让合同无效，反而对崔利斌转让房屋的行为予以追认，根据民法通则的相关规定，无权代理经过被代理人追认后为有效。故本案原告方主张合同未成立的理由不能成立。

关于划拨土地上房屋转让的效力问题。根据《物权法》第 147 条规定，建筑物、构筑物及其附属设施转让、互换、出资或者赠与的，该建筑物、构筑物及其附属设施占用范围内的建设用地使用权一并处分。因而本案当事人约定转让房屋则该房屋占用的建设用地使用权也应依法转让。由于该房屋所占用建设用地使用权系被告通过划拨方式取得，根据

《城市房地产管理法》第40条第1款的规定，该房地产转让时应报有批准权的人民政府审批，获得批准后还应缴纳土地使用权出让金。本案中，双方当事人在签订售房协议时未经过政府部门批准，那么是否影响到协议的效力？

根据《合同法解释（二）》第14条的规定："合同法第五十二条第（五）项规定的'强制性规定'，是指效力性强制性规定。"因此，合同内容违反法律、法规的效力性强制性规定而无效。但仅违反管理性强制性规定的，则应当根据具体情况认定其效力。本案中，两被告房屋所在小区土地使用权均为划拨取得，两被告转让房屋不改变土地使用性质，仍为居住而使用房屋及土地，故不涉及国家利益和公共利益，且该小区未列入政府拆迁计划范围，政府不存在不予审批的理由。因此，两原告完全可以通过采取缴纳土地出让金或土地收益的方式取得原划拨土地的使用权。

另外，《国有土地使用权合同解释》第11条"土地使用权人未经有批准权的人民政府批准，与受让方订立合同转让划拨土地使用权的，应当认定合同无效"的规定所规范的是直接以土地使用权为合同标的的转让行为，因土地使用权的转让有可能改变土地使用性质，涉及规划变更，同时，划拨土地为无偿取得，故需政府审批前置。而当事人在转让划拨土地上的房地产时约定将占用的国有划拨土地使用权概括转让，不适用该司法解释对合同效力的规定。

## 十三、以划拨方式取得土地使用权的，出卖该土地上私有房屋时，虽对土地使用权的转让未报有批准权的人民政府批准同意，但不影响该房屋买卖合同的效力

**【案例索引】**

杨陆锦与曹宏慧房屋买卖合同纠纷案[①]：一审：安徽省泾县人民法院（2009）泾民一初字第164号，二审：安徽省宣城市中级人民法院

① 载《人民法院案例选》2014年第2辑。

（2009）宣中民一终字第416号，重审一审：安徽省泾县人民法院（2010）泾民一初字第0253号，重审二审：安徽省宣城市中级人民法院（2011）宣中民四终字第00007号。

**【基本案情】**

1999年，原告杨陆锦在安徽省泾县茂林镇某街道上自建两层砖混结构商住楼1幢，门牌号为某街道55号，一层为两间门面房、二层为住宅房，建筑面积共139.46平方米，土地使用权性质为国有划拨。2007年1月29日，被告曹宏慧与杨陆锦订立《住宅楼买卖协议书》，约定：杨陆锦将其上述私有房屋以8.5万元价格出卖给曹宏慧，房产证在双方签订协议后交予曹宏慧；房产证过户、土地证领取等相关费用由曹宏慧承担；本协议自双方签字后生效。

当日，曹宏慧通过银行转账方式给付杨陆锦购房款8.5万元。同年3月6日，杨陆锦将其房屋交付给曹宏慧。曹宏慧随即对该房进行了装修。后杨陆锦反悔，双方遂发生矛盾，杨陆锦用刀砍坏了曹宏慧新换的一楼卷闸门。

杨陆锦诉称：2007年1月29日，其与曹宏慧订立的《住宅楼买卖协议书》，因该房屋所占用的土地为国有划拨土地，而该房屋转让时土地使用权的转让未经县级以上人民政府批准，故该房屋买卖行为无效。请求人民法院判令确认双方签订的房屋买卖合同无效，并判令曹宏慧按原状返还该房屋。

诉讼期间，曹宏慧于2010年2月2日向该镇土地管理所递交了交纳土地出让金申请，但双方转让房地产事项未经有批准权的人民政府批准。

**【审判要览】**

安徽省泾县人民法院于2009年4月10日作出（2009）泾民一初字第164号民事判决：（1）原告杨陆锦与被告曹宏慧于2007年1月29日签订的《住宅楼买卖协议》无效；（2）原告杨陆锦返还被告曹宏慧人民币8.5万元，曹宏慧按照原状返还杨陆锦房屋。原、被告各自所受到的损失各自承担；（3）驳回杨陆锦其他诉讼请求。

宣判后，曹宏慧提出上诉。安徽省宣城市中级人民法院于2009年11月20日作出（2009）宣中民一终字第416号民事裁定，撤销原判，发回重审。

安徽省泾县人民法院于2010年4月16日作出（2010）泾民一初字第0253号民事判决：驳回杨陆锦的诉讼请求。

宣判后，杨陆锦提出上诉。

安徽省宣城市中级人民法院审理生效判决认为：杨陆锦与曹宏慧就案涉房屋签订《住宅楼买卖协议》的目的是转让房屋所有权，且不改变土地使用权的性质。虽然《城市房地产管理法》第40条规定，以划拨方式取得土地使用权的，转让房地产时，应当按照国务院的规定，报有批准权的人民政府审批，但是《城市房地产管理法》并未规定此类合同无效。根据该法第40条、第61条的规定，只要当事人履行了相关的法定手续，法律允许其转让而并非一律禁止，故杨陆锦与曹宏慧订立的《住宅楼买卖协议》不违反我国法律法规有关效力性强制性规定。另杨陆锦和曹宏慧均为具有完全民事行为能力的人，该《住宅楼买卖协议》的签订为双方当事人真实意思表示。因此，案涉房屋买卖合同不存在无效事由，杨陆锦与曹宏慧签订的《住宅楼买卖协议》合法有效，杨陆锦的诉讼理由和请求均不能成立。

安徽省宣城市中级人民法院于2011年8月16日作出（2011）宣中民四终字第00007号民事调解书：（1）曹宏慧再另行补偿杨陆锦经济损失3万元；（2）双方均确认《住宅楼买卖协议》有效，并由杨陆锦协助曹宏慧办理案涉房屋有关过户手续。现双方已全部履行完毕。

**【裁判解析】**

案涉房屋系杨陆锦自建取得，且已领取产权证书，依照我国《物权法》第39条规定，杨陆锦对该房屋享有占有、使用、收益和处分的权利，故杨陆锦将该房屋出售给曹宏慧系其依法行使财产处分权。因此，毋庸置疑，杨陆锦有权将其自建取得的私有房屋出售给曹宏慧。但由于我国实行的是“房地一体主义”，在转让划拨土地上所建房屋产权时，需要将房、地同时转让，因此本案争议焦点是国有划拨土地上的私有房屋能否转让的法律效力问题。本案法院认定合同有效是正确的，主要理由如下：

第一，符合合同效力补正原则。《国有土地使用权合同解释》第12

条规定："土地使用权人与受让方订立合同转让划拨土地使用权，起诉前经有批准权的人民政府同意转让，并由受让方办理土地使用权出让手续的，土地使用权人与受让方订立的合同可以按照补偿性质的合同处理。"即土地使用权人与受让方订立的转让合同应为有效合同。依此可见，以划拨方式取得土地使用权的，转让房地产时，未报请有批准权的人民政府审批同意，划拨土地使用权转让行为并不当然无效，可以通过效力补正。因此，此种情形，符合合同效力补正原则。

第二，不违反效力性强制性规定。所谓效力性强制性规定，是指法律、行政法规明确规定违反了这些禁止性规定后将导致合同无效或者不成立，但是违反了这些禁止性规范后如果使合同继续有效将损害国家利益和社会公共利益的规范。只有违反效力性强制规定的合同才无效。《物权法》第 137 条第 1 款规定："设立建设用地使用权，可以采取出让或者划拨等方式。"依该法可知，目前我国的"建设用地使用权"的取得方式主要有两种：一种是以"土地使用权划拨"方式取得，即经县级以上人民政府依法批准，在土地使用者缴纳补偿、安置等费用后将该幅土地交付其使用，或者将土地使用权无偿交付给土地使用者使用；另一种是以"土地使用权出让"方式取得，即国家将国有土地使用权在一定年限内出让给土地使用者，由土地使用者向国家支付土地使用权出让金。本案讼争私有房屋所使用的土地为"划拨方式"取得的土地。《物权法》第 143 条规定："建设用地使用权人有权将建设用地使用权转让、互换、出资、赠与或者抵押，但法律另有规定的除外。"而我国《城市房地产管理法》第 40 条第 1 款规定："以划拨方式取得土地使用权的，转让房地产时，应当按照国务院规定，报有批准权的人民政府审批。有批准权的人民政府准予转让的，应当由受让方办理土地使用权出让手续，并依照国家有关规定缴纳土地使用权出让金。"同时该法第 61 条第 3 款规定："房地产转让或者变更时，应当向县级以上地方人民政府房产管理部门申请房产变更登记，并凭变更后的房屋所有权证书向同级人民政府土地管理部门申请土地使用权变更登记。"依据上述法律可知，我国法律对以"划拨方式"取得的土地使用权并未禁止转让，只要当事人履行了相关的法定手续，仍然可以将其转让。何况本案中《住宅楼买卖协议》的目的是转移房屋所有权，尚未改变土地使用权的性质，未损害国家利益和社会公共利益。因此，《城市房地产管理法》第 40 条、第 61 条的规定，均属于管理性强制规定而不属于效力性强制规定，违反该类规定并不导致合同无效，而只是应当受到行政主管部门的行政处罚。且该案中，双方当事人已经在协议中明确约定了土地使用权转让及土地出让金缴纳事宜，且依据上述法律该约定并不违反法律规定。所以，杨陆锦以签订《住宅楼买卖协议》时该房屋所占土地系国有划拨土地不能转让为由，主张房屋买卖协议无效，理由不能成立。

第三，符合合同的生效要件和《合同法》的立法目的。本案中，杨陆锦与曹宏慧均具有相应的民事行为能力，且双方关于房屋买卖意思表示真实。虽案涉房屋所占土地为国有划拨土地，我国《城市房地产管理法》规定此类土地在转让时，应当报有批准权的人民政府审批，但政府的审批不是对土地使用权转让合同或房屋买卖合同的审批，而是对国有划拨土地使用权实际发生转移的审批，故政府的审批不是此类合同成立的生效要件。因此，杨陆锦与曹宏慧签订的《住宅楼买卖协议》，无需办理登记或审批手续，双方订立时即已生效。从《合同法》的立法宗旨看，其宗旨是维护经济运行秩序，规范市场主体在经济活动中的交易关系，保证交易安全，从而维护当事人的合法权益和促进经济社会的繁荣发展。而本案中的债权转让本质上是一种交易行为，从鼓励交易、增加社会财富的角度出发，只要不违反法律的强行性规定、不对国家利益和社会公共利益造成损害，就应当允许债权在当事人之间进行转让。因此，人民法院确认杨陆锦与曹宏慧签订的《住宅楼买卖协议》有效，也符合我国《合同法》的立法宗旨。此外，杨陆锦在交付案涉房屋给曹宏慧后又恶意毁约，亦有违我国民法和民事诉讼法中的诚实信用原则。

## 十四、房屋抵押权存续期间，出卖人（抵押人）未经抵押权人同意转让抵押房屋的，不影响房屋买卖合同的效力。出卖人未依约消灭抵押权，致使买受人无法办理房屋所有权转移登记的，买受人可以请求解除合同

**【案例索引】**

郑某与王某房屋买卖合同纠纷案。[①]

**【基本案情】**

2008年12月2日，郑某（甲方）与王某（乙方）签订《房屋买卖合同》，约定甲方将位于北京市丰台区的一套房屋卖与乙方，房屋成交价格为255万元，定金30万元。合同第1条第4款约定：该房屋已经设定抵押，抵押权人为中国银行某支行。第4条第2款约定：乙方在签订本合同50个工作日内交付甲方部分购房款145万元，剩余房款80万元于该房产办理转移登记手续时交付。第7条第2款约定：乙方如未按照本合同第4条规定付款方式付款，甲方对乙方逾期付款行为有权追究违约责任。每逾期1日，乙方应支付甲方逾期款项的3‰作为延期付款的违约金。逾期超过10个工作日，甲方有权解除本合同，乙方所付定金不予返还。第10条约定：签订本合同时乙方支付甲方购房定金30万元，甲、乙双方交接房屋、钥匙时支付110万元房款，剩余部分35万元于50个工作日内补齐。2008年12月2日，王某向郑某支付购房定金30万元。其后，王某于2008年12月5日至2009年3月5日分五次向郑某支付购房款145万元，剩余房款80万元未付。2008年12月5日，郑某将涉案房屋交付王某使用至今。

2010年1月6日，郑某以王某未按时交付购房余款和办理房屋产权过户手续构成违约为由，向王某邮寄函件，通知解除双方签订的房屋买卖合同，退还涉案房屋钥匙并还原房屋原来设施。

---

① 《房屋抵押权存续期间，出卖人（抵押人）未经抵押权人同意签订房屋买卖合同的效力及履行》，载最高人民法院民事审判第一庭编著：《民事典型案例精选》，人民法院出版社2014年版。

郑某于2009年3月29日取得涉案房屋的《房屋所有权证书》，在《房屋所有权证书》附记中显示：该房屋已抵押，抵押日期为2009年5月14日。该处房屋的抵押权人为中国银行某支行。截至2010年4月8日，该处房屋仍欠第三人中国银行某支行本息共计1262115.28元。庭审中，郑某表示《房屋买卖合同》已经依法解除，而王某表示希望继续履行《房屋买卖合同》，并且同意代郑某清偿所欠银行的贷款。

原告王某以郑某违反合同约定拒绝办理房屋过户手续为由，起诉至法院，要求郑某继续履行合同，立即办理涉案房屋所有权过户手续，并承担本案的诉讼费用。

被告郑某辩称，其依照《房屋买卖合同》全面履行了自己的合同义务。合同签订后，郑某依约交付房屋，并在取得房屋产权证后及时交付给王某，但王某一直未支付剩余购房款，也不去申请贷款，构成违约，郑某已发函通知解除合同。并且，双方签订房屋买卖合同未取得抵押权人中国银行某支行的同意，违反了物权法的强制性规定，合同无法继续履行。请求法院驳回王某的全部诉讼请求。并反诉要求确认《房屋买卖合同》已经解除、限期王某返还房屋，郑某退回部分购房款，王某支付的30万元定金不予返还，诉讼费由王某承担。

**【审判要览】**

法院经审理认为，王某与郑某签订的《房屋买卖合同》系双方当事人真实意思表示，内容未违反法律、行政法规强制性规定，为有效合同，双方当事人应按合同约定全面履行各自义务。现郑某主张《房屋买卖合同》已经依法解除，但并未向法院提交充足的证据予以佐证，故不予支持。依据《物权法》第191条第2款“抵押期间，抵押人未经抵押权人同意，不得转让抵押财产，但受让人代为清偿债务消灭抵押权的除外”之规定，因庭审中王某明确表示愿意代为清偿银行的贷款用以消灭中国银行某支行的抵押权，故王某与郑某签订的《房屋买卖合同》符合法律规定，应为有效合同。王某主张继续履行《房屋买卖合同》、办理房屋过户手续的诉讼主张，符合合同约定，予以支持。对于王某代为清偿第三人中国银行某支行涉案房屋贷款额超出剩余房款80万元的部分，王某可另行主张由郑某予以返还。遂判决：（1）王某于本判决生效之日起90日内一次性向第三人中国银行某支行清偿涉案房屋贷款，贷款清偿完毕后中国银行某支行协助王某办理房屋抵押权注销登记手续。(2) 郑某继续履行《房屋买卖合同》约定的合同义务，在房屋抵押权注销登记后，协助王某办理北涉案房屋所有权过户登记手续。(3) 驳回郑某的反诉请求。

判决后，双方当事人均未提出上诉，判决已经生效。

**【裁判解析】**

本案的争议焦点在于房屋抵押权存续期间，抵押人未经抵押权人同意，对外签订的房屋买卖合同是否有效以及如何履行的问题。

我国《物权法》第191条第2款规定："抵押期间，抵押人未经抵押权人同意，不得转让抵押财产，但受让人代为清偿债务消灭抵押权的除外。"本案争议主要涉及对该规定应当如何理解，司法实践中有不同观点。我们认为，未经抵押权人同意并不影响房屋买卖合同的效力，当事人以此为由主张合同无效的，不应支持。在买受人代为清偿债务消灭抵押权前，买受人实际无法办理房屋所有权转移登记手续，合同构成履行不能，买受人有权解除合同，并要求出卖人承担相应的违约责任。主要理由是：(1)《物权法》第191条第2款规定中的"不得转让抵押财产"可以理解为不能发生抵押物的物权变动，但不影响抵押物转让合同的效力。退一步讲，假使将该规定作为法律的强制性规定，也不宜理解为效力性的强制规范，违反该规定不影响转让合同的效力，只对合同能否继续履行、买受人能否办理房屋所有权转移登记产生影响。(2) 从实践中看，房屋买卖双方在签订合同时往往对于房屋是否设定有抵押权是清楚的，双方在合同中一般都约定由买受人支付首付款以消灭抵押权，如果双方严格依据合同约定履行，合同是能够继续履行的，当事人主张合同无效多是因房屋价格波动及利益驱动所致。因此，认定合同有效符合合同自由和诚实信用原则。(3) 在解释上我国《物权法》不承认抵押权的追及力，在买受人未代为清偿债务消灭抵押权，从而无法取得抵押房屋所有权的情况下，在制度设计上赋予买受人主张有效合同解除的违约责任，比让买受人主张合同无效的缔约过失责任，更有利于保护善意买受人的利益。

关于买受人要求继续履行房屋买卖合同，办理抵押房屋所有权转移登记手续应当如何处理？

1. 在房屋买卖合同约定的履行期限届满时，出卖人仍未取得抵押权人的同意，也未向抵押权人清偿债务消灭抵押权的情况下，依据建设部《房屋登记办法》第 34 条的规定，抵押期间，抵押人转让抵押房屋的所有权，申请房屋所有权转移登记的，应当提交抵押权人同意抵押房屋转让的书面文件。因此，未经抵押权人书面同意，出卖人与买受人共同申请办理房屋所有权转移登记手续，房屋登记机关是不予办理的，由于出卖人无法履行为买受人办理房屋所有权转移登记的义务，合同无法继续履行，构成法律上的履行不能，买受人签订合同的目的无法实现，买受人有权解除合同，并要求出卖人承担相应的违约责任，违约责任的承担根据《合同法》的相关规定，综合考虑买受人所受损失、双方的过错程度及合同履行情况等因素予以确定。买受人要求继续履行合同，办理房屋所有权转移登记的，法院应当向买受人释明，告知其变更诉讼请求，经释明后买受人坚持不变更的，应驳回其诉讼请求。

2. 依据《物权法》第 191 条第 2 款的规定，买受人代为清偿债务消灭抵押权的，房屋买卖合同应当继续履行。买受人作为与债务清偿有利害关系的人，主张代抵押人（出卖人）清偿债务，不损害抵押权人的利益，抵押权人不得拒绝。并且，买受人代出卖人清偿债务后，在清偿债务限度范围内取得了对出卖人的债权，其可以行使抵销权，与其尚欠出卖人的购房款相互折抵。因此，法院可以判决买受人直接代出卖人向抵押权人清偿债务消灭抵押权，再将该部分款项从未付购房款中予以扣除，待抵押权消灭后出卖人再为买受人办理房屋所有权转移登记手续。

对此，《第八次全国法院民事商事审判工作会议（民事部分）纪要》第 14 条规定："物权法第一百九十一条第二款并非针对抵押财产转让合同的效力性、强制性规定，当事人仅以转让抵押房地产未经抵押权人同意为由，请求确认转让合同无效的不予支持。受让人在抵押登记未注销时要求办理过户登记的，不予支持。"本案的处理符合这一规定的精神。

# 规范索引

**《中华人民共和国民法通则》**

**第六条**　民事活动必须遵守法律，法律没有规定的，应当遵守国家政策。

**第八十六条**　债权人为二人以上的，按照确定的份额分享权利。债务人为二人以上的，按照确定的份额分担义务。

**《中华人民共和国合同法》**

**第四十四条**　依法成立的合同，自成立时生效。

法律、行政法规规定应当办理批准、登记等手续生效的，依照其规定。

**第四十五条**　当事人对合同的效力可以约定附条件。附生效条件的合同，自条件成就时生效。附解除条件的合同，自条件成就时失效。

**第四十九条**　行为人没有代理权、超越代理权或者代理权终止后以被代理人名义订立合同，相对人有理由相信行为人有代理权的，该代理行为有效。

**第五十一条**　无处分权的人处分他人财产，经权利人追认或者无处分权的人订立合同后取得处分权的，该合同有效。

**第五十二条**　有下列情形之一的，合同无效：

（一）一方以欺诈、胁迫的手段订立合同，损害国家利益；

（二）恶意串通，损害国家、集体或者第三人利益；

（三）以合法形式掩盖非法目的；

（四）损害社会公共利益；

（五）违反法律、行政法规的强制性规定。

**第五十四条**　下列合同，当事人一方有权请求人民法院或者仲裁机构变更或者撤销

（一）因重大误解订立的；

（二）在订立合同时显失公平的。

一方以欺诈、胁迫的手段或者乘人之危，使对方在违背真实意思的情况下订立的合同，受损害方有权请求人民法院或者仲裁机构变更或者撤销。

**第五十八条** 合同无效或者被撤销后，因该合同取得的财产，应当予以返还；不能返还或者没有必要返还的，应当折价补偿。有过错的一方应当赔偿对方因此所受到的损失，双方都有过错的，应当各自承担相应的责任。

**第九十三条** 当事人协商一致，可以解除合同。

当事人可以约定一方解除合同的条件。解除合同的条件成就时，解除权人可以解除合同。

**第九十四条** 有下列情形之一的，当事人可以解除合同：

（一）因不可抗力致使不能实现合同目的；

（二）在履行期限届满之前，当事人一方明确表示或者以自己的行为表明不履行主要债务；

（三）当事人一方迟延履行主要债务，经催告后在合理期限内仍未履行；

（四）当事人一方迟延履行债务或者有其他违约行为致使不能实现合同目的；

（五）法律规定的其他情形。

**第一百三十二条** 出卖的标的物，应当属于出卖人所有或者出卖人有权处分。

法律、行政法规禁止或者限制转让的标的物，依照其规定。

**《中华人民共和国物权法》**

**第九条** 不动产物权的设立、变更、转让和消灭，经依法登记，发生效力；未经登记，不发生效力，但法律另有规定的除外。

依法属于国家所有的自然资源，所有权可以不登记。

**第十五条** 当事人之间订立有关设立、变更、转让和消灭不动产物权的合同，除法律另有规定或者合同另有约定外，自合同成立时生效；未办理物权登记的，不影响合同效力。

**第一百七十九条** 为担保债务的履行，债务人或者第三人不转移财产的占有，将该财产抵押给债权人的，债务人不履行到期债务或者发生当事人约定的实现抵押权的情形，债权人有权就该财产优先受偿。

前款规定的债务人或者第三人为抵押人，债权人为抵押权人，提供担保的财产为抵押财产。

**第一百九十一条**　抵押期间，抵押人经抵押权人同意转让抵押财产的，应当将转让所得的价款向抵押权人提前清偿债务或者提存。转让的价款超过债权数额的部分归抵押人所有，不足部分由债务人清偿。

抵押期间，抵押人未经抵押权人同意，不得转让抵押财产，但受让人代为清偿债务消灭抵押权的除外。

**《中华人民共和国土地管理法》**

**第十条**　农民集体所有的土地依法属于村农民集体所有的，由村集体经济组织或者村民委员会经营、管理；已经分别属于村内两个以上农村集体经济组织的农民集体所有的，由村内各该农村集体经济组织或者村民小组经营、管理；已经属于乡（镇）农民集体所有的，由乡（镇）农村集体经济组织经营、管理。

**第六十二条**　农村村民一户只能拥有一处宅基地，其宅基地的面积不得超过省、自治区、直辖市规定的标准。

农村村民建住宅，应当符合乡（镇）土地利用总体规划，并尽量使用原有的宅基地和村内空闲地。

农村村民住宅用地，经乡（镇）人民政府审核，由县级人民政府批准；其中，涉及占用农用地的，依照本法第四十四条的规定办理审批手续。

农村村民出卖、出租住房后，再申请宅基地的，不予批准。

**第六十三条**　农民集体所有的土地的使用权不得出让、转让或者出租用于非农业建设；但是，符合土地利用总体规划并依法取得建设用地的企业，因破产、兼并等情形致使土地使用权依法发生转移的除外。

**《中华人民共和国城市房地产管理法》**

**第三十八条**　下列房地产，不得转让：

（一）以出让方式取得土地使用权的，不符合本法第三十九条规定的条件的；

（二）司法机关和行政机关依法裁定、决定查封或者以其他形式限制房地产权利的；

（三）依法收回土地使用权的；

（四）共有房地产，未经其他共有人书面同意的；

（五）权属有争议的；

（六）未依法登记领取权属证书的；

（七）法律、行政法规规定禁止转让的其他情形。

**第四十条** 以划拨方式取得土地使用权的，转让房地产时，应当按照国务院规定，报有批准权的人民政府审批。有批准权的人民政府准予转让的，应当由受让方办理土地使用权出让手续，并依照国家有关规定缴纳土地使用权出让金。

以划拨方式取得土地使用权的，转让房地产报批时，有批准权的人民政府按照国务院规定决定可以不办理土地使用权出让手续的，转让方应当按照国务院规定将转让房地产所获收益中的土地收益上缴国家或者作其他处理。

**第四十七条** 房地产抵押，是指抵押人以其合法的房地产以不转移占有的方式向抵押权人提供债务履行担保的行为。债务人不履行债务时，抵押权人有权依法以抵押的房地产拍卖所得的价款优先受偿。

**《中华人民共和国城镇国有土地使用权出让和转让暂行条例》**

**第四十五条** 符合下列条件的，经市、县人民政府土地管理部门和房产管理部门批准，其划拨土地使用权和地上建筑物、其他附着物所有权可以转让、出租、抵押：

（一）土地使用者为公司、企业、其他经济组织和个人；

（二）领有国有土地使用证；

（三）具有地上建筑物、其他附着物合法的产权证明；

（四）依照本条例第二章的规定签订土地使用权出让合同，向当地市、县人民政府补交土地使用权出让金或者以转让、出租、抵押所获收益抵交土地使用权出让金。

转让、出租、抵押前款划拨土地使用权的，分别依照本条例第三章、第四章和第五章的规定办理。

**《最高人民法院关于适用〈中华人民共和国合同法〉若干问题的解释(一)》**

**第九条**　法律、行政法规规定合同应当办理登记手续，但未规定登记后生效的，当事人未办理登记手续不影响合同的效力，合同标的物所有权及其他物权不能转移。

**《最高人民法院关于适用〈中华人民共和国合同法〉若干问题的解释(二)》**

**第十四条**　合同法第五十二条第（五）项规定的“强制性规定”，是指效力性强制性规定。

**《最高人民法院关于当前形势下审理民商事合同纠纷案件若干问题的指导意见》**

**第十五条**　正确理解、识别和适用合同法第五十二条第（五）项中的“违反法律、行政法规的强制性规定”，关系到民商事合同的效力维护以及市场交易的安全和稳定。人民法院应当注意根据《合同法解释(二)》第十四条之规定，注意区分效力性强制规定和管理性强制规定。违反效力性强制规定的，人民法院应当认定合同无效；违反管理性强制规定的，人民法院应当根据具体情形认定其效力。

**第十六条**　人民法院应当综合法律法规的意旨，权衡相互冲突的权益，诸如权益的种类、交易安全以及其所规制的对象等，综合认定强制性规定的类型。如果强制性规范规制的是合同行为本身即只要该合同行为发生即绝对地损害国家利益或者社会公共利益的，人民法院应当认定合同无效。如果强制性规定规制的是当事人的“市场准入”资格而非某种类型的合同行为，或者规制的是某种合同的履行行为而非某类合同行为，人民法院对于此类合同效力的认定，应当慎重把握，必要时应当征求相关立法部门的意见或者请示上级人民法院。

**《国务院关于解决城市低收入家庭住房困难的若干意见》**

（十一）严格经济适用住房上市交易管理。经济适用住房属于政策性住房，购房人拥有有限产权。购买经济适用住房不满 5 年，不得直接上市交易，购房人因各种原因确需转让经济适用住房的，由政府按照原价格并考虑折旧和物价水平等因素进行回购。购买经济适用住房满 5 年，购房人可转让经济适用住房，但应按照届时同地段普通商品住房与经济适用住房差价的一定比例向政府交纳土地收益等价款，具体交纳比例由城市人民政府确定，政府可优先回购；购房人向政府交纳土地收益等价款后，也可以取得完全产权。上述规定应在经济适用住房购房合同中予以明确。政府回购的经济适用住房，继续向符合条件的低收入住房困难家庭出售。

**《国务院关于促进节约集约用地的通知》**

**第十八条** 严格执行农村一户一宅政策。各地要结合本地实际完善人均住宅面积等相关标准，控制农民超用地标准建房，逐步清理历史遗留的一户多宅问题，坚决防止产生超面积占用宅基地和新的一户多宅现象。

**《中共中央　国务院关于切实加强农业基础建设进一步促进农业发展农民增收的若干意见》**

第六条第二款："……严格农村集体建设用地管理，严禁通过"以租代征"等方式提供建设用地。城镇居民不得到农村购买宅基地、农民住宅或"小产权房"。开展城镇建设用地增加与农村建设用地减少挂钩的试点，必须严格控制在国家批准的范围之内。依法规范农民宅基地整理工作。

**《国务院办公厅关于严格执行有关农村集体建设用地法律和政策的通知》**

**第二条** 农村住宅用地只能分配给本村村民，城镇居民不得到农村购买宅基地、农民住宅或"小产权房"。单位和个人不得非法租用、占用农民集体所有土地搞房地产开发。农村村民一户只能拥有一处宅基地，其面积不得超过省、自治区、直辖市规定的标准。农村村民出卖、出租住房后，再申请宅基地的，不予批准。

**《国务院关于深化改革严格土地管理的决定》**

**第十条** 农村集体建设用地，必须符合土地利用总体规划、村庄和集镇规划，并纳入土地利用年度计划，凡占用农用地的必须依法办理审批手续。禁止擅自通过"村改居"等方式将农民集体所有土地转为国有土地。禁止农村集体经济组织非法出让、出租集体土地用于非农业建设。

改革和完善宅基地审批制度，加强农村宅基地管理，禁止城镇居民在农村购置宅基地。引导新办乡村工业向建制镇和规划确定的小城镇集中。在符合规划的前提下，村庄、集镇、建制镇中的农民集体所有建设用地使用权可以依法流转。

**《国务院办公厅关于加强土地转让管理严禁炒卖土地的通知》**

**第二条** 农民集体土地使用权不得出让、转让或出租用于非农业建设；对符合规划并依法取得建设用地使用权的乡镇企业，因发生破产、兼并等致使土地使用权必须转移的，应当严格依法办理审批手续。农民的住宅不得向城市居民出售，也不得批准城市居民占用农民集体土地建住宅，有关部门不得为违法建造和购买的住宅发放土地使用证和房产证。

**《国务院关于深化城镇住房制度改革的决定》**

（二十一）明确产权。职工以市场价购买的住房，产权归个人所有，可以依法进入市场，按规定交纳有关税费后，收入归个人所有。

职工以成本价购买的住房，产权归个人所有，一般住用5年后可以依法进入市场，在补交土地使用权出让金或所含土地收益和按规定交纳有关税费后，收入归个人所有。

职工以标准价购买的住房，拥有部分产权，即占有权、使用权、有限的收益权和处分权，可以继承。产权比例按售房当年标准价占成本价的比重确定。职工以标准价购买的住房，一般住用5年后方可依法进入市场，在同等条件下，原售房单位有优先购买、租用权，原售房单位已撤销的，当地人民政府房产管理部门有优先购买、租用权。售、租房收入在补交土地使用权出让金或所含土地收益和按规定交纳有关税费后，单位和个人按各自的产权比例进行分配。

（二十二）发展房地产交易市场，规范住房交易行为。职工购买住房，都要由房产管理部门办理住房过户和产权转移登记手续，同时要办理相应的土地使用权变更登记手续，并领取统一制定的产权证书，产权证书应注明产权属性，按标准价购买的住房应注明产权比例。出租和出售、赠与、继承及以其他形式转让所购住房，应按国家规定交纳有关税费。要加强市场管理，规范交易程序，完善税收制度，坚决查处倒卖房产牟取暴利等违法行为。

**《已购公有住房和经济适用住房上市出售管理暂行办法》**

**第五条** 已取得合法产权证书的已购公有住房和经济适用住房可以上市出售，但有下列情形之一的已购公有住房和经济适用住房不得上市出售：

（一）以低于房改政策规定的价格购买且没有按照规定补足房价款的；

（二）住房面积超过省、自治区、直辖市人民政府规定的控制标准，或者违反规定利用公款超标准装修，且超标部分未按照规定退回或者补足房价款及装修费用的；

（三）处于户籍冻结地区并已列入拆迁公告范围内的；

（四）产权共有的房屋，其他共有人不同意出售的；

（五）已抵押且未经抵押权人书面同意转让的；

（六）上市出售后形成新的住房困难的；

（七）擅自改变房屋使用性质的；

（八）法律、法规以及县级以上人民政府规定其他不宜出售的。

# 后　　记

本书本着理论性与实用性相结合的原则，每一章均包括【法理概览】【实务指南】【判解精要】和【规范索引】四部分。

【法理概览】简要阐述本章所涉问题有关基本法理或背景。

【实务指南】针对裁判实务中所遇到的重点难点问题加以分析，提出供读者参考的观点。

【判解精要】选取最高人民法院公布的指导性案例、最高人民法院公报案例、最高人民法院民一庭通过《民事审判指导与参考》发布的具有指导意义的案例、中国裁判文书网上公布的最高人民法院作出裁判的案件，以及《人民司法》《人民法院案例选》《人民法院报》刊载的典型案例，提炼判解精要，加以简要解析。

【规范索引】所涉问题裁判依据的主要法律、司法解释或者有关行政法规、规章条文。

本书撰稿人及相应分工如下：（以撰写章节先后为序）

司　伟　最高人民法院民一庭法官（第一、三、四、八章）

龚雪林　江西省高级人民法院审判监督庭副庭长（第二章）

刘　伟　黑龙江省高级人民法院审判监督二庭副庭长（第八章）

夏根辉　北京市第一中级人民法院民一庭法官（第三章）

李光曼　南昌大学法学院教授（第一、四章）

朱文君　北京市第一中级人民法院民一庭法官（第五章）

谢　勇　最高人民法院办公庭法官（第六章）

齐　松　北京市通州区人民法院民二庭法官（第七章）

李晓申　江西省九江市永修县人民法院院长（第九章）

全书由司伟、龚雪林、刘伟审稿，程新文统稿。

本书的编辑、出版，得到了北京市第一中级人民法院王良胜法官、北京邮电大学黄东海副教授的热情帮助以及法律出版社的大力支持，在此一并致以诚挚的谢意。

编　者